August Strindberg
Théâtre complet

Les dix années (1881-1891) qui séparent *Le Voyage de Pierre l'Heureux* des *Clefs du ciel* sont particulièrement productives pour Strindberg, et particulièrement douloureuses.
La « pérégrination » dramatique du *Voyage de Pierre l'Heureux,* inspirée notamment par le *Peer Gynt* d'Ibsen, est bien accueillie par le public, mais au moment même où Strindberg est attaqué en justice pour des textes violemment polémiques et « blasphématoires ». Tandis que se multiplient les tracasseries, les difficultés financières, les démêlés avec la critique, sa relation avec Siri se dégrade. Siri — la femme — devient la persécutrice. De *Père* à *Créanciers* ou à *Mademoiselle Julie,* Strindberg, prenant le contre-pied du féminisme à la mode, traite de la « lutte des sexes », mais ce théâtre dit naturaliste met en scène, bien au-delà des problèmes domestiques, un véritable délire d'« influence », et le théâtre devient le lieu des règlements de compte paroxystiques, où tromperie et hypnose « scientifique » se rejoignent.
Lorsque, désireux de retrouver les spectateurs bienveillants du *Voyage de Pierre l'Heureux,* Strindberg revient à la « féerie » avec *Les Clefs du ciel,* c'est pour écraser de sa rage destructrice les amours et les croyances, et tourner en dérision les plus glorieux produits de la création artistique, qu'ils s'appellent Don Quichotte ou Lady Macbeth.
Si critiqué qu'il soit pour ses outrances, Strindberg voit cependant grandir son prestige en Suède, au Danemark, et bientôt en Allemagne. En France, Antoine et Lugné-Poe font connaître *Mademoiselle Julie* et *Père.*

AUGUST STRINDBERG

Théâtre complet

2

Le Voyage de Pierre l'Heureux

La Femme de sire Bengt

Camarades

Père

Mademoiselle Julie

Créanciers

Les Gens de Hemsö

Paria

La plus forte

Simoun

Les Clefs du ciel

Notes
Carl-Gustaf Bjurström

L'ARCHE

ISBN 978-2-85181-002-1

Le Voyage de Pierre l'Heureux

Texte français
Tore Dahlström et André Ortais

Lycko-Pers Resa

Personnages

LE VIEUX DANS LA TOUR. PIERRE. LISE. LA FÉE. LE LUTIN. COLAS ET COLETTE, *les rats*. LE MAJORDOME. L'HUISSIER. L'AVOCAT. LE GREFFIER. LE SOLLICITEUR. PREMIER AMI. DEUXIÈME AMI. L'AMIE. LE PILORI. LA STATUE. LE CORDONNIER. HENRI, *son apprenti*. LE CARROSSIER. LE BARBIER. LE PARENT. LE PAVEUR. LE MAIRE. UN HOMME DU PUBLIC. LE GRAND MAÎTRE HÉRALDISTE. LE MARÉCHAL DE LA COUR. LE GRAND MUFTI. LE VIZIR. LE GRAND HISTORIOGRAPHE. LA CHANTEUSE. LE POÈTE DE COUR. LA MARIÉE. LA MORT. LE SAGE. SAINT BARTHOLOMÉ. SAINT LAURENT. LA CIVIÈRE. LE BALAI. L'OMBRE.

L'action se déroule au Moyen Age.

PREMIER ACTE

Dans la tour de l'église. Les lucarnes du fond, par où l'on voit un ciel constellé d'étoiles et des toits couverts de neige, sont ouvertes. Les maisons sont illuminées.

La pièce est fortement charpentée de poutres qui s'entrecroisent, portées par deux piliers suffisamment larges pour qu'une personne puisse se cacher derrière eux. Le mobilier consiste en une vieille chaise, un brasero, une table, une image de la Vierge aussi, devant laquelle brûlent des cierges.

Chant à l'unisson montant de l'église :

A solis ortus cardine
Et usque terrae limitem
Christum canamus principem
Natum Maria Virgini.

SCÈNE 1

Le vieux arrive de l'escalier de la tour, portant une souricière, une gerbe d'orge et un plat de gruau qu'il dépose sur le plancher.

LE VIEUX : Voici de la bouillie pour le lutin. Cette année, il l'a bien méritée ; deux fois il m'a réveillé parce que je m'étais endormi sans fermer les lucarnes, et une autre fois, il a sonné lui-même le tocsin pour un incendie ! Bonne fête, lutin ! Et bonne continuation ! (*Il sort la souricière et l'amorce.*) Et voici votre repas de réveillon, sacrées sales bêtes !

UNE VOIX : Ne blasphème pas contre la Noël !

LE VIEUX : On se croirait dans une chambre hantée ! Non, c'est le froid. Il gèle de plus en plus dur, alors les poutres se resserrent et gémissent comme la charpente d'un vieux navire. Voici votre pâtée ! Gorgez-vous-en ! Vous cesserez peut-être alors de grignoter la corde de la cloche et le suif de la roue, méchants diables !

UNE VOIX : Ne blasphème pas contre la Noël !

LE VIEUX : Ça recommence ! A la veille de Noël, pas surprenant ! Bon ! Les voilà servis ! (*Il pose la souricière sur le plancher.*) Aux oiseaux maintenant ! Il faut que je leur donne du grain... Pour qu'ils salissent mes gouttières ! C'est la paroisse qui paie et moi, je n'ai rien à voir là-dedans, seulement, si je demandais une augmentation de mes gages, on me répondrait : impossible ! Ce que je fais ne se voit pas, mais si l'on sort une fois par an une gerbe par la lucarne, quelle générosité ! Celle-ci du reste est magnifique ! En la secouant un peu, je regagnerais la bouillie du lutin...

Il secoue la gerbe et ramasse les grains dans un bol.

UNE VOIX : Il vole la Noël ! Il vole la Noël !

LE VIEUX : Elle paraît aussi belle qu'avant. J'arborerai cette gerbe comme une enseigne, annonçant au passant une abondance qui ne se retrouve pas à l'intérieur. (*Il sort la gerbe par la lucarne et, en même temps, il regarde la ville.*) Oh, toi, ville ! Réceptacle de pécheurs ! (*Il montre le poing à la ville.*) Que le diable t'emporte ! (*Il crache par la lucarne, retourne dans la chambre et voit le cierge allumé devant l'image de la Vierge.*) Eh ! Eh ! Le gamin allume les cierges ! Comme si c'était le moment de brûler de la chandelle pour rien !

Il éteint le cierge et le met dans sa poche.

UNE VOIX : Malheur à toi !

L'image de la Vierge s'incline trois fois et un vif rayon de lumière l'illumine.

LE VIEUX, *reculant* : Oh ! oh ! l'Enfer !

UNE VOIX : Le ciel, vieillard !

LE VIEUX : Pierre ! Pierre ! Où es-tu ? Allumez ! Mon fils ! Mon fils !

LA VIERGE : *Mon* fils !

LE VIEUX, *se guidant vers l'escalier* : Oh, mes yeux ! Les flammes de l'enfer m'aveuglent !

Il descend l'escalier.

SCÈNE 2

Les rats, Colas et Colette, entrent par la droite, l'un après l'autre. Ils portent un ruban de crêpe autour de leurs queues.

COLAS : Tu sens l'odeur du lard grillé ?

COLETTE : Oui, Colas, mais fais attention ! Le lard est fiché dans le piège ! (*Elle s'assied sur ses pattes de derrière.*)

Le piège où se sont déjà pris nos ratons ! Quand j'y pense !

COLAS : J'aimerais jouer un tour à ce sale vieux ! Que pourrions-nous bien lui faire ?

COLETTE : Peut-être ronger la charpente, jusqu'à ce que les cloches lui tombent sur la tête ? Qu'est-ce que tu en dis ?

COLAS : Ma pauvre Colette ! Tu sais qu'il ne me reste plus qu'une dent dans la mâchoire...

COLETTE : Mais moi, il m'en reste deux... et puis quand le cœur y est ! Seulement, tes enfants, c'est le moindre de tes soucis !

COLAS : De grâce ! On ne va pas se disputer une veille de Noël !

COLETTE : Silence ! Qu'est-ce que c'est que cela ?

COLAS : Un plat de bouillie.

COLETTE : Pour qui le vieux a-t-il laissé de la bouillie ?

COLAS : Pour le lutin, sûrement, parce qu'il a peur de lui.

COLETTE : Et si nous mangions la bouillie du lutin, Colas ?

COLAS : Excellente idée ! Comme ça le lutin lui tombera dessus et...

COLETTE : Et il n'est pas commode quand il se fâche !

Ils s'approchent du plat et mangent.

COLAS : Pousse-toi donc un peu, tu prends toute la place.

COLETTE : Chut ! J'entends grincer l'escalier.

COLAS : Vite ! vite ! J'aperçois déjà le fond du plat ! Et voilà le morceau de beurre !

COLETTE : Aide-moi un peu à lécher ce coin...

COLAS : C'est fait ! Maintenant vite ! Essuyons nos moustaches, et puis filons !

Les rats sortent en courant par la gauche.

SCÈNE 3

Le lutin descend par la corde des cloches.

LE LUTIN, *qui se promène en cherchant* : Où est ma bouillie de Noël ? J'ai senti, de loin, son odeur, et ce soir, par cette froidure, une bonne bouillie bien chaude me ravigoterait. J'ai été chic avec le bonhomme cette année, donc je pense qu'il aura quand même eu la charité de ne pas oublier mon morceau de beurre. Préparons notre ventre à l'aubaine et desserrons-nous la ceinture. Deux crans suffiront. (*Il desserre sa ceinture, puis aperçoit le plat vide.*) Oho ! Qu'est-ce que c'est ? Un plat vide ! Que prétend donc ce vieil ours ? L'animal serait-il devenu si pingre qu'il se refuserait même... Ou encore si arrogant... (*Il renifle le plat.*) Pourtant, pas de doute, il y a eu de la bouillie, là-dedans... et même du beurre ! L'a-t-il baffrée pour me narguer ? Ça me fait de la peine de te chagriner, bonhomme, mais si, quand on est un lutin, on récompense de temps en temps, on punit aussi, ça arrive. Asseyons-nous un peu et songeons au cadeau de Noël qui conviendrait à cet animal. (*Il s'assied sur la chaise.*) Voyons un peu ! Le vieux vit ici enfermé avec son fils qu'il séquestre pour l'empêcher de voir le monde. Bref, le vieux connaît les hommes et, les connaissant, ne les porte pas dans son cœur. Il défend à son fils de faire un pas hors de l'église et ce pauvre jeune homme ne connaît de l'extérieur que ce que lui laisse voir sa lucarne. Mais il en rêve, de l'extérieur, justement parce qu'il ne le voit que du haut de sa tour. « Mon fils me succèdera, dans cet emploi tranquille, se dit le vieux, et comme ça le monde méchant s'agitera loin de lui et il n'en connaîtra pas les malices. » C'est sur ce point-là que je vais l'attaquer ! Sa marraine, qui est une fée, s'occupera du garçon et elle l'enverra vers les splendeurs de la vie... Et le bonhomme n'y pourra rien ! Qui peut quoi que ce soit contre les rêves de la jeunesse ?

Il porte un sifflet à sa bouche.

Scène 4

La fée sort d'une poutre, habillée en vieille femme : elle porte une canne et un large manteau.

La fée : Bonsoir, mon petit !

Le lutin : Bonsoir, ma vieille ! Il s'agit d'enjôler un garçon. T'en sens-tu capable ?

La fée : D'enjôler un garçon ? Bien sûr.

Le lutin : Mais pas vêtue comme tu es ! C'est le fils du bonhomme, pour tout te dire.

LA FÉE : Notre Pierre ?

LE LUTIN : Lui-même. Tais-toi, la vieille, laisse-moi d'abord exposer mon idée. J'aime Pierre depuis qu'il existe et je suis son parrain et tu es sa marraine et nous connaissons nos devoirs. Son éducation jusqu'ici a été plutôt négligée ; il ne sait presque rien de la vie et cependant il a quinze ans aujourd'hui même. Je veux qu'il sorte quelque peu dans le vaste monde et... nous fasse honneur. Y vois-tu un inconvénient ?

LA FÉE : Je ne sais pas, lutin. J'ai tout de même peur qu'il rencontre des difficultés et que nous ne puissions rien faire pour lui puisque notre pouvoir ne s'étend pas au-delà de l'église.

LE LUTIN : Tu as raison. Qu'est-ce que je trouverais pour le protéger des embûches ? J'y suis ! Nous lui donnerons chacun un talisman et comme cela, les périls...

LA FÉE : Quel talisman lui donneras-tu ?

LE LUTIN : Le mien... Oui ! Que veux-tu, la vie est tellement difficile, et les hommes si corrompus qu'un innocent tel que notre Pierre ne peut pas s'en tirer tout seul. Moi, je n'ai plus besoin de rien, alors je lui donnerai mon anneau magique qui réalise tous les souhaits.

LA FÉE : Oui, avec cette amulette, il aura tout ce qu'il désire, mais son voyage sera celui d'un pauvre aveugle ; la complexité de la vie, elle, lui échappera. Vois-tu, j'aurais plutôt envie de lui procurer un compagnon de route.

LE LUTIN : Une femme ?

LA FÉE : Bien sûr.

LE LUTIN : Il ne te reste plus qu'à te charger de notre garçon, et à le faire sortir.

LA FÉE : Ce ne sera pas commode, il craint son père et lui obéit...

LE LUTIN : Allons ! Des vétilles ! Montre-lui les splendeurs de Noël dans les maisons !

LA FÉE : Est-il permis de jouer avec la destinée ?

LE LUTIN : Nous jouons seulement avec les hommes. Leur destinée, elle, nous échappe forcément. Tôt ou tard, il partira d'ici, et personne n'entrera dans la vie armé comme il le sera, grâce à nous. Et puis nous en reparlerons à son retour. Es-tu prête ?

LA FÉE, *s'approchant du pilier dont elle était sortie* : Tout de suite.

LE LUTIN : Alors, je siffle.
Il siffle et disparaît dans l'autre poutre.

SCÈNE 5

Pierre descend l'escalier qui vient du haut de la tour.

PIERRE : Qui est là ?
LA FÉE, *qui apparaît comme un ange habillé de blanc* : Ta marraine, Pierre. Ne me reconnais-tu pas ?
PIERRE : Bien sûr ! C'est toi qui m'as sauvé en me portant sur tes mains quand je suis tombé de la tour. Que veux-tu maintenant ?
LA FÉE : Te faire un cadeau, pour ton Noël.
PIERRE : Quel cadeau ? Qu'est-ce que c'est ?
LA FÉE : Quelque chose qui fait plaisir.
PIERRE : Plaisir ?
LA FÉE : Quelque chose qui comble un souhait, un désir.
PIERRE : Un souhait, un désir, ce que l'on n'a pas et que l'on voudrait avoir. Oui, je comprends un peu.
LA FÉE : Quand tu te penches à la terrasse, n'as-tu jamais envie d'aller faire un tour dans la ville ?
PIERRE : Oh si ! Et même plus loin ! Tu vois, la ligne noire, là-bas, où la lumière et l'obscurité se rejoignent ? Le jour, elle est toute différente et, quand il y a du vent, elle bouge.
LA FÉE : C'est la forêt.
PIERRE : La forêt ? Et comment s'y sent-on dans la forêt ?
LA FÉE : Bien. L'air est tranquille.
PIERRE : Si tu savais comme elle m'attire ! Je voudrais parfois sauter par la lucarne et y voler comme un oiseau.
LA FÉE : Ou irais-tu, après la forêt ?
PIERRE : Qu'y a-t-il donc après la forêt ?
LA FÉE : Le monde !
PIERRE : Le monde ? Qu'est-ce que c'est ?
LA FÉE : Et cela t'intéresserait de savoir ce que c'est ?
PIERRE : D'abord, est-il amusant ?
LA FÉE : Oui, et non... Veux-tu voir des images de ce monde que les hommes appellent la vie ? (*Le fond devient*

transparent.) Vois-tu la grande maison de la place avec ses lumières à toutes les fenêtres ? C'est la maison du Riche. Regarde à l'intérieur. Cet arbre de Noël sur la table, illuminé, auquel sont suspendus des objets brillants : des fruits qui viennent du Midi sur des navires, des bijoux qui dormaient dans la terre et que les hommes admirent, parures étincelantes reflétant les flammes des bougies. Regarde cette lumière sur le visage de ces enfants, cette joie, soleil de la vie que tu ne connais pas encore.

PIERRE : Quelle est la fée qui distribue les fruits dorés aux enfants ?

LA FÉE : Leur maman.

PIERRE : Leur maman ? Qui est-ce ?

LA FÉE : Tu as eu une maman, toi aussi, mais elle est morte alors que tu étais encore tout petit.

PIERRE : Et le vieil homme, dans le fond, qui semble si heureux.

LA FÉE : C'est leur père qui revoit son enfance.

PIERRE : Le père, lui ! Mais il a l'air si gentil !

LA FÉE : C'est qu'il ne pense pas seulement à lui-même.

PIERRE : Et le jeune homme qui entoure de son bras la taille d'une jeune fille et, maintenant... (*il est bouleversé*)... il presse son visage contre le sien ! Regarde : leurs bouches se rencontrent ! Qu'est-ce que c'est ? Ils se parlent ?

LA FÉE : Ainsi parle l'amour.

PIERRE : L'amour ? Comme il doit être beau d'éprouver de l'amour.

LA FÉE : Attends ! Regarde en haut, par la fenêtre de la mansarde. Là, il ne brûle qu'une seule bougie, une malheureuse bougie !

Changement à vue.

PIERRE : La pauvreté, je la connais ! Non ! Montre-moi encore de la beauté.

LA FÉE, *le regardant* : Comme tu es avide ! Non, regarde encore la bougie de Noël solitaire. Sa flamme est pâle, mais comme elle éclaire bien la table des pauvres et leurs pauvres joies !

PIERRE : Non ! J'aime mieux regarder quelque chose de beau.

LA FÉE : Vraiment ? Rien n'est plus beau pourtant que... Mais je cède à ton désir : tu vas voir maintenant... (*Changement à vue.*) Regarde le château du roi !

PIERRE : Oh !

LA FÉE : Regarde ces vêtements splendides ! Regarde les murs qui reflètent en les multipliant les lumières des bougies et comment, en plein hiver, les roses rouges et les lys bleus ouvrent leurs fleurs.

PIERRE : Oh !

LA FÉE : Et ces jeunes filles aux cheveux épars qui versent le vin grenat dans des coupes d'argent...

PIERRE : C'est là que je veux aller.

LA FÉE : ... Et ces écuyers, vêtus de blanc, qui portent les plats et servent...

PIERRE : Oh !

LA FÉE : Et ces hérauts qui frappent le plancher de leurs bâtons. Ecoute ! Les trompettes sonnent ! (*On entend une horloge frapper trois coups. La chambre de la tour reprend son premier aspect.*) Hélas ! l'heure ! Pierre, désires-tu l'épreuve de la vie ?

PIERRE : Oui, marraine ! Sûrement oui !

LA FÉE : Tu connaîtras ainsi et le bien et le mal.

PIERRE : Le mal, je crois le connaître. Mais j'aimerais connaître le bien.

LA FÉE : Ce que tu crois être le bien n'est pas forcément le bien, et ce que tu crois être le mal n'est pas forcément le mal. Tu le comprendras.

PIERRE : Je veux partir d'ici !

LA FÉE : Tu en partiras. Je vais te donner le cadeau dont je t'ai parlé tout à l'heure, il t'aidera dans ton voyage, mais n'oublie pas en l'acceptant que, puisqu'il t'est donné davantage qu'aux autres, on te demandera aussi davantage.

PIERRE : Montre.

LA FÉE : Cet anneau te permettra de réaliser tous tes souhaits et sans nuire à personne.

PIERRE : Voilà un excellent anneau ! Merci, marraine ! Je vais partir ! Mais que dira le vieux ?

LA FÉE : Il sera ainsi puni de son égoïsme.

PIERRE : C'est vrai. Et pourtant j'ai pitié de lui...

LA FÉE : Il reste ici, tu sais. Je veillerai sur son chagrin.

PIERRE : Ah, s'il ne s'agit que de chagrin ! Il dit que le chagrin est le pain de la vie. Après tout, si ce pain lui suffit, qu'il en mange !

LA FÉE : Veux-tu maintenant des graines de sagesse pour tes provisions de route ?

Pierre : Qu'est-ce que seraient ces graines, marraine ? Des conseils ?

La fée : Oui.

Pierre : Oh, je ne manque pas de conseils !

La fée : Je sais. Mais je sais aussi que tu les oublies très vite. Adieu donc ! Que ton voyage t'instruise ! Et quand tu reviendras, chanceux ou malchanceux, puissant ou humble, sot ou savant, riche ou pauvre, peu importe, tu seras au moins devenu un homme, un homme véritable ! Adieu !

Elle disparaît dans le pilier.

Scène 6

Pierre, *seul* : Alors, Pierre, c'est la grande aventure, il semble bien. D'autres l'ont vécue avant toi ; elle n'est sans doute pas si terrible ! J'ai vécu jusqu'ici dans la tour de l'église, un lieu d'observation remarquable. Dans la rue, en bas, grouillent les hommes. D'ici l'un vient pour aller là, d'où l'autre sort pour aller ici, et cela sans beaucoup de raisons, mais toujours si calmement, si paisiblement. Jamais je ne les vois se marcher sur les pieds, quoique parfois, ils se serrent les uns contre les autres comme des moustiques ! Les chiens et les jeunes garçons se battent souvent, je l'ai souvent remarqué, mais les grandes personnes, non, jamais ! Je ne me suis jamais non plus battu avec le vieux et pourtant nous nous croisons bien dix fois par jour dans l'escalier. Si, lui, m'a déjà frappé, mais moi, je ne l'ai pas frappé. Je ne crois pas que les hommes soient aussi méchants qu'il le dit : l'autre jour, n'y a-t-il pas eu un incendie chez le bijoutier ? Eh bien, de pauvres bougres sont accourus, de toutes parts et beaucoup d'entre eux, au péril de leur vie, ont sauvé ce qui pouvait encore être sauvé. Oui ! Ils ont pris sous leurs bras des plats d'argent, pour les soustraire aux flammes. Ils ont fait œuvre de charité. C'est du moins ce que je crois. Enfin, je verrai bien. Je me rendrai compte personnellement. Mon ami Pierre, est-ce que nous partons, tout de suite ? Pourquoi retarder ta chance ? (*Il regarde l'anneau.*) Voyons ce que tu vas souhaiter, pour commencer...

SCÈNE 7

Le vieux entre par le mur.

PIERRE : Tiens ! Le vieux ! Je ne t'ai pas entendu dans l'escalier. Par où es-tu entré ?
LE VIEUX, *inquiet* : Tu l'as vu ?
PIERRE : Non.
LE VIEUX : Que je te regarde bien. (*Il l'examine.*) Il s'est passé quelque chose...
PIERRE : Non ! Rien ! Rien du tout !
LE VIEUX : Il va bientôt être minuit, mon fils. C'est l'heure de te coucher. Va dans ta chambre pour que je puisse fermer ta porte avec ma clé.
PIERRE : Pourquoi m'enfermer ? Que crains-tu qu'il m'arrive ? Tu ne supposes quand même pas que je passerai mon existence dans cette tour ?
LE VIEUX : J'ai connu la vie. J'ai mâché les fruits amers de cette Sodome. C'est pourquoi je ne veux pas que tu souffres à ton tour. Je te protège.
PIERRE : La vie est-elle si laide que tu le dis, père ? Elle est peut-être belle, très belle, par ailleurs.
LE VIEUX : Qu'en sais-tu ?
PIERRE : De cette tour on voit déjà bien des choses. Viens ! Approche ! Viens, regarde !
LE VIEUX : Que me montreras-tu que je ne connaisse déjà ?
PIERRE, *tirant le vieux vers les fenêtres* : Si ! Regarde ! Cette grande maison, là sur la place.
LE VIEUX : Eh bien, qu'est-ce qu'elle a de particulier, cette grande maison ? Dépêche-toi : tu dois être couché avant que minuit ne sonne. Oui, qu'est-ce qu'elle a d'extraordinaire, ta grande maison ?
PIERRE : Vois l'arbre de Noël garni d'or et d'argent.
LE VIEUX : Des bandes de papier peint, mon garçon.
PIERRE : Et ces fruits dorés du Midi ?
LE VIEUX : Piqués aux vers...
PIERRE : La joie des enfants...
LE VIEUX : Ils sont jaloux les uns des autres, ils se détestent...
PIERRE : Et ce bon vieillard qui les regarde et qui sourit...

LE VIEUX : Il ne sourit pas, il fait la grimace, se souvenant de ses dettes.

PIERRE : Il a des dettes, lui ? Cet homme si riche ?

LE VIEUX : Riche ? Il essaye de cacher sa ruine, c'est tout.

PIERRE : Mais regarde ces jeunes gens, tu ne me diras pas qu'ils ne sont pas heureux. Regarde celui-là, oui, celui qui tend son bras...

LE VIEUX : Vers la bourse du père.

PIERRE : Tu devrais avoir honte ! Comment pourrait-il songer, quand... Regarde ! Leurs lèvres se rencontrent...

LE VIEUX : Dans une ignoble concupiscence.

PIERRE : Qu'est-ce que la concupiscence, père ?

LE VIEUX : Je n'ai pas à te l'apprendre.

PIERRE : Père, regarde maintenant dans cette mansarde, où brûle une seule bougie...

LE VIEUX : La prudence appelle la pénombre.

PIERRE : Ces pauvres gens qui se contentent d'une seule bougie...

LE VIEUX : Ils l'ont volée à l'épicerie ! Je les connais tes pauvres gens, ils se concertent sans arrêt, méditant sur tous les mauvais coups qu'ils vont encore faire. Je sais ce qu'ils valent tous ! Dans le château, là-haut, les lumières brillent et se reflètent dans les ruisseaux de vin des orgies, mais ce vin c'est du fiel. Les convives se carrent dans leur sottise commune et dans leur égoïsme. Ils prétendent songer au bien du peuple alors qu'en réalité ils se vautrent parmi les bouteilles et les plats !

PIERRE : Laisse-moi continuer ! Tu parles, tu parles...

LE VIEUX : Je parle et je commande ! Un conseil, obéis-moi, mon garçon : va te coucher.

PIERRE : Etre loin d'ici ! Voir clair ! Voir tout ! Je veux voir des enfants, même s'ils se jalousent ! Je veux manger des fruits dorés, même s'ils sont véreux ! Je veux boire du vin, même s'il contient du fiel ! Je veux une femme à mon bras, même si le père de cette femme est un misérable ! Je veux de l'or et de l'argent, même si cet or et cet argent ne sont que poussière !

LE VIEUX : Feux de l'enfer ! Qui est venu te voir ?

UNE VOIX : Ne blasphème pas contre le Noël !

PIERRE : Qu'ai-je entendu ? Que les choses sont étranges

ce soir ! Père, regarde-moi ! Père ! Père ! Ce n'est plus ton visage !

Le vieux, *à genoux* : Mon fils, écoute-moi ! Je veux ton bien. Obéis-moi ! Reste avec moi !

Pierre : Non ! C'est trop tard !

Le vieux : Pierre ! Qu'est-ce que tu as au doigt ? Cet anneau ! Qui t'a donné cet anneau ?

Il essaie de le lui ôter.

Pierre : Laisse-moi ! Tu n'es pas mon père !

Le vieux : Si, je le suis ! Je suis ton père malheureux et criminel, ensorcelé par les puissances infernales !

Le vieux se transforme en un gros chat noir.

Pierre : Jésus et Marie, aidez-moi. (*La statue de la Vierge s'éclaire violemment. Minuit sonne.*) Le troll ! Le troll ! Arrière, esprit mauvais ! (*Le chat disparaît. Il ouvre les volets de la tour.*) Et maintenant, à moi le monde ! A moi la vie ! (*Il tourne son anneau.*) D'abord, vers la forêt ! (*Il saute par les volets ouverts.*) Loin d'ici !

ACTE II

Dans la forêt.

Une forêt sous la neige ; un ruisseau gelé traverse de biais l'avant-scène. C'est l'aube. Le vent souffle.

Scène 1

Pierre, *entrant* : Voici donc la forêt qui m'a tant fait rêver. C'est donc comme cela une forêt ! Et voilà de la neige ! Je vais faire des boules de neige comme je l'ai vu faire aux écoliers. C'est amusant, paraît-il. (*Il fait des boules de neige et en lance une ou deux.*) Ouais ! Ce n'est pas tellement amusant. J'en lance encore une autre... Bah ! C'est plutôt ennuyeux ! Quel est ce bruit que j'entends dans les branches ? Celui du vent ? Il est beau en tout cas... Non, il est monotone. Bruissements, murmures. On croit entendre un vol de moustiques, un soir d'été. C'est curieux comme la nature est changeante. (*Il aperçoit le ruisseau gelé.*) Qu'est-ce que c'est ? Ah oui, de la glace. Comment s'amuse-t-on avec la glace ? On s'amuse à glisser... J'essaye !

Il s'élance sur le ruisseau ; la glace se rompt ; il a peur et tombe.

Scène 2

Lise, *entrant et courant vers Pierre* : C'est lui ! Je l'ai trouvé ! Dort-il ? (*Elle ramasse l'anneau que Pierre a perdu dans sa chute.*) Tiens ! sa bague ! Mais pourquoi dort-il dans la neige ? Que lui est-il arrivé ? Il a dû se faire mal. Que faire ? Dans la neige, en pleine forêt, où personne ne passe... Il mourra de froid si je le laisse ici. La fée m'a envoyée vers lui, mais elle ne m'a pas dit que je le trouverais à moitié mort dans la neige ! (*Elle manipule l'anneau.*) Ce qu'il faudrait, c'est le chaud soleil de l'été brillant sur de vertes prairies.

Scène 3

Changement à vue. Le paysage devient estival. Le ruisseau court parmi les pierres, le soleil brille.

Lise : Qu'est-ce qui se passe ?

Tout étonnée de ce changement, elle regarde de tous côtés.

Pierre, *s'éveillant et se frottant les yeux* : Qu'est-ce qui m'arrive ? Voyons un peu ! Je saute de la tour, je vole jusqu'à la forêt toute blanche, je fais des boules de neige, je patine, je tombe, mon front cogne la glace, je perds connaissance... Et voici que je me réveille, et c'est le plein été ! Ai-je dormi six mois sous la neige ? Non ! Ce n'est pas possible, je serais frigorifié, et tout fripé aussi. (*Il se mire dans le ruisseau.*) Or, je suis frais comme une rose... (*Il se penche encore.*) Oh ! Que vois-je dans l'eau ? Un ciel sans nuages, des arbres verts, des nénuphars et, parmi tout cela... Une jeune fille ! Absolument semblable à celle que j'admirais et que le jeune homme enlaçait ! Des cheveux blonds épars, une bouche comme une chanson et de beaux yeux, comme ceux des fées ! Mon Dieu ! Elle me fait signe ! J'arrive ! j'arrive ! (*Il va se jeter dans le ruisseau quand Lise le prévient, en poussant un cri.*) Ici ! Elle est ici ! et tout à l'heure, là-bas !

Lise : Cela veut dire qu'il ne faut pas toujours se fier aux apparences.

Pierre : Oh, monde étonnant ! Est-ce bien la même jeune fille ? Oui, c'est elle ! (*Il veut s'approcher d'elle quand il aperçoit son anneau dans ses mains.*) Tu as mon anneau ! Quoi ! Tu as pris mon anneau ! Profitant de mon sommeil ! Ne pas se fier aux apparences, disais-tu ? C'est vrai ! Voilà la première leçon ! Dire que je m'apprêtais à embrasser un ange, et que je trouve une voleuse !

Lise : Réfléchis avant de juger, Pierre. Si je t'avais volé ta bague, je ne te la montrerais pas.

Pierre : J'ai compris, pardon. Dis-moi qui tu es. Comment t'appelles-tu ?

Lise : Je m'appelle Lise, mais tu ne sauras qui je suis qu'au moment voulu. Quand je suis arrivée, tu étais évanoui, alors j'ai ramassé ton anneau sur la neige. J'ignorais son pouvoir magique. Simplement, j'ai souhaité que revienne l'été pour que tu revives.

PIERRE : Sans toi, je serais mort de froid ! Je te remercie, Lise et, de grâce, oublie mes soupçons. Je voudrais que tu m'accompagnes. Ce serait si bien si tu pouvais m'accompagner. Nous verrions ensemble des choses merveilleuses, nous nous amuserions bien.

LISE : Pourquoi veux-tu voyager, Pierre ?

PIERRE : Comme tout le monde, pour trouver le bonheur.

LISE : Le bonheur ! Quelle pauvre chose !

PIERRE : Non, ne dis pas cela. Je peux tout obtenir, tout. N'avons-nous pas ici l'été, malgré l'hiver ? Regarde, le soleil brille en haut des arbres. Tout est nouveau pour moi, tu sais. Tiens ! Qu'est-ce que c'est ?

Il ramasse quelques pommes de pin.

LISE : Les fruits des arbres.

PIERRE : Des fruits ? Alors on peut les manger ?

LISE : Non, mais les enfants peuvent jouer avec.

PIERRE : J'aimerais tant jouer. Je n'ai jamais joué, avec personne.

LISE : A quoi veux-tu que nous jouions ? A la sauvette ?

PIERRE : Comment fait-on ?

LISE : Regarde ! (*Elle court derrière un arbre et jette à Pierre des pommes de pin.*) Attrape-moi maintenant !

PIERRE, *courant après elle* : Ce n'est pas facile ! (*Il marche sur une pomme de pin et se blesse le pied.*) Que le diable emporte les pommes de pin !

LISE : Ne maudis pas les fruits des arbres.

PIERRE : Des fruits qu'on ne peut même pas manger, à quoi bon ? Si seulement ce sapin en portait d'autres, semblables à ceux des arbres de Noël ! (*Changement à vue : le sapin porte des oranges.*) Viens, Lise ! Nous allons les manger !

Ils cueillent des fruits et ils les mangent.

LISE : Eh bien, qu'en penses-tu ?

PIERRE : Ils sont très bons, excellents... et pourtant, je les imaginais meilleurs encore.

LISE : Il en sera ainsi, toujours, durant toute la vie.

PIERRE : Petite fille, comme tu es sage ! Lise, il me vient l'idée d'un autre jeu. Veux-tu que je mette mon bras droit autour de ta taille ?

Un oiseau chante doucement dans le sapin.

LISE : Pour quoi faire ?

PIERRE : Je voudrais t'embrasser aussi.

LISE : Je veux bien. Cela ne doit pas être si dangereux.

Ils s'embrassent. L'oiseau chante plus fort.

PIERRE : Ce jeu donne chaud. Dis, baignons-nous, veux-tu ?

LISE, *se cachant les yeux* : Nous baigner !

PIERRE, *enlevant sa veste* : Mais oui !

L'oiseau chante encore.

LISE, *se cachant derrière un arbre* : Non, non ! Je ne veux pas !

PIERRE : Qui est-ce qui braille, là-haut ?

LISE : C'est un oiseau qui chante.

PIERRE : Que chante-t-il ?

LISE : Je comprends le chant des oiseaux. C'est ma marraine qui me l'a appris.

PIERRE : Alors, que dit-il ?

L'oiseau chante toujours.

LISE, *imitant l'oiseau* : Pas ceci, pas ceci, pas ceci ! (*L'oiseau chante encore.*) Pierre ! Sais-tu ce qu'il vient de chanter ?

PIERRE : Ma foi, non !

LISE : Vis dans l'innocence, mon œil te voit !

PIERRE : L'innocence, qu'est-ce que c'est ?

LISE : Je ne sais pas... mais rhabille-toi !

PIERRE : Personne ne peut nous voir, ce n'est que du bavardage. Ferions-nous quelque chose de mal ? (*Le coucou crie : oui, oui ! oui, oui ! oui, oui !*) Qu'est-ce qu'il crie, ce coucou-là ?

LISE : Oui, oui ! oui, oui ! oui, oui !

PIERRE : Que d'histoires pour si peu de chose !

LISE : Ne peux-tu pas te contenter de la grande joie innocente de la nature ?

PIERRE : Si ! Pendant un petit moment ! Qu'est-ce que c'est ?

Il enlève sa veste.

LISE : Une fourmi !

PIERRE : C'est agaçant à la fin. (*Il se défend avec son chapeau.*) Et les moustiques ! Je n'aime pas les moustiques !

LISE : Rien n'est parfait dans ce monde, Pierre. Accepte donc le mauvais avec le bon.

PIERRE : Au diable le mauvais, que je garde le bon !

(*Il frappe de tous côtés.*) Quelles sales bestioles ! J'en ai assez de cette forêt ! Qu'est-ce qu'on fait ? On joue ? Mais je ne veux pas passer ma vie à jouer. Lise, j'ai besoin d'activité ; je veux me mêler aux hommes. Dis-moi, toi qui es si pleine de sagesse, à quoi les hommes attachent-ils le plus grand prix ?

LISE : Avant de te répondre, écoute-moi, écoute une parole qui m'est dictée par la sagesse : les hommes te causeront autant de tracas que les moustiques, jamais, en tout cas, ils ne te donneront autant de joies que l'éternelle nature.

PIERRE : Oui, la nature ! Vue d'un clocher, elle est très belle, mais de tout près, elle est plutôt monotone. Rien n'y remue ! Les arbres qui sont plantés là depuis cinquante ans resteront là cinquante ans encore ! Je suis déjà fatigué de cette splendeur ! Je veux du mouvement et du bruit, et peu importe que les hommes ressemblent à des moustiques, on peut au moins se défendre contre eux plus facilement que contre cette engeance.

Il frappe de tous côtés avec son chapeau.

LISE : Tu verras bien toi-même, puisque tu ne veux pas m'écouter.

PIERRE : Dis-moi ce que les hommes apprécient le plus chez un homme.

LISE : Ma réponse sera si pitoyable que je n'ose pas la formuler.

PIERRE : J'ai besoin de savoir.

LISE : L'or.

PIERRE : L'or ! Mais l'or ne gît pas dans l'homme, l'or est hors de l'homme.

LISE : Oui, tout le monde le sait, et pourtant...

PIERRE : Je ne te comprends pas. Que peut l'or de si extraordinaire ?

LISE : Rien et tout. L'or est comme un roi qui ne fait rien, et qui peut tout. Il donne ce que contient la terre. C'est un métal si pur que rien ne le corrompt, si lourd qu'il écrase les êtres.

PIERRE : Eh bien, tant pis ! Tu viens avec moi, Lise ?

LISE : Je te suivrai, Pierre, à distance.

PIERRE : Pourquoi à distance, pourquoi pas à mes côtés ? Lise, mes bras t'étreignent. (*Lise s'arrache de son étreinte et l'oiseau chante.*) Pourquoi te sauves-tu ?

LISE : Demande-le à l'oiseau.

PIERRE : Qu'a-t-il chanté encore ?

LISE, *embarrassée* : Je ne peux pas te le répéter.

L'oiseau chante toujours.

PIERRE : Tu ne le peux pas ou tu ne le veux pas ?

LISE : Il ne chante plus pour nous : il chante pour son oiselle ! Imagine ce qu'il chante !

PIERRE : Comment veux-tu que j'imagine ?

LISE, *qui sort en courant* : Il dit : « Je t'aime ! Je t'aime ! Je t'aime ! »

PIERRE : Reste ! Tu ne me quitteras pas, Lise. Elle est partie ! Tant pis ! Je n'y peux rien... Et puisque je suis seul... A nous château, plats et vins fins, chevaux, carrosses et domestiques ! Et de l'or ! Et de l'or !

SCÈNE 4

Changement à vue. Une salle magnifique. Des domestiques apportent une table chargée de plats et de vins ; d'autres, un coffre rempli d'or ; d'autres encore, une table couverte de cruchons, de vases, de coupes, de chandeliers en or, etc.

PIERRE, *tout en se promenant et en regardant autour de lui* : Voici donc la maison de l'homme riche, et je suis cet homme riche ! Esclaves ! Apportez-moi mes habits de fête, de beaux habits en or ! (*Les domestiques lui apportent des vêtements en or.*) Une chaise ! (*Ils l'installent dans un fauteuil doré.*) Et maintenant, mon ami Pierre, tu vas prendre la vie à pleins bras. Tu l'as mérité, je trouve. Ne t'es-tu pas levé tous les matins, dès quatre heures, pour sonner l'office ? N'as-tu pas balayé l'église tous les vendredis, et chaque samedi lavé les marches ? Ne t'es-tu pas nourri de pain et de harengs trois cent soixante-cinq jours par an, en buvant de l'eau fraîche ? N'as-tu pas dormi sur un grabat de cosses de pois sèches, souvent si mal battues que les pois roulaient sous tes reins ? Mais c'est fini, fini. Désormais, à toi la grande vie !

Il s'attable.

LE MAJORDOME, *qui porte un bâton* : Que Votre Excellence m'excuse ! Le couvert n'est pas encore mis !

PIERRE : Comment, pas mis ?

LE MAJORDOME : Les rôtis ne seront pas prêts avant quelques heures.

PIERRE : Je me moque pas mal des rôtis !

LE MAJORDOME, *se plaçant devant lui avec son bâton* : Il n'est pas convenable de s'asseoir devant une table non dressée.

PIERRE : Qui me l'interdirait dans ma propre maison ?

LE MAJORDOME : Les convenances, Votre Excellence, ne le permettent pas.

PIERRE : Les convenances ! Qu'est-ce que c'est encore que ces gens-là ?

LE MAJORDOME : Que Votre Excellence daigne écouter les paroles d'un vieil homme. Celui qui, dans la situation de Votre Excellence, refuse d'observer les convenances, est perdu !

PIERRE, *intimidé* : Voici un maître bien sévère ! Résignons-nous, quoique j'aie faim ! Mais attends ! Rien n'a-t-il de prise sur les convenances ? D'après ce qu'on m'a dit, il me semble qu'avec de l'or... (*Il va puiser dans le coffre et en tire une poignée d'or.*) Avec ceci, ne peut-on pas...

LE MAJORDOME : Pardonnez-moi, Votre Excellence ! Je suis situé bien au-dessus des domestiques, et vous bien au-dessus de moi, mais les convenances nous dominent tous, vous, moi et les domestiques. Leurs lois sont éternelles parce que fondées à la fois sur la raison et sur ce qu'il est convenu d'appeler les traditions historiques !

PIERRE : Et les traditions historiques sont insensibles à l'or.

LE MAJORDOME : En l'occurrence, elles sont incorruptibles, Votre Excellence.

PIERRE : A quoi me sert ma richesse, si je ne peux pas manger quand j'ai faim ? Je suis donc plus mal loti que le dernier des sonneurs de cloches !

Le majordome s'immobilise au bout de la table.

SCÈNE 5

L'huissier et son commis circulent en faisant l'inventaire de tous les objets qui sont dans la pièce.

PIERRE : Que font tous ces gens chez moi ? De quoi suis-je coupable pour qu'on me tourmente de la sorte ?

L'HUISSIER : C'est le fisc, Votre Excellence !

PIERRE : Ah bon ! C'est vous qui estimez ma valeur ? Alors, à combien taxe-t-on la valeur d'un homme, de nos jours ?

L'HUISSIER : Pour Votre Excellence, à deux pour cent ; pour les autres, ma foi, c'est selon.

PIERRE : Je suppose que je puis me retirer car je suis fatigué et j'ai faim.

L'HUISSIER : Impossible ! La présence du propriétaire des lieux est indispensable à la conduite de l'opération.

PIERRE : Puis-je quand même m'asseoir ?

L'HUISSIER : Je vous en prie ! (*A son commis* :) Deux douzaines d'assiettes à bords ciselés. Note ! Six seaux à glace avec des anses en métal jaune. Note ! Un sucrier d'environ une pinte et demi, et deux autres sucriers de petite taille. Note ! Deux douzaines de couteaux à manche de nacre, tout neufs. Note !

PIERRE : Je me demande si je rêve ou si je deviens fou !

L'HUISSIER : Une table de salle à manger en chêne avec deux rallonges. Note ! Six chaises en noyer...

SCÈNE 6

Entre un avocat.

PIERRE : Encore un !

L'AVOCAT : Votre Excellence est priée de se présenter à l'hôtel de ville, ce jour, avant midi, pour procéder à l'enregistrement du certificat de propriété numéro 2867.

PIERRE : Un procès ! Je ne m'occupe pas de procès, monsieur.

L'AVOCAT : Il ne s'agit pas d'un procès, Votre Honneur, mais seulement d'un constat.

PIERRE : Je n'ai aucune envie de constater.

L'AVOCAT : Mais, à supposer que...

PIERRE : Je ne veux rien supposer ! Je veux dîner ! Majordome ! En attendant, ne pourrais-je pas obtenir une tartine de pain, avec un peu de beurre quand même ?

Le majordome lève son bâton d'un geste menaçant.

Scène 7

Entre le greffier.

Pierre : En viendra-t-il encore beaucoup d'autres ?

Le greffier : Votre Excellence est priée de se présenter demain matin à onze heures devant le juge de paix, pour avoir négligé de faire nettoyer la rue devant sa maison.

Pierre : Faut-il donc encore que je nettoie ou fasse nettoyer ? Un homme riche comme moi !

Le greffier : Il est du devoir de chaque propriétaire de faire nettoyer la rue devant sa maison.

Pierre : Convenances, impositions, suppositions, nettoyages, faim, soif, est-ce donc là le destin du riche ? J'aimerais mieux, dans ce cas, balayer ma propre demeure ! Et de plus, il m'est défendu de chasser de chez moi les gens qui s'y introduisent de force ; et de plus, je ne peux même pas aller me promener si j'en éprouve le besoin !

Scène 8

Entre encore le solliciteur accompagné d'un domestique qui porte deux paniers remplis de papiers.

Pierre : Qu'est-ce que tout cela ? Monsieur l'avocat, et vous monsieur l'huissier, la loi n'aidera-t-elle pas un pauvre riche à faire régner la paix dans sa maison ? La loi ne protégerait-elle que les pauvres ?

L'avocat : Que Votre Excellence veuille bien comprendre qu'elle n'est plus une personne privée ! Parvenu au sommet de la société par la vertu de la richesse, on appartient à la communauté.

Pierre : Et l'on est placé hors la loi ?

L'avocat, *souriant et regardant autour de lui* : Au-dessus de la loi, Votre Excellence !

Pierre : Que désire ce dernier ami qui vient de surgir ? Ce sont des cadeaux que vous m'apportez dans ces paniers ?

Le solliciteur : En votre qualité de marguillier, Votre Excellence, vous êtes...

Pierre : Priée de vous présenter...

Le solliciteur : Priée de vous présenter après-demain à l'assemblée de la paroisse...

Pierre : A onze heures...

Le solliciteur : A onze heures pour assister à l'élection du pasteur... Mais auparavant, Votre Excellence, afin de se faire une opinion claire, doit prendre connaissance des documents que je lui apporte et qui tendent tous à prouver l'incompétence du candidat combattu par nous.

Pierre : Je devrais étudier ces monceaux de papier d'ici après-demain ? Non. Vous vous moquez de moi !

Le solliciteur : Il suffirait que Votre Excellence approuve notre candidature...

Pierre : Sans même avoir rien lu... Après tout, pourquoi pas ? Merci cher ami, de tout cœur. Que l'on m'apporte encre et plume !

Le solliciteur *lui présente avec empressement un encrier, une plume et aussi le papier qu'il doit signer* : Il n'en faut pas davantage, Votre Excellence, et je vous rends grâces !

Pierre : Tout le plaisir est pour moi !

Le majordome frappe sur la table avec son bâton et les domestiques entrent, chargés de plats.

Le majordome : Votre Excellence est servie !

Tous sortent à l'exception du majordome.

Pierre, *s'asseyant devant la table* : Enfin ! (*Musique discrète.*) Quand vous donnez un ordre, tous obéissent ; quand c'est moi qui le donne, c'est comme si je chantais.

Le majordome : Ils n'obéissent pas à mes ordres, Votre Excellence, mais aux lois des convenances.

Pierre : Qui, elles, sont au-dessus de moi !

Le majordome : Ces lois expriment un accord conclu entre un grand nombre d'hommes, et il est très normal qu'elles aient le pas sur la volonté d'un seul.

Pierre : Vous avez réponse à tout ! N'importe, je peux maintenant me réjouir ! Le vin réchauffe le cœur, un bon repas réchauffe la tête... Mais quel plaisir a-t-on à se réjouir tout seul ? Monsieur le majordome, les lois des convenances peuvent-elles admettre que j'aie compagnie à ma table ?

Le majordome : Elles l'admettent, Votre Excellence, et même, l'exigent.

Pierre : Ah ! tant mieux ! Je souhaite donc...

Scène 9

Le premier ami entre et se jette dans les bras de Pierre.

Le premier ami : Ah ! Je te retrouve enfin après une si longue absence ! Et tu n'as pas changé ! A peine un peu plus maigre qu'à notre dernière rencontre ! Cher vieil ami ! Comment vas-tu ?

Pierre, *le fixant, éberlué* : Très bien, très bien, merci... comme tu peux le voir. Prends donc une chaise et assieds-toi !

Le premier ami : Je t'en prie ! Ne te dérange pas : je viens de dîner ! J'attendrai au salon que tu en aies fini...

Pierre : Pas du tout ! Je me plaignais justement d'être seul à ma table ! Non ! Assieds-toi près de moi et tiens-moi compagnie.

Le premier ami : Ecoute, vieux... si tu y tiens absolument, je veux bien m'asseoir à tes côtés pendant que tu manges, mais, tu sais, je ne suis pas venu pour manger...

Pierre : Et même dans ce cas... quelle importance ?

Le premier ami, *après avoir fait un geste de protestation, s'asseyant* : Te voilà donc à flot, comme on dit ! Je suis bien content de voir que le destin te favorise, oui, qu'il existe au moins *quelqu'un* à qui la fortune daigne sourire. Tout le monde, hélas, ne peut en dire autant !

Pierre : Il y a quelque chose qui ne va pas, pour toi ?

Le premier ami : Non, non, pour moi tout va... bien.

Pierre : De toutes façons, mon cher, je n'ai pas envie d'entendre parler de tes malheurs pendant que je suis à table. Goûte plutôt de cette gélinotte. Simplement pour me rendre service.

Le premier ami : Pour te rendre service, mon ami !

Pierre : Ne m'appelle donc pas « mon ami », puisque tu sais mon nom !

Le premier ami : Bien sûr, bien sûr, cher Christophe ! Mais tu me demandais un service, à moi, pauvre petit vermisseau ! Puis-je te le refuser ?

Il commence à manger et son appétit, à mesure qu'il mange, croît au point que Pierre le regarde ahuri.

Pierre : Il ne faut jamais rien refuser à personne.

Le premier ami : Bien dit ! Rien se refuser, enfin, je veux dire, rien refuser à personne.

Scène 10

Arrive en plus le deuxième ami.

Le deuxième ami, *allant directement à la table* : Bonjour, Georges ! Tu me reconnais ? (*Pierre le regarde attentivement, mais sans le moindre souvenir.*) Je vois que tu ne me reconnais pas, mais moi, par contre, je te reconnais bien. Je n'oublie jamais mes vieux amis et, quand je suis aux abois, je les recherche. Te voici en train de manger, alors moi je te dis franchement : j'ai faim et j'arrive. Mon ami ! Me voilà donc !

Il s'assied à la table et se sert.

Le premier ami : Quel est ce malotru ? On dirait qu'il n'a rien eu à se mettre sous la dent entre Noël et Pâques !

Pierre : C'est un vieil ami !

Le deuxième ami : Quel est ce vagabond, à ta droite ? Il s'empiffre comme un loup.

Pierre : Un très bon ami à moi !

Le premier ami, *à Pierre* : Méfie-toi des faux amis, Christophe !

Le deuxième ami, *à Pierre* : Prends garde aux faux amis, Georges !

Pierre : Bien sûr ! Bien sûr !

Le premier ami : Il est venu pour te taper, tu vas voir !

Le deuxième ami : S'il te demande de l'argent, refuse-le-lui, car il ne rend jamais.

Pierre : Tiens, tiens ! Que pensez-vous de mon menu, mes excellents amis ? N'est-il pas délicieux ?

Le deuxième ami : La flatterie, ce n'est pas mon genre.

Le premier ami : Votre genre c'est de bien manger, cher ami, pas vrai ? Je ne sais pas non plus flatter les gens, mais je ne suis pas non plus obligé de cacher la vérité, et la vérité c'est qu'il n'y a que Christophe pour offrir un repas aussi délicat.

Le deuxième ami : Moi je suis un homme du peuple, et c'est pourquoi je déteste les belles phrases. Je suppose que monsieur essaye par ses flatteries de se procurer de l'argent. Oui, voilà mon opinion.

Le premier ami : Ce monsieur a un certain toupet !

Pierre : J'insiste, chers messieurs, pour qu'aucune conversation sérieuse ne vienne gâcher notre agréable réunion...

qui, il est vrai, serait plus agréable encore si la présence de quelque jolie femme la rehaussait quelque peu.

SCÈNE 11

Entre aussitôt l'amie.

PIERRE : Et la voici !

L'AMIE : Tu aurais pu m'attendre pour te mettre à table ! Tu n'es pas très galant ! Je te pardonne cette fois encore à cause de notre amitié, mais à l'avenir, gare !

PIERRE, *lui baisant la main* : Excusez-moi, ma belle, je vous en prie ! J'ai dû me tromper de jour. Asseyez-vous donc. (*Aux deux amis* :) Soyez assez gentils pour vous écarter un peu... afin que mademoiselle puisse s'asseoir à côté de moi. (*Les deux amis se rapprochant encore de Pierre.*) Allons, mes amis ! Ecoutez. Mon meilleur ami sera celui qui cédera sa place, oui, ce sera celui-là qui restera le plus près de mon cœur. (*Les deux amis s'écartent en même temps.*) Je vois que vous êtes tous les deux mes meilleurs amis.

L'AMIE : Comme je suis ta meilleure amie, pas vrai, Alonzo ?

PIERRE : Absolument vrai ! Et maintenant, je lève ma coupe et je bois à l'amitié ! L'amitié est comme l'or, elle est pure !

L'AMIE : Comme il parle bien !

PIERRE : L'amitié est comme la lune...

L'AMIE *et* LES AMIS : Bravo ! Bravo !

PIERRE : ... Car elle emprunte son or brillant... (*L'amie et les amis se regardent.*) A l'or du soleil ! Et quand le soleil s'assombrit, elle disparaît, n'est-ce pas ?

L'AMIE *et* LES AMIS, *aigrement* : Fort bien dit !

PIERRE : L'amitié est une flamme qu'il faut entretenir pour qu'elle ne s'éteigne pas. Vous m'avez tous trois donné votre amitié, que puis-je à mon tour vous donner ? (*L'amie et les amis regardent autour d'eux.*) Vous regardez mon or, mais l'or est de la poussière en comparaison de notre amitié !

L'AMIE, *se hasardant avec prudence* : Ce n'est pas parce

qu'il y a des biens spirituels qu'il faut mépriser les biens matériels.

LES DEUX AMIS : Très juste !

PIERRE : Eh bien, pour récompenser votre fidélité, je vous donne tout ce que vous semblez convoiter si fort.

L'AMIE *et* LES AMIS, *s'emparant au service de table* : Oh !

PIERRE : Pourtant n'oubliez pas ce que je vous ai dit : l'or n'est que poussière ! (*La main devant la bouche, il se promène d'un bout à l'autre de la pièce, semblant souffrir beaucoup.*) Mon Dieu ! Il me semble que... que je vais mourir !

L'AMIE : Qu'as-tu, Alonzo ?

PIERRE : Mal aux dents. Oh ! mes dents ! Que je souffre ! Vous voyez, mes chers bons amis, que le riche lui-même est sujet aux désagréments de la vie ! (*L'amie et les amis se dirigent vers la porte, chargés des plats en or.*) Je vous en prie ! Ne partez pas ! Ne me laissez pas seul avec ma souffrance ! Secourez-moi ! J'ai besoin de vous !

LE PREMIER AMI : Une rage de dents, ce n'est quand même pas une catastrophe. Elle va passer très vite.

LE DEUXIÈME AMI : Mets de l'eau froide dans ta bouche et ça sera fini.

L'AMIE : Que les hommes sont douillets ! Les femmes sont autrement dures au mal.

PIERRE : Je vous en supplie, ne me quittez pas ! Je souffre terriblement !

LE PREMIER AMI : Christophe ! Je ne t'abandonnerai jamais ! (*Il empoigne la porte.*) Je cours chez le dentiste !

PIERRE : Non ! Reste !

LE DEUXIÈME AMI, *empêchant le premier de sortir* : Non ! C'est à moi, le plus vieil ami de Georges, de chercher le dentiste qui allégera ses douleurs.

PIERRE : Vous voulez me quitter tous, malgré mes prières ! Eh bien, l'or que vous emportez, je le maudis ! Et vous, faux amis, je vous maudis aussi !

Le butin de l'amie et des amis se transforme et devient tout noir.

L'AMIE *et* LES AMIS, *en chœur* : Il nous a trompés, le voleur ! Oh ! j'ai mal !

Saisis tous les trois d'une rage de dents, ils trépignent et se lamentent.

PIERRE, *rétabli et désinvolte* : Prenez courage ! Une rage

de dents ce n'est tout de même pas une catastrophe, ça passera vite. Mets-toi de l'eau froide dans la bouche et ce sera fini. (*L'amie s'évanouit.*) Une femme qui s'évanouit pour une pareille bagatelle ! (*Les deux amis sortent en courant.*) Oui, oui ! Allez-vous-en ! Courez chez le dentiste ! Faites-vous arracher toutes les dents, mes renards ! Vous ne mordrez plus les moutons !

Scène 12

L'amie, *reprenant ses sens* : Alfred ! Tout le monde t'abandonne ; mais moi, je reste avec toi !

Pierre : Vraiment ! Qu'espérez-vous ? Je me sens à présent aussi démuni que le plus démuni. Bientôt l'huissier viendra percevoir les impôts, et il saisira mes meubles.

L'amie, *se glissant vers lui* : Je te soutiendrai dans cette épreuve. Je resterai auprès de toi, je serai ton appui. (*Elle lui prend la main mais en profite pour lui voler son anneau au cours des répliques qui suivent.*) Accepte que je te tende la main.

Pierre, *dupé* : Toi, me consoler ? Est-ce possible ?

L'amie : Tout est possible, ami. Regarde-moi.

Pierre : N'est-il pas vrai que la femme est un être déloyal ?...

L'amie : Non, pas déloyal, intelligent. La femme est plus intelligente que l'homme... Mon ami ! Je suis tellement émue et bouleversée ! Il faut que je m'asseoie !

Il l'aide à gagner une chaise.

Pierre : Calmez-vous, chère amie : j'ai seulement voulu vous effrayer.

L'amie : Vite, un verre de vin, je vous en prie. Vous voulez bien ? Toutes ces émotions m'ont épuisée. (*Pierre se dirige vers la table. Le mur s'ouvre derrière la chaise et l'amie disparaît vers le mur, mais elle a le temps de crier, brandissant l'anneau dans la direction de Pierre* :) Ha ! ha ! ha ! Collégien ! Ne te fie plus à une femme que tu as insultée ! Souviens-toi !

Scène 13

Pierre, seul, court à la fenêtre et regarde au dehors. Quand il retire sa tête, il porte des oreilles d'âne.

Pierre : Que la richesse, l'amitié et les femmes soient maudites ! Je me retrouve seul, abandonné, misérable, muni d'une paire de longues oreilles et sans l'anneau qui me protégeait ! Si j'avais su que le monde était aussi méchant, je serais resté chez le troll ! Que vais-je faire à présent, sans amis, sans argent, sans maison ? La misère m'attend à la porte ! Faudra-t-il que je travaille durement pour réaliser le moindre de mes désirs ? Si je n'étais pas seul, au moins ! Mais je suis seul, puisque l'amitié même est une tromperie, comme tout le reste. Malédiction !

Scène 14

Lise entre.

Lise : Pierre, ne blasphème pas !

Pierre : Toi, Lise ! Voici que tu reviens vers moi quand moi, je t'oubliais !

Lise : C'est dans le besoin que nous retrouvons nos amis.

Pierre : Nos amis ! Je maudis l'amitié.

Lise : Tu as tort, ne la maudis pas. S'il y a de faux amis, il y en a aussi de vrais.

Pierre : Non, j'ai de l'expérience, à présent. Tout est faux ! Tout est vide !

Lise : Tu n'as encore fait que ton premier apprentissage : celui de la jeunesse ; il te reste maintenant à devenir un homme. Tu as d'abord cherché la joie là où elle n'est pas. Essaye plutôt de faire le bien, veux-tu. Essaye de te rendre utile aux hommes, de les éclairer : tes yeux sont assez purs pour découvrir ce qui est faux, factice et mauvais.

Pierre : Et je deviendrai un grand homme !

Lise : Grand ou petit, peu importe ! Cherche à améliorer le sort des hommes, voilà tout.

Pierre : Je serai un réformateur ! Un réformateur adoré par le peuple ! Mon nom sera sur toutes les lèvres ! Oui !

LISE : Comme tu es encore loin de la vérité, Pierre ! Tu ne rêves que de grandeur et de célébrité. Bon ! Tu auras la gloire, mais elle ne sera pour toi qu'une expérience de plus !

PIERRE : Sais-tu, Lise, que mon anneau a disparu ?

LISE : Non !... Ton anneau ne peut pas se perdre. Tu l'as toujours.

PIERRE, *regardant sa main* : Oui ! Le voilà ! Eh bien, je serai un grand homme et un réformateur ! Mais je veux, Lise, que tu m'accompagnes.

LISE :

Pas encore, mais je te suivrai,
Et si, un jour de misère,
Ton cœur meurtri désespère,
Près de toi je me tiendrai.

Va-t'en par le monde et regarde :
Tout est mêlé, beauté, laideur :
De la ronce naît la fleur,
La vertu vit dans les mansardes.

ACTE III

Une place. A droite, l'arcade de l'hôtel de ville. Au-dessus, des sièges pour le maire et les conseillers ; à gauche, la maison du cordonnier avec une vitrine et une enseigne. Devant la maison, un banc et une table. A côté, une cage à poules et un baquet rempli d'eau.

Au milieu de la place, un pilori avec deux bracelets de fer suspendus par des chaînes, et au-dessus, une statue, des verges dans la main. A droite, la statue (grandeur nature) du maire Henri Schulze accoudé à une demoiselle de paveur, et portant sur le front une couronne de laurier.

Au fond, vue sur la ville.

SCÈNE 1

LE PILORI, *s'inclinant devant la statue* : Bonjour, Statue ! As-tu bien dormi cette nuit ?

LA STATUE, *faisant un signe de la tête* : Bonjour, Pilori ! Et toi ?

LE PILORI : J'ai dormi, bien sûr, mais j'ai rêvé aussi. Devine de quoi j'ai rêvé.

LA STATUE, *bourrue* : Comment veux-tu que je devine ?

LE PILORI : Je vais te le dire. J'ai rêvé, figure-toi, d'un réformateur qui surgissait dans la ville !

LA STATUE : Un réformateur, dis-tu. (*La statue frappe du pied.*) Nom de nom ! Ce qu'on peut avoir froid aux pieds, tout de même, à rester toujours debout ! Mais, que ne ferait-on pour la gloire ! Un réformateur, disais-tu ? A qui on dressera aussi une statue ?

LE PILORI : Une statue ! Penses-tu ! Non ! Il a lui-même créé sa statue à mes pieds, et je l'ai serrée entre mes bras... (*Les bracelets s'entrechoquent.*) Non. C'est au contraire un véritable réformateur, et pas un charlatan comme toi !

LA STATUE : Ne dis donc pas de sottises ! Tu n'as pas honte ?

LE PILORI : Moi, honte, pourquoi ? La justice est toujours de mon côté.

Il brandit les verges.

LA STATUE : Et quelle était la spécialité de cet individu ?

Le Pilori : Réformateur en matière de pavage.

La Statue : De pavage de rues ! Mais alors, il marche sur mes plates-bandes !

Elle frappe sur le pavé avec la demoiselle.

Le Pilori : Je m'excuse, il fait un très bon travail, mon ami. Tu sais, on ne t'aurait jamais statufié si tu n'avais eu la chance d'être le beau-père du maire.

La Statue : Quoi, ce n'est pas moi qui ai eu le premier l'idée de paver nos rues ?

Le Pilori : Bien sûr ! Mais l'idée était déjà dans l'air. Et comment l'as-tu exécutée ? Là où avant ton intervention on marchait sur un sable moelleux, on se tord maintenant les pieds sur d'horribles pavés mal taillés et qui déchirent les souliers ! Bien entendu, le chemin qui va de ta maison à ton cellier, tu l'as fait garnir de pierres plates...

La Statue : Le réformateur, comme tu l'appelles, voudrait refaire ce que j'ai fait ?

Le Pilori : Il se propose de remplacer tous tes mauvais pavés pointus par des pavés semblables à ceux qui mènent de ta maison à ton cellier, et cela afin que toutes les rues soient pareillement commodes pour tous les citoyens.

La Statue : Mais alors, c'est un révolutionnaire !

Le Pilori : Certes, mais il n'est soutenu par personne. Toi, si tu as réussi, c'est parce que tu avais avec toi le carrossier, le cordonnier, le barbier, le maire, et j'en passe.

La Statue : Qu'il fasse bien attention ! Chaque pierre qu'il enlèvera de mon chemin, le peuple la lui jettera à la figure. Malheur à lui s'il ose toucher à ma mémoire !

Le Pilori : J'espère pourtant qu'il te démasquera ! Rappelle-toi comment tu es devenu un grand homme après ta mort. D'abord, le pasteur a reçu vingt marks pour raconter ta vie, lors de ton enterrement. Ensuite le paveur enrichi improvisa ton éloge, puis le barbier — dont tes pierres biscornues ont augmenté la clientèle — fit frapper une médaille à ton nom ; après quoi, le carrossier, heureux de pouvoir réparer tant de voitures qu'avaient déglinguées tes vilains cailloux, donna ton nom à l'une de ses productions et, enfin, le cordonnier organisa une fête commémorative ! Le maire, ton gendre, n'eut plus qu'à lancer une souscription pour faire ériger ta statue. Le tour était joué.

La Statue : Quoi qu'il en soit, je reste debout, là,

devant toi, et c'est bien ce qui te vexe. Et aujourd'hui, la Société Schulze m'entourera de couronnes et me chantera une cantate, commandée par mon gendre, et toi tu seras bien obligé de l'écouter, même la mort dans l'âme.

LE PILORI : Eh oui ! Mais qui sait si mes rêves, pour finir, ne se réaliseront pas ?

LA STATUE : Chut ! Je vois venir la Société !

LE PILORI : Amusant ! Ils ne sont que trois ! L'année dernière, ils étaient six ! Ta renommée dégringole, mon ami Schulze ! Je vois venir le temsp où l'on t'enverra paître, avec les bœufs !

LA STATUE : Un peuple qui vénère ses grands hommes et ses grands souvenirs ne peut pas tomber assez bas pour reléguer ses statues dans une prairie à bœufs.

SCÈNE 2

LE CORDONNIER *sort de sa maison et ouvre sa devanture* : Je crois qu'il a plu cette nuit : frère Schulze est tout reluisant ! Fasse le ciel qu'il ne pleuve pas à l'arrivée de l'orphéon ! (*Il appelle vers l'intérieur de la boutique* :) Henri !

HENRI, *à la fenêtre* : Me voici, maître !

LE CORDONNIER : Viens t'asseoir ici, sur le banc, avec ton ouvrage. Je dois aller remplir mon devoir de citoyen.

HENRI : Oui, maître !

LE CORDONNIER : Et si tu ne travailles pas bien, je ferai danser mon tire-pied sur ton dos ! Tu m'entends, galopin ?

HENRI : Oui, maître !

LE CARROSSIER *entre avec un drapeau* : Bonjour, cordonnier !

LE CORDONNIER : Bonjour, carrossier !

LE BARBIER *entre avec une couronne de lauriers* : Bonjour ! Bonjour ! Devons-nous attendre le maire ? Vous savez, le temps se gâte, nous ferions bien de nous hâter.

LE CORDONNIER : C'est aussi mon avis. Aussi ai-je pris mon manteau.

LE CARROSSIER : Je ne vois pas un chat sur cette place. Pourtant, ils devraient tous être rassemblés et former une haie derrière nous ! Cordonnier, as-tu bien prévenu l'imprimeur que la fête est aujourd'hui ?

LE CORDONNIER : Certainement.

LE CARROSSIER : Eh bien, plaçons-nous en demi-cercle autour de la statue que nous honorons, messieurs ! Bien !

LE BARBIER : Attaquons la cantate : le public s'attroupera.

LE CARROSSIER : Je me demande ce que fait le maire. D'habitude, il nous sert des grogs...

LE CORDONNIER : S'il nous entend chanter, il se réveillera. Messieurs ! Tenez bien la note : Do, fa dièze, sol, si.

LE CARROSSIER : Donc, messieurs, je commence ! Mais faites attention au trio afin que notre ensemble soit particulièrement odieux...

Il chante en solo :

Salut à toi, ô bienfaiteur !
Maire, salut à toi !

Dans cette vallée de larmes où tout est périssable,
Ton souvenir, lui, écartant le mal,
Vivra éternellement en dépit des cabales !

LE CORDONNIER : Bravo ! Bien sifflé, carrossier ! Va-t-on nous apporter des grogs ?

LE CARROSSIER : En avant, cordonnier, pour l'aria ! Nous l'attaquerons d'une manière tellement sublime que monsieur le maire sera bien forcé de se réveiller.

LE CORDONNIER *chante* :

O respiration des roses et des œillets,
Dans le destin cruel des fleurs miraculeuses...

Glauque et trompeuse
La vague houleuse
La caresse de ses cheveux
Où soufflent les vents frileux...

Méditatifs, lys blancs et lys rouges
Rêvent mort et vie et jamais ne bougent.

LE BARBIER : Très beau poème ! Mais je ne vois pas du tout en quoi il se rapporte à notre fête. Où l'as-tu dégotté ?

LE CORDONNIER : Voilà, j'ai un apprenti, une espèce d'idéaliste, comme on dit, et il pond des trucs comme celui-ci, à ses moments de loisir, quand il est libre, le dimanche.

LE CARROSSIER : S'il m'est permis d'exprimer mon opinion, je dirai que je ne vois pas très bien où le poète veut en venir.

LE CORDONNIER : Voyons, c'est la beauté de la chose, justement ! Diable ! C'est qu'il pleut !

Il enfile son manteau.

LE CARROSSIER : Messieurs, est-il bien nécessaire que nous restions ici à nous faire mouiller, en l'honneur de ce vieux crétin ?

LE CORDONNIER : Mes amis, n'oubliez pas que nous touchons une subvention pour entretenir l'orphéon ! Alors, entonnons au moins notre trio avant de nous séparer. Si nous nous y mettons, ensemble et de toute notre voix, Satan lui-même ne pourra plus dormir ! Je vous l'accorde, sacrifions le discours. De toutes façons, il n'y a pas assez de monde pour que nous donnions cette grande scène. Mais chantons notre trio, messieurs ! Do, fa dièze, sol, si. Il n'est pas aussi sublime que l'aria, mais il est, lui, adapté aux circonstances qui nous rassemblent.

La pluie tombe à verse et le vent augmente.

LE BARBIER : Que le diable m'emporte si je reste ici plus longtemps ! Je n'ai pas envie de m'enrhumer à cause de ce vieux charlatan ! Leur subvention ? Six marks par personne ! On pourrait s'en passer !

LE CARROSSIER : C'est exactement ce que je pense...

LE CORDONNIER : Voyons ! Nous avons tous souscrit pour la statue, n'est-ce pas ? C'est nous qui avons fait de lui un grand homme, un médaillé...

LE CARROSSIER : Nous y étions bien obligés, sans quoi nous nous serions fait abattre !

LE CORDONNIER : Nous serions des ingrats de ne pas honorer sa mémoire ! Faites ce que vous voudrez, mais moi je chanterai le trio, quitte à le chanter seul.

LE BARBIER : Comme tu voudras. Toi, tu as un manteau. Je retourne à la maison.

Il jette la couronne sur le socle de la statue, remonte son capuchon et se sauve en courant.

LE CARROSSIER : C'est bien la dernière fois que je me prête à de semblables cérémonies. Adieu !

Scène 3

Le cordonnier, *resté seul* : Au revoir ! Maintenant que je suis tout seul, je vais aller voir le maire, et il me gratifiera d'un grog chaud ! Il vaudrait mieux que je fasse d'abord mon discours... dans le seul but de soulager ma conscience. (*Il s'adresse à la statue* :) Tu crois, vieux Schulze que c'est pour toi que nous chantons, que c'est pour toi que nous discourons à ton sujet. Non, mon ami, c'est pour nous-mêmes ! Nous avons besoin d'un grand homme pour nous cacher derrière lui, parce que nous sommes trop médiocres. Il nous faut citer tes paroles, car personne n'accorderait créance aux nôtres. Notre petite ville, sans une statue, ne pouvait pas être une grande ville. Ton obscure parenté, sans ton renom, végéterait dans ce monde difficile, loin des sinécures et des bonnes affaires. Voilà pourquoi tu te trouves statufié et placé au-dessus de nos têtes, toi qui n'étais de ton vivant qu'un petit bonhomme de rien du tout ! J'ai dit ! Tu auras entendu au moins une parole sincère, mon pauvre ami, la première et peut-être aussi la dernière... (*Effrayé* :) J'espère que personne ne m'écoute... Bigre ! Il était temps ! Voici venir le parent du grand homme !

Scène 4

Le parent : Bonjour, cordonnier ! Avez-vous ouï parler de l'ignoble attentat ?

Le cordonnier : Plaît-il ? Que dites-vous, monsieur le parent ?

Le parent : Il est arrivé un réformateur dans la ville ! Vous n'avez pas lu ses affiches ?

Le cordonnier : Non.

Le parent : Vraiment ? Eh bien, lisez.

Le cordonnier : Non, je suis trop bouleversé. Lisez, vous !

Le parent : Ecoutez un peu ce qu'écrit ce scélérat ! « Un quart de siècle à peine s'est écoulé depuis que le maire Schulze embellit cette ville en pavant son terrain sablonneux de pierres rondes... » Vous entendez ?

LE CORDONNIER : Oui, j'entends, mais je ne vois pas où est le scandale.

LE PARENT : Vous ne voyez pas où est le scandale ? Est-ce qu'il ne dit pas le maire Schulze ? Appelle-t-on un homme « maire » quand il s'agit d'un honorable défunt ? On dit « notre éminent concitoyen ». Voyons ! Et cette canaille parle de pierres rondes ! Est-ce dans l'intention de rabaisser cette chère mémoire ?

LE CORDONNIER : Sans doute. Mais on ne peut pas non plus parler d'attentat parce qu'il écrit que les pierres sont rondes. Elles sont rondes, on n'y peut rien.

LE PARENT : Bon ! Mettons qu'elles le soient. Mais a-t-on le droit de le dire, quand c'est un grand homme qui en a décidé ainsi ! Je dois vous mettre en garde, maître cordonnier ! Vous faites le sceptique ! Pensez aux conséquences qu'un tel sentiment peut entraîner.

LE CORDONNIER : Mais je ne suis pas du tout sceptique ! Vous savez bien que si je suis là, c'est pour honorer le frère Schulze, justement !

LE PARENT : Vous dites « frère ». De son vivant, vous le traitiez de frère, je le sais, mais apprenez que la mort annule ces familiarités ! Voulez-vous, oui ou non, avouer que ce libellé constitue un attentat ?

LE CORDONNIER : Certainement... je le crois ! Je n'ai du reste jamais dit le contraire ! Pouvez-vous prouver que j'ai dit le contraire ?

LE PARENT : Bon ! Mais prenez garde à vous, maître cordonnier ! A neuf heures, devant l'assemblée générale de la ville, qui aura lieu ici, sur cette place, le « réformateur » défendra son projet. Savez-vous ce qu'il veut ?

LE CORDONNIER : Ma foi, non !

LE PARENT : Repaver toutes les rues avec des pierres plates ! Ni plus ni moins.

LE CORDONNIER : Cette idée me paraît sensée !

LE PARENT, *avec un rire amer* : Sensée ! Ah oui, sensée ! Qu'arriverait-il, mon petit maître cordonnier, pour ne parler que de votre industrie, qu'arriverait-il à ce fameux métier de cordonnier, si les gens n'usaient plus leurs chaussures ?

LE CORDONNIER : Ciel ! En effet ! Pardon. Vous avez raison, bien sûr. Et ce n'est pas à moi que je pense. Je pense seulement à mes malheureux ouvriers, qui perdront aussi leur gagne-pain, celui de leurs femmes et de leurs pauvres enfants !

HENRI, *grimaçant à la fenêtre, à part* : Malheureux ouvriers !

LE PARENT, *montrant la statue* : Voyez-vous, mon ami, lui, il aimait les pauvres, et il savait ce qu'il faisait !

LE CORDONNIER : Soyez absolument certain que mon ami le carrossier, et aussi mon ami le barbier partagent mon opinion !

LE PARENT : Je peux y compter ?

LE CORDONNIER : Comptez sur nous, à la mort et à la vie !

LE PARENT, *sortant* : Heureux le peuple qui vénère ses grands hommes !

SCÈNE 5

Des gens du peuple arrivent et le parent revient, s'entretenant avec le carrossier et le barbier. L'horloge de l'hôtel de ville sonne neuf coups. Deux clairons et un tambour entrent sur la scène en jouant. Une fois que la musique s'est tue, Pierre entre à son tour. Le paveur alors s'approche de lui.

PIERRE : Bonjour, maître paveur ! D'après vous, quelles sont mes chances ?

LE PAVEUR : Petites ! Très petites !

PIERRE : Vos concitoyens refuseraient mes améliorations ?

LE PAVEUR : Là n'est pas la question. Vous avez attaqué la réputation de notre grand homme.

PIERRE : Moi ?

La pluie a cessé.

LE PAVEUR : Vous l'avez appelé « maire », ce qui, dans cette ville, est ressenti comme une injure. Vous avez dit que ses pavés sont ronds ! Enfin, vous avez dit tout haut ce que chacun pense. Par conséquent, vous êtes perdu !

PIERRE : Nous vivons dans un drôle de monde !

LE PAVEUR : Il n'est ni bon ni mauvais... Nous avons tous nos petites singularités, n'essayez donc pas d'y porter remède, car en le faisant vous seriez perdu.

PIERRE : Bizarre ! Les gens se plaignent et, si l'on veut les soulager de leur misère, il vous lapident. (*Un gamin leur donne une feuille volante, ainsi qu'à beaucoup d'autres. Pierre regarde la feuille avec indignation.*) Quelle audace ! On nous a caricaturés ! Ai-je un nez pareil ?

LE PAVEUR : Non, nous sommes encore assez ressemblants. Pourtant, je n'ai pas de telles oreilles.

PIERRE : Je n'y comprends plus rien ! Hier, l'imprimeur était pour mon projet, aujourd'hui, il me diffame !

LE PAVEUR : Il est influencé par l'opinion publique. Je sais bien qu'il vous approuve, mais il n'ose pas braver l'opinion.

PIERRE : Mais à ses yeux, qui est-ce, l'opinion ?

LE PAVEUR : Bien entendu, d'abord ses clients, puis le maire, puis l'argent, puis le pouvoir.

PIERRE : Et pourquoi vous a-t-il caricaturé en même temps que moi ?

LE PAVEUR : Parce que j'ai approuvé votre projet, moi aussi, dans l'espoir de faire de bonnes affaires. Quant à notre imprimeur, il vendra aujourd'hui au moins cinq cents caricatures.

SCÈNE 6

Les clairons et le tambour jouent. Le maire et les conseillers s'avancent sur le balcon.

LE MAIRE : Mes chers concitoyens, je suppose que vous savez tous qu'il nous est arrivé un imposteur ?

QUELQU'UN DANS LE PUBLIC : Ce n'est pas un imposteur, c'est un réformateur !

LE MAIRE : Cela revient au même. Seulement, je te conseille de la fermer, mon garçon. Tu n'as pas le droit de vote.

PIERRE : Monsieur le maire, j'ai l'honneur de vous demander de présenter, sans aucune modification, mon projet à cette honorable assemblée.

LE MAIRE : Ecoutez-le ! Nous connaissons votre projet, monsieur et notre avis est qu'il vous désigne pour l'asile des fous ! Réfléchissez, mes enfants ! Cet homme propose que tout le monde puisse marcher sur des pierres plates ! Mais aussi longtemps que le Seigneur créera des hommes différents les uns des autres, il y aura des pavés inégaux dans les rues ! Quelqu'un a-t-il quelque chose à ajouter ?

QUELQU'UN DANS LE PUBLIC : Ce n'est pas vrai ! Devant Dieu, nous sommes tous égaux !

LE MAIRE : Qui t'a permis de gueuler, tête d'âne ?

LE MÊME : Si on ne peut pas voter, on peut tout de même gueuler, non ?

LE MAIRE : Je ferai coffrer les récalcitrants. Je suppose que personne n'a plus rien à dire ?

LE PARENT : Monsieur le maire ! En ma qualité d'honnête homme, je désire protester contre l'infâme attentat que l'on vient de perpétrer.

PIERRE : Je récuse le parent !

LE MAIRE : Au contraire, mon petit monsieur, j'attribue d'autant plus d'importance à son avis qu'il est apparenté à un grand homme. C'est même là une des plus solides garanties de la Société. Nous considérons donc le projet comme repoussé !

Il frappe du marteau.

UN COQ, *dans la cage à poules, devant la maison du cordonnier* : Cocorico !

LE MAIRE : Quel est ce boucan infernal ?

QUELQU'UN DANS LE PUBLIC : C'est un électeur, monsieur le maire !

LE COQ : Cocorico !

QUELQU'UN DANS LE PUBLIC : Arrêtez-le !

Rires et tumulte.

PIERRE : Monsieur le maire !

LE MAIRE : Silence, là-bas ! Deuxième chef d'accusation ! Le susdit aventurier s'est exprimé de façon blessante pour les autorités, tenant des propos injurieux sur le maire défunt de notre ville. Nous allons maintenant entendre les témoignages de quelques citoyens impartiaux. Maître cordonnier, quelle peine, selon vous, cet homme mérite-t-il ?

LE CORDONNIER : Je vote avec le comité !

LE MAIRE : Très bien ! Nous ne vous oublierons pas ! Qu'en pense notre maître barbier ?

LE BARBIER : Je suis d'accord.

LE MAIRE : Et notre maître carrossier ?

LE CARROSSIER : Je suis du même avis que le barbier.

QUELQU'UN DANS LE PUBLIC : Que ceux qui ont le droit de parler se taisent !

LE MAIRE : Silence, là-bas ! En vertu de ce qui a déjà été rapporté, et sur des témoignages probants, l'aventurier dénommé Pierre, nom de famille inconnu, pour avoir tenu des propos injurieux contre le Conseil, est condamné à deux heures de pilori, et une fois cette peine purgée, à être expulsé de notre ville. Cette punition infligée à Pierre sera aussi un avertissement pour les autres.

PIERRE : Monsieur le maire, il n'y a pas de preuves !

LE MAIRE : Ce n'est pas nécessaire. Des axiomes ou des thèses évidents n'ont pas besoin de preuves, et ne peuvent pas être prouvés. Emmenez-le en attendant. (*On emmène Pierre.*) Troisième point : Etant donné, fait aussi triste qu'inattendu, que les chiens de la ville manifestent d'une façon inconvenante leur goût inné de la laideur en arrosant la statue de notre grand Henri Schulze, défunt ami des hommes, nous demandons une subvention qui nous permettra de dresser une grille de fer autour du socle de cette statue. Je pense qu'aucun d'entre vous ne refusera ce témoignage de reconnaissance à un homme de si grand mérite.

LES ÉLECTEURS : Non !

QUELQU'UN DANS LE PUBLIC : C'est bien la première fois que les électeurs disent non !

LE MAIRE : Sergent ! Emprisonnez cet homme ! La résolution est donc adoptée.

LES ÉLECTEURS : Oui !

QUELQU'UN DANS LE PUBLIC, *bêlant comme un mouton* : Bééé !

Rires et tumulte prolongés.

LE MAIRE : La session est close !

Clairons et tambour, puis silence.

LE PARENT, *au cordonnier* : Notre maire expédie les affaires d'une façon prodigieuse !

LE CORDONNIER : Il devrait siéger au gouvernement : la politique n'en irait que mieux !

Le maire et les conseillers rentrent dans l'hôtel de ville.

Scène 7

Le public circule sur la place. Le pasteur s'est éclipsé.

Le cordonnier, *à ses compères* : Ces messieurs accepteraient-ils de boire une chope de bière chez moi ?

Le barbier, le carrossier *et* le parent : Mais très volontiers, cher voisin !

Le cordonnier *donne un ordre et Henri sort de la maison avec de la bière* : J'ai été très surpris, cher monsieur le parent, que vous n'assistiez pas, ce matin, à notre fête commémorative.

Le parent : Pourquoi me faire mouiller ? J'ai préféré m'en remettre à vous, mon cher. Car vous y étiez, vous, avec toute la Société Schulze ?

Le cordonnier : Toute la Société, c'est trop dire, nous étions trois !

Le parent : Et vous avez chanté ?

Le barbier : Mais oui ! Un petit peu !

Le parent, *gaiement* : Beaucoup de monde ?

Le carrossier : Pas un chat !

Le parent : Et le maire ?

Le cordonnier : Au lit !

Le parent, *riant* : Avez-vous parcouru la gazette du jour ?

Tous : Non.

Le parent : Alors, écoutez-moi : vous serez consolés ! (*Il lit une feuille qu'il sort de sa poche.*) « Commémoration. La cérémonie habituelle, célébrée comme il est d'usage par la Société Schulze en l'honneur du citoyen émérite dont la statue s'élève sur la place de la ville, a eu lieu ce matin en présence d'une foule considérable qui a salué de vives acclamations les chants dédiés à ce grand souvenir. Un chœur immense a exécuté les cantates avec la précision et l'ensemble habituels. Le discours, extrêmement intéressant, fut prononcé d'une voix sonore par l'excellent maître cordonnier Blocpompe. Nous avons remarqué, parmi les notabilités présentes, monsieur le maire de la ville entouré des membres de son Conseil, les parents du défunt, etc. » (*Tous rient aux éclats.*) C'est bien, n'est-ce pas ?

Tous : Oui, fameux ! C'est vous qui avez écrit cet article ?

Le parent : Avez-vous remarqué les caricatures du réformateur et du paveur ? C'est vraiment ressemblant, n'est-ce pas ?

LE CORDONNIER : On est vraiment allé un peu fort, vous ne croyez pas ?

LE PARENT : Que voulez-vous ! Le projet, par lui-même, est inattaquable. Dommage seulement qu'il soit tombé en de telles mains. Chut ! Voilà qu'on l'amène !

SCÈNE 8

Pierre est amené par un garde et attaché aux anneaux de fer du pilori. Le public s'attroupe et le montre du doigt. Le cordonnier et ses invités sont un peu gênés. Entrent un joueur de vielle et une vieille femme portant un bâton et un tableau peint. La vieille va chanter en montrant le tableau, divisé en six sujets, un par strophe.

LA VIEILLE, *chantant* :

Au lourd poteau patibulaire
Le bon jeune homme a été mis.
Les nobles seigneurs sont assis
Sur la place et boivent leur bière.

Le jeune homme aux gens de misère
Voulait aplanir le chemin.
Les seigneurs pensaient : « Ce gamin
Va nous rendre la bière amère. »

Les bons seigneurs buvaient leur bière
A la santé des malheureux
Et souhaitaient aux malchanceux
Plus de calme et moins de colère.

Au pilori, le pauvre hère
Chancelait comme sous un choc.
Dans sa cage chantait un coq
Comme chez Caïphe à saint Pierre.

Les très nobles seigneurs vénèrent
Les autorités et les lois

Qui protègent leurs biens, leurs droits
Et leurs bustes par des barrières.

Mais le condamné solitaire,
Sous la chaîne qui tend les bras,
Attend le coq qui chantera
Une autre fois, et la dernière.

Beaux seigneurs, buvez votre bière !

Le cordonnier et ses invités font grise mine et feignent de ne pas entendre. Le public est intéressé et fait tomber des pièces dans la sébile de la vieille ; des femmes sont émues et s'essuient de temps en temps les yeux.

Le parent, *au cordonnier* : Dites, voisin, avez-vous beaucoup de commandes ces temps-ci ?

Le cordonnier : Oui, pas mal.

La vieille, *s'approchant de leur table* : Une pièce pour la pauvre aveugle, s'il vous plaît !

Le barbier : Vous ne savez donc pas qu'il est interdit de mendier ?

Quelqu'un dans le public : Elle ne mendie pas : elle demande une subvention !

Le cordonnier : Qu'est-ce qu'il raconte, celui-là ?

Quelqu'un dans le public : Les gens de la Société Schulze touchent une subvention pour chanter devant leur statue, mais ils n'y vont même pas et mettent l'argent dans leurs poches. Ce matin, ils étaient trois en tout.

Le cordonnier, *à ses invités* : Ces canailles sont au courant de tout.

La vieille : Donnez une pièce à la vieille aveugle !

Le parent : Faudra-t-il qu'on paye pour t'écouter brailler ?

Quelqu'un dans le public : Elle chante mieux que le cordonnier, en tout cas ! Nous nous étions cachés tout près d'ici pour l'entendre ! C'est vrai que sa chanson ne parle ni d'œillets ni de roses, mais elle dit une bonne vérité, bien sentie, placée au bon moment, et ça aussi, messieurs, c'est sublime !

Le parent : La vieille ! Si vous ne déguerpissez pas immédiatement, je vous ferai coffrer, entendez-vous !

Tonnerre, vent et pluie.

LE CORDONNIER : Voilà qu'il pleut encore ! Entrez chez moi, mes bons amis !

Ils se lèvent pour aller s'abriter dans la maison.

LA VIEILLE : Devra-t-il rester sous la pluie, le pauvre garçon enchaîné ?

LE PARENT : Quand mon parent, cet homme illustre, doit supporter l'averse, ce petit sauteur peut bien rester où il est !

LE CORDONNIER : Une petite douche glacée, rien de meilleur pour rafraîchir ces messieurs les réformateurs. (*Il trébuche et heurte un pavé.*) Que le diable emporte ces maudits pavés !

Il rentre à cloche-pied dans sa maison.

SCÈNE 9

La scène s'est vidée, il ne reste plus que Pierre au pilori, et la vieille.

LA VIEILLE, *se démasquant et devenant Lise* : Eh bien, Pierre. Te voilà devenu célèbre à présent. Chacun ici connaît ton nom. On promène ton portrait dans les rues et sur les places. Le peuple t'applaudit comme un réformateur. Es-tu content au moins ?

PIERRE : Je n'ai aucune envie de réformer quoi que ce soit.

LISE : Mais ton travail n'est pas achevé. Vas-tu l'abandonner comme cela ?

PIERRE : Je l'abandonnerais de tout cœur, si je pouvais seulement fuir cette ville !

LISE : Mais la gloire, Pierre... La renommée que tu voulais...

PIERRE : Tout le monde désire la gloire, Lise.

LISE : Non, pas tout le monde ! Ecoute, Pierre, rappelle-toi : le peuple t'acclamait...

PIERRE : Le peuple ! Comme si le peuple comptait !

LISE : Ah, tu préfères être applaudi par les puissants ! Bon, alors garde ta honte. Tu n'as même pas cru à ta cause ! Mon pauvre ami !

PIERRE : Marcher sur des pierres plates ou des pavés pointus, quelle différence ?

LISE : Pour les gens bien chaussés, aux semelles épaisses, c'est vrai, il n'y a pas de différence.

PIERRE : La société ne mérite pas qu'on lève le petit doigt pour elle. Le bien public dont on nous rebat les oreilles n'est qu'un mensonge, une conjuration, la conjuration des intérêts privés.

LISE : Il devrait être le bien de tous, mais il ne l'est pas. Et s'il ne l'est pas encore, il faut travailler pour qu'il le devienne. Seulement, ce ne sont pas des gens comme toi qui y travailleront.

PIERRE : Je ne demande que cela, mais je n'ai pas le pouvoir.

LISE : Eh bien, prends-le, le pouvoir, gagne-le. Et on verra bien si je me suis trompée ou non.

PIERRE *brise ses fers et descend sur la scène* : Tu verras, Lise. Quand j'aurai le pouvoir, je ferai de grandes choses.

LISE : Pourquoi de grandes choses ? De bonnes choses suffiraient.

PIERRE : Tu seras à mes côtés, tu me conseilleras, tu me guideras. Lise, que chantait pour nous l'oiseau dans la forêt ?

LISE : Je te répéterai ses paroles la prochaine fois.

PIERRE : Non, dis-le tout de suite, Lise.

LISE : Il disait : Je t'aime !

PIERRE : Mais toi, tu ne veux pas m'aimer, sinon, tu viendrais avec moi.

LISE : Je viendrai avec toi le jour où tu m'aimeras.

PIERRE : Mais je t'aime !

LISE : Non, tu ne m'aimes pas, tu n'aimes encore que toi. Fais d'autres expériences, Pierre, instruis-toi encore. Il ne te reste plus beaucoup de souhaits à formuler. Pourtant, il te reste le plus dangereux des souhaits. Le pouvoir est la cime la plus haute que l'homme faible puisse atteindre. Malheur à celui qui n'en use pas pour créer le bonheur autour de lui ! Malheur à lui s'il en fait un mauvais usage car alors il commet le plus grand crime du monde, qui est de parodier Notre Seigneur. Au revoir ! Ta couronne t'attend ! Viens la chercher, mon roi !

Elle disparaît.

PIERRE : Ma reine !

ACTE IV

L'intérieur d'un palais de style oriental.

A droite, le trône et, devant le trône, sur une table, les insignes royaux. A gauche un divan et, par terre, des coussins, en demi-cercle autour de ce divan.

SCÈNE 1

LE GRAND-MAÎTRE HÉRALDISTE, *couché par terre, écrit sur un rouleau de papier* : Hum... hum... hum... hum...

LE MARÉCHAL DE LA COUR, *entrant* : Vous travaillez à l'arbre généalogique de notre jeune calife ?

L'HÉRALDISTE : Oui, monsieur le maréchal.

LE MARÉCHAL : Il a l'air imposant ! Quel aïeul lui attribuez-vous ?

L'HÉRALDISTE : Le calife Omar, bien entendu.

LE MARÉCHAL : Haroun-al-Raschid n'aurait pas été mieux ?

L'HÉRALDISTE : Haroun-al-Raschid est plus populaire, mais, dans ce cas, notre nouveau prince ne serait pas apparenté à l'ancienne famille régnante.

LE MARÉCHAL : Très juste ! Avez-vous bientôt fini ? Nous l'attendons d'un instant à l'autre.

L'HÉRALDISTE : Presque. Vous avez vu ce nouveau calife ?

LE MARÉCHAL : Oui. Il ressemble à tout le monde. Il ne se distingue de nous que par cet arbre généalogique.

L'HÉRALDISTE : O vertu de l'arbre généalogique !

LE MARÉCHAL, *regardant la table généalogique* : Vous avez bien fait les choses ! Cet arbre est d'une largeur inhabituelle.

L'HÉRALDISTE : Je lui ai ajouté une ligne collatérale. Cela a plus d'ampleur sur le papier et confère à la race une force avantageuse.

LE MARÉCHAL, *riant* : Qu'en dira le calife Omar !

SCÈNE 2

LE GRAND MUFTI, *entrant* : Allah, ekbar baraï ! Comment allez-vous !

LE MARÉCHAL : Allah Eloïm ! Très bien, je vous remercie.

LE MUFTI : A-t-on rédigé l'acte d'abjuration en deux exemplaires ?

LE MARÉCHAL : En deux exemplaires, voilà. Il n'aura plus qu'à le signer. Voulez-vous avoir la bonté de vérifier le texte ?

LE MUFTI : Si nous avons le temps, cela vaut mieux.

LE MARÉCHAL *prend sur la table deux papiers. Il en donne un au mufti et lit le second* : « Par la présente, Nous, Omar XXVII, abjurons notre ancienne religion, le catholicisme romain, et adoptons la doctrine musulmane telle qu'elle est enseignée dans l'Alcoran et les Ecritures Saintes. » Date, etc., signé : Omar. Est-ce bien ?

LE MUFTI : Parfait !

SCÈNE 3

Entrée de Pierre, suivi de son vizir et du grand historiographe. Ce dernier dignitaire demeure silencieux et il note sur un livre ce qu'il entend. Le grand-maître héraldiste se lève et présente à Pierre son travail.

LE VIZIR, *à Pierre* : Sire, je vous prie d'examiner cette table généalogique que le grand héraldiste a établie de votre illustre ascendance.

PIERRE : Ma table généalogique ? Je ne me connais pas d'autre famille que mon père, le vieux sonneur de cloches.

LE VIZIR, *feignant de ne pas entendre* : On trouve, à l'origine, le grand et glorieux nom du calife Omar...

PIERRE : Le calife Omar ? Qu'est-ce que ce loustic ?

LE VIZIR, *sévèrement* : Sire ! Ce n'était pas un loustic mais un prince puissant et digne d'admiration.

PIERRE : Je veux bien l'admettre, si vous y tenez, mais je suis né d'une union légitime, je ne suis pas un bâtard.

LE VIZIR : Un prince n'a pas le droit d'être égoïste. Il doit en toute circonstance sacrifier ses goûts et ses intérêts au bien public.

PIERRE : Fort bien ! Et l'intérêt public exige que je sois un bâtard ?

LE VIZIR : Oui !

PIERRE : Ah ! Dans ce cas, donnez ! (*L'héraldiste lui présente la table généalogique et une plume.*) Mon règne commencera donc par un mensonge. Je finirai bien par devenir voleur.

Il signe.

LE VIZIR : Reste une dernière formalité : veuillez signer ce papier, Sire !

Le mufti tend à Pierre l'acte d'abjuration.

PIERRE : De quoi s'agit-il ?

LE VIZIR : Ne prenez pas la peine de lire : c'est une simple formalité !

PIERRE : Vous me faites abjurer la foi de mes ancêtres ! Mais c'est une honte !

LE VIZIR : Pour assurer la paix du royaume, Sire, il est indispensable...

PIERRE : Et je deviendrais musulman ! Je ne pourrais plus boire de vin !

LE VIZIR : La politique permet des accommodements...

PIERRE : Quels accommodements ?

LE VIZIR : Des compromis, des interprétations...

PIERRE : Des impostures, en somme !

LE VIZIR, *impassible* : Voulez-vous bien signer, Sire ?

PIERRE : Je me mépriserais moi-même si je commençais mon règne par une bassesse, et mon peuple aurait parfaitement le droit de me mépriser.

LE VIZIR : Le peuple exige que le prince sacrifie à son bonheur toutes les considérations personnelles.

PIERRE : Le bonheur du peuple s'édifiera donc sur un mensonge et sur un crime.

LE VIZIR, *s'approchant de la fenêtre* : Sire ! Votre peuple attend son prince ! Il est toujours prêt, lui, à vous offrir sa sueur et son sang, ne peut-il vous demander certains sacrifices ?

PIERRE : Est-ce vrai ? Eh bien, donne ! (*Il prend le papier et la plume : il hésite.*) La tour de notre église ! Les cloches ! Les hymnes ! Les cierges de Noël ! Tout défile dans ma tête. Et plus de réveillon, jamais ! La vie est trop cruelle ! Elle exige sempiternellement, et elle ne donne jamais.

LE VIZIR : Sire ! Le peuple murmure ! Il veut vous acclamer paré de tous les attributs, de tous les ornements des anciens califes ! Le sceptre et la couronne attendent d'être à nouveau portés par un descendant authentique de l'illustre famille d'Omar !

PIERRE, *apercevant la couronne et le sceptre* : Dis-moi, vizir, qui donc a le pouvoir de m'imposer l'abjuration ?

LE VIZIR : La Loi.

PIERRE : Et qui a fait la Loi ?

LE VIZIR : Nos ancêtres !

PIERRE : C'étaient des hommes comme nous ! Je referai les lois !

LE VIZIR : Le calife ne fait pas les lois, Sire, car sous le régime actuel il ne possède pas le pouvoir législatif.

PIERRE : Vraiment ? Quel est ce régime ?

LE VIZIR : Le despotisme constitutionnel.

PIERRE : Enfin, suis-je le calife ou ne le suis-je pas ?

LE VIZIR : Vous le serez quand vous aurez signé.

PIERRE : Alors donne !

Il signe. Cérémonie du couronnement, courtisans, danses.

LE PEUPLE, *du dehors* : Vive Omar le Vingt-septième ! Allah ! Allah ! Allah !

LE VIZIR : Votre Grandeur veut-elle monter sur le trône et commencer son règne ?

PIERRE : Ce sera très amusant. Fais entrer le peuple !

LE VIZIR : Faire entrer le peuple ? Le peuple n'a rien à voir dans le gouvernement !

PIERRE : Il faut tout de même que j'aie quelqu'un sur qui régner.

LE VIZIR : Cela se fera par écrit.

Il présente quelques documents.

PIERRE : Ah bon ! Vas-y !

LE VIZIR : Pour épargner à Votre Grandeur les lourds tracas de la politique, pendant les fêtes du couronnement, nous avons ajourné toutes les affaires, sauf une, qui sera d'ailleurs expédiée rapidement.

PIERRE : Ce n'est pas malin, mais tant pis. Je t'écoute.

LE VIZIR : Ahmed Cheik demande, de toute son âme, sur sa tête et son cœur, la permission de se convertir à la foi sunnite.

PIERRE : Qu'est-ce que la foi sunnite ?

LE VIZIR : C'est une secte, une secte dangereuse.

PIERRE : En quoi se distingue-t-elle de la foi... hum... orthodoxe ?

LE VIZIR : Un vrai musulman salue Allah comme ceci : (*Il croise les mains sur sa poitrine.*) Tandis qu'un schismatique fait :

Il se tapote le nez et met les doigts dans ses oreilles.

PIERRE, *en riant* : Et alors, cet individu n'a pas le droit de se fourrer les doigts dans les oreilles ?

LE VIZIR : Non : les lois de ce pays ne le lui permettent pas.

PIERRE : On m'avait dit que chez vous la liberté régnait en matière de religion.

LE VIZIR : Pour les orthodoxes seulement, Sire.

PIERRE : Et pour les autres ?

LE VIZIR : Les autres ne doivent pas exister.

PIERRE : Alors, je leur accorderai la liberté religieuse.

LE VIZIR : Sire, le calife n'a pas ce pouvoir.

PIERRE : Qui l'a donc ?

LE VIZIR : Le gouvernement seul.

PIERRE : Et qui est le gouvernement ?

Le vizir et tous les assistants mettent un doigt sur la bouche.

PIERRE : C'est un secret ?

LE VIZIR : Le secret du despotisme constitutionnel.

PIERRE : Mais moi, j'ai bien changé de religion.

LE VIZIR : C'est tout autre chose, Votre Grandeur : la politique !

PIERRE : Dieu nous préserve de la politique ! Mais faut-il que mon règne débute par le rejet d'une demande raisonnable ?

LE VIZIR : Il ne peut pas mieux débuter que par l'application des lois.

PIERRE : Je ne signerai jamais cette condamnation !

LE VIZIR : Ce n'est pas indispensable, en effet, Votre Grandeur ! Le gouvernement le fera. La réunion du Conseil est terminée. Vous pouvez maintenant, Sire, vous débarrasser de votre costume d'apparat, et reprendre la vie privée avec ses petites distractions. Monsieur le grand maréchal, faites votre service !

Le vizir sort. Le grand maréchal débarrasse le calife de sa couronne et de son sceptre, et le conduit vers le divan.

Scène 4

Arrivée de chanteuses et de danseuses, accompagnant le poète de la Cour. Ballet.

Pierre : D'où viennent tous ces gens-là ?

Le maréchal : Sire, c'est la Cour.

Pierre : Pourquoi ces femmes ont-elles des robes si courtes ? Je n'aime pas ces manières.

Le maréchal : C'est l'usage de notre pays, Sire !

Pierre : Il ne s'agit donc plus de politique ?

Le maréchal : Madame la première chanteuse de la Cour demande la permission de vous amuser, Sire, avec une chanson sublime écrite par Timourlink, notre prestigieux poète.

Pierre : Soit ! Amusez-moi donc !

La chanteuse, *s'accompagnant du luth* :

Fais donc tes adieux à Horaïre ! La colonne se met en [marche !
Mais auras-tu, ô malheureux, la force de faire tes adieux ?

Pierre : Je n'entends pas les rimes.

Le maréchal : Il n'y a pas de rimes dans cette chanson.

Pierre : Mauvais ! Continue.

Le grand maître héraldiste, *à part, à l'historiographe* : Il ne fera pas de vieux os chez nous.

La chanteuse, *parlant* : Excusez-moi, Altesse ! Mais je ne suis pas à mon aise aujourd'hui.

Pierre : Maréchal ! La constitution ne prévoit-elle pas quelque chose qui s'appelle le coup de bâton ?

Panique.

Le maréchal : Certes, mais...

Pierre, *à la chanteuse* : Continue donc !

La chanteuse, *chantant* :

Blanc est son front, luxuriante sa chevelure, scintillante la [rangée de ses dents !
Elle va, légère comme le coursier qui craint la boue pour [son sabot blessé !

Pierre : La boue ! Je n'aime pas qu'on parle de choses sales dans un poème. Continuez !

LA CHANTEUSE, *chantant* :
Souple est sa taille, superbe est sa poitrine fraîchement
[épanouie !
A chaque nouvelle étreinte elle pourrait se briser !

PIERRE : Oh !

LA CHANTEUSE, *chantant* :
Heureux l'amant (*elle souligne*) parfumé et plein d'élé-
[gance
Qui partagera son lit, entre ses doux bras, par une sombre
[nuit !

PIERRE : Assez ! L'auteur ! Où est l'auteur ?

LE POÈTE : Sire ! Je n'ai pas appris à flatter...

PIERRE : Alors, tu es un mauvais poète de cour. Dis-nous tes vers toi-même, et nous verrons bien si tu mens.

LE POÈTE : Sire, je ne voudrais pas mettre en question...

PIERRE : Assez bavardé ! Débite tes boniments !

LE POÈTE :
L'âme se perd, brûlée par la flamme de l'amour,
Et elle ne s'est pas ressaisie, ensorcelée par un regard
[magique...
Mais j'abandonne mon amour pour les biches...

PIERRE : Pardon ! Que dis-tu ?

LE POÈTE, *irrité* :
Mon amour pour les biches, j'abandonne...
Et je chante les louanges du prince
Généreux, de race noble, exempt d'infâmies,
Du prince vainqueur des puissants, quel que soit l'enjeu !
Fort de sa foi authentique, fléau des infidèles...

PIERRE, *se levant d'un bond* : Est-ce vrai ? Tu parles sérieusement, ou tu bouffonnes ?

LE MARÉCHAL : Il parle sérieusement, Votre Grandeur ! Comment oserait-il...

PIERRE : Est-ce possible ! Comment peut-on louer sérieusement de mauvaises actions ?

LE POÈTE : Votre Grandeur s'élève aussi haut, au-dessus des mauvaises actions, que le soleil au-dessus des flaques de boue !

PIERRE : Faux monnayeur ! Je te connais, toi et tes semblables ! Tu m'appelles défenseur de la Foi, et je viens à l'instant d'abjurer ma religion ! Je suis fils d'un sonneur de cloches, et tu proclames la noblesse de mon sang ! Tu me dis généreux et mon premier geste, en prenant le pouvoir, a été d'écarter une supplique qui m'était présentée ! Oui, je vous connais bien : on vous trouve partout dans le monde ! Vous vivez pour les idées, dites-vous, et la foi dans la vie éternelle, mais vous n'êtes jamais là quand il naît une idée, et jamais là non plus quand on prend une décision pour l'éternité ! Mais quand il s'agit de prendre place à une bonne table, vous êtes là ! Et vous allez, serrés comme un essaim de grosses mouches bleues, salir ceux qui meurent, eux, pour les idées éternelles ! Ote-toi de ma vue, menteur ! Je te ferais trancher la tête si je ne voyais pas à quoi tu sers : le pauvre prince obligé, pour raisons politiques, de commettre tant de vilenies, mourrait de honte si quelque scélérat de ton espèce n'était auprès de lui pour endormir sa mauvaise conscience. Va-t'en ! Je veux rester seul !

LE MARÉCHAL : Sire, cela ne se fait pas.

PIERRE, *tonnant* : Cela se fait !

Tous sortent, sauf Pierre et l'historiographe.

SCÈNE 5

PIERRE : Qu'est-ce que tu attends ? Qu'as-tu à faire ici ?

L'HISTORIOGRAPHE : J'écris l'histoire de Votre Grandeur.

PIERRE : Tu es l'historiographe du roi ?

L'HISTORIOGRAPHE : Du royaume, Sire.

PIERRE : Ce qui revient au même. Mais que vas-tu écrire ? Nous n'avons pas de guerre.

L'HISTORIOGRAPHE : C'est de quoi je devais vous entretenir. Que Votre Grandeur s'adresse à son ministre de la guerre.

PIERRE : Pour qu'il m'en invente une ? Bien sûr : c'est son métier et il touche pour cela vingt mille sequins par an.

L'HISTORIOGRAPHE : Que voulez-vous, Votre Grandeur, c'est le peuple qui...

PIERRE : ... Fait les guerres ; les ministres de la guerre les inventent et nous restons chez nous pour nous en attribuer la gloire... mais pas la honte ! Jamais !

Scène 6

Le vizir, *entrant* : Votre Grandeur ! Votre nouvelle épouse vous attend.

Pierre : Mon épouse ? Qui est-ce ? Que signifie ?

Le vizir : Votre fiancée, Sire.

Pierre : Lise ! Lise m'aime donc encore. Malgré mes lâchetés et mes abandons, qu'elle connaît... Amène-la, vizir ! Qu'elle entre ! Qu'elle apporte avec elle l'air vivifiant de la forêt.

Le vizir : Voudriez-vous d'abord, Votre Grandeur, signer le contrat de mariage ?

Pierre : Encore signer ! Encore un contrat ! Mais cette fois, je signe avec joie et sans lire ! (*Il signe.*) Cette fois, monsieur l'historiographe, tu noteras une action qui ne sera pas un crime !

Sortent le vizir et l'historiographe.

Scène 7

Musique douce derrière la scène. La mariée est introduite, voilée à la mode orientale. Ses suivantes ressortent immédiatement.

Pierre, *courant au devant de la mariée* : Lise ! Ma chère Lise ! Tu arrives dès que les ténèbres m'environnent, comme un rayon de soleil, comme l'amie des heures difficiles.

La mariée, *relevant son voile* : Je ne m'appelle pas Lise.

Pierre : Mais alors, qui êtes-vous ? Où est Lise ? Quelle trahison ! Qui êtes-vous ?

La mariée : Votre épouse.

Pierre : Mon épouse !

La mariée, *froidement* : Nous étions trois concurrentes. Votre gouvernement m'a désignée parce que mon père l'a menacé de signer un accord commercial...

Pierre : Un accord commercial ! La candidate désignée par le gouvernement ! Qu'est-ce que tout cela veut dire ?

La mariée : La politique exige que les princes sacrifient leur intérêt personnel au bien public.

Pierre : La politique ! En quoi notre mariage est-il nécessaire au bien public ?

LA MARIÉE : Je n'en sais rien ! Mais c'est ainsi, paraît-il. Vous êtes mon mari, tâchez de vous en réjouir, sinon, vous aurez lieu de vous plaindre.

PIERRE : Vous êtes heureuse, vous ?

LA MARIÉE : Moi ? Mais je ne suis rien.

PIERRE : M'aimez-vous ?

LA MARIÉE : Pas du tout ! Et vous ?

PIERRE : Non.

LA MARIÉE : Vous aimez votre Lise ?

PIERRE : Et vous, vous aimez votre...

LA MARIÉE : Ali !

PIERRE : Ah ! Misère ! Calamité !

LA MARIÉE : Calmez-vous ! Les courtisans s'apprêtent à nous féliciter et le cortège nuptial attend dehors ! Soyez gentil, placez-vous à côté de moi.

PIERRE : Encore une hypocrisie !

LA MARIÉE : Obéissez-moi ! Je suis une femme avisée ! Quand nous serons débarrassés de ces gens, je vous expliquerai mon projet. Chut ! Ils entrent ! Ayons l'air heureux, mon époux ; autrement, ils croiraient que je vous fais horreur.

PIERRE : Ah père ! Vieux père ! Comme tu avais raison ! Ce qui est noir est noir, et ne deviendra jamais blanc !

Pierre et la mariée s'assoient sur le divan et se composent une attitude tendre.

SCÈNE 8

Arrivent en cortège les chanteuses, les danseuses, le maréchal de la Cour, le grand maître héraldiste, l'historiographe du royaume, le vizir.

LES CHANTEUSES, *chantant* :
Chantons le jeune couple uni !
Chantez, doux rossignols ! Embaumez-nous, ô roses !
Que leur tendre amour soit béni !
Que leur bonheur soit infini !
Que leurs jours éternels soient des apothéoses !
Chantez, doux rossignols ! Embaumez-nous, ô roses !

Pierre et la mariée dissimulent leur émotion.

LE VIZIR : O saint calife ! Ton peuple heureux, rassemblé

autour de ton trône de gloire, se réjouit du bonheur qui fait briller tes yeux ! Eclatant comme le soleil, ton amour éclaire la rose blanche qui cherchait langoureusement le tronc puissant du sycomore pour y enrouler sa tendresse ! Princesse resplendissante, la foule de tes sujets exhale vers toi ses hymnes de reconnaissance, espérant que votre hymen fera éclore des boutons de roses qui, dans l'avenir, ainsi qu'une pluie de printemps, répandront le bonheur et la joie sur votre royaume glorieux !

PIERRE, *furieux, s'élance en tirant son épée ; la mariée s'efforce en vain de le calmer* : Par la malédiction et les flammes de l'enfer, grand vizir du mensonge ! Etes-vous mon peuple, vous, aventuriers travestis, vous, filles légères aux gestes équivoques ? Etes-vous ce peuple qui nous paie des impôts et dont nous repoussons les plus humbles suppliques ? Non ! Je n'ai jamais vu mon peuple ! Cette jeune femme que vous m'avez donnée, est-elle mon épouse aimante ? Non ! C'est une génisse que vous avez menée dans mon étable pour que se greffe un rejeton sur l'arbre généalogique ! C'est une créature gouvernementale qui comble son mari avec un accord commercial. Vous proclamez notre bonheur parce qu'il faut qu'on nous dise heureux mais nous sommes profondément malheureux parce que vous nous placez devant un crime que nous ne commettrons jamais ! Je te maudis, palais dédié au mensonge ! Dans la boue, fausse preuve de ma noblesse ! (*Le tableau généalogique tombe du mur et s'enroule sur le plancher.*) Couronne et sceptre, symboles de l'oppression, tombez en miettes ! (*La couronne et le sceptre tombent à terre.*) Trône d'injustice, écroule-toi ! (*Le trône s'écroule. Tonnerre et tempête.*) Courtisans, chasseurs de privilèges ! Coureurs de fortune ! Hétaïres et concubines qui vous interposez entre le souverain et son peuple, je vous chasse et je vous disperse comme des fétus ! (*Fuite éperdue, tous disparaissent sauf la mariée à qui Pierre s'adresse.*) Toi, victime, prête au sacrifice, sois libre comme moi-même ! Adieu ! (*La mariée disparaît.*) Et maintenant, je veux vivre parmi les hommes de mon peuple, et je verrai si, parmi eux au moins, subsistent encore l'honnêteté et le sens de l'honneur.

Pierre reste debout, les mains devant les yeux jusqu'au changement à vue.

Scène 9

A l'avant-scène, une plage avec des débris d'épaves ; à gauche, un canot tiré au sec, avec des engins de pêche ; la coque d'un navire naufragé. Au fond, la mer ; des goëlands volent au-dessus des vagues. A droite, une falaise que surplombent des sapins. Au pied de cette falaise, une hutte.

Pierre : Où suis-je donc ? Je respire mieux, et les pensées qui m'oppressaient s'effacent ! Je sens comme une odeur de conte de fées ; j'entends le bruissement lointain des torrents d'eaux vives ; la terre est douce à ma fatigue, douce comme un lit ! C'est le bord de la mer !

Océan d'où naquit la Terre maternelle,
Mon pauvre cœur meurtri te salue et t'appelle !
Je viens me rafraîchir au grand souffle des vents
Et me purifier parmi tes flots mouvants !
Des coups que lui porta l'injustice du monde,
Guéris mon cœur par l'amertume de ton onde.

Je suis intoxiqué, mais remplis-moi d'air pur !
O vagues qui dansez dans des reflets d'azur,
Laissez-moi me griser de vos douces musiques !
Je suis débris, parmi les débris pathétiques
De mon pauvre navire éventré sur l'écueil.
O mer, je te salue et te demande accueil !

Tu sais guérir, nourrir de sereines pensées
Les âmes que la vie et le monde ont blessées.
Par toi, je renaîtrai comme, à chaque printemps,
Les oiseaux, par milliers, sur l'aile des autans,
Reviennent, jacassant sur ta vague qui danse,
Nous rapportant le goût de vivre et l'espérance.

Il aperçoit la hutte.

Mais, qu'est-ce que je vois ? Une habitation ! Il y a donc des hommes ! Même en ce lieu sauvage, on ne m'accordera pas de repos ! Malédiction !

Une voix : Ne blasphème pas !

En même temps, le ciel s'assombrit, la mer devient hou-

leuse ; elle s'avance vers lui et l'oblige peu à peu à se serrer contre la rampe.

PIERRE : Qui crie ainsi ? (*Il veut fuir dans les coulisses, mais est arrêté par des élans.*) D'où viennent ces animaux sauvages ? (*Il veut fuir à droite, mais il rencontre des taureaux.*) De ce côté aussi ! Arrière ! (*Les animaux arrivent sur la scène et le cernent.*) Au secours ! Ils me cernent ! (*Il court vers la hutte et frappe.*) N'y a-t-il donc personne ici ? Au secours ! Au secours ! (*Il veut se jeter dans la mer, mais des serpents et des dragons surgissent des vagues.*) Nature cruelle ! N'es-tu qu'une bête sauvage, toi aussi, prête à dévorer ce qui est plus faible que toi ? Nature, mon dernier refuge, ma dernière amitié, tu m'as donc trompé, toi aussi ? Sort effrayant ! La mer elle-même cherche à me dévorer ! Mort ! Libère-moi ! Que m'importe la vie !

La mer se calme peu à peu.

SCÈNE 10

Les animaux disparaissent. Arrive la Mort.

LA MORT : Me voici à ton service. Que désires-tu ?

PIERRE, *épouvanté mais se ressaisissant* : Oh, la Mort ! Ce que je désire ? Mais rien ! Non, rien, vraiment ! Rien de particulièrement pressé...

LA MORT : Tu m'as appelée, pourtant.

PIERRE : Mais non, mais non ! C'était un cri, pas un appel. Vraiment, je n'ai rien à vous demander !

LA MORT : Mais moi, j'ai un mot à te dire. Tiens-toi bien ferme sur tes jambes, que je te fauche vite.

La Mort soulève sa faux.

PIERRE : Oh ! Je vous en prie ! Grâce ! Je ne veux pas mourir !

LA MORT : Quelle sottise, mon garçon ! Qu'attends-tu de la vie, toi qui ne souhaites plus rien ?

PIERRE : Je ne sais pas ! Mais je suppose qu'avec le temps...

LA MORT : Tu as eu tout le temps. A présent, c'est trop tard ! Reste debout, et tu tomberas comme un vrai contempteur du monde.

Elle lève sa faux.

PIERRE : Arrêtez ! Pour l'amour de Dieu, arrêtez !

LA MORT : Comme tu es lâche ! Eh bien, je te la laisse, ta vie, puisque tu l'aimes tant ! Mais ne va pas ensuite te repentir. Adieu ! Tu ne me reverras pas de si tôt !

La Mort est sur le point de se retirer.

PIERRE, *effrayé* : Non ! Ne me laissez pas seul.

LA MORT : Comment, seul ? Je te laisse toute la belle nature...

PIERRE : C'est bien joli quand il fait beau et que le soleil brille, mais à cette heure...

LA MORT : Ainsi, toi, le misanthrope, tu ne veux pas te passer de compagnie ! Frappe trois coups à la porte de cette cabane, et tu trouveras quelqu'un à qui parler.

La Mort disparaît.

SCÈNE 11

Pierre a frappé trois coups à la porte de la hutte, et le sage apparaît.

LE SAGE : Qui cherches-tu ?

PIERRE : Un homme ! Je suis malheureux !

LE SAGE : Dans ce cas, pourquoi recherches-tu les hommes ? Ils ne peuvent t'être d'aucune utilité.

PIERRE : Je le sais, mais cela ne fait rien. Je ne veux ni vivre ni mourir. J'ai connu toutes les souffrances et cependant mon cœur ne veut pas se briser.

LE SAGE : Tu es trop jeune pour connaître le cœur humain. J'ai médité longuement sur l'origine de la misère des hommes. Je vais te montrer un cœur d'homme et tu verras comment est faite cette petite chose. (*Il entre dans sa hutte et en ressort aussitôt avec un coffret et une lanterne ; il suspend la lanterne à une branche.*) Tu vois ce muscle triangulaire qui, maintenant, a cessé de bouger. Jadis il cognait de colère, battait de joie, se tordait de chagrin, se gonflait d'espérance... avant de s'apaiser enfin, et de se racornir. Regarde : il est divisé en deux compartiments : dans l'un habite le désir du bien, dans l'autre, l'appétit du mal ; plus exactement, d'un côté, il y a un diable, et de l'autre côté, un ange. Quand l'ange et le diable se battent, et le cœur précisément est le lieu de leur bataille, l'homme est violemment agité et il pense que son cœur va se rompre. Mais le cœur ne se rompt pas : regarde comme ses cloisons sont épaisses ! Examine-le de plus près, vois ces milliers de piqûres : elles n'ont pas tout à fait traversé, mais les cicatrices qu'elles laissent sont indélébiles...

Le sage s'arrête et semble ému.

PIERRE : Qui a porté ce cœur, homme sage ?

LE SAGE : Le plus malheureux de tous les hommes.

PIERRE : Qui était-il ?

LE SAGE : Un homme... La trace que tu vois là est celle d'un talon clouté... d'un talon de femme qui, durant vingt-six ans, a piétiné ce cœur.

PIERRE : Il ne s'est pas lassé ?

LE SAGE : Si. Un soir, il s'est libéré d'elle, un soir de réveillon ! Mais les puissances du monde l'ont poursuivi de leur anathème : il ne peut plus mourir, bien qu'on lui ait volé son cœur.

PIERRE : Rien ne peut le délivrer de cet ensorcellement ?

LE SAGE : Quand le fils de cet homme aura trouvé une femme fidèle et l'aura ramenée chez lui pour en faire son épouse, l'enchantement sera rompu ! Mais cela n'arrivera jamais, car son fils est parti pour toujours !

PIERRE : Sait-on ce qu'est devenu ce fils ?

LE SAGE : Il est allé courir le monde !

PIERRE : Et pourquoi ce garçon ne rencontrerait-il pas une femme fidèle ?

LE SAGE : Parce que celui qui n'aime que soi est incapable d'aimer quelqu'un d'autre.

Le sage disparaît soudain.

PIERRE : C'est le vieux ! C'est mon père ! Et la fiancée dont il parle, Lise, c'est toi !

La hutte s'évanouit. Le jour paraît.

SCÈNE 12

PIERRE, *seul* : Il est parti ! C'était le vieux ! Le vieux qui n'aimait que lui-même... Lise me l'a répété. Mais je me déteste moi-même, je me méprise pour les actions mauvaises que j'ai commises. Et j'aime Lise ! Je l'aime ! Je l'aime ! (*Le soleil se met à briller sur les vagues, éclairant la forêt de sapins à droite. Un bateau paraît sur la mer et s'approche. Bientôt on distingue Lise à son gouvernail. Elle fait signe à Pierre et le bateau continue sa route.*) Mouettes qui volez, dites-le-lui ! Rayons éclatants du soleil, portez mes paroles jusqu'à elle, sur vos flèches de feu ! Mais où te chercher ? Où ? (*Le bateau qui s'éloigne est resté, pendant un moment, visible à l'horizon.*) Lise ! O, mon anneau, exauce mon dernier souhait et conduis-moi vers elle ! Lise ! Mon anneau a disparu ! Malheur ! Qu'est-ce que cela signifie ? Que mon épreuve est terminée ou qu'elle commence ? (*Il grimpe sur un rocher et agite son mouchoir.*) Lise ! Bien-aimée de mon âme ! Si tu m'entends, réponds-moi ! Si tu me vois, fais-moi signe ! Elle disparaît ! Lise ! Ni la mer ni la tempête ne me sépareront de toi ! (*Il pousse à l'eau un bateau qui se trouve sur la plage.*) Que le vent souffle, que les vagues roulent ! L'étrave de mon bateau les coupera comme une épée ! Au large ! Et, si le but m'échappe, que la mer m'engloutisse !

ACTE V

Une petite église rustique en bois, au plafond peint ; au fond, l'autel avec son crucifix ; à gauche, la chaire ; sur un pilier près de la première coulisse de gauche, une image de saint Bartholomé tenant sa dépouille dans sa main ; à droite, sur le pilier correspondant, saint Laurent avec son gril ; le balai est posé contre la balustrade du chœur à gauche ; à droite la civière. Deux rangées de prie-Dieu, à droite et à gauche, forment une allée de l'avant-scène jusqu'à la balustrade de l'autel ; à droite, au premier plan, un confessionnal ; à gauche, dans la première coulisse, une porte de fer.

Scène 1

Le lutin apparaît à une des fenêtres de l'église, la fée à l'autre.

Le lutin : Ce n'était pas le vieux qui avait mangé la bouillie : c'étaient les rats.

La fée : Ce n'est donc pas pour le bien de Pierre, mais pour punir le vieux, que tu as envoyé le petit à travers le monde !

Le lutin : Eh ! Que veux-tu ! On a beau être immortel, on peut se tromper ! Je n'ai plus qu'à réparer ma sottise.

La fée : S'il en est encore temps !

Le lutin : Pourquoi ne serait-il plus temps ?...

La fée : Pierre est devenu tellement misanthrope qu'il ne s'accommode plus de la vie.

Le lutin : Lise saura le raccommoder avec la vie ! Et ainsi le crime du vieux sera expié. Tu vois, tout s'arrange quand même.

La fée : Rapiéçons ce que nous avons déchiré, tu as raison : j'ai déjà commencé mes préparatifs.

Le lutin : Ici ?

La fée : Ici ! Dans cet endroit même dont l'entrée nous est interdite.

Le lutin : Pourquoi ? Les lieux sacrés nous demeurent interdits, c'est vrai, et nous n'avons pas le droit de participer à la grande réconciliation parce que... un événement s'est produit que nous ne devons pas connaître. Mais cela ne nous empêche pas, et les hommes le savent, d'être capables de bonnes actions : autre aspect des choses. Je serai donc là, tout en restant invisible, et je veillerai à ce que cette rencontre se passe bien, car nous, esprits réprouvés, nous savons aussi nous réjouir du bonheur des autres. A tantôt.

LA FÉE : Au revoir !

Le lutin et la fée disparaissent.

SCÈNE 2

LISE, *entrant* : Voici la petite église où la fée a fixé notre rendez-vous ! Comment vais-je le retrouver ? Qu'a-t-il retenu de ses épreuves ? Est-il toujours aussi égoïste, attiré seulement par un bonheur passager ? S'il avait eu la force de mal agir, mais pour une bonne cause, il aurait au moins prouvé qu'il était capable d'abnégation, capable de sacrifier son amour-propre, ce qui nous est si difficile à tous. Quand les puissances d'en haut décident de l'avenir, elles choisissent leur instrument et personne ne peut refuser la mission qui lui est confiée, dût-elle causer sa perte. Mais sans doute mon ami n'est-il pas ainsi fait, et c'est pourquoi... Chut ! Je l'entends venir. C'est lui ! Je ne veux pas le rencontrer si vite ! Il faut que je me ressaisisse. Je vais me cacher... ici, dans ce confessionnal.

Elle entre dans le confessionnal.

SCÈNE 3

PIERRE *entre et se laisse tomber sur un prie-Dieu, à gauche, à l'avant-scène* : Personne ici non plus ! Elle me fuit comme je fuis mes mauvaises pensées. Seul et abandonné, que vais-je faire de ma vie ? Je n'ai rien appris que la vanité de l'existence et il ne me reste plus rien à espérer que la réalisation de mauvais désirs. Sans elle, mon âme est vide comme une coquille ! Qu'ai-je fait jusqu'à présent ? (*La civière frappe par terre.*) Qu'est-ce que c'est ! Des fantômes en plein soleil. Je serais content de les voir. (*Le balai frappe le sol.*) Eh ! Ça continue ! Bravo ! Quelqu'un m'a dit qu'on peut voir des revenants en plein jour en regardant par la fente d'une porte. Il paraît qu'on peut ainsi se voir soi-même ! Si c'était vrai, il serait bien facile d'éviter ses propres fautes. Essayons !

Il ouvre la porte de gauche et se place derrière.

Scène 4

L'ombre de Pierre monte en chaire. Elle boit de l'eau dans le gobelet et retourne le sablier. Pierre lui-même reste à la porte, tournant le dos aux spectateurs.

L'Ombre : Mes chers auditeurs ! (*La civière, le balai, saint Bartholomé et saint Laurent se mettent à bouger.*) Mes très chers auditeurs et toi, Pierre, qui te caches derrière ta porte, mon sermon ne sera pas long, car il est tard et c'est à Pierre l'Heureux surtout que je m'adresse. Mon ami Pierre, tu as couru dans toutes les directions, comme un jeune fou, à la chasse au bonheur. Tu as formulé des souhaits dont tous, sauf un, ont été exaucés, sans que tu en retires aucune joie ! Ecoute-moi bien, là-bas, derrière ta porte ! Contrairement à ce que tu crois, tu n'as pas traversé la vie d'un bond, car la vie est une route que l'on suit patiemment, jour par jour, heure par heure. Tout ce que tu as vécu jusqu'ici n'est que songe, car, en réalité, on n'obtient rien par des souhaits, même si l'on possède un anneau magique, mais seulement par le travail. Connais-tu le travail, Pierre ? Non : le travail est lourd et difficile, mais il faut qu'il soit lourd car c'est son poids qui donne au repos la douceur. Travaille donc et reste honnête. Ne cherche pas à faire le saint, tu deviendrais vaniteux, mais aie conscience de tes défauts et tu seras un homme. Pierre, toi qui es là, derrière ta porte, comprends-moi bien : la vie n'est pas comme tu la vois dans tes rêves. C'est un désert, bien sûr, mais un désert où éclosent des fleurs. C'est une mer démontée, évidemment, mais on y trouve des ports et des îles verdoyantes. Après ton rêve, Pierre, voici que la vie t'attend et que tu vas être un homme, un homme vivant ! Maintenant, un conseil : pas d'homme complet, pas de vie réelle sans une femme. Cherche ta femme et vis ! J'ai terminé. Je passe la parole à monsieur saint Laurent. Je prends congé de toi, enfant, et de tes rêves de jeunesse, et je te rappelle la parole du sage : « Connais-toi toi-même. » Monsieur saint Laurent, à votre tour de parler !

L'ombre disparaît.

Scène 5

Saint Laurent, *montrant son gril* : Je suis saint Laurent, celui qui reçut la bastonnade pendant sept jours, sur l'ordre de l'empereur Décius, et fut grillé à petit feu sur ce gril. Personne n'a souffert autant que moi !

Saint Bartholomé : Parlons-en ! Je suis saint Bartholomé ! Voici la peau que l'on m'a arrachée, jusqu'aux jarrets, sur l'ordre de l'empereur Pamphilius ! Ma mort a été suivie d'une foule de miracles, tels le miracle des énigmes, celui du diable déguisé en femme, celui des signes précurseurs de l'éruption d'un volcan...

Saint Laurent : Peut-on comparer nos miracles ! Moi, j'ai eu six signes précurseurs ! La poutre de l'église, le calice de cristal, le cadavre de la nonne...

La Civière, *se dressant sur ses pieds* : Cessez de vous vanter de vos souffrances ! Je ne suis qu'une simple civière, mais en cinquante ans, j'ai transporté tant de morts, assisté à tant de douleurs, d'espoirs brisés, de deuils navrants, j'ai connu tant de cœurs déchirés qui souffraient en silence, et qui sont tombés dans l'oubli, sans la moindre statue dorée, et sans miracle, que, si vous en aviez vu la moitié vous n'auriez pu que vous taire. La vie est noire, noire, si noire !

Le Balai *frappe le sol et secoue ses crins* : Vieux brancard, tu déraisonnes ! Que sais-tu de la vie, toi qui n'as rien vu que la mort ? La vie est noire, peut-être, mais d'un côté ; de l'autre côté elle est belle et blanche. Maintenant, je suis un balai, mais hier, j'étais debout dans la forêt, ferme et élancé, et je me tendais de toutes mes forces vers le ciel pur, et je voulais encore grandir, grandir toujours ! Et puis il est arrivé ce qui devait arriver : on m'a coupé, taillé, tourné : je suis balai ! Et je me dis que tout est pour le mieux : on ne m'a pas permis d'être un grand arbre, je serai donc autre chose. Il y a le choix. On peut être utile, ou on se contente d'être bon. Quand on n'est pas bipède, on peut sauter sur une jambe, et s'en accommoder.

Le balai se met à sautiller et s'appuie ensuite sur l'autel.

Scène 6

Pierre *s'avance vers le bénitier qui est près du confessionnal, y prend un goupillon dont il asperge le fond de l'église* : Reculez, mauvais esprits, reculez, fantômes ! (*En remettant le goupillon à sa place, il entend un bruit à l'intérieur du confessionnal.*) Révérend père, écoutez-moi ! Accueillez les soupirs de mon cœur brisé !

Lise, *de l'intérieur du confessionnal, d'une voix contrefaite* : Parle, mon fils !

Pierre : Pourrai-je abandonner mes rêves ?

Lise : Tu as suffisamment rêvé. Tu n'es plus un enfant. Pense plutôt à tes fautes. N'en as-tu pas commis ?

Pierre : Si ! J'ai poursuivi le bonheur au mépris de ma conscience. J'ai voulu la puissance, la gloire ! Et maintenant, le malheur m'accable et je me hais !

Lise : Tu te hais ? Aurais-tu donc cessé de ne chérir que toi-même ?

Pierre : Je voudrais pouvoir me débarrasser de moi-même !

Lise : Mais se trouvera-t-il dans ton cœur une place pour en aimer un autre ?

Pierre : Où trouverai-je celle que j'aime ?

Lise, *sortant du confessionnal* : Je suis ici, Pierre !

Pierre : Lise ! Oh ! (*Ils s'embrassent.*) Lise ! Tu ne me quitteras jamais plus ! Dis ?

Lise : Je ne te quitterai jamais plus, mon Pierre, puisqu'enfin tu m'aimes !

Pierre : Lise ! Quelle bonne fée t'a mise sur mon chemin ?

Lise : Est-ce bien une fée ? On dit que les garçons et les filles naissent en même temps, quoique souvent très loin l'un de l'autre, et aussi qu'ils se cherchent, sans le savoir, jusqu'à ce qu'ils se rencontrent. Quelquefois, ils se trompent sur celui ou celle qui leur est destiné, et c'est un grand malheur, mais quand ils se retrouvent, comme nous

nous retrouvons, alors c'est pour eux la plus grande joie que peut offrir la vie.

PIERRE : C'est le paradis retrouvé !

SCÈNE 7

LE BEDEAU, *qui est le vieux de la tour, avec son bâton* : L'église ferme !

LISE : Pierre ! On nous chasse du Paradis !

PIERRE : Non, on ne nous en chassera pas ! Nous l'emporterons avec nous et nous le poserons comme une île verdoyante au milieu de la mer tumultueuse !

LE BEDEAU, *déposant sa canne et leur ouvrant les bras* : Au fond du port tranquille où les vagues se brisent et s'endorment.

PIERRE *et* LISE, *l'embrassant* : Père ! Père !

La Femme de sire Bengt

Pièce en cinq actes

Texte français
Alfred Jolivet

Herr Bengts hustru

Personnages

SIRE BENGT. MARGIT. L'ABBESSE. LE CONFESSEUR (*Frère François*). SŒUR METTA. SŒUR AGNÈS. LE VALET (L'INTENDANT *par la suite*). LE SÉNÉCHAL. LA SÉNÉCHALE. LE BAILLI. LE GREFFIER. LA GOUVERNANTE. KERSTIN, *la femme de chambre*. LE PAGE. PERSONNAGES SECONDAIRES.

L'action se déroule en Suède au début de la Réforme.

PREMIER ACTE

Le pénitencier du couvent.

Une pièce voûtée avec une petite fenêtre en haut à droite. Porte vers la gauche. Par terre deux lits de paille. Deux escabeaux, un banc, un prie-Dieu. Une table sous la fenêtre.

Au fond un tableau représentant la Flagellation. Au-dessus du tableau on aperçoit les poids d'une pendule qu'on atteint au moyen d'une échelle.

SCÈNE 1

Metta coud des essuie-mains près de la table. Margit est étendue oisive sur le banc.

METTA : Pourquoi ne couds-tu pas, sœur Margit, tu sais bien que tu seras battue.

MARGIT : Je veux être battue, mais je ne veux pas abîmer mes mains.

METTA : Mais moi, il faut que j'abîme mes mains, et pourtant je suis seulement arrivée en retard à la prière — tandis que toi qui reçois des lettres...

MARGIT : Tu es faite pour abîmer tes mains, servir. Quand j'ai craché sur tes vêtements, l'autre jour, tu ne m'as même pas frappée. Oh ! comme je te méprise !

METTA : Et pourtant, tu n'es pas meilleure que moi, nous sommes tous égaux devant Dieu.

MARGIT : Peut-être, mais pas devant les hommes. Regarde mes mains et les tiennes ; les miennes ont été pendant trois siècles protégées du soleil, de l'eau, de la terre. Et regarde tes pattes ; on voit tout de suite que ton père était bourrelier. Tiens, quand tu es assise comme cela, je crois toujours voir une selle de cheval entre tes genoux.

METTA : Mais je suis riche et tu es pauvre...

MARGIT : Tu vois que ça ne sert à rien. Je suis née noble de vingt générations d'ancêtres qui n'ont pas travaillé. Tu ne peux pas naître une seconde fois, mais moi, je peux redevenir riche, et je le redeviendrai. Dis, tu ne trouves pas cela curieux, j'ai envie de recevoir des coups.

METTA : Tu as toujours été un peu toquée.

Margit : Toquée ? Parce que je dis ce que je pense ! Je crois, d'ailleurs, que nous pensons tous la même chose. Oui, ces éternelles prières, pour moi, c'est vide comme de la paille ; on remue la bouche, mais on n'est pas rassasié ; au contraire la faim s'éveille et ronge, ronge l'âme sans la faire bondir ; mais quand sœur Agnès arrive avec son fouet, l'âme s'éveille comme un instrument dont les cordes se brisent et tremblent, et le corps perçoit une musique en sourdine. (*Elle s'étend sur le banc.*) Sœur Agnès ne va-t-elle pas arriver ?

Metta : Tu es complètement folle aujourd'hui.

Margit : Quand je regarde la Flagellation là-bas, je voudrais être à la place du Christ. Vois-tu ce grand gaillard aux biceps puissants ? Vois-tu comme il frappe avec les lanières de peau, si rudement que les clous arrachent des morceaux de chair ?

Metta : Tais-toi, tu es déchaînée !

Margit : As-tu entendu dire qu'on songe à fermer tous les couvents ? et à nous laisser sortir ?

Metta : Je l'ai entendu dire, mais il y a nos vœux, on ne peut pas nous en délier.

Margit : Non, mais nous pouvons les rompre !

Metta : Est-ce cela qu'il y avait dans ta lettre ? Dis-moi, Margit, de qui donc était cette lettre que tu as reçue, et pour laquelle on t'a enfermée ?

Margit : De la sœur de ma défunte mère, une excellente femme qui habite à Skeby, dans la province d'Ostergötland ; elle a épousé en secondes noces un mari qui avait deux enfants.

Metta : Alors pourquoi n'as-tu pas voulu montrer sa lettre ?

Margit : Ça ne te regarde pas. (*Elle se lève vivement, monte sur la table et regarde par la fenêtre.*) Il y a huit jours que je n'ai pas vu le soleil, Metta ! laisse-moi un instant sur la table. Oh, comme le lac est beau là-bas ! Comme il reflète les rives boisées, et le château tout blanc de l'autre côté ! Sais-tu qui habite ce château, Metta ?

Metta : C'est sûrement la sœur de ta défunte mère qui habite Skeby, dans la province d'Ostergötland, qui a deux enfants du premier lit de son mari, et qui t'envoie des lettres !

Margit : Tu es une méchante créature, Metta !

METTA : Pourquoi me racontes-tu des mensonges ?

MARGIT : Des mensonges ? C'est la seule protection que possède la femme ! O mon chevalier, mon Florès, si j'avais une corde je te hisserais jusqu'à moi dans un panier de fleurs, je te réchaufferais dans mon lit, je te ferais mourir sous mes baisers, je te serrerais dans mes bras à t'étouffer. Il se passera aujourd'hui de grandes choses. Je vois une bannière blanche et bleue sur le toit du château, on baisse le pont-levis et du fossé du château une barque s'avance sur le lac. (*Elle saute de la table, se jette dans les bras de Metta qu'elle embrasse avec impétuosité.*) Il va venir ! Il va venir !

SCÈNE 2

Le valet du couvent entre, gravit l'échelle et remonte l'horloge.

MARGIT *s'avançant vers le valet* : Eh bien, Jean, que se passe-t-il dans le monde des vivants ?

LE VALET : De grandes et merveilleuses choses ! On attend la visite de l'évêque et du confesseur.

MARGIT : Et les bruits sur la fermeture des couvents et notre libération ?

LE VALET : Fausses nouvelles d'un bout à l'autre ! On ment avec tant d'obstination de nos jours !

MARGIT : Fausses nouvelles ! Pas d'espoir, autrement dit ! Et savoir qu'il y a des hommes qui marchent dans des prairies nouvellement fauchées, qui ne sentent au-dessus d'eux que le ciel, qui respirent un air tiède et parfumé alors que nous demeurons ici, nous autres dans l'obscurité et le froid ! Je sais bien ce que je vais faire !

LE VALET : Mademoiselle Margit ! Laissez-moi vous dire que cette pendule est détraquée et qu'on ne peut plus s'y fier.

MARGIT : Je me moque bien de la pendule !

LE VALET : Oh, je croyais que vous aviez coutume de la regarder, de temps à autre, quand les heures vous semblaient longues.

MARGIT : Je ne comprends pas.

METTA : Ne comprends-tu pas que Jean vient de mettre une lettre pour toi dans la pendule ?

MARGIT : Seigneur mon Dieu, qu'est-ce que tu dis là ?

LE VALET : Ça finira sûrement mal. Quand on est trois à savoir un secret, tout le monde le sait.

MARGIT : Sois tranquille, Jean. Metta est mon amie. N'est-ce pas, Metta ?

METTA : Comment pourrais-je être autrement avec toi, qui as été si bonne pour moi ?

MARGIT *la fixant* : Bonne ou méchante, en tout cas je n'ai jamais été fausse avec toi.

Elle grimpe sur l'escabeau et descend avec la lettre.

LE VALET : Adieu. Et n'oubliez pas Jean, si les choses tournent mal.

MARGIT : Tu peux compter sur moi.

Elle lit.

SCÈNE 3

MARGIT : Il n'y a plus d'espoir, Metta. Les Luthériens sont battus ; la barque qui vient du château n'amène qu'un évêque et un confesseur ; le chevalier reste chez lui. Vie, je te dis adieu, à tout je dis adieu !... Donne-moi un essuie-mains, je vais coudre.

METTA : Tu ne veux plus recevoir des coups ?

MARGIT : J'en ai reçu assez ! Mais ce n'est pas, semble-t-il, l'avis de l'abbesse et de sœur Agnès ; j'entends leurs voix dehors, mêlées à une voix d'homme. Elles sont allées chercher du renfort ! Non, je ne veux pas faire l'hypocrite ! (*Elle jette l'essuie-mains.*) Taïaut ! Le gibier est débusqué, trois chiens contre une biche !

SCÈNE 4

Les précédentes. L'abbesse. Sœur Agnès. Le confesseur.

L'ABBESSE : Sœur Agnès et Metta, laissez-nous et attendez dans la chambre.

Agnès et Metta sortent.

Scène 5

L'abbesse : A genoux, pécheresse ! Le visage contre terre, putain, fille du diable, et verse de la cendre sur ta tête coupable. Nous t'avons accueillie dans cette sainte congrégation, comme tu n'avais ni père ni mère, pour te protéger contre la malice du monde, et pour nous récompenser tu nous traites comme tes ennemis. Tu abats les murs que nous avons dressés pour nous séparer de ce monde misérable qui ne mérite pas la moitié d'une pensée. Tu fais alliance avec l'ennemi et tu as souillé cet asile de pureté afin que le Prince des ténèbres puisse nous chasser dans les landes où les loups prendront mes agneaux, ces agneaux que le bon pasteur a remis entre mes mains. Le Malin se déchaîne dans ton corps, mais nous saurons le conjurer. A genoux, putain !

Margit : Je ne suis pas ce que vous dites et je ne plie le genou que devant celui qui écoute mes prières ! Lisez cette lettre !

L'abbesse : J'ai lu tes lettres.

Margit : Comment ? Jean, le valet, cet honnête homme, est un traître ?

L'abbesse : Il s'est acquitté de sa tâche, comme Metta qui t'a surveillée.

Margit : Oui, je sentais que je respirais un air souillé par le mensonge et la tromperie...

L'abbesse : Tais-toi, créature pervertie ! C'est toi qui t'es rendue coupable de tromperie, en rompant tes vœux.

Margit : Vous avez accepté mes vœux parce que vous me croyiez riche ; lorsque vous avez vu que je ne possédais rien...

L'abbesse : C'est un mensonge !

Le confesseur : Madame l'abbesse. Voulez-vous me permettre de parler à cette enfant ?

L'abbesse : En ma présence, volontiers. Vous êtes venu pour cela.

Le confesseur : Il faut que je lui parle seul à seul.

L'abbesse : C'est impossible. Les règles de notre ordre défendent de laisser une sœur seule avec un homme.

Le confesseur : Je connais les règles de votre ordre ; mais je ne suis pas un homme et ceci est une confession.

L'abbesse : Vous êtes un saint homme, un homme

sévère, mais sur le diable vous n'avez pas toute puissance. Rappelez-vous saint Antoine de Padoue !

LE CONFESSEUR : Vous m'offensez, abbesse ; j'allumerai des cierges si vous le désirez.

L'ABBESSE : Au nom du ciel ! Je ne vous offense pas et j'espère que vous ne vous méprenez pas sur mes paroles. Cette enfant a une langue de serpent, et vous devez être sûr par avance que tout ce qu'elle dira est mensonge.

LE CONFESSEUR : Je partirai de là, et je verrai à quelle conclusion j'aboutirai.

L'ABBESSE : Que le ciel vous soit favorable ! Benedicite, Domine !

LE CONFESSEUR, *impatienté* : Amen !

L'ABBESSE : Et cum spiritu tuo.

LE CONFESSEUR, *impatienté* : Amen !

L'abbesse sort.

SCÈNE 6

LE CONFESSEUR *va vers la table et y pose son bréviaire* : Regarde-moi, mon enfant ! Je pose ce livre, je le pose ici et nous allons parler selon notre cœur comme des êtres humains ! Assieds-toi, tu es fatiguée ; je ne le suis pas, c'est pourquoi je vais et je viens devant toi. Vois-tu, le temps des grands mots est passé ; ce n'étaient que les plumes de paon dont s'ornaient les petites pensées ; n'employons donc que de petits mots. Bon, tu aimes un jeune chevalier ; est-ce un péché, n'en est-ce pas un, laissons cela de côté pour le moment. Je n'ai jamais aimé, alors je ne sais pas ce que c'est, mais il me faut le savoir pour juger ce que tu as fait. Aimer, comment est-ce donc ?

MARGIT : Si Votre Révérence ne s'amuse pas de moi, je répondrai à sa question.

LE CONFESSEUR : Je ne m'amuse pas des êtres humains, même pas des enfants.

MARGIT : Eh bien ! Il en est de l'amour comme de la confession, il ne faut pas en parler.

LE CONFESSEUR : Je ne demande pas des confidences, seulement des explications ; sur cette question, je suis ton élève. Est-ce l'âme qui aime ou le corps ?

MARGIT : On ne saurait le dire : sans doute l'un et l'autre.

LE CONFESSEUR : Comment as-tu commencé à l'aimer ?

MARGIT : Je l'ai rencontré un matin dans la forêt, il chevauchait un étalon noir et il avait un faucon sur son gant brodé de soie ; sa veste de velours jaune éclairait la forêt comme une flamme ; lorsqu'il ouvrit les yeux et me regarda, j'eus l'impression que le soleil venait de se lever et que les oiseaux se mettaient à chanter !

LE CONFESSEUR *la regarde étonné* : Est-ce qu'il t'a parlé ?

MARGIT : Non, il m'a seulement saluée.

LE CONFESSEUR : Et cela a suffi ?

MARGIT : Depuis j'ai perdu le repos ! C'était juste avant mon entrée au couvent.

LE CONFESSEUR, *troublé* : Tu avais perdu le repos ? Comment était-ce ?

MARGIT : Mon cœur sautait dans ma poitrine comme un oiseau qui veut sortir de sa cage. Donnez-moi votre main ! Mettez-la là, sur le côté gauche : sentez-vous les battements, les palpitations ?

LE CONFESSEUR *retire sa main, très troublé* : C'est étrange !

MARGIT : J'ai essayé de tuer l'oiseau. Je me figurais que j'étais unie pour l'éternité à ce fiancé sanglant, là-bas, qui se laisse maltraiter par des soldats grossiers, qu'il devrait pouvoir écraser de son petit doigt ; mais ce fut en vain. Ecoutez maintenant ma confession puisque vous êtes mon confesseur ! Approchez ! (*Elle le prend par la main et le conduit devant le tableau du fond.*) Ecoutez mon horrible péché, mes perverses pensées : j'aurais choisi pour fiancé le soldat qui frappe, parce qu'il lui ressemble !

Le confesseur se dégage et se met à marcher d'un pas rapide.

MARGIT : J'ai prié pour être délivrée de ces pensées impies, mais elles me poursuivaient dans mon sommeil et pendant la journée ! Je commis des fautes pour être fouettée, mais tout ne fit qu'empirer. Regardez ! (*Elle découvre ses bras.*) Voyez mes bras couverts de plaies !

Le confesseur l'examine d'un œil égaré et se détourne violemment.

MARGIT : Regardez mon cou.

Elle arrache son scapulaire.

LE CONFESSEUR : Arrête, au nom du Seigneur !

Il saisit son bréviaire et se met à lire.

MARGIT : Pas ce livre ! Pas ce livre !

LE CONFESSEUR *lit à toute allure* : « Saint Antoine de Padoue se rendit dans le désert pour y passer le carême à méditer sur la passion du Christ. Le soir, une pauvre femme s'approcha de sa tente et demanda un abri pour la nuit, parce qu'un orage menaçait d'éclater. La pitié lui interdit de répondre non. Tenté par le diable qui avait pris l'apparence de cette femme, il alluma une lumière et se brûla la main pour se rappeler le feu éternel qui brûlera quand les feux de la chair se seront depuis longtemps éteints. » (*Il jette le livre.*) As-tu de l'eau ? (*Il vide une tasse qu'il trouve sur un prie-Dieu.*) Qu'est-ce que je viens de boire ? Du feu !

MARGIT : C'est le vin qu'on me donne quand je suis malade.

LE CONFESSEUR : Du vin ! Non, c'était du feu ! Je n'ai jamais bu de vin, entends-tu, je n'ai jamais aimé, entends-tu, parce que je n'osais pas. J'ai trente ans, je n'ai jamais été jeune, je n'ai jamais été tenté, j'ai vécu tellement calme. Mais à présent (*il s'assied*) mon sang se réchauffe, je respire des parfums de fleurs, j'entends le son du luth et de la flûte et non de l'orgue, non, pas de l'orgue ! Donne-moi des roses, encore des roses ! Debout et danse, hétaïre ! Danse ! (*Il se ressaisit.*) Je vais résumer ce que tu as dit. Un étalon noir, un faucon sur un gant, un pourpoint de velours jaune. C'est cela l'amour ! dis-moi, (*il se rapproche de Margit et, d'une voix sifflante* :) l'as-tu embrassé ? (*Margit, effrayée, s'écarte.*) Pas cela non plus ! Sans parler, ni s'embrasser, se regarder seulement, cela suffit ! Oui, c'est bien cela ! Et qu'est-ce qu'il t'écrit ?

MARGIT : Vous n'avez pas lu sa lettre ?

LE CONFESSEUR : Non, mais maintenant je veux la lire.

MARGIT : Vous ne la lirez pas !

LE CONFESSEUR : Je ne la lirai pas ? Je ne la lirai pas ? Alors je te ferai fouetter, sous mes yeux je te ferai fouetter !

MARGIT : Arrière, démon ! Tu n'es pas celui que tu prétendais être !

LE CONFESSEUR *s'approche de la cruche d'eau, mouille son mouchoir et s'essuie le front ; puis retrouvant son calme* : Je ne le suis pas. Que Dieu me pardonne, et je voudrais tellement l'être !

MARGIT : Vous n'avez plus rien à me dire maintenant !
LE CONFESSEUR : Un seul mot : pardon.
Il s'agenouille.

SCÈNE 7

Les mêmes. L'abbesse. Sœur Agnès avec un fouet.

L'ABBESSE *étonnée* : Que signifie cela ?
Le confesseur se lève.
MARGIT : Frère François priait pour mon âme, et sans aucun doute les prières d'un homme aussi pieux doivent être exaucées.
L'ABBESSE *au confesseur* : Qu'a-t-elle dit ?
Le confesseur reste muet.
MARGIT : Qu'est-ce que j'ai dit ? Parlez ! Ce n'était pas une confession, vous m'avez demandé seulement des renseignements.
L'ABBESSE : Pourquoi vous taisez-vous, frère François ? Qu'est-ce qui s'est passé ? Elle a menti sûrement, comme à l'ordinaire, et vous croyez ce qu'elle a dit, je le vois à votre visage.
LE CONFESSEUR : Sœur Margit n'a pas menti.
L'ABBESSE : C'est bien ce que je disais ; vous croyez ses mensonges. Sœur Agnès ! Le plus sévère châtiment corporel prescrit par les règles, pour sœur Margit ! Fustigez-la en notre présence pour faire sortir la vérité !
LE CONFESSEUR : Au nom du ciel, abbesse, pas cela !
L'ABBESSE : Vous vous apitoyez sur le péché, frère François ! Ou bien... auriez-vous... Sœur Agnès, fais ton office !
LE CONFESSEUR : Laissez-moi partir.
MARGIT : Laissez-le partir.
LE CONFESSEUR *avec un regard vers Margit* : Non, je reste, mais je m'oppose à toute tentative de maltraiter cette enfant, dont vous étiez sur le point de détruire l'âme. Je proteste contre...
L'ABBESSE : Frère François, on pourrait croire que ce n'est pas l'âme de cette jeune fille qui vous préoccupe le plus, lorsque vous vous faites le défenseur de sa faute. Au reste, vos protestations n'ont aucune importance ! Vous

pourrez vous plaindre ensuite, si vous l'osez ! Sœur Agnès ! Allons !

Sœur Agnès s'avance vers Margit. Margit se réfugie derrière la table.

MARGIT : Ne m'approche pas, je te jette par terre ! Ne me touche pas !

L'ABBESSE : Frappe ! Frappe au visage ce masque diabolique qui lui sert à captiver les âmes ! Marque-la d'une tache rouge !

MARGIT *s'enveloppe le visage de son capuchon et se jette à terre* : Non ! Pas au visage ! Pas au visage ! Au secours ! Au secours !

SCÈNE 8

BENGT *entre, pose ses gants sur la table* : Madame l'abbesse est-elle ici ?

L'ABBESSE : A votre service, au parloir, mais pas ici.

BENGT : Peu importe où, ma mission est courte et je crains de n'être pas un visiteur bienvenu.

L'ABBESSE *le conduit vers la porte* : Mission assez importante, je suppose, pour que des témoins soient superflus.

BENGT : Bien au contraire ; plus il y aura de témoins, mieux cela vaudra ! Mais voici frère François, le confesseur. Excusez-moi ; il fait si sombre ici quand on vient de la lumière !

L'ABBESSE : Il fait plus clair en bas, si Votre Grâce veut bien...

BENGT : Comme vous le désirez, madame !

L'abbesse, le confesseur et Bengt sortent.

SŒUR AGNÈS : Ah ! Il n'a rien vu.

SCÈNE 9

BENGT *revient* : Où ai-je posé mes gants ? (*Il aperçoit Margit, inanimée sur le sol.*) Qu'est-ce... qu'est-ce que cela signifie ? Margit ! Ma bien-aimée, mon âme, ma vie. Tu l'as frappée, femelle de l'abîme ? (*Il arrache le fouet à Agnès.*) Hors d'ici, diablesse, pendant que la porte est ouverte, sinon c'est par la fenêtre que tu fileras et tu arriveras en enfer !

Agnès sort.

SCÈNE 10

BENGT *pose son casque et son épée, tombe à genoux devant Margit* : Margit ! Perle de la mer, toi qui luis dans les profondeurs obscures, joie de mon cœur, ma vie, éveille-toi et reconnais ton bien-aimé ! Blanche fleur de l'été, réchauffe-toi au soleil de mes regards et ouvre tout grand ton calice ! (*Il la soulève dans ses bras.*) Si ton âme sommeille encore, songe que le vent t'emporte doucement dans ses bras et te dépose sur un lit de roses, rêve que le zéphir caresse tes joues, et quand tu t'éveilleras, ne regrette pas ton songe, que la réalité vivante te le rende au centuple !

MARGIT : Bengt, mon chevalier, j'entends ta voix dans le lointain ! Viens, sauve-moi, je sens une vague qui m'emporte !

BENGT : Elle ne t'emporte pas ! Elle t'a déposée sur la grève, et elle chante maintenant à tes pieds un chant d'amour, un chant de joie.

MARGIT *s'éveille* : Bengt ! Où suis-je ? Dans tes bras ? Garde-moi, laisse-moi m'endormir à nouveau comme si j'étais ton enfant, ton unique enfant bien-aimé !

BENGT : Un lit bien dur, ô ma rose ; tu auras froid contre l'armure d'acier.

MARGIT : Non, elle est chaude, elle me brûle !

BENGT : C'est mon cœur qui lui prête sa flamme !

Il veut la remettre à terre.

MARGIT : Non ! garde-moi ! Ou je me laisse tomber !

BENGT : Alors, je te relèverai ! Eveille-toi Margit ! La vie est là qui nous attend derrière cette porte.

MARGIT : Tu me quittes ! Non, je te suis. Jamais plus je ne rentrerai ici ! Jamais !

BENGT : Les murs, nous pourrons les abattre, Margit, les fossés les franchir d'un saut. Mais tes vœux...

MARGIT : Je les romps ! Comme je romprais un lien dont on m'aurait chargée pendant mon sommeil.

BENGT : Peux-tu si facilement rompre des vœux ?

MARGIT : Pas de nuages pour cacher le soleil, pas de pluie pour abattre les fleurs ! Je romps ce vœu pour me consacrer à un autre, tellement plus fort !

BENGT : Lequel ?

MARGIT : Celui de t'aimer.

BENGT : Pour le meilleur et pour le pire ?

MARGIT : Nous ne connaîtrons jamais le pire.

BENGT : Que le ciel t'entende, et que le destin envieux n'écoute pas ! Est-ce que tu m'aimes, Margit, dans la misère et dans la peine ?

MARGIT : Dans la misère et dans la peine et jusqu'à la fin de mes jours.

BENGT : Ecoute donc ! Je te prends sans que tu aies à rompre tes vœux, car tu en es délivrée : il n'y a plus de couvents dans le royaume. Je te délivre pour te lier.

MARGIT : Ne me lie pas !

BENGT : Non ?

MARGIT : Non, je le ferai moi-même.

BENGT *ouvre la porte* : Eh bien, oiseau bleu, j'ouvre donc la porte de la cage ! Voici la forêt, voici le ciel. (*Il se place sur le seuil et ouvre les bras.*) Veux-tu venir ?... Viens !

MARGIT *dénoue la corde qui lui ceint la taille, et se jette dans ses bras* : Je viens !

ACTE II

Une salle devant la chambre à coucher.

Une porte au fond, une dans le mur à droite. A droite, une cheminée. A gauche dans la muraille épaisse, une petite fenêtre aux vitres peintes, avec des bancs et un escabeau : dans l'embrasure de la fenêtre un corbeau dans une cage dorée ; plafond de bois à caissons ; les murailles sont lambrissées de chêne jusqu'à hauteur d'homme, et peintes au-dessus ; sur le rebord du lambris, des brocs et des cornes à boire ; à droite au premier plan un banc de style gothique avec baldaquin d'un seul tenant, couvert de coussins et de couvertures de couleurs vives ; dans le dossier du banc, le blason des nouveaux mariés ; devant le banc une table dressée pour deux convives ; la nappe est blanche avec des bords de couleur et des bouquets d'églantines fixés à l'étoffe ; à droite de la table, un piquet avec une traverse sur laquelle sont perchés deux faucons chaperonnés.

Dans le coin gauche de la salle, des armures et des armes.

La couronne de la mariée, sa guirlande et son voile ainsi qu'un miroir d'acier sur une chaise près du mur de gauche ; devant, sur le sol, ses souliers. Le soleil brille à travers la fenêtre.

SCÈNE 1

L'intendant est l'ancien valet du couvent. La gouvernante dresse la table.

L'INTENDANT : Ce n'est plus la même vie qu'au couvent ! Et comme la jeune demoiselle, la jeune dame maintenant, est gentille ! Elle m'a pardonné mes petites incorrections, et elle m'a même pris comme intendant ; elle comprend bien, dit-elle, que si je mentais, c'était en service commandé.

LA GOUVERNANTE : Mais maintenant ton service t'oblige à dire la vérité, et tu dois te montrer reconnaissant et dévoué, elle le mérite bien, la jeune dame.

L'INTENDANT : Elle a oublié aussi toutes les injures que

Metta, cette vilaine fille, lui a fait subir, et elle lui a dit qu'elle serait toujours la bienvenue chez elle.

La gouvernante : Il est facile d'être bon quand on est heureux.

L'intendant : Oui, oui ! Mais j'ai vu des gens qui avaient besoin d'être rudement malheureux pour devenir aimables.

La gouvernante : Ne nous parle pas de malheur à présent ! Voici ce que je dis, moi : que la Sainte Vierge bénisse et protège ce jeune couple !

L'intendant : Amen ! On n'a pas encore entendu bouger les invités ?

La gouvernante : C'est le silence complet dans la maison ; il n'y a que le confesseur qui s'agite : il était déjà debout à six heures du matin, il allait et venait dans le jardin.

L'intendant : Ce n'est pas mal après une pareille nuit et ce qu'il a pu boire ! Jamais on n'a vu pareille noce dans le pays ! Kerstin est-elle entrée déjà dans la chambre des mariés ?

La gouvernante : Ça, je n'en sais rien, et je ne m'en mêle pas, je m'occupe de ce qui me regarde.

L'intendant : Oui, mais j'aimerais savoir quand il faut servir le déjeuner ! Le maître a dit de servir son déjeuner et celui de sa femme ici, et que les autres mangeraient en bas, dans la grande salle ! C'est pourquoi je me demande s'il ne faudrait pas réveiller...

La gouvernante : Oh, que tu es bête, vieux bonhomme !

L'intendant : Ne faudrait-il pas écouter à la porte s'ils sont réveillés...

La gouvernante : Tâche un peu d'aller épier ! Tu n'es plus au couvent maintenant. Et si le déjeuner refroidit, je ne crois pas que cela leur fasse grand-chose ! Quand on est amoureux, on ne mange pas.

L'intendant : Comme c'est curieux ! Mais voici le confesseur !

La gouvernante va à la porte et part quand le confesseur est entré.

Scène 2

Le confesseur : Personne n'est encore levé ?

L'intendant : Non, pas encore ! On n'entend pas un bruit dans la chambre !

Le confesseur : Dans la chambre ? Qui donc dort dans cette chambre ?

L'intendant : Les maîtres, les jeunes, naturellement !

Le confesseur *frissonne* : Ah !

L'intendant : Mon Révérend, le maître a dit que vous ayez la bonté de l'attendre ici...

Le confesseur : Attendre ici ? Ici ?

L'intendant : Oui !

Il s'en va.

Scène 3

Le confesseur, *seul* : Attendre ? Oui, tel fut toujours mon sort ! Je dois attendre ! (*Il regarde la table.*) Des roses, du vin. Pour deux seulement ! Des faucons, pour deux seulement ! Du soleil, pour deux ! Et l'obscurité pour les autres ! (*Il aperçoit la robe de mariée ; il est bouleversé.*) Dépouilles opimes ! Le butin du vainqueur ! De la tête à la plante des pieds ! Ces tout petits souliers ! Quels chemins vont-ils fouler ? Le voile est déchiré, la couronne fanée ! L'ange a perdu ses ailes blanches. Vanité, fragilité des choses ! Tout est éphémère excepté nos passions. Elles saturent l'air que nous respirons, elles se mêlent à notre sang, emplissent nos pensées, et leur fureur nous pénètre jusqu'aux moelles. Péché ! c'est toi qu'on prétend nier ! Toi, dominateur, qui terrasses notre meilleure nature ! Péché, et Satan, ton père, on ne vous adore pas, on tombe à genoux en demandant grâce ! Mais vous n'avez pas pitié ! L'archange, dit-on, a vaincu le diable et l'a précipité dans l'enfer ! Ce n'est pas vrai ! Il vit, le diable, il est le maître ! C'est en vain que nuit et jour nous implorons le ciel de nous sauver ! Qu'ai-je à faire dans cette chambre ? Je n'y trouve que la peste et la mort. Mon cœur voudrait fuir, mes pieds me retiennent ! O délicieux péché, lamentable péché dont je sens la caresse et la brûlure ; je lutte contre toi sans espoir de vaincre, mes bras retombent et les armes m'échappent des mains. Pitié ! Je m'avoue vaincu !

Il tombe à genoux près de la robe nuptiale, prend un soulier et l'embrasse.

UNE VOIX (*celle du corbeau*) : Au voleur ! au voleur !

LE CONFESSEUR *se relève* : Qui était-ce ? Ce n'était pas une voix humaine ! Est-ce l'agitation de mon cœur qui trouble mes sens ? Voleur ? Mais je n'ai pas volé ! D'où venait cette voix ? De moi-même, peut-être ? De telles émotions frappent l'âme, pas l'oreille. (*Il aperçoit un miroir, le prend dans sa main.*) Est-ce moi ? Le moine le plus saint de tout le couvent ? Le plus pieux, le plus pur ? Mais non, c'est un fantôme ! Une face grotesque, blafarde, avec des trous noirs à la place des yeux ! Va-t-en, mirage trompeur !

UNE VOIX (*le corbeau*) : Au voleur ! Au voleur !

LE CONFESSEUR : Qui donc m'appelle ? Je ne suis pas un voleur !

SCÈNE 4

MARGIT *en vêtement du matin entrebaille la porte du fond et se met à rire* : Ah, ah, ah, ah !

LE CONFESSEUR : Qui vient de rire ?

MARGIT *par la fente de la porte* : Est-ce vous, mon père, qui êtes le voleur ? (*Le confesseur veut s'enfuir, mais reste immobile.*) Je crois que l'oiseau vous a fait peur !

LE CONFESSEUR : L'oiseau ! Que le Seigneur Dieu vous protège et vous garde chaque jour de votre vie et bénisse cette union !

MARGIT : Attendez. Je viens tout de suite.

Elle se retire.

LE CONFESSEUR : Qu'ai-je dit ? Que le Seigneur Dieu vous protège... Que dois-je dire quand elle entrera ? « Le soleil éclaire votre jeune bonheur, le ciel vous sourit et l'oiseau chante. » L'oiseau chante ? Mais non, il parle, cet animal d'enfer !

MARGIT *entre* : Bonjour mon père. Je peux bien me présenter telle que je suis à un vieil ami comme vous ? Avez-vous bien dormi ?

LE CONFESSEUR : Je remercie Votre Grâce. Jeune épouse,

le soleil sourit à votre bonheur et l'oiseau parle, l'animal d'enfer ! Comment se porte sire Bengt, votre maître ?

MARGIT *avec un rire* : Vous semblez ne pas avoir dormi du tout, mon père ; je vous appelle mon père à cause de votre âge. Vous devriez vous marier et retrouver votre jeunesse. Les clercs ont le droit de se marier, à présent.

LE CONFESSEUR : C'est juste. Plutôt se marier que brûler ! Mais personne ne voudra m'aimer.

MARGIT : Lorsque viendra celle qui vous convient, elle vous aimera. Il y a des hommes plus laids que vous, mon père, pardonnez-moi, qui ont trouvé des femmes.

LE CONFESSEUR *accablé* : Oh, madame Margit, madame Margit !

MARGIT : Il ne faut pas m'en vouloir, restez plutôt et partagez notre déjeuner.

LE CONFESSEUR : C'est impossible, absolument impossible ; un devoir m'appelle.

MARGIT : C'est un prétexte pur et simple ! Restez, voyons, je vais chercher mon mari ! Mon mari ! Comme cela paraît drôle !

Elle retourne dans sa chambre.

LE CONFESSEUR : Oui, très drôle ! Mais... le voir, lui ! ivre de sa victoire, heureux, et bon, et bienveillant ! Non ! je n'en ai pas la force ! Mon fardeau est déjà assez lourd ! Il faut, voyez-vous, que j'aille porter les dernières consolations à un mourant. Si je pouvais apprendre à pleurer !

Il sort en pleurant, les mains devant le visage.

SCÈNE 5

Margit et Bengt.

MARGIT : Le père est parti.

BENGT : Il a fait preuve de tact, heureusement ; il était de trop ici.

MARGIT : Oh, pour moi le monde entier est de trop ! Donne-moi un baiser !

BENGT : Mille et mille baisers. (*Ils vont enlacés jusqu'à la fenêtre.*) Vois comme le ciel est bleu et la forêt verdoyante ! La vie est tout de même splendide.

MARGIT : La vie est splendide.

BENGT : Comme toutes nos tâches semblent légères, la peine, insignifiante, les obstacles, faciles à surmonter ! Oh, je me sens la force de porter la terre sur mes épaules ! Dis-moi, Margit, es-tu heureuse d'être libre ?

MARGIT : Je suis tellement heureuse !

Elle pleure.

BENGT : Tu pleures, bien-aimée !

MARGIT : Oui, mais de joie !

BENGT : Puisses-tu ne jamais pleurer de chagrin !

SCÈNE 6

L'intendant. Un page avec un broc et des coupes. Des serviteurs avec un seau à glace, qu'ils placent à terre, d'autres avec les plats et les mets.

L'INTENDANT : Monseigneur et madame sont servis.

BENGT *sans écouter l'intendant, montrant la toilette de mariée* : Ma petite fée a laissé ici sa dépouille.

MARGIT *honteuse et ennuyée* : Mon cher époux, excuse-moi.

L'INTENDANT : Monseigneur et madame sont servis.

BENGT : Oh ! il veut que nous mangions. Qu'en dis-tu Margit ?

MARGIT : Je ne prendrai rien !

BENGT : Mais tu me tiendras compagnie ?

MARGIT : Toujours, mon bien-aimé, comme tu le désires.

Ils s'asseyent.

BENGT : Mange ! A bien prendre, j'aurais dû aller dans les champs aujourd'hui, car le blé est resté en tas.

MARGIT : Oh non, non, ne parle pas de tes champs aujourd'hui ! Pas aujourd'hui !... Donne-nous du vin, petit ! Jouis de l'instant, sois heureux aujourd'hui ; tu as des serviteurs qui peuvent faire ton travail.

BENGT : Oui, ils font le travail ! Ne songeons pas à la terre ! Aujourd'hui est un jour de joie ! Margit ! (*Il se lève, prend une coupe et s'agenouille.*) Je bois à ta santé, à genoux, je suis ton chevalier. Faisons de la vie une fête. Et que je sois toujours ton bien-aimé qui languit de voir tes yeux, comme la fleur languit de voir le soleil ! Ecartons de nous les mains rudes de la vie qui veulent se poser sur nos épaules et nous courber vers la terre ! A ta santé, bien-aimée, à ton bonheur !

MARGIT : Merci pour ces paroles, mon aimé. Ne fais jamais de moi ta femme et ton esclave, ne sois jamais mon mari et mon maître, mais mon chevalier, mon amant ! Je bois à toi !

BENGT *se lève et s'assied commodément pour manger* : Merci !

MARGIT : C'est plaisant de te voir manger !

BENGT : Tu ne veux pas manger ? Ce veau est parfait.

MARGIT : Oh ! Que dis-tu là ! Donne-nous du vin, petit. (*A Bengt* :) Où as-tu trouvé ce charmant enfant ?

BENGT : Des parents vaniteux l'ont envoyé apprendre ici les manières de la noblesse. Qu'allons-nous faire pour le plaisir de nos hôtes ?

MARGIT : Une chasse peut-être.

BENGT : Parfait ! Intendant, dites au palefrenier qu'on sonne le boute-selle ! Quelle joie de respirer l'air frais ! Et je pourrai en même temps jeter un coup d'œil sur mes ouvriers !

L'intendant sort.

MARGIT : Donne congé à tes ouvriers aujourd'hui, pour me faire plaisir.

BENGT : Congé ? Quand ils sont en plein travail ? Non !

MARGIT : Ainsi, tu rejettes ma première demande ?

BENGT : Oui, parce qu'elle est déraisonnable. Toute la récolte de l'année est dehors, à la merci du ciel.

MARGIT : Ce n'est pas le ciel qui va l'emporter.

BENGT : On n'est sûr de rien ! J'ai bien mangé ! Quelle excellente nourriture ! (*Il s'étire et se cure les dents.*) Ecoute, ma belle petite fée !

MARGIT *accablée* : Oui, mon amour.

BENGT : Veux-tu être gentille et ranger tes vêtements ! (*Margit le regarde tout étonnée.*) Tu es fâchée ? Pardonne-moi, ma chérie ! J'ai été élevé dans une maison où l'ordre primait tout. Alors pardonne-moi !

Il lui donne une caresse.

Scène 7

L'intendant : Le sénéchal et sa femme demandent la permission de présenter leurs vœux de bonheur à Votre Grâce et à madame !

Margit : Ne les laisse pas entrer maintenant, Bengt, pas maintenant ! Restons seuls tous les deux.

Bengt : Oh, laisse-les venir ! A quoi bon être heureux si l'on ne peut pas montrer son bonheur. (*A l'intendant* :) Dites-leur qu'ils sont les bienvenus. (*A Margit* :) Nous trouverons toujours le moyen d'être seuls.

Margit : Comme tu voudras, mon bien-aimé.

Scène 8

Le sénéchal : Une bonne matinée après une bonne nuit pour sire Bengt et pour sa femme... Déjà debout, et à table ! Vous mangez comme des pigeons, vous vous embrassez comme des pigeons ! Tu vois, Christine, comme ils ont l'air heureux — au moins pour l'instant ! Je me rappelle, comme en rêve, ce que nous éprouvions quand nous nous sommes mariés...

La sénéchale : Mon cher Lars, ne parle pas de toi, mais souhaite une vie heureuse aux jeunes époux. Mon mari est bavard comme cela le matin, mais ce n'est pas la peine de l'écouter ! Que Dieu vous bénisse l'un et l'autre, et vous donne le bonheur !

Bengt : Merci, madame ! Si seulement le bonheur qu'on nous a souhaité pendant cette journée pouvait devenir notre partage !

Margit : Et toutes les bénédictions ! Merci madame.

Le sénéchal : C'est toujours une joie, et aussi un chagrin, de voir de jeunes époux à leur foyer ! Tout est beau, brillant et neuf sous la baguette magique de ce printemps ensoleillé. Pas de poussière encore, on peut se mirer dans les meubles ; pas de taches sur le linge mais les enfants viendront bientôt, les chers enfants, ils écorcheront la table et déchireront les couvertures ; et en moins de temps qu'il n'en faut pour le dire ils s'envoleront du nid, d'un nid qui aura perdu sa beauté !

La sénéchale : Mon cher Lars, ne parle pas ainsi devant

de jeunes mariés ! Ce n'est pas vrai, ce qu'il dit ; les enfants sont la joie du foyer, et c'est pour les enfants à venir qu'on se marie.

Scène 9

L'intendant entre en hâte, va trouver sire Bengt et lui parle à l'oreille.

Bengt : Un incident m'empêche à l'instant de jouir de la compagnie de mes hôtes. Margit, ma femme, accompagne nos chers hôtes dans la maison et fais-leur préparer une voiture s'ils veulent nous accompagner à la chasse. Monsieur le sénéchal ! Madame !

Il s'incline.

Margit *à Bengt* : Quelque chose t'inquiète ? Dis-le moi !

Bengt : Non, rien ! Simplement une affaire qui va me prendre un moment. Tu peux être tout à fait tranquille !

Margit : Je peux être sans inquiétude ?

Bengt : Absolument !

Margit : Nos chers hôtes devront pour quelques instants se contenter de ma compagnie au lieu de celle de mon mari, et si je n'arrive pas à le remplacer ne me jugez pas trop sévèrement !

La sénéchale : Pas de cérémonies avec de vieux amis !

Le sénéchal : Je comprends parfaitement les raisons de notre jeune seigneur, madame, car pour l'homme le devoir passe avant toute chose.

Margit : Pour la femme aussi, je pense — Sénéchal ! Madame !

Ils partent. Margit envoie un baiser à son mari.

Scène 10

Bengt : Le bailli du roi, tu m'as dit !

L'intendant : Le bailli de Sa Majesté le roi.

Bengt : Fais-le entrer ! Mais, dis-moi, est-ce qu'un de nos hôtes l'aurait vu ?

L'intendant : Je ne puis répondre de façon certaine, chevalier.

BENGT : Envoie tout de suite chercher le père abbé.

L'INTENDANT : Il est auprès d'un mourant.

BENGT : Qu'il vienne trouver les vivants ! Tout de suite ! Tu m'entends ! Fais entrer le bailli.

L'intendant introduit le bailli, et sort.

SCÈNE 11

LE BAILLI : Seigneur chevalier, il ne peut y avoir pour moi de mission plus pénible que celle qui m'oblige à faire irruption dans une demeure où l'on célèbre une noce, et d'y troubler la joie...

BENGT : Votre mission, bailli !

LE BAILLI : Je n'ai pas d'autre mission que celle dont m'a chargé notre gracieux souverain...

BENGT : Soyez plus bref, bailli ! Vous voyez que j'ai beaucoup à faire.

LE BAILLI : Je le vois, et je comprends qu'une telle extension de votre maison vous cause beaucoup de soucis. Il m'est d'autant plus douloureux d'avoir à les augmenter. Sire chevalier, vous ne vous êtes pas acquitté depuis cinq ans des prestations que vous devez à l'armée.

BENGT : Mais nous n'avons pas eu de guerre !

LE BAILLI : Peu importe ! Votre domaine a été exempté d'impôts, contre l'obligation de fournir un cheval et un soldat. Et voilà qu'on veut garder les avantages sans satisfaire aux obligations correspondantes. Mais le roi ne veut pas le tolérer plus longtemps.

BENGT : Ce qui aura pour suite ?

LE BAILLI : Que vous cesserez de faire partie de la noblesse.

BENGT : Je redeviendrai paysan ?

LE BAILLI : Comme nous l'avons tous été à l'origine.

BENGT : Comprenez donc que je suis un homme perdu !

LE BAILLI : Non !

BENGT : Deux années sans récoltes, mise en état de la maison, cadeau de noces, dépenses pour le mariage ! Je suis perdu, c'est certain.

LE BAILLI : Votre dette s'élève tout au plus, compte tenu des intérêts, à six cents marcs.

BENGT : Je dois déjà par ailleurs trois fois cette somme.

LE BAILLI : Puis-je me permettre de vous demander si votre propriété est hypothéquée ?

BENGT : Non, et elle ne le sera pas !

LE BAILLI : Mais le roi prendra ce qui lui revient.

Pendant la dernière partie de la scène le greffier, personnage simplement vêtu, est entré silencieusement dans la pièce et a regardé les tableaux accrochés aux murs.

BENGT : Qui est-ce ?

LE BAILLI : C'est le greffier.

BENGT : Au nom du ciel, vous n'allez pas procéder aussi brutalement ?

LE BAILLI : On ne peut pas parler de brutalité quand on a pris cinq ans de retard. L'ordre du roi est irrévocable, comme vous le savez.

Sonnerie du cor au dehors.

BENGT : Et il n'y a personne au monde qui puisse me prêter cette somme !

LE BAILLI : Il y a bien des gens qui le pourraient.

BENGT : Vous.. Est-ce que vous...

LE BAILLI : Je suis fonctionnaire du roi.

BENGT : Mais donnez-moi un conseil ! Que puis-je faire, en cet instant où mes hôtes m'attendent ?

LE BAILLI : Votre jeune femme me touche beaucoup plus que vos hôtes. J'ai eu le bonheur de la connaître, avant son entrée au couvent, et je sais quel trésor vous est échu. En vérité, j'ai pitié de vous et d'elle. Je vais vous donner un conseil ! Empruntez à l'homme que voilà !

BENGT : A cet homme ?

LE BAILLI : Il est d'une richesse inépuisable, bien qu'il ait l'air d'un pauvre. Jöns !

LE GREFFIER : Monsieur le bailli !

LE BAILLI : Mets six cents marcs sur cette table !

LE GREFFIER : Pardon, monsieur le bailli, je n'ai pas bien entendu.

LE BAILLI : Six cents marcs sur la table.

LE GREFFIER : Pour qui ?

LE BAILLI : Pour le chevalier !

LE GREFFIER : Avec quelle garantie ?

LE BAILLI : Une hypothèque sur son domaine !

LE GREFFIER : La récolte est-elle rentrée ?

BENGT : Non, mais elle le sera ce soir.

LE GREFFIER : Pour combien de temps ?

BENGT : Un an !

LE GREFFIER : Préparez les papiers d'ici à notre retour !

BENGT *hors de lui* : Vous avez avec vous un drôle d'individu, bailli !

LE BAILLI : Oh ! c'est sa façon d'être, mais cela n'a pas d'importance.

BENGT : J'aurais grande envie de lui administrer quelques coups de fouet.

LE BAILLI : Plus tard, vous pourrez le faire. C'est un homme très modeste... et très riche.

BENGT : Riche ? oui !

MARGIT *au dehors* : Bengt ! Bengt ! On t'attend.

BENGT *au bailli et au greffier* : A tout à l'heure. Je suis obligé de vous quitter.

LE BAILLI : Nous viendrons à votre retour.

LE CONFESSEUR *sur le seuil de la porte* : Vous m'avez appelé, chevalier.

BENGT : Attendez un instant, mon père, je voudrais vous parler.

SCÈNE 12

BENGT : Mon père, conseillez-moi ! Vous avez devant vous un homme bien malheureux. Le destin m'a refusé ce qu'il accorde d'ordinaire aux plus pauvres. La joie de mon mariage est détruite. Ma femme, qui s'attendait à une vie de liberté et d'indépendance, reçoit comme cadeau de noces, la perspective d'une vie de pauvreté. Ecoutez-moi ! Je viens de lui demander une confiance sans partage ! Bon ! Mais par ailleurs n'ai-je pas le droit de lui accorder cette journée de joie, n'ai-je pas le droit de lui accorder un an pendant lequel, avec l'aide de Dieu, j'écarterai le malheur ? Car je viens d'obtenir un délai d'un an pour le paiement d'une dette importante ; je puis, en économisant et si les circonstances me sont favorables, empêcher la maison de s'écrouler !

LE CONFESSEUR : Toute chose a au moins deux faces, chevalier, et il convient de les considérer toutes les deux. Votre femme n'a pas seulement promis de partager avec vous le meilleur et le pire, elle en a aussi le droit ! Si vous la bercez dans cette idée que vous êtes riche, elle ne pourra pas supporter le coup lorsqu'il vous frappera. Si vous ne lui accordez pas votre pleine confiance, elle aura raison de se méfier de vous, et de vous retirer sa confiance pour la donner à quelqu'un d'autre. C'est une mise à l'épreuve dangereuse !

BENGT : Père, vous êtes un homme sage ! Je connais les sentiments chaleureux que vous nourrissez à l'égard de ma femme. (*Le confesseur sursaute. Bengt, sans le voir* :) Je sais que vous étiez un ami pour elle dans son couvent. Vous devez donc savoir qu'elle a été élevée pour une vie oisive, que les réalités de l'existence sont pour elle quelque chose d'impur, qu'elle n'a pas eu à toucher de ses mains. Puis-je donc de gaieté de cœur l'entraîner dans une lutte contre ces réalités qu'elle redoute et qu'elle déteste ? Non, je ne puis voir ma fleur se flétrir, je ne puis refermer la cage sur mon oiseau après lui avoir donné la liberté. Père, dites qu'elle doit être libre et heureuse pendant un an, et elle le sera !

LE CONFESSEUR : D'une part, il peut sortir de cette lutte une femme vigoureuse, splendide, résignée à la vie d'ici-bas, que Dieu nous envoie précisément comme une épreuve ; mais votre femme peut aussi être entraînée dans l'abîme et dans les ténèbres ; d'autre part dans un an, elle sera mère et peut-être plus forte pour supporter le coup qui la frappera ; elle souffrira plus aisément pour son enfant qu'elle ne le ferait pour elle-même !

BENGT : Peut-être ! Oui ! Qu'elle vive dans ses rêves ! Je serai heureux si je sais qu'elle est heureuse, malgré la souffrance profonde que nous causera la séparation de nos âmes, qui devraient rester unies. Assistez-moi, mon père, soyez mon ami et le sien !

MARGIT *au dehors* : Bengt ! Bengt !

SCÈNE 13

Les précédents. Margit en costume de cheval. Le fauconnier.

BENGT : Je viens, ma chérie !

MARGIT : Es-tu en train de te confesser au père François ? Ce n'est plus de mise maintenant que tu as une femme.

Bengt : Je demandais au père d'être mon ami et le tien !

Margit : Avons-nous déjà besoin d'amis ? Enfin, le père ne connaît que les choses de l'esprit, il sera mon ami selon l'esprit ! Voici ma main ! Baisez-la en présence de mon mari. Es-tu vraiment heureux ?

Bengt : Oui, ma femme bien-aimée !

Margit : Sûrement ?

Bengt : Oui !

Margit : Alors, moi aussi, je suis heureuse ! Et maintenant, fauconnier, prends mon faucon ! Ah ! être un oiseau, monter vers les nuages bleus, regarder de là-haut la terre, si petite, et les hommes minuscules, et tout, tout, si petit !

Le confesseur : Il n'est pas besoin de monter aux nues pour voir tout cela. C'est tout aussi minuscule vu d'en bas.

Margit : Vous avez raison ! (*Sonnerie de cor.*) Le cor retentit, les chevaux hennissent ! En selle, vite dans la forêt ! La vie est splendide, quoi qu'on puisse en dire ! Vous restez ici, mon père, et priez pour nous.

Le confesseur : Oui, je prierai pour vous.

ACTE III

La grande salle du château.

Grande salle avec voûte ogivale soutenue en son milieu par des piliers ; dans le mur du fond, trois petites fenêtres sous lesquelles sont placés des bancs ; à gauche, au fond, une petite porte où l'on accède par quelques marches ; du même côté, au premier plan, une grande table avec des bancs ; au milieu, l'entrée principale ; au fond à droite, une cheminée ; une petite table au premier plan, du même côté, au-dessous d'une petite fenêtre, près de laquelle se trouve une grande chaise de repos avec des coussins ; une table entoure les piliers.

SCÈNE 1

Margit entre accompagnée de l'intendant et de la gouvernante, suivie de Kerstin, la femme de chambre, avec un coffret et un miroir.

MARGIT : Où est le chevalier, mon époux ?

L'INTENDANT : Le maître est dans les champs, madame !

MARGIT : Toujours dans les champs ! Arrêtez ! Le souffle me manque !

LA GOUVERNANTE : Madame, vous n'auriez pas dû vous lever si tôt ! Vous allez vous faire du mal !

MARGIT : Je suis restée couchée si longtemps ! Mettez-moi là sur la chaise, j'attendrai que mon mari revienne. Il sera heureux de me revoir debout ! Fermez la porte de la chambre, que je n'entende plus le bébé crier : cela me fait mal, c'est comme si je souffrais moi-même. (*Kerstin ferme la porte. Margit s'assied sur la chaise.*) Ouvre une fenêtre ! Comme il fait chaud ici !

L'INTENDANT : C'est qu'il n'a pas plu depuis trois semaines, mais c'est un beau temps pour rentrer la récolte.

MARGIT *regarde par la fenêtre* : Le parc n'est plus comme avant ! Baigné de soleil et tout nu ! Il manque quelque chose !

LA GOUVERNANTE : Voyez ! C'est ce que je vous disais.

MARGIT : Le tilleul ! Mon tilleul n'est plus là ! Qui l'a abattu ? Qui a osé ?

L'INTENDANT : Notre maître en avait besoin comme bois de charpente.

MARGIT : N'y avait-il pas d'autres arbres ? Oh ! Quelle humiliation !

LA GOUVERNANTE : Calmez-vous, madame ! Pas d'émotions, a dit le médecin.

MARGIT : Pas d'émotions ! Ce n'est pas à moi qu'il faut le dire, mais à ceux qui les causent ! Et que vois-je, mes rosiers sont tout desséchés ! Personne ne s'est occupé d'eux ! Personne !

Elle pleure.

LA GOUVERNANTE : Il n'a pas plu depuis trois semaines, alors vraiment, on n'y peut rien.

MARGIT : On peut les arroser ! Pourquoi ne l'a-t-on pas fait ? Il n'a pas plu ! Oh, si Dieu voulait faire pleuvoir sur mes pauvres roses que j'aimais tant regarder ! Mais pourquoi n'a-t-on pas arrosé ?

L'INTENDANT : Il y a une demi-lieue pour aller chercher de l'eau, et tous les chevaux étaient dans les champs !

MARGIT : Encore et toujours dans les champs ! Je veux qu'on arrose tout de suite. Jean ! Donne l'ordre d'atteler immédiatement les chevaux et d'aller à l'eau ! Tous les chevaux ! (*L'intendant hésite.*) As-tu entendu ? Tous les chevaux ! Donne l'ordre au nom de mon mari. Il a dit qu'on ne devait rien me refuser.

LA GOUVERNANTE *à l'intendant* : Obéis, ou elle tombera malade, et nous serons responsables !

L'intendant part de mauvaise grâce.

SCÈNE 2

MARGIT : On ne songe à rien, on ne surveille rien ! Si je n'y faisais pas attention, tout se dessécherait. Maline ! Regarde-moi. Ai-je beaucoup enlaidi, depuis ma maladie ?

LA GOUVERNANTE, *embarrassée* : Madame n'est pas aussi potelée qu'avant et elle a moins de couleurs, mais cela reviendra vite !

MARGIT : Ai-je beaucoup enlaidi ? Réponds !

LA GOUVERNANTE : Oh ! Madame !...

MARGIT : Donne-moi un miroir. (*Kerstin lui donne le miroir. Margit se regarde.*) J'ai beaucoup enlaidi ! Ou alors peux-tu mentir, petit miroir, toi qui brilles tant ? (*Elle essuie le miroir.*) Non, ce n'est pas toi qui as des taches, c'est bien moi ! Kerstin, tresse mes cheveux !

SCÈNE 3

Les mêmes. L'intendant.

L'INTENDANT : Le bailli du roi vient d'arriver, il demande à parler au chevalier.

MARGIT : Fais-le entrer, je vais le recevoir. Dépêche-toi ! Kerstin !

LA GOUVERNANTE : Mais, madame, vous n'avez pas la force de recevoir des visites.

MARGIT : Mon mari sera bientôt là. Je peux bien parler quelques instants ; il y a si longtemps que je n'ai vu personne du dehors. Fais-le entrer. (*Elle met quelques bijoux.*) O mon Dieu ! les bagues sont trop grandes ! Pauvre Margit !

SCÈNE 4

Le bailli entre. Les autres sortent.

LE BAILLI *s'avance vers Margit et s'agenouille* : Madame, daignez accepter mon respectueux salut.

MARGIT : Soyez le bienvenu dans ma maison, bailli !

LE BAILLI : Je ne crois pas que madame reconnaisse son ancien ami d'enfance, son camarade de jeu.

MARGIT : Oh, c'est vous, bailli ! Laissez-moi vous regarder ! Cette barbe cacherait un visage qui me rappellerait ma jeunesse ? Tournez votre tête de côté. Oh ! c'est Erik ! Excusez-moi, bailli !

LE BAILLI : Madame ! Les années ont changé mon visage, mais mon cœur, lui, n'a pas changé.

MARGIT : Me trouvez-vous très changée ?

LE BAILLI : Votre visage, je ne le trouve pas plus joli

qu'autrefois, car à dire vrai, vous n'étiez pas jolie, mais votre âme était si vivante, si séduisante, qu'on ne se lassait pas d'être avec vous.

MARGIT : Vous n'êtes pas aussi gentil qu'autrefois, bailli !

LE BAILLI : C'est que je n'ai pas les mêmes raisons qu'autrefois, quand je gardais l'espoir de vous conquérir. Les mots gentils sont comme l'appât qui cache l'hameçon. Vous êtes heureuse maintenant, madame ; vous avez l'homme que vous aimez, et quand il cessera de vous aimer, vous aurez votre enfant !

MARGIT : Quand il cessera de m'aimer ?

LE BAILLI : Oui ! C'est ce que je pense. L'amour ne dure pas autant qu'une vie.

MARGIT : Vous êtes effrayant ! Dites-moi, m'avez-vous jamais aimée ?

LE BAILLI : Oh oui ! et je vous aime encore, mais si je vous avais épousée, ce serait peut-être fini.

MARGIT : Alors il vaudrait mieux ne jamais s'épouser.

LE BAILLI : Et si on ne s'épouse pas, ce n'est pas bien non plus. Le monde est mal fait !

MARGIT : Il est plaisant de pouvoir parler du passé avec tant de calme, quand on est hors de danger ! Vous m'avez aimée vraiment et vous m'aimez encore. Comme c'est curieux !

LE BAILLI : Oui, c'est tout à fait curieux ! Vous n'avez jamais rien ressenti pour moi ?

MARGIT : Je ne sais pas.

LE BAILLI : Parlez, à présent, puisque nous sommes hors de danger !

MARGIT : J'ai beaucoup tenu à vous jusqu'au moment où j'ai trouvé celui qu'il me fallait.

LE BAILLI : Je n'étais pas celui-là. Ce fut une chance pour vous de rencontrer votre mari. Il est bon et il vous aimera longtemps ; il est de ceux qui savent se sacrifier. Je vous aurais rendue malheureuse, je suis un égoïste.

MARGIT : L'égoïsme est une manière d'être ; ce n'est pas un défaut chez l'être humain.

LE BAILLI : Une manière d'être, oui, mais regrettable ! Je puis considérer mon égoïsme comme une particularité extérieure à moi, et le mépriser, mais je ne puis m'en défaire. Au reste, ma conception de l'honneur n'est pas très robuste. Si j'avais vu autour de moi plus de gens honnêtes, j'aurais plus d'honnêteté en moi. Félicitez-vous, par conséquent, et demandez à votre mari de ne pas me laisser entrer dans votre maison.

MARGIT : Vous m'insultez, il me semble !

LE BAILLI : Ce n'est pas une insulte ! Un avertissement seulement ! Ne pensez pas que je me croie assez fort pour troubler la tranquillité de votre ménage. Mon impuissance est prouvée sur ce point. Je fais partie de ces damnés en qui séjourne le mal.

MARGIT : Vous êtes un malheureux qu'on a envie de mettre à la porte et à qui on demande de rester.

LE BAILLI : Je suis un malheureux ! Maintenant, je regagne ma chambre pour y attendre votre mari. Madame !

Il s'agenouille et part.

MARGIT : Bailli, nous nous reverrons !

SCÈNE 5

MARGIT, *seule* : Celui qui reconnaît ses fautes ne peut être un méchant !

LE CONFESSEUR *entre par où le bailli est sorti* : Mes félicitations pour vos relevailles, madame.

MARGIT : Merci, mon père ! Dites-moi, celui qui reconnaît ses fautes peut-il être un méchant ?

LE CONFESSEUR : Celui qui se vante de ses fautes les reconnaît, et c'est pourtant un être incurable.

MARGIT : Que pensez-vous du bailli ?

LE CONFESSEUR : Je crois que c'est un fort méchant homme, bien que je ne l'aie jamais entendu reconnaître ses fautes.

MARGIT : Alors il est tout différent lorsqu'il parle avec vous.

LE CONFESSEUR : J'en suis tout à fait persuadé.

MARGIT : Asseyez-vous et parlez-moi, je suis si seule !

LE CONFESSEUR : Vous êtes seule ?

MARGIT : Je ne vois mon mari qu'aux repas, et il est toujours fatigué et distrait.

LE CONFESSEUR : Il travaille pour sa femme et son enfant, c'est un mérite !

MARGIT : Ne travaille-t-il pas pour lui-même ?

LE CONFESSEUR : Pour lui aussi, mais pas uniquement, pas surtout pour lui.

MARGIT : Je suis heureuse de vous l'entendre dire. Car je croyais qu'il m'aimait moins qu'autrefois.

LE CONFESSEUR : Alors laissez-moi vous dire qu'il vous aime plus qu'autrefois et plus que vous ne l'avez jamais aimé.

MARGIT : Est-ce de l'avoir entendu en confession qui vous permet de me parler ainsi ?

LE CONFESSEUR : Oui, en effet. Vous disiez que vous étiez seule. Ce n'est pas exact ! Vous avez votre enfant.

MARGIT : Un enfant ? Oui ! Ce n'est pas une compagnie.

LE CONFESSEUR : Certains cherchent une compagnie pour recevoir, d'autres pour donner.

MARGIT : Je n'ai rien à donner !

LE CONFESSEUR : Cela paraît plutôt une vanterie qu'une confession.

MARGIT : Et pour cela vous me jugez plutôt incorrigible !

LE CONFESSEUR : Vous avez une nature étrange. Votre âme cherche sans cesse les contacts avec d'autres âmes.

MARGIT : Mon âme est pareille au silex qui recherche l'acier pour s'enflammer.

LE CONFESSEUR : Votre âme est silex et acier, en quête de la mèche qu'une étincelle enflamme et qui ensuite s'éteint.

MARGIT : Vous ne ressemblez plus à celui que vous étiez autrefois dans le couvent.

LE CONFESSEUR : J'ai beaucoup changé, car je connais mieux le monde maintenant.

MARGIT : Moi aussi je connais le monde. Seigneur Dieu ! Comme il ressemble peu à l'idée que je m'en faisais !

LE CONFESSEUR : Le monde est toujours le même, ce sont nos yeux qui changent.

MARGIT : Vous ne me regardez pas avec les mêmes yeux qu'autrefois ; peut-être me trouvez-vous changée.

LE CONFESSEUR *mélancolique* : Oui, je vous trouve changée.

MARGIT : On devient plus mauvais à mesure qu'on vit.

LE CONFESSEUR : Il n'est pas dit qu'on le devienne, bien que nous ayons cette impression. Mais le seul fait d'avoir cette impression est le signe que nous sommes en train de devenir meilleurs, et le jour où nous pouvons pleurer sur nous-mêmes, nous sommes déjà meilleurs. Madame ! Souffrez et espérez. Rêvez aussi parfois : il est bon de rêver, mais au nom du ciel, éveillez-vous quand ce sera le moment !

MARGIT : Quand donc est-ce le moment ?

LE CONFESSEUR : Mais aujourd'hui ! Précisément aujourd'hui !

SCÈNE 6

Bengt entre en vêtements de travail avec des bottes et un grand chapeau.

BENGT : Ma bien-aimée ! Tu t'es levée, je te retrouve dans le grand fauteuil où tu es restée assise tant de soirs d'hiver ! Sois la bienvenue !

MARGIT : Merci, Bengt, mon bien-aimé.

BENGT : Oh ! je suis si content ! La moitié de la moisson est mise en tas et sera rentrée avant ce soir ! L'autre moitié attend la faux et brille comme l'or le plus éclatant. Pas un nuage au ciel ! Une récolte magnifique, cette année, un tiers de plus que ce que j'avais osé espérer. Dieu fasse qu'il ne survienne pas de pluie ! Après cela, nous mettons en état les pièces du haut pour que ma fée bien-aimée puisse rester dans son château.

MARGIT : Elle dure longtemps, la mise en état des pièces !

BENGT : Rentrer la moisson d'abord, ensuite nous aurons tout ce que nous désirons. Dis-moi, Margit, comment te trouves-tu d'habiter ici en bas dans la grande salle ?

MARGIT : A vrai dire, je trouve cette grande pièce plus fraîche et plus aérée que les petites chambres du haut.

BENGT : Peut-être aimerais-tu demeurer toujours ici ?

MARGIT : Oui, si je savais qu'on pourrait être mieux, si on le désirait.

BENGT : Autrement, non ! Ne partez pas, mon père.

MARGIT : Pourquoi : autrement, non ! Je n'y ai jamais pensé.

BENGT : Suppose que nous soyons pauvres, et obligés de demeurer ici.

MARGIT : Obligés ? Une obligation est toujours pénible !

BENGT : Ou que ce soit notre devoir ?

MARGIT : Notre devoir ? Obligation et devoir ne sont-ils pas une seule et même chose ?

BENGT : Tiens ! Tu n'aimes pas le devoir ?

MARGIT : Non, je le déteste, surtout quand j'en entends parler sans cesse ! Et je ne comprends pas pourquoi nous irions nous faire inutilement du souci, puisque nous ne sommes pas pauvres ! Tout comme je ne comprends pas la nécessité d'abattre le tilleul devant la fenêtre puisque tu n'y étais pas obligé !

BENGT : J'y étais obligé, ma bien-aimée.

MARGIT : Il y en avait tant d'autres, et tu savais que j'aimais celui-là.

BENGT : J'ai pris les autres aussi !... Comment se porte ma petite fille ?

MARGIT : Va voir toi-même !

BENGT : Tu n'es pas aimable, Margit !

MARGIT : Et mon chevalier, est-il aimable, qui se présente devant sa femme avec des bottes !

BENGT : Oh pardon ! Je vais tout de suite les enlever.

Il commence à enlever ses bottes.

MARGIT : Ici ? en ma présence ? Vous voyez, mon père, que d'autres aussi peuvent changer !

Le confesseur s'en va.

SCÈNE 7

BENGT : Margit, Margit, au nom du ciel, ne parle pas si durement.

MARGIT : C'est justement ce que je voulais te demander, et surtout, pas de scènes ! Tu m'as manqué d'égards devant des étrangers.

BENGT : Je t'ai manifesté une confiance entière, en montrant bien que je comptais sur ton indulgence.

MARGIT : Tu as montré que tu ne m'aimes plus.

BENGT : Je ne t'aime pas, dis-tu, parce que je travaille pour toi au lieu de rester assis à bavarder près de ton ouvrage ; je ne t'aime pas parce qu'il peut m'arriver d'avoir faim après être resté longtemps sans manger, je ne t'aime pas parce que je ne change pas de chaussures quand j'entre pour un instant dans ta chambre ; tu dis que je ne t'aime pas ! Oh, si tu pouvais savoir combien je t'aime !

MARGIT : Autrefois, avant notre mariage, tu m'aimais, même si tu bavardais près de mon ouvrage, même si tu n'entrais pas avec tes bottes, même si tu ne me marquais pas d'égards ! Qu'est-ce qu'il est donc arrivé pour que tu aies changé ta façon d'être ?

BENGT : Nous sommes mariés !

MARGIT : Tu as raison ! Nous sommes mariés. Avant le mariage tu avais peur de me perdre ; maintenant tu m'as et tu me le montres !

BENGT : Margit ! Margit, cela devait-il nous arriver, à nous aussi. Nous connaissions le danger, nous le prévoyions, nous nous préparions à l'éviter, mais il a fondu sur nous. Le char du destin roule pesamment, il soulève la poussière et la poussière nous recouvre.

MARGIT : N'accuse pas le destin. Ce n'est pas la faute du destin, si tu ne tiens pas tes promesses. Tu m'avais promis une existence dans la liberté, l'air et le soleil. C'est toi qui ramasses la poussière dans les champs, et tu l'apportes au foyer.

BENGT : Je ne puis te répondre maintenant ! Mais je le pourrai bientôt et tout sera comme avant. (*A genoux, la tête contre le sein de Margit* :) Margit, ma bien-aimée ! Crois-moi quand je te dis que tout cela n'est pas ma faute ; crois-moi, crois-moi toujours, quelque apparence que je puisse avoir ; crois que je t'aime, que je voudrais te porter dans mes bras au-dessus de toutes les aspérités de l'existence, et si je suis dur, pardonne-moi toujours, toujours ! Je suis un faucon blessé à l'aile ; je voudrais atteindre les nues, mais je ne puis que battre l'air de mes ailes brisées, lever vers le ciel un regard nostalgique et m'abattre sur la terre. Console-moi. Console-moi !

MARGIT : Je ne te reconnais pas, Bengt. Lève-toi, ne m'oblige pas à te regarder avec pitié. Comme tu es petit, orgueilleux chevalier !

BENGT : C'est devant le destin tout-puissant que je suis petit, c'est devant le malheur que je gis dans la poussière, mais pas devant toi !

Il se lève.

MARGIT : Hypocrite !

BENGT : Margit ! Margit !

MARGIT : Pardon !

Ils s'étreignent.

BENGT : Mon amie, sauve-nous, sauve ce qui reste de

notre navire. Notre navire s'est échoué, ne le laissons pas sombrer !

MARGIT : M'aimes-tu encore, Bengt ? Dis-le moi.

BENGT : Je ne pourrai jamais cesser de t'aimer, mais il faut que tu sois confiante et indulgente.

MARGIT : Et toi, Bengt, n'enferme pas maintenant ton oiseau après lui avoir ouvert une première fois sa cage.

BENGT : L'oiseau bleu entendra bientôt le bruissement du tilleul et le chevalier quittera son vilain manteau, il se transformera, le dragon dépouillera sa peau, les vagues s'apaiseront et les cygnes nageront sur l'eau tranquille.

MARGIT : Mon chevalier sait trouver de si belles paroles à présent, pourquoi pas toujours ?

BENGT : Ton chevalier a tant de soucis dans la tête : trouver de la nourriture pour ses petits, couper du bois pour qu'ils n'aient pas froid, protéger la maison et le foyer. Il doit penser à tant de choses, ce pauvre chevalier, que sa jeune femme doit être bonne pour lui.

MARGIT : Elle veut être bonne aussi, mais tant de mauvaises pensées sont entrées dans sa tête ; il y a tant de dragons que le bon chevalier doit tuer. Tue-les, Bengt !

BENGT : Que Dieu m'en donne la force !

SCÈNE 8

Les mêmes. L'intendant.

L'INTENDANT : Le temps se gâte, seigneur. Nous allons avoir de l'orage. Les gens attendent des ordres.

BENGT *se précipite à la fenêtre* : Des nuées d'orage ! Dis au régisseur d'atteler immédiatement tous les chevaux, et de rentrer tout ce qui est fauché. Que Dieu protège ce qui reste dans le champ ! Je viens tout de suite ! Dépêche-toi ! (*L'intendant s'en va.*) Margit ! Peux-tu supporter une épreuve ?

MARGIT : Une épreuve !

BENGT : Il te faudra la supporter ! Ecoute-moi ! J'ai su pendant toute l'année que nous étions sur le point de devenir pauvres. J'ai voulu t'épargner car je pensais pouvoir nous sauver. Le ciel est sur le point de me dérober cet espoir ! Mais tout peut être encore sauvé.

MARGIT : Tu l'as su pendant un an et tu ne m'en as rien dit ?

BENGT : Non, mais à présent tu le sais !

MARGIT : C'était cela... Je me demandais ce que j'avais fait au ciel !

L'INTENDANT *entre* : Le régisseur dit que vous avez envoyé tous les chevaux chercher de l'eau.

BENGT : Comment ? Moi ? J'ai envoyé tous les chevaux ?

MARGIT : Non ! C'est moi !

BENGT : Et pourquoi ?

MARGIT : Je voulais de l'eau pour mes fleurs, que tu as laissées se dessécher pendant que j'étais malade.

BENGT : Tes fleurs ?

MARGIT : Oui.

BENGT : Vous n'avez pas honte ?

MARGIT : Vous vous vantiez d'avoir menti toute une année ! Je n'ai pas à avoir honte de dire la vérité, car je n'ai pas commis de faute, c'est un hasard mauvais qui m'a frappée.

BENGT : Et vous prétendez vous défendre ?

MARGIT : Jusqu'au bout ! (*Bengt s'approche d'elle, la main levée. Elle se protège avec un coussin.*) Vous voulez me frapper ?

BENGT *lui arrache le coussin* : Je vous frappe comme on frappe un enfant désobéissant.

MARGIT : Une femme malade ! La mère de votre enfant !

La pluie bat les vitres.

SCÈNE 9

Les mêmes. Le bailli. Le greffier. Le bailli fait signe au greffier de s'éloigner lorsqu'il se rend compte de la situation.

MARGIT : Bailli ! En votre qualité de fonctionnaire royal, je vous demande de me protéger contre cet homme, qui porte la main sur moi !

LE BAILLI : Ciel !

MARGIT : Ce chevalier porte la main sur une malade !

BENGT : Bailli ! Le ciel vous a donné cette maison, car c'est votre argent que j'ai emprunté, je le sais maintenant !

Je suis perdu. Le ciel s'est servi pour ma perte de cette femme au cœur léger. Vous pouvez la remercier.

LE BAILLI : Gardons notre calme ! Un petit différend peut facilement surgir, et facilement se calmer.

MARGIT : Je vous enjoins de témoigner en ma faveur lorsque je vais écrire au roi pour demander la dissolution de notre mariage.

BENGT : Je vous le demande également, bailli.

LE BAILLI : Mais, madame, pensez à votre enfant.

MARGIT : Je ne permettrai pas qu'il me quitte, soyez-en certain.

LE BAILLI : Mais l'avenir de l'enfant ?

MARGIT : Moi aussi j'ai un avenir, car je suis à l'entrée de la vie et j'aurai moi-même à répondre de la façon dont j'aurai mené cette vie ; avec cet homme à mes côtés, je tomberai. Ma vie a plus de valeur devant Dieu que celle de cette enfant, car je suis un être humain, ce que l'enfant n'est pas encore. Mais je ne quitterai pas cette maison avant que la loi ne m'ait rendu ma liberté. Dites-le à cet homme. Et dites-lui aussi que je ne romps pas l'engagement que j'ai pris à mon mariage, mais que je m'en laisse détacher, comme j'ai été autrefois détachée de mes vœux de religieuse.

LE BAILLI : Madame, votre mari a la loi pour lui !

MARGIT : La loi, on la change une fois par an, et du reste c'est la parole du roi qui brise la loi : je n'ai pas l'intention de la briser moi-même.

LE BAILLI : Mais vous perdez votre domaine.

MARGIT : Croyez-vous que je veuille me faire payer pour avoir permis à cet homme de saccager mon innocence ? Il peut garder l'argent du domaine ; il m'insulterait en me le donnant.

BENGT : Bailli, dites à cette femme qu'elle fait preuve d'une méchante nature, en livrant ainsi le nom de son mari aux moqueries du monde !

MARGIT : Bailli, dites à cet homme qu'il n'a pas d'honneur, lui qui abandonne une femme au mépris du monde. Le monde lui dit à lui : « Pauvre mari » et à elle : « Méchante femme », mais l'esprit non prévenu déclare : une erreur a été commise, réparons-la à temps, avant qu'elle ne cause la perte de deux ou trois âmes !

BENGT : Eh bien, c'est ce que nous allons faire. Je quitte

cette pièce et vous, bailli, vous me suivez ! Plus tard ce sera moi qui vous suivrai. Marche pénible, cruel destin ! Il me faut continuer à vivre, alors que je voudrais pleurer jusqu'à en mourir. Pourquoi ne mets-je pas fin à cette misérable existence ? Parce que c'est mon devoir de vivre. Venez, monsieur le bourreau, et au moins, exécutez-moi.

Bengt et le bailli sortent. L'intendant est parti au début de la scène.

Scène 10

Margit, *seule* : Que vient-il de se passer ? On s'éveille au milieu d'un songe agréable, on ferme les yeux et on attend qu'il continue. On revoit en pensée ce qu'on a rêvé, mais la suite, la fin, la fin ne vient pas ! Elle était prisonnière et maltraitée ; elle était jeune et de sang ardent ; c'est alors qu'il vint la délivrer. Est-ce parce que c'était lui, ou aurait-ce pu être un autre ? Peut-être ! Et c'est la musique des noces, le vin, les fleurs, le soleil éclatant, un petit nuage. Le ciel devient plus clair et le soleil plus chaud qu'avant, et elle s'éveille ! Mais la suite, la fin ! La fin est le réveil ! On s'est éveillé et la réalité recommence. Il a abattu mon tilleul, il a laissé mes fleurs se faner et il a voulu me battre ! Pourtant, comme c'est étrange ! Il arrache les cordes du luth pendant qu'on joue, et le luth continue à bruire, faiblement, mais à bruire. Comment a-t-il dit ? « L'oiseau bleu entendra bientôt le bruissement du tilleul, le chevalier quittera son vilain manteau, le dragon changera de peau. Les vagues s'apaiseront et les cygnes blancs nageront sur l'eau tranquille. » Et c'est lui qui a voulu me battre ! C'est cela la réalité ! O Jésus Sauveur du monde, laissez-moi m'endormir du sommeil éternel et ne jamais, jamais plus m'éveiller, mais rêver, rêver jusqu'au bout mon beau rêve !

Elle cache sa tête dans les coussins.

ACTE IV

La grande salle du château. (Même décor qu'à l'acte précédent.)

Scène 1

La sénéchale. Margit, très simplement vêtue, coupe et bâtit une robe.

La sénéchale : Trois mois se sont écoulés et il n'y a pas de réponse du roi. Comme vous travaillez, madame !

Margit : C'est la seule façon de garder mon courage.

La sénéchale : Autrefois on trouvait le travail si pénible !

Margit : Parce qu'il n'apportait pas de récompense. Le devoir n'est pas pénible s'il est librement accepté et s'il a un but. Une obligation est légère quand elle vous donne la liberté.

La sénéchale : La liberté ? Vous songez encore à rompre votre mariage ?

Margit : Encore ?

La sénéchale : Chère madame, ayez quelque patience et écoutez-moi un petit instant : j'ai été mariée pendant trente ans et j'ai eu quatre enfants, je sais donc de quoi je parle ; d'abord ce n'était que tendresse, oui, cela va de soi ; et puis il y eut des disputes, oui, cela arrive quand on n'est pas du même avis ; on se brouille, oui, c'est humain ; et puis on redevient bons amis. L'amour, bien sûr, s'éteignit avec les années, mais l'amitié à travers les épreuves communes, devint de plus en plus chaleureuse.

Margit : Tout cela est fort bien, mais la haine aurait pu venir au lieu de l'amitié.

La sénéchale : O ma chère, dans ce monde où tout est éphémère, pourquoi la haine durerait-elle toujours ?

Margit : Parce que c'est le mal qui règne en ce monde.

La sénéchale : Mon Dieu, ne dites pas cela. Il faudrait que le mal fût le plus fort pour lutter contre le bien ; le bien ne lutte pas, il souffre.

Margit : Ne faut-il pas être fort pour souffrir ?

La sénéchale : Oui, mais d'une autre façon. Ecoutez encore. Votre enfant...

Margit : Je sais. Votre mari m'a fait le même reproche hier et je lui ai répondu : « Sénéchal, vous avez laissé vos propres enfants souffrir la faim et le froid, vous les avez chassés du foyer et confiés à des mains étrangères, comment se fait-il que vous soyez si tendre pour les enfants des autres ? Parce que vous regrettez votre dureté envers les vôtres ? Sans doute pas ! Non, parce que vous voulez vous attribuer à bon compte un mérite que vous n'avez pas, parce que vous voulez cacher votre faute en ajoutant une pierre au fardeau d'autrui ! ». Avez-vous jamais, madame, été tendre pour vos enfants ? N'avez-vous pas souhaité qu'ils fussent bien loin lorsqu'ils dérangeaient votre sommeil, votre travail, vos plaisirs ? Ne les avez-vous jamais punis de ce qui vous paraissait être une faute, et n'en était pas une, tout simplement parce qu'ils vous importunaient ?

La sénéchale : Bien sûr, nous avons tous de semblables reproches à nous faire.

Margit : Reportez donc sur vos pauvres petits votre surplus de tendresse et ne le gaspillez pas pour les enfants des autres. Du reste, je n'abandonne pas mon enfant en cessant de vivre sous le même toit que son père.

La sénéchale : Mais, chère madame ! La vie est si courte, si remplie d'orages, pourquoi des amis ne peuvent-ils vivre en bon accord ?

Margit : Interrogez le destin ! Je l'aimais, il m'aimait, maintenant nous nous détestons. A qui la faute ?

La gouvernante entre.

Scène 2

Margit : Que veux-tu Maline ?

La gouvernante : Si cela ne dérangeait pas trop madame... Ah pardon, je n'avais pas vu qu'il y avait une visite...

Margit : Cela ne fait rien ! Tu veux tes gages ? Tu les auras quand nous nous reverrons, cet après-midi. (*La gouvernante ne se presse pas de s'en aller ; elle a un air méfiant et impatient.*) Toi aussi, Maline ! Voyez cela, madame ; cette femme m'était dévouée, elle était patiente, franche, empressée, aussi longtemps que j'étais riche. Et maintenant je suis pauvre... Ah mon Dieu ! le dévouement peut aussi s'acheter ! Heureux celui qui est riche ! (*Elle ouvre un coffret posé sur la table.*) Tiens, voici tes gages, Maline ! Pour l'instant tu es libre ! Je ferai moi-même ton travail.

LA GOUVERNANTE, *honteuse* : Chère, bonne...

MARGIT : Ne mens pas ! Mais va-t'en !

LA GOUVERNANTE *s'en allant* : Je mens ? Hem !

SCÈNE 3

LA SÉNÉCHALE : Leur sort n'est pas des plus heureux, madame.

MARGIT : Certainement non, mais il est toutefois meilleur que le nôtre. J'ai beaucoup à faire dans la maison, autant qu'elle, et je dois penser à tout, je suis responsable de tout ; la différence, c'est qu'elle touche des gages, et que moi je n'en touche pas.

LA SÉNÉCHALE : Mais vous avez tout ce que vous désirez.

MARGIT : Mes gages, je les reçois avec humilité et reconnaissance, quelquefois même avec une rougeur au visage ; elle, ma servante, elle reçoit ses gages et n'a à en remercier personne, ni à en rougir. Elle dispose librement de son âme, elle peut être pensive, désolée, mécontente si bon lui semble, mais moi je dois être aimable et joyeuse. Je dois parler, sauter, venir lorsqu'il siffle et être tendre quand il me désire. C'est une honte, un déshonneur ! Elle est libre parce qu'elle travaille ; c'est pourquoi je veux travailler aussi, et être libre ! Pourvu que j'en aie la force !

LA SÉNÉCHALE : Vous êtes excitée, madame.

MARGIT : Oui, je suis excitée ! Cela vous étonne ?

L'intendant entre.

SCÈNE 4

L'INTENDANT : Excusez-moi, madame, je cherchais le Seigneur Bengt.

MARGIT : Il y a huit jours que je ne l'ai pas vu. Qu'est-ce que vous lui voulez ?

L'INTENDANT : Je voulais... je pensais... Non, je ne peux pas le dire devant des visiteurs.

MARGIT : Tu le voudrais bien, mais tu n'oses pas. Je vais te le dire car moi, rien ne m'humilie, hormis une seule chose ; tu as peur de ne pas recevoir tes gages ? Dis-le franchement !

L'INTENDANT : Pas précisément, mais...

MARGIT : Mais à peu de chose près. Voyons, c'est tout naturel... (*Elle ouvre le coffret.*) Voici. Tu es libre ! Je n'ai jamais attendu autre chose de toi, il y a longtemps que je te connais. Va !

L'INTENDANT : O, chère dame !

MARGIT : Va-t'en !

L'INTENDANT *s'en allant, honteux* : Pauvre, mais fière ! Comme il faut être !

SCÈNE 5

LA SÉNÉCHALE : Où est le seigneur Bengt ?

MARGIT : Il se cache. Il a peur de ce genre de visites.

LA SÉNÉCHALE : Pardonnez-moi, ma chère, mais pour l'amour du ciel puis-je vous demander...

MARGIT : Où je prends l'argent ? Non, cela, vous ne le saurez pas.

LA SÉNÉCHALE : Madame Margit... Madame Margit...

MARGIT : Puisque vous me soupçonnez, vous m'obligez à me faire valoir. J'ai vendu mes bijoux. Votre soupçon et mon aveu mettent fin à nos relations. Adieu !

LA SÉNÉCHALE : Ne repoussez pas vos amis...

MARGIT : Je ne les repousse pas ; de toute façon ils s'éloignent de moi.

LA SÉNÉCHALE : Quelle amertume ! quelle amertume !

MARGIT : Oui, que Dieu ait pitié de moi !

Le confesseur entre.

SCÈNE 6

MARGIT : M'apportez-vous quelques bonnes nouvelles, mon père ?

LE CONFESSEUR : Aucune nouvelle, mais j'avais envie de m'entretenir avec vous.

LA SÉNÉCHALE *se lève pour s'en aller* : Adieu, madame !

MARGIT : Adieu !

SCÈNE 7

LE CONFESSEUR : Si active !

MARGIT : C'est ce que vient de me dire la sénéchale. Dites-moi quelque chose de nouveau.

LE CONFESSEUR : Je crains que votre soif de nouveauté ne vous conduise trop loin.

MARGIT : Etes-vous jaloux du bailli parce que je me plais en sa société ?

LE CONFESSEUR : Jaloux au nom de votre mari et de votre enfant, oui !

MARGIT : Comme les gens se sont mis à aimer les enfants, ces temps-ci ! Ne me répétez pas ce que m'a dit la sénéchale, dites-moi une chose à laquelle je ne m'attends pas.

LE CONFESSEUR : Votre mari vous aime toujours.

MARGIT : Alors, je le plains.

LE CONFESSEUR : Parce que vous aimez le bailli.

MARGIT : J'estime le bailli parce qu'il ne ment pas comme tous les autres hommes. Aimer ? cela ne m'arrivera plus jamais.

LE CONFESSEUR : Votre mari mérite votre amour.

MARGIT : Mérite ? Peut-on parler de « mériter » à propas d'un sentiment ? En tout cas, il a perdu mon amour.

LE CONFESSEUR : Vous ne devez pas fréquenter le bailli, c'est un misérable.

MARGIT : Le bailli reste mon hôte jusqu'à ce que toutes les affaires de la maison soient réglées, et il me faut parler avec lui, que je le veuille ou non.

LE CONFESSEUR : Gardez l'honneur de votre foyer en attendant d'être libre.

MARGIT : C'est ce que je fais, sans que vous ayez besoin de me le rappeler.

LE CONFESSEUR : Vous commettez un péché en votre cœur. Les mots, tels des bras, vous enlacent l'un à l'autre. Vous accueillez les vérités qu'il vous lance en plein visage avec la même jouissance qu'autrefois les coups.

MARGIT : Entre le passé et l'heure présente s'étend un large fossé ; le feu s'est éteint depuis, n'est-il pas vrai, mon père ?

LE CONFESSEUR : Je ne puis répondre que pour moi-même. J'ai livré mon propre combat, je veux aussi livrer le vôtre... Si vous saviez combien autrefois je vous plaçais haut, jusqu'à en oublier Dieu ! Et j'ai vu tomber les ailes blanches de l'ange, j'ai vu la fée perdre son soulier d'or, j'ai vu l'oiseau bleu changer de plumage. Je vous ai vue, ce matin qui suivit vos noces. Vous galopiez à travers le bois, montée sur un cheval blanc ; il vous portait si légèrement sur l'herbe humide, bien au-dessus de la boue du marais, sans qu'aucune tache n'éclaboussât votre belle robe brodée d'argent ; alors que derrière les arbres je vous suivais du regard, j'eus un instant cette pensée : « mon Dieu ! si elle tombait ! ». Et ma pensée se fit image : je vous vis dans la boue du marais, je vis l'eau noire vous recouvrir. Vos cheveux d'or flottaient comme un rayon de soleil au-dessus des fleurs blanches des myrtes ; vous couliez, vous couliez, et bientôt je ne vis plus émerger que votre petite main ; puis j'entendis votre faucon siffler haut dans les airs et je le vis s'élever vers le ciel, porté par ses ailes, et enfin disparaître dans les nuages.

MARGIT : Vous avez dit une fois, il y a longtemps de cela, que nous ne devions pas rejeter la réalité qui nous avait été donnée par Dieu avec toute sa poussière et toute sa boue, mais l'accepter telle quelle. Oui, parfaitement ! Maintenant vous dites à mots couverts, que j'ai sombré parce que je suis en train de me réconcilier avec la vie ; j'ai changé ma parure de riche pour des vêtements de pauvre parce que je suis pauvre en effet ; ma jeunesse est partie quand j'ai obéi à la loi de la nature, en devenant mère ; l'aiguille a abîmé mes mains, le souci, fatigué mes yeux, le poids de la vie me courbe jusqu'au sol, mais mon âme s'élève, elle monte comme le faucon vers le ciel, vers la liberté, tandis que mon corps qui est mortel s'enfonce dans le marécage, parmi les fleurs à l'odeur fétide ! Voilà comment j'interprète votre rêve, ce rêve que vous eûtes tout éveillé.

LE CONFESSEUR : Le corps et l'âme ne font qu'un.

MARGIT : Ce n'est pas vrai, car alors, jamais les portes du ciel ne s'ouvriraient devant un serviteur. Non, mon père ; j'étais une belle image dont la vue vous réjouissait ;

le destin a souillé cette image et vous a ravi votre joie, d'où votre tristesse. Croyez-vous que je n'aie pas de regrets ? Si ! mais j'en suis arrivée au point où le chagrin me paraît un péché. Où en êtes-vous, vous-même, de votre combat ?

LE CONFESSEUR : J'en suis toujours au même point. Parfois je crois approcher du but, parfois je crois l'avoir atteint, mais je me rends compte alors que je suis resté sur place. Parlez-moi franchement, comme à la face de Dieu : croyez-vous que vous serez toujours sûre de penser ce que vous venez de me dire ? Croyez-vous que vous pourrez maintenir votre âme si haut alors que votre corps se courbera vers la terre ? Le croyez-vous ?

MARGIT : Non !

LE CONFESSEUR : Alors sauvez votre âme ! Délivrez le faucon et laissez-le s'élever.

MARGIT : J'y ai bien pensé, mais la chaîne est solide.

LE CONFESSEUR : Le même art qui vous a donné le pouvoir de maintenir votre âme prisonnière vous donne aussi la clef pour ouvrir la prison.

MARGIT : Peut-être possédez-vous cette clef ?

LE CONFESSEUR : Oui, je l'ai.

MARGIT : Donnez-la moi.

LE CONFESSEUR *lui remet un petit flacon* : Voici.

MARGIT : Merci. Je vois venir le seigneur Bengt. Soyez sans crainte ! Et surtout n'oubliez pas que vous rêviez, finalement, quand vous m'avez vu tomber de cheval. Je ne tombe pas. Adieu !

LE CONFESSEUR : Adieu ! Ne croyez pas avoir gagné si vite la bataille. Les blessés ne sont pas morts.

Il s'en va.

SCÈNE 8

Margit. La femme de chambre.

LA FEMME DE CHAMBRE : Le chevalier demande si madame veut bien lui accorder un entretien.

MARGIT : Qu'il entre !

LA FEMME DE CHAMBRE : Madame...

MARGIT : Eh bien quoi, mon enfant ?

LA FEMME DE CHAMBRE, *suppliant humblement* : Ne soyez pas dure envers le chevalier.

MARGIT *émue* : Tu es vraiment une bonne créature, Kerstin. C'est sans doute pour cela qu'on te remarque si peu ! Que Dieu me donne le pouvoir d'être aussi dure que je le désire ! Prie le chevalier d'entrer.

La femme de chambre sort.

SCÈNE 9

Bengt, l'air égaré, mal vêtu, reste accablé sur le seuil de la chambre.

MARGIT, *profondément émue quand elle aperçoit Bengt* : Approchez, chevalier !

BENGT : Ne m'appelez pas chevalier.

MARGIT : Asseyez-vous, monsieur.

BENGT : Non, madame, je ne suis pas digne de m'asseoir en votre présence.

MARGIT : Parlons de ce qui est. Le passé ne nous concerne plus.

BENGT *relève la tête et pour la première fois regarde Margit ; il est ému et troublé par son changement d'aspect* : Pardon ! Est-ce... Est-ce que... ? Pardonnez-moi ! Je voulais vous entretenir de nos affaires communes. Vous savez que nous sommes pauvres !

MARGIT : Oui, je le sais maintenant. J'aurais dû l'apprendre il y a déjà un an.

BENGT : Ce n'est pas à vous de me faire des reproches, c'est à moi seul. Je vous aimais et je voulais vous épargner.

MARGIT : Vous préfériez posséder un cheval de course, et ne pas lui faire traîner le fardeau.

BENGT : J'ignorais votre force.

MARGIT : Vous ne vouliez pas la connaître, cela vous aurait humilié. Maintenant, nous en sommes aux reproches et cela n'avance à rien.

BENGT : Laissez-moi vous parler des reproches que je me fais à moi-même. Quand tout s'est effondré, par une suite de circonstances malheureuses, j'ai perdu la tête alors que vous avez su garder votre sang-froid. Vous avez sauvé ce qui pouvait l'être. Vous avez payé leurs gages aux domestiques.

Vous avez parlementé avec les créanciers, tout cela, pendant que je me tenais éloigné, accablé de honte et de chagrin. Madame, pardonnez ma violence lorsque vous avez usé du droit que moi-même je vous avais donné : celui d'aimer les fleurs plutôt que l'herbe ; pardonnez-moi d'avoir gâché votre jeunesse et de vous avoir causé de la peine !

MARGIT : Vous n'avez pas besoin d'implorer votre pardon pour n'avoir pas jugé mon âme assez haute : lors de notre dernier entretien je ne possédais pas les qualités que vous avez aujourd'hui l'indulgence d'estimer, j'étais alors une pauvre femme, telle que vous me désiriez. Que vous m'ayez fait de la peine, ce n'est pas de votre faute, et nous ne devons pas nous en prendre à nous puisque nous avons su en tirer profit. Relevez-vous monsieur !

BENGT *se lève avec peine* : Excusez-moi madame, mais permettez-moi de me reposer, je suis si fatigué!

MARGIT *le conduisant vers un siège* : Qu'est-ce qui vous prend ? Vous êtes malade ?

BENGT : J'ai peur de n'être pas sorti sain de corps et d'esprit de cette épreuve. Dites-moi ! Que comptez-vous faire si le roi vous accorde ce que vous demandez ?

MARGIT : Travailler, servir !

BENGT : Travailler ! Servir ! Travaille-t-il, le papillon que Dieu a créé pour être papillon ?

MARGIT : Il cherche sa nourriture, jusqu'à ce qu'il meure ! Vous, que comptez-vous faire ?

BENGT : Je serai intendant chez le bailli ! L'oiseau chanteur traîne la charrue, l'ange coud des habits et les lave ; alors le chant se tait, les petites mains deviennent rouges, les joues si pâles. Et pourquoi tout cela ? Parce qu'il a abattu son tilleul, parce que ses roses se fanaient. Aidez-moi. Je ne peux plus respirer. Aidez-moi !

MARGIT *lui tend une coupe pleine d'eau et soutient sa tête* : Vous êtes malade !

BENGT : Oui, jamais plus je ne serai bien portant.

MARGIT : Le chevalier a tant de soucis dans sa tête puissante, il doit aller chercher la nourriture pour ses petits, et abattre du bois pour qu'ils n'aient pas froid.

BENGT : Quelle musique ! Le luth est-il brisé ou résonne-t-il encore ?

MARGIT : Pardonnez-moi de n'avoir pas su deviner les pensées du chevalier.

BENGT : Le chevalier ne voulait pas poser ses lourdes pensées sur les ailes du papillon. Margit, tu me demandes de te pardonner, qu'y a-t-il entre nous ?

MARGIT : Il y a un glaive entre nous !

BENGT : Lequel ?

MARGIT : Le manque de confiance ! Ces mêmes paroles que vous venez de prononcer, je les ai déjà entendues, mais elles ne vous ont pas empêché de lever la main sur moi !

BENGT : Le passé est derrière nous, pourquoi le rappeler ? L'infortune n'a-t-elle pas fait de nous de nouveaux êtres, et ne pouvons-nous pas, tout comme des hommes nouveaux, recommencer une vie nouvelle ?

MARGIT : Jamais !

BENGT : Voulez-vous toujours être mon ennemie ?

MARGIT : Non, pas votre ennemie !

SCÈNE 10

Les mêmes. L'intendant.

L'INTENDANT : Le bailli du roi demande une entrevue avec madame.

BENGT : Il ne l'aura pas !

MARGIT *à l'intendant* : Dites au bailli qu'il sera le bienvenu !

BENGT : Dans ma maison, il ne pénétrera pas sans ma permission.

MARGIT : Dans notre foyer, monsieur, entre quiconque doit parler de nos affaires, avec notre consentement.

BENGT : Vous êtes encore ma femme et vous n'avez pas le droit de salir mon foyer en y donnant un rendez-vous.

MARGIT *à l'intendant* : Dites au bailli que dans une demi-heure je monterai le trouver dans sa chambre.

L'INTENDANT *s'en va et revient aussitôt avec une lettre qu'il tend à Margit* : Le bailli vous fait remettre cet écrit et attend votre visite dans une demi-heure.

BENGT : Vous n'avez pas honte d'aller trouver cet homme dans sa chambre ! Mais vous n'irez pas, parce que vous êtes encore ma femme.

MARGIT *lit la lettre* : Je ne suis plus votre femme. Lisez !

BENGT : La lettre de séparation !

MARGIT : Oui, je suis libre, libre de liens et de chaînes, et de servitude et de promesses.

BENGT : Madame ! Les rois de la terre sont puissants, mais je ne crois pas qu'ils puissent délier des liens noués par le ciel. Vous avez votre liberté. Comment vous proposez-vous d'en disposer ?

MARGIT : Je n'en sais rien, mais dans une heure nous le saurons l'un et l'autre.

BENGT *à genoux* : Margit ! Margit ! n'y va pas ; tu arraches l'âme de mon corps. Tu fais de moi un damné. Je t'aime, je t'aime.

MARGIT : Tu m'aimes comme une chose qui t'appartient ; tu m'aimes comme tu aimais ta récolte quand tu étais sur le point de la perdre.

BENGT : Je t'adore comme j'adore la Vierge Sainte, car tu es plus forte que moi et plus douce. Je suis à tes pieds et je te prie de me relever, je suis le plus malheureux de nous deux. Laisse-moi être ton serviteur, ta volonté sera la mienne.

MARGIT : Croyez-vous que j'aie l'âme faite pour aimer un serviteur ? J'avais une meilleure opinion de vous quand vous me battiez.

BENGT : Margit, toi qui as toujours eu un cœur tendre, toi qui pouvais être si bonne, comment peux-tu rendre un être aussi malheureux que je le suis maintenant ?

MARGIT, *attendrie* : Pauvre chevalier, faut-il que je lui fasse tant de mal ! Pourquoi ne puis-je de nouveau le rendre heureux et gai ? J'aurais tant aimé rester près de lui ! Mais je dois m'en aller maintenant ! Maintenant !

BENGT : Vous me quittez maintenant que je suis pauvre et malheureux !

MARGIT : Qui est resté quand vint le malheur ? Et qui, alors, est allé se cacher ? Je pars maintenant pour de tout autres motifs !

BENGT : Parce que vous en aimez un autre ?

MARGIT : Eh oui ! N'en êtes-vous pas responsable et la loi ne m'a-t-elle pas donné la liberté ? Adieu !

Elle s'en va.

ACTE V

Une pièce précédant la chambre à coucher. (Même décor qu'à l'acte II.)

Scène 1

La sénéchale. Une autre femme, qui a un cas à exposer au tribunal, est assise et attend d'être introduite.

La femme : Le bailli a beaucoup de monde à recevoir.

La sénéchale : Oui, il y a tant d'affaires litigieuses à régler, en ce moment !

La femme : Oui, que Dieu nous aide ! Et des affaires si différentes. Celle de la femme du seigneur Bengt, par exemple, pour ne parler que de celle-là, quelle histoire !

La sénéchale : Elle voulait se séparer de son mari.

La femme : Elle ? C'est lui qui l'a mise à la porte ! C'était un vrai démon ! On raconte, figurez-vous, qu'elle a battu son mari, le brave seigneur Bengt, et qu'elle lui était infidèle, par-dessus le marché. Bien sûr, quand ils sont deux à se disputer ce n'est jamais la faute d'un seul, mais dans ce cas-là, c'est bien elle, et elle seule, qui a tous les torts.

La sénéchale : A qui la faute ? Et jusqu'à quel point tout cela est-il vrai ? On n'en sait rien ; mais ça me paraît abominable, qu'elle puisse quitter sa maison et son foyer, son mari et son enfant ; il faut une mauvaise nature pour se conduire ainsi.

La femme : Jusqu'à quel point tout cela est-il vrai ? Hem ! On arrive toujours à le savoir. Par exemple on raconte qu'elle a fait abattre les chênes du jardin tout simplement pour avoir une vue sur l'étang et puis que, par pure méchanceté, elle a laissé se dessécher tous les rosiers pendant que son mari était dans son lit, malade. C'est vraiment une méchante créature ; et cela je le sais, je l'ai connue tout enfant. A cette époque-là, en été, par la pleine chaleur, elle pouvait rester assise l'après-midi entière à faire souffrir des mouches pendant que nous épluchions des pommes. Et elle a eu aussi des histoires dans le cloître, là elle ne se contentait pas de raconter des mensonges, elle volait aussi les lettres des autres ; volait, c'est peut-être beaucoup dire, en tout cas elle les lisait. Oui, on a toujours été au courant de sa vie.

La sénéchale : Ah ! Mais on raconte aussi tant de mensonges.

La femme : Pensez-vous, madame, jamais de fumée sans feu.

La sénéchale : Ce n'est pas si sûr que ça. Un four peut fumer sans qu'il y ait de feu.

Scène 2

Margit apparaît sur le seuil de la porte, elle parle avec quelqu'un qui est dehors.

La femme : Mais regardez donc, regardez donc ! Elle n'a pas honte d'entrer tout droit comme si de rien n'était ! Tout droit chez le bailli qui, on le sait maintenant, s'est employé pour elle. Vous verrez qu'elle aura même le front de nous saluer.

Margit *entre d'un air dégagé* : Bonjour, madame ; nous nous retrouvons ici ! (*A la femme* :) Bonjour, mon amie. (*La femme se retourne et se met à contempler les murs. Margit tend la main à la sénéchale qui la refuse.*) Vous ai-je offensée ?

La sénéchale : Offensée ? Non ! Je vous plains seulement !

La femme : Madame la sénéchale, avez-vous vu ce beau tableau, ici ? Il représente sûrement Capharnaüm.

Margit *à la sénéchale* : Y a-t-il quelqu'un chez le bailli ?

La sénéchale : Oui, il y a quelqu'un. Vous désirez aussi une audience ?

Margit : Il attend ma visite !

La femme : Alors nous ferons peut-être mieux de nous en aller, car on n'attend pas notre visite, à nous, et nos affaires ne sont peut-être pas aussi pressées que les vôtres.

Elle se lève.

Margit : Surtout, je vous en prie, ne vous dérangez pas pour moi, j'ai le temps d'attendre.

Scène 3

Les mêmes. Le greffier.

Le greffier : Monsieur le bailli fait dire qu'il ne reçoit plus aujourd'hui et il prie ses visiteurs de bien vouloir revenir demain.

Margit : Le bailli m'attend. Dites-lui que je suis ici.

Le greffier, *avec insolence* : Ça, c'est une autre affaire ! Veuillez entrer dans la pièce à côté.

Margit : Pourquoi ne pas rester dans celle-ci ?

Le greffier, *hésitant à répondre* : Parce qu'on doit la nettoyer.

La femme *s'en va* : De belles gens ! un beau lieu de scandale !

La sénéchale : Moi, je m'en lave les mains et je ne remettrai plus jamais les pieds dans cette maison.

Margit : Madame ! Qu'allez-vous imaginer à mon sujet ? Que signifie cette conduite qui m'outrage ?

La sénéchale : Je ne vous connais plus ; vous êtes une créature méprisable.

Margit : Ne savez-vous pas que je suis libre ? La loi m'a rendu la liberté.

La sénéchale : Je n'ai jamais entendu parler de femme libre, mais de femme légère ! Et c'est ce que vous êtes ! Vous usez de votre liberté pour fréquenter celui que vous voulez, oui !

Margit : Vous ne connaissez pas l'objet de ma visite chez cet homme que vous aussi vous venez voir, bien que vous ne soyez pas libre. Ignorez-vous que la loi a rompu mon mariage ?

La sénéchale : La loi ne peut pas délier des liens noués pour la vie, mais elle peut délivrer un malheureux homme d'une méchante épouse.

Margit : Alors, c'est une bien pauvre loi que celle qui ne peut protéger le faible et la loi est criminelle si elle se met du côté du plus fort ; mais ce sont aussi les plus forts qui ont fondé la loi !

La sénéchale : Je ne peux pas vous répondre, je ne peux que m'en aller.

Elle s'en va.

MARGIT : Dites plutôt : m'enfuir, madame, ce sera plus exact !

SCÈNE 4

LE GREFFIER *avec familiarité* : Entrez maintenant à côté. Le bailli vient tout de suite.

MARGIT : Cela ne me plaît guère.

LE GREFFIER : Ah voyez-vous ça ? Il n'y a pas lieu de faire la difficile quand il s'agit d'un oiseau d'or, tel que le bailli.

MARGIT : Je ne comprends absolument rien à vos paroles.

LE GREFFIER : Oiseau d'or, que j'ai dit ! Entrez, entrez.

MARGIT *le regardant d'un air scrutateur* : Priez le bailli de se dépêcher s'il veut que je l'attende.

Elle entre dans la chambre.

SCÈNE 5

LE BAILLI, *sortant du fond comme s'il s'était tenu derrière la porte* : Ferme la porte ! (*Le greffier ferme la porte derrière Margit.*) Mets de la laine dans le trou de la serrure.

LE GREFFIER : Ce n'est pas la peine si on place bien la clef.

LE BAILLI : Le lit est-il fait ?

LE GREFFIER : Oui !

LE BAILLI : Alors dresse la table.

LE GREFFIER : C'est fait.

LE BAILLI : Apporte la table ici ! (*Le greffier va à la porte et fait signe à deux serviteurs qui apportent une table dressée. Le bailli inspectant la table* :) Des roses ! C'est bien. Du vin ! Du vin fort ?

LE GREFFIER : Il y en a des deux sortes. Du faible et du fort.

LE BAILLI : Des fleurs de tilleul ! Très très bien ! Où est le luth ? (*Le greffier lui tend le luth. Le bailli pose le luth contre une chaise, sur le tapis.*) Il fait bien ici ?

LE GREFFIER : Admirablement bien ! Atmosphère languissante, comme il convient !

LE BAILLI : Tout est prêt ?

LE GREFFIER : Tout est prêt !

LE BAILLI : Non, attends !

Il s'approche de la table et prend une rose qu'il fixe sur sa poitrine.

LE GREFFIER : Vous vous y entendez très bien !

LE BAILLI : Je connais mon monde, hein ? Ouvre la porte ; ensuite, tu sors et tu surveilles.

Le greffier ouvre la porte et s'éloigne sur la pointe des pieds.

SCÈNE 6

LE BAILLI : Madame !

MARGIT : Ne m'appelez plus madame !

LE BAILLI : Alors Margit !

MARGIT : Comme autrefois, dans notre enfance. Erik, tu as dit que tu serais mon ami, et que tu m'aiderais de tes conseils et de tes actes, à l'avenir.

LE BAILLI : Ton ami ? Ton esclave, mon amour.

MARGIT : Merci, mais ce dernier mot est de trop ! Je viens pour savoir où en sont les choses au sujet de la restitution des biens du couvent à leurs anciens propriétaires.

LE BAILLI : Assieds-toi, mon amie, et repose-toi. Tu dois être fatiguée, après tous ces ennuis !

MARGIT : Merci ! A vrai dire, je ne crois pas que mes forces me soutiendront longtemps encore, jusqu'à demain, peut-être. C'est pourquoi je dois te parler ce soir même.

LE BAILLI : Tu n'as probablement eu le temps ni de manger, ni de boire. J'allais justement me mettre à table. Ne veux-tu pas me tenir compagnie ?

MARGIT : Non, merci ! Mais que je ne te dérange pas ! Je parlerai pendant que tu mangeras.

LE BAILLI : As-tu peur de t'asseoir à côté de moi ? Ne te souviens-tu pas de l'époque où, tout enfants, nous jouions aux amoureux ?

MARGIT : Je m'en souviens ! Je m'en souviens ! Mais cette chambre me rappelle aussi des rêves qui se sont effondrés ; il m'est pénible d'être ici.

LE BAILLI : Les rêves peuvent toujours se réaliser, même longtemps après.

MARGIT : Tout ici me rappelle le passé et m'angoisse.

Tiens, rien que ce hasard : ces roses, que toi aussi tu aimes avoir sur la table, m'amènent à penser à notre première dispute.

Le bailli : Interprète-les comme un retour à notre jeunesse et dis-toi que tout ce qui s'est passé depuis n'a été qu'un mauvais rêve. Margit ! Tu sais que je t'aime ! Ne peux-tu m'aimer, toi aussi ?

Margit : Peut-être, puisque tu es un homme fort. Tu es né pour dominer, l'autre était né pour obéir.

Le bailli : Alors ? Qu'est-ce qui te retient ? Te voilà libre, à présent !

Margit : Ne parlons pas de cela maintenant ! Je veux d'abord mettre fin dignement au passé.

Le bailli : Le passé n'est plus. Recommençons à vivre !

Margit : Avec toi, peut-être pourrai-je m'y risquer car tu es sincère, tu es fort et je ne me sens pas la force de continuer seule ma vie.

Le bailli : Dis-moi cela. Mais dis-le moi avec chaleur ! Tu es si froide, Margit !

Margit : Je suis comme une fleur touchée par la gelée.

Le bailli *lui tendant une coupe de vin* : Voilà qui peut te dégeler.

Margit : Me dégeler... Mais seulement pour mourir ! Je ne veux pas boire ton vin. (*Il passe son bras autour de la taille de Margit et l'embrasse. Margit reculant* :) Pas ici, pas dans cette maison, pas dans cette chambre ! C'est ici qu'au matin était étalée ma robe de mariée ; ici, il y avait une table ; là, le corbeau, dans l'embrasure de la fenêtre. Non ! L'air respire le péché. Je suis libre, oui, je le sais bien ; mais je me sens attachée. Les souvenirs m'enchaînent. Des voix que tu ne peux entendre me crient : sacrilège, sacrilège !

Le bailli : Allons ailleurs, passons dans une autre pièce !

Il la conduit vers le fond de la pièce et ouvre la porte.

Margit : Ici ? Dans ta chambre à coucher ? Qu'est-ce que cela veut dire ?

Le bailli : Tu m'aimes, Margit ! Je t'aime !

Margit : Et alors ?

Le bailli : Sois à moi.

Margit : Ta femme, oui, peut-être !

Le bailli : Le mariage est la mort de l'amour ; n'est-il

pas vrai, Margit ? C'est pourquoi nous devons rester libres.

MARGIT : Oui, libres !

LE BAILLI : Et nous aimer, malgré cela.

MARGIT : Bailli ! Pourquoi n'affichez-vous pas aujourd'hui votre perfidie ? Pourquoi ne m'avez-vous pas avertie de vos projets ? Pourquoi n'avouez-vous pas maintenant que vous êtes diabolique ?

LE BAILLI : Parce que je vous aime d'un amour indicible !

MARGIT : C'est pourquoi vous commencez à mentir. Rappelez-vous que je vous aimais pour votre franchise. Maintenant que vous mentez, je vous hais !

LE BAILLI : Soyez persuadée que je pense ce que je dis. Croyez bien que je ferai tout pour vous ; croyez que seul votre désir de rester libre m'a engagé à vous offrir librement mon cœur.

MARGIT : On devait, il y a un instant, nettoyer cette pièce-ci et vous y avez fait apporter une table toute dressée. C'est ici qu'on devait parler sérieusement de la vie, et on m'y offre du vin ! Ne simulez plus l'innocence ! Vous venez de dévoiler la noirceur de votre âme ; vous n'êtes qu'un vulgaire séducteur !

LE BAILLI *à genoux* : Oui, je suis un séducteur ! Je veux vous séduire pour que vous soyez heureuse près de moi, non pas comme une esclave, mais comme ma souveraine, et si vous succombez sous le poids des souvenirs, je vous porterai dans mes bras.

MARGIT : Vous êtes aussi bas que l'autre, lorsque je vous vois à mes pieds, débitant vos lamentables chansons.

LE BAILLI *se relève* : Veux-tu être ma femme, Margit ?

MARGIT : Non !

LE BAILLI : Tu ne veux pas ?

MARGIT : Non ! Je vous méprise. Et puis je ne crois plus à l'amour. Je suis venue ici chercher votre amitié, une âme sœur qui me soutiendrait, et je rencontre une brute qui se tord à mes pieds en proie à la folie des passions.

LE BAILLI : Vous montez en chaire pour me prêcher la vertu, vous, qui venez de rompre des liens sacrés pour tous !

MARGIT : Mais pas pour la loi, bailli !

LE BAILLI : Vous, qui abandonnez votre foyer pour rendre visite, à une heure tardive, à un célibataire, vous venez lui enseigner la vertu et la bienséance ! Quand donc avez-vous eu cette belle pensée : trouver la prison du mariage préférable à la liberté dans l'amour ?

MARGIT : A l'instant ! Alors que je vous attendais, j'ai appris qu'il y avait dans le cœur des hommes des lois supérieures à tous vos écrits. La loi m'a rendue libre, certes, mais les hommes qui ont institué la loi n'ont pas reconnu cette liberté. Vous-même, qui êtes le gardien et l'interprète de cette loi, vous n'y croyez pas ; vous me traitez comme une femme déchue et votre serviteur vient de se conduire envers moi comme envers une courtisane. Quand vous m'avez dévoilé vos intentions, j'ai repris confiance dans le mariage, et j'ai cessé de croire que Dieu a laissé sur terre un paradis pour nous, après que le péché nous en a exilés ; j'ai compris que le mariage était un devoir parmi d'autres devoirs, que l'amour était un don du ciel, une grâce destinée à nous rendre plus léger ce devoir, mais qu'il ne devait pas exister uniquement pour lui-même, car le ciel ne nous a pas envoyés sur cette terre pour nous divertir. Voilà ce que j'ai découvert, mais trop tard ! Pourquoi m'avez-vous menti depuis mon enfance, pourquoi m'avez-vous raconté que la vie était un lieu de délices où les roses de l'amour, sans épines, fleurissaient éternellement ? Pourquoi avez-vous menti en me disant que nous étions des anges, adorés à distance, alors que vous ne pensez qu'à nous séduire et à nous fouler aux pieds ? Pourquoi ne m'avez-vous pas dit que la terre n'était qu'une vallée de larmes, l'amour une douce illusion, le mariage un lourd devoir, que nous, pauvres femmes, nous devions mettre les enfants au monde tandis que les hommes devaient travailler et se procurer, à la sueur de leur front, le pain pour les enfants et pour la mère. Si vous m'aviez dit cela, alors je me serais inclinée, car je n'aurais rien eu de mieux à attendre.

LE BAILLI : C'est ce que les prêtres n'ont cessé de répéter. Pourquoi ne croit-on pas ce qu'ils disent ?

MARGIT : C'est ce que les prêtres n'ont cessé de répéter ! En disant cela, vous ne mentez pas. Je me reprends à avoir foi en leur parole.

Elle s'en va vers la gauche.

LE BAILLI : Margit ! Un mot ! Où vas-tu ?

MARGIT : Je suis mon destin.

LE BAILLI : C'est moi ton destin. Suis-moi !

Il passe un bras autour de sa taille et cherche à l'entraîner vers le fond.

MARGIT *cherche à lui échapper* : Lâche-moi ou j'appelle à l'aide !

LE BAILLI : Et qui pourrait t'aider ?

MARGIT : Personne, je le sais maintenant, mais peut-être Dieu aura-t-il pitié de moi ?

LE BAILLI : Je ne le crois pas !

MARGIT *se dégage et se précipite sur des armes dans le coin à gauche ; elle saisit une épée* : Alors, je me défendrai moi-même !

LE BAILLI : La biche résiste. Où est mon chien ?

Il siffle entre ses doigts.

SCÈNE 7

Le greffier arrive par le fond ; il se retire immédiatement. Le confesseur arrive par une porte dérobée.

LE CONFESSEUR : Qu'est-ce que tout cela signifie ?

LE BAILLI : Cela signifie, si vous voulez le savoir, que cette femme est folle.

MARGIT : Oui, quand je vous croyais, j'étais complètement folle. Mon père, protégez-moi de cet homme.

LE CONFESSEUR : Bailli, quittez cette maison ! Votre fiancée vous attend sûrement ailleurs qu'ici.

MARGIT : Il est fiancé et il m'a offert sa main !

LE CONFESSEUR : Bailli, votre emploi ne vous met pas à l'abri des lois.

LE BAILLI : Cette femme me poursuivait. Je ne pouvais pas m'en délivrer. Mais oui ! En tout cas elle a reçu une leçon. Espérons qu'elle saura en tirer profit.

LE CONFESSEUR : Vous mentez ! Vous êtes un séducteur !

LE BAILLI : Je suis un séducteur, c'est entendu, mais un honnête séducteur car je l'ai avertie dès la première heure. L'appât était bien visible. Les aigles arrivaient, tout se déroulait dans l'ordre. Adressez-lui votre prêche car elle croit de nouveau à la parole de vos semblables.

Il part.

Scène 8

Le confesseur, *un livre à la main* : Ça devait en arriver là... au bord de l'abîme.

Margit : Il reste encore à faire le dernier pas.

Le confesseur : Quel pas ? Parlez !

Margit : Celui qui atteint le fond de l'abîme et des ténèbres.

Le confesseur : Voulez-vous mettre fin à votre vie ?

Margit : C'est vous-même qui m'avez montré le chemin.

Le confesseur : J'ai commis là un grand péché. Ne m'en punissez pas.

Margit : Il est difficile de vous suivre. Vous allez d'un pas mal assuré, mon père.

Le confesseur : J'avance ! Je combats et je cherche. Maintenant, j'ai trouvé la bonne voie : suivez-moi !

Margit : Mon chemin se sépare du vôtre ; il descend ; et le vôtre ?

Le confesseur : Il monte. Ecoutez-moi. Je suis un pécheur comme tous les autres, mais les paroles que je prononce ne sont pas les miennes, c'est pourquoi vous pouvez croire en elles. J'ai guidé votre jeunesse ; je vous ai appris à rejeter bien des vérités. J'étais là quand on inaugura le cloître. Mon chemin est allé tout droit, bien que j'aie dû, de temps à autre, revenir sur mes pas pour reprendre différentes choses que j'avais perdues ou abandonnées ! Vous souvenez-vous du temps où nous avons rejeté ce livre ?

Margit : En revenons-nous au livre ?

Le confesseur : Oui ! Nous l'avions rejeté tout d'un bloc, mais ce n'était pas sage. Certaines de ses pages renferment des vérités éternelles. Dites-moi : ne retourneriez-vous pas dans un cloître s'il s'en trouvait un ? Au lieu de vous précipiter sans réflexion, la tête la première, dans un autre monde, ne voudriez-vous pas d'abord vous retirer de cette vie superficielle qui vous déçoit, et réfléchir à nouveau dans le calme aux diverses voies qu'offre la vie ?

Margit : Sans doute ; mais il n'y a plus de cloîtres.

Le confesseur : Il en existe un ! Des temps nouveaux sont venus pendant que nous suivions chacun notre chemin. Ceux d'entre les hommes qui travaillent de leurs mains pour que nous puissions cultiver nos âmes, se sont réveillés et ont regardé autour d'eux ; ils se sont aperçus que nous échappions au châtiment dicté par le Seigneur : « Tu gagneras ton pain à la sueur de ton front » ; ils ont vu que le chevalier mangeait ce que le paysan semait, et que les moines gardaient le ciel pour eux seuls. C'est pour cela qu'on a rasé les châteaux et fermé les cloîtres. Maintenant le temps est venu où tous devront expier le péché originel, maintenant nous devons tous travailler.

MARGIT : Mais vous me parliez d'un cloître !

LE CONFESSEUR : Il s'en trouve un, pour vous ! Oui, il existe un cloître où vous pouvez vous préserver du vacarme et de la malignité du monde ! Là s'offrent à vous de fraîches promenades, là vous pouvez respirer quand l'air devient lourd ; on y pratique la pénitence par le renoncement de chacun à l'égoïsme ; les exercices de piété sont l'accomplissement du devoir et on y retrouve le calme de la paix après l'affrontement de deux âmes ; vous pouvez vous y exercer aux dures vertus de l'humilité et de l'obéissance et y pratiquer la miséricorde envers celui qui pèche et qui trouve un ami pour prendre sa part du châtiment. Ce cloître s'appelle le foyer !

MARGIT : Est-ce dit dans le livre ?

LE CONFESSEUR : Oui, mais d'une autre manière.

MARGIT : On y dit aussi, à propos du mariage, que l'homme doit être plus fort et plus raisonnable que la femme et que Dieu a placé l'homme près de la femme pour qu'il soit son supérieur, qu'il la dirige et la protège. Est-ce vrai ?

LE CONFESSEUR : Pour la plupart des cas ; mais pas pour celui-ci.

MARGIT : Alors il vous faudrait un livre pour chaque cas particulier. Encore une question : le livre du bailli permet au mari et à la femme de se séparer, mais votre livre dit que « ceux que Dieu a unis ne peuvent être désunis par la main des hommes ». Lequel des livres dit la vérité ?

LE CONFESSEUR : Le mauvais esprit du doute s'est emparé de vous !

MARGIT : Le doute est le commencement de la sagesse. Il ne me reste plus qu'à chercher la vérité car je ne puis vivre dans le doute.

LE CONFESSEUR : Mais vous avez le courage d'affronter la grande incertitude !

MARGIT : Le courage ?... (*Elle tend l'oreille.*) Vous n'entendez rien ?

LE CONFESSEUR *la regardant d'un air investigateur* : Non !

MARGIT : La nuit dernière j'ai eu un rêve horrible. Je me promenais dans un bois qui aboutissait à la mer. C'était un jour d'automne, il y avait un tel silence que j'entendais les gouttes de rosée tomber du feuillage comme une douce pluie, mais le ciel brillait très bleu à travers la cîme des arbres. J'avançais loin, très loin sur la mousse humide qui enfonçait sous mes pas, quand un oiseau étrange comme je n'en avais jamais vu se posa sur un arbre. Il en picora le tronc et reprit son vol ; je le suivis jusqu'au moment où je me trouvai devant un épais fourré ; l'oiseau avait disparu. Je voulus alors revenir sur mes pas, mais je vis des araignées géantes qui tissaient leur toile d'un buisson à l'autre, et partout où je posais mes regards, ce n'était que toiles d'araignées. Prisonnière de tous côtés, je m'assis sur une pierre et pleurai de désespoir. J'entendis alors derrière moi un craquement et un pétillement, je me retournai et je vis le bois en flammes. Je me relevai vite, me sauvai, mais le feu me poursuivait, me jetant dans les toiles d'araignées qui me frappaient au visage ; il me chassait en avant, plus loin, toujours plus loin jusqu'à ce que je me trouve sur un rocher abrupt qui dominait la mer. Là je m'arrêtai : au-dessous de moi, la mer, comme un croissant de lune tombé du ciel ; derrière moi se rapprochait le feu avec son nuage de fumée étouffante et sa lueur brûlante. Devant, la mer sans limites, étincelante de soleil, s'offrait à moi avec ses fraîches vagues qui semblaient me tendre leurs doux bras pour me bercer et m'endormir. Ne croyez pas que j'aie hésité devant ce choix : avancer ou reculer. J'ai tendu les bras vers la mer comme vers mon sauveur, je me suis jetée en avant, et j'ai disparu dans un nuage lumineux où je me suis anéantie.

LE CONFESSEUR *s'approche d'elle et la fixe* : Cela, vous ne l'avez pas rêvé.

MARGIT : Je ne sais pas, mais j'en ai l'impression. N'entendez-vous pas des voix ? Doucement, je les entends se rapprocher.

LE CONFESSEUR : Au nom de Jésus, dites-moi, avez-vous ouvert les portes de l'éternité ?

MARGIT : Oui, à l'instant. Vous ne vous en êtes pas

aperçu. Je craignais que vous ne m'en empêchiez. (*Elle va à la porte dérobée et écoute.*) C'était un enfant qui pleurait ! Pauvre petit enfant ! Si nous pouvions lui porter secours ! C'est peut-être le vent qui gémit comme un petit enfant.

LE CONFESSEUR : C'était votre enfant, madame.

MARGIT : Mon enfant ! Ma petite Margit ! Elle s'appelle aussi Margit ! Songez ! Je voulais abandonner la grande Margit, mais la petite, non, je ne le peux pas ! Je voudrais revivre cette vie à travers elle, mais dans la vérité. Non, mon père ! Je ne veux pas mourir ! Je ne veux pas mourir ! Vous ne devez pas mentir à cette enfant et lui dire que la terre, c'est le ciel. Il ne faut pas la rendre aussi malheureuse que je l'ai été.

LE CONFESSEUR : Vous vous repentez maintenant qu'il est trop tard ! Abandonnez toutes ces pensées qui vous rattachent à la terre, madame, car l'éternité s'ouvre devant vous !

MARGIT : Je me repens, je me repens. Mais sauvez-moi, mon père, sauvez-moi si vous en avez le pouvoir.

LE CONFESSEUR : Ce n'est au pouvoir d'aucun homme. Vous n'appartenez plus à cette vie. Préparez-vous à paraître devant Dieu.

MARGIT : Mais comment vais-je me présenter à lui ?

LE CONFESSEUR : Comme un pécheur qui s'est posé en juge de la Création, car vous avez maudit cette vie qui est Son œuvre.

MARGIT : A-t-il créé le mal aussi dans cette vie ?

LE CONFESSEUR : Non, le mal tu l'as créé toi-même par ton propre égoïsme ! Si tu avais été résignée et douce, tu n'aurais pas rendu ta vie mauvaise.

MARGIT : Là tu mens, mon père. Si je n'avais pas brisé le joug, mes enfants et tes enfants auraient dû le porter pour l'éternité entière.

LE CONFESSEUR : Ce sera quand même leur sort.

MARGIT : Vois-tu, c'est pourquoi je veux vivre, parce qu'ils doivent connaître la vérité qui les libérera. Rends-moi la vie, ô mon Dieu ! Sois miséricordieux ! Je ne peux pas te rencontrer maintenant.

LE CONFESSEUR : Tu as jugé cette vie avant de l'avoir vécue jusqu'au bout ; tu as ainsi jugé trop vite. Veux-tu continuer à vivre dans le chagrin et la désolation ?

MARGIT : Oui ! Maintenant que j'ai atteint la limite des peines, comme c'est merveilleux ! Les endroits ensoleillés apparaissent et l'obscurité se retire.

LE CONFESSEUR : Vois-tu, ingrate, dans la nature comme dans la vie, il y a de bonnes et de mauvaises choses. Parmi les fleurs des champs, il s'en trouve qui sont les ennemies de notre vie, mais elles ont à leur tour des ennemies qui sont plus fortes qu'elles. Si tu veux vivre, il y a encore un espoir.

MARGIT : Je veux vivre !

LE CONFESSEUR : Bien ! Je pars dans le bois chercher la plante qui a le pouvoir de lutter contre la mort, mais pourrai-je la trouver ? Dieu seul en décidera. (*Il va prendre un sablier posé sur la table.*) Prends ce sablier. Je le retourne. Si je suis revenu avant que tout le sable ne se soit écoulé, tu seras sauvée, sinon, adieu ! Et si nous nous revoyons, nous examinerons ensemble la marche du monde, mais avec des regards qui ne se laisseront pas obscurcir par la brume des passions. Je t'ai montré le chemin du renoncement, je t'ai aidée à échapper à la tentation de l'égoïsme, maintenant je t'ouvre le seul cloître qui soit agréable à Dieu, celui où se pratiquent l'abnégation et le sacrifice. Va en paix.

Margit sort par la porte dérobée. Le confesseur sort par la porte de gauche.

Changement de décor. La chambre de l'enfant.

Au fond une alcôve avec le lit de la nourrice et un berceau. Portes à droite et à gauche.

SCÈNE 1

La nourrice dort sur une chaise près du berceau.

BENGT *entre* : Elle dort ! Ma pauvre petite fille ! Le nid de l'oiseau est saccagé. L'oiseau rapace a enlevé la mère à son petit ; il avait déjà emporté l'épouse. Si je veille à la place de la nourrice, je ne me priverai pas de sommeil ! Qu'elle dorme puisqu'elle le peut ! (*Il s'assied sur une chaise.*) Et il a fait son nid sur le même arbre, le grand oiseau aux serres puissantes ; et il est là, bien posé maintenant, et il fait ripaille. Oh, comme la vie peut être lourde, si lourde ! (*Il prend un livre sur la table et le feuillette.*) « La terre sera maudite par ta faute. » Oui, ce fut la faute de la femme ! Et pourtant, c'est elle qui donne à notre vie son bonheur ! Si elle revient jamais vers moi, si mauvaise et si avilie qu'elle soit, je tomberai à genoux et je la remercierai d'être venue ! Qu'est-ce que j'entends ? On dirait qu'il y a quelqu'un dans le petit escalier ! (*Il se lève et ouvre la porte dérobée à droite.*) Des soupirs, comme si c'était un être humain !

Il sort et rentre aussitôt tenant entre ses bras Margit qu'il dépose sur un banc.

Scène 2

La nourrice se réveille.

Bengt *pose le sablier sur la table* : Margit ! Dormant dans l'escalier, avec un sablier à demi écoulé... Symbole de la mort ! (*Il s'agenouille et l'entoure de ses bras.*) Margit ! Perle de la mer, blanche fleur de l'été, éveille-toi si c'est le sommeil qui te terrasse ! Reviens à la vie si c'est la mort qui t'a frappée !

Margit *se réveille* : Où suis-je ? Qui est là ? Ah ! Mon chevalier ! Serre-moi bien dans tes bras, car les vagues veulent m'emporter dans les profondeurs des ténèbres.

Bengt : Margit ! Je te tiens à nouveau dans mes bras ; qui pourrait te prendre à moi quand tu ne le veux pas ?

Margit : Celle qui est plus forte que tes bras : la Mort !

Bengt : Non, il existe plus fort que la mort : l'amour !

Margit : Est-ce que tu m'aimes encore ? Aimes-tu ta Margit, si misérable et si défaite ?

Bengt : Cette question n'est jamais restée sans réponse. Mais toi, Margit, m'aimes-tu ?

Margit : Je t'aime, et pourtant j'ai voulu ne pas t'aimer.

Bengt : L'amour est plus fort que ta volonté.

Margit : Oh ! maintenant je suis l'être faible qui a besoin de ton soutien.

Bengt : Maintenant nous nous soutiendrons l'un l'autre et personne ne sera le maître !

Margit : Il est trop tard ! (*Elle se lève et regarde le*

sablier.) Pas encore mais bientôt. Regarde ! Le sable coule doucement, mais sûrement, comme le cours de mon destin ; quand il aura fini de s'écouler, il sera trop tard.

BENGT *retourne le sablier* : Non, Margit, maintenant il se remet à couler.

MARGIT : Je ne veux pas mourir ! Pas maintenant ! Il fait si chaud ici, et si bon ! Oh ! la petite dort. (*Elle se lève et s'approche du berceau, fait un signe de croix et récite à voix basse une prière.*) Bengt ! Je suis entre la vie et la mort ! Non, je ne veux pas mourir. Serre-moi, Bengt ! Ne laisse pas la mort venir et m'emporter ! O Dieu tout-puissant, Mon Sauveur, permets que je vive ; je te sacrifierai mon âme égoïste et ma soif de domination. Je laisserai les autres faire leur volonté qui peut-être est meilleure que la mienne ! Bengt, si je vis, me pardonneras-tu ? Me reprendras-tu ?

BENGT : Bien sûr, si l'oiseau rapace ne vient pas m'enlever ma tourterelle.

MARGIT : L'oiseau rapace s'est enfui. Le chasseur a sauvé la tourterelle, mais elle était si abattue qu'elle a voulu se donner la mort !

BENGT : C'est donc cela qui est arrivé !

MARGIT : Mais le chasseur est parti dans les champs à la recherche des herbes salutaires. Que le Sauveur et la Vierge Sainte lui permettent de les trouver !

BENGT *va à la fenêtre* : La nuit est noire. Peut-être ne les verra-t-il pas ? O céleste lumière, éclaire son chemin afin qu'il puisse les rapporter !

SCÈNE 3

LE CONFESSEUR, *arrivant à la hâte, se précipite sur une coupe posée sur la table. Il la remplit d'eau et en même temps écrase dedans quelques herbes* : Il a trouvé !

MARGIT : Merci, mon Dieu, d'avoir exaucé mes prières !

LE CONFESSEUR *tend la coupe à Bengt* : Tendez-lui le philtre de vie ! C'est vous qui l'avez sauvée.

BENGT *tend la coupe à Margit* : Bois !

MARGIT *hésite* : Mais si... si tout redevient comme avant, si notre amour s'en va... pouvons-nous le savoir ?

BENGT : Nous le savons ! Tu ne voulais pas m'aimer, Margit, parce que ta fierté te l'interdisait, et pourtant tu m'aimes ! Tu m'aimes, bien que j'aie levé la main sur toi, bien que j'aie été honteusement lâche quand le malheur est survenu. Je voulais te haïr parce que tu m'avais abandonné, je voulais te tuer parce que tu sacrifiais ton enfant, et cependant je t'aime. Ne crois-tu donc pas que l'amour est plus fort que nos volontés mauvaises ?

MARGIT : Je le crois ! Que le Dieu miséricordieux affermisse cette foi !

Elle boit.

LE CONFESSEUR : Rendons grâce à l'Eternel qui envoie aux hommes des épreuves pour qu'ils puissent ensuite trouver le bonheur !

MARGIT *dans les bras de Bengt* : Mais... la loi ?

LE CONFESSEUR : La loi ne sépare pas les cœurs ; elle ordonne seulement d'éviter le crime ; là où il n'y a pas de crime, il n'y a pas de juge.

BENGT : Et maintenant, Margit, recommençons notre vie ! L'aigle peut bien vivre après avoir brisé son aile ! L'oiseau bleu peut bien vivre après que son plumage a perdu sa beauté.

MARGIT : Et apprenons à notre enfant que le ciel est là-haut, mais que c'est sur la terre que nous vivons.

Camarades

Comédie en cinq actes

Texte français
Maurice Gravier et Georges Rollin

Kamraterna

Personnages

BERTHA AALUND, *peintre, 23 ans ; veston, col et cravate masculins ; cheveux coupés court ; brune.* ELIN ABEL, *20 ans, cheveux courts, blond cendré, habillée comme Bertha mais avec un paletot comme en portent les cochers de fiacre.* DOCTEUR ŒSTERMARK, *50 ans, assez corpulent, un peu chauve, favoris grisonnants et moustache ; lorgnons.* MONSIEUR WILLMER, *écrivain, petit et frêle ; coiffé à la chien, imberbe ; col bas, échancré, collier avec médaillon.* AXEL AHLBERG, *peintre ; blond cendré, moustache et barbiche ; tenue de voyage à l'anglaise, veston avec pli et pattes d'épaulettes ; ne porte pas de décoration.* CARL STARCK, *lieutenant d'artillerie ; trapu ; barbe noire entière ; petite tenue avec décorations.* MADAME STARCK, *petite et boulotte ; humeur enjouée, a quelque peu dépassé la trentaine.* MADAME HALL. AMÉLIE *et* THÉRÈSE, *filles de madame Hall ; demoiselles de petite vertu.* IDA, *en service chez Bertha.* LE MODÈLE (*masculin*). UN LIVREUR. MADAME ERNEST WAHLSTRÖM.

PREMIER ACTE

Une salle à manger en Suède. Aux murs, des papiers peints ; plinthes peintes en blanc. Encadrement des portes peint en blanc. Les portes à deux battants, jaune foncé avec garnitures de cuivre. Suspension avec cloche de verre d'un modèle ancien.

A gauche, au premier plan, un buffet ; au second plan, porte menant aux chambres.

A droite, au premier plan, un sofa ; au second plan, une porte donnant sur l'antichambre et la cuisine.

Au fond, tables de jeu, de chaque côté du poêle, avec des appliques. A droite, au premier plan, chevalet de peintre avec palette et boîtes de couleurs ; à la porte donnant sur l'antichambre, porte-manteau. Au-dessus du sofa, pendule murale.

SCÈNE 1

Bertha, Abel, Ida.

BERTHA : Ida, apporte le café.

IDA, *stupide* : Ces demoiselles ont terminé, alors ?

BERTHA : Oui, apporte-nous le café !

IDA : Alors, faudrait peut-être que je débarrasse la table ?

BERTHA, *qui bougonne* : Non. Sers tout de suite le café.

IDA : Alors, c'est comme mademoiselle voudra !

Elle sort.

BERTHA : Ces filles deviennent impossibles !

ABEL : Ah ! ne m'en parle pas !

BERTHA : Ah ! Ma tête ! Ma pauvre tête ! C'est effroyable ! Et pas moyen de travailler ! Je n'ai pas touché un pinceau depuis huit jours !

ABEL : Tu devrais changer d'air !

BERTHA : Bien sûr ! Je ne demanderais pas mieux... (*Abel se lève, fouille dans les poches de son manteau ; elle en sortira un paquet de tabac, un cahier de papier à cigarettes, un fume-cigarettes, des allumettes, un canif. Puis elle roulera une cigarette. Bertha, ramassant les miettes sur la table* :) ... mais depuis que maman est morte, je suis littéralement sur le pavé. Comment sortir de là ! Faire de la peinture ? Il y a plus de cinq cents peintres et toutes les bourses sont réservées à ces messieurs, bien entendu ! Qu'ils le méritent ou non !

Ida apporte un plateau avec le café et une bouteille de cognac. Bertha sert.

ABEL : Oui, pour nous les temps sont durs !

BERTHA : C'est bien simple, je ne sais plus à quel saint me vouer ! Remets un peu de bois dans la cheminée, Ida !

IDA : Il n'y a plus de bois, mademoiselle !

BERTHA : Comment, il n'y en a plus ?

IDA : Je n'y peux rien, mademoiselle ! Le bois, quand on le met dans le feu, il brûle !

BERTHA : Je me demande ce qui peut te rendre si effrontée depuis quelque temps, Ida !

IDA : Je me le demande aussi, mademoiselle.

BERTHA : Cela suffit. Disparais. Et que je ne te revoie plus ! (*Ida sort. A Abel* :) Il ne te reste plus qu'à mettre ton manteau !

ABEL : Tu es bien gentille, c'est ce que je vais faire ! Aalund, il faut absolument trouver le moyen de te tirer de là. (*Un silence.*) Sais-tu que Carl et Axel sont rentrés de Bulgarie ? La guerre est finie.

BERTHA : Oui, on me l'a dit.

ABEL : Carl est lieutenant et Axel a trouvé un emploi comme dessinateur dans un hebdomadaire illustré de Munich. Il touche quatre mille marks par an !

BERTHA : Que me racontes-tu là ?

ABEL : Et ils ont été décorés tous les deux du... comment ça s'appelle déjà ? Du Nicham Ikftikar, non, du Medijchidi !

BERTHA : Je les aime bien. Autrefois c'étaient de braves garçons mais maintenant ils doivent être très « m'as-tu-vu », comme tous les hommes...

ABEL : Axel a toujours manqué de ressort, mais il avait un certain respect pour les femmes, ce qu'on ne trouvait pas chez Carl !

BERTHA : Oui, il avait une nature tout à fait aimable. Carl avait sans doute aussi ses qualités, mais il ne pouvait jamais s'empêcher de nous traiter comme des femmes.

ABEL, *allumant une cigarette* : Oui, il avait ce défaut. — Axel ferait un bon mari...

BERTHA : C'est pour moi que tu dis cela ?

ABEL : Un bon mari en général, et pour toi en particulier. Surtout pour toi, tu serais absolument incapable de subir un homme un peu trop masculin.

BERTHA : C'est bien vrai ! Je ne le supporterais pas.

IDA, *entre et annonce* : Monsieur Willmer !

Willmer entre.

SCÈNE 2

Elles restent assises.

BERTHA, *sans se retourner* : Bonjour mon petit Coco ! C'est vraiment gentil d'être venu.

WILLMER *quitte son pardessus* : Bonjour les copains ! Je ne vous dérange pas, j'espère ? Il fallait absolument que je passe vous voir !

BERTHA : Tu as bien fait. Toujours brave, toi...

WILLMER *s'avance, baise la main de Bertha* : Comment te sens-tu aujourd'hui ?

BERTHA : Cela va mal, si tu veux savoir...

WILLMER : Et mon petit Abel ?

ABEL : Ça va. Et toi ?

WILLMER : A bout de nerfs ! J'ai tout le corps agité par des tremblements ! (*Il remet à Bertha une boîte de peinture.*) Tiens, Aalund, c'est pour toi !

BERTHA : Qu'est-ce que je te dois pour cette jolie boîte ?

WILLMER : Vingt-deux couronnes.

BERTHA : Demande un verre à Ida !

WILLMER, *par la porte donnant sur le vestibule* : Ida, un verre à liqueur ! (*A Abel* :) Et pour toi, voilà du tabac !

Il pose trois paquets de tabac sur la table.

ABEL : Regarde un peu tout ce tabac ! Combien ?

WILLMER *va retrouver Ida à la porte du vestibule, elle lui donne un verre qu'il remplit* : Un cinquante le paquet.

BERTHA : Veux-tu être aimable ? Fais-moi une cigarette, mon petit Coco.

WILLMER : Tout le plaisir est pour moi. (*A Bertha* :) Tu as fait un peu de peinture aujourd'hui ?

BERTHA : Ne m'en parle pas, je n'ai rien fait du tout !

ABEL : Et toi ? As-tu écrit quelque chose ?

WILLMER : Deux pages ! Pas une ligne de plus ! Je ne pourrai jamais terminer mon œuvre ici, il faut absolument que je parte pour l'étranger.

BERTHA : Allons bon ! Toi, tu oserais nous abandonner ?

WILLMER : Comment faire ? Comment faire ? On n'arrive pas à se concentrer, on n'a que des soucis, des complications... Mais dites donc, il ne fait pas chaud chez vous, j'ai les pieds gelés !

BERTHA : Tu n'es pas le seul. Veux-tu qu'on fasse du feu ?

WILLMER : Non, je t'en prie, ce n'est pas la peine, surtout pas pour moi, en tout cas !

BERTHA : Comme tu voudras, de toutes façons si tu n'as pas assez chaud, tu as mon châle. Il est là, sur le sofa !

WILLMER : Merci, ma chérie.

Il met le châle sur ses épaules.

BERTHA : Ainsi, tu songes à t'en aller... tu as bien de la chance !

WILLMER : A propos. J'ai rencontré Carl et Axel !

BERTHA *et* ABEL : Non ! Quelle surprise ! Et alors ?

WILLMER : Eh bien, ils n'ont guère changé. Un ton déplorable, un langage ordurier, naturellement.

BERTHA : Et... Axel ?

WILLMER : A peu près toujours le même. Il a conservé une certaine finesse, autrefois, il avait un je ne sais quoi...

ABEL : Et maintenant ?

WILLMER : Maintenant il fait « un peu plus homme », comme on dit !

BERTHA : Plus homme ! Tu veux dire probablement que tu le trouves supérieur, lui aussi ?

WILLMER : Supérieur à qui ?

BERTHA : Supérieur aux femmes...

WILLMER : Ne me faites pas dire ce que je n'ai pas dit.

BERTHA : Non, mais c'est ce que tu penses...

WILLMER : A supposer même que je le pense, j'ai précisé « comme on dit ». Ce n'est pas moi.

BERTHA : Car, bien entendu, il n'y a rien de mâle dans cette attitude. Et toi, tu es bien plus viril que tous ces malotrus qui s'obstinent à ne voir uniquement en nous que la femme.

ABEL : Coco ferait un excellent mari. — Tiens, passe-moi donc une allumette !

WILLMER : Bertha, je ne vois pas pourquoi vous vous énervez comme cela !

BERTHA : Je t'ai déjà dit, pas de prénom féminin entre nous. Ne passe pas ton temps à me rappeler que je suis une femme. Je t'appelle Willmer, appelle-moi Aalund !

WILLMER : Mais tu ne m'appelles pas Willmer, tu m'appelles Coco !

BERTHA : Coco est un petit nom d'amitié ! Oh ! et puis cesse de nous casser la tête, tu vas finir par me rendre folle !

WILLMER : Il ne faut pas m'en vouloir, Aalund. Je ne pourrais pas vivre si vous ne me permettiez pas de venir vous voir. Si je ne rencontre pas une femme dans chacune de mes journées, je tombe malade. Je suis amoureux de toi, je suis amoureux de vous toutes ! de votre sexe !

BERTHA : Tais-toi donc, grand nigaud !

On sonne.

IDA *entre et annonce* : Le docteur Œstermark !

WILLMER : Oh ! Alors je m'en vais !

BERTHA : Non, reste !

ABEL : Qui lui a demandé de venir, à celui-là ?

BERTHA : C'est moi. Je t'en prie, ne t'en va pas ! D'abord il n'est pas si méchant qu'il en a l'air et je sais le remettre à sa place quand il le faut. Un vieil ami de la famille. Il vient en voisin.

SCÈNE 3

LE DOCTEUR : Bien le bonjour, mes mignonnes, comment va la santé ? (*Il avance vers Willmer qui est assis le dos tourné vers la porte.*) Quelle est donc cette charmante enfant que je n'ai encore jamais rencontrée ?

Il lui caresse la tête.

BERTHA, *faisant les présentations* : Monsieur Willmer, homme de lettres !

LE DOCTEUR : Comment, « monsieur » ? Tu n'as pas l'intention de me faire croire... Toutes mes excuses, je l'avais pris pour une jeune femme.

BERTHA : Et, pour cette seule raison, tu lui manquais de politesse !

LE DOCTEUR : Il n'y a rien d'impoli dans la petite tape

amicale que je lui ai donnée sur la tête ! Tiens, bonjour Abel ! Alors, on ne dit plus bonjour !

ABEL : Bonjour Œstermark !

LE DOCTEUR : Ces dames pourraient-elles s'absenter un instant ? Pardon, je voulais dire « ces messieurs » !

BERTHA : Veux-tu passer un moment dans ma chambre, Abel...

WILLMER : J'ai une course à faire, je vous quitte. Je reviendrai tout à l'heure, si vous n'y voyez pas d'inconvénient !

BERTHA : Tiens, profite donc de l'occasion pour m'acheter deux terre de Sienne et un vert Véronèse. Cela ne t'ennuie pas ?

WILLMER : Au contraire, avec plaisir !

BERTHA : C'est très gentil. Merci.

WILLMER *et* ABEL *sortent* : A tout à l'heure ! Au revoir, docteur !

LE DOCTEUR : Au revoir mes petites filles, ou mes petits garçons. Je ne sais plus. Comme on voudra !

SCÈNE 4

LE DOCTEUR : Alors ?

BERTHA : Alors ?

LE DOCTEUR : Alors, raconte et parlons sérieusement.

BERTHA : Non, ce n'est pas possible !

LE DOCTEUR : Alors, pourquoi m'as-tu fait chercher ?

BERTHA : Je croyais que c'était beaucoup plus facile que cela !

LE DOCTEUR : Ne te donne pas la peine de parler, c'est moi qui poserai les questions. Maux de tête, insomnie, manque d'appétit, pas de goût au travail, les nerfs en boule, mauvaise humeur, lassitude et dégoût. C'est difficile à supporter tout cela, hein ?

BERTHA : C'est intolérable, oui !

LE DOCTEUR : Tu vois ce que je te disais !

BERTHA : Alors, nous y revoilà ?

LE DOCTEUR : Nous y voilà une fois de plus. Mais nous allons arranger tout cela. Il faut que tu te maries !

BERTHA : Jamais !

LE DOCTEUR : Bon. Alors, au revoir !

Bertha : Non, attends. Le mariage serait donc la seule perspective pour une femme ?

Le docteur : Jusqu'à nouvel ordre, oui !

Bertha : Quelle médiocrité !

Le docteur : Pas dans la société actuelle.

Bertha : Devenir la femme d'un homme !

Le docteur : Ce n'est pas plus dégradant que de devenir le mari d'une femme ! Tu seras l'administrateur de ta famille, tu formeras de futurs citoyens, tu dirigeras un foyer. Cet organisme n'est pas encore au point, d'accord, mais pour l'instant, c'est le seul qui puisse se concevoir.

Bertha : C'est à l'homme qu'il appartient, et moi je veux diriger seule mes propres affaires !

Le docteur : La société repose sur la famille. Si tu la dissous, la société disparaît. C'est cela que tu veux ?

Bertha : Mais non, ce n'est pas ce que je veux !

Le docteur : C'est bien ce que je pensais, tu veux vivre en république, tout en conservant la monarchie ! Eh non ! pas possible, ma petite, rien à faire !

Bertha : Je suis pour la justice ! Je ne veux pas que mon mari dispose tout seul de ses revenus et des miens !

Le docteur : Mais, délicieuse amie, il n'en est pas question. Le mari ne dispose même pas des siens !

Bertha : Qu'est-ce que tu racontes ? Si j'étais mariée et si je parvenais à vendre un tableau, mon mari ne disposerait pas de mon argent ?

Le docteur : Non ! Le supplément au Code, chapitre neuf, précise : « La femme mariée peut disposer librement des sommes qu'elle a gagnées par son propre travail. » Voilà la vérité !

Bertha : Tu mens ! Tu es un menteur !

Le docteur : Menteur ? Tu es culottée !

Bertha : Dis donc, n'oublie pas que tu parles à une femme !

Le docteur : Qu'un homme m'ait traité de menteur, je l'aurais déjà corrigé ! En effet, tu es une femme, mais moi je suis vieux jeu, et je ne considère pas la femme comme l'égale de l'homme !

Bertha : Bien sûr ! Pas l'égale de l'homme ! On l'aura entendu !

Le docteur : Elle ne lui est pas comparable, si tu veux. Il n'y a aucune commune mesure entre eux deux.

BERTHA : Donc, tu prétends que je pourrais disposer, en toute liberté, des biens acquis par moi dans le mariage ?

LE DOCTEUR : C'est un renseignement que je te fournis pour ta gouverne personnelle.

BERTHA, *le regardant avec étonnement* : Tu es bien l'individu le plus cynique que j'aie jamais rencontré !

LE DOCTEUR : Si tu veux ! Cela ne me gêne pas !

BERTHA : Unique, tu es unique ! Sais-tu que je t'admire ?

LE DOCTEUR : Logique féminine ! ! Tu ne voudrais pas te marier avec moi ?

BERTHA : Me marier avec toi ?

Elle éclate de rire.

LE DOCTEUR : Cela te serait pourtant bien utile d'avoir un mari comme moi. Mais moi, je te couperais les ailes. N'en crois rien, on arriverait bien à s'entendre ! Je suis veuf, ma petite Bertha, et je n'hésiterais pas à me remarier !

BERTHA : Tu divagues ! D'après toi, exactement, qu'est-ce que c'est que le mariage ?

LE DOCTEUR : Pour elle, c'était très agréable ! Pour moi, c'était... couci-couça !...

BERTHA : Mais quand vous n'étiez pas du même avis, par exemple ?

LE DOCTEUR : Alors, on faisait des concessions. Il faut toujours faire des concessions.

BERTHA : Et qu'est-ce que cela veut dire, exactement, « faire des concessions » ?

LE DOCTEUR : Cela veut dire... que c'était toujours moi qui cédais !

BERTHA : Pas possible !

LE DOCTEUR : Evidemment, on ne s'attendrait pas à cela de la part d'un homme comme moi, et c'est pourtant la vérité !

BERTHA : Tu ne vas tout de même pas me faire croire que c'était ta femme qui portait la culotte ?

LE DOCTEUR : C'était elle !

BERTHA : Pauvre docteur ! (*Elle éclate de rire.*) Au fait, j'ai oublié de te demander si tu voulais un cognac ?

LE DOCTEUR : Non, merci ma petite ! D'ailleurs, il faut que je m'en aille ! (*Il regarde sa montre.*) Quatre heures et demie... soyons sérieux, Bertha ! Voyons... Je n'ai plus rien à te dire ? Non ! Ou plutôt si, encore un conseil : si tu te maries, choisis un vrai gars, pas un avorton comme ce

— comment l'appelez-vous déjà ? « bébé », « mémère » ?

Bertha : Un gars comme toi, quoi ?

Le docteur : Comme j'ai été ! Maintenant je suis vieux, ma petite, je ne suis plus bon à grand-chose !

Bertha : Tu ne m'en veux pas trop ?

Le docteur : Un vieil ami comme moi ! Tu plaisantes ! Et toi, je ne t'ai pas trop contrariée ?

Bertha : L'essentiel est que tu ne touches pas à ce qui est sacré pour moi.

Le docteur : Sacré ? Chacun ne tient pour sacré que ce qui touche à ses intérêts. Tu crois tout de même à mon chapitre du Code civil ?

Bertha : Tu veux rire ! Je n'y croirai que quand je l'aurai vu !

Le docteur : C'est tout de même un peu fort ! (*Il se domine.*) Tu ne crois pas un homme, même quand il te donne sa parole !

Bertha : Un homme, un homme ! Et puis après ?

Le docteur : Oui, bien sûr ! Un homme ! Evidemment, tu me diras, on pourrait aussi croire une femme... Mais enfin, avec les femmes, c'est une autre paire de manches, prudence ! Bon ! Eh bien, puisqu'il en est ainsi, je t'apporterai le Code avant la nuit. Bonne soirée ma petite Bertha ! Et puis sois raisonnable, marie-toi. Marie-toi !

Bertha : Toi, tu ne crois pas en la femme, je le sais maintenant.

Le docteur : Je ne crois pas en l'homme non plus. Je ne crois ni à Dieu, ni à diable. Et tu voudrais que je croie en vous, viles séductrices ? Au revoir ma chère petite. Je reviens avec le Code. Tu y croiras !

Il sort.

Scène 5

Abel, *entrant* : Il est parti ?

Bertha : Oui. Tu as entendu ?

Abel : Quand vous avez crié. Quelle haine ! Un vrai misogyne !

Bertha : Non, il ne hait personne, mais on ne peut pas dire qu'il soit un ami de notre cause...

Abel : Pourquoi le reçois-tu, alors ?

BERTHA : Parce que, d'abord, j'en ai besoin pour ma santé, et par-dessus le marché... enfin... enfin, passons.

ABEL : Non, dis !

BERTHA : Eh bien, mes moyens ne me permettent pas de m'offrir un autre médecin !

Willmer entre.

SCÈNE 6

BERTHA : C'est déjà toi, Coco ?

WILLMER : C'est moi. Ma petite chatte, voici tes couleurs !

BERTHA : Mets-les dans la boîte !

WILLMER : Vous allez certainement avoir de la visite. Il m'a semblé que Carl et Axel venaient par ici.

BERTHA, *très affairée* : Ils viennent par ici ? (*A la porte du vestibule* :) Ida, vite, débarrasse la table !

Ida entre, dessert et essuie la table.

ABEL : Cette fois, je file. Au revoir, Aalund.

BERTHA : Ah, non, je t'en prie, reste. Ce n'est pas le moment de partir, tu entends !

ABEL : Alors, pour te faire plaisir. Mais je ne peux pas supporter ce Carl. Il est aussi mal dégrossi que ton docteur.

BERTHA : Tu ne voudrais tout de même pas me laisser seule avec tous ces hommes ! Reste avec moi.

ABEL : C'est bien pour te faire plaisir. Les voici !

SCÈNE 7

BERTHA : Comme je suis heureuse de vous revoir ! Comment allez-vous ?

CARL : Bonjour ma petite Bertha. Merci, fort bien. Et vous ?

AXEL : Bonjour, Bertha. Voilà bien longtemps que nous ne nous sommes vus.

BERTHA : Quelle joie de vous savoir sains et saufs ! Je me demandais si nous aurions jamais l'occasion de nous retrouver ! Vous vous connaissez, j'espère.

CARL : Bien sûr. Mademoiselle Abel ! Monsieur Willmer ! Nous nous sommes déjà rencontrés.

AXEL : Très heureux !

Bertha : Mais je vous en prie, asseyez-vous. Vous devez avoir besoin de repos après une pareille expédition ! Cela a dû être atroce de voir des hommes se massacrer de cette façon ?

Axel : Oui, vraiment, cela a été abominable !

Bertha : Et vous, Carl, vous ne dites rien !

Carl : Oh moi, voir les hommes se montrer tels qu'ils sont, ça m'a beaucoup plu !

Bertha : Oh, quelle horreur !

Carl : Il n'y a rien d'horrible à dire franchement ce qu'on pense. Œil pour œil, dent pour dent !

Bertha : Vous êtes cruel !

Carl : Vous feriez certainement moins de sentiment, s'il s'agissait d'un de vos petits crimes bien hypocrites...

Axel : Carl est insupportable avec ses paradoxes. Il croit être à la page !

Carl : N'est-il pas naturel d'abattre son ennemi, quand on lutte pour l'existence ? La méthode qui consiste à tendre la joue gauche, quand on a reçu un soufflet sur la joue droite, est périmée ! A la vérité, personne ne l'a jamais pratiquée, à aucun moment !

Axel : Et si nous changions un peu de conversation ?

Bertha : Oui, je trouve aussi.

Ils s'asseyent. Axel et Bertha, ensemble. Carl, Abel et Willmer ensemble.

Axel, *à Bertha* : J'ai appris que vous aviez été cruellement frappée dans vos affections, depuis notre départ.

Bertha : Oui, et ma situation a bien changé, hélas.

Axel : Ma pauvre Bertha. C'est très difficile. Qu'allez-vous devenir ?

Bertha : Oh ! vous savez, faire des projets...

Le reste de la conversation se poursuit à voix basse.

Carl, *à Abel et à Willmer* : Alors, je fais amener les canons. Les Bulgares s'approchent en rampant, pour surprendre nos avant-postes. Je commande : feu ! On entend « Houtche » et les voilà tous razibus ! On aurait dit une compagnie de perdreaux. Ils agitaient leurs nageoires !

Abel : Les perdreaux ont donc des nageoires ?

Carl : Comment, mademoiselle, vous ne le saviez pas ?

Willmer : Mais enfin, lieutenant, toute cette boucherie ne vous faisait pas frémir ?

CARL : Oh, pas le moins du monde ! Je me sentais très à l'aise !

WILLMER : Et quand les balles sifflaient à vos oreilles ?

CARL : Que voulez-vous, je me baissais !

WILLMER : Vous n'aviez pas peur ?

CARL : J'avais peur, naturellement, mais il ne fallait rien laisser voir. A un moment, le brigadier qui tenait la mèche tenta de me fausser compagnie, alors clatche ! je lui ai flanqué un bon coup de fouet en pleine figure !

Axel et Bertha écoutent le récit de Carl.

WILLMER : Quelle brutalité !

ABEL : Mais c'est affreux. Vraiment, en pleine figure, lieutenant ?

CARL : Exactement entre les deux yeux ! Cela lui a fait le même effet qu'un verre de rhum ! Réveillé d'un seul coup ! Il était devenu un autre homme !

WILLMER : Et cela en plein XIXe siècle, en un temps où l'on croyait avoir définitivement banni la violence !

CARL : Oui, c'était ce que les faibles espéraient : prendre l'avantage, au mépris de toutes les lois naturelles !

WILLMER : Voyons, mon lieutenant, vous êtes en train de prêcher la loi du plus fort ?

CARL : Je ne prêche rien du tout, je constate que nous vivons en pleine décadence. La médiocrité devient de la grandeur, le vide du génie. La nullité passe pour de l'honnêteté. Manquer de caractère, c'est avoir du cœur. Tout ce qui est pourri devient la santé même ! Mais, patience, les choses vont changer dans ce pays.

WILLMER : Que va-t-il se passer ?

CARL : Après la décadence, la débâcle ! Mais, au fond, je n'en sais rien, et je m'en moque éperdument.

AXEL, *à Bertha* : Vous songeriez donc à partir pour Paris ?

BERTHA : Oui, mais comment m'y prendre ?

AXEL : Il doit y avoir des moyens de s'arranger ! De toutes façons vous ne pouvez pas rester ici !

BERTHA : Je ne le sais que trop !

CARL, *à Abel* : Pourquoi vous faites-vous couper les cheveux, mademoiselle ?

ABEL : Pour les mêmes raisons que vous, lieutenant !

CARL : Jamais vous ne me ferez croire cela. Nous nous coupons les cheveux afin qu'on ne nous confonde pas avec les femmes ! Ce n'est tout de même pas votre cas ?

ABEL : Pourquoi voudriez-vous maintenir une différence entre les sexes, alors que pratiquement il n'y en a plus ?

CARL : Non, mais dis donc, Axel, tu l'entends ? Il paraît qu'il n'existe plus aucune différence entre les sexes ! Quant à moi, je sais pertinemment qu'il en reste encore une. Voulez-vous savoir laquelle ?

WILLMER : Il me semble que vous tenez des propos un peu lestes, mon lieutenant !

ABEL : Laisse-le donc dire !

CARL : Vous voulez que je la dise ? Non, vous allez m'en vouloir, je n'irai quand même pas jusque-là. Au fond, vous avez peut-être raison, on a très souvent des surprises par les temps qui courent !

ABEL : Lieutenant, vous détestez les femmes !

CARL *éclate d'un gros rire* ; *à Axel* : Tu l'entends ! Moi, détester les femmes ! Tu te souviens, à Belgrade ?

AXEL : Non, non, tu vas dire des bêtises !

CARL, *à Abel* : Mademoiselle, vous feriez bien de vous marier !

ABEL : Ah, cela jamais ! Je ne me marierai jamais !

CARL : Tiens ! Et pourquoi donc ? Auriez-vous des raisons inavouables ?

ABEL : Toutes les femmes doivent-elles nécessairement être mariées ?

CARL : Toutes ! Les petites comme les grandes ! De la main droite, ou de la main gauche ! Aucune exception !

ABEL : Alors comment se fait-il qu'il y en ait tant qui ne le soient pas ?

CARL : Mais parce qu'elles ont fait trop de chichis ! Si vous étiez toutes adorables et mignonnes, vous auriez chacune un mari !

ABEL : Vous oubliez qu'il naît, chaque année, plus de femmes que d'hommes !

CARL : Pas du tout, il naît autant d'hommes que de femmes. Seulement vous faites mourir à petit feu beaucoup plus d'hommes que de femmes !

BERTHA : Ne pourriez-vous pas trouver un autre sujet de conversation ?

CARL : Mon Dieu, je n'en connais guère de plus intéressant. Je ne vois pas non plus pourquoi les hommes n'auraient pas le droit d'aborder cette question — et moi en particulier — étant donné que, entre vous, vous ne parlez que de cela. Et vous, Bertha, vous allez bientôt vous marier, j'espère ?

BERTHA : Oh ! pas du tout. Je n'ai aucune envie d'élever les enfants d'un homme !

CARL : Mais ce ne serait que vos propres enfants que vous auriez à élever !

BERTHA : Je ne veux pas mettre d'enfants au monde !

CARL : Vous ne voulez pas ? Qui le fera alors ? Jusqu'à présent aucun homme n'a encore réussi... Et pourtant, avec le progrès, on ne sait jamais...

BERTHA : Je ne me marierais que si je rencontrais un homme capable de voir en moi autre chose qu'une femme ! Un homme qui me reconnaîtrait les mêmes droits qu'à un autre homme !

CARL : Les droits que Dieu vous a accordés ne vous suffisent donc plus ? Méfiez-vous de l'homme qui ne vous considérera plus comme une femme !

AXEL : Pourquoi donc ? Il suffirait qu'il la considère comme un ami !

CARL : Un ami ! Croyez-vous donc que l'amitié puisse être aussi profonde que l'amour ?

BERTHA : L'amour, qu'est-ce que c'est que cela ?

CARL : Elle est bien bonne ! Mais si j'ose comprendre, jamais vous n'auriez connu l'amour ?

BERTHA : Non !

CARL : Ça c'est inouï ! Si je rencontrais votre futur époux, je le mettrais en garde ! Alors c'est que vous n'êtes pas faite comme tout le monde ! Et vous non plus, mademoiselle Abel, vous ne connaissez pas l'amour ?

ABEL : Non !

CARL : Mais cela compte, croyez-moi, c'est quelque chose !

BERTHA : Vous, naturellement, vous en avez une grande expérience ?

CARL : Plusieurs expériences, vous voulez dire ! L'amour est éternel ! Jusqu'à cinquante-cinq ans ! D'ailleurs, c'est la raison pour laquelle on est tenu d'attendre cet âge-là pour toucher sa retraite !

Scène 8

Les précédents. Ida.

Ida : Il y a là quelqu'un qui veut absolument parler à mademoiselle !

Bertha : Qui est-ce ?

Ida : Je ne sais pas. Si mademoiselle voulait venir voir.

Bertha : Excusez-moi, il faut que je vous quitte un instant.

Bertha sort, inquiète.

Scène 9

Carl : Monsieur Willmer, vous écrivez, je crois ?

Willmer : Oui, j'ai publié quelques plaquettes, des essais poétiques.

Carl : Des vers ? Ah ! M... ! Moi aussi j'écrivais des vers à l'école des Cadets. J'étais très amoureux, Dieu me pardonne !

Abel : Amoureux à votre manière !

Carl : A ma manière, bien entendu, mais comme disait la grand-mère, l'ancienne manière avait du bon, c'est dans les vieux pots... Oh pardon ! J'oubliais qu'il y avait des dames.

Axel : Carl !

Carl : Présent ! Mais il se fait tard ! Il va falloir que je m'en aille !

Axel : Attends, Bertha revient dans un instant.

Willmer et Abel se lèvent.

Abel : Tu t'en vas aussi, Coco ?

Willmer : Oui, oui, je t'accompagne !

Scène 10

Les précédents. Bertha.

Bertha, *pâle et émue* : Vous partez déjà ?

Carl : Oui, j'ai encore une course à faire en ville, mais je reviendrai un autre jour ! Au revoir, Bertha !

BERTHA : Et vous partez aussi, vous autres ? Mais vous, Axel, vous avez bien encore un moment ?

AXEL : Mon Dieu, je n'ai rien d'urgent à faire, et si ma compagnie ne vous ennuie pas trop...

BERTHA : Comment pouvez-vous dire cela ! Il y a des éternités que nous ne nous étions vus... Au revoir, Carl ! Au revoir, Abel ! Et toi, Coco, reviens bientôt me voir !

CARL, *à Bertha* : Comment l'appelle-t-on celui-là ? Coco ? Et elle, Abel ? Une chatte n'y reconnaîtrait pas son veau ! Au revoir, ma petite Bertha, et meilleure santé ! A demain, Axel ! (*Il tire un cigare d'un étui, puis se tourne vers Abel.*) Mademoiselle voudrait-elle me donner un peu de feu ? (*Abel lui tend une allumette. Carl tire une bouffée de son cigare.*) Merci. Si ce n'est pas malheureux ! Etre aussi jolie, et se faire couper les cheveux !

Mouvement de Bertha.

BERTHA : Qu'y a-t-il encore, Carl ?

CARL : Je dis que vous êtes en beauté !

BERTHA : Allons ! Je vous en prie, pas trop de boniments !

TOUS, *les uns aux autres* : Au revoir !

SCÈNE 11

Le jour commence à tomber dans la pièce.

BERTHA : Vous n'avez pas vu ma dernière toile !

AXEL : Non, c'est vrai !

BERTHA : Oh ! elle n'a rien d'extraordinaire !

AXEL : Mais ce n'est pas mal du tout. Vous avez fait des progrès, félicitations ! C'est un beau sujet. Comment l'intitulez-vous ?

BERTHA : Tout simplement, « Les Muets ».

AXEL : C'est très bon. Titre moderne, il aura du succès ! Vendez-vous actuellement ?

BERTHA : Que dites-vous là ? Les femmes ne parviennent jamais à vendre !

AXEL : C'est injuste ! Mais tout cela va bientôt changer.

BERTHA : Votre avis sur la couleur ?

AXEL : Il me semble que la figure centrale pourrait ressortir davantage, non ?

Bertha : Non, non, c'est voulu. Toutes les valeurs reposent sur la modestie de mon personnage.

Axel : Bon, bon ! Dans ce cas, je ne dis plus rien.

Bertha : Et vous, avez-vous travaillé ces derniers temps ?

Axel : Hélas, non ! Mais je vais m'y remettre ! Je voudrais tenter le Salon des artistes français, à Paris.

Bertha : Vous ne voulez pas vous asseoir ?

Axel *s'installe sur le sofa* : Merci.

Bertha s'installe à côté de lui. Un silence.

Bertha : Un ange passe !

Axel : Oui, c'est ce qu'on a coutume de dire.

Bertha : A quoi pensez-vous ?

Axel *se lève et va s'adosser au poêle* : Ah, j'ai tellement de choses en tête.

Bertha : Il me semble que le jour tombe, je vais allumer la lampe.

Axel : Oui, au début de janvier les journées sont courtes !

Bertha sort un instant pour chercher une lampe. Axel, seul en scène, la suit du regard.

Bertha *revient, apportant la lampe* : Voilà qui est fait. On y verra mieux ! — Si vous voulez fumer, ne vous gênez pas.

Axel : Non, merci !

Bertha : Maintenant, racontez-moi un peu vos souvenirs de guerre !

Axel : Non, je vous en prie, parlons de tout, sauf de la guerre !

Bertha : Auriez-vous froid ? Vous n'avez pas l'air bien ! Je vais demander qu'on nous fasse un peu de feu ! (*Elle va à la porte de l'antichambre et appelle.*) Ida ! (*Elle lui parle à voix basse, puis revient.*) Vous ne paraissez pas très satisfait de cette expérience !

Axel : Mon Dieu si, mais...

Bertha : Vous revenez avec une belle situation, des décorations, que vous manque-t-il encore ?

Axel : Il me manque... il me manque une raison de vivre ! Car en somme, que vaut la vie si...

Ida entre avec un plateau de bois et fait du feu dans la cheminée.

Bertha : Installons-nous confortablement, et parlons bien gentiment du passé. Venez vous asseoir ici, devant ce bon feu de bois.

Elle prend deux chaises, qu'elle place près du poêle.

AXEL : C'est vrai qu'il commençait à faire plutôt frais.

BERTHA : La conversation était si animée, tout à l'heure, que nous n'avons même pas remarqué que le froid tombait ! C'est bien comme cela, Ida !

Ida sort. Bertha et Axel au coin du feu.

BERTHA : C'est agréable, n'est-ce pas, de se retrouver dans le calme ?

AXEL, *rêveur* : Oui, bien sûr ! J'entends encore votre mère : « Quand la lampe est allumée et que le feu crépite, quelle joie, quelle douceur qu'un foyer ! »

BERTHA : Pauvre maman ! Elle ne les aura guère connues, elle, les joies du foyer ! Oh ! je n'ai rien à reprocher à papa, mais ce n'était pas le mari qu'elle aurait dû avoir !

AXEL : Il était assez neutre, il faut bien le reconnaître.

BERTHA *le regarde fixement* : C'était un brave homme, au fond, très gentil, mais ils n'étaient pas faits l'un pour l'autre. Toutes les femmes ne se contentent pas d'un mari « gentil » ! Moi, par exemple, je ne pourrais jamais supporter un homme comme Carl !

AXEL : Carl est très gentil, c'est vrai, mais je ne le crois pas, en effet, capable de rendre une femme heureuse !

BERTHA : Carl gentil ? Ah, je ne trouve pas, moi !

AXEL : Oh ! vous savez, à part quelques idées bien arrêtées à propos des femmes, il n'a rien de bien méchant.

BERTHA : Mais vous, Axel, croyez-vous en nous ?

AXEL : Je crois que l'avenir appartient à la femme, parce qu'elle est meilleure que l'homme. Elle est capable de sacrifices, elle est authentique, elle est pure.

BERTHA : Je vous remercie profondément.

AXEL : Avec sa collaboration l'humanité franchira des étapes, plus grandes encore que nous ne pouvons l'imaginer. Si, jusqu'à ce jour, la femme avait eu son mot à dire dans les affaires de l'Etat, dans les lettres, dans les arts, le monde aurait un tout autre visage.

BERTHA : Pourquoi la femme n'a-t-elle pas eu son mot à dire ? Pourquoi ?

AXEL : La société ne l'a pas voulu.

BERTHA : L'homme n'a pas voulu !

AXEL : L'homme, c'est vrai !

BERTHA : Pas tous les hommes ! Il y a des exceptions !

(*Un silence.*) On est bien, n'est-ce pas, comme cela, au coin du feu !

AXEL : Il fait bon.

BERTHA : Mais je ne comprends pas, vous qui avez horreur de la guerre, pourquoi vous êtes-vous engagé ?

AXEL *se lève* : Je voulais mourir !

BERTHA : Vous vouliez mourir ? Pourquoi ?

AXEL : Pour l'amour d'une femme !

BERTHA : C'est tout ? Mourir pour cela ?

AXEL : Mourir de n'être pas aimé !

BERTHA : En aviez-vous la certitude ?

AXEL : Cela se voyait bien, hélas !

BERTHA : Quelquefois il faut aussi le demander.

AXEL : Ce sont des choses qui ne se demandent pas. « M'aimez-vous ? », cela ne se trouve que dans les feuilletons !

BERTHA : A supposer donc que vous aimiez quelqu'un, vous ne lui diriez rien, avant de vous décider à mourir ?

AXEL : Jamais !

BERTHA : Tout simplement par crainte d'un refus ?

AXEL : Je n'y survivrais pas !

BERTHA : Mais vous êtes fou ! Ce n'est tout de même pas à elle de franchir les étapes ! Allons bon, voilà la lumière qui baisse. C'est du joli.

Elle se lève pour remonter la mèche.

AXEL, *qui prend son courage à deux mains* : Vous jouez avec moi, Bertha !

BERTHA : Jouer ? moi ?

AXEL : Qui êtes-vous ? Sphinx, démon, ange ? Je n'arrive pas à te comprendre !

BERTHA : Je suis une femme !

AXEL : Je t'ai voulue, je t'ai fuie. Je te haïssais, je t'aime !

BERTHA : « Je t'aime » ! Mais nous voilà en plein feuilleton ! Non, je vous en prie, pas de romantisme avec moi, Axel ! Parlons sérieusement !

AXEL : Veux-tu être ma femme ? C'est avec mon cœur que je te parle. Au nom de ce que j'ai de plus sacré, veux-tu être ma femme ?

BERTHA : Je vais réfléchir.

AXEL : Il n'y a pas à réfléchir. Les sentiments ne se raisonnent pas.

Bertha : Se lier pour toute une vie, ce n'est pas qu'une affaire de sentiments ! Sacrifier mon art pour devenir l'esclave d'un homme, jamais !

Axel, *à genoux* : Mais tu n'abandonneras pas ton art, au contraire. Je t'aiderai, je te conseillerai, je te soutiendrai. C'est moi qui serai ton esclave, je te le demande à genoux.

Bertha : Tu es vraiment le seul garçon avec lequel j'oserais affronter le mariage. Lève-toi. Si tu promets de ne jamais voir en moi qu'une amie, si tu promets de ne jamais me considérer comme une femme.

Axel *veut prendre la main de Bertha* : Je te promets...

Bertha, *un mouvement en arrière* : Si tu promets d'être pour tout le monde l'exemple d'un homme qui se sacrifie entièrement pour une femme... Voici ma main !

Axel : Je te promets...

Bertha : Tu promets aujourd'hui, mais tiendras-tu parole plus tard ? Prouve-moi, dès maintenant, que tu accepteras toutes les humiliations. Prends ce bracelet de femme, et ne le quitte plus. Il sera le gage de notre union. Du sacrifice de ta personne, puisque l'amour n'est que sacrifice !

Axel *prend le bracelet, l'embrasse, le passe à son poignet* : Et c'est tout ce que tu exiges de moi ? Mais ce n'est pas un sacrifice, c'est un gage d'amour... c'en est une preuve !

Scène 12

Les précédents. Le docteur Œstermark. La lampe s'est éteinte à moitié.

Le docteur *tient un livre à la main, il ne s'est pas aperçu de la présence d'Axel* : Je t'apporte le Code civil. Il fait bien noir chez toi. Dispositions concernant le mariage, chapitre dix, ordonnance royale du 11 décembre 1874. Tu te tairas maintenant ! Tu te tairas !

Bertha : Laisse-nous donc tranquilles avec tes stupidités, tu ne vois donc pas que...

Le docteur, *lui montrant un passage du livre* : « Si la femme peut acquérir des biens par son propre travail, elle pourra en disposer librement. »

Bertha : Je ne t'écoute pas. Tu vois bien que...

Le docteur *la saisit par le bras* : Il le faudra bien pourtant !

Axel : Qu'est-ce que c'est cette histoire ? De quoi s'agit-il ?

Le docteur : Axel ? Vous étiez là ? Dans le noir ? Je ne vous avais pas vu ! Tiens, tiens, tiens ! Pas possible, Bertha ?

Bertha *feint la confusion* : Quoi ? qu'est-ce que tu vas encore imaginer ?

Le docteur : Qu'une jeune personne ne reste pas seule avec un homme, chez elle, la nuit tombée...

Axel : Que voulez-vous dire ?

Le docteur : Qu'un homme devrait veiller à ne pas nuire à la réputation d'une femme !

Bertha, *pudique* : C'est juste, nous avons peut-être été un peu loin, mais (*elle échange un regard avec Axel*)... le tort fait à la réputation d'une femme n'est pas difficile à réparer !

Axel : C'est vrai ? Tu consens, Bertha ?

Bertha, *au docteur* : Axel et moi sommes fiancés !

Le docteur : Tiens, tiens ! Qu'est-ce que j'apprends là ! Eh bien, tant mieux ! Lisez-nous donc cela, mon cher, la question vous intéresse ! A haute voix ! Je vous écoute !

Bertha *tire Axel par le bras* : Ne t'occupe pas de toutes ces chinoiseries de notaire !

Axel : Au fait, c'est vrai, cette histoire de Code ne nous intéresse pas.

Le docteur : Bonté divine ! Mais si, cela vous intéresse ! C'est de vous, précisément, qu'il est question là-dedans !

Bertha : Ne l'écoute pas. Epargne-nous tes paradoxes !

Le docteur : Tu as prétendu tout à l'heure que je mentais, tu m'écouteras !

Bertha *jette un coup d'œil dans le livre* : D'ailleurs, c'est une mauvaise édition !

Le docteur, *hors de lui* : Seigneur Dieu ! Je délire ! Une mauvaise édition ! Il n'y a plus qu'à tirer l'échelle. N'épousez pas cette femme, mon cher, elle vous réduira en poussière !

Axel : Tant mieux ! Je n'aurai donc pas à me réduire moi-même.

Le docteur : Il délire aussi ! Axel, prenez garde ! Elle finira par vous donner des coups !

AXEL : Je pense que cela me fera beaucoup de bien !

LE DOCTEUR : C'est épouvantable ! Il n'y a plus rien à faire, mes enfants ! Il ne me reste qu'à vous souhaiter beaucoup de bonheur ! Croissez, multipliez et emplissez toute la terre ! Allons, parlons sérieusement maintenant. Tu as raison, Bertha, il vaut beaucoup mieux te marier que de perdre ton temps avec cette peinture !

BERTHA : Jamais de la vie je n'abandonnerai la peinture ! Au contraire !

LE DOCTEUR : C'est ce que l'on verra.

BERTHA : Tu ne verras rien du tout ! Nous partons incessamment pour Paris, n'est-ce pas, Axel ?

AXEL, *pris au dépourvu* : Oui, oui, incessamment. Et nous nous marierons là-bas, selon la loi française, civilement...

LE DOCTEUR : Parfait, parfait ! Embrassez-vous donc, que je voie cela, c'est tellement charmant des êtres jeunes en plein bonheur ! (*Axel s'approche de Bertha qui se dérobe.*) Vous en faites des manières ! Je baisse la lampe, si cela vous intimide ! (*Il baisse la lampe. Axel et Bertha s'embrassent. Le docteur remonte la lampe.*) Que c'est merveilleux ! O jeunesse, amour, et folie !

BERTHA, *se dégageant* : Ah non, je t'en prie, tu exagères, ne parle pas de folie !

AXEL : Parlons d'amour ! Ne parlons que d'amour !

ACTE II

Un atelier de peintre à Paris, au rez-de-chaussée, avec des portes-fenêtres donnant sur un jardin. Au fond, une grande fenêtre, et une porte donnant sur l'antichambre. Aux murs, des études, des étoffes tendues, des armes, des costumes et des plâtres.

A droite, une porte donnant sur la chambre d'Axel.

A gauche, une porte donnant sur la chambre de Bertha.

Au milieu de la pièce, un peu vers la gauche, une estrade pour le modèle. A droite, un chevalet et tout ce qu'il faut pour peindre. Un vaste paravent.

Un canapé. Un grand poêle avec des portes de mica qui laissent entrevoir le feu.

Au plafond une suspension.

Même décor pour les actes suivants.

Scène 1

Axel, le docteur Œstermark.

AXEL, *assis, en train de peindre* : Ainsi, vous voilà devenu parisien, vous aussi ?

LE DOCTEUR : Mais oui ! Paris est le centre du monde, alors tout le monde s'y retrouve, évidemment. Et comment va le mariage ? Heureux ?

AXEL : Mon Dieu, oui... Si, si, vraiment, je suis heureux. Bien entendu...

LE DOCTEUR : Quoi, bien entendu ?

AXEL : Vous êtes veuf... Vous avez donc été marié. Qu'est-ce au juste que le mariage, selon vous ?

LE DOCTEUR : Mon cher, c'est une chose merveilleuse... pour les femmes !

AXEL : Mais dites donc, vous ne semblez pas faire grand crédit aux femmes, vous !

LE DOCTEUR : Ah ! pour cela, non ! aucun ! Mais, hélas, je les aime !

AXEL : A votre manière, si je comprends bien !

LE DOCTEUR : Mais oui, à ma manière ! Et vous ? Quelle est la vôtre ?

AXEL : On s'est arrangé, nous vivons en camarades. Je crois en l'amitié, plus noble et plus durable que l'amour !

LE DOCTEUR, *sceptique* : Hum ! Est-ce que Bertha continue à peindre elle aussi ? C'est bon ce qu'elle fait ?

AXEL : Cela peut aller.

LE DOCTEUR : Nous étions bons copains. Bien que nous nous disputions toujours un peu ! On ne peut pas lui en vouloir.

AXEL : A propos, Carl s'est marié, lui aussi ! Je pense que nous les verrons bientôt. Nous les avons invités pour le vernissage du salon. Je ne connais pas sa femme. Quel genre de femme est-ce ?

LE DOCTEUR : Eh bien, Carl croyait épouser une petite bécasse. Il paraît que ce n'est pas du tout cela ! Elle avait quelques sous à elle, elle a exigé de se marier sous le régime de la séparation de biens ! Et notre brave ami n'a pas fait l'affaire qu'il escomptait !

AXEL : Croyez-vous qu'il ait voulu vraiment faire une affaire ?

LE DOCTEUR : C'est juste, je n'en sais rien, après tout ! (*Il regarde par le vitrage.*) Voilà encore de la visite !

AXEL, *contrarié* : Ah ! Et Bertha qui n'est pas rentrée !

SCÈNE 2

Les précédents. Carl et sa femme.

AXEL : Bonjour, Carl. Quelle joie de vous voir tous les deux ! Bonjour, chère madame, ravi de vous connaître.

MADAME STARCK : Moi de même, cher monsieur.

AXEL : Je suis désolé, Bertha n'est pas là. Je l'attends d'une minute à l'autre ! Soyez gentils, asseyez-vous un instant !

Le docteur a salué les nouveaux venus.

CARL : C'est que, vois-tu, nous sommes un peu pressés ! Nous étions venus vous dire un petit bonjour en passant.

AXEL : Vous avez bien reçu mon carton pour samedi ?

MADAME STARCK : Oui, oui, il nous a suivis à Hambourg !

CARL : Mais qu'as-tu donc fait de ta charmante femme ?

AXEL : Vous savez qu'elle peint toujours. Elle est à l'Académie Jullian. Elle prend une leçon. Et d'ailleurs, j'attends ici d'un moment à l'autre un modèle qui vient poser pour elle — un nu. Aussi ne m'en veuillez pas si je ne cherche pas à vous retenir ! Vous comprenez ma franchise ?

CARL : Tu ne vas pas nous prendre pour des enfants de chœur ?

MADAME STARCK : Voyons... il ne s'agit tout de même pas... d'un homme... entièrement déshabillé ?

AXEL, *riant* : Exactement, chère madame !

CARL : Un homme ? Un homme tout nu ? Toute seule avec un homme nu ? Ah ! Nom de D... ! Jamais je ne permettrais pareille fantaisie à ma femme ! Un homme nu !

AXEL : Tu vois bien, tu es toujours plein de préjugés !

CARL : Voyons ! Entre nous...

MADAME STARCK : C'est inconcevable !

LE DOCTEUR : En l'occurrence, je ne puis que m'associer...

AXEL : Je n'irai pas jusqu'à vous dire que la chose soit tout à fait de mon goût, mais tant que moi-même j'aurai besoin d'un modèle « féminin », il faudra bien...

MADAME STARCK : C'est différent, ça c'est une autre affaire...

AXEL : Une autre affaire ?

MADAME STARCK : Une tout autre affaire ! Bien que les deux choses aient certains points communs, ce n'est pas du tout pareil !

On frappe à la porte.

AXEL : Le voici ! (*Au modèle* :) Un instant !

MADAME STARCK : Allons-nous-en ! Au revoir ! Bye-bye ! Dites bien des choses à votre femme de ma part ! Nous nous verrons samedi !

AXEL : Eh bien adieu, puisque vous voilà si vite effarouchés !

CARL *et* LE DOCTEUR : Au revoir, Axel ! A samedi !

CARL, *à Axel* : Mais dis donc, toi, au moins, tu restes à l'atelier pendant ce temps-là ?

AXEL : Pour quoi faire ? Non, je n'y reste pas !

CARL *s'en va en secouant la tête* : Ahurissant ! Incroyable ! On aura tout vu ! Pauvre Axel...

Ils sont sortis.

Scène 3

Axel *se remet à peindre* : Entrez ! (*Le modèle entre.*) Vous revoilà. Eh bien, madame n'est pas encore de retour !

Le modèle : C'est qu'il est bientôt midi et on a absolument besoin de moi ailleurs.

Axel : On a dû la retenir chez Jullian. Combien vous doit-on ?

Le modèle : Cinq francs, comme d'habitude.

Axel *le règle* : Voici ! Mais pouvez-vous patienter encore un instant ?

Le modèle : Oui, si cela peut vous être utile.

Axel : Alors, passez derrière ce paravent et asseyez-vous.

Le modèle passe derrière le paravent.

Scène 4

Axel seul dessine et siffle. Tout de suite après, Bertha.

Axel : Enfin, te voilà !

Bertha : Enfin ?

Axel : Le modèle t'attend.

Bertha, *mouvement d'étonnement et d'impatience* : Pas possible, il est venu ?

Axel : Tu l'avais convoqué aujourd'hui à onze heures.

Bertha : Moi ? Jamais de la vie ! Il t'a dit cela ?

Axel : Oui. Moi-même, hier, je t'ai entendue lui donner rendez-vous.

Bertha : Et puis, c'est possible. Il n'y a pas de mal après tout. On ne nous a pas laissés sortir du cours. Tu sais ce que c'est que l'énervement des dernières minutes ! Tu ne vas pas m'en vouloir, j'espère ?

Axel : Non, bien sûr, seulement c'est la seconde fois, et cela fait encore cinq francs de perdus.

Bertha : Est-ce ma faute, si le professeur nous a retenus ? Tu ne vas pas encore nous faire des histoires !

Axel : Quelles histoires ?

Bertha : Ça c'est un peu fort ! Ne viens-tu pas de me dire à l'instant...

Axel : Oui, oui. C'est cela, c'est cela ! C'est moi qui

fais des histoires, pardonne-moi. Je m'excuse d'avoir cru que c'était ta faute.

BERTHA : L'incident est clos, n'en parlons plus ! Tu as réglé le modèle ?

AXEL : Oui.

BERTHA : Avec quel argent ?

AXEL : J'ai pu récupérer les vingt francs que Coco m'avait empruntés.

BERTHA *sort le livre de comptes* : Tu les as récupérés ? Très bien ! Pour le bon ordre, je vais les porter en recettes. C'est ton argent à toi, tu en fais ce que tu veux, bien entendu, mais puisque tu as voulu que je tienne le livre de comptes, alors je le tiens. (*Elle inscrit* :) « Rentrée, quinze francs. Sortie, cinq francs, modèle ». Voilà qui est fait !

AXEL : Non. Tu te trompes, il faut inscrire : « Rentrée, vingt francs ».

BERTHA : Comment je me trompe ? Il n'y a là que quinze francs.

AXEL : D'accord, mais tout à l'heure, il y avait vingt francs !

BERTHA : Tout à l'heure, c'est possible ! Seulement, moi, je ne vois que quinze francs sur la table ! Tu ne peux pas dire le contraire, tout de même !

AXEL : Non, je ne dis pas le contraire. Il n'y a, en effet, que quinze francs sur la table. C'est indiscutable, mais...

BERTHA : Oh ! Mais pourquoi toujours tout compliquer ?

AXEL : Mais je ne complique rien, c'est toi qui... Le modèle attend !

BERTHA : Alors, sois gentil, mets tout en place !

AXEL *dispose l'estrade, et crie en direction du paravent* : Etes-vous déshabillé ?

LE MODÈLE, *derrière le paravent* : Voilà monsieur, j'arrive !

BERTHA *ferme la porte, met du bois dans le poêle* : Bon, eh bien, maintenant tu peux sortir.

AXEL : Sincèrement, crois-tu que ces séances avec un homme nu soient vraiment indispensables ?

BERTHA : Absolument indispensables ! Pourquoi ?

AXEL : Bon. Alors...

BERTHA : Ne perdons pas de temps avec ça, veux-tu ? Nous avons vidé dix fois la question !

AXEL : Oui. N'empêche que c'est très déplaisant !

Il sort par la droite.

BERTHA *prend la palette et les pinceaux, et crie en direction du paravent* : Vous êtes prêt ?

LE MODÈLE : Tout de suite, madame.

BERTHA : Je vous attends ! Quand vous voudrez. (*On frappe à la porte.*) Qui est là ? Un instant, j'ai un modèle !

WILLMER : C'est moi, Coco ! J'ai des nouvelles du Salon !

BERTHA : Des nouvelles du Salon ? Axel ! Coco arrive avec des nouvelles du Salon ! Entre, Coco ! (*Au modèle* :) Vous pouvez vous rhabiller ! La séance est remise !

Axel entre. Au cours de la scène qui va suivre, le modèle sortira sans se faire remarquer.

SCÈNE 5

WILLMER : Bonjour mes bons amis ! Le jury se réunira demain pour la première fois ! Tiens, Bertha, voici les pastels en question !

Il sort un paquet de sa poche.

BERTHA : Merci Coco. Cela t'a coûté cher ?

WILLMER : Pas trop, non.

BERTHA : Alors c'est demain qu'ils se réunissent. Déjà ! Tu entends, Axel ?

AXEL : Oui, Bertha, j'entends.

BERTHA : Veux-tu être gentil ? Vraiment très gentil ?

AXEL : Tu sais que je fais tout ce que je peux pour te faire plaisir.

BERTHA : Alors, réponds-moi. Roubey, tu le connais bien ?

AXEL : Je l'ai rencontré à Vienne, nous sommes en assez bons termes, comme on dit.

BERTHA : Tu sais qu'il fait partie du jury ?

AXEL : Et alors ?

BERTHA : Oh ! je te connais, tu vas te fâcher !

AXEL : Si tu me connais, tâche de ne pas me fâcher !

BERTHA *cherche à le flatter* : Dis ? ne pourrais-tu pas faire une toute petite démarche pour ta femme ?

AXEL : Intriguer, moi ? Aller mendier ? Jamais de la vie !

BERTHA : Pas pour toi, de toutes façons, toi, tu seras accepté. C'est pour ta femme...

AXEL : Non. Ne me demande pas cela !

BERTHA : Je le sais bien, je ne devrais jamais rien te demander !

AXEL : Si, mais des choses qui ne m'obligent pas à sacrifier...

BERTHA : Ton honneur et ta dignité !

AXEL : N'emploie pas de mots dont tu ignores le sens.

BERTHA : Pour te rendre service, je n'hésiterais pas, moi, à sacrifier ma dignité de femme.

AXEL : Quelle dignité ? Vous n'en avez aucune, vous autres !

BERTHA : Axel !

AXEL : Pardon ! Pardon !

BERTHA : Tu es jaloux ! Tu serais furieux, hein, si j'étais admise au Salon ?

AXEL : Ce serait une très grande joie pour moi, au contraire.

BERTHA : Et si je l'étais ? Et toi refusé ? Aurais-tu encore de la joie ?

AXEL : Cela, c'est à voir ! (*Il pose sa main sur son côté gauche.*) Ce serait vexant évidemment ! D'abord parce que je peins mieux que toi, ensuite parce que... tout de même, tu...

BERTHA *fait quelques pas dans la pièce* : Dis-le, que je suis une femme !

AXEL : Pour cette raison aussi c'est vrai ! Vois-tu, c'est étrange, mais pour moi les femmes sont comme des usurpatrices qui viendraient maintenant marauder sur nos terres, là où nous avons combattu alors qu'elles restaient encore au foyer ! Mes pensées m'entraînent, pardonne-moi, Bertha.

BERTHA : Tu vois, tu es bien pareil à tous les autres.

AXEL : Mais je l'espère bien !

BERTHA : Tu te crois bien supérieur maintenant ! Tu n'étais pas comme cela autrefois !

AXEL : Depuis que je suis marié, sans doute ! C'est au contact de la femme que l'homme se réalise !

BERTHA : Quoi ? Qu'est-ce que tu racontes ? Tu n'as pas honte !

WILLMER : Allons, voyons mes bons amis ! Je vous en prie, laissez donc !

Il fait à Bertha un signe qu'elle cherche à interpréter.

BERTHA, *brusque revirement* : Axel, faisons la paix ! Entre nous, crois-tu que ma situation à ton foyer — car je suis chez toi — me soit commode ? Tu supportes que je vive sous ton toit. Tu m'offres des leçons alors que toi-même tu t'en prives. Crois-tu que j'accepte facilement que tu ruines ton talent à des tâches publicitaires au lieu de te consacrer tout entier à ton œuvre ? Tu ne peux pas avoir de modèles, et tu m'en paies à cinq francs l'heure. Tu ignores à quel point tu es bon et généreux, mais tu n'imagines pas non plus combien je souffre de te sentir user tes forces et te sacrifier pour moi. Tu ne peux pas savoir ce que j'éprouve. Après tout, que suis-je pour toi ? Au nom de quoi me suis-je installée dans ta maison ? J'ai honte en pensant à tout cela !

AXEL : Comment ? Comment ? Mais n'es-tu pas ma femme ?

BERTHA : Bien sûr que si, mais...

AXEL : Eh bien, alors ?

BERTHA : Mais tu m'entretiens !

AXEL : C'est tout à fait normal.

BERTHA : Oui, dans le temps, avec l'ancien système, cela paraissait normal. Mais nous n'avions pas voulu accepter cela ! Nous étions bien résolus à n'être que des camarades.

AXEL : Mais où vas-tu chercher tout cela ? N'est-ce pas au mari d'entretenir sa femme ?

BERTHA : Moi, je ne veux pas ! Il va donc falloir que tu m'aides ! Dans les conditions où nous vivons je ne suis pas ton égale, mais je pourrais le devenir, il suffirait peut-être, pour cela, que tu subisses une petite humiliation ! Mon Dieu ! Une seule fois ! Tu ne serais pas le seul après tout, à aller glisser un mot de recommandation en faveur d'un confrère. Si c'était pour toi, je comprendrais, mais puisque c'est pour moi. Pour moi ! Je t'en supplie de tout mon cœur ! Sors-moi de cette situation pénible ! Elève-moi jusqu'à toi. Place-moi à tes côtés. Et tu verras comme je saurai te prouver ma gratitude ! Et plus jamais je ne t'ennuierai avec tout cela ! Plus jamais, Axel !

AXEL : Ne me supplie pas, je t'en prie, tu sais que je suis faible !

BERTHA *le prend dans ses bras* : Si, je te supplie ! Je ne cesserai pas de te supplier, au contraire, jusqu'à ce que tu aies exaucé ma prière ! Allons, ne fais pas l'orgueilleux, montre-toi charitable ! Là, voilà !

Baiser.

AXEL *à Willmer* : Tu ne trouves pas que les femmes sont parfois d'épouvantables tyrans ?

WILLMER, *gêné* : Oh oui ! Surtout quand elles ont l'air de se montrer dociles !

BERTHA : Regarde, le beau temps est revenu ! Plus rien ne t'empêche de sortir maintenant ! Mets ta redingote noire, rentre pour déjeuner, et nous irons ensemble au restaurant !

AXEL : Et comment sais-tu que Roubey reçoit en ce moment ?

BERTHA : J'ai pris mes renseignements, tu penses bien !

AXEL : Comme tu es intrigante, Bertha !

BERTHA *sort une redingote de l'armoire* : Il faut bien se résigner à le devenir, si l'on veut aboutir à un résultat ! Tiens, voilà ta redingote !

AXEL : C'est tout de même terrible ! Et que faut-il que je lui dise, à cet homme ?

BERTHA : Tu trouveras bien quelque chose en route... Dis-lui que ta femme va... enfin un événement heureux...

AXEL : Bertha, tu me dégoûtes...

BERTHA : Eh bien... que tu peux éventuellement lui obtenir une décoration !

AXEL : Cette fois, tu m'effraies !

BERTHA : Alors, dis-lui ce que tu voudras ! Viens, que je te coiffe un peu, que tu aies l'air comme il faut. Connais-tu sa femme ?

AXEL : Pas du tout !

BERTHA *le brosse et lui fait un toupet* : Arrange-toi pour lui être présenté, elle a beaucoup d'influence, mais elle déteste les hommes efféminés !

AXEL : Mais comment me coiffes-tu ?

BERTHA : Il faut que tu sois à la mode !

AXEL : Ah non ! Pas cela !

BERTHA : Voilà ! C'est bien ! Te voilà chic ! Allons, laisse-toi faire, obéis !

Elle va chercher un étui dans le chiffonnier, elle en tire une décoration de l'ordre russe de Sainte-Anne, qu'elle veut lui mettre à la boutonnière.

AXEL : Ah, non, Bertha, cette fois je t'arrête. Je ne l'ai jamais portée !

BERTHA : Tu t'es quand même bien laissé décorer !

AXEL : Je ne pouvais pas la refuser, mais je ne l'ai jamais portée !

BERTHA : Existerait-il une ligue politique à ce point libérale qu'elle t'interdirait de recevoir des décorations ?

AXEL : J'appartiens à un groupe d'amis qui ont pris l'engagement de ne pas afficher leur mérite à la boutonnière !

BERTHA : Mais qui ne crachent pas sur les médailles du Salon !

AXEL : Celles-là ne se portent pas de la même façon !

BERTHA : Que dis-tu de cela, Coco ?

WILLMER : Tant qu'il y aura des décorations, il y aura des gens pour les porter. Ton exemple ne sera guère suivi. Supprime tes décorations si ça te chante. Mais moi, je ne vois pas comment je supprimerais celles des autres !

AXEL : Bien sûr ! Mais si je rencontrais des camarades ayant plus de mérites que moi, et qui n'en possèderaient pas, j'aurais l'impression de les humilier en arborant la mienne !

BERTHA : Mais si tu la caches sous ton pardessus, tu n'humilieras personne !

WILLMER : Bertha a raison, si tu ne veux pas qu'on la voie, couvre-la avec ton pardessus !

AXEL : Jésuites ! Qu'on vous tende un doigt, vous avez vite fait de happer le bras tout entier !

SCÈNE 6

Les précédents. Abel en pelisse et toque de fourrure.

BERTHA : Abel ! Parfait ! Viens nous mettre d'accord !

ABEL : Bonjour tous... De quoi s'agit-il ?

BERTHA : Pour ne pas froisser ses camarades, Axel refuse de porter ses décorations !

ABEL : Les camarades passent avant la femme, c'est connu. C'est la façon d'agir des hommes !

Elle s'assied, sort un paquet de tabac et roule une cigarette.

BERTHA *attache le ruban à la redingote et range la croix dans l'étui* : Il pourrait me rendre service sans nuire à personne, s'il le voulait. Eh bien non ! C'est plutôt à moi, qu'il préfère nuire !

AXEL : Bertha ! Bertha ! Vous finirez par me rendre fou. Je ne considère pas comme un crime de porter ce ruban, je n'ai pas non plus fait le serment de ne pas le porter, mais à notre avis, c'est une lâcheté de ne pas oser nous montrer sans décorations !

BERTHA : En effet, ce ne serait pas bien ! Mais aujourd'hui, ce n'est pas de toi qu'il s'agit, mais de moi !

ABEL : Il est nécessaire que tu en imposes ! C'est la femme qui t'a sacrifié sa vie qui te le demande !

AXEL : On dirait que vous tendez un filet autour de moi. Je le sens. Il m'enveloppe peu à peu ; mes pieds s'y empêtrent davantage à chaque geste que je fais pour m'en débarrasser. Patience, je couperai bientôt tous vos fils, au couteau ! — Au fait, de quoi parlions-nous ? C'est vrai, j'ai une visite à faire ! Bon ! Passez-moi mon pardessus et mes gants ! Au revoir, Bertha !

BERTHA : Trouves-tu vraiment que ce soit un si gros sacrifice ?

AXEL : Vos boniments m'ont fatigué. Cela me fera surtout du bien de prendre l'air ! Au revoir !

WILLMER, ABEL, BERTHA, *ensemble* : Au revoir, Axel !

SCÈNE 7

ABEL : Pauvre Axel ! Quelle catastrophe ! Vous ne le saviez pas ? Il a été refusé.

BERTHA : Et moi ?

ABEL : Ton nom a été orthographié à la française, avec un O, tu passeras avec les noms commençant par O. Ce n'est pas encore réglé.

BERTHA : Alors, tout espoir n'est pas perdu ?

AXEL : Pour toi non, mais pour Axel, oui.

WILLMER : Il n'y a plus qu'à attendre.

BERTHA : Comment sais-tu cela ?

ABEL : J'ai rencontré un de ces messieurs. En arrivant ici, je croyais tomber en plein drame. En somme, on ne t'a pas encore avertie.

BERTHA : Abel, es-tu sûre que madame Roubey sera seule ?

ABEL : Elle préside le comité de patronage des femmes peintres. De toutes façons, Roubey, lui, ne nous serait d'aucune utilité, il n'a aucune influence.

BERTHA : Alors j'ai peut-être une chance...

ABEL : Sûrement ! La démarche d'Axel arrangera tout. Il porte une décoration russe et les Russes sont très bien vus à Paris ! Mais ce pauvre Axel, tout de même !

BERTHA : Pauvre Axel. Tu exagères ! Tout le monde ne peut pas être admis au Salon ! Et puis, tant de femmes sont refusées, il faut bien que de temps en temps un homme morde aussi la poussière ! Mais si jamais je suis acceptée, eh bien, il n'a pas fini de vous raconter que c'est lui qui a fait mon tableau, lui qui m'a appris à peindre, lui qui a payé mes leçons, etc., etc. Mais cela me sera bien égal, car ce n'est pas vrai !

WILLMER : Nous allons assister à un spectacle pas ordinaire !

BERTHA : Pas du tout ! Si je suis admise, au contraire, le spectacle sera très ordinaire ! J'appréhende ce moment-là, j'ai l'impression que les choses ne vont plus aller très bien entre lui et moi !

ABEL : Vous seriez à égalité, tout devrait s'arranger.

WILLMER : Votre situation deviendra beaucoup plus nette. Dès que tu pourras vendre et te suffire à toi-même, tout ira mieux pour toi.

BERTHA : C'est vrai, les choses devraient s'arranger ! On verra ! On verra !

SCÈNE 8

Ida entre avec une lettre verte.

BERTHA : Pour Axel ! Une lettre verte. C'est bien ça ! C'est bien ça ! Il est refusé ! C'est incroyable ! De toutes façons, cela m'aidera à me consoler si les choses tournent mal pour moi !

ABEL : Et si elles tournent bien ? (*Bertha garde le silence.*) Tu ne réponds pas ?

BERTHA : Que veux-tu que je réponde...

ABEL : L'équilibre sera enfin compromis, toi étant supérieure à ton mari !

BERTHA : Supérieure à mon mari ! Une femme supérieure à son mari ! Ah !

WILLMER : Ce n'est pas trop tôt. Cela va servir d'exemple.

BERTHA : Un verre de cognac pour nous remettre ?

ABEL : Pourquoi pas ?

BERTHA *prend une bouteille de cognac et des verres* : Tu as été déjeuner au restaurant ? C'était amusant ?

BERTHA : Pas mal !

WILLMER : Et ton article sur mon livre, Abel, quand sortira-t-il ?

ABEL : Je travaille dessus.

WILLMER : Ce sera bon, j'espère ?

ABEL : Très bon !

BERTHA : A la vôtre.

Ils boivent.

ABEL : Quand vas-tu lui remettre cette lettre ?

BERTHA : C'est ce que j'étais en train de me demander. S'il n'a pas rencontré madame Roubey j'ai bien peur qu'après ce choc, il ne veuille plus s'en charger.

ABEL *bondit* : Je crois Axel assez grand cœur pour ne pas se venger sur toi.

BERTHA : Grand cœur ? Je pense bien ! Pourquoi croyez-vous qu'il ait fait cette démarche ? Parce que c'était pour moi. Moi qui suis sa femme ! Il n'y serait jamais allé pour une autre !

ABEL : Aurais-tu voulu qu'il y aille pour une autre ?

BERTHA : Je vous en prie, allez-vous-en avant qu'il ne rentre !

ABEL : Tu as raison ! Au revoir, ma Bertha !

BERTHA : Il est temps que vous partiez ! Allez, au revoir !

Scène 9

Les précédents. Ida.

Ida : Madame Hall !
Bertha : Tiens ! Qui cela peut-il être ?
Abel, Willmer : Nous te laissons. Au revoir, Bertha !
Ils sortent.

Scène 10

Madame Hall, *en grande toilette, mais ses vêtements sont peu soignés, elle a l'air d'une aventurière* : Je ne crois pas que vous me connaissiez. J'ai bien l'honneur de parler à madame Ahlberg, née Aalund ?

Bertha : C'est bien moi, je vous en prie, asseyez-vous !

Madame Hall : Je suis madame Hall. Ah, mon Dieu ! Avec tous ces escaliers de Montmartre, je tombe de fatigue. C'est affreux ! Je crois que je vais me trouver mal !

Bertha : Puis-je vous être utile en quelque chose ?

Madame Hall : Voyons, madame, vous connaissez bien un certain docteur Œstermark, n'est-ce pas ?

Bertha : Je pense bien, c'est un de mes vieux amis !

Madame Hall : Un de vos vieux amis ! Oui, oui, eh bien, ma petite madame Ahlberg, j'ai été mariée avec lui. Il y a longtemps. Et nous avons divorcé. Je suis une femme divorcée.

Bertha : Divorcée ? Il ne m'a jamais parlé de cela !

Madame Hall : Vous savez, on ne se vante pas de ces choses-là !

Bertha : Il m'a toujours dit qu'il était veuf !

Madame Hall : Vous étiez sans doute une toute jeune fille, et de plus il ne tenait pas à ce qu'on le sache.

Bertha : J'ai toujours considéré le docteur Œstermark comme un homme d'honneur !

Madame Hall : Mais qui vous dit le contraire ? C'est un homme tout à fait correct, il faut bien le reconnaître !

Bertha : Alors pourquoi me parler de tout cela ?

Madame Hall : Un peu de patience, petite madame Ahlberg, un peu de patience, vous allez voir. Vous faites bien partie de la ligue féministe, n'est-ce pas ?

Bertha : J'en fais partie, bien entendu.

Madame Hall : Alors, vous allez voir !

Bertha : Vous avez eu des enfants ?

Madame Hall : Deux enfants, deux filles, madame Aalund !

Bertha : Ceci est une tout autre histoire ! Et il vous a abandonnée sans ressources ?

Madame Hall : Attendez un peu, attendez : il m'a fait l'aumône d'une pension si maigre qu'elle ne suffisait même pas à régler le loyer ! Mais maintenant que les filles sont grandes et qu'il va falloir les caser, il m'écrit qu'il est ruiné et qu'il ne peut plus me verser que la moitié de la pension ! Vous ne trouvez pas cela merveilleux ? Maintenant qu'elles sont grandes et qu'il faudrait les caser ?

Bertha : Il faut absolument que nous voyions cela. Il vient chez nous dans quelques jours. Vous avez la loi pour vous, chère madame, et le tribunal peut le forcer à payer. Il faut le forcer à payer, vous entendez ! Il le faut ! Ah ! C'est comme ça ! On met des enfants au monde et on les abandonne brutalement à leur pauvre mère ! Il va un peu voir ! Voulez-vous me donner votre adresse ?

Madame Hall *donne sa carte de visite* : Que vous êtes bonne, madame Ahlberg ! Vous ne m'en voudrez pas si je vous demande un petit service ?

Bertha : Reposez-vous sur moi. Je vais écrire immédiatement à notre secrétaire...

Madame Hall : Vous êtes la bonté même, mais, hélas, avant que le secrétaire ait pu vous répondre, mes pauvres enfants et moi, nous serons déjà à la rue. Ma bonne madame Aalund, ne pourriez-vous pas me prêter, oh ! trois fois rien, une bagatelle, tenez, vingt francs ! Un louis !

Bertha : Mais je n'ai pas d'argent, chère madame ! C'est mon mari qui m'entretient. On ne manque pas de me le faire sentir, et c'est bien pénible de vivre ainsi à la charge d'autrui, quand on est jeune. Mais il n'est pas impossible que bientôt je connaisse moi aussi des jours meilleurs !...

Madame Hall : Oh ! chère madame, bonne petite madame Ahlberg, ne me refusez pas, sinon je suis perdue ! Au nom du Ciel, aidez-moi !

Bertha : Votre situation est-elle si critique ?

Madame Hall : Vous n'imaginez pas.

BERTHA : Alors, un instant, je vais vous prêter ces vingt francs. (*Elle va au chiffonnier. Elle compte.*) Vingt, quarante, soixante, quatre-vingts ! Il manque vingt francs ! Qu'ai-je bien pu en faire ? C'est vrai ! Le déjeuner au restaurant. (*Elle prend le livre de comptes.*) Déjeuner ? Non. Couleurs ! (*Elle inscrit.*) Couleurs : vingt francs. Divers : vingt francs. Voici !

MADAME HALL : Merci, ma bonne madame Aalund ! Merci, chère madame.

BERTHA : Excusez-moi ! Je suis très occupée en ce moment. Je n'ai pas une minute à perdre ! Au revoir, chère madame. Comptez sur moi !

MADAME HALL, *un peu inquiète* : Attendez. Ecoutez-moi encore un instant !

BERTHA : Pas aujourd'hui. Il faut absolument que vous partiez !

MADAME HALL : Une minute. C'est que j'avais encore quelque chose à vous dire. Voyons ?... Oh ! et puis ça ne fait rien...

BERTHA : A une autre fois...

SCÈNE 11

Bertha seule. Tout de suite après, entre Axel. Dès qu'elle entend venir Axel, Bertha dissimule la lettre verte dans sa poche.

BERTHA : Alors ? C'est fait ? Tu les as vus ? Elle ou lui ?

AXEL : Elle. Il n'était pas là. Mais c'était mieux. Félicitations, Bertha ! Ton tableau est accepté !

BERTHA : Non ? Qu'est-ce que tu dis ? Et toi ?

AXEL : Pour moi, rien n'est encore décidé, mais cela va certainement marcher.

BERTHA : Tu en es bien sûr ?

AXEL : Naturellement, il se peut que...

BERTHA : Admise au Salon ! Je suis admise au Salon ! Quelle joie ! Quelle joie ! Eh bien, félicite-moi, au moins !

AXEL : C'est fait, je t'ai dit : « Félicitations, Bertha » ! D'ailleurs, ne vendons pas la peau de l'ours avant de l'avoir tué. Etre admise au Salon ne signifie pas grand-chose. C'est un coup de chance ! Cela repose peut-être sur l'orthographe de ton nom. Tu n'as pas orthographié ton nom avec un A, comme en suédois, A, A, L, U, N, D mais avec un O, OLUND, O, L, U, N, D, à la française, et on a tiré un M pour l'éliminatoire, cela a peut-être arrangé les choses !

BERTHA : En somme, tu veux dire que si je suis admise au Salon, c'est parce que mon nom commence par un O ?

AXEL, *énigmatique* : Ce n'est pas a priori la seule raison !

BERTHA : Et toi, si tu es refusé, ce sera probablement parce que ton nom commence par un A ?

AXEL, *même jeu* : Ce ne serait pas non plus, a priori, la seule raison, mais cela joue un rôle tout de même.

BERTHA : Mais dis donc, tu ne sembles pas avoir aussi grand cœur qu'on veut bien le dire ! Tu es jaloux, ma parole !

AXEL : Pourquoi serais-je jaloux, puisque je ne sais encore rien !

BERTHA : Tu veux savoir ?

AXEL : Hein ?

BERTHA *sort la lettre de sa poche* : Tiens !

AXEL, *jouant la comédie, il se tient le côté gauche et s'assied sur une chaise, puis il se maîtrise :* Voilà un coup auquel je ne m'attendais pas ! Un coup très dur !

BERTHA : Eh bien ? A moi maintenant de t'aider !

AXEL : Je perçois les approches de la haine, Bertha ! Cet échec semble te faire plaisir !

BERTHA : Je viens de remporter un succès, j'éprouve du plaisir, bien sûr ! Mais si l'homme auquel notre sort est lié ne partage pas vos joies, il est bien difficile de se pencher sur ses malheurs à lui !

AXEL : Je ne sais ce qui se passe, j'ai l'impression que nous voilà ennemis. La lutte pour l'autorité a commencé, nous ne serons plus jamais amis.

BERTHA : Sois beau joueur, incline-toi quand le meilleur a gagné !

AXEL : Justement, ce n'était pas toi la meilleure !

BERTHA : Le jury en a décidé ainsi pourtant !

AXEL : Le jury ! Toi, tu le sais très bien que tu peins plus mal que moi !

BERTHA : Qui peut en être certain ?

AXEL, *énigmatique* : Maintenant, c'est devenu une certitude ! (*Se reprenant* :) D'ailleurs, tu as travaillé dans de bien meilleures conditions que moi. Pas de besognes alimentaires, des leçons, des modèles...

BERTHA : C'est ça ! Parfait ! Reproche-toi de m'avoir fait vivre !

AXEL : Je te demande de garder tout cela entre nous. Si tu n'en parles pas, rien ne doit sortir d'ici.

BERTHA : Mais tout le monde le sait déjà ! Si c'était un homme, un camarade à toi qui avait été reçu, tu ne te serais pas fâché, même s'il le méritait moins que toi ! Alors explique-moi un peu pourquoi !

AXEL : Laisse-moi y voir clair. Nous les hommes, nous n'avons jamais examiné systématiquement votre cas, jamais nous n'y avons regardé de très près, c'est pour cela que jamais je n'ai réfléchi sur notre situation à nous deux. Maintenant que le bât nous blesse, je vois bien que nous ne sommes pas réellement des camarades. Rien dans notre comportement ne fait songer à la camaraderie. Un camarade serait un concurrent plus ou moins loyal. Nous, nous sommes ennemis. Vous étiez couchées derrière les buissons, tandis que nous étions à livrer les batailles. Maintenant que nous avons mis la table, vous vous installez comme si vous étiez chez vous.

BERTHA : Quelle honte ! N'étions-nous pas à côté de vous dans vos combats ?

AXEL : Ce n'est pas que l'occasion vous ait manqué, mais jamais vous n'avez su, ni voulu en profiter. En peinture, par exemple, où vous venez de faire irruption, la technique avait atteint son apogée avant même que vous n'ayez songé à peindre ! Aussi, pour dix francs l'heure, vous achetez dans une académie le travail amassé par nous pendant des siècles ! Et encore, cet argent, c'est à notre travail que vous le devez !

BERTHA : Tu n'es pas très chevaleresque en tout cas !

AXEL : Quand, pour toi, étais-je chevaleresque ? Quand tu me pliais à tous tes caprices. Maintenant que tu conquiers la supériorité, c'est un luxe que je ne pourrai plus m'offrir ! Notre situation matérielle va se trouver elle aussi modifiée par cet échec !

BERTHA : Quelle importance ? Quand je vendrai, je me suffirai bien à moi-même.

AXEL : D'ailleurs... Quelle sorte d'association n'avons-nous pas contractée ?... Le mariage devrait ne reposer que sur des intérêts communs. Le nôtre ne repose que sur des intérêts différents.

BERTHA : Poursuis seul tes lugubres méditations. Il est temps d'aller déjeuner. Tu viens ?

AXEL : Non, je reste seul avec ma peine.

BERTHA : Eh bien, moi j'ai besoin d'amis pour partager ma joie... Au fait, après déjeuner, nous devions recevoir des amis chez toi. Est-ce que ça tient toujours, malgré ta tristesse ?

AXEL : Ce n'est pas le jour, en effet, mais tant pis. Qu'ils viennent.

BERTHA *s'habille pour sortir* : Tu seras là, j'espère, sinon ils considéreront ton absence comme une lâcheté.

AXEL : Je vous tiendrai compagnie, ne t'inquiète pas ! Donne-moi un peu d'argent avant de t'en aller.

BERTHA : La caisse est vide.

AXEL : Vide ?

BERTHA : Mais oui, l'argent aussi finit par s'épuiser !

AXEL : Peux-tu m'avancer dix francs ?

BERTHA *sort son porte-monnaie* : Dix francs, oui ! Si je les ai... tiens, les voici !... Vraiment tu ne m'accompagnes pas ? Tu sais, cela paraîtra bizarre !

AXEL : Jouer le lion enchaîné au char du grand vainqueur, très peu pour moi ! Laisse-moi respirer et me composer une tête pour cet après-midi.

BERTHA : Alors au revoir !

AXEL : Au revoir ! Encore un mot !

BERTHA : Quoi donc ?

AXEL : Ne bois pas ! Si tu rentrais ivre aujourd'hui, ce serait plus cruel que jamais !

BERTHA : Que peut bien te faire, après tout, l'état dans lequel je rentre à la maison ?

AXEL : Nous sommes tout de même solidaires, comme je le suis de tous les membres de ma famille ; nous portons tous le même nom ! De toutes façons, une femme ivre, c'est horrible.

BERTHA : Pourquoi une femme ivre serait-elle plus horrible qu'un homme ivre ?

AXEL : En effet, pourquoi ? Une femme ne supporte sans doute pas d'être vue autrement que dans tout son éclat, tout son charme, toute sa splendeur !

BERTHA : Des balivernes ! Au revoir ! Alors, décidément tu ne viens pas !

Elle s'en va.

AXEL *se lève pour quitter sa redingote et mettre un veston* : Non !

ACTE III

Même décor qu'à l'acte précédent. Une grande table entourée de chaises ; sur la table, ce qu'il faut pour écrire, du papier, le maillet qui sert au président.

Scène 1

Axel assis est en train de peindre. Abel assise près de lui, sur une chaise. Elle fume un cigare.

AXEL : Ils ne vont pas tarder. Ils ont bu beaucoup ?

ABEL : Oh, cela oui ! Bertha n'a plus aucune retenue... : un paon ! Elle a été insupportable !

AXEL : Entre nous, Abel, sais-tu seulement si nous sommes des amis ?

ABEL : Non, je n'en sais rien.

AXEL : Je pourrais avoir confiance en toi, au moins ?

ABEL : Ah ! pour ça, non.

AXEL : Et pourquoi, par exemple !

ABEL : Ce sont des choses qu'on doit sentir.

AXEL : Toi qui raisonnes en homme et avec qui on peut discuter, comment se sent-on dans la peau d'une femme ? Est-ce vraiment si épouvantable ?

ABEL, *sur le ton de la plaisanterie* : Tu n'imagines pas ! Si tu veux, on a un peu l'impression d'être un nègre.

AXEL : C'est incroyable ! Encore une chose, Abel. Tu connais ma passion pour le droit et la justice. Eh bien, dans notre situation actuelle, je ne parviens plus à distinguer le juste de l'injuste.

ABEL : La justice n'a rien à voir dans tout cela. Ce n'est qu'une question de force. Tu es rêveur... Voilà pourquoi les choses ne s'arrangent jamais bien pour toi !

AXEL : Mais si, pour toi, elles s'arrangent toujours... C'est parce que tu ne fais pas de sentiment ?

ABEL : Oui.

AXEL : Tu n'as jamais éprouvé le désir de te donner à un homme ?

ABEL : Ce que tu peux être bête !

AXEL : Tu n'en as jamais connu un ?

ABEL : Les hommes sont rares !

AXEL : Les hommes sont rares ?

ABEL : Les hommes réellement « hommes » deviennent rares. Sais-tu pourquoi ? Au cours de la génération précédente, les femmes ont réalisé qu'elles étaient plus faibles que vous, alors, consciemment ou non, elles ont jeté leur dévolu sur les hommes les plus frêles. Le temps des muscles est passé ! Regarde donc un peu les hommes que les femmes les plus belles et les plus riches épousent maintenant ! L'heure de Coco a sonné ! Quel bel avenir cela nous réserve !

AXEL : Où as-tu été chercher cela ?

ABEL : Dans « vos » livres !

AXEL : Que vous êtes bien incapables d'écrire vous-mêmes.

ABEL : Nous sommes capables de les lire !

AXEL : Tu trouves donc que je ne suis pas un homme ?

ABEL, *désignant du doigt son bracelet* : Toi ? Qu'as-tu, là, au bras ?

AXEL : Un symbole d'émancipation et de réconciliation, en souvenir des chaînes que la femme esclave portait au bras.

ABEL : Et tu crois que c'était une chaîne qu'elle portait ? Sais-tu réellement ce que c'était ?

AXEL : Dis-le.

ABEL : Tu me fais pitié !

AXEL : Allons, dis-le !

ABEL : Le bracelet est la plus ancienne de toutes les monnaies ! Ce n'était que le salaire de l'amour que l'on payait à la femme.

AXEL : C'est encore dans les livres que tu as trouvé cela ?

ABEL : Dans les livres interdits, oui ! Toi un homme ? Toi qui t'habilles comme une femme ?

AXEL : Je m'habille comme une femme ?

ABEL : Regarde-toi. Tu es décolleté. Tu te coiffes à la chien ! C'est elle qui se coiffe comme un homme. Qui met tes cols, ta cravate ! Un de ces jours, c'est ton pantalon qu'elle te prendra, méfie-toi.

AXEL : Ça suffit !

ABEL : Quel rôle joues-tu chez toi ? Tu en es réduit à mendier ton propre argent. Elle est devenue ton tuteur !

Non, tu n'es pas un homme ! C'est bien pour cela qu'elle s'est servie de toi au moment où ses affaires allaient mal.

AXEL : Tu la hais, qu'est-ce qu'elle t'a fait ?

ABEL : Je ne sais pas. Mais j'ai été élevée avec des hommes, j'ai lu beaucoup. Quand je vois quelque chose qui n'est pas juste, je me sens mal à l'aise, jusqu'à ce que j'aie pu rétablir la justice ! J'éprouve parfois un immense plaisir à me ranger auprès des hommes et à crier bien fort : « Honte aux femmes ! Incapables de louer un appartement sans qu'un homme ait bâti la maison ; incapables de rouler en chemin de fer, d'expédier un télégramme, sans contracter une dette envers un homme ; incapables d'aller au théâtre, d'admirer un tableau, de lire un livre, sans être redevables de votre plaisir ou de votre profit à un homme ! Et si vous-mêmes mettez la main à la pâte, tous les procédés sont volés aux hommes. Volés ! Et si un jour votre situation devait s'améliorer, si un jour vous deviez être tirées de cette servitude, c'est encore aux hommes que vous le devriez. Ce sont eux qui vous ont relevées au moment où vous étiez dans l'impossibilité de vous redresser ! » Je m'arrête, j'ai trop bu, cela me rend éloquente ! Une seule chose que la femme peut faire, et l'homme pas, une seule !

AXEL : Laquelle ?

ABEL : Mettre des enfants au monde. Son incontestable supériorité !

AXEL : Ça y est, nous y voilà encore !

ABEL : Mais bien sûr. Si la race humaine tient à se perpétuer... Nous ne sommes là que pour cela. Il faut tout de même des enfants... sinon, dans quatre-vingt-dix ans, l'humanité entière aura disparu.

AXEL : Puisque tu es si clairvoyante, peux-tu me dire alors pourquoi les femmes ne veulent plus en avoir ?

ABEL : Que veux-tu que je te réponde ! Supposons que notre race soit sur le point de s'éteindre ! Le monde antique, lui aussi, sur sa fin ne produisait plus que des poétesses et des... enfin, tu vois ce que je veux dire !

AXEL : Tu ne crois donc plus à la grande cause du féminisme ?

ABEL : Cela dépend des moments. Croire à quoi, par les temps qui courent ? Après tout, on n'a encore rien trouvé de mieux que les vieilles traditions... On respectait, on honorait la mère, c'était notre manière à nous de remplir notre devoir dans la société. Nous avions une entière autorité au foyer. Et l'éducation des enfants n'apparaissait pas comme une occupation déshonorante ! Donne-moi un peu de cognac, nous parlons trop.

AXEL *prend la bouteille de cognac* : Pourquoi bois-tu ?

ABEL : Je n'en sais rien. Pour faire monter la vapeur ! Comme tous nos petits messieurs qui, eux aussi, ont leurs vapeurs maintenant. Ah ! être un jour témoin d'un miracle !

AXEL : Quel miracle ?

ABEL : Un homme parvenant à dresser une femme !

AXEL : Et alors ?

ABEL : Eh bien ! Alors là, oui, je crois que... Comment dis-tu déjà ? ... je serais capable de me donner à lui ! Et si toutes nos histoires de féminisme n'étaient que de la blague ?

AXEL : C'est tout de même un grand mouvement !

ABEL : Il y a tant de mouvements ! Les uns nous font avancer, les autres nous ramènent en arrière ! N'importe quelle sottise peut provoquer un mouvement dès l'instant que, autour d'elle, elle groupe une majorité !

AXEL : Vraiment ! Eh bien, vous nous auriez bien cassé les oreilles et rendu la vie impossible pour pas grand-chose !

ABEL : Du vacarme pour vous étourdir ! Voilà la vérité ! Tu vas être plus tranquille maintenant que Bertha a vendu une toile !

AXEL : Quelle toile ?

ABEL : Tu sais bien, la petite, avec le pommier !

AXEL : Elle ne m'en a pas parlé. Quand cela ?

ABEL : Avant-hier. Tu ne le savais pas ? Ah bon ! Elle veut sans doute te faire une surprise en te remettant l'argent ?

AXEL : Une surprise ? C'est elle qui tient la caisse.

ABEL : Ah bon ! Je ne t'ai rien dit... je pensais que... Ne dis rien, la voici.

SCÈNE 2

BERTHA, *à Abel* : Bonsoir. Ah ! tu étais là ? Pourquoi, as-tu disparu ?

ABEL : Je m'ennuyais.

BERTHA : Evidemment, ce n'est pas très excitant de partager la joie des autres.

ABEL : Non !

BERTHA, *à Axel* : Et toi, tu travailles ?

AXEL : Ma foi, oui, je m'occupe.

BERTHA : Fais voir ! Pas mal du tout, mais ton bras gauche est trop long !

AXEL : Crois-tu ?

BERTHA : Comment, si je le crois ? Cela se voit ! Je vais te le faire voir !

Elle prend le pinceau des mains d'Axel.

AXEL : Non, cesse ! Tu n'as pas honte ?

BERTHA : Je ne comprends pas ce que tu veux dire !

AXEL, *en colère* : Je dis : tu n'as pas honte ? (*Il se lève.*) Ce n'est tout de même pas toi qui vas m'apprendre à peindre ?

BERTHA : Et pourquoi pas, je te prie ?

AXEL : Parce que tu as encore tout à apprendre de moi ; et que je n'ai rien à espérer de toi.

BERTHA : Il apparaît que monsieur oublie qu'il doit le respect à sa femme. On peut conserver le sens du respect, il me semble...

ABEL : Bertha, tu rétrogrades en ce moment ! Quelle importance peut avoir le respect d'un mari pour sa femme, dès l'instant que tous deux se prétendent parfaitement égaux ?

BERTHA : Tu trouves normal qu'un mari soit grossier avec sa femme, toi ?

ABEL : Si elle-même est insolente, oui !

AXEL : Ça fait plaisir ! Allez-y ! Arrachez-vous les yeux !

ABEL : Non, le jeu n'en vaut pas la chandelle !

AXEL : Sait-on jamais ! A propos, Bertha, notre situation financière risquant de changer, je voudrais faire le point. Voudrais-tu avoir la gentillesse de me montrer le livre de comptes ?

BERTHA : Et tout cela, parce que tu as été refusé ! En voilà une belle vengeance !

AXEL : Comment une vengeance ? Quel rapport entre le livre de comptes et mon échec ? Donne-moi la clef du secrétaire !

BERTHA *cherche dans sa poche* : Tout de suite ! Tiens, c'est bizarre, je croyais pourtant bien l'avoir.

AXEL : Cherche !

BERTHA : Tu me parles sur un ton ! Je n'aime pas cela.

AXEL : Tâche de me trouver cette clef !

BERTHA *cherche dans la pièce* : Je n'y comprends rien ! Elle a disparu ! Je ne la retrouve pas. Elle n'y est plus.

AXEL : Tu es sûre qu'elle n'est pas là ?

BERTHA : Elle n'y est plus !

AXEL : Bon !

Il sonne. Un temps.

SCÈNE 3

Les précédents, Ida.

AXEL : Allez me chercher un serrurier !

IDA : Un serrurier ?

AXEL : Oui. Un serrurier capable d'ouvrir une serrure !

IDA, *à qui Bertha fait un clin d'œil* : J'y vais monsieur, j'y vais.

SCÈNE 4

AXEL *change de veste, retire le ruban de la décoration et le jette sur la table* : Excusez-moi !

BERTHA, *doucement* : Je t'en prie ! Tu sors ?

AXEL : Oui, je sors !

BERTHA : Tu ne restes pas à notre réunion ?

AXEL : Non.

BERTHA : On te trouvera très impoli.

AXEL : Et puis après ? J'ai autre chose à faire que d'écouter toutes vos fadaises.

BERTHA, *inquiète* : Et où vas-tu ?

AXEL : Quand tu sors, je ne te demande pas où tu vas. Je n'ai aucun compte à te rendre.

BERTHA : N'oublie pas que nous avons des invités demain soir, pour notre soirée costumée.

AXEL : Des invités. C'est vrai. Demain soir. Bon !

BERTHA : Reviens à temps pour essayer ton costume.

AXEL : Mon costume ! J'oubliais que je dois jouer à la femme ! Parfait ! Au revoir !

BERTHA, *doucement* : Eh bien, au revoir ! Ne rentre pas trop tard !

Abel fait un signe de tête en guise d'adieu.

AXEL : Je ne sais pas encore ce que je vais faire. On verra ! Au revoir !

Il sort.

SCÈNE 5

ABEL : Il n'a pas l'air de bonne humeur, le patron !

BERTHA : Il exagère tout de même ! J'avais envie de le voir ramper, de le piétiner !

ABEL : Oui, le coup qu'il a reçu au Salon ne semble pas lui suffire ! Bertha, explique-moi : comment un pareil phénomène a-t-il jamais pu t'inspirer de l'amour ?

BERTHA : De l'amour ? Non. Sincèrement, je l'aimais bien parce qu'il était gentil. Mais maintenant il devient stupide. Et... quand il se cabre comme cela, je le haïrais ! Figure-toi qu'il dit déjà que c'est lui qui a peint ma toile !

ABEL : Si les choses en sont là, il faut frapper un grand coup !

BERTHA : Quoi faire ?

ABEL : Ce ne sont pas les idées qui me manquent ! Voyons un peu. Demain, tu fais reprendre sa toile refusée, et tu la fais rapporter ici, au beau milieu de tous vos invités !

BERTHA : Non, j'aurais trop l'air de vouloir triompher. Ce serait trop voyant.

ABEL : Et si c'est moi qui me charge de l'affaire ? Ou encore mieux, Coco ? On fait chercher le tableau par la concierge, de la part d'Axel. De toutes façons, il le fera reprendre ; et on le lui rendra, il n'y a donc pas de mystère.

BERTHA : Non, je t'assure...

ABEL : S'il répand de faux bruits, tu as tout de même bien le droit de te défendre !

BERTHA : Je ne serais pas fâchée de lui donner cette leçon, mais je ne veux, pour rien au monde, être mêlée à cette affaire. Je veux conserver les mains libres et pouvoir jurer que je n'y suis pour rien.

ABEL : Exactement ! Je me charge de tout.

BERTHA : Au fait, pourquoi voulait-il le livre de comptes ? Il ne me l'avait jamais demandé. Il y a certainement quelque chose de louche là-dessous.

ABEL : Bien sûr ! Il voulait certainement vérifier si tu y as bien porté les trois cents francs de la toile que tu as vendue, celle du pommier.

BERTHA : Comment le sais-tu ?

ABEL : Mais tout le monde le sait.

BERTHA : Lui aussi ?

ABEL : C'est moi qui lui en ai parlé par hasard, je pensais qu'il était au courant. Tu es sotte de ne pas lui avoir dit.

BERTHA : Est-ce que cela le regarde, si je vends ?

ABEL : Dans un sens, oui, cela le regarde !

BERTHA : Je vais arranger cela. Je lui dirai que je n'ai pas voulu lui faire un double chagrin, étant donné qu'il en avait déjà suffisamment de me voir admise au Salon.

ABEL : A proprement parler, il n'a rien à voir dans tes rentrées, puisque vous êtes sous le régime de la séparation de biens. Tu as tout à fait raison de te montrer intransigeante avec lui, quand ce ne serait que pour l'exemple ; et si ce soir il veut discuter, ne te laisse pas faire.

BERTHA : Ne t'inquiète pas, je sais m'y prendre avec lui. Autre chose, il nous faudra, tout à l'heure, régler l'affaire du docteur. De quelle manière ?

ABEL : Œstermark ! Mon grand ennemi ! Nous avons un compte à régler tous les deux. Tu te souviens comme il avait été insolent, à Stockholm ! Ne t'inquiète pas, il faudra bien qu'il s'exécute, la loi est pour nous !

BERTHA : Tu as une idée ?

ABEL : Nous allons procéder à une confrontation dans les règles.

BERTHA : Que veux-tu dire par là ?

ABEL : Invite madame Hall et ses deux filles à votre soirée de samedi. Nous verrons bien alors la tête que fera le docteur !

BERTHA : Non, pas de scandale chez moi !

ABEL : Et pourquoi non ? Tu ne vas pas te priver d'une occasion pareille. En temps de guerre, blesser l'ennemi ne suffit pas, il faut le tuer. Et nous sommes en guerre, tu es bien d'accord ?

BERTHA : Le mettre brutalement en présence de sa femme et de ses filles qu'il n'a pas vues depuis dix-huit ans, c'est tout de même...

ABEL : Justement, il les verra !

BERTHA : Tu es épouvantable !

ABEL : Je suis un peu plus forte que toi. Tu te ramollis. C'est le mariage. Vous vous... « rencontrez » souvent ? Ce doit être ça ?

BERTHA : Ce que tu peux être bête !

ABEL : Tu l'humilies, tu l'irrites, tu le vexes, d'accord, mais il te possède tout entière. Ton corps est à sa merci. C'est tout !

BERTHA : Comment crois-tu qu'il va réagir ?

ABEL : Je crois que tu vas avoir une de ces scènes à son retour !

BERTHA : Je lui rendrai coup pour coup !

ABEL : Si tu le peux ! Cette histoire de clef était idiote. Complètement idiote !

BERTHA : C'est vrai, c'était idiot. Mais quand il rentrera, il aura pris l'air, il sera plus gentil. Je le connais.

SCÈNE 6

Ida entre, apportant un paquet.

IDA : Madame, on vient de livrer une robe, pour monsieur !

BERTHA : Très bien ! Je sais. Donnez-la moi.

IDA : Mais une robe de femme, c'est plutôt pour madame !

BERTHA : Eh bien, pas du tout ! C'est pour monsieur précisément !

IDA : Ah ben ! zut alors, monsieur va porter aussi des jupes ?

BERTHA : Pourquoi pas ? Nous en portons bien ! Tu peux disposer.

Ida sort. Bertha ouvre le paquet et en sort un costume féminin espagnol.

ABEL : Excellent. Il est bon de pouvoir se venger de ses propres erreurs.

SCÈNE 7

Willmer entre, suivi d'un livreur qui porte un paquet. Il porte un frac aux revers blancs, fleur à la boutonnière, culottes courtes, cravate rouge, manchettes brodées.

WILLMER : Vous êtes seules, bonsoir ! Voilà les bougies, voilà les bouteilles. Une chartreuse et deux vermouth ; deux paquets de tabac, et le reste.

BERTHA : Ce que tu peux être gentil, Coco !

WILLMER : Et voici la note acquittée !

BERTHA : Tu as encore une fois avancé l'argent !

WILLMER : Nous avons bien le temps de parler de ça. Dépêchons-nous, la présidente ne va pas tarder à arriver.

BERTHA : Débouche les bouteilles, j'installe les bougies.

WILLMER : Avec plaisir !

Bertha ouvre les paquets de bougies, tandis que Willmer sort les bouteilles de leur papier.

ABEL : On se croirait en famille ! Tu aurais fait un bon petit mari, mon vieux Coco.

Willmer passe le bras autour du cou de Bertha et l'embrasse sur la nuque

BERTHA *se retourne et lui administre une gifle* : Crétin ! Qu'est-ce qui te prend ? Ne te gêne plus !

ABEL : Si tu acceptes ça, Coco, c'est que vraiment tu es capable de tout avaler.

WILLMER, *hors de lui* : Crétin ? Tu ne sais pas à qui tu as affaire ! Un écrivain comme moi !

BERTHA : Toi ? Un petit morveux qui n'écrit que des âneries !

WILLMER : Des âneries, tout ce que j'ai écrit pour vous ?

BERTHA : Tu n'as jamais fait que noter ce que nous disions !

WILLMER : D'un mot je peux t'anéantir, Bertha, prends garde !

BERTHA : Des menaces maintenant ? Pauvre petit roquet ! Dis donc, Abel, on lui règle son compte à ce minus ?

ABEL : Voyons, Bertha, fais attention à ce que tu dis !

WILLMER : C'est juste, vous me considérez comme un roquet qui vous jappe dans les jupes ! Mets-toi aussi dans la tête que je suis capable de mordre !

BERTHA : Montre un peu les dents !

WILLMER : Non, mais je te les ferai bientôt sentir !

BERTHA : Vraiment ! Viens un peu ! Viens !

ABEL : Je vous en prie, du calme avant qu'il ne soit trop tard !

WILLMER, *à Bertha* : Tu sais tout ce qu'on peut dire d'une femme mariée qui reçoit les cadeaux d'un célibataire.

BERTHA : Des cadeaux !

WILLMER : Depuis deux ans tu acceptes tous mes cadeaux.

BERTHA : Tes cadeaux ! Tu mériterais des coups de trique ! Vermine de mes jupes ! Crois bien que je te clouerai le bec !

WILLMER, *haussant les épaules* : Tu en serais bien capable !

BERTHA : Avoir l'audace de jeter une ombre sur l'honneur d'une femme.

WILLMER : L'honneur ! Hm ! Tu as eu l'honneur que je t'achète tout ce qui t'était nécessaire, et que tu portais en compte à ton mari.

BERTHA : Sors de ma maison, saleté !

WILLMER : Sa maison ! Bien sûr, entre camarades on n'est pas si regardant ; mais entre ennemis, les comptes se règlent à un cheveu près ! Et nous en aurons quelques-uns à régler tous les deux, ne t'y trompe pas. Tu peux compter sur moi. Aventurière ratée !

Il sort.

SCÈNE 8

ABEL : Tu es entraînée par ta sottise, Bertha ! Il entre ici ton ami, il en sort ton ennemi, c'est un jeu dangereux.

BERTHA : Qu'il y revienne ! Oser m'embrasser, me désirer, oser me rappeler que je suis une femme !

ABEL : Oh ! tu sais, ça c'est une chose à laquelle les hommes ne pourront jamais ne pas penser. Là, tu jouais avec le feu.

BERTHA : Le feu ! Il ne sera donc jamais possible de voir un homme et une femme vivre en camarades sans qu'ils prennent feu ?

ABEL : Aussi longtemps qu'il y aura deux sexes, ce feu-là n'est pas près de s'éteindre !

BERTHA : Il faut l'étouffer !

ABEL : Essaie, rien ne t'en empêche ! Oui. Il faut... Essaie !

SCÈNE 9

Les précédents, Ida.

IDA *a un rire étouffé* : Madame... Il y a là une dame qui dit qu'elle s'appelle Ernest !... Ernest Wahlström !

BERTHA *se dirige vers la porte* : Ah ! Ernest est arrivée ! Fais entrer.

Ida sort.

ABEL : Nous allons ouvrir la séance ! C'est le moment de démêler ton écheveau, Bertha !

BERTHA : Démêler ou trancher !

ABEL : A moins de s'y empêtrer !

SCÈNE 10

IDA, *pouffant* : Madame Ernest...

MADAME ERNEST WAHLSTRÖM *entre ; elle est habillée en homme, pipe ou cigare ; grosse serviette bourrée de documents ; de la porte* : Bonsoir !

ACTE IV

Même décor qu'à l'acte précédent. La suspension est allumée. Clair de lune au dehors, que l'on voit par les vitres de l'atelier. Du feu dans le poêle.

Scène 1

Bertha porte un peignoir garni de dentelles. Elle coud la robe espagnole. La bonne plisse un jabot.

BERTHA : Ce n'est pas très drôle d'être obligée d'attendre son mari à la maison.

IDA : Madame croit peut-être que monsieur trouve cela drôle quand il attend madame. C'est bien la première fois que monsieur sort sans madame...

BERTHA : Que fait-il quand il est seul ici ?

IDA : Il badigeonne des plaques de verre. Il fait de la peinture dessus.

BERTHA : Entre nous, Ida, je suppose que monsieur a toujours été très correct avec toi !

IDA : Toujours ! Monsieur est un homme comme il faut !

BERTHA : C'est bien vrai, au moins ?

IDA, *d'un ton très décidé* : Madame croit-elle que j'aurais permis...

BERTHA : Veux-tu me dire l'heure ?

IDA : Il est près de onze heures et demie, madame.

BERTHA : Déjà ! Alors va te coucher.

IDA : Madame n'aura pas peur... de rester comme cela, dans le noir... au milieu de tous ces squelettes ?

BERTHA : Penses-tu ! Ecoute un peu. J'entends du bruit à la porte ! Va vite. Bonne nuit, Ida !

IDA : Bonsoir, madame, bonne nuit !

Scène 2

Bertha quitte son ouvrage, se jette sur le canapé, remet de l'ordre dans les dentelles de son peignoir. Puis se relève d'un bond, baisse à moitié la lampe, après quoi elle reprend la pose sur le sofa et fait semblant de dormir. Un temps, puis Axel entre.

AXEL : Il n'y a personne ? Tu es là, Bertha ? (*Elle garde le silence. Il s'avance vers elle.*) Tu dors ?

BERTHA, *doucement* : Ah ! c'est toi ? Bonsoir ! Je me suis endormie, j'étais en plein cauchemar...

AXEL : Tu mens, je viens de t'apercevoir, par la fenêtre, t'installer sur ce divan. (*Elle bondit. Lui, calmement* :) Ne me joue pas la scène de la séduction en déshabillé de dentelles ! Pas de mélo ! Sois raisonnable et écoute-moi !

Il s'assied sur une chaise au milieu de la pièce.

BERTHA : Qu'as-tu encore à me dire ?

AXEL : Une quantité de choses. Je commence par la fin : il faut maintenant en finir avec ce concubinage.

BERTHA *se jette à la renverse sur le sofa* : Allons bon ! Ah mon Dieu ! que vas-tu encore chercher là ?

AXEL : Pas de crise d'hystérie non plus ou je te vide cette carafe sur les dentelles !

BERTHA : Jolie vengeance, sous prétexte que je suis parvenue à t'égaler.

AXEL : Aucun rapport.

BERTHA : Tu ne m'as jamais aimée !

AXEL : Je t'aimais. Je ne t'ai épousée que pour cette raison. Et toi, pourquoi m'as-tu épousé ? Parce que tes affaires allaient mal, parce que tu n'en pouvais plus !

BERTHA : Heureusement que personne ne t'entend !

AXEL : Que tout le monde m'entende ! Je t'ai toujours accordé une confiance totale, j'ai fait pour toi tous les sacrifices et tu le sais. Le serrurier est-il venu ?

BERTHA : Non, il n'est pas venu.

AXEL : Cela n'a d'ailleurs plus d'importance. J'ai refait tous les comptes.

BERTHA : Et maintenant tu fouilles dans mes affaires !

AXEL : Le livre de comptes est à nous deux. On y trouve des dépenses qui n'ont jamais existé, alors que certaines recettes n'y figurent pas.

BERTHA : Sache bien qu'on ne nous enseigne pas la comptabilité à nous autres. On ne nous apprend que la cuisine.

AXEL : On ne m'a pas, à moi non plus, appris la comptabilité. Quant à ton éducation, tu as plus de chance que moi, j'ai quitté l'école dès mon certificat d'études.

Bertha : L'éducation ne nous vient pas des livres...

Axel : Non, de nos mères ! Et ce qui est curieux c'est qu'elles n'enseignent jamais l'honnêteté à leurs filles...

Bertha : L'honnêteté ! Tu tombes bien ! Parlons-en ! Les grands criminels ne sont-ils pas presque tous des hommes ?

Axel : Tu veux parler de ceux qui se font prendre. Mais derrière quatre-vingt-dix-neuf pour cent des criminels, tu peux demander : où est la femme ? Revenons à toi. Tu m'as donc tout le temps menti. Et pour finir tu me voles. On voit par exemple : couleurs, vingt francs, alors que ces vingt francs, tu les as dépensés pour déjeuner chez Marguery.

Bertha : Ce n'est pas vrai, cela n'a coûté que douze francs.

Axel : C'est donc huit francs que tu as mis dans ta poche ! Pourquoi n'as-tu pas porté les trois cents francs de ton tableau ?

Bertha : « La femme disposera librement des biens acquis par son travail. » C'est écrit en toutes lettres !

Axel : C'est une idée fixe ! A l'époque, ce n'était donc pas un paradoxe ?

Bertha : Cela ne l'a jamais été.

Axel : Bon, ne soyons pas mesquins. Tu as disposé de mon bien — très à la légère — dispose aussi du tien. Mais franchement — en camarades — tu aurais pu me dire que cette toile était vendue.

Bertha : Cela ne te regardait pas.

Axel : Cela ne me regardait pas ! Dans ces conditions, il n'y a plus qu'à demander le divorce !

Bertha : Le divorce ! Faire de moi une femme divorcée ! Me chasser de chez moi, me mettre dehors avec ma malle, comme une domestique !

Axel : Par humanité, je demanderai le divorce pour incompatibilité d'humeur. Mais rien ne m'empêcherait de te mettre à la rue, si j'en avais envie !

Bertha : Tu ne m'as jamais aimée ! Tu n'as voulu que te faire aimer de moi.

Axel : O admirable, sublime, sainte stupidité féminine ! Je pourrais te faire poursuivre pour faux en écritures, tu faisais des dettes chez Willmer et tu les portais à mon compte.

Bertha : Cette petite vermine est passée par là aussi.

Axel : Je viens de le quitter, je lui ai remboursé les trois cent cinquante francs que tu lui devais. La question d'argent n'est pas la plus grave. Ce qui est pire, c'est qu'en laissant cette fripouille entretenir mon ménage, tu ruinais ma réputation. Qu'as-tu fait de cet argent ?

Bertha : Tout cela n'est que mensonge !

Axel : Tu le dépensais à faire la fête ?

Bertha : Non, je l'ai mis de côté ; ce que toi tu ne sais pas faire, pauvre panier percé !

Axel : Tu peux parler, âme économe ! Deux cents francs ce déshabillé, ma robe de chambre n'en vaut que vingt-cinq.

Bertha : As-tu encore quelque chose à me dire ?

Axel : Simplement qu'à partir d'aujourd'hui il va falloir que tu songes à vivre par tes propres moyens. Je ne vais pas continuer à besogner stupidement pour que tu te mettes de côté l'argent que je gagne !

Bertha : C'est cela, un simple geste, et tu te débarrasses des grandes promesses avec lesquelles tu m'as enjôlée pour obtenir ma main. C'est ce que tu vas voir !

Axel : Maintenant que mes yeux se sont ouverts, le passé prend une autre couleur. Je ne suis pas loin de croire que tu as organisé de toutes pièces ce mariage ; que j'ai subi ce que vous appelez une tentative de séduction ; et que je suis tombé entre les mains d'une aventurière qui m'aurait entraîné dans un hôtel garni pour me soutirer mon argent ; pour un peu je finirais par croire que je ne vis que dans le vice depuis que je me suis uni à toi. (*Il se redresse.*) Je te vois là, tes cheveux coupés, ta nuque rasée... Une Judith qui m'aurait offert son corps pour obtenir ma tête. Et voilà cette fameuse robe ! Suprême humiliation pour moi, tu le savais, que de me faire porter cette jupe, dont les plis ne sont là que pour exciter, et ce corsage ouvert, pour exposer la marchandise. Non ! Reprends ton salaire d'amour. (*Il jette son bracelet à terre.*) Je me débarrasse de mes chaînes ! (*Il jette son alliance. Bertha le regarde avec étonnement. Il remonte ses cheveux sur son front.*) J'ai recouvert mon front, trop haut pour le tien. Je me suis abaissé, je me suis avili pour te rejoindre. Tu ne t'en es pas contentée, eh bien, désormais, reste où tu es.

Bertha : Et tout cela, toute cette belle vengeance, uniquement parce qu'il a été prouvé que tu m'étais inférieur !

Axel : Et à la fois supérieur, puisque c'est moi qui ai peint ton tableau !

Bertha : Tu as peint mon tableau ? Dis-le encore une fois et je te gifle !

Axel : Toi qui la méprises, tu es toujours la première à faire appel à la force ! Frappe !

Bertha : Ah ! tu ne m'en crois pas capable non plus !

Elle se précipite sur lui.

Axel *lui saisit les deux poignets et l'immobilise* : Non plus ! Mets-toi bien dans la tête que physiquement aussi je suis le plus fort ! Ne bouge plus où je t'écrase !

Bertha : Tu oserais me battre ?

Axel : Pourquoi pas ? Une seule raison pourrait m'en empêcher.

Bertha : Laquelle ?

Axel : C'est que vous êtes toutes irresponsables.

Bertha, *cherchant à se libérer* : Ah ! lâche-moi !

Axel : Demande pardon d'abord ! A genoux ! A mes pieds ! (*D'une seule main il l'oblige à se mettre à genoux.*) Regarde bien, en haut, jusqu'à moi ! De l'endroit que tu t'es choisi !

Bertha *se rend* : Axel, Axel ! Je ne parviens plus à te reconnaître ! Toi qui jurais de m'aimer, qui implorais le droit de me soutenir, qui suppliais pour m'élever.

Axel : C'est moi ! A ce moment-là j'étais fort et je croyais pouvoir y parvenir, mais tu m'as rongé l'âme, comme un vampire ; toutes mes facultés, qui te faisaient défaut, tu les as grignotées ; tu m'as vidé de mon sang durant mon sommeil. Mais, tu le vois, il me reste encore assez de forces pour te maîtriser. Lève-toi maintenant, finissons-en. Nous avons à parler affaires ! (*Bertha se lève, puis s'assied sur le sofa et se met à pleurer.*) Pourquoi pleures-tu ?

Bertha : Je ne sais pas ! Je me sens très faible !

Jeu de scène muet chez Bertha pendant tout le temps de la scène, pour marquer la transition.

Axel : Ta force, c'est moi. Si je reprends ce qui m'appartient, il ne te reste rien. Un ballon que j'aurais soufflé et qui s'effondre aussitôt lâché !

Bertha, *sans lever les yeux* : Tu as peut-être raison, depuis que nous nous disputons, je n'ai plus aucune force ! Axel, j'éprouve maintenant pour toi un sentiment que je ne connaissais pas !

AXEL : Quel sentiment ?

BERTHA : Je ne peux pas t'expliquer ! Oui, c'est peut-être ça... de l'amour...

AXEL : De l'amour ! Qu'entends-tu par là ? Ce ne serait pas plutôt une secrète nostalgie de me dévorer vivant une fois de plus ? Tu commences à m'aimer ! Pourquoi ne l'avoir pas fait quand j'étais toute tendresse pour toi ! La bonté n'est que sottise, soyons des brutes ! La seule vérité !

BERTHA : C'est vrai, sois plutôt brutal que trop faible. (*Elle se lève.*) Axel, pardonne-moi mais ne m'abandonne pas ! Aime-moi ! Prends-moi !

AXEL : Trop tard ! J'aurais cédé hier, ce matin, à te voir telle que tu es là en ce moment, mais maintenant c'est trop tard !

BERTHA : Pourquoi « maintenant » ?

AXEL : J'ai tout détruit ce soir, même le dernier lien.

BERTHA *lui prend les mains* : Que veux-tu dire ?

AXEL : Je t'ai été infidèle, je t'ai trompée.

BERTHA *tressaille* : Ah !

AXEL : C'était la seule manière de m'arracher totalement !

BERTHA, *se reprenant* : Qui est-ce ?

AXEL : Une femme...

Un temps.

BERTHA : Comment est-elle ?

AXEL : Comme une femme ! Cheveux longs, belle poitrine et cætera ! Epargne-toi le reste !

BERTHA : Crois-tu que je vais être jalouse, d'une... putain !...

AXEL : Une putain, deux putains, un tas de putains !

BERTHA, *reprenant son souffle* : Demain nous avons des invités. Tu vois le scandale, si tu les renvoies ?

AXEL : Il n'y aura pas de basse vengeance. Nous aurons cette soirée, et après-demain nos routes s'éloigneront !

BERTHA : Oui, maintenant, elles doivent se séparer ! Bonne nuit !

Elle se dirige vers la porte de gauche.

AXEL : Bonne nuit !

Il se dirige vers la porte de droite.

BERTHA *s'arrête* : Axel !

AXEL : Oui !

BERTHA : Non, rien. Si, attends. (*Elle se dirige vers lui, les mains jointes.*) Prends-moi dans tes bras ! Aimons-nous !

AXEL : Voudrais-tu partager avec une autre ?

BERTHA, *un temps* : Oui ! Pourvu que tu m'aimes !

AXEL : Non, cela je ne peux plus. Tu ne m'attires plus comme avant !

BERTHA : Prends-moi, par pitié ! Aime-moi ! Je me crois toute sincère avec toi en ce moment, si je ne l'étais pas, jamais je ne m'humilierais ainsi devant un homme !

AXEL : Même avec la plus grande pitié, je ne pourrais plus tirer de moi le moindre amour. Tout est fini, tout est mort !

BERTHA : Moi, une femme, je supplie un homme, je mendie son amour et il me rejette !

AXEL : Pourquoi pas ! Nous avons tout de même bien le droit de dire non, même si nous ne sommes pas toujours très difficiles !

BERTHA : S'offrir à un homme et qu'il dise non !

AXEL : Depuis des siècles, nous implorons, à genoux, la permission de vous offrir ce que vous ne faites que recevoir ! Eprouve cela, toi aussi, pour tout ton sexe, et donne-lui tes impressions !

BERTHA : Bonne nuit, alors, et à après-demain !

AXEL : Tu tiens quand même à ce que cette fête ait lieu demain ?

BERTHA : Oui, j'y tiens beaucoup !

AXEL : Parfait ! Alors, à après-demain !

Ils s'éloignent chacun de leur côté comme précédemment.

ACTE V

Même décor qu'à l'acte précédent. Mais les portes vitrées donnant sur le jardin sont ouvertes. Le soleil brille au dehors et l'atelier est fortement éclairé. Les portes latérales donnant sur les chambres sont ouvertes à deux battants. Dans le jardin on aperçoit un buffet garni de bouteilles, verres, etc.

Axel porte une redingote noire, sans décoration, col à coins cassés, cravate plastron, cheveux relevés. Bertha : robe noire décolletée en carré, châle et jabot. Elle porte une fleur sur l'épaule gauche. Les demoiselles Hall portent des toilettes d'un luxe extravagant.

SCÈNE 1

Bertha entre, venant du jardin. Elle est pâle, ses yeux sont cernés. Abel entre par la porte du fond. Elles s'embrassent.

BERTHA : Je suis contente que tu sois venue ! Tu arrives bien tard !

ABEL : Bonjour.

BERTHA : Coco doit venir, lui aussi !

ABEL : Oui, c'est arrangé. Il regrette son geste et veut se faire pardonner. (*Bertha rectifie son jabot.*) Qu'est-ce que tu as, toi, aujourd'hui ? Il se passe quelque chose.

BERTHA : Que veux-tu dire ? Quoi ?

ABEL : Tu t'es maquillée ; tu as les yeux brillants ! Qu'est-ce qui se passe ? Est-ce que par hasard...

BERTHA : Il faut que je m'occupe de mes invités.

ABEL : Carl et le docteur sont-ils arrivés ?

BERTHA : Ils sont dans le jardin.

ABEL : Les demoiselles Hall et leur mère ?

BERTHA : La mère viendra plus tard, mais les filles sont là, dans ma chambre.

ABEL : Il va y avoir un beau gâchis.

BERTHA : Ne parlons pas de ça maintenant, veux-tu !

Scène 2

Willmer entre avec un bouquet de fleurs. Il s'avance vers Bertha, lui baise la main, lui remet le bouquet.

Willmer : Pardonne-moi ! Pardonne mon amour excessif !

Bertha : Non, tu n'es pas pardonnable ! Mais je te pardonne quand même parce que aujourd'hui je ne veux pas avoir d'ennemis !

Scène 3

Les précédents, Axel. Bertha et Willmer paraissent gênés.

Axel *s'adresse à Bertha, sans sembler apercevoir Willmer* : Pardon... si je vous dérange !

Bertha : Pas du tout !

Axel : Je voulais simplement savoir si tu as tout préparé pour le souper...

Bertha : Tout est prêt. J'ai suivi tes instructions !

Axel : Bon. C'est tout ce que je voulais savoir !

Abel : Ce que vous êtes solennels ! (*Willmer sort du côté du jardin. Abel court.*) Coco, attends-moi...

Scène 4

Axel : Qu'est-ce qu'il y aura pour le souper ?

Bertha *le regarde en riant* : Du homard et du poulet.

Axel, *inquiet* : Qu'est-ce qui te fait rire ?

Bertha : Ce que tu penses.

Axel : Qu'est-ce que je pense ?

Bertha : Tu dois penser — comment pourrais-tu faire autrement ? — à notre premier souper de fiancés, un soir de printemps à Djurgaarden, quand tu m'as demandée...

Axel : « Tu » m'as demandé...

Bertha : Axel ! — Et voici le dernier ; c'est la dernière fois. Notre été n'aura pas été long !

Axel : Très court, mais le soleil reviendra.

BERTHA : Bien sûr, pour toi le soleil brille sur chaque trottoir.

AXEL : Rien ne t'empêche d'y aller chercher la même chaleur.

BERTHA : A t'écouter, nous pourrions avoir la chance de nous retrouver un soir sous un réverbère ?

AXEL : Tu exagères... mais au moins, à la bonne heure : la véritable liberté en amour ce serait cela.

BERTHA : Liberté totale. Pour toi !

AXEL : Pour toi aussi. Mais quelle tranquillité pour moi.

BERTHA : Enfin une pensée sincère !

AXEL : Ne remuons pas ce qui est mort ! Occupons-nous du souper ! Soyons tout à nos invités. C'est tout !

Il rentre dans sa chambre.

BERTHA : Le souper ! Bien entendu ! C'est de cela qu'il faut nous occuper !

Elle rentre dans sa chambre, hors d'elle.

SCÈNE 5

Les demoiselles Hall entrent, venant du jardin. Puis le docteur Œstermark.

AMÉLIE : Tu ne t'ennuies pas, toi ?

THÉRÈSE : Horriblement. On ne s'occupe pas beaucoup de nous.

AMÉLIE : Tu as vu comme elle a été désagréable, celle-là, avec ses cheveux à l'artiste !

THÉRÈSE : Il paraît qu'il va venir un lieutenant...

AMÉLIE : Ben, ça ne serait pas dommage, parce que vraiment, tous ces artistes peintres ont des drôles de mœurs ! Tiens-toi bien, en voilà un autre, celui-là doit être un diplomate... sûrement, il a plutôt l'air distingué.

Elles s'installent sur le canapé.

LE DOCTEUR *entre, venant du jardin ; il les regarde à travers son lorgnon* : Mesdames, j'ai bien l'honneur. Hum ! Des compatriotes sans doute. Vous êtes artistes, mesdemoiselles ? Vous peignez peut-être ?

AMÉLIE : Non, nous ne peignons pas !

LE DOCTEUR : Tout de même bien un peu ! A Paris

toutes les dames se badigeonnent bien un peu le bout du nez.

THÉRÈSE : En effet, c'est très courant. Toutes les femmes veulent être jolies, et tous les hommes veulent avoir de l'esprit. Mais cela rate quelquefois !

LE DOCTEUR : En effet ! (*Il les observe à travers son lorgnon.*) Et quelquefois c'est très apparent !

AMÉLIE : Mais vous avez l'air de débarquer, cher monsieur !

LE DOCTEUR : Tout juste. Je viens d'arriver, chère petite demoiselle. A part cela, puis-je vous être utile ?

THÉRÈSE : Excusez-nous, mais vous ne nous avez pas encore été présenté.

LE DOCTEUR : Il n'y a certainement pas bien longtemps que vous avez quitté Stockholm. Je vous apprendrai que, en France, on ne craint pas d'engager une conversation sans demander à chacun ses références.

THÉRÈSE : Nous ne demanderions des références qu'à des personnes qui n'inspireraient pas confiance. Mais à vous, nous n'avons rien à demander de ce genre.

LE DOCTEUR : Simple curiosité, alors ? Vous voulez savoir qui je suis ? Je suis le vieux médecin de la famille. Je m'appelle Anderson. Et maintenant ces demoiselles peuvent se présenter aussi... je ne leur demanderai pas leur profession.

THÉRÈSE : Nous sommes les demoiselles Hall, si cela peut intéresser le docteur.

LE DOCTEUR : Hall ? Tiens ! J'ai déjà entendu ce nom-là quelque part. Je vous demande pardon, excusez-moi de vous poser une question un peu... un peu stupide.

AMÉLIE : Mais faites donc.

LE DOCTEUR : Votre père est-il toujours en vie ?

AMÉLIE : Non, il est mort.

LE DOCTEUR : Ah, ah ! Alors il n'y a aucune raison pour que je m'arrête en si bon chemin. Monsieur Hall...

THÉRÈSE : Notre père était fondé de pouvoirs à la Générale-Incendie à Gothembourg.

LE DOCTEUR : Parfait ! C'est bien cela ! Excusez-moi ! Alors on se plaît bien à Paris ?

AMÉLIE : Beaucoup. Thérèse, tu n'as pas vu où j'ai mis mon châle ? Il y a un tel courant d'air ici !

Elle se lève.

Thérèse : Tu as dû le laisser sous la tonnelle...

Elle se lève.

Le docteur *se lève* : Ne vous dérangez pas. Si vous le permettez, je vais vous le chercher. Mais non, ne bougez pas ! Restez tranquillement ici.

Il sort dans le jardin.

Scène 6

Madame Hall arrive par la gauche, passablement éméchée, les joues enflammées et la langue embarrassée.

Amélie : Tiens, voilà maman ! Et dans quel état ! Dieu sait ce qu'elle veut encore ! Qu'est-ce que tu viens faire ici, maman ?

Madame Hall : Taisez-vous ! J'ai autant le droit de venir ici que vous !

Thérèse : Pourquoi bois-tu comme cela ? Et si quelqu'un arrivait ?

Madame Hall : Je n'ai rien bu. Tu dis des bêtises !

Amélie : Quelle honte pour nous, si le docteur revient et te voit dans cet état. Viens par ici, je vais te faire boire un verre d'eau.

Madame Hall : C'est joli de traiter sa mère de la sorte, lui dire qu'elle a bu, oser dire cela à sa propre mère.

Thérèse : Ne commence pas, dépêche-toi, viens par ici !

Elle l'emmène vers la droite.

Madame Hall, *qui résiste* : Me voir traiter de cette façon ! Vous n'avez donc aucun respect ?

Amélie : Plus tellement. Allons, viens vite.

Elles entrent toutes les trois à droite.

Scène 7

Axel et Carl, venant du jardin.

Carl : Tu es en pleine forme, mon cher Axel, maintenant tu as vraiment l'air d'un homme.

Axel : Oui, je me suis enfin émancipé !

Carl : Tu aurais dû le faire plus tôt, dès le début, comme moi.

Axel : Comme toi !

Carl : Comme moi ! J'ai pris immédiatement les fonctions de chef de famille, par vocation, aussi bien à cause de mon intelligence supérieure que par les vertus que nous donnent les lois de la nature.

Axel : Et qu'en a pensé ta femme ?

Carl : Ce qu'elle a voulu, je ne lui ai pas demandé ! Mais à en juger d'après les apparences, elle doit trouver que tout cela est dans l'ordre. Pourvu qu'elles aient des hommes à poigne, les femmes deviennent des êtres tout à fait acceptables !

Axel : Il faut tout de même bien que vous vous partagiez le pouvoir !

Carl : Le pouvoir ne se partage pas ! Il faut commander ou obéir ! Toi ou moi ! J'ai préféré que ce soit moi... et il a bien fallu qu'elle s'y fasse !

Axel : Oui, oui ! Et le plus beau, c'est que c'est elle qui avait la fortune !

Carl : Pas du tout ! Elle n'a apporté, en tout et pour tout, qu'une cuillère à soupe en argent. Et elle a demandé qu'elle figure sur le contrat ; comme tu le vois, elle a des principes ! Mais, tu le vois aussi, elle est gentille, très gentille, alors moi, je suis gentil avec elle. Est-ce que ce n'est pas agréable d'être marié ? Et elle fait rudement bien la cuisine !

Scène 8

Les demoiselles Hall arrivent par la droite.

Axel : Permettez que je vous présente : lieutenant Starck... mesdemoiselles Hall.

Carl : Très heureux de faire votre connaissance... (*Il est apparent qu'il les reconnaît.*) Mesdemoiselles ! (*Les demoiselles Hall ont l'air gêné, elles s'inclinent et sortent vers le jardin.*) Comment ces femmes sont-elles ici ?

Axel : Comment ? Ce sont des amies de ma femme et c'est la première fois qu'elles viennent. Tu les connais ?

Carl : Un peu, oui !

AXEL : Qu'est-ce que tu veux dire ?
CARL : J'ai passé toute une nuit avec elles à Petersbourg !
AXEL : Toute une nuit !
CARL : Oui !
AXEL : Tu dois faire erreur !
CARL : Eh non ! Pas d'erreur possible. Ces femmes étaient très connues à Petersbourg !
AXEL : Et c'est cela que Bertha introduit dans ma maison !

SCÈNE 9

Bertha entre en trombe.

BERTHA : Dites-moi ce qui se passe ! Vous avez fait un affront à ces filles ?
AXEL : Non... mais...
BERTHA : Elles arrivent d'ici en larmes, elles disent qu'elles ne peuvent plus rester auprès de vous ! Qu'est-ce qui s'est passé ?
AXEL : Est-ce que tu connais bien ces femmes ?
BERTHA : Ce sont des amies à moi ! C'est suffisant, non ?
AXEL : Pas tout à fait !
BERTHA : Pas tout à fait. Bon, alors...

SCÈNE 10

Le docteur Œstermark, revenant du jardin.

LE DOCTEUR : Que veut dire cette histoire ? Qu'avez-vous fait à ces filles, pour qu'elles s'en aillent aussi vite ? Je voulais les aider à mettre leurs manteaux, elles avaient les larmes aux yeux, elles m'ont envoyé promener.
CARL : Je pose une question : ce sont des amies à vous, Bertha ?
BERTHA : Oui, des amies ! Et si ma caution n'est pas suffisante, je pense que le docteur Œstermark leur accordera la sienne, car il doit avoir certaines obligations envers elles.
CARL : Il y a certainement une erreur. Vous voulez dire sans doute que je me suis trouvé en rapport avec ces fem-

mes, et que ce serait plutôt à moi à leur servir de défenseur.

BERTHA : Quel genre de rapports ?

CARL : Fugitifs, ceux d'un homme et d'une grue !

BERTHA : Une grue ! Vous mentez !

CARL : Je n'ai pas l'habitude de mentir !

LE DOCTEUR : Mais moi je ne comprends pas : que puis-je personnellement avoir de commun avec ce genre de femmes ?

BERTHA : Tu préfères, bien sûr, ne rien avoir de commun avec les enfants que tu as abandonnés.

LE DOCTEUR : Mais ce ne sont pas mes enfants. Je ne comprends plus rien du tout !

BERTHA : Ce sont les deux filles que tu as eues avec la femme dont tu es divorcé.

LE DOCTEUR : Puisque tu es à ce point insolente et que tu fais un examen public de ma vie intime, je suis bien obligé de te répondre ! Tu crois avoir découvert que je ne suis pas veuf, mais divorcé. D'accord ! Mon premier mariage a été dissous, il y a vingt ans, et il n'y a pas eu d'enfants. Ensuite, je me suis remarié et j'ai eu un garçon qui vient d'avoir cinq ans. C'est tout. Ces deux grandes gaillardes ne sont donc pas à moi. Te voilà au courant, maintenant.

BERTHA : C'est tout de même bien toi qui as mis ta femme sur le pavé...

LE DOCTEUR : Non, cela ne s'est pas passé comme ça non plus. C'est elle qui a pris le large, en titubant, si tu veux tout savoir, et, à ce moment-là, je lui ai versé la moitié de mes revenus, jusqu'au jour où, précisément, j'ai appris qu'elle... n'en parlons plus. Si tu avais la moindre idée de ce que l'entretien de deux ménages a pu me coûter de travail et de privations, tu m'aurais épargné ces minutes pénibles, mais ce serait trop te demander. Tu n'as plus besoin d'en savoir davantage, et d'ailleurs toute cette affaire ne te regarde pas.

BERTHA : Je serais tout de même curieuse de savoir pourquoi ta première femme t'a quitté !

LE DOCTEUR : Je ne pensais pas que cela te ferait plaisir d'apprendre qu'elle était mauvaise, acariâtre, sans cœur, et que j'avais été beaucoup trop bon pour elle ! Imagine un peu, toi qui as tant de cœur, délicate Bertha, imagine qu'elles aient été mes filles, ces amies de Carl et les tiennes ; pense si mon vieux cœur se serait réjoui de retrouver, au bout de dix-huit ans, des enfants que j'aurais tenus sur mes genoux pendant les longues nuits de leurs maladies. Et pense aussi à elle, à mon premier amour, à ma femme, à celle qui la première a donné un sens à ma vie ; qu'elle reçoive ton invitation et vienne ici. Quel magnifique cinquième acte pour le mélodrame que tu nous avais préparé, quelle belle vengeance tirée d'un innocent ! Merci, ma vieille amie, merci d'avoir su si bien me payer de l'amitié dont je n'ai cessé de te donner des preuves...

BERTHA : Payer ! Oui, je le sais que je te dois... tes honoraires !

AXEL, CARL *et* LE DOCTEUR : Oh ! oh ! c'est trop fort !

BERTHA : Je le sais ! Je le sais bien !

AXEL, CARL *et* LE DOCTEUR : Quelle honte ! Ignoble ! Non, c'est honteux !

LE DOCTEUR : Non, je m'en vais ! C'est une horreur ! Vraiment tu es de la pire espèce ! Pardonne-moi, Axel, mais je n'en peux plus, je suis à bout !

BERTHA : Joli mari que voilà, qui laisse ainsi outrager sa femme en public !

AXEL : Je ne veux pas du tout intervenir dans tes affaires, que tu sois l'offenseur ou l'offensée. (*Musique dans le jardin. Guitare et chanteurs italiens.*) Les musiciens sont arrivés, passons au jardin, je pense que vous serez contents d'y trouver un peu plus d'harmonie !

SCÈNE 11

Tous passent au jardin. Le docteur reste seul. La musique pénètre assourdie dans l'atelier. Le docteur va regarder les dessins sur le mur de droite, face à la porte donnant dans la chambre d'Axel. Madame Hall entre dans l'atelier d'un pas mal assuré, elle s'arrête et s'assied sur une chaise. Le docteur, qui ne la reconnaît pas, s'incline.

MADAME HALL : Vous entendez cette musique, qu'est-ce que c'est ?

LE DOCTEUR : Des Italiens, madame.

MADAME HALL : Des Italiens ! Alors, ce doit être ces gens que j'ai entendus un jour à Monte-Carlo !

Le docteur : Il ne doit pas y avoir que ces Italiens-là sur terre !

Madame Hall : Je ne me trompe pas, c'est Œstermark ! Une réponse à tout, c'est sûrement lui !

Le docteur, *regard intense* : Ah ! Il est à croire... que de près... les choses sont moins effrayantes que de loin ! C'est toi, Caroline ! Voici arrivé le moment que depuis dix-huit ans je fuis, rêve, recherche, redoute, souhaite ; j'ai souhaité en recevoir le choc, ne plus l'avoir à craindre ! (*Il sort un petit flacon de sa poche, humecte sa langue avec quelques gouttes de liquide.*) N'aie pas peur, ce n'est pas du poison, ou à si petite dose... C'est pour le cœur, tu vois !

Madame Hall : Pour le cœur. Ah oui ! Comme si tu en avais jamais eu !

Le docteur : Et allez donc ! Deux vieillards qui se rencontrent une fois tous les dix-huit ans, les voilà déjà qui se chamaillent.

Madame Hall : Ça a toujours été toi qui me chamaillais !

Le docteur : C'était moi ? Bien sûr ! Oublions tout cela, veux-tu ?... que je puisse bien te regarder. (*Il prend une chaise et s'installe en face d'elle.*) Sans trembler !

Madame Hall : Je suis vieille !

Le docteur : C'est ainsi qu'on devient ; les livres nous l'apprennent, on en entend parler, on s'en rend compte, et puis on y est, c'est atroce. Moi aussi, je suis vieux !

Madame Hall : Et... tu es content de ta nouvelle vie... ?

Le docteur : A dire vrai : cela se vaut, ce n'est pas pareil, mais c'est bien la même chose.

Madame Hall : La première n'était pas mieux ?

Le docteur : Non, pas mieux, pareille, mais malgré tout, c'est à se demander si elle n'était pas préférable, uniquement parce qu'elle était la première. On ne fleurit qu'une fois, et puis on monte en graine ; ce qui vient ensuite n'est toujours qu'un faible regain. Et toi ? quel genre de vie as-tu ?

Madame Hall, *vexée* : Quel genre de vie ?

Le docteur : Ne te fâche pas ! Es-tu satisfaite ? Voilà ce que je voulais dire. C'est difficile de se faire comprendre, quand on parle à une femme...

Madame Hall : Satisfaite ? Hum ! !

Le docteur : Il est vrai que tu ne l'as jamais été ! On

peut exiger le premier choix quand on est jeune, mais quand on est vieux, il n'y a plus que les bas morceaux. Alors ! Il paraît que tu as dit à madame Ahlberg que tes filles étaient mes enfants ?

MADAME HALL : Moi ? Jamais de la vie !

LE DOCTEUR : Tu mentiras donc toujours ! Dans le temps, je n'avais rien compris, je t'en faisais un crime ; mais maintenant, je m'en rends compte, c'est une infirmité naturelle. Tu finis par croire à tes propres mensonges, c'est ça qui est inquiétant ! N'en parlons plus ! Préfères-tu que je m'en aille, ou t'en allais-tu toi-même ?

MADAME HALL : Je m'en vais !...

Elle retombe sur sa chaise, et tâtonne autour d'elle.

LE DOCTEUR : Comment ! Tu es ivre ? Quelle misère, comme tout cela est triste, effroyablement triste ! C'est à en avoir les larmes aux yeux ! Non, Caroline ! Cela, je ne peux pas le supporter !

MADAME HALL : Je suis malade !

LE DOCTEUR : Bien sûr, quand on boit trop, on est malade ! Eh oui ! cette épreuve est plus atroce que je ne le pensais. Pour sauver leurs mères, j'ai été amené à supprimer des enfants pas encore nés, je les ai sentis frissonner dans leur agonie ; j'ai scié des muscles en pleine vitalité, et vu jaillir la moelle des os, comme du beurre ; mais plus rien depuis ne m'a jamais fait aussi mal que le jour où tu es partie. C'était comme si tu m'avais arraché un poumon en partant, et laissé l'autre pour suffoquer ! Maintenant il me semble que j'étouffe !

MADAME HALL : Aide-moi à sortir ! Ils en font un bruit ! Et d'ailleurs, je ne vois plus ce que nous aurions encore à faire ici. Donne-moi la main !

LE DOCTEUR *la conduit vers la porte du fond* : En ce temps-là, c'était moi qui te demandais ta main ; et elle pesait lourdement sur moi, cette fine petite main. Une fois même, elle m'a giflé, cette fine petite main, et je l'embrassais quand même. Eh oui ! Maintenant, elle est fanée, elle ne giflera plus... Ah ! Dolce Napoli ! Joie de vivre, où t'en es-tu allée ? S'en est allée, comme sa beauté à elle, rayonnante fiancée de ma jeunesse !

MADAME HALL, *de la porte de l'antichambre* : Où est mon manteau ?

LE DOCTEUR, *fermant la porte* : Dans l'antichambre évidemment. C'est atroce ! (*Il allume un cigare.*) Oh ! Dolce Napoli ! D'ailleurs, quel charme pourrait bien avoir ce port de pêche infesté de choléra ? Des blagues, naturellement ! Fumisterie ! Fumisterie ! Jeunes mariés, amour, Naples, joie de vivre, ancien, moderne, libéral, conservateur, idéaliste, réaliste, naturaliste, blague, blague ! D'un bout à l'autre, de la blague !

Scène 12

Le docteur, Axel, Abel, Willmer, madame Starck, Bertha.

Madame Starck : Où étiez-vous donc passé, docteur ?

Le docteur : Excusez-moi, un léger quiproquo. Deux étrangères s'étaient glissées ici, il a fallu les identifier.

Madame Starck : Ah, les filles !

Carl : Oui, ne t'inquiète pas de ça ! Je ne sais pas, il semble qu'il y a de l'ennemi dans l'air !

Madame Starck : Oh, toi tu vois toujours des ennemis partout, mon pauvre Carl.

Carl : Non, je ne les vois pas, mais je les sens venir.

Madame Starck : Alors, viens près de moi, je te préserverai.

Carl : Toi, au moins, tu es gentille avec moi.

Madame Starck : Pourquoi ne le serais-je pas, tu as tant d'attentions pour moi !

Scène 13

Les précédents. Ida. Les portes du fond s'ouvrent et deux commissionnaires apportent un tableau.

Axel : Qu'est-ce que c'est que tout ça !

Ida : Le concierge a dit qu'il fallait l'apporter dans votre atelier, il ne pouvait pas le garder dans sa loge !

Axel : Qu'est-ce que c'est encore que cette bêtise ? Enlevez ce tableau !

Ida : C'est madame qui a fait chercher son tableau elle-même.

Bertha : C'est faux ! D'ailleurs, ce n'est pas mon tableau.

C'est celui de monsieur ! Posez-le là ! (*Ida et les porteurs s'en vont.*) Penses-tu que ce ne soit pas le tien, Axel ? Voyons-le ! (*Axel se place devant le tableau.*) Ote-toi un peu, nous allons voir !

AXEL *s'écarte* : C'est certainement une erreur !

BERTHA, *criant* : Comment ! Qu'est-ce que cela signifie ! C'est certainement une erreur ! C'est bien mon tableau en effet, mais sous le nom d'Axel !

Elle s'évanouit.

SCÈNE 14

Le docteur et Carl emportent Bertha dans sa chambre, à gauche. Les femmes suivent.

ABEL : Elle se trouve mal !

MADAME STARCK : Grand Dieu, qu'est-ce qui arrive ? Pauvre chère petite ! Docteur, faites quelque chose ! Dites quelque chose ! Et Axel, qui reste là planté comme un piquet !

Axel et Willmer restent seuls.

AXEL : Voilà ton travail !

WILLMER : A moi ?

AXEL, *le prenant par l'oreille* : A toi, mais tu ne perds rien pour attendre ! Pour commencer... (*Il le mène jusqu'à la porte qu'il ouvre d'un pied ; de l'autre il flanque Willmer dehors.*) ... dehors !

WILLMER : Tu me paieras ça !

AXEL : Compte sur moi !

SCÈNE 15

Axel, le docteur, Carl.

LE DOCTEUR : Qu'est-ce que ce tableau est venu faire ici ?

AXEL : C'est sa manière à elle de me vitrioler !

CARL : Enfin quoi ! Est-ce toi qui as été refusé, ou elle ?

AXEL : C'est avec son tableau à elle que j'ai été refusé !

Je voulais l'aider une bonne fois, agir en camarade, alors j'ai échangé nos noms.

Le docteur : Il y a certainement autre chose ! Elle dit que tu ne l'aimes plus.

Axel : Pour une fois elle dit la vérité. Et c'est demain la séparation.

Le docteur *et* Carl : La séparation ?

Axel : Oui. S'il n'existe aucun lien, l'union se dissout d'elle-même. A proprement parler, ce n'était pas un mariage, c'était une cohabitation, ou quelque chose de pire encore !

Le docteur : Ça y est, tu commences à comprendre !

Axel : Oui, ça y est ! Tant qu'ils n'ont pas trouvé leur intérêt commun, l'homme et la femme sont des ennemis jurés. Et il n'en existe qu'un !

Le docteur : C'est l'enfant ! N'aie pas peur de le dire ! Moi j'ai bien clamé que je trouvais insensé qu'une femmelette me souffle le poste de médecin des hôpitaux, au moment même où j'allais l'obtenir ; et naturellement avec des connaissances bien supérieures aux siennes !

Axel : C'est donc pour cela que tu es ici ?

Le docteur : Exactement. Je viens tenter ma chance ! Gagner le pain de mes deux foyers ! Que sur mes vieux jours je sois réduit à devenir sage-femme ou arracheur de dents, peu leur importe ! C'est comme cela, mon cher ! Pour ne pas me lamenter, je plaisante, mais tout cela devient grave !

Axel : Elles accaparent tout et pullulent comme les Chinois en Amérique, elles inondent le marché par la sous-enchère !

Le docteur : Rien de plus commode, et elles n'ont même pas à assurer l'existence des enfants dont elles accouchent ! Ce n'est plus de la concurrence, c'est de la cambriole, du vol manifeste. La lutte n'est pas loyale avec ces prises de bonnes femmes ! Alors, mon garçon, que comptes-tu faire maintenant ?

Axel : Dis donc, Carl, quand un combat est inégal, il reste tout de même une possibilité de retraite ?

Carl : Oui, la fuite est même recommandée !

Axel *prend son chapeau* : Alors je la prends !

Le docteur : Prendre la fuite ? Non, reste ! Si nous devons succomber, commençons par nous battre !

Axel : Mais nous n'avons même pas le droit de les frapper !

Le docteur : En tout cas, nous pouvons nous défendre.

Axel : A peine ! Encaisser les coups sans rien dire, c'est tout !

Le docteur *prend son chapeau* : Pour l'instant, battons d'abord en retraite, c'est ce que nous avons de mieux à faire.

Ils se dirigent vers le fond, vers le jardin.

Scène 16

Abel, Axel.

Abel : Comment ? vous partiez ?

Axel : Cela t'intéresse ?

Abel : C'est que j'ai à te parler !

Axel : Parle !

Abel : Tu ne voudrais pas aller voir Bertha ?

Axel : Non !

Abel : Qu'as-tu bien pu lui faire ?

Axel : Je l'ai remise à sa place !

Abel : Je m'en suis rendu compte par les bleus qu'elle a aux poignets. Que je te regarde !... Jamais je ne t'aurais cru capable de cela. Tu peux savourer ton triomphe !

Axel : C'est trop tôt, la victoire est incertaine !

Abel : Elle sera toujours incertaine, s'il subsiste de vrais hommes. Tu l'as dit toi-même, c'est la femme qui, la première, fait de l'homme un homme ; mais c'est aussi l'homme, qui, de la femme, fait une femme. (*Elle se penche vers lui et lui parle à l'oreille.*) Elle t'aime depuis que tu as agi en homme !

Axel : Pourquoi dites-vous alors que vous ne voulez plus d'hommes virils ?

Abel : Si tu te mets à croire ce que disent les femmes ! Tu pourrais quand même aller la voir.

Axel : Non, c'est fini.

Abel : Je peux lui transmettre quelque chose, si tu veux ?

Axel : Non ! Si ! Dis-lui que je la méprise, que je la hais !

ABEL : Adieu, ami !

AXEL : Adieu, ennemie !

ABEL : Ennemie ?

AXEL : Pensais-tu être une amie ?

ABEL : Je n'en sais rien ! Les deux ; ni l'un ni l'autre ! Je suis un être hybride...

AXEL : Nous le sommes tous, puisque nous provenons du croisement d'un homme et d'une femme ! Je pense en effet que tu devais m'aimer à ta manière, puisque tu voulais me séparer de Bertha.

ABEL *roule une cigarette* : Aimer ! Je me demande bien ce que cela peut vouloir dire. Non, je ne peux pas aimer ; j'avais cette infirmité... vous voir avec plaisir, jusqu'au moment où cela me mettait en feu. C'est peut-être toi qui m'aimais ?

AXEL : Non, je te le jure ! Tu n'étais pour moi qu'un bon copain, qui par hasard était habillé en femme ; tu ne m'as jamais donné l'impression d'appartenir à un autre sexe ; et l'amour, vois-tu, ne peut se réaliser qu'entre individus de sexes différents...

ABEL : L'amour sexuel, oui !

AXEL : En existerait-il un autre ?

ABEL : Je n'en sais rien ! Mais je suis certainement une malheureuse ! Et cette haine, cette haine effroyable ! Peut-être s'évanouirait-elle si vous n'aviez pas tellement peur de nous montrer votre amour, si vous n'étiez pas — comment dirai-je — respectueux, il n'y a pas d'autre mot !

AXEL : Non mais, bonté divine, montrez-vous dignes d'être aimées, et que cette façon de vous accoutrer ne fasse pas penser au Code pénal chaque fois qu'on vous regarde !

ABEL : Est-ce que vraiment je te dégoûte ?

AXEL : Oui. Pardonne-moi, mais tu me fais horreur !

SCÈNE 17

Les précédents, Bertha.

BERTHA, *à Axel* : Vraiment, tu t'en allais ?

AXEL : Oui, je voulais m'en aller, mais maintenant, je reste !

BERTHA, *doucement* : C'est vrai ? Tu... ?

AXEL : Je reste chez moi !

BERTHA : Chez nous !

AXEL : Non, chez moi ! Dans mon atelier, dans mes meubles !

BERTHA : Et moi ?

AXEL : Fais ce que tu veux, mais sache bien ce que tu risques ! J'ai introduit une demande en séparation de corps pour un an. Cela veut dire que pendant un an, si tu demeures ici, ou même si tu viens m'y voir, tu as le choix, ou tu seras passible de prison, ou tu passeras pour ma maîtresse ! As-tu envie de rester à présent ?

BERTHA : Ah ! C'est la loi ?

ABEL : C'est la loi !

BERTHA : En somme, tu me mets à la porte ?

AXEL : Non, la loi !

BERTHA : Tu ne crois pas que je vais me contenter de cela ?

AXEL : Je ne crois pas ! Tu ne seras satisfaite qu'à mon dernier soupir.

BERTHA : Axel ! Qu'oses-tu dire là ! Si tu savais... comme je t'aime !

AXEL : En fin de compte, c'est bien possible, mais moi je ne t'aime plus !

BERTHA *bondit* : Parce que c'est l'autre que tu aimes !

AXEL : Sûrement pas ! Et cette intention n'est pas près de me venir ! Quelle vanité que la vôtre ! Comme s'il n'y avait pas sur terre certaines femmes spécialisées, et beaucoup plus intéressantes que vous !

BERTHA : Mais elle, elle t'aime !

AXEL : C'est bien possible, elle a fait quelques allusions de ce genre, et si je ne me trompe, elle me l'a même dit ; et ensuite ?

BERTHA, *brusque revirement* : Je n'ai jamais rencontré quelqu'un de plus cynique que toi !

AXEL : Je suis d'accord !

BERTHA *prend son manteau et son chapeau* : Donc, tu me mets à la rue ? C'est bien cela ?

AXEL : A la rue ou ailleurs, où tu voudras !

BERTHA, *rageuse* : Et tu crois que l'on peut traiter une femme de cette façon ?

AXEL : Autrefois, tu m'as demandé d'oublier que tu étais une femme. Eh bien c'est fait ! J'ai oublié !

BERTHA : N'oublie pas quand même que tu as des obligations envers celle qui a été ton épouse.

AXEL : Que je paye pour cette bonne camaraderie ? C'est cela ? Une pension, en somme !

BERTHA : Oui !

AXEL *pose quelques billets sur la table* : Eh bien, voilà un mois d'avance !

BERTHA *prend les billets et les compte* : Il te reste encore un certain sens de l'honneur !

ABEL : Adieu Bertha, maintenant je pars !

BERTHA : Attends un moment, reste avec moi !

ABEL : Non, maintenant, je n'ai plus rien à faire avec toi.

BERTHA : Pourquoi ? Qu'est-ce qu'il y a ?

ABEL : Non, j'ai honte !

BERTHA, *étonnée* : Honte ?

ABEL : Oui, j'ai honte ! Adieu !

Elle sort.

BERTHA : Je ne comprends pas ! Adieu Axel ! Merci pour cela ! Sommes-nous amis ?

Elle lui tient la main.

AXEL : En tout cas, moi pas ! Lâche ma main, ou je vais croire que tu veux encore me séduire ! (*Bertha se dirige vers la porte. Il pousse un soupir de soulagement.*) De jolis camarades ! Oui !

SCÈNE 18

IDA *entre par la porte du jardin* : La demoiselle attend monsieur.

AXEL : Très bien ! J'en ai pour une minute !

BERTHA : La nouvelle camarade ?

AXEL : Non, plus de camarade ; maîtresse !

BERTHA : Et future épouse ?

AXEL : Peut-être ! Des camarades, je veux bien en avoir au café, mais chez moi je veux une épouse ! Excuse-moi !

BERTHA : Adieu alors ! Nous ne pourrons plus nous revoir ?

AXEL : Bien sûr que si ! Mais au café ! En camarades !

Père

Tragédie en trois actes

Texte français
Arthur Adamov

Fadren

Personnages

LE CAPITAINE. LAURA, *sa femme.* BERTHA, *leur fille.* LE DOCTEUR ŒSTERMARK, *médecin.* LE PASTEUR, *frère de Laura.* MARGRET, *la vieille nourrice du capitaine.* NÖJD, *soldat de l'escadron du capitaine.* SWARD, *ordonnance du capitaine.*

PREMIER ACTE

Un salon dans la maison du capitaine. Au fond, à droite, une porte. Près de la porte, un porte-manteau auquel sont accrochés des uniformes. Dans un coin, une porte dérobée. Au milieu de la chambre, une grande table ovale chargée de livres et de journaux. Dessus, une lampe à pétrole allumée. A droite un canapé en cuir et une autre table. A gauche une commode. Au-dessus de la commode une pendule. Aux murs, des sabres, des fusils de chasse, des gibecières.

Sur le canapé, assis, le capitaine et le pasteur. Le capitaine est en uniforme, il porte des éperons. Le pasteur vêtu d'un complet noir, a un cache-col blanc. Il fume la pipe.

Le capitaine sonne.

SWARD : Mon capitaine ?

LE CAPITAINE : Nöjd est là ?

SWARD : Nöjd est à la cuisine, il attend vos ordres, mon capitaine.

LE CAPITAINE : Il est de nouveau à la cuisine ! Amène-le ici, tout de suite !

SWARD : A vos ordres, mon capitaine.

Il sort.

LE PASTEUR : Qu'est-ce qui ne va pas ?

LE CAPITAINE : Cet animal a encore eu une histoire avec la servante ! Il est complètement déréglé.

LE PASTEUR : Nöjd ? Mais il a déjà eu une histoire l'année dernière.

LE CAPITAINE : Ah, tu te souviens ? Au fait, veux-tu être assez gentil pour lui dire quelques mots ? Ça le touchera peut-être davantage. Moi, je l'ai déjà injurié, je l'ai même frappé, mais comme ça n'a servi à rien...

LE PASTEUR : Alors, tu veux que je lui fasse un sermon ? D'accord... Mais crois-tu que les Saintes Ecritures aient prise sur un beau cavalier ?

LE CAPITAINE : Cher beau-frère, tu sais que sur moi elles n'ont aucune...

LE PASTEUR : Je ne le sais que trop.

LE CAPITAINE : Mais lui... Essaie toujours. (*Entre Nöjd par la porte du fond.*) Alors, Nöjd, qu'as-tu encore fait ?

Nöjd : Sauf votre respect, mon capitaine... je ne peux pas le dire devant monsieur le pasteur.

Le pasteur : Ne te gêne pas, mon garçon !

Le capitaine : Allons, avoue...

Nöjd : Eh bien, voilà, ça s'est passé comme ça : on avait été danser chez Gabriel... et puis... et puis Ludvig m'a dit...

Le capitaine : Qu'est-ce que Ludvig a à voir là-dedans ? Dis plutôt la vérité.

Nöjd : Oui, et ensuite Emma a dit qu'on devrait aller dans la grange...

Le capitaine : Ainsi, tu voudrais nous faire croire que c'est Emma qui a fait le premier pas ?

Nöjd : Oh, il ne s'en est pas fallu de beaucoup. Et je vais vous dire une chose : si la fille ne veut pas, il ne se passe rien.

Le capitaine : Soyons brefs. Es-tu, oui ou non, le père de l'enfant ?

Nöjd : Comment le savoir ?

Le capitaine : Hein, tu ne peux pas savoir ça ?

Nöjd : Non, ça, on ne peut pas le savoir.

Le capitaine : Alors, tu n'étais pas seul avec elle ?

Nöjd : Si, ce jour-là... Mais on ne peut pas non plus savoir si on est le seul...

Le capitaine : Alors, tu voudrais rejeter la faute sur Ludvig ? C'est bien ça ?

Nöjd : Ce n'est pas facile de savoir sur qui rejeter la faute.

Le capitaine : Sans doute, mais tu n'en as pas moins promis à Emma de l'épouser.

Nöjd : Oui, mais voyez-vous, on dit toujours ça, mon capitaine.

Le capitaine, *au pasteur* : N'est-ce pas honteux ?

Le pasteur : Oh, on connaît la musique... Mais écoute, Nöjd, un garçon de ton espèce doit tout de même savoir s'il est, oui ou non, le père...

Nöjd : J'ai été avec Emma, ça oui. Mais ces choses-là, monsieur le pasteur, vous le savez bien, peuvent aussi ne pas tirer à conséquence.

Le pasteur : Ecoute, mon garçon, il s'agit de toi, pour l'instant. Et tu ne voudrais tout de même pas laisser la fille avec un enfant sur les bras ! On ne peut pas t'obliger à l'épouser, d'accord, mais tu dois t'occuper de l'enfant. Oui, ça, tu dois le faire !

NÖJD : Bien, mais alors il faut que Ludvig s'en occupe aussi.

LE CAPITAINE : Alors il faut aller devant les tribunaux, je ne suis pas capable de débrouiller cette histoire ; et d'ailleurs, ça ne m'amuse pas. Maintenant, rompez !

LE PASTEUR : Nöjd ! Encore un mot... Ne trouves-tu pas malhonnête d'abandonner ainsi une fille avec un gosse, sans le sou ? Tu ne trouves pas ? Tu ne crois pas qu'une telle façon d'agir... Hum !...

NÖJD : Oui, dans le cas où je serais le père, mais voyez-vous, monsieur le pasteur, ça, on ne peut pas le savoir. Et se gâter la vie pour un enfant qui n'est même pas à soi, ce n'est pas drôle. Et monsieur le pasteur et le capitaine devraient me comprendre.

LE CAPITAINE : Bon, bon... Va-t'en !

NÖJD : Oui, mon capitaine.

LE CAPITAINE : Mais pas à la cuisine, canaille ! (*Nöjd sort.*) Eh bien, et ce sermon ?

LE PASTEUR : Quoi ? Je l'ai grondé, il me semble.

LE CAPITAINE : Allons ! Tu es resté à ronchonner dans ton coin.

LE PASTEUR : Pour ne rien te cacher, je ne savais que lui dire. Bien sûr, la fille est à plaindre, mais le pauvre garçon aussi ! Suppose qu'il ne soit pas le père !... La fille pourra toujours mettre son enfant à l'Assistance, quitte à le nourrir quatre mois, mais, lui, ne pourra pas devenir nourrice !... Et puis la fille trouvera ensuite une bonne place... dans une famille aisée, tandis que lui, une fois renvoyé du régiment...

LE CAPITAINE : Eh bien, je ne voudrais pas être dans la peau du magistrat qui jugera cette affaire. Le garçon n'est peut-être pas tout à fait innocent, mais on n'en sait rien. Tout ce qu'on sait, c'est que la fille est coupable. Mais en l'occurrence peut-on même parler d'une faute ?

LE PASTEUR : Je ne veux juger personne... Mais, de quoi parlions-nous, avant que cette histoire ne vienne sur le tapis ? De Bertha et de sa confirmation, n'est-ce pas ?

LE CAPITAINE : Oui, mais moins de sa confirmation que de son éducation en général. Cette maison est pleine de femmes qui toutes veulent élever mon enfant. Ma belle-mère voudrait faire d'elle une spirite, Laura voudrait en faire une artiste ; la gouvernante n'a qu'une idée en tête : l'initier au méthodisme ; et la vieille Margret rêve d'une Bertha baptiste, et les bonnes veulent qu'elle se fasse salutiste. Ce n'est pas ainsi qu'on forme l'esprit d'une enfant, et c'est pourquoi il faut absolument qu'elle quitte cette maison, d'autant plus qu'on ne cesse d'y contrecarrer mes efforts, et c'est à moi que revient le droit de la former.

LE PASTEUR : Oui, il y a trop de femmes qui commandent dans ta maison.

LE CAPITAINE : N'est-ce pas ? On se croirait dans une cage remplie de fauves. Et si je ne leur mettais pas de temps à autre le fer rouge sous le nez, elles me déchireraient toutes à belles dents. Ah, tu ris, coquin ! Il ne te suffisait pas de me donner ta sœur en mariage, il a encore fallu que tu me jettes une belle-mère à la tête...

LE PASTEUR : Oui, Dieu en est témoin, un homme ne doit jamais vivre sous le même toit que sa belle-mère.

LE CAPITAINE : Sans doute. Aussi préfères-tu que la belle-mère habite sous le toit d'un autre.

LE PASTEUR : Oui, chacun a, dans la vie, sa croix à porter.

LE CAPITAINE : Peut-être, mais la mienne est trop lourde ! Et je ne parle même pas de ma vieille nourrice, qui m'attacherait bien encore une bavette si je me laissais faire... C'est une brave femme, d'accord, mais elle n'a plus sa place ici.

LE PASTEUR : Beau-frère, c'est un peu de ta faute. Tu n'as qu'à tenir en bride les femmes de ta maison.

LE CAPITAINE : Ecoute, beau-frère... Peux-tu m'apprendre comment on tient en bride les femmes de sa maison ?

LE PASTEUR : Il est vrai que Laura — je la connais puisqu'elle est ma propre sœur — n'est pas toujours commode.

LE CAPITAINE : Laura a de bien mauvais côtés, mais ce n'est pas elle la plus dangereuse.

LE PASTEUR : Oh, je la connais ! Ne te gêne pas.

LE CAPITAINE : Elle a été élevée si « romantiquement » qu'elle a du mal à accepter la vie de tous les jours. Mais après tout c'est ma femme et...

LE PASTEUR : Et parce qu'elle est ta femme, elle serait moins mauvaise que les autres ? Non, beau-frère ! C'est bien elle qui te maltraite le plus !

LE CAPITAINE : En tout cas, la maison va de travers ! Laura ne veut pas que Bertha s'en aille, et pourtant je ne peux pas laisser mon enfant dans cette maison de fous...

LE PASTEUR : Ah, Laura ne veut pas... Eh bien alors, j'entrevois de sérieuses difficultés. Enfant déjà, elle ne craignait pas de se coucher par terre en faisant la morte, jusqu'à ce qu'elle ait obtenu gain de cause ; alors elle y renonçait, en déclarant n'avoir eu qu'un seul but : le triomphe de sa volonté.

LE CAPITAINE : Vraiment, elle était déjà comme ça ? En tout cas, elle se met dans de tels états qu'elle me fait peur : je la crois malade.

LE PASTEUR : Mais quels sont donc tes projets au sujet de Bertha, pour qu'elle y soit à ce point hostile ? N'y aurait-il pas moyen de concilier les choses ?

LE CAPITAINE : Ne crois surtout pas que je projette d'en faire une enfant prodige, ni un reflet de moi-même. Je ne veux pas être un entremetteur et élever ma fille exclusivement en vue du mariage, car si elle ne trouve pas à se marier, elle aura une vie difficile... Mais je ne veux pas non plus qu'elle choisisse une carrière masculine, qui exigerait un long travail, et lui serait tout à fait inutile au cas où elle désirerait se marier.

LE PASTEUR : Alors, que veux-tu ?

LE CAPITAINE : Je veux qu'elle devienne institutrice. Comme cela, si elle reste vieille fille, elle pourra gagner sa vie, et elle ne sera pas plus malheureuse que les pauvres instituteurs qui doivent partager leur traitement avec toute une famille ; et si elle se marie les connaissances qu'elle aura acquises lui serviront pour élever ses enfants. N'ai-je pas raison ?

LE PASTEUR : Certes. Mais n'a-t-elle pas montré de telles dispositions pour la peinture que les contrarier serait violenter sa nature profonde ?

LE CAPITAINE : Non. J'ai soumis ses esquisses à l'appréciation d'un peintre éminent, et il m'a dit n'y voir rien de plus que ce qu'on peut apprendre à l'école... Seulement, l'été dernier, est venu un jeune freluquet, qui soi-disant s'y connaissait beaucoup mieux en la matière : il lui trouva un puissant talent, et là-dessus la question a été tranchée dans le sens où Laura l'entendait...

LE PASTEUR : Etait-il amoureux de Bertha ?

LE CAPITAINE : Sans aucun doute.

LE PASTEUR : Alors, je ne vois pas de remède. (*Désignant de la main la porte de gauche* :) Et tous sont du côté de Laura ?

LE CAPITAINE : Oui, c'est certain. Le feu a gagné toute la maison et, entre nous, de ce côté-là on peut s'attendre aux coups les plus bas.

LE PASTEUR, *se levant* : Crois-moi, je connais ça.

LE CAPITAINE : Toi aussi ?

LE PASTEUR : Aussi !

LE CAPITAINE : Mais le plus grave, c'est que l'avenir de Bertha est conditionné par la rancune. Elles répètent sans cesse que l'homme doit être maté, et que la femme peut ceci, peut cela... A longueur de journée on oppose l'homme à la femme... Tu t'en vas déjà ? Non, reste dîner avec nous. Je n'ai pas grand-chose à t'offrir, mais tu sais que j'attends aujourd'hui le nouveau médecin. Tu l'as déjà vu ?

LE PASTEUR : Je l'ai entrevu en venant ici. Il m'a fait très bonne impression.

LE CAPITAINE : Ah, vraiment ? Ça me fait plaisir. Crois-tu qu'il pourra devenir un allié pour moi ?

LE PASTEUR : Qui sait ? Cela dépendra de son expérience des femmes.

LE CAPITAINE : Alors, tu ne veux pas rester ?

LE PASTEUR : Merci beaucoup, mon cher, mais j'ai promis de rentrer dîner à la maison, et ma femme sera inquiète si je n'arrive pas à temps.

LE CAPITAINE : Inquiète ? Tu veux dire furieuse. Enfin... Je t'aide à mettre ta pelisse ?

LE PASTEUR : Il fait vraiment très froid ce soir. Merci. — Tu devrais, Adolf, surveiller davantage ta santé. Tu m'as l'air bien nerveux !

LE CAPITAINE : J'ai l'air nerveux ?

LE PASTEUR : Oui, tu ne sembles pas dans ton assiette.

LE CAPITAINE : C'est Laura qui t'a mis cette idée en tête ? Voilà vingt ans qu'elle me traite comme un condamné à mort.

LE PASTEUR : Laura ? Non. Mais tu m'inquiètes... Soigne-toi, voilà le meilleur conseil que je puisse te donner. Adieu, vieux ! Mais ne voulais-tu pas me dire quelque chose, au sujet de la confirmation ?

LE CAPITAINE : Non, rien du tout. Je t'assure que les

choses doivent suivre leur cours normal. Je m'en remets à la morale de la communauté. Je ne suis ni un témoin ni un martyr. Fini tout cela ! Au revoir, et bien des choses chez toi !

LE PASTEUR : Au revoir, beau-frère. Et bonjour à Laura !

Il sort.

LE CAPITAINE, *après avoir ouvert son secrétaire et s'être assis devant lui, comptant* : Trente-quatre et neuf, quarante-trois... sept... huit... Cinquante-six...

LAURA, *entrant et s'approchant de lui* : Veux-tu être assez bon...

LE CAPITAINE : Un instant !... Soixante-six... Soixante et onze... Quatre-vingt-quatre, quatre-vingt-neuf, quatre-vingt-douze... Cent... Qu'est-ce qu'il y a ?

LAURA : Je te dérange ?

LE CAPITAINE : Pas du tout. Tu veux de l'argent pour le ménage, je suppose ?

LAURA : Oui, de l'argent pour le ménage.

LE CAPITAINE : Pose les factures là, je les examine dans un instant.

LAURA : Les factures ?

LE CAPITAINE : Oui.

LAURA : Tu as maintenant besoin des factures ?

LE CAPITAINE : Naturellement, j'ai besoin des factures ! Nos affaires sont en fort mauvais état, et si un jour on veut obtenir un arrangement, il faudra présenter des factures ; autrement on peut être condamné comme débiteur négligent.

LAURA : Si nos affaires sont en mauvais état, ce n'est pas de ma faute.

LE CAPITAINE : Nous allons voir ça en examinant les factures.

LAURA : Si le fermier ne te paye pas son fermage, ce n'est pas de ma faute.

LE CAPITAINE : Qui m'a chaudement recommandé ce fermier ? Toi ! Pourquoi m'as-tu chaudement recommandé un tel propre-à-rien ?

LAURA : Et pourquoi as-tu, toi, engagé ce propre-à-rien ?

LE CAPITAINE : Parce que si je ne l'avais pas engagé, je n'aurais pu ni manger en paix, ni dormir en paix, ni travailler en paix. Tu l'as voulu parce que ton frère voulait s'en débarrasser. La belle-mère l'a voulu parce que je ne le voulais pas ; la gouvernante l'a voulu parce qu'il était méthodiste, et la vieille Margret l'a voulu parce qu'étant enfant elle avait bien connu sa grand-mère. Voilà pourquoi je l'ai engagé. Et si je ne l'avais pas engagé, je serais aujourd'hui dans une maison de fous, ou bien couché dans le caveau de famille. (*Pause.*) Voici l'argent pour le ménage, et voici ton argent de poche. Quant aux factures, tu me les donneras plus tard.

LAURA, *lui faisant une révérence* : Merci mille fois ! — Inscriras-tu aussi sur les factures les sommes que tu dépenses en dehors du ménage ?

LE CAPITAINE : Cela ne te regarde pas.

LAURA : C'est vrai ! Cela me regarde aussi peu, sans doute, que l'éducation de mon enfant. Ces messieurs ont-ils pris une décision, à leur séance de ce soir ?

LE CAPITAINE : J'avais déjà pris ma décision auparavant, et je voulais seulement la communiquer à l'unique ami qui nous reste. Bertha ira en pension à la ville. Elle partira dans quinze jours.

LAURA : Et chez qui sera-t-elle en pension, si je peux me permettre de te le demander ?

LE CAPITAINE : Chez l'auditeur Säfberg.

LAURA : Chez un libre penseur !

LE CAPITAINE : Aux termes de la loi, les enfants doivent être élevés dans les convictions de leur père.

LAURA : Et la mère n'a pas son mot à dire ?

LE CAPITAINE : Non. Elle a légalement vendu son droit d'aînesse, moyennant quoi le mari la prend en charge ainsi que son enfant.

LAURA : Alors, elle n'a aucun droit sur son enfant ?

LE CAPITAINE : Aucun. Quand une marchandise a été vendue on ne peut la reprendre, et garder l'argent par-dessus le marché.

LAURA : Mais si le père et la mère sont d'accord pour...

LE CAPITAINE : Comment serait-ce possible ? Je veux que ma fille aille en ville, et toi tu veux qu'elle reste à la maison. La solution arithmétique serait qu'elle reste à la gare, à égale distance de la ville et de notre maison. C'est là un problème insoluble, comprends-tu ?

LAURA : Alors il faut trancher ! Que venait faire Nöjd ici ?

LE CAPITAINE : Secret professionnel !

LAURA : Que toute la cuisine connaît !

LE CAPITAINE : Bien. Alors tu dois le connaître toi aussi.

LAURA : Oh, je le connais !

LE CAPITAINE : Et tu as déjà préparé ton verdict ?

LAURA : Le verdict prescrit par la loi.

LE CAPITAINE : Mais la loi ne dit pas qui est le père de l'enfant.

LAURA : Non, mais il est généralement facile de le savoir.

LE CAPITAINE : Les gens avisés prétendent qu'on ne peut rien savoir en ce domaine.

LAURA : Voilà qui est extraordinaire ! Ainsi, on ne peut pas savoir qui est le père d'un enfant ?

LE CAPITAINE : Il paraît que non.

LAURA : Voilà qui est extraordinaire ! Et dans ce cas, comment le père peut-il avoir tant de droits sur l'enfant ?

LE CAPITAINE : Il ne les a que s'il assume ses responsabilités, ou si ces responsabilités lui sont imposées. Et puis, dans le mariage, aucun doute n'est possible sur la paternité.

LAURA : Aucun doute n'est possible ?

LE CAPITAINE : Non, du moins je l'espère.

LAURA : Et si la femme a été infidèle ?

LE CAPITAINE : Ce n'est pas le cas, en l'occurrence. As-tu encore une question à me poser ?

LAURA : Non.

LE CAPITAINE : Alors je monte dans ma chambre. Je t'en prie, sois assez bonne pour me prévenir quand le docteur arrivera.

Il ferme le secrétaire et reste debout.

LAURA : Entendu.

LE CAPITAINE, *sortant par la porte dérobée, à droite* : Mais préviens-moi dès qu'il arrivera. Je ne voudrais pas être impoli à son égard. Tu comprends ?

LAURA : Je comprends.

Restée seule, Laura examine l'argent qu'elle a dans la main.

LA VOIX DE LA BELLE-MÈRE, *au dehors* : Laura !

LAURA : Oui, mère !

LA VOIX DE LA BELLE-MÈRE : Mon thé est-il prêt ?

LAURA : On te l'apporte tout de suite !

Elle se dirige vers la porte du fond, qui s'ouvre au même instant.

SWARD, *sur le seuil de la porte, annonçant* : Monsieur le docteur Œstermark.

LE DOCTEUR ŒSTERMARK, *entrant* : Madame...

LAURA, *allant à sa rencontre et lui serrant la main* : Soyez le bienvenu, docteur. Vraiment, soyez le bienvenu chez nous ! Le capitaine est sorti, mais il revient tout de suite.

LE DOCTEUR ŒSTERMARK : Excusez mon retard, je vous prie, mais j'avais des malades à visiter.

LAURA : Asseyez-vous.

LE DOCTEUR ŒSTERMARK : Je vous remercie, madame.

LAURA : Oui, il y a ici beaucoup de malades en ce moment, mais j'espère que vous vous y plairez quand même. En tout cas il est très important pour nous, qui vivons retirés en pleine campagne, d'avoir un médecin réellement attentif. Et j'ai entendu dire un tel bien de vous, docteur, que nos rapports, j'en suis sûre, seront excellents.

LE DOCTEUR ŒSTERMARK : Vous êtes trop aimable, madame. Mais je veux espérer que mes visites professionnelles ne seront pas trop fréquentes. On se porte généralement bien dans votre famille et...

LAURA : Oui, par bonheur les maladies aiguës nous ont toujours été épargnées. Pourtant, tout ne va pas comme on le souhaiterait.

LE DOCTEUR ŒSTERMARK : Vraiment ?

LAURA : Hélas !

LE DOCTEUR ŒSTERMARK : Vous m'effrayez !

LAURA : Il y a dans chaque famille des choses que la décence vous contraint de cacher aux yeux du monde.

LE DOCTEUR ŒSTERMARK : Mais pas à ceux du médecin.

LAURA : Et c'est pourquoi j'ai le pénible devoir de tout vous dire dès le premier instant.

LE DOCTEUR ŒSTERMARK : Ne pourrions-nous pas retarder cette conversation jusqu'à ce que j'aie eu l'honneur d'être présenté au capitaine ?

LAURA : Non, vous devez m'écouter avant de le voir.

LE DOCTEUR ŒSTERMARK : C'est donc de lui qu'il s'agit ?

LAURA : Hélas, oui ! De mon pauvre cher mari.

LE DOCTEUR ŒSTERMARK : Vous m'inquiétez, madame. Car, croyez-moi, je compatis à votre malheur.

LAURA, *sortant son mouchoir* : Mon mari est atteint d'aliénation mentale. Maintenant vous savez tout, vous n'avez plus qu'à juger vous-même.

LE DOCTEUR ŒSTERMARK : Que dites-vous là ? J'ai lu avec beaucoup d'admiration les remarquables essais du capitaine sur la minéralogie, et je l'ai toujours considéré comme un esprit solide et clairvoyant.

LAURA : Vraiment ? Eh bien je serais heureuse que nous, ses proches, nous soyons trompés sur son compte.

LE DOCTEUR ŒSTERMARK : Mais il arrive aussi qu'un esprit très avisé en un domaine précis soit dérangé par ailleurs. Expliquez-vous, je vous en prie.

LAURA : C'est bien ce que nous craignons. Voilà, il lui vient de temps en temps des idées très bizarres. Bien sûr, un savant est souvent maniaque, seulement ces idées-là sont pour nous une menace ; oui, elles risquent de ruiner sa famille. Il a, par exemple, la manie d'acheter.

LE DOCTEUR ŒSTERMARK : Curieux ! Et qu'achète-t-il ?

LAURA : Des caisses entières de livres, et ces livres, il ne les lit jamais.

LE DOCTEUR ŒSTERMARK : Mon Dieu, il n'y a rien d'alarmant à ce qu'un savant achète des livres !

LAURA : Vous ne me croyez pas, docteur ?

LE DOCTEUR ŒSTERMARK : Mais si, madame. Je suis même convaincu que vous êtes absolument de bonne foi.

LAURA : Et vous trouvez normal, aussi, qu'un homme puisse voir au microscope ce qui se passe sur une autre planète ?

LE DOCTEUR ŒSTERMARK : Dit-il vraiment qu'il en est capable ?

LAURA : Oui, il le dit.

LE DOCTEUR ŒSTERMARK : Au microscope ?

LAURA : Oui, au microscope.

LE DOCTEUR ŒSTERMARK : Eh bien, s'il en est ainsi, son cas est assez grave.

LAURA : S'il en est ainsi ! Vous n'avez donc aucune confiance en moi, docteur, moi qui vous initie aux secrets de ma famille...

LE DOCTEUR ŒSTERMARK : Votre confiance m'honore, madame ; mais un médecin, avant de se prononcer, doit toujours beaucoup réfléchir et examiner les choses à fond. Le capitaine a-t-il manifesté des signes de velléités bizarres, d'irrésolution, de caprices enfin ?

LAURA : Quelle question ! Nous sommes mariés depuis

vingt ans, et il n'a jamais, vous entendez, jamais pris une décision qu'il n'ait plus tard abandonnée.

LE DOCTEUR ŒSTERMARK : Est-il têtu ?

LAURA : Il veut toujours imposer sa volonté, mais quand nous lui avons cédé, il n'insiste plus et me laisse même le soin de prendre toutes les décisions.

LE DOCTEUR ŒSTERMARK : Ah ! Capricieux et velléitaire à la fois... Très inquiétant ! Voyez-vous, madame, la volonté est l'épine dorsale de l'âme. Quand elle se brise, l'âme se désagrège.

LAURA : Dieu m'est témoin que j'ai dû, au cours de ces longues années d'épreuves, apprendre à me plier à tous ses désirs. Oh, si vous saviez la vie que j'ai menée à ses côtés, les combats qu'il m'a fallu livrer ! Si vous saviez !

LE DOCTEUR ŒSTERMARK : Votre chagrin me touche profondément, chère madame, et je vous promets de faire tout ce qui est en mon pouvoir pour l'atténuer. Je vous plains de tout mon cœur, et vous prie de me faire une entière confiance. Mais après ce que j'ai entendu, je vous demanderai instamment d'être prudente. Evitez autant que possible de contredire votre mari. Les malades de ce genre sont très impressionnables, et les plus légers désaccords peuvent, dans une cervelle affaiblie, donner naissance à des idées fixes, à des monomanies, etc. Vous comprenez ?

LAURA : Autrement dit je dois éviter d'éveiller ses soupçons ?

LE DOCTEUR ŒSTERMARK : Exactement. Car on peut faire croire à un malade à peu près tout ce qu'on veut, pour la bonne raison qu'il a l'esprit disponible...

LAURA : Bien. J'ai compris. Oui, oui. (*On sonne dans la chambre voisine ; Laura et le docteur se lèvent.*) Excusez-moi, ma mère veut me dire quelque chose. Un instant, je vous prie. — Ah, voici Adolf !

Elle sort.

LE CAPITAINE, *entrant par la porte dérobée* : Ah, docteur, vous êtes déjà là ! Soyez le bienvenu chez nous.

LE DOCTEUR ŒSTERMARK : Croyez, capitaine, que je suis très heureux et très flatté de faire la connaissance d'un savant aussi renommé que vous.

LE CAPITAINE : Je vous en prie ! Mon service ne me permet pas de pousser très avant mes investigations, mais je crois cependant être sur la voie d'une découverte.

LE DOCTEUR ŒSTERMARK : Ah oui ?

LE CAPITAINE : Voyez-vous, j'ai soumis des aérolithes à une analyse spectrale, et j'y ai découvert du carbone, trace d'une vie organique. Qu'en dites-vous ?

LE DOCTEUR ŒSTERMARK : Et vous avez vu cela au microscope ?

LE CAPITAINE : Diable non ! Au spectroscope !

LE DOCTEUR ŒSTERMARK : Au spectroscope ! Excusez-moi... Alors, vous pourrez bientôt nous dire ce qui se passe sur la planète Jupiter.

LE CAPITAINE : Pas ce qui se passe, mais ce qui s'est passé. Si seulement ce maudit libraire de Paris m'envoyait les livres que je lui ai commandés... Mais je crois que les libraires du monde entier se sont ligués contre moi. Pensez donc ! Depuis deux mois, mes commandes, lettres et télégrammes sont restés sans réponse. C'est à devenir fou !

LE DOCTEUR ŒSTERMARK : Il n'y a là-dedans rien de plus que la négligence habituelle. Vous ne devriez pas vous mettre dans de telles colères !

LE CAPITAINE : Peut-être, mais il reste que je ne finirai pas mon mémoire en temps voulu. Or je sais qu'à Berlin, un homme travaille sur le même sujet... Mais parlons plutôt de vous ! Si vous voulez habiter ici, vous pouvez disposer d'une petite chambre dans le pavillon. A moins que vous ne préfériez rester dans le logement qui vous est attribué ?

LE DOCTEUR ŒSTERMARK : Comme vous voudrez !

LE CAPITAINE : Comme *vous* voudrez ! Alors dites !

LE DOCTEUR ŒSTERMARK : Non, à vous de décider, capitaine !

LE CAPITAINE : Je ne déciderai rien. A vous de dire ce que vous voulez. Moi, je ne veux rien. Absolument rien.

LE DOCTEUR ŒSTERMARK : Oui, mais je ne peux pas décider...

LE CAPITAINE : Au nom du ciel, monsieur, dites ce que vous voulez ! Je n'ai dans cette affaire aucun avis, aucun désir, aucun souhait. Etes-vous dépourvu d'énergie au point de ne pas savoir ce que vous voulez ? Allons, parlez ou je me fâche !

LE DOCTEUR ŒSTERMARK : Eh bien, s'il ne tient qu'à moi, j'habiterai ici.

LE CAPITAINE : Parfait. Je vous remercie. Excusez-moi, docteur, mais rien ne m'exaspère autant que d'entendre quelqu'un dire que quelque chose lui est égal. (*Il sonne. Margret entre par la porte du fond.*) Ah, te voilà, Margret ! Ecoute, mon amie : sais-tu si la chambre du pavillon, destinée au docteur, est prête ?

MARGRET : Oui, capitaine.

LE CAPITAINE : Parfait. Eh bien, docteur, je ne vous retiens plus ; vous devez être fatigué. Adieu ! Vous serez toujours le bienvenu. Nous nous verrons demain, j'espère.

LE DOCTEUR ŒSTERMARK : Bonsoir, capitaine !

LE CAPITAINE : Je suppose que ma femme vous a déjà renseigné sur la manière dont on vit ici, de sorte que vous savez à peu près comment se présentent les choses ?

LE DOCTEUR ŒSTERMARK : Oui, votre excellente épouse m'a mis au courant de tout ce que doit savoir un profane. Au revoir, capitaine !

Il sort.

LE CAPITAINE : Que veux-tu, mon amie ? Qu'est-ce qu'il y a ?

MARGRET : Ecoutez-moi, mon petit monsieur Adolf !

LE CAPITAINE : Eh bien, parle, vieille Margret ! Tu es le seul être que je puisse écouter sans me mettre aussitôt en rage.

MARGRET : Ecoutez, monsieur Adolf... Est-ce que vous ne devriez pas faire quelques concessions, et vous mettre d'accord avec votre femme, au sujet de la petite ? Réfléchissez, une mère...

LE CAPITAINE : Réfléchis, Margret, un père...

MARGRET : Oui, oui. Mais un père a dans la vie d'autres préoccupations que son enfant. Une mère n'a que son enfant.

LE CAPITAINE : Très juste, vieille ! Elle n'a qu'un fardeau à porter, alors que j'en ai trois, y compris le sien. Ne crois-tu pas que j'aurais pu parvenir à une autre situation que celle de militaire minable, si je ne les avais pas eues, elle et son enfant ?

MARGRET : Si, mais je ne voulais pas parler de ça.

LE CAPITAINE : Je te crois volontiers ; ce que tu veux, c'est me mettre dans mon tort.

MARGRET : Vous ne croyez donc pas que je vous veux du bien, monsieur Adolf ?

LE CAPITAINE : Je le crois, mais tu ne sais pas ce qui pour moi est le bien. Vois-tu, il ne me suffit pas d'avoir donné la vie à cette enfant, je veux encore lui donner mon âme.

MARGRET : C'est vrai, je ne comprends rien à tout ça ; mais je trouve que vous devriez vous mettre d'accord, tous les deux.

LE CAPITAINE : Tu n'es pas mon amie, Margret !

MARGRET : Moi ? Oh, mon Dieu ! Comment monsieur Adolf peut-il dire des choses pareilles ? Croit-il que je puisse oublier qu'il a été, pour ainsi dire, mon enfant, lorsqu'il était petit ?

LE CAPITAINE : Mais, mon amie, je ne l'ai pas oublié. Tu m'as tenu lieu de mère, tu as pris mon parti quand tous étaient contre moi ; mais maintenant, maintenant que l'heure est grave, tu m'abandonnes et tu passes à l'ennemi.

MARGRET : A l'ennemi ?

LE CAPITAINE : Oui, à l'ennemi ! Tu sais ce qui se passe dans cette maison. Tu as tout vu, du commencement à la fin.

MARGRET : Bien sûr, j'ai tout vu. Mais, Seigneur, deux êtres peuvent-ils ainsi s'en vouloir à mort, deux êtres si bons envers tout le monde ? Jamais madame n'a agi comme ça, ni envers moi, ni envers personne.

LE CAPITAINE : Seulement envers moi, je le sais. Mais je te le dis, Margret, en m'abandonnant, tu commets un péché. Car des intrigues s'ourdissent contre moi, et le docteur non plus n'est pas de mes amis.

MARGRET : Ah, monsieur Adolf se méfie de tout le monde ! Mais c'est parce qu'il n'a pas la vraie foi.

LE CAPITAINE : Tandis que toi et tes baptistes, vous l'avez, la vraie foi ! Tu es heureuse, quoi !

MARGRET : Oui, je suis moins malheureuse que vous, monsieur Adolf. Un peu d'humilité, et vous verrez que Dieu vous donnera la joie par l'amour du prochain.

LE CAPITAINE : Il est curieux, Margret, que lorsque tu parles de Dieu et de l'amour, ta voix soit si méchante et ton regard si haineux. Non, Margret, tu n'as certainement pas la vraie foi !

MARGRET : Eh bien, restez orgueilleux et dur, avec votre science, mais elle ne vous mènera pas loin, si quelque chose vous arrive !

LE CAPITAINE : Quel orgueil, humble cœur ! Oh, je

sais bien que la science n'a pas de prise sur de vieilles bêtes comme toi !

MARGRET : Il devrait avoir honte ! Seulement la vieille Margret aime encore son grand, grand tout-petit, et il lui reviendra, comme un enfant bien gentil, quand soufflera la tempête !

LE CAPITAINE : Pardon, Margret ! Mais c'est qu'à part toi, personne ici ne me veut de bien. Aide-moi, je sens qu'il va se passer quelque chose. Je ne sais pas quoi, mais déjà ce qui se passe maintenant n'est pas normal. (*On entend un cri dans la chambre voisine.*) Qu'est-ce que c'est ? Qui a crié ?

BERTHA, *faisant irruption dans la chambre* : Papa ! Papa ! Protège-moi ! Sauve-moi !

LE CAPITAINE : Qu'as-tu, mon enfant bien-aimée ? Parle !

BERTHA : Protège-moi ! Je crois qu'elle veut me faire du mal !

LE CAPITAINE : Qui veut te faire du mal ? Parle !

BERTHA : Grand-mère ! Mais c'est de ma faute aussi, car je l'ai trompée.

LE CAPITAINE : Raconte !

BERTHA : Oui, mais tu ne le répéteras pas, dis ? Je t'en prie !

LE CAPITAINE : Raconte-moi ce qui s'est passé.

Margret s'éloigne.

BERTHA : Oui. — Elle baisse la lampe, et dans la pénombre, je dois m'asseoir à la table, un papier devant moi et une plume à la main. Alors elle dit que les esprits vont écrire.

LE CAPITAINE : Quoi ? Et tu ne m'as jamais parlé de ça !

BERTHA : Pardon, mais je n'ai pas osé, car grand-mère a dit que les esprits se vengent quand on parle d'eux. — Et alors, la plume se met à marcher, et je ne sais plus si c'est moi qui écris. Parfois, tout va bien, mais parfois aussi, ça ne va pas. Et quand je suis fatiguée, rien ne vient sous la plume, mais grand-mère veut qu'il vienne quand même quelque chose. Et ce soir, j'ai cru que j'écrivais comme il fallait, mais grand-mère a vu : ce que j'avais écrit sur le papier, c'était du Lamartine. Alors elle s'est mise dans une grande colère.

LE CAPITAINE : Crois-tu que les esprits existent ?

BERTHA : Je ne sais pas.

LE CAPITAINE : Eh bien, moi, je sais qu'ils n'existent pas.

BERTHA : Mais grand-mère dit que tu ne comprends pas, alors que tu devrais être le premier à comprendre, puisque tu fais cette chose extraordinaire de voir ce qui se passe sur les autres planètes.

LE CAPITAINE : Elle dit cela ! Et que dit-elle encore ?

BERTHA : Elle dit que tu n'as aucun pouvoir magique.

LE CAPITAINE : Mais je n'ai jamais prétendu en avoir ! Tu sais ce que c'est que des aérolithes : des pierres qui tombent sur la terre après s'être détachées d'autres corps célestes. Ces pierres, je sais les examiner, je sais voir si elles contiennent les mêmes matières que notre terre à nous. Je sais voir cela, mais cela seulement.

BERTHA : Grand-mère dit qu'il y a des choses qu'elle peut voir, et que toi tu ne peux pas voir.

LE CAPITAINE : C'est un mensonge !

BERTHA : Grand-mère ne ment pas.

LE CAPITAINE : Pourquoi pas ?

BERTHA : Alors, maman aussi est une menteuse ?

LE CAPITAINE : Hum !

BERTHA : Si tu dis que maman est une menteuse, je ne te croirai plus jamais.

LE CAPITAINE : Je n'ai pas dit cela, et c'est pourquoi il faut que tu me croies quand je te dis pour ton bien, pour ton avenir : tu dois quitter cette maison. Veux-tu aller habiter à la ville, et apprendre des choses qui te serviront ?

BERTHA : Oh oui, je voudrais bien être à la ville, loin d'ici, n'importe où ! Pourvu que je puisse te voir quelquefois, non, souvent ! C'est si triste à la maison, si étouffant ! Une vraie nuit d'hiver ! Mais quand tu arrives, père, c'est comme si on ôtait la double fenêtre, un matin de printemps !

LE CAPITAINE : Mon enfant aimée ! Mon enfant chérie !

BERTHA : Seulement, papa, il faut que tu sois gentil avec maman. Tu veux bien ? Elle pleure si souvent !

LE CAPITAINE : Hum ! — Alors, tu acceptes d'aller à la ville ?

BERTHA : Oui, oui.

LE CAPITAINE : Et si maman n'accepte pas ?

BERTHA : Mais il faut qu'elle accepte !

LE CAPITAINE : Et si elle n'accepte pas ?

BERTHA : Alors... je ne sais pas... Mais il faut qu'elle accepte, il faut !

LE CAPITAINE : Veux-tu le lui demander ?

BERTHA : Non, c'est à toi de le lui demander. Moi, elle ne m'écoute pas.

LE CAPITAINE : Mais si toi tu veux, si moi je veux, et qu'elle ne veuille pas, alors que ferons-nous ?

BERTHA : Oh, tout s'embrouille de nouveau ! Pourquoi ne pourriez-vous pas, tous les deux...

LAURA, *entrant* : Ah, Bertha est ici ! Eh bien, nous allons pouvoir lui demander son avis, puisqu'il faut décider de son sort.

LE CAPITAINE : Une enfant ne peut avoir d'opinion bien pertinente sur la manière dont doit être élevée une jeune fille. Mais nous, qui avons vu évoluer bien des jeunes filles, nous pouvons en avoir une...

LAURA : Mais puisque nous ne sommes pas du même avis, Bertha peut trancher la question.

LE CAPITAINE : Non ! Je ne tolèrerai aucune atteinte à mes droits, ni de la part des femmes ni de celle des enfants ! Bertha, laisse-nous seuls.

Bertha sort.

LAURA : Tu redoutes son jugement, parce que tu crois qu'il me serait favorable !

LE CAPITAINE : Je sais que son désir est de quitter la maison ; mais je sais aussi que tu as le pouvoir de modifier sa volonté à ta convenance.

LAURA : Ai-je donc un tel pouvoir ?

LE CAPITAINE : Oui, tu as le pouvoir satanique de toujours faire triompher ta propre volonté. Ce pouvoir-là, seuls le possèdent ceux qui ne reculent devant aucun moyen. Comment, par exemple, as-tu chassé d'ici le docteur Norling, et amené à sa place le nouveau médecin ?

LAURA : Oui, comment suis-je parvenue à cela ?

LE CAPITAINE : Tu as tellement insulté Norling qu'il est parti ; puis tu as circonvenu ton frère en faveur du nouveau médecin.

LAURA : C'était donc très simple, et parfaitement légal ! — Bertha va partir ?

LE CAPITAINE : Oui, dans quinze jours.

LAURA : Tu en as parlé à Bertha ?

LE CAPITAINE : Oui.

LAURA : Eh bien, je vais m'appliquer à contrecarrer ton projet.

LE CAPITAINE : Tu ne pourras pas.

LAURA : Je ne pourrai pas ? Crois-tu donc qu'une mère consente à ce qu'on lui prenne son enfant pour la confier à des gens mal intentionnés, qui lui apprendront que tout ce que sa mère lui a appris n'était que sottises, amenant ainsi la fille à mépriser sa mère ?

LE CAPITAINE : Crois-tu qu'un père supporte que des femmes sans instruction, sans éducation, apprennent à sa fille qu'elle a pour père un charlatan ?

LAURA : Pour le père, c'est beaucoup moins important.

LE CAPITAINE : Parce que ?...

LAURA : Parce que la mère est plus intimement que lui liée à l'enfant, étant donné qu'on ne peut pas savoir au juste qui est le père.

LE CAPITAINE : Qu'entends-tu par là ?

LAURA : Que tu ne sais pas si tu es le père de Bertha.

LE CAPITAINE : Je ne le sais pas ?

LAURA : Non. Ce que personne ne sait, tu ne peux pas le savoir non plus.

LE CAPITAINE : Tu plaisantes ?

LAURA : Non, je ne fais que suivre tes leçons. Et du reste, qu'est-ce qui te prouve que je ne t'ai pas été infidèle ?

LE CAPITAINE : Je te crois capable de bien des choses, mais pas de celle-là. Et je crois que tu ne parlerais pas de la sorte si c'était vrai.

LAURA : Mais suppose que pour garder mon enfant près de moi j'accepte tout... d'être méprisée... mise au ban de la société... Oui, simplement pour la garder... Suppose aussi que je dise la vérité lorsque je déclare : Bertha est ma fille, mais pas la tienne... Suppose...

LE CAPITAINE : Assez !

LAURA : Dans ce cas, tu n'aurais plus sur elle aucun pouvoir.

LE CAPITAINE : Il te faudrait d'abord prouver que je ne suis pas son père.

LAURA : Ce ne serait pas difficile. Vraiment, tu veux que je te le prouve ?

LE CAPITAINE : Assez !

LAURA : Il me suffirait de donner le nom du véritable père, de préciser le temps et le lieu... Ecoute. Quand Bertha est-elle née ? Trois ans après notre mariage.

LE CAPITAINE : Assez ! Ou bien...

LAURA : Ou bien quoi ? Finissons-en ! Réfléchis donc un peu, je t'en prie ! Tu vas te ridiculiser aux yeux du monde entier, voilà tout !

LE CAPITAINE : Il s'agit bien de ridicule ! Tout cela est, au contraire, fort triste !

LAURA : Non. Tu vas te ridiculiser !

LE CAPITAINE : Et toi, tu ne te ridiculiseras pas, peut-être ?

LAURA : Non, car notre sort, à nous, femmes, est bien réglé.

LE CAPITAINE : Et cela nous empêcherait de vous combattre ?

LAURA : Pourquoi t'attaques-tu à un ennemi qui t'est supérieur ?

LE CAPITAINE : Supérieur ?

LAURA : Oui, supérieur ! Cela peut paraître étrange, mais je n'ai jamais vu un homme sans me sentir supérieure à lui.

LE CAPITAINE : Eh bien, tu vas trouver ton maître, et tu ne seras pas près de l'oublier.

LAURA : Très intéressant !

MARGRET, *entrant* : C'est servi. Si madame et monsieur veulent bien venir dans la salle à manger...

LAURA : Volontiers ! (*Le capitaine hésite, puis s'assied sur une chaise près de la petite table.*) Alors, tu ne veux pas dîner ?

LE CAPITAINE : Non, merci, je n'ai pas faim.

LAURA : Qu'as-tu donc ? Tu boudes ?

LE CAPITAINE : Non, mais je n'ai pas faim.

LAURA : Allons, viens. Sinon, ils poseront tous des questions... des questions tellement inutiles... Sois gentil, viens ! Tu ne veux pas ? Eh bien reste, reste !

Elle sort.

MARGRET : Monsieur Adolf, qu'est-ce qui vous arrive ?

LE CAPITAINE : Je n'en sais rien. Mais peut-être pourrais-tu m'expliquer pourquoi vous, les femmes, traitez les hommes adultes comme s'ils étaient encore des enfants ?

MARGRET : Je ne suis pas bien savante. Mais c'est peut-être que vous êtes tous, les vieux comme les jeunes, les enfants des femmes...

LE CAPITAINE : Alors que jamais femme ne naquit d'un homme... Et pourtant, je suis le père de Bertha. Dis, Margret, tu me crois, n'est-ce pas ? Tu me crois ?

Margret : Dieu, quel enfant il fait ! Bien sûr qu'il est le père de son propre enfant ! Et maintenant venez manger, monsieur Adolf, au lieu de rester là et de bouder ! Soyez raisonnable, venez !

Le capitaine, *se levant* : Va-t'en, femme ! Les sorcières en enfer ! (*Il va à la porte du milieu et appelle* :) Swärd ! Swärd !

Sward, *entrant* : Capitaine ?

Le capitaine : Fais atteler le traîneau. Immédiatement !

Margret : Capitaine ! Ecoutez...

Le capitaine : Hors d'ici, femme ! Immédiatement !

Margret : Seigneur, protège-nous ! Qu'est-ce que tout ça va donner ?

Le capitaine, *mettant un bonnet et se préparant à sortir* : Inutile de m'attendre avant minuit !

Il sort.

Margret : Jésus, aie pitié de nous ! Qu'est-ce que tout ça va donner ?

ACTE II

Même décor qu'au premier acte. La lampe est allumée. Il fait nuit. Laura et le docteur Œstermark.

LE DOCTEUR ŒSTERMARK : D'après ce que j'ai pu déduire de notre conversation, la chose ne me semble pas encore absolument prouvée. En outre, vous avez commis une erreur en me disant que c'est à l'aide d'un microscope qu'il a fait ses étonnantes découvertes concernant les corps célestes. J'ai appris que c'était à l'aide d'un spectroscope ; je tiens donc l'hypothèse de l'aliénation mentale pour mal fondée. Je dirais même, au contraire, que le capitaine a hautement mérité de la science.

LAURA : Mais je n'ai jamais prétendu cela !

LE DOCTEUR ŒSTERMARK : Chère madame, j'ai noté notre conversation. Je me souviens de vous avoir interrogée à deux reprises sur ce point essentiel, croyant avoir mal compris. Dans ces sortes d'accusations, qui aboutissent à remettre un homme sous tutelle, il faut se montrer extrêmement scrupuleux.

LAURA : Sous tutelle ?

LE DOCTEUR ŒSTERMARK : Oui, vous savez bien qu'un aliéné perd ses droits de citoyen et de chef de famille.

LAURA : Non, je ne le savais pas.

LE DOCTEUR ŒSTERMARK : Un autre point aussi me paraît douteux. Le capitaine m'a dit que toutes ses lettres aux libraires étaient restées sans réponse. Puis-je vous demander si vous n'auriez pas, dans les meilleures intentions du monde, mais de façon très déraisonnable, intercepté ces lettres ?

LAURA : Oui, je l'ai fait. Mais il était de mon devoir de veiller sur les intérêts de la famille. Je ne pouvais pas le laisser nous mener ainsi à la ruine.

LE DOCTEUR ŒSTERMARK : Excusez-moi, mais je crois que vous avez insuffisamment mesuré les conséquences d'un tel geste. Si jamais il découvre votre secrète intrusion dans son travail, sa méfiance se trouvera justifiée et prendra les proportions les plus inquiétantes. De plus, vous vous êtes ainsi mise en travers de sa volonté, et son irritation va s'accroître. Or vous savez sûrement, par expérience, quel déchirement intérieur provoquent les entraves mises à nos projets les plus chers.

LAURA : Si je le sais !

LE DOCTEUR ŒSTERMARK : Alors vous pouvez vous imaginer comment il a dû prendre la chose.

LAURA, *se levant* : Minuit ! Et il n'est pas encore rentré. On peut maintenant craindre le pire.

LE DOCTEUR ŒSTERMARK : Dites-moi, chère madame, que s'est-il passé ce soir, après mon départ ? Je dois être au courant de tout.

LAURA : Il a déliré, les idées les plus étranges lui sont venues. Il s'est mis dans la tête, figurez-vous, qu'il n'était pas le père de son enfant.

LE DOCTEUR ŒSTERMARK : Etrange ! Mais comment cette pensée lui est-elle venue ?

LAURA : Je n'en sais rien. Je sais seulement qu'il a interrogé un de ses hommes sur une contestation de paternité. Et comme je prenais la défense de la fille, il s'est mis en colère et a déclaré que nul ne peut désigner à coup sûr le père d'un enfant. Dieu sait pourtant si j'ai tout tenté pour le calmer ! Mais je crois qu'il n'y a maintenant plus rien à faire.

Elle pleure.

LE DOCTEUR ŒSTERMARK : Cela ne peut continuer ainsi, il faut absolument faire quelque chose, sans toutefois éveiller sa méfiance. Dites-moi, le capitaine avait-il déjà eu de telles lubies ?

LAURA : Il y a six ans. Il a reconnu alors, dans une lettre à son médecin, qu'il craignait pour sa raison.

LE DOCTEUR ŒSTERMARK : Oui, oui, cette histoire a de profondes racines... le caractère sacré de la vie familiale... et ainsi de suite... Mais je ne veux pas poursuivre indéfiniment mon enquête, je dois m'en tenir aux phénomènes apparents. On ne peut pas, hélas ! supprimer le passé. Et pourtant le passé aussi nécessiterait un traitement. — Où croyez-vous qu'il soit maintenant ?

LAURA : Je n'en ai pas la moindre idée. Avec ses lubies !

LE DOCTEUR ŒSTERMARK : Voulez-vous que je l'attende ? Pour ne pas éveiller ses soupçons, je pourrais par exemple prétexter une visite à madame votre mère qui aurait été prise d'un malaise.

LAURA : Oui, c'est une très bonne idée. Mais ne nous

abandonnez pas, docteur. Si vous saviez comme je suis inquiète... Ne vaudrait-il pas mieux que vous lui disiez franchement ce que vous pensez de son état ?

LE DOCTEUR ŒSTERMARK : On ne dit jamais cela aux malades mentaux avant qu'ils n'abordent eux-mêmes le sujet, et même alors c'est exceptionnel. Tout dépend du tour que prennent les choses. Mais nous ne devrions pas rester ici ; peut-être faudrait-il que je me retire dans la pièce voisine, cela paraîtrait moins concerté.

LAURA : Oui, cela vaudra mieux. Et Margret s'installera ici. Elle ne se couche jamais avant qu'il ne rentre, et c'est la seule personne qui ait encore de l'influence sur lui. (*Elle ouvre la porte.*) Margret ! Margret !

MARGRET, *entrant* : Madame a besoin de moi ? Monsieur est rentré ?

LAURA : Non, mais tu vas rester ici à l'attendre, et quand il arrivera tu lui diras que ma mère est malade et que le docteur est venu.

MARGRET : Oui, oui, je ferai tout ce qu'il faut.

LAURA, *ouvrant la porte de la chambre voisine* : Je vous en prie, docteur, entrez !

LE DOCTEUR ŒSTERMARK : Madame...

Tous deux sortent. Margret s'assied à la table, met des lunettes, sort un livre de cantiques et murmure : oui, oui, oui. Puis elle lit à mi-voix :

MARGRET :

« La vie est courte, vide de joie.
Vite descend la dernière heure.
L'ange de la mort toujours tournoie
Et toujours résonnent dans l'air
Ces mots : tout est vain, tout est éphémère ! »
Oui, oui, oui...
« Et de chaque chose sur la terre
L'ange de la mort fait son butin.
Seul demeure le chagrin
Et sur le tombeau sont tracés
Ces mots : tout est vain, tout est éphémère. »
Oui, oui, oui...

Entre Bertha, une cafetière et une broderie à la main.

BERTHA, *à voix basse* : Margret, puis-je rester près de toi ? J'ai si peur, là-haut !

MARGRET : Seigneur ! La petite Bertha n'est pas encore couchée ?

BERTHA : Tu sais bien que je fais une broderie pour papa. Son petit Noël ! Et je t'apporte quelque chose de bon.

MARGRET : Oui, mais ça ne va pas du tout, mon petit cœur ! La petite Bertha doit se lever très tôt demain matin, et il est déjà minuit passé.

BERTHA : Ça ne fait rien. Et puis, je n'ose plus rester toute seule, là-haut, dans ma chambre. Je crois qu'il y a des fantômes.

MARGRET : Des fantômes ! Tu vois, je te l'avais bien dit ! La vieille Margret ne parle pas en l'air. Oui, je l'avais bien dit que cette maison me semblait louche. Alors, qu'est-ce qu'elle a entendu, la petite Bertha ?

BERTHA : J'ai entendu chanter, là-haut, dans le grenier.

MARGRET : Dans le grenier ? Maintenant, à l'heure qu'il est ?

BERTHA : Oui, et c'était un chant si triste, si triste ! Je n'en ai jamais entendu d'aussi triste... On aurait dit qu'il venait de la mansarde, là où il y a mon berceau... Tu sais, à gauche...

MARGRET : Oh ! oh ! Et quel temps il fait, cette nuit ! Un temps à renverser les cheminées !
« Ah, notre vie sur cette terre
N'est que pleurs, souffrances et peines !
Même quand tout a été pour le mieux
Seule demeure la fatigue. »
Que Dieu nous accorde un bon Noël, mon enfant !

BERTHA : Margret, c'est vrai que papa est malade ?

MARGRET : Oui.

BERTHA : Alors, nous ne pourrons pas fêter la Noël... Mais s'il est malade, comment se fait-il qu'il soit debout ?

MARGRET : La maladie qu'il a ne l'oblige pas à rester couché. J'entends des pas dans l'entrée ! Va dormir, mon petit !... Tu oublies la cafetière... Va, va, ou bien le capitaine va se fâcher !

BERTHA, *s'en allant et emportant le plateau* : Bonne nuit, Margret !

MARGRET : Bonne nuit, mon enfant. Que Dieu te garde !

Entre le capitaine, une canne à la main.

LE CAPITAINE, *enlevant son pardessus* : Pas encore au lit ! Va donc te coucher !

MARGRET : Je... je vous attendais, monsieur Adolf. (*Le capitaine allume une bougie, va à son secrétaire dont il ouvre un tiroir. Puis il sort de sa poche des lettres et des journaux et s'assied pour les lire.*) Monsieur Adolf ?

LE CAPITAINE : Que veux-tu ?

MARGRET : La mère de madame est malade. Le docteur est ici.

LE CAPITAINE : C'est grave ?

MARGRET : Non, je ne crois pas. Un refroidissement, voilà tout.

LE CAPITAINE, *se levant* : Qui était le père de ton enfant, Margret ?

MARGRET : Je vous l'ai dit bien souvent : c'était ce vaurien de Johansson.

LE CAPITAINE : Tu en es sûre ?

MARGRET : Quel enfant vous faites ! Evidemment, j'en suis sûre, puisqu'il était le seul...

LE CAPITAINE : Oui, mais lui, était-il sûr d'être le seul ? Non, il ne pouvait pas le savoir. Tandis que toi, tu pouvais. Vois-tu, toute la différence est là-dedans.

MARGRET : Je ne vois pas la différence.

LE CAPITAINE : Tu ne peux pas la voir, mais elle n'en existe pas moins. (*Il feuillette un album de photos posé sur la grande table.*) Trouves-tu que Bertha me ressemble ?

Il examine une photo de l'album.

MARGRET : Comme deux gouttes d'eau.

LE CAPITAINE : Johansson a-t-il reconnu qu'il était le père de l'enfant ?

MARGRET : Oh, il a été bien obligé !

LE CAPITAINE : Horrible !... Voilà le docteur. (*Entre le docteur Œstermark.*) Bonsoir, docteur. Comment va ma belle-mère ?

LE DOCTEUR ŒSTERMARK : Elle n'a rien de grave. Simplement une légère entorse au pied gauche.

LE CAPITAINE : Il me semble que Margret m'avait parlé d'un refroidissement. Mais il semble aussi que les opinions soient partagées. Va te coucher, Margret ! (*Margret sort. Pause.*) Asseyez-vous, docteur, je vous en prie.

LE DOCTEUR ŒSTERMARK, *s'asseyant* : Merci.

LE CAPITAINE : Est-il exact qu'en accouplant un zèbre et une jument on obtienne un poulain rayé ?

LE DOCTEUR ŒSTERMARK, *surpris* : Oui, absolument exact.

Le capitaine : Est-il exact que si l'on accouple ensuite la jument avec un étalon, les poulains suivants aient des rayures ?

Le docteur Œstermark : Oui, c'est exact aussi.

Le capitaine : Donc un étalon peut, dans certaines conditions, être le père d'un poulain rayé, et inversement ?

Le docteur Œstermark : Oui, il semblerait...

Le capitaine : Cela signifie donc que la ressemblance entre un enfant et son père ne prouve rien.

Le docteur Œstermark : Oh !...

Le capitaine : Cela signifie donc que la paternité ne peut être prouvée.

Le docteur Œstermark : Oh !...

Le capitaine : Vous êtes veuf et vous avez eu un enfant ?

Le docteur Œstermark : Oui-i...

Le capitaine : Et ne vous êtes-vous pas quelquefois senti ridicule en tant que père ? Rien de plus comique, en effet, que de voir un père promenant son enfant dans la rue, ou de l'entendre dire : « mon enfant ». Il devrait dire : « l'enfant de ma femme ». Oui, n'avez-vous jamais ressenti la fausseté de votre situation ? N'avez-vous jamais éprouvé un doute — je ne veux pas dire un soupçon car je suis un gentleman et j'admets que votre femme ait été au-dessus de tout soupçon.

Le docteur Œstermark : Non, vraiment, je n'ai jamais rien ressenti de tel. Voyez-vous, capitaine, on doit accepter ses enfants de confiance, comme l'a dit Goethe, je crois.

Le capitaine : De confiance, quand il s'agit d'une femme ? Dangereux !

Le docteur Œstermark : Bah, il y a des femmes de toutes espèces !

Le capitaine : Non, des recherches récentes ont prouvé qu'il en existe une seule espèce... Jeune homme, j'étais un solide gaillard, et même, en me vantant un peu, un beau garçon. Et je vais vous parler de deux expériences que j'ai faites et qui me laissèrent une certaine méfiance. Une fois, je voyageais sur un bateau à vapeur ; je me trouvais avec deux amis dans le salon, lorsqu'une jeune serveuse arriva vers nous tout en pleurs, et s'asseyant en face de moi, nous raconta que son fiancé venait de périr en mer. Nous la plaignîmes, puis je commandai du champagne. Au second verre mon pied rencontra le sien, au quatrième ce fut le genou ; et quand vint le matin, elle était parfaitement consolée.

LE DOCTEUR ŒSTERMARK : Il ne faut pas généraliser...

LE CAPITAINE : J'en viens à ma seconde expérience. Je me reposais dans une station balnéaire. Il y avait là une jeune femme accompagnée de ses enfants ; son mari était resté à la ville. Très pieuse, elle affichait des principes rigoureux, me faisait la morale, et était — du moins le croyais-je — tout à fait honorable. Je lui prêtai un livre, puis un autre. Avant son départ elle me rendit les livres, ce qui arrive rarement. Trois mois plus tard, je trouvai dans l'un de ces livres une carte de visite portant une déclaration d'amour passablement claire. Très innocente, bien sûr, comme sait l'être la déclaration d'une femme mariée à un étranger qui ne lui a jamais fait d'avances. Et maintenant vient la morale de l'histoire : ne vous fiez jamais à personne.

LE DOCTEUR ŒSTERMARK : Ne soyez pas non plus trop méfiant.

LE CAPITAINE : Non, on n'est jamais trop méfiant ! Voyez-vous, docteur, cette femme était tout à fait inconsciente, et si abjecte, qu'elle avait raconté à son mari sa passion pour moi. Et le plus grave, justement, c'est qu'elles ne sont jamais conscientes de leur abjection. Vous me direz peut-être que ce sont là des circonstances atténuantes, mais si elles peuvent adoucir le verdict, elles ne sauraient l'annuler.

LE DOCTEUR ŒSTERMARK : Capitaine, vos pensées prennent une tournure maladive, vous devriez vous surveiller.

LE CAPITAINE : Et vous, vous ne devriez pas parler de « maladie ». Voyez-vous, toutes les chaudières éclatent quand le manomètre marque cent, mais cent ne signifie pas la même chose pour chaque chaudière. Vous comprenez ? — Mais vous êtes ici pour me surveiller. Si je n'étais pas un homme, j'aurais le droit d'accuser, ou du moins de me plaindre, comme on dit, et peut-être pourrais-je alors découvrir mon diagnostic et vous en faire part ; je pourrais même vous raconter toute l'évolution de ma maladie. Mais je ne suis, hélas ! qu'un homme parmi les hommes, et je peux seulement, comme un Romain, croiser les bras sur ma poitrine, et retenir mon souffle jusqu'à ce que mort s'ensuive. Bonne nuit !

LE DOCTEUR ŒSTERMARK : Capitaine ! Un malade qui fait des aveux à son médecin n'a pas à souffrir dans sa dignité d'homme. Maintenant, je dois aussi entendre l'autre partie.

LE CAPITAINE : Les confidences de l'une des parties ne vous suffisent donc pas ?

LE DOCTEUR ŒSTERMARK : Non, capitaine. Vous savez ce que je me disais en entendant, dans *Les Revenants* d'Ibsen, madame Alwing prononcer l'oraison funèbre de son mari ? Je me disais : dommage que le gaillard soit mort.

LE CAPITAINE : Croyez-vous qu'il aurait parlé, s'il avait vécu ? Et croyez-vous que si un mort sortait de terre on ajouterait foi à ce qu'il dit ? Bonne nuit, docteur ! Vous voyez, je suis calme, et vous pouvez allez vous coucher.

LE DOCTEUR ŒSTERMARK : Alors, bonne nuit, capitaine ! Je ne peux plus m'occuper de cette affaire.

LE CAPITAINE : Sommes-nous donc ennemis ?

LE DOCTEUR ŒSTERMARK : Pas le moins du monde ! Il est simplement dommage que nous ne puissions être amis. Bonne nuit !

Il sort.

LE CAPITAINE, *qui a accompagné le docteur Œstermark jusqu'à la porte du fond, entrouvrant la porte de gauche* : Viens ici ! J'ai à te parler ! Je t'ai entendue. Je savais bien que tu étais derrière la porte, et que tu nous épiais. (*Entre Laura, confuse. Il s'assied à son bureau.*) Il est très tard, mais nous avons à parler. Assieds-toi. (*Pause.*) Je suis allé ce soir à la poste, chercher le courrier. Et là j'ai appris que tu interceptais mes lettres, celles que j'envoie et celles que je reçois. D'où il résulte que je perds mon temps et suis en retard dans tous mes travaux.

LAURA : J'ai agi dans une bonne intention. Car à cause de tes travaux tu délaissais complètement ton service.

LE CAPITAINE : Ce n'était pas du tout dans une bonne intention, puisque tu savais pertinemment que ces travaux me vaudraient bien plus de considération que mon service. Seulement, ce que tu voulais avant tout, c'était que jamais, au grand jamais, je ne fusse considéré, car cela t'aurait enfoncée davantage encore dans ton insignifiance. Alors, j'ai à mon tour intercepté ta correspondance !

LAURA : On peut dire que tu agis noblement !

LE CAPITAINE : Eh bien, tu te fais de ton mari une très haute idée, comme on dit ! De toutes ces lettres interceptées il ressort en tout cas que tu as dressé contre moi tous mes anciens amis, et cela en leur racontant les pires mensonges sur mon état mental. Et tes efforts ont été couronnés de succès, puisque personne maintenant, de mon colonel jusqu'à la cuisinière, ne croit plus que j'aie ma raison. Seulement écoute bien ce que je vais te dire : ma raison — comme tu le sais du reste — n'est pas du tout menacée, et je remplis aussi bien mes fonctions d'officier que mon devoir de père. J'exerce un contrôle sur mes sentiments, ma volonté reste intacte. Mais tu l'as rongée, ma volonté, avec tant d'obstination que bientôt les rouages vont céder. Je ne veux pas en appeler à tes bons sentiments car tu n'en as pas, et c'est là ta force, mais j'en appelle à ton égoïsme. Pense au moins à ton intérêt.

LAURA : Je t'écoute.

LE CAPITAINE : Ton comportement a éveillé mes soupçons, et bientôt, ma clairvoyance se troublera, mes pensées s'égareront. Ce sera là cette démence que tu attends, et qui peut venir d'un instant à l'autre. Mais, n'as-tu pas plus intérêt à me voir en bonne santé que malade ? Réfléchis un peu : si je m'effondre, je perds ma situation, et alors, que feras-tu ? Si je meurs de mort naturelle, une pension vous sera attribuée. Tandis que si je me donne volontairement la mort, vous n'en toucherez aucune. Tu as donc intérêt à me laisser vivre.

LAURA : Tu me tends un piège ?

LE CAPITAINE : Naturellement ! Il dépend de toi de l'éviter ou de t'y jeter la tête la première.

LAURA : Tu parles de te tuer, mais tu n'en feras rien.

LE CAPITAINE : En es-tu sûre ? Crois-tu qu'un homme puisse continuer à vivre, s'il ne vit pour rien ni pour personne ?

LAURA : Ainsi, tu capitules ?

LE CAPITAINE : Non, je demande que nous fassions la paix.

LAURA : Et quelles sont tes conditions ?

LE CAPITAINE : Je veux conserver ma raison. Délivre-moi de mon soupçon, et j'abandonne la lutte.

LAURA : Quel soupçon ?

LE CAPITAINE : La naissance de Bertha...

LAURA : As-tu donc un soupçon à ce sujet ?

LE CAPITAINE : Oui, j'en ai un, et c'est toi qui l'as éveillé.

LAURA : Moi ?

LE CAPITAINE : Tu me l'as versé goutte à goutte dans

l'oreille, comme de la jusquiame, et les circonstances l'ont encore grossi. Délivre-moi de l'incertitude ! Dis-moi franchement : c'est vrai, et je te pardonne d'avance.

LAURA : Je ne peux pourtant pas prendre sur moi une faute que je n'ai pas commise.

LE CAPITAINE : Qu'est-ce que ça peut te faire, puisque tu sais que je ne la divulguerai pas ? Crois-tu qu'il y ait un seul homme au monde capable de crier sur les toits son propre déshonneur ?

LAURA : Si je te dis : ce n'est pas vrai, tu n'en seras pas convaincu ; tandis que si je te dis : c'est vrai, tu seras convaincu. Tu souhaites donc que ce soit vrai ?

LE CAPITAINE : Oui, si étrange que cela paraisse, car la première hypothèse ne peut pas être prouvée, tandis que la seconde peut l'être.

LAURA : Ton soupçon est-il fondé sur quelque chose ?

LE CAPITAINE : Oui et non.

LAURA : Tu souhaites sans doute que je sois coupable, pour pouvoir me chasser et disposer ensuite de l'enfant. Mais je ne me laisserai pas prendre à ce piège.

LE CAPITAINE : Crois-tu vraiment que je me chargerais de l'enfant d'un autre, si j'avais la certitude que tu es coupable ?

LAURA : Non, certainement pas. C'est pourquoi je me rends compte que tu mentais en me promettant le pardon.

LE CAPITAINE, *se levant* : Laura, épargne-moi, épargne ma raison ! Tu ne comprends absolument rien à ce que je dis. Si l'enfant n'est pas de moi, je n'ai aucun droit sur elle, et n'en veux aucun ; c'est bien ce que tu désires, n'est-ce pas ? A moins que tu ne veuilles encore davantage ? Veux-tu garder ton pouvoir sur l'enfant et ne me considérer que comme un père nourricier ?

LAURA : Je veux le pouvoir, oui. Car enfin, de quoi s'agit-il dans cette lutte à mort, sinon précisément du pouvoir ?

LE CAPITAINE : Pour moi qui ne crois pas à l'au-delà, mon enfant était un gage d'immortalité ; elle était pour moi la seule chose éternelle. Qu'on me la prenne, et ma vie s'arrête.

LAURA : Pourquoi ne nous sommes-nous pas séparés à temps ?

LE CAPITAINE : Parce que l'enfant était le lien qui nous unissait. Seulement ce lien est devenu une chaîne. Et comment est-ce arrivé ? Comment ? Je n'y ai jamais réfléchi... Mais maintenant se lève en moi un souvenir qui t'accuse et te condamne. Après deux ans de mariage, nous n'avions toujours pas d'enfant. Pourquoi ? Tu le sais mieux que personne. Je tombai gravement malade, je fus sur le point de mourir. Au cours d'un accès de fièvre, j'entendis des voix venant du salon. C'était toi et le notaire. Vous parliez de ma fortune, car elle existait encore ; il t'expliquait que tu ne pouvais pas hériter de moi parce que nous n'avions pas d'enfant, et il te demandait si tu n'étais pas enceinte. Ta réponse, je ne l'ai pas entendue. Je guéris, et nous eûmes un enfant. Mais qui en est le père ?

LAURA : Toi.

LE CAPITAINE : Non, ce n'est pas moi. Un crime a été commis ici, il est resté dans l'ombre, mais maintenant il commence à apparaître. Et quel crime infernal ! Des cœurs sensibles ont affranchi les esclaves noirs, mais les esclaves blancs, eux, on les tient toujours prisonniers. J'ai travaillé comme un esclave, pour toi, pour ton enfant, pour ta mère, pour tes domestiques ; je vous ai sacrifié mon avancement, ma carrière ; j'ai accepté pour vous toutes les inquiétudes, toutes les insomnies, tous les tourments, tous les coups du sort, jusqu'à ce que mes cheveux en deviennent blancs. Et tout cela pour que tu puisses mener une vie exempte de soucis, et qu'une fois devenue vieille tu puisses revivre en ton enfant. Tout cela, je l'ai supporté sans une plainte, parce que je me croyais le père de cette enfant. Il y a là-dedans un abus de confiance d'une bassesse inouïe ! Moi, innocent, j'ai été condamné à dix-sept ans de travaux forcés ! Et que m'as-tu offert, en compensation ?

LAURA : Tu es tout à fait fou, à présent !

LE CAPITAINE, *s'asseyant* : C'est là ton vœu le plus cher, je sais. — T'en es-tu donné, de la peine, pour cacher ton crime ! Et moi qui avais pitié de toi, parce que j'ignorais les causes de ton chagrin ! Et j'essayais d'apaiser ta mauvaise conscience par de la tendresse, croyant ainsi pouvoir chasser tes pensées morbides ! Et quand tu as crié dans ton sommeil, je n'ai pas voulu entendre ton cri ! Je me souviens très bien, à présent : c'était il n'y a pas si longtemps, la nuit qui a suivi l'anniversaire de Bertha, entre deux heures et trois heures du matin. Je n'étais pas encore couché, je lisais. Et soudain tu t'es mise à crier comme si quelqu'un avait voulu t'étrangler : « Ne viens pas ! Ne viens pas ! » J'ai frappé contre le mur, car je me refusais à en entendre davantage. J'avais des soupçons depuis longtemps déjà, mais je ne voulais pas qu'ils fussent confirmés. Voilà ce que j'ai souffert pour toi. Et toi, que vas-tu faire pour moi ?

LAURA : Ce que je vais faire ? Je vais te jurer sur la tête de ce qui m'est le plus cher au monde, que tu es le père de Bertha.

LE CAPITAINE : Pourquoi ce serment, puisque tu as toi-même déclaré qu'une mère, pour garder son enfant, peut et doit même commettre n'importe quel crime ? Je t'en supplie, au nom de tous nos souvenirs évanouis, je t'en supplie comme le blessé supplie qu'on lui donne le coup de grâce : dis-moi tout ! Ne vois-tu pas que je suis désarmé comme un enfant ? N'entends-tu pas que je gémis devant toi comme un enfant devant sa mère ? Ne veux-tu pas oublier un instant que je suis un homme, un soldat, à qui il suffit d'un mot pour dompter les hommes et les bêtes ? Je ne te demande qu'une chose : la pitié qu'on accorde à un malade. Je dépose à tes pieds tout ce qui constitue mon pouvoir ; simplement, laisse-moi vivre !

LAURA, *qui s'est approchée du capitaine, lui posant la main sur le front* : Tu pleures, toi, un homme !

LE CAPITAINE : Oui, je suis un homme, et je pleure. Un homme n'a-t-il pas des yeux ? N'a-t-il pas aussi des mains, des sens, des inclinations, des passions ? Ne se nourrit-il pas, tout comme une femme ? N'est-il pas blessé par les mêmes armes, glacé par les mêmes hivers, brûlé par les mêmes étés ? — Notre sang, à nous, ne coule-t-il pas lorsqu'on nous pique ? Ne rions-nous pas lorsque vous nous chatouillez ? Pourquoi un homme devrait-il ne pas gémir ? Pourquoi un soldat devrait-il ne pas pleurer ? Parce que c'est indigne d'un homme ? Pourquoi serait-ce indigne d'un homme ?

LAURA : Pleure donc, mon enfant, tu as retrouvé une mère. Te rappelles-tu, je suis entrée dans ta vie comme une seconde mère. A ton corps de géant manquaient les nerfs, tu étais comme un enfant né avant terme, ou venu au monde sans qu'on l'ait désiré.

LE CAPITAINE : Oui, oui, c'est ainsi que j'étais. Ni mon père ni ma mère ne m'ont désiré, et je n'ai eu l'impression d'être adulte que le jour où nous sommes devenus une seule et même chair. Et c'est la raison pour laquelle je t'ai laissée commander. Moi qui, à la caserne ou à la tête de mes hommes, étais toujours le chef, j'étais près de toi celui qui obéit. Et je te regardais comme une créature surnaturelle, comblée de tous les dons, et je buvais tes paroles comme un enfant stupide...

LAURA : Oui, et c'est pourquoi je t'aimais comme un enfant. Mais, ainsi que tu as pu le constater, chaque fois que la nature de tes sentiments changeait, chaque fois que tu te comportais avec moi en amant, j'avais honte, honte comme une mère que son fils caresserait ! Quelle horreur !

LE CAPITAINE : Je l'ai constaté, mais je ne l'ai pas compris. Sentant ton mépris, je voulais te conquérir en te prouvant ma virilité.

LAURA : Eh bien, c'était là ton erreur. La mère était ton amie, mais la femme ton ennemie, car l'amour entre les sexes, c'est le combat et la haine. Ne crois pas que je me sois jamais donnée à toi ; je n'ai rien donné, j'ai toujours pris ce que je désirais, voilà tout. Seulement c'était toi qui avais la suprématie, je le sentais bien.

LE CAPITAINE : Non, la suprématie, c'était toi qui l'avais, et aussi le don de m'hypnotiser, si bien que je devais t'obéir en toutes choses. Tu m'aurais fait prendre une pomme de terre pour une pêche... Tu m'aurais fait admirer comme autant d'éclairs de génie tes idées les plus stupides. Tu m'aurais conduit aveuglément à commettre les actions les plus basses, et même un crime. Mais un jour, je me suis repris, je me suis éveillé, j'ai compris que je me déshonorais. Alors la révolte m'a saisi, et j'ai voulu me réhabiliter par un acte glorieux, une découverte extraordinaire, ou bien un suicide qui sauvegarderait notre honneur. J'ai voulu partir pour la guerre, mais cela n'a pas été possible. Alors je me suis jeté éperdument dans des recherches scientifiques. Mais maintenant que j'étends le bras pour cueillir les fruits de mes travaux, voilà que ce bras, tu me le coupes. Maintenant j'ai perdu jusqu'à l'honneur, et je ne peux plus vivre désormais, car un homme ne peut vivre sans honneur.

LAURA : Une femme le peut-elle ?

LE CAPITAINE : Oui, car elle a ses enfants, et l'homme, lui, ne les a pas. Nous, les hommes, nous vivons inconscients comme des enfants, la tête pleine d'illusions et de rêves « idéaux », et c'est seulement ensuite que nous nous éveillons, les pieds sur l'oreiller, et celui qui nous éveille est lui-même un somnambule. Quand les femmes vieillissent et deviennent vraiment femmes, elles commencent à avoir de la barbe au menton ; mais je voudrais bien savoir ce que les hommes acquièrent quand ils vieillissent et deviennent vraiment des hommes. Ceux qui profèrent le cri du coq au lever du soleil ne sont déjà plus des coqs mais seulement des chapons, et à leur appel répondent seulement des « poulardes ». De sorte que nous nous retrouvons au milieu des ruines, dans le clair de lune, comme aux très anciens temps. Nous n'avions fait qu'un léger somme matinal, accompagné de rêves terribles — seulement, ce n'était pas un vrai réveil.

LAURA : Tu aurais dû être poète, ne crois-tu pas ?

LE CAPITAINE : Peut-être.

LAURA : En tout cas, je tombe de sommeil. Et si tu as encore quelques histoires fantastiques à raconter, garde-les pour demain.

LE CAPITAINE : Juste un mot ! Tu me détestes ?

LAURA : Oui, parfois, lorsque tu es un homme.

LE CAPITAINE : Mais c'est une haine raciale ! Et s'il est vrai que nous descendons du singe, il faut au moins qu'il y ait eu deux races de singes. Nous nous ressemblons si peu !

LAURA : Que veux-tu dire par là ?

LE CAPITAINE : Je veux dire que dans le combat qui nous oppose, l'un de nous doit succomber.

LAURA : Lequel ?

LE CAPITAINE : Le plus faible, naturellement.

LAURA : Et le plus fort aurait raison ?

LE CAPITAINE : Evidemment, puisqu'il a la force pour lui.

LAURA : Alors, j'ai raison.

LE CAPITAINE : As-tu donc déjà tous les pouvoirs ?

LAURA : Oui, et même les pouvoirs légaux, puisque demain je peux te mettre sous tutelle.

LE CAPITAINE : Sous tutelle ?

LAURA : Oui. Et j'éduquerai ma fille comme je l'entends, sans me soucier de tes divagations.

LE CAPITAINE : Et comment la payeras-tu, cette éducation, si je ne suis pas là ?

LAURA : Et ta pension, alors ?

LE CAPITAINE : Et comment pourras-tu me mettre sous tutelle ?

LAURA, *sortant une lettre de sa poche* : En vertu de cette lettre, dont une copie certifiée conforme se trouve déjà au tribunal.

LE CAPITAINE : De quelle lettre s'agit-il ?

LAURA, *reculant jusqu'à la porte* : De cette lettre dans laquelle tu avouas toi-même ta folie au médecin. (*Le capitaine la regarde avec stupeur.*) Tu as maintenant accompli ta tâche, inévitable, hélas, de père et de tuteur, on n'a plus besoin de toi, va-t'en ! Va-t'en, puisque tu ne veux pas admettre que mon intelligence est à la hauteur de ma volonté.

Le capitaine saisit la lampe allumée et la jette violemment à la tête de sa femme qui s'enfuit.

ACTE III

Même décor, mais sur la table, une autre lampe. Une chaise est posée devant la porte dérobée pour l'empêcher de s'ouvrir. Laura et Margret.

LAURA : Tu as obtenu les clefs ?

MARGRET : Obtenu ? Non, grand Dieu ! Mais je les ai prises dans l'habit de monsieur, que Nöjd avait sorti pour le brosser.

LAURA : Nöjd est donc de service aujourd'hui ?

MARGRET : Oui ! Nöjd lui-même.

LAURA : Donne-moi les clefs.

MARGRET : Oui, mais c'est presque un vol, il faut bien le dire... Vous l'entendez marcher, là-haut ? Il va, il vient, il va, il vient...

LAURA : La porte est-elle bien fermée ?

MARGRET : Ça, pour être fermée, elle l'est !

LAURA, *après avoir ouvert le secrétaire devant lequel elle s'assied* : Ressaisis-toi, Margret ! Si nous voulons être sauvés, il nous faut à tous du sang-froid. (*On frappe.*) Qui est là ?

MARGRET, *ouvrant la porte qui mène au vestibule* : C'est Nöjd.

LAURA : Qu'il entre !

NÖJD, *entrant* : Une lettre du colonel !

LAURA : Donne, vite ! (*Elle lit.*) Parfait... Nöjd, as-tu retiré toutes les balles des fusils et des cartouchières ?

NÖJD : Oui, comme vous me l'aviez ordonné.

LAURA : Va attendre dehors. Je réponds immédiatement au colonel.

Nöjd sort. Laura prend une feuille de papier et écrit.

MARGRET : Vous l'entendez ? Qu'est-ce qu'il peut bien faire là-haut ?

LAURA : Tais-toi ! Tu ne vois donc pas que j'écris ?

On entend le bruit d'une scie.

MARGRET, *bas, à part* : Seigneur, aie pitié de nous ! Comment tout ça finira-t-il ?

LAURA, *tendant à Margret la lettre qu'elle vient d'écrire* : Voilà, donne ça à Nöjd. Et surtout, que ma mère ne sache rien.

Margret sort. Laura rouvre le secrétaire et fouille dans les tiroirs. Entre le pasteur par la porte du fond.

LE PASTEUR, *prenant une chaise et s'asseyant en face de Laura, près du secrétaire* : Bonsoir, ma sœur ! J'ai été absent toute la journée, comme tu sais, et je reviens seulement maintenant. De bien tristes événements ont eu lieu en mon absence, paraît-il.

LAURA : Oui. Je n'ai jamais passé une telle journée et une telle nuit.

LE PASTEUR : Je constate cependant que tu en es sortie sans dommage.

LAURA : Oui, Dieu merci ! Mais songe à ce qui aurait pu arriver !

LE PASTEUR : Mais dis-moi : comment cela a-t-il commencé ? J'ai entendu tant de versions différentes !

LAURA : Ça a commencé par cette effrayante idée qui l'a pris, qu'il ne serait pas le père de Bertha. Et ça a fini par la lampe allumée qu'il m'a lancée en pleine figure.

LE PASTEUR : Mais c'est monstrueux ! De la folie furieuse, tout simplement !... Que faut-il faire ?

LAURA : Empêcher à tout prix que se reproduisent de nouveaux actes de violence. Le docteur a envoyé chercher à l'hôpital une camisole de force. En même temps, j'ai prévenu le colonel, et essaie de me renseigner sur la situation matérielle, qu'il a effroyablement négligée.

LE PASTEUR : C'est une histoire bien affligeante. Mais je me suis toujours attendu à quelque chose de ce genre. Le feu contre l'eau... cela devait mal finir. — Qu'est-ce qu'il y a dans ce tiroir ?

LAURA, *qui a sorti un tiroir* : Regarde, il a tout caché ici !

LE PASTEUR, *fouillant dans le tiroir* : Mon Dieu ! Il a mis là ta poupée, et aussi ton bonnet de baptême ! Et le hochet de Bertha ! Et tes lettres ! Et ton médaillon ! (*S'essuyant les yeux* :) Il a dû t'aimer beaucoup, Laura. Moi, je n'aurais jamais conservé des objets pareils.

LAURA : Je crois en effet qu'il m'a beaucoup aimée. Mais le temps change tellement les choses !

LE PASTEUR : Qu'est-ce donc que ce grand papier ? L'acte d'achat du caveau de famille ! Oui, mieux vaut la tombe que la maison de fous !... Dis-moi, Laura, n'as-tu aucune faute à te reprocher dans cette affaire ?

LAURA : Est-ce de ma faute si un homme devient fou ?

LE PASTEUR : Bon, bon, je ne dis rien ! Les liens du sang passent avant ceux de l'amitié. Mais...

LAURA : Mais quoi ? Qu'est-ce que tu oses insinuer ?

LE PASTEUR, *la regardant fixement* : Ecoute donc !

LAURA : Ecouter quoi ?

LE PASTEUR : Ecoute. Tu ne peux pas nier que tout ça va dans le sens de tes désirs. Ne voulais-tu pas élever ton enfant toi-même ?

LAURA : Je ne comprends pas.

LE PASTEUR : Je t'admire !

LAURA : Tu m'admires ?

LE PASTEUR : Je serai donc le tuteur de cet esprit fort ! Sais-tu que je t'ai toujours considérée comme une mauvaise herbe dans notre champ ?

LAURA, *très vite, après un rire bref* : Et tu oses me dire cela, à moi, sa femme !

LE PASTEUR : Tu es très forte, Laura ! Incroyablement forte ! Comme un renard pris au piège, tu aimes mieux te couper une patte que te laisser attraper. Un maître : pas de complices, même pas ta conscience ! Regarde-toi dans un miroir ! Non, tu n'oseras pas !

LAURA : Je ne me sers jamais de miroir.

LE PASTEUR : Non, tu n'oses pas ! Montre-moi tes mains. Pas une tache de sang ! Pas la moindre tache de poison ! Un bon petit assassinat, bien légal ! Inconscient ! Inconscient ! Quelle belle trouvaille ! Entends comme il travaille, là-haut ! Prends garde, cet homme est déchaîné, et il pourrait bien te clouer entre ces planches qu'il scie !

LAURA : Tu bavardes comme quelqu'un qui a mauvaise conscience. Accuse-moi plutôt, si tu peux.

LE PASTEUR : Je ne peux pas.

LAURA : Ah, tu ne peux pas, je suis donc innocente ! Occupe-toi de celui qui est sous ta tutelle, moi je m'occuperai de celle qui est sous la mienne ! Ah, voilà le docteur ! (*Entre le docteur Œstermark. Elle se lève.*) Soyez le bienvenu, docteur. Vous allez m'aider, vous, n'est-ce pas ? Malheureusement il n'y a pas grand-chose à faire. Vous entendez la vie qu'il mène là-haut ? Convaincu à présent ?

LE DOCTEUR ŒSTERMARK : D'autant plus convaincu que vous avez été victime de voies de fait. Reste maintenant à savoir si sa brutalité était une manifestation de colère ou de démence.

LE PASTEUR : Même abstraction faite de ces voies de fait, vous devez bien admettre qu'il a des idées fixes.

LE DOCTEUR ŒSTERMARK : Je crois, monsieur le pasteur, que vous avez des idées fixes plus dangereuses encore.

LE PASTEUR : Libre à vous de désigner ainsi les opinions très pertinentes que j'ai sur la religion.

LE DOCTEUR ŒSTERMARK : Laissons de côté les opinions ! Madame, il dépend de vous que votre mari aille en prison comme criminel, ou dans une maison de fous comme irresponsable. Que pensez-vous du comportement du capitaine ?

LAURA : Je ne puis pas maintenant répondre à cette question.

LE DOCTEUR ŒSTERMARK : Vraiment, vous n'avez pas d'opinion là-dessus ? Qu'est-ce qui vaut le mieux, dans l'intérêt de votre famille ? Votre avis, monsieur le pasteur ?

LE PASTEUR : Je ne sais que vous dire ; il y aurait scandale dans les deux cas.

LAURA : Mais si on le juge seulement pour ses « voies de fait », il peut très bien recommencer demain !

LE DOCTEUR ŒSTERMARK : S'il va en prison, il sera bientôt libéré. Il semble donc plus avantageux pour tout le monde qu'il aille immédiatement à l'asile. Où est la nourrice ?

LAURA : La nourrice ? Pourquoi ?

LE DOCTEUR ŒSTERMARK : C'est elle qui mettra la camisole de force au malade, si je lui parle et lui confie cette mission. J'ai laissé la camisole dehors. (*Il va dans le vestibule et revient chargé d'un gros paquet.*) Je vous en prie, appelez la nourrice.

Laura sonne.

LE PASTEUR : Quelle pitié !

Entre Margret.

LE DOCTEUR ŒSTERMARK, *déballant la camisole de force* : Voilà. Regardez ! Vous vous mettrez derrière le capitaine et lui passerez cette veste au moment où je le jugerai nécessaire pour éviter un accès de violence. Vous voyez, elle a de longues manches qui doivent entraver ses mouvements. Elle se boutonne dans le dos. On passe les courroies dans les boucles et on les attache au dossier d'une chaise, ou au canapé, comme ça se trouve. Voulez-vous le faire ?

MARGRET : Non, monsieur le docteur ! Ça, je ne peux pas, je ne peux pas !

LAURA : Pourquoi ne le feriez-vous pas vous-même, docteur ?

LE DOCTEUR ŒSTERMARK : Parce que le malade se méfie de moi. De vous aussi, du reste, chère madame ; sans quoi, logiquement, je vous chargerais de la chose. (*Laura se détourne.*) Mais vous, monsieur le pasteur, peut-être...

LE PASTEUR : Non, merci bien !

Entre Nöjd.

LAURA : Tu as déjà remis la lettre ?

NÖJD : Comme vous me l'aviez ordonné.

LE DOCTEUR ŒSTERMARK : Ah, c'est toi, Nöjd ! Tu connais la situation, tu sais que le capitaine a l'esprit dérangé. Nous avons besoin de ton aide, pour le malade.

NÖJD : Si je peux faire quelque chose pour le capitaine, je le ferai bien volontiers. Ça, le docteur le sait !

LE DOCTEUR ŒSTERMARK, *lui montrant la camisole de force* : Il s'agit de lui mettre cette veste.

MARGRET : Non, il ne faut pas qu'il le touche, il lui ferait mal ! J'aime encore mieux le faire moi-même, doucement, tout doucement ! Mais Nöjd peut rester à la porte, et m'aider si j'ai besoin d'aide. Ça, il peut le faire.

On frappe à la porte dérobée.

LE DOCTEUR ŒSTERMARK : C'est lui. (*A Laura* :) Mettez la camisole sur la chaise, et votre châle par-dessus. Et maintenant, sortez tous. Le pasteur et moi le recevrons, car la porte ne résistera pas deux minutes. Allons, tout le monde dehors !

MARGRET, *en sortant* : Seigneur Jésus, protège-nous !

Laura ferme le secrétaire puis sort à gauche. Nöjd sort par la porte du milieu. La porte dérobée s'ouvre si violemment que la serrure cède et que la chaise se renverse. Entre le capitaine, une pile de livres dans les bras.

LE CAPITAINE, *qui a posé ses livres sur la table* : Tout est là, dans ces livres ! Je n'étais donc pas fou. Tenez, dans *L'Odyssée*, premier chant, strophe 215. Télémaque dit à Athéna : « Ma mère prétend qu'Ulysse est mon père, mais comment pourrais-je le savoir, puisque personne ne connaît ses propres origines ? » Et cette suspicion dresse Télémaque contre Pénélope, la plus vertueuse des femmes. C'est beau, non ? — Et voici maintenant le prophète Ezéchiel : « Le fou dit : voici mon père ! Comme si quelqu'un pouvait jamais savoir qui est son géniteur ! » C'est assez clair, je trouve. Et là, qu'est-ce que j'ai là ? L'histoire de la littérature russe, par Merslekov. Ecoutez ! « Alexandre Pouchkine, le plus grand poète russe, mourut plus atteint par les bruits qui couraient sur l'infidélité de sa femme, que par la balle qu'il reçut en pleine poitrine au cours d'un duel. Sur son lit de mort, il jura encore qu'elle était innocente. » Quel âne ! Quel âne ! Comment peut-on jurer des choses pareilles !... Voilà ce que je lis dans mes livres. (*Remarquant enfin le pasteur et le docteur* :) Ah, te voilà, Jonas, tu es là ! Et vous aussi, docteur, naturellement ! Savez-vous ce que j'ai répondu à une dame anglaise qui se plaignait à moi de ce que les Irlandais jetaient à la figure de leurs femmes des lampes allumées ? « Dieu, lui ai-je dit, quelles femmes ! » — « Quelles femmes ? » susurra-t-elle. « Non, ripostai-je, bien sûr ! » Car pour en arriver à ce qu'un homme qui vous a aimée et vénérée vous jette à la figure une lampe allumée, on sait bien...

LE PASTEUR : Qu'est-ce qu'on sait ?

LE CAPITAINE : Rien. On ne sait jamais rien, il faut se contenter de croire, n'est-ce pas, Jonas ? On croit, et on est sauvé... C'est cela, on est un bienheureux... Mais moi, je sais que la foi peut également faire de vous un damné. Je le sais.

LE DOCTEUR ŒSTERMARK : Capitaine !

LE CAPITAINE : Silence ! Je ne veux même pas vous parler, à vous, car je ne veux pas vous entendre téléphoner (*désignant sa tête*) qu'il y a là-dedans quelque chose qui ne va pas ! Là-dedans, comprenez-vous ? Ecoute, Jonas ! Crois-tu être le père de tes enfants ? Je me souviens que tu as hébergé un jeune précepteur très agréable de sa personne, et s'il faut en croire les médisances...

LE PASTEUR : Adolf ! Prends garde !

LE CAPITAINE : Oui, oui, ce ne sont là que des médisances. Mais, Seigneur, il y en a trop ! Ne sommes-nous pas, nous autres maris, des idiots grotesques ? Tous ! Tous ! N'est-ce pas, docteur ? Et chez vous, comment les choses se sont-elles passées chez vous, dans votre lit nuptial ? N'auriez-vous pas eu, vous aussi, un lieutenant dans votre maison ? Attendez ! Attendez ! Laissez-moi le temps de deviner ! Il s'appelait... (*Il chuchote quelques mots à l'oreille du docteur.*)

Regardez-le ! Il blémit ! Allons, ne vous en faites pas ! Elle est morte et enterrée, à présent ; et on ne peut faire que ce qui a été n'ait pas été ! Oui, je l'ai bien connu jadis ! Et maintenant regardez-moi, docteur ! Non, droit dans les yeux ! A présent, il est major dans les dragons. Mais, Seigneur, je crois qu'il a des cornes, lui aussi !

LE DOCTEUR ŒSTERMARK : Vous ne voudriez pas changer de sujet, capitaine ?

LE CAPITAINE : Voyez-moi ça ! Dès que je me mets à parler de cornes, il veut que je change de sujet !

LE PASTEUR : Sais-tu, beau-frère, que tu es fou ?

LE CAPITAINE : Bien sûr, je le sais. Mais si je pouvais vous soumettre tous les deux à un petit traitement, vous iriez à l'asile, vous aussi ! Et puis, si je suis fou, comment le suis-je devenu ? Oh, cela ne vous regarde pas, et ne regarde personne, bien sûr ! Simplement, « vous ne voudriez pas changer de sujet ? » (*Il prend l'album de photographies sur la table.*) Mon enfant ? Cela, on ne peut pas le savoir ! Voici ce qu'on devrait faire : d'abord se marier, à cause des conventions sociales ; ensuite divorcer, afin qu'existent de nouveau l'amant et l'amante ; enfin adopter l'enfant, car ainsi on pourrait du moins savoir qu'il s'agit d'un enfant adoptif. N'ai-je pas raison ? Mais à quoi me sert tout cela, maintenant que vous m'avez volé ce que je prenais pour mon éternité ! A quoi me servent le savoir et la philosophie, si je n'ai plus ma raison de vivre ? Que puis-je faire de la vie si je n'ai plus d'honneur ? J'ai greffé sur un autre tronc mon bras droit, la moitié de mon cerveau, la moitié de ma moelle épinière ; je croyais ainsi que ce tronc et ce que je lui avais donné allaient grandir ensemble, ne faire qu'un seul arbre, plus parfait encore. Mais quelqu'un est survenu, armé d'un couteau, et a effectué une entaille au-dessous de la greffe ; et maintenant je ne suis plus que la moitié d'un arbre. Tandis que l'autre arbre grandit, muni de mon bras et de la moitié de mon cerveau, moi, je me flétris, je dépéris. (*Pause.*) Et c'est pourquoi je veux mourir. Faites de moi ce que vous voulez. Je n'existe plus.

Le docteur Œstermark chuchote quelque chose à l'oreille du pasteur, puis tous deux passent dans la pièce voisine. Presque aussitôt entre Bertha venant de la même pièce. Le capitaine s'affaisse de plus en plus sur sa chaise.

BERTHA, *s'approchant de lui* : Tu es malade, papa ?

Le capitaine, *levant les yeux, apathique* : Moi ?

Bertha : Sais-tu ce que tu as fait ? Sais-tu que tu as jeté la lampe sur maman ?

Le capitaine : Moi ?

Bertha : Oui, toi ! Et tu aurais pu la blesser gravement.

Le capitaine : Et après ?

Bertha : Si tu parles comme ça, tu n'es pas mon père !

Le capitaine : Que dis-tu là ? Pas ton père ? Comment le sais-tu ? Qui te l'a dit ? Et *qui* est ton père ? Qui ?

Bertha : Pas toi, en tout cas.

Le capitaine : Pas moi ? Mais qui, alors ? Qui ? Tu me parais bien renseignée ! Qui t'a renseignée ainsi ? Alors, je dois supporter que mon enfant vienne me dire en pleine figure que je ne suis pas son père ! Mais ne vois-tu pas qu'en parlant comme tu le fais, tu outrages ta mère ? Ne comprends-tu pas que si tu dis vrai, elle est déshonorée ?

Bertha : Ne dis pas de mal de maman !

Le capitaine : Ah, elles sont toutes ensemble, toutes contre moi ! Et toujours, toujours !

Bertha : Papa !

Le capitaine : N'emploie plus ce mot !

Bertha : Papa ! Papa !

Le capitaine, *l'attirant à lui* : Bertha, mon enfant chérie, bien-aimée ! Car tu es mon enfant ! Oui, oui ! Il ne peut pas en être autrement ! C'est ainsi ! Tout cela, ce n'était que des idées morbides, de ces idées qui viennent avec le vent, comme les fièvres, comme la peste ! Regarde-moi ! Que je puisse voir mon âme dans tes yeux ! — Mais j'y vois aussi ton âme, à toi ! Tu as deux âmes, l'une m'aime et l'autre me déteste. Mais tu ne dois aimer que moi ! Tu dois avoir *une seule âme*, sans quoi tu ne trouveras jamais la paix, et moi non plus. Tu dois avoir une seule pensée : celle que tu es l'enfant de ma pensée. Tu dois avoir une seule volonté : la mienne !

Bertha : Non, ça, je ne veux pas ! Je veux être moi-même.

Le capitaine : Tu n'en as pas le droit. Vois-tu, je suis un ogre, et je veux te dévorer. Ta mère voulait me dévorer, mais elle n'y est pas parvenue. Je suis Saturne, qui dévora ses propres enfants parce qu'on lui avait prédit qu'il serait dévoré par eux. Dévorer ou être dévoré, voilà la question ! Si je ne te dévore pas, c'est toi qui me dévoreras, et du reste, tu m'as déjà montré les dents. — Mais n'aie pas peur, mon enfant chérie, je ne te ferai pas de mal !

Il s'approche des armes suspendues au mur et prend un revolver.

BERTHA, *essayant d'atteindre la porte de la pièce voisine* : Au secours, maman ! Il veut me tuer !

MARGRET, *entrant par la même porte* : Monsieur ? Qu'est-ce qui se passe ?

LE CAPITAINE, *inspectant son revolver* : Tu as enlevé les balles ?

MARGRET : Oui, je les ai enlevées, mais asseyez-vous, restez tranquille un moment, et je vais vous les chercher. (*Elle prend le bras du capitaine et le mène jusqu'à une chaise sur laquelle il s'affaisse, à moitié inconscient. Ensuite elle va prendre la camisole de force et se place derrière la chaise du capitaine. Entre-temps, Bertha se sauve dans la pièce voisine.*) Monsieur Adolf se rappelle-t-il le temps où il était mon enfant chéri ? Je le bordais, le soir, et je lui lisais la prière. Et se rappelle-t-il comment je me levais la nuit pour lui donner à boire ? Se rappelle-t-il, quand il faisait de mauvais rêves, comment j'allumais la lampe et lui racontais de belles histoires ? Se rappelle-t-il tout ça ?

LE CAPITAINE : Parle, parle encore, Margret ! C'est si bon, si apaisant pour ma pauvre tête ! Parle encore !

MARGRET : Oui, oui, je vais parler, mais il faut aussi qu'il m'écoute. Se rappelle-t-il le jour où il avait pris le grand couteau de cuisine pour se tailler un bateau, et où j'ai réussi par ruse à lui enlever le couteau. C'était un enfant insensé, il fallait être rusé avec lui, car il ne croyait jamais qu'on voulait son bien. Je lui ai dit : « Donne-moi le serpent, ou bien il va te mordre ! » Alors il a laissé tomber le couteau. (*Elle lui arrache le revolver des mains.*) Et quand il ne voulait pas se laisser habiller, je devais m'y prendre tout doucement, lui dire que j'allais lui mettre un bel habit doré pour qu'il ait l'air d'un prince. Et alors je lui mettais une méchante petite veste en laine verte, je l'obligeais à se retourner et je lui disais : « Maintenant, enfile les deux manches ! » Et puis je lui disais encore : « Maintenant tiens-toi bien tranquille, que je puisse te boutonner dans le dos ! » (*Entre-temps elle lui a passé la camisole.*) Et puis je lui disais : « Lève-toi et marche un peu, qu'on voie si elle te va bien ! » (*Elle le conduit jusqu'au canapé.*) Et puis je lui disais : « Et maintenant il va se coucher ! »

LE CAPITAINE : Qu'est-ce que tu racontes ? Il devait se coucher après s'être habillé ! — Maudite ! Que m'as-tu fait ? (*Il essaye de se dégager.*) Ah, la vieille rusée ! Qui aurait pu croire que tu avais tant d'astuce ? (*Il s'étend sur le canapé.*) Capturé, tondu, trompé, sans avoir le droit de mourir !

MARGRET : Pardonnez-moi, monsieur Adolf, pardonnez-moi, mais je voulais vous empêcher de tuer la petite !

LE CAPITAINE : Pourquoi ne m'as-tu pas laissé la tuer ? La vie est un enfer, la mort un paradis, et les enfants appartiennent au ciel !

MARGRET : Que savez-vous de ce qui nous attend après la mort ?

LE CAPITAINE : C'est pourtant la seule chose que l'homme puisse savoir ; de la vie, il ne sait rien. Ah, si seulement on avait su depuis le début !

MARGRET : Monsieur Adolf ! N'ayez pas le cœur si dur, et implorez la miséricorde divine, il n'est pas encore trop tard. Oui, il n'était pas trop tard pour le larron quand le Christ lui a dit : « Aujourd'hui tu seras avec moi dans le royaume de mon Père. »

LE CAPITAINE : Tu flaires déjà le cadavre, vieille corneille ! (*Margret sort de sa poche un livre de prières. Le capitaine, appelant* :) Nöjd ! Nöjd, es-tu là ? (*Entre Nöjd.*) Jette cette femme dehors ! Elle veut me faire mourir, avec son livre de prières ! Jette-la dehors, par la fenêtre, ou par la cheminée, ou par n'importe quoi !

NÖJD, *regardant Margret* : Que Dieu protège mon capitaine, mais... je ne peux pas... Vraiment, je ne peux pas. S'il fallait sortir six hommes, je le ferais, mais une pauvre femme...

LE CAPITAINE : Quoi, tu ne peux même pas venir à bout d'une femme ?

NÖJD : Non, car voyez-vous, on ne peut pas porter la main sur une femme.

LE CAPITAINE : N'a-t-elle pas porté la main sur moi ?

NÖJD : Oui, mais je ne peux pas, mon capitaine. C'est exactement comme si vous m'ordonniez de frapper monsieur le pasteur. Ça vous tient au corps comme la religion. Je ne peux pas...

Entre Laura, venant de la pièce voisine. Elle fait signe à Nöjd de s'éloigner, il obéit.

LE CAPITAINE : Omphale ! Omphale ! Maintenant tu joues de la massue pendant qu'Hercule file ta laine !

LAURA, *s'approchant du canapé* : Adolf ! Regarde-moi ! Crois-tu que je sois ton ennemie ?

LE CAPITAINE : Oui, je le crois. Je crois que vous êtes toutes mes ennemies. Ma mère, qui ne voulait pas me voir venir au monde parce qu'elle devait m'enfanter dans la douleur, était mon ennemie : elle m'a sevré trop tôt, faisant de moi un demi-infirme. Ma sœur était mon ennemie, car elle voulait me réduire à l'état d'esclave. La première femme que j'aie connue était mon ennemie, car pour prix de mon amour elle m'a donné une maladie qui dura dix ans. Ma fille est devenue mon ennemie lorsqu'elle a dû choisir entre toi et moi. Et toi, ma femme, tu as été mon ennemie mortelle, car tu ne m'as pas lâché avant que je ne sois étendu par terre, et sans vie.

LAURA : Je ne sais pas si j'ai réfléchi à cela ou si j'ai eu les intentions que tu me prêtes. Peut-être y a-t-il eu en moi une obscure aspiration à t'éliminer comme on élimine un obstacle. Tu crois découvrir derrière ma conduite un plan concerté ; il se peut qu'il existe sans que je le sache, il se peut aussi qu'il n'existe pas. Je n'ai jamais réfléchi à ce qui se passait, tout s'est glissé dans le sillon que tu as tracé toi-même. Aussi puis-je me déclarer innocente devant Dieu et devant ma conscience, même si en fait je ne le suis pas. Ton existence a pesé sur mon cœur comme une pierre, jusqu'au moment où j'ai essayé de me délivrer de ce fardeau. Oui, c'est ainsi que cela s'est passé, et si je t'ai frappé involontairement, je t'en demande pardon.

LE CAPITAINE : C'est possible, mais quelle aide cela m'apporte-t-il ? Et qui a commis la faute ? Peut-être le mariage « spirituel » ? Jadis on se mariait avec une femme ; maintenant on fonde avec une commerçante une association d'affaires, ou on s'accole à une amie. Après quoi on engrosse la commerçante ou on déflore l'amie. Qu'est-il advenu de l'amour, de l'amour sain et sensuel ? Cet amour-là est mort. Et quels enfants peuvent donc naître de cet amour dont les actions sont au porteur ? Qui donc est le porteur quand arrive la faillite ?

LAURA : Tes soupçons sur la naissance de l'enfant ne sont nullement fondés.

LE CAPITAINE : C'est bien là le plus terrible ! Si mes soupçons étaient tant soit peu fondés, j'aurais du moins quelque chose à saisir, à quoi me raccrocher. Or, je n'ai devant moi que des ombres qui se cachent dans les buissons... et qui ressortent pour ricaner dans mon dos. J'ai l'impression de me battre contre le vide, et de tirer à blanc. Une triste réalité aurait provoqué une réaction, tendu mon corps et mon esprit, m'aurait incité à agir, alors que maintenant... Les pensées se désagrègent, et le cerveau travaille à vide jusqu'au jour où il prend feu... Mets-moi un oreiller sous la tête. Et couvre-moi, mets quelque chose sur moi. J'ai si froid ! Si horriblement froid !

Laura prend son châle et en couvre le capitaine. Margret va chercher un oreiller.

LAURA : Donne-moi ta main, mon ami.

LE CAPITAINE : Ma main ? Alors que tu m'as fait attacher les deux mains derrière le dos ! Omphale, Omphale... Mais je sens sur mes lèvres la douceur de ton châle, il est doux et tendre comme ton bras, et il sent si bon la vanille, comme tes cheveux quand tu étais jeune ! Ah, Laura, quand tu étais jeune, et que nous nous promenions sous les bouleaux, là où fleurissaient les primevères, où chantaient les merles ! Que c'était beau ! Que c'était beau ! Oui, pense à ce qu'était notre vie et à ce qu'elle est devenue ! Tu ne voulais pas qu'elle devînt cela, je ne le voulais pas non plus, et pourtant elle est devenue cela. Qui donc dirige la vie ?

LAURA : Dieu, et Dieu seul.

LE CAPITAINE : Le dieu de la guerre, alors ! Ou plutôt la déesse... Enlève donc ce chat qui est couché sur moi et qui m'oppresse ! Enlève-le ! (*Margret s'approche avec un oreiller ; elle ôte le châle.*) Apporte-moi mon uniforme ! Et mets-le sur moi ! (*Margret prend l'uniforme accroché au porte-manteau et l'étend sur lui.*) Ah, voilà ma peau de lion, que tu pensais me voler ! Omphale, Omphale ! O femme astucieuse qui prêchais la paix et inventais le désarmement ! Réveille-toi, Hercule, avant que ta massue ne te soit dérobée ! Tu voudrais bien aussi nous enlever notre armure, en nous la faisant prendre pour un vain oripeau. Mais elle était de fer, entends-tu, avant de devenir ce vain oripeau. C'était alors le forgeron qui fabriquait la tunique.

Aujourd'hui, c'est la brodeuse... Omphale, Omphale ! La force brutale a été vaincue par la perfide faiblesse. Pouah ! Prends garde, créature de Satan, et que ton sexe soit maudit ! (*Il essaye de se lever mais n'y parvient pas et retombe sur le canapé.*) Quel oreiller m'as-tu donné, Margret ? Il est si dur, et si froid ! Si froid ! Viens, et assieds-toi près de moi. Oui, là, là, sur cette chaise ! Puis-je poser ma tête sur tes genoux ? Comme cela ? — Qu'il fait chaud ! Penche-toi sur moi, que je sente ta poitrine... Oh, comme il est doux de dormir sur le sein d'une femme ! Que ce soit celui d'une mère ou celui d'une amante... Non, il est plus doux encore de dormir sur le sein d'une mère.

LAURA : Veux-tu voir ton enfant, Adolf ? Parle !

LE CAPITAINE : Mon enfant ? Un homme n'a pas d'enfant ! Les femmes seules en ont, et c'est pour cela que l'avenir leur appartient... O Dieu, qui aimes les enfants...

MARGRET : Ecoutez-le ! Il prie Dieu !

LE CAPITAINE : Non, c'est toi que je prie. Berce-moi ! Je suis fatigué, très fatigué ! Bonne nuit, Margret, et sois bénie entre toutes les femmes.

Le capitaine se dresse, mais aussitôt il retombe en criant sur la poitrine de Margret. Laura sort à gauche pour appeler le docteur qui entre, accompagné du pasteur.

LAURA : Aidez-nous, docteur, si ce n'est pas trop tard. — Voyez, il ne respire plus.

LE DOCTEUR ŒSTERMARK, *tâtant le pouls du capitaine* : C'est une attaque d'apoplexie.

LE PASTEUR : Il est mort ?

LE DOCTEUR ŒSTERMARK : Non, il peut encore revenir à la vie. Mais ce qui l'attend, nous ne pouvons pas le savoir.

LE PASTEUR : D'abord la mort, et puis le Jugement...

LE DOCTEUR ŒSTERMARK : Non, pas de Jugement ! Et pas d'accusation ! Parlez-lui de ces choses, vous, puisque vous croyez qu'un dieu régit le destin des hommes.

MARGRET : Ah ! monsieur le pasteur ! Il a prié Dieu, juste avant de mourir.

LE PASTEUR, *à Laura* : Est-ce vrai ?

LAURA : C'est vrai.

LE DOCTEUR ŒSTERMARK : S'il en est ainsi, ce que j'ignore autant que les origines de sa maladie, mon art est désormais inutile. A vous maintenant d'essayer le vôtre, pasteur !

LAURA : C'est tout ce que vous avez à dire devant un lit de mort, docteur ?

LE DOCTEUR ŒSTERMARK : Oui, c'est tout. Je n'en sais pas davantage. Que celui qui en sait davantage parle.

BERTHA, *entrant à gauche et s'approchant de sa mère en courant* : Maman ! Maman !

LAURA : Mon enfant ! Mon enfant à moi !

LE PASTEUR : Amen !

Mademoiselle Julie

Pièce en un acte

Texte français
Boris Vian

Fröken Julie

Personnages

MADEMOISELLE JULIE, *25 ans.* JEAN, *maître d'hôtel, 30 ans.* CHRISTINE, *cuisinière, 35 ans.*

L'action se passe dans la cuisine du château de monsieur le comte, la nuit de la Saint-Jean.

La scène représente une grande cuisine, dont le plafond et les murs latéraux sont cachés par des frises et des pendrillons. Le mur du fond remonte obliquement vers la droite ; on y voit à gauche deux étagères portant des récipients et des casseroles de cuivre, de fonte et d'étain ; les étagères sont garnies de papier gaufré ; et à droite, les trois quarts de la grande voûte de sortie avec une porte vitrée à doubles battants, à travers lesquels on aperçoit une fontaine avec un amour, des lilas en fleurs et le sommet de peupliers.

A gauche sur la scène, le coin d'un grand fourneau en faïence avec une partie de la hotte.

A droite on voit passer un bout de la table à manger des serviteurs, en pin blanc, entourée de quelques chaises.

Le fourneau est orné de branches de bouleau, le sol est jonché de branches de genévrier.

Sur le bout de la table un grand pot d'épices japonais, rempli de lilas en fleurs.

Une glacière, une table pour la vaisselle, un évier.

Au-dessus de la porte se trouve une grande sonnette d'un modèle ancien et à gauche aboutit un tube acoustique.

Christine se trouve devant le fourneau, en train de faire cuire quelque chose dans une poêle ; elle porte une robe en cotonnade claire et un tablier de cuisine ; Jean entre, en livrée, portant de grandes bottes munies d'éperons, qu'il dépose par terre à un endroit bien visible.

JEAN : Ce soir, pour changer, mademoiselle Julie est folle... complètement folle.

CHRISTINE : Tiens ! le revoilà, celui-là.

JEAN : J'ai accompagné monsieur le comte à la gare. En revenant, je passe devant la grange, j'entre pour danser, et, là, je vois mademoiselle qui menait le bal avec le garde-forestier. Sitôt qu'elle m'aperçoit, elle se jette sur moi et m'invite à la valse des dames ! Et elle s'est mise à danser comme... Je n'ai jamais vu ça ! Elle est folle !

CHRISTINE : Elle l'a toujours été, mais ces quinze derniers jours, ça dépasse tout ! Depuis la rupture de ses fiançailles, quoi !

JEAN : Oui ! Qu'est-ce que c'est encore que cette histoire ? Il avait beau ne pas être riche, c'était un monsieur bien. Ah ! c'est vrai qu'ils ont de si drôles d'idées. (*Il s'assied au bout de la table.*) En tout cas il est singulier qu'une demoiselle... hum !... préfère rester à la maison avec les domestiques plutôt que d'accompagner son père chez des parents, pas !

CHRISTINE : Elle est probablement un peu gênée depuis sa bagarre avec son fiancé.

JEAN : Sans doute. En tout cas, c'était un monsieur qui savait se défendre. Sais-tu, Christine, comment ça s'est passé ? Je l'ai vu, moi, sans qu'on s'en rende compte.

CHRISTINE : Non ! Il l'a vu ?

JEAN : Oui, je t'assure. Ils étaient tous les deux dans la cour, un soir, et mademoiselle le « dressait », disait-elle. Et tu sais comment ? Eh bien ! elle le faisait sauter par-dessus sa cravache, comme on apprend à un chien. Il a sauté deux fois, et, chaque fois, il a reçu un coup de cravache ; mais, la troisième fois, il la lui a arrachée des mains et l'a mise en miettes, et puis, il est parti.

CHRISTINE : Alors, c'est comme ça que c'est arrivé ? Qu'est-ce qu'il raconte là ?

JEAN : Ça s'est passé exactement comme ça. Et maintenant, qu'est-ce que tu pourrais me donner de bon, Christine ?

CHRISTINE, *servant Jean* : Oh, j'ai juste un petit rognon que j'ai coupé dans le rôti de veau.

JEAN : Merveilleux ! C'est mon morceau préféré. (*Il tâte l'assiette.*) Mais tu aurais pu chauffer l'assiette !

CHRISTINE : Celui-là, quand il s'y met, il est encore plus difficile que monsieur le comte !

Elle lui tire amicalement les cheveux.

JEAN, *fâché* : Ah ! non, ne me tire pas les cheveux comme ça ! Tu sais comme je suis sensible !

CHRISTINE : Allons ! Allons ! ce n'est que de l'amour, il le sait bien...

Jean mange, Christine ouvre une bouteille de bière.

JEAN : De la bière ? La veille de la Saint-Jean ? Non, merci bien ! J'ai quelque chose de meilleur, moi ! (*Il ouvre le tiroir et en tire une bouteille de vin à cachet jaune.*) Le cachet jaune, tu vois ? Maintenant, donne-moi un verre, un verre à pied naturellement ! Quand on boit un vin comme ça !...

CHRISTINE *retourne au fourneau, met une petite casse-*

role au feu : Dieu vienne en aide à celle qui le prendra pour mari ! Un tatillon pareil !

JEAN : Ah ! ta... ta... ta, tu serais trop contente de pêcher un monsieur aussi bien que moi ; et je ne crois pas que ça te fasse du tort quand on dit que je suis ton fiancé. (*Il goûte le vin.*) Bon ! Très bon ! Juste un brin trop frais ! (*Il le chauffe dans ses mains.*) Nous l'avons acheté à Dijon, quatre francs le litre, verre non compris, et la douane par-dessus le marché. Qu'est-ce que tu cuis donc là ? C'est infernal ce que ça pue !

CHRISTINE : Oh ! c'est une saloperie que mademoiselle Julie a demandée pour Diane.

JEAN : Tu devrais surveiller tes expressions, Christine. Mais pourquoi faut-il que tu restes là à faire la cuisine à cette saleté de chienne, un soir de fête ? Elle est malade, hein ?

CHRISTINE : Oui, malade ! Elle a filé dehors avec le carlin du gardien, et maintenant ça a mal tourné, et ça, mademoiselle n'en veut pas.

JEAN : Mademoiselle est trop collet monté dans certains cas et pas assez fière dans d'autres, tout comme madame la comtesse de son vivant. Elle adorait être à la cuisine ou dans l'écurie, mais elle ne serait jamais sortie dans une voiture à un seul cheval ; elle portait des manchettes sales, mais elle exigeait la couronne sur les boutons. Mademoiselle, pour en revenir à elle, ne prend non plus guère soin de sa personne. J'irai même jusqu'à dire que ce n'est pas une fille bien. Tout à l'heure, quand elle dansait dans la grange, elle a arraché le garde-chasse à Anna et l'a invité elle-même. Jamais nous ne nous conduirions de cette façon. C'est comme ça quand les maîtres veulent singer les gens du commun : ils deviennent communs. Mais est-elle belle ! Superbe ! Ah ! ces épaules ! Et... etcetera.

CHRISTINE : Ah la, la ! Faut rien exagérer ! J'ai entendu ce que Clara en dit quand elle l'habille !

JEAN : Peuh ! Clara ! Vous êtes toutes jalouses les unes des autres ! Moi, je suis sorti à cheval avec elle !... et la façon dont elle danse !

CHRISTINE : Ecoutez, Jean ! Vous ne voulez pas danser avec moi quand je serai prête ?

JEAN : Oui, naturellement, je veux bien.

CHRISTINE : Il me le promet, alors ?

JEAN : Des promesses ? Quand je dis que je le fais, je le fais. En attendant, je te remercie pour ton repas. C'était fameux.

Il rebouche la bouteille.

★

JULIE *paraît à la porte, elle parle à la cantonade* : Je reviens tout de suite ! Continuez un moment sans moi ! (*Jean glisse la bouteille dans le tiroir et se lève respectueusement. Julie entre et s'avance vers Christine, près du fourneau.*) Alors ! tu l'as préparé ?

Christine fait signe que Jean est là, à la table.

JEAN, *galant, s'approche* : Il y a des secrets entre les dames ?

Julie lui donne de son mouchoir sur la figure.

JULIE : Il est curieux !

JEAN : Ah ! quel délicieux parfum ! De la violette !

JULIE, *coquette* : Et impudent avec ça ! Ainsi, il est également expert en parfums ? Pour la danse il l'est sans aucun doute... ch... ch... chch... ne regardez pas ! Allez-vous-en !...

JEAN, *insolent et poli* : Est-ce un philtre de la Saint-Jean que ces dames préparent ? Quelque chose où on peut lire l'avenir sous l'étoile du destin et connaître son futur époux ?

JULIE, *sèche* : Pour y voir ça, il lui faudra de bons yeux ! (*A Christine* :) Mets ça dans un demi-litre et bouche bien. Maintenant, venez donc danser une scottish avec moi, Jean.

JEAN, *hésitant* : Je ne veux être impoli avec personne, mais cette danse, je l'ai promise à Christine.

JULIE : Eh bien ! Elle pourra sûrement en obtenir une autre, n'est-ce pas Christine ? Tu veux bien me prêter Jean ?

CHRISTINE : Ce n'est pas à moi de le dire. Si mademoiselle daigne l'inviter, il n'a pas à refuser. (*A Jean* :) Allez donc, et dites merci pour l'honneur qu'on vous fait.

JEAN : A franchement parler, et sans offense naturellement, je me demande s'il est très sage pour mademoiselle Julie de danser deux danses de suite avec le même cavalier ? Surtout que les gens d'ici sont toujours prêts à interpréter à leur façon les...

JULIE, *furieuse* : Qu'est-ce que c'est ? Qu'est-ce que cette histoire d'interprétation ? Que veut-il dire ?

JEAN *baisse le ton* : Puisque mademoiselle ne désire pas

comprendre, je vais parler plus clairement. Cela marque mal pour mademoiselle de préférer un de ses domestiques à d'autres qui attendent le même inhabituel honneur.

JULIE : Préférer ! Quelle idée ! Je suis surprise. Moi, la maîtresse de cette maison, j'honore le bal des domestiques de ma présence, et comme j'aime la danse je désire le faire avec quelqu'un qui sait conduire et qui ne me rendra pas ridicule.

JEAN : Comme mademoiselle l'ordonne.

JULIE, *gentiment* : Ne prenez pas ça comme un ordre, ce soir nous nous réjouissons tous comme des gens heureux et nous ne pensons plus au rang ! Allez, donnez-moi votre bras ! Ne t'inquiète pas Christine, je ne te volerai pas ton fiancé !

Jean donne le bras à Julie. Ils sortent.

PANTOMIME

Se joue comme si l'actrice était réellement seule dans la pièce. Elle tourne le dos au public, ne regarde pas la salle, ne se presse pas, comme si elle ne craignait pas que le public s'impatiente.

Christine est seule. Musique dans le lointain, une scottish. Elle fredonne pour elle-même ; elle emporte l'assiette de Jean et va la laver, l'essuie et la range dans le placard. Puis elle enlève son tablier, prend une petite glace dans son tiroir, la pose contre le bouquet de lilas sur la table. Elle allume une bougie, chauffe une épingle à cheveux et se fait une boucle sur le front.

Elle va vers la porte pour écouter, revient à la table, trouve le mouchoir que Julie a oublié. Elle en respire le parfum, puis l'étire comme en pensant à autre chose, le replie, etc. Jusqu'à ce que rentre Jean.

★

JEAN *entre* : Oui, décidément, elle est folle. Quelle façon de danser ! Et les gens debout, en train de ricaner derrière les portes !

CHRISTINE *hausse les épaules* : Ah ! elle est dans une mauvaise passe, et ça la rend un peu bizarre. Et maintenant est-ce qu'il va venir danser avec moi ?

JEAN : Tu n'es pas fâchée contre moi, parce que j'ai manqué notre...

CHRISTINE : Mais non ! Pas pour si peu, tu le sais bien ! Et je sais me tenir à ma place !

JEAN *l'enlace* : Tu es une fille compréhensive et tu feras une bonne ménagère.

Entre Julie ; désagréablement surprise ; elle force un peu la plaisanterie.

JULIE : Vous êtes un charmant cavalier... qui abandonne ainsi sa dame !

JEAN : Au contraire, mademoiselle Julie, comme vous voyez, je me suis dépêché de venir retrouver celle que j'avais quittée !

JULIE *change de ton* : Savez-vous que vous dansez merveilleusement ! Mais pourquoi êtes-vous en livrée un soir de fête ? Enlevez ça tout de suite !

JEAN : Alors il faut que je prie mademoiselle de s'éloigner un instant, ma veste noire est pendue ici.

Il indique l'endroit, d'un geste.

JULIE : Il se gêne pour moi ? Pour changer de veste ? Entrez dans votre chambre alors, et revenez. Ou bien qu'il reste et je tourne le dos.

JEAN : Avec votre permission, mademoiselle.

Il va à droite ; on voit un de ses bras pendant qu'il se change.

JULIE, *à Christine* : Dis-moi, Christine, est-ce que Jean est ton fiancé, pour être si familier ?

CHRISTINE : Mon fiancé ? Oui, si l'on veut, c'est comme ça que nous disons.

JULIE : Que vous dites ?

CHRISTINE : Eh bien ! Mademoiselle a eu un fiancé aussi, et...

JULIE : Oui, nous étions officiellement engagés...

CHRISTINE : Mais ça n'a pas abouti à grand-chose...

Jean revient en redingote noire et chapeau melon de même couleur.

JULIE : Very nice, Mr. John, very nice !

JEAN : You choose to make fun of me, madam ?

JULIE : And you choose to speak english ? Où avez-vous appris ?

JEAN : En Suisse, quand j'étais sommelier dans un des premiers hôtels de Lucerne.

JULIE : Mais vous avez l'air d'un gentleman dans cette redingote. Charming.

Elle s'assied à la table.

JEAN : Oh ! vous me flattez !

JULIE, *vexée* : Je le flatte !

JEAN : Ma modestie naturelle m'interdit de croire que vous puissiez adresser des compliments sincères à un homme comme moi, en conséquence de quoi je me permets de supposer que vous exagériez, ou, en d'autres termes, me flattiez.

JULIE : Où avez-vous appris à si bien ordonner vos discours ? Vous avez dû aller au théâtre souvent ?

JEAN : Cela aussi. J'ai vu pas mal de choses, moi !

JULIE : Mais vous êtes né dans le voisinage !

JEAN : Mon père était journalier chez le procureur du roi, non loin d'ici, et j'ai souvent vu mademoiselle quand elle était enfant, bien que mademoiselle ne m'ait jamais remarqué.

JULIE : Non, vraiment !

JEAN : Oui, et je me rappelle particulièrement un jour... je ne peux pas vous raconter ça...

JULIE : Mais si !... Dites-le ! Allez ! Faites une exception pour moi !

JEAN : Non, je ne peux vraiment pas maintenant. Une autre fois, peut-être.

JULIE : Une autre fois, ça veut dire jamais. C'est si dangereux maintenant ?

JEAN : Dangereux, pas du tout, mais ça viendrait mal. (*Désignant Christine qui s'est endormie à une chaise près du fourneau* :) Regardez-la donc !

JULIE : Elle fera une femme agréable, celle-là ! Peut-être qu'elle ronfle aussi ?

JEAN : Ronfler, non. Mais elle parle quand elle dort.

JULIE, *cynique* : Comment savez-vous qu'elle parle quand elle dort ?

JEAN, *effronté* : Il m'est arrivé d'y être.

Un silence. Ils se regardent.

JULIE : Pourquoi ne vous asseyez-vous pas ?

JEAN : Je ne puis me le permettre en votre présence.

JULIE : Mais si je vous l'ordonne ?

JEAN : Alors, j'obéirai.

JULIE : Asseyez-vous, alors. Mais attendez ! Pouvez-vous me donner quelque chose à boire d'abord ?

JEAN *va à la glacière* : Je ne sais pas ce qu'il peut y avoir dans la glacière. De la bière seulement, je crois.

JULIE : Pourquoi « seulement » ? J'ai des goûts si simples que je la préfère au vin.

Jean prend dans la glacière une bouteille de bière et l'ouvre. Il va chercher un verre et une assiette dans le placard et sert la bière.

JEAN : Permettez-moi !...

JULIE : Merci ! N'en boirez-vous pas vous-même ?

JEAN : Je ne suis pas grand amateur de bière, mais si mademoiselle l'ordonne...

JULIE : L'ordonne ? Je pense qu'un galant cavalier peut tenir compagnie à sa dame.

JEAN *ouvre la bouteille et prend un verre* : C'est trop juste.

JULIE : Buvez à ma santé, maintenant. (*Jean hésite.*) Je crois que ce grand gaillard est timide !

JEAN *s'agenouille, parodique, élève son verre avec une solennité feinte* : A la santé de ma dame !

JULIE : Bravo ! Maintenant, vous allez embrasser mon soulier et tout sera parfait. (*Jean hésite, puis s'empare hardiment du pied de Julie et l'embrasse légèrement.*) Remarquable ! Vous auriez dû vous faire acteur !

JEAN *se lève* : Ceci ne doit pas continuer, mademoiselle, quelqu'un peut entrer et nous voir.

JULIE : Qu'est-ce que cela ferait ?

JEAN : Les gens jaseraient, c'est tout. Si vous saviez comment les langues marchaient là-haut tout à l'heure, vous...

JULIE : Que disait-on ? Racontez-moi ça. Asseyez-vous, je vous prie !...

JEAN *s'assied* : Je ne veux pas vous blesser, mais ils employaient des expressions qui jetaient des soupçons d'une espèce que... enfin, vous pouvez imaginer. Vous n'êtes plus une enfant, et quand on voit une dame boire seule en compagnie d'un homme, même si ce n'est qu'un domestique, et la nuit... eh bien...

JULIE : Eh bien, quoi ? En outre, nous ne sommes pas seuls. Christine est là.

JEAN : Endormie, oui !

JULIE : Alors je vais l'éveiller. (*Elle se lève.*) Christine ? Dors-tu ?

CHRISTINE, *endormie* : Blablablabla...

JULIE : Christine ! Ce qu'elle peut dormir, celle-là !

CHRISTINE, *endormie* : Les bottes de monsieur sont cirées... Sers le café... tout de suite, tout de suite... Oh !... Pouf...

JULIE *la prend par le nez* : Veux-tu te réveiller ?

JEAN, *ferme* : On ne réveille pas quelqu'un qui dort.

JULIE, *dure* : Quoi ?

JEAN : Quelqu'un qui est resté debout, près du fourneau toute la journée, a le droit d'être fatigué le soir. Et le sommeil doit être respecté.

JULIE, *changeant de ton* : C'est une jolie pensée, ça, et ça lui fait honneur. Merci. (*Elle tend la main à Jean.*) Maintenant, venez, sortons, et vous me cueillerez un peu de lilas.

Pendant la scène qui suit, Christine s'éveille, et, tombant de sommeil, se dirige vers la droite pour se coucher.

JEAN : Avec mademoiselle ?

JULIE : Avec moi.

JEAN : Ce n'est pas possible. Absolument pas.

JULIE : Je n'arrive pas à comprendre vos idées. Serait-il possible que vous vous imaginiez des choses ?

JEAN : Non, pas moi, mais les gens.

JULIE : Et quoi ? Que je succombe au charme du domestique ?

JEAN : Je ne suis pas un fat, mais on a vu des exemples ; et, pour le peuple, rien n'est sacré.

JULIE : Mais c'est un aristocrate, je crois !

JEAN : Oui, je le suis.

JULIE : Je m'abaisse...

JEAN : Ne vous abaissez pas, mademoiselle. Et écoutez-moi. Personne ne croira que vous vous abaissez volontairement. Les gens diront toujours que vous tombez.

JULIE : J'ai une plus haute opinion des gens que vous ! Venez ! Essayons ! Venez !

Elle le couve des yeux.

JEAN : Vous savez, vous êtes très étrange !

JULIE : Peut-être, mais ça, vous l'êtes aussi. Et puis tout est étrange. La vie, l'humanité, tout... Cette neige noire qui tourne, tourne sur l'eau et s'enfonce, s'enfonce. J'ai fait un rêve qui me revient de temps en temps, et je me le rappelle en ce moment. Grimpée tout en haut d'un pilier, j'y suis assise sans aucune possibilité d'en descendre ; j'ai le vertige en baissant les yeux, et je dois regagner la terre, mais je n'ai pas le courage de m'élancer ; je ne puis m'y maintenir et il me tarde de tomber, mais je ne tombe pas. Pourtant je ne connais la paix, je ne connais le repos que lorsque je suis en bas, tout en bas, sur le sol. Et si j'ai réussi à l'atteindre, je voudrais disparaître sous la terre. Avez-vous jamais connu cette sensation ?

JEAN : Non. Je rêve d'ordinaire que je suis couché sous un grand arbre dans une forêt obscure. Je veux monter, monter au sommet, pour voir le clair paysage tout brillant de soleil, et dénicher le nid où dorment les œufs d'or. Et je grimpe, je grimpe, mais le tronc est si énorme, si lisse, et elle est si loin, la première branche ! Mais je sais que si je l'atteins, la première branche, j'arriverai au sommet aussi aisément que par une échelle. Jamais encore je ne l'ai atteinte ; mais j'y arriverai, même si c'est en rêve !

JULIE : Me voilà en train de parler rêves avec lui ! Venez, maintenant, seulement dans le parc !

Elle lui donne le bras et ils vont à la porte.

JEAN : Si nous dormons ce soir sur neuf herbes de la Saint-Jean, nos rêves deviendront réalité, mademoiselle.

Ils se sont retournés. Jean porte une main à son œil.

JULIE : Faites voir ce que vous avez dans l'œil !

JEAN : Oh ! ce n'est rien... Un grain de poussière... ça va passer tout de suite.

JULIE : La manche de ma robe a dû vous égratigner l'œil. Asseyez-vous, je vais vous soigner. (*Elle le prend par le bras, le fait asseoir, lui saisit la tête, la penche en arrière et essaye d'enlever la poussière avec son mouchoir.*) Ne bougez plus, maintenant, plus du tout ! (*Elle lui donne une tape sur la main.*) Allons, faites ce que je vous dis ! Ma parole, il tremble, ce grand gaillard solide ! (*Elle tâte ses biceps.*) Et avec des bras pareils !

JEAN, *comme pour l'avertir* : Mademoiselle Julie !

JULIE : Oui, monsieur Jean.

JEAN : Attention ! Je ne suis qu'un homme *.

JULIE : Voulez-vous ne pas bouger. Voilà ! c'est parti ! Baisez-moi la main et dites merci !

JEAN *se lève* : Mademoiselle Julie, écoutez-moi ! Christine est allée se coucher maintenant. Voulez-vous m'écouter ?

JULIE : Baisez-moi la main d'abord.

* **En français dans le texte.**

JEAN : Ecoutez-moi !

JULIE : Baisez-moi la main d'abord.

JEAN : Bon, mais ce sera votre faute.

JULIE : Si quoi ?

JEAN : Si quoi ? Etes-vous une enfant à vingt-cinq ans ? Ne savez-vous pas qu'il est dangereux de jouer avec le feu ?

JULIE : Pas pour moi, je suis assurée.

JEAN, *avec hardiesse* : Je vous garantis que non ! Et même si vous l'êtes, il y a des matières inflammables pas loin.

JULIE : Ce serait peut-être vous ?

JEAN : Oui. Pas parce que c'est moi, mais parce que je suis un homme jeune...

JULIE : D'allure avantageuse... Quelle incroyable présomption ! Un Don Juan peut-être ? Ou un Joseph ? Sur mon âme, je pense que c'est un Joseph.

JEAN : Croyez-vous ?

JULIE : J'en ai un peu peur ! (*Jean s'approche hardiment et tente de la prendre par la taille pour l'embrasser. Julie le gifle.*) Insolent !

JEAN : C'est sérieux, ou c'est une plaisanterie ?

JULIE : Sérieux !

JEAN : Alors ce qui s'est passé avant était sérieux aussi. Votre jeu est beaucoup trop sérieux, et c'est là son danger ! Mais maintenant j'ai assez joué et je demande la permission de retourner à mon ouvrage. Les bottes de monsieur le comte doivent être prêtes à l'heure et minuit est passé depuis longtemps.

JULIE : Laissez ces bottes !

JEAN : Non. Ça, c'est mon travail, et je dois le faire. Jamais je ne me suis engagé à être votre camarade de jeu, et jamais je ne le serai. Je considère que je vaux mieux que ça.

JULIE : Vous êtes bien fier !

JEAN : D'une façon, oui. D'une autre, non.

JULIE : Avez-vous jamais été amoureux ?

JEAN : Nous n'employons pas cette expression, mais j'ai été épris de plusieurs filles, et une fois, j'ai été malade de ne pouvoir obtenir celle que je désirais : malade, remarquez, comme les princes des *Mille et une Nuits,* qui ne pouvaient ni manger ni boire tant ils aimaient.

JULIE : Qui était-ce ? (*Jean garde le silence.*) Qui était-ce ?

JEAN : Vous ne me forcerez pas à le dire.

JULIE : Si je vous le demande comme une égale — une amie ! Qui était-ce ?

JEAN : C'était vous !

JULIE *s'assied* : Impayable !

JEAN : Oui, si vous voulez ! C'était ridicule ! Voyez-vous, c'est ça l'histoire que je ne voulais pas raconter tout à l'heure, mais maintenant, je vais le faire. Savez-vous de quoi le monde a l'air, vu d'en bas ? Ça, vous l'ignorez. Comme les éperviers et les faucons dont on voit rarement le dos parce qu'ils planent d'ordinaire tout là-haut ! Je vivais dans la maison du journalier avec sept frères et sœurs et un cochon, là-bas, dans les champs gris où il n'y a pas un arbre. Mais, des fenêtres, je voyais le mur du parc de monsieur le comte, que dépassaient les pommiers. C'était le jardin de l'Eden ; et tout autour une foule d'anges sombres, armés de glaives flamboyants, montaient la garde. Et pourtant, moi et d'autres garçons, nous avons trouvé le chemin de l'arbre de vie. Maintenant, me méprisez-vous ?

JULIE : Oh ! voler des pommes, tous les garçons le font.

JEAN : Vous le dites, maintenant, mais vous me méprisez tout de même. N'importe ! Un jour, je suis entré au paradis avec ma mère pour sarcler les carrés d'oignons. Près du potager se dressait un pavillon turc ombragé de jasmin et couvert de chèvrefeuille. Je ne savais pas à quoi cela pouvait servir, mais jamais je n'avais vu une aussi jolie construction. Des gens y entraient et en sortaient, et un jour, la porte est restée ouverte. Je me suis glissé jusque-là et j'ai vu des murs couverts d'images de rois et d'empereurs, et il y avait des rideaux rouges aux fenêtres, avec des franges. Maintenant, vous comprenez ce que je veux dire. Moi (*il coupe une fleur de lilas et la tient sous le nez de Julie*) je n'étais jamais entré au château, je n'avais jamais vu que l'église, mais ça, c'était plus beau ; et quelque cours que prennent mes pensées, c'est toujours là qu'elles revenaient — vers ça. Puis, peu à peu, naquit le désir de goûter, rien qu'une fois, le plaisir complet de... — enfin, je me suis faufilé, j'ai vu, j'ai admiré. Et j'ai entendu venir quelqu'un ! Il n'y avait qu'une sortie pour les maîtres, mais pour moi, il en restait une autre et j'ai été forcé de prendre celle-là. (*Julie, qui a pris la fleur, la laisse tomber sur la table.*) Donc, je tombe sur mes talons, et puis je plonge dans une haie de framboisiers, je m'élance à travers des planches de fraisiers et j'arrive sur la terrasse aux roses. Là, j'ai aperçu une robe rose et une paire de bas blancs — c'était vous ; je me suis caché sous un tas d'herbes — dessous, je vous dis — sous des chardons piquants, et la terre humide sentait mauvais. Et je vous ai regardée vous promener parmi les roses, et je me suis dit : s'il est vrai qu'un voleur peut pénétrer au ciel et séjourner avec les anges, il est curieux que le fils d'un garçon de ferme, sur cette terre du Bon Dieu, ne puisse entrer dans le parc du château et jouer avec la fille du comte.

JULIE, *avec sentiment* : Croyez-vous que tous les enfants pauvres auraient eu les mêmes pensées que vous en cette occurrence ?

JEAN, *incertain, puis convaincu* : Si tous les pauvres... Oui, naturellement ! Naturellement !

JULIE : Ce doit être un horrible malheur d'être pauvre.

JEAN, *avec une profonde détresse, très exagérée* : Oh, mademoiselle Julie ! Oh ! un chien peut se coucher sur le sofa de madame la comtesse, un cheval reçoit parfois une tape amicale de la main d'une demoiselle, mais un domestique... (*Il change de ton.*) Eh bien, de temps en temps, il se trouve assez d'étoffe chez un homme pour qu'il s'élève dans le monde ; mais de là à dire que ça arrive souvent ! En attendant, savez-vous ce que j'ai fait ensuite ? J'ai sauté dans le ruisseau du moulin tout habillé, on m'en a retiré et j'ai reçu une râclée. Mais le dimanche suivant, quand mon père et tous les autres ont été voir grand-mère, je me suis lavé avec du savon et de l'eau chaude, j'ai mis mes plus beaux habits et j'ai été à l'église pour essayer de vous voir. Je vous ai vue, et je suis rentré à la maison, décidé à mourir : mais je désirais mourir en beauté et confortablement — sans douleur. Et là, je me suis rappelé que c'était dangereux de dormir sous un sureau. Nous en avions justement un grand, tout en fleurs. Je les ai toutes prises, et je m'en suis fait un lit dans le coffre à avoine. Avez-vous remarqué la douceur de l'avoine ? Douce au toucher comme la peau humaine... Alors j'ai laissé retomber le couvercle et j'ai fermé les yeux ; je me suis endormi, et réveillé sérieusement malade, mais je ne suis pas mort, comme vous voyez. Ce que je voulais, je ne le sais pas. Aucun espoir de vous gagner, mais vous étiez pour moi le symbole de l'impossibilité de sortir du cercle où j'étais né.

JULIE : Vous racontez de façon charmante, vous savez ! Avez-vous été à l'école ?

JEAN : Assez peu, mais j'ai lu beaucoup de romans et j'ai été au théâtre. En outre, j'ai écouté les conversations de gens raffinés ; et elles m'ont appris beaucoup.

JULIE : Vous restez donc à écouter ce que nous disons !

JEAN : Certainement ! Et j'entends des tas de choses, moi, quand je conduis la voiture ou quand je rame dans la barque. Une fois, j'ai entendu mademoiselle et une amie...

JULIE : Tiens ! Et qu'avez-vous entendu ?

JEAN : Euh, ce n'est pas très facile à vous dire ; mais je dois avouer que j'ai été plutôt surpris ; je n'imaginais pas où vous aviez appris tous ces mots. Peut-être, au fond, n'y a-t-il pas tant de différence qu'on le pense entre un être humain et un autre.

JULIE : Quelle horreur ! Nous ne nous conduisons pas comme vous quand nous sommes fiancés.

JEAN, *la regardant durement* : C'est bien sûr, ça ? Vraiment, je ne me donnerais pas le mal de mademoiselle pour avoir l'air innocent.

JULIE : C'était un goujat, l'homme à qui j'avais donné mon amour.

JEAN : C'est ce que vous dites toujours... après.

JULIE : Toujours ?

JEAN : Toujours, je crois, car j'ai entendu l'expression plus d'une fois déjà en des circonstances analogues.

JULIE : Quelles circonstances ?

JEAN : Comme celle dont il est question ! La dernière fois...

JULIE *se lève* : Assez ! Je ne veux pas en entendre davantage.

JEAN : Elle ne voulait pas non plus, c'est étonnant. Maintenant, puis-je aller me coucher ?

JULIE, *gentiment* : Aller vous coucher la nuit de la Saint-Jean ?

JEAN : Oui ! Danser avec cette canaille, là-haut, ça ne me plaît pas.

JULIE : Prenez la clef du hangar à bateau et emmenez-moi faire un tour sur le lac ; je veux voir le lever du soleil !

JEAN : Est-ce prudent ?

JULIE : On dirait que vous avez peur pour votre réputation !

JEAN : Pourquoi pas ? Je ne veux pas être ridicule. Je ne veux pas être renvoyé sans certificats, le jour où je voudrai m'établir. Et puis je me sens plus ou moins engagé vis-à-vis de Christine.

JULIE : Oh ! c'est Christine, maintenant...

JEAN : Oui, mais c'est aussi vous. Ecoutez-moi donc... Montez et couchez-vous.

JULIE : Suis-je censée vous obéir ?

JEAN : Pour une fois ; dans votre propre intérêt ! Je vous en prie ! La nuit est très avancée, la lassitude grise et la tête s'échauffe. Allez vous coucher ! En outre, si je ne me trompe, j'entends les gens venir par ici me chercher. S'ils nous trouvent ici, vous êtes perdue !...

Le chœur approche en chantant.

LE CHŒUR :

Deux femmes s'en venaient du bois,
  Tridiridi-ralla tridiridi-ra.
L'une avait un trou à son bas,
  Tridiridi...
Elles parlaient de cent florins,
  Tridiridi-ralla tridiridi-ra.
A elles deux n'en ont pas un,
  Tridiridi...
Je t'offrirai mes belles fleurs,
  Tridiridi-ralla tridiridi-ra.
Mais à un autre ira mon cœur,
  Tridiridi...

JULIE : Je connais mes gens et je les aime et ils m'aiment de retour. Laissez-les venir et vous verrez.

JEAN : Non, mademoiselle Julie, ils ne vous aiment pas. Ils acceptent votre pain, mais ils crachent dessus ! Croyez-moi ! Ecoutez-les, écoutez un peu ce qu'ils chantent. Non, n'écoutez pas...

JULIE *écoute* : Que chantent-ils ?

JEAN : Des vers calomnieux ! Sur vous et moi.

JULIE : C'est infâme ! Quelle horreur ! Les vipères !

JEAN : La canaille est toujours lâche ! Et dans ce genre de combat, on ne peut que fuir.

JULIE : Fuir ? Mais où ? Sortir est impossible ! Et nous ne pouvons pas entrer chez Christine !

JEAN : Bon ! chez moi, alors. Nécessité n'a pas de loi ;

et vous pouvez vous fier à moi, car je suis un ami fidèle, sincère et respectueux.

JULIE : Mais pensez... pensez, si l'on vous cherche là !

JEAN : Je verrouille la porte, et si l'on veut entrer, je tire ! Venez ! (*A genoux* :) Venez !

JULIE, *significative* : Me promettez-vous ?...

JEAN : Je le jure !

Elle sort vivement par la droite. Jean la suit.

BALLET

Les paysans entrent en costume de fête, portant des bouquets au chapeau. Un violoneux mène le cortège, une barrique de bière et un petit fût d'eau-de-vie ornés de guirlandes sont posés sur la table. On apporte des verres, on boit, puis les gens forment une ronde et dansent en chantant la chanson ci-dessus. Cela fait, ils ressortent en chantant *.

★

Julie entre seule. Elle voit le désordre de la cuisine, joint les mains, puis elle sort une houppe et se poudre le visage.

JEAN, *entre, excité* : Alors, vous voyez ! Et vous avez entendu ! Croyez-vous encore possible de rester ici ?

JULIE : Non, je ne crois pas. Mais qu'allons-nous faire ?

JEAN : Fuir, partir loin d'ici.

JULIE : Partir, partir, mais où ?

JEAN : Pour la Suisse, pour les lacs italiens ; vous n'y êtes jamais allée ?

JULIE : Non, c'est beau, là-bas ?

JEAN : Ah ! un éternel été... les orangers... les lauriers... Ah !

JULIE : Mais que ferons-nous une fois là-bas ?

JEAN : Là, je monterai un hôtel, avec un service de première classe, et des clients de première classe.

JULIE : Un hôtel ?

JEAN : Ça, c'est une vie ! Toujours de nouveaux visages, de nouvelles langues ; pas une minute pour s'ennuyer ou

* Ce ballet peut être remplacé par un noir de quelques dizaines de secondes et une sonorisation ; au cours du noir, légères modifications du décor dans le sens du désordre. N. D. T.

avoir ses nerfs ; pas besoin de chercher quoi faire, la besogne vient d'elle-même : des sonnettes sonnent nuit et jour, des trains sifflent, les autobus vont et viennent, et les pièces d'or roulent sur le comptoir. Ça c'est une vie !

JULIE : Oui, c'est une vie... Et moi ?

JEAN : Maîtresse de la maison, principal ornement de l'établissement. Avec votre figure et votre style... Oh, le succès est assuré ! Magnifique ! Assise comme une reine au bureau, vous mettez vos esclaves en mouvement, en pressant un bouton électrique ; les clients défilent devant votre trône et placent timidement leurs trésors sur votre table. Vous n'imaginez pas comme les gens tremblent lorsqu'ils tiennent une note d'hôtel dans leurs mains. Je salerai les notes, et vous les sucrerez avec vos plus beaux sourires. Ah ! allons-nous-en d'ici. (*Il prend un indicateur dans sa poche.*) Tout de suite, par le premier train ! Nous serons à Malmö à 18 h 30. Hambourg, 8 h 40 du matin ; Francfort-Bâle, un jour, et Côme, par le Saint-Gothard, dans, voyons, dans trois jours ! Trois jours !

JULIE : Tout ça est très bien ! Mais, Jean, il faut que tu me donnes du courage. Dis que tu m'aimes ! Viens et prends-moi dans tes bras !

JEAN *hésite* : Je voudrais, mais je n'ose pas ! Plus dans cette maison. Je vous aime, sans doute, pouvez-vous en douter ?

JULIE, *timide, vraiment féminine* : Non ! Dis-moi tu ! Il n'y a plus de barrières entre nous. Dis tu !

JEAN, *mal à l'aise* : Je ne peux pas. Il y aura des barrières entre nous, aussi longtemps que nous resterons dans cette maison. C'est le passé, c'est monsieur le comte, et je n'ai jamais rencontré personne pour qui j'aie autant de respect : il suffit que je voie ses gants sur une chaise, et je me sens petit ; j'entends à peine la sonnette là-haut, et je tressaille comme un cheval ombrageux, et maintenant que je vois ses bottes, si raides et si dures, je sens mon dos commencer à se courber. (*Il botte les bottes.*) Superstition, préjugés, qu'on nous a appris depuis l'enfance, mais qu'il est aussi facile d'oublier plus tard. Que nous allions seulement dans un pays qui vive en république, et on se courbera jusqu'à terre devant la livrée de mon portier. Jusqu'à terre, je vous dis ! Mais moi, c'est fini ! Je ne suis pas né pour me courber jusqu'à terre ; car il y a de l'étoffe en moi, il y a du caractère ; et si j'arrive à mettre le pied à la première branche, vous me verrez grimper ! Je suis un valet, aujourd'hui, mais l'an prochain, je serai propriétaire ; dans dix ans, je vivrai de mes revenus : et j'irai en Roumanie, je me ferai décorer et je *peux*, remarquez que je dis je *peux,* finir mes jours comte.

JULIE : Allons ! allons !...

JEAN : Oh ! en Roumanie, on peut acheter un titre de comte et, ainsi, vous serez comtesse, après tout... ma comtesse !...

JULIE : Qu'est-ce que tout cela peut me faire, puisque je rejette tout derrière moi ! Dis que tu m'aimes, ou sans cela, oui, sans cela, qu'est-ce que je suis !

JEAN : Je le dirai, je le dirai mille fois — plus tard ! Mais pas ici. Et surtout, pas de sentiment, si tout ne doit pas être perdu ! Nous devons considérer les choses froidement, comme des gens sensés. (*Il prend un cigare, le coupe et l'allume.*) Maintenant, asseyez-vous là, je m'assieds ici ; et nous allons parler comme si rien n'était arrivé.

JULIE, *désespérée* : Oh ! mon Dieu ! N'avez-vous donc aucun sentiment ?

JEAN : Moi ? Il n'y a pas d'homme plus sensible que moi, mais je suis capable de me contrôler.

JULIE : Tout à l'heure, vous embrassiez mon soulier, et maintenant !

JEAN, *dur* : Oui, c'était tout à l'heure. Maintenant, nous avons d'autres sujets de méditation.

JULIE : Ne me parlez pas durement.

JEAN : Non, mais raisonnablement. Une folie a été faite, n'en faisons pas d'autre. Monsieur le comte peut être là d'un instant à l'autre ; et, avant qu'il revienne, nos destins doivent être réglés. Que pensez-vous de mes plans pour l'avenir ? Les approuvez-vous ?

JULIE : Ils me paraissent tout à fait raisonnables ; mais juste une question : une entreprise aussi importante exige un capital considérable ; le possédez-vous ?

JEAN *mâche son cigare* : Moi ? Fichtre oui ! J'ai mes connaissances professionnelles, mon expérience unique, ma connaissance des langues étrangères ! C'est le genre de capital qui compte, j'imagine.

JULIE : Mais avec ça, vous ne pouvez même pas acheter un billet de chemin de fer.

JEAN : Ça, c'est certain ; mais c'est pour ça que je cherche un associé, un qui puisse avancer le capital nécessaire.

JULIE : Comment le trouverez-vous en si peu de temps ?

JEAN : C'est à vous de le trouver, si vous désirez être mon compagnon.

JULIE : Je ne le peux pas, et je n'ai rien moi-même.

Un silence.

JEAN : Alors, tout s'écroule...

JULIE : Et...

JEAN : Tout reste comme c'était.

JULIE : Croyez-vous que je resterai sous ce toit comme votre maîtresse ? Croyez-vous que je me laisserai montrer du doigt ? Croyez-vous que je puisse regarder mon père en face après cela ? Non ! Emmenez-moi d'ici, loin de cette humiliation et de cette honte ! Oh ! qu'est-ce que j'ai fait, mon Dieu, mon Dieu !

Elle pleure.

JEAN : Allez, voilà la nouvelle chanson. Qu'avez-vous fait ? Ce que bien d'autres ont fait avant vous.

JULIE *crie, hystérique* : Et maintenant, vous me méprisez ! Je tombe ! Je tombe !

JEAN : Tombez jusqu'à mon niveau, et je vous relèverai !

JULIE : Quelle horrible puissance m'a poussée vers vous ? La faiblesse attirée par la force ? Celle qui tombe vers celui qui s'élève ? Ou était-ce l'amour ? L'amour, ça ? Savez-vous ce que c'est, l'amour ?

JEAN : Moi ? Ça, je vous le garantis ! Vous croyez que je n'ai jamais connu d'autres filles ?

JULIE : Quelle façon de parler ! Et quelles pensées !

JEAN : C'est ce que j'ai appris, et c'est ce que je suis ! Ne soyez pas hystérique et ne prenez pas vos airs, parce que nous sommes tous les deux dans le même bateau. Allez, mon petit, viens que je t'offre un verre d'extra.

Il ouvre le tiroir, prend la bouteille et remplit les deux verres.

JULIE : Où avez-vous pris ce vin ?

JEAN : Dans la cave.

JULIE : Le bourgogne de mon père !

JEAN : Pas assez bon pour le gendre ?

JULIE : Et je bois de la bière, moi !

JEAN : Ça prouve simplement que vous avez moins bon goût que moi.

JULIE : Voleur !

JEAN : Vous voulez moucharder ?

JULIE : Oh ! oh ! la complice d'un voleur domestique ! Ai-je été ivre, ai-je marché dans des rêves, cette nuit ? La nuit de la Saint-Jean ! La fête des plaisirs innocents !

JEAN : Innocents... hum...

JULIE, *allant de long en large* : Existe-t-il un être humain sur terre qui soit en ce moment aussi malheureux que moi ?

JEAN : Pourquoi le seriez-vous ? Après une pareille conquête ! Pensez à Christine, là-dedans ! Ne croyez-vous pas qu'elle ait aussi des sentiments ?

JULIE : Je le croyais, mais je ne le pense plus. Un valet est un valet.

JEAN : Et une putain est une putain.

JULIE, *à genoux, les mains jointes* : Oh ! Dieu du ciel, arrache-moi à cette boue où je sombre ! Sauve-moi ! Sauve-moi !

JEAN : Je ne peux le nier, je suis désolé pour vous ! Quand j'étais dans le carré d'oignons, quand je vous voyais dans la roseraie, je... — je peux vous le dire maintenant — j'avais les mêmes vilaines idées que les autres garçons.

JULIE : Vous, qui vouliez mourir à cause de moi !

JEAN : Dans le coffre à avoine ! C'étaient des blagues !

JULIE : En d'autres termes, un mensonge !

JEAN, *ensommeillé* : A peu près ! L'histoire, j'ai dû la lire dans un journal : un ramoneur qui s'était enfermé dans un coffre plein de lilas parce qu'il était poursuivi pour une histoire de pension alimentaire...

JULIE : Ainsi, c'est cela que vous êtes...

JEAN : Il fallait bien que j'invente ; ce sont toujours les beaux discours qui séduisent les femmes.

JULIE : Goujat !

JEAN : Ordure !

JULIE : Et maintenant, vous avez vu le dos de l'épervier...

JEAN : Pas exactement son *dos* !

JULIE : Et je devais être la première branche.

JEAN : Mais la branche était pourrie.

JULIE : Je devais être l'enseigne de l'hôtel.

JEAN : Et moi l'hôtel.

JULIE : M'asseoir à votre bureau, séduire vos clients, falsifier les comptes.

JEAN : Ça, c'est *moi* qui l'aurais fait !

Julie : Qu'une âme humaine puisse s'enfoncer si profondément dans la boue !

Jean : Lavez-la donc !

Julie : Laquais ! Domestique ! Debout quand je parle !

Jean : Paillasse à domestiques, garce à laquais, ferme-la et fiche le camp d'ici ! C'est toi qui viens me raconter que je suis grossier ? Jamais personne de ma condition ne s'est conduit aussi grossièrement que toi ce soir. Crois-tu qu'une servante ose attaquer un garçon comme tu l'as fait ? As-tu déjà vu une fille de ma classe se jeter à la tête d'un homme de cette façon ? Jamais je n'ai vu ça que chez les bêtes ou les roulures !

Julie, *anéantie* : C'est juste ; frappe-moi, piétine-moi ! Je mérite tout ça. Je suis ignoble, mais aide-moi ! Aide-moi à sortir de là, s'il y a un moyen d'en sortir.

Jean, *plus gentil* : Je ne désire pas m'abaisser en me refusant une part de l'honneur qui revient au séducteur. Mais vous figurez-vous qu'une personne dans ma position aurait osé vous regarder si vous ne l'y aviez pas invitée vous-même ?... J'en suis encore abasourdi !

Julie : Et fier...

Jean : Pourquoi pas ? Pourtant, je dois confesser que la victoire a été trop facile pour me transporter.

Julie : Frappe-moi encore !

Jean *se lève* : Non ! Pardonnez-moi ce que j'ai dit ! Je ne frappe pas celui qui est sans défense, surtout une femme. Je ne puis nier que, d'un côté, je suis heureux d'avoir découvert que ce qui nous éblouissait, en bas, n'était que du clinquant, d'avoir découvert que le dos de l'épervier est gris, lui aussi, que la poudre fait ce teint délicat, que les ongles polis peuvent se cerner de noir et que le mouchoir est sale, s'il est parfumé ! D'un autre côté, je souffre de m'apercevoir que ce que je tentais d'atteindre moi-même n'est pas plus élevé, plus solide ; je souffre de vous voir tombée à un niveau bien inférieur à celui de votre cuisinière ; comme je souffre en voyant les fleurs d'automne, lacérées par la pluie, se transformer en boue.

Julie : Vous parlez comme si déjà vous étiez au-dessus de moi.

Jean : C'est aussi le cas : de vous, je pourrais encore faire une comtesse, mais jamais vous ne pourriez faire de moi un comte.

JULIE : Mais je suis née d'un comte ! Vous ne le serez jamais.

JEAN : C'est vrai. Mais j'aurai des comtes pour fils, si...

JULIE : Et vous avez volé. Pas moi.

JEAN : Il y a bien pire ! On peut tomber encore plus bas ! Du reste, quand je sers dans une maison, je me considère dans une certaine mesure comme un membre de la famille, comme un enfant de la maison, et on ne parle pas de vol, si l'enfant dérobe une baie au buisson chargé de fruits. (*Sa passion se réveille.*) Mademoiselle Julie, vous êtes une femme formidable, bien trop bonne pour un homme comme moi ! Vous avez eu un coup de folie, et vous voulez effacer votre erreur en vous persuadant que vous m'aimez ! Et vous ne m'aimez pas, à moins que mon apparence ne vous attire, et alors votre amour ne vaut pas mieux que le mien, mais je ne pourrais jamais me satisfaire de n'être pour vous qu'un animal, et votre amour, je ne saurais jamais l'éveiller.

JULIE : Etes-vous sûr de ça ?

JEAN : Vous voulez dire que ce serait possible ? Je pourrais vous aimer, oui, sans doute ! Vous êtes belle, vous êtes fine. (*Il va à elle, lui prend la main.*) Cultivée, aimable, à vos heures, et la passion que vous éveillez en un homme ne doit jamais pouvoir s'apaiser. (*Il lui prend la taille.*) Vous êtes du vin chaud fortement épicé, et un baiser de vous...

Il essaie de l'entraîner, mais elle se dégage doucement.

JULIE : Laissez-moi ! Vous ne me gagnerez pas de cette façon !

JEAN : Comment, alors ? Pas de cette façon ! Pas par des caresses et de beaux discours, pas en pensant à l'avenir, et en vous sauvant de la honte ! Comment, alors ?

JULIE : Comment ? Comment ? Je ne sais pas ! Pas du tout ! Je vous hais comme je hais les rats, mais je ne puis vous échapper !

JEAN : Echappez-vous avec moi !

JULIE : S'échapper ! (*Elle se redresse.*) Oui, il faut nous échapper !... Mais je suis si fatiguée ! Donnez-moi un verre de vin. (*Jean remplit son verre. Elle regarde sa montre.*) Mais causons d'abord, il nous reste encore un peu de temps.

Elle boit et tend son verre.

JEAN : Ne buvez pas si vite, ça va vous monter à la tête.

JULIE : Et alors ?

JEAN : Et alors ? C'est vulgaire de se saouler. Que vouliez-vous donc me dire ?

JULIE : Il faut nous échapper ! Mais nous devons parler d'abord, c'est-à-dire que je dois parler pour que nous nous connaissions à fond avant de commencer nos voyages ensemble.

JEAN : Un instant ! Excusez-moi, mais réfléchissez si vous ne regretterez pas ensuite d'avoir dévoilé tous vos secrets.

JULIE : N'êtes-vous pas mon ami ?

JEAN : Si, quelquefois, mais ne vous fiez pas à moi.

JULIE : Vous dites ça comme ça... Au reste, mes secrets, tout le monde les connaît. Voyez-vous, ma mère était de petite naissance, la fille de gens très simples. Elle a été élevée conformément aux théories de son époque, l'égalité, la liberté de la femme, et tout ça ; et elle était résolument contre le mariage. Aussi quand mon père l'a demandée, elle lui a juré qu'elle ne serait jamais sa femme, mais... elle l'a épousé tout de même. Je suis venue au monde — contre les désirs de ma mère, à ce que j'ai pu comprendre. Elle voulait m'élever comme une fille de la nature : je devais même apprendre tout ce qu'apprend un garçon, pour prouver qu'une femme peut égaler un homme. J'ai dû m'habiller en garçon, apprendre à panser les chevaux, mais on m'a interdit l'étable. Il a fallu étriller, harnacher, aller à la chasse ; et même, essayer d'apprendre l'agriculture ! Dans le domaine, on confiait aux hommes les travaux des femmes, aux femmes ceux des hommes — mais, résultat, toute la propriété a été au bord de la ruine et nous sommes devenus la risée du voisinage. A la fin, mon père a dû se réveiller de son ensorcellement et il s'est révolté ; tout fut modifié selon ses désirs. Ma mère tomba malade — de quelle maladie, je ne sais pas — mais elle avait fréquemment des crises, elle se cachait dans le grenier ou le jardin, et parfois sortait des nuits entières. Alors, il y eut le grand incendie dont vous avez entendu parler. La maison, les écuries et la ferme ont flambé, et cela dans des circonstances qui ont conduit à penser que ce n'était pas un accident ; car le désastre était survenu le lendemain même de l'échéance du trimestre d'assurance, et la nouvelle prime envoyée par mon père fut retardée par la négligence du messager, si bien qu'elle arriva trop tard.

Elle remplit son verre et boit.

JEAN : Ne buvez plus !

JULIE : Oh ! qu'est-ce que ça fait ? Nous nous trouvions sans abri, et nous avons dû dormir dans les voitures. Mon père ne savait où trouver de l'argent pour reconstruire la maison. Alors ma mère lui a conseillé d'emprunter à un ami d'enfance à elle, un fabricant de tuiles du pays. Mon père a emprunté l'argent, mais sans intérêts, ce qui le surprit. Et le domaine fut rebâti. (*Elle reboit.*) Savez-vous qui avait tout brûlé ?

JEAN : Madame votre mère !

JULIE : Savez-vous qui était le fabricant de tuiles ?

JEAN : L'amant de votre mère.

JULIE : Savez-vous à qui l'argent appartenait ?

JEAN : Attendez un peu... Non, je ne sais pas.

JULIE : C'était à ma mère.

JEAN : A monsieur le comte, alors, s'il n'y avait pas de contrat !

JULIE : Il n'y avait pas de contrat. Ma mère avait un peu d'argent, qu'elle ne voulait pas laisser sous le contrôle de mon père, aussi était-il déposé chez... son ami.

JEAN : Qui l'a fauché !

JULIE : Exactement ! Il l'a gardé ! Tout ceci, mon père vient à le savoir ; il ne peut intenter un procès ; ni payer l'amant de sa femme, ni prouver que l'argent était à elle ! Ce fut la revanche de ma mère parce qu'il avait repris l'autorité dans la maison. A ce moment-là, il a failli se tuer ! On a dit qu'il avait essayé, et s'était manqué ! Mais il s'en est relevé, et ma mère a payé chèrement sa conduite ! Ç'a été pour moi cinq années que vous imaginez ! Je sympathisais avec mon père, mais je prenais pourtant le parti de ma mère, parce que j'ignorais les faits. D'elle, j'avais appris à me méfier des hommes, à les haïr — car elle haïssait les hommes, vous le savez, et je lui ai juré que jamais je ne serais l'esclave d'un homme.

JEAN : Et vous vous êtes fiancée au bailli ?

JULIE : Uniquement pour en faire mon esclave.

JEAN : Et il n'a pas été d'accord ?

JULIE : Il était d'accord, mais il n'en a pas eu l'occasion ! Je me suis fatiguée de lui !

JEAN : J'ai vu ça, dans la cour de l'écurie.

JULIE : Qu'avez-vous vu ?

JEAN : Ce que j'ai vu ? Comment il a rompu les fiançailles.

JULIE : C'est un mensonge ! C'est moi qui ai rompu ! A-t-il dit que c'était lui, le voyou ?

JEAN : Ce n'était pas un voyou. Vous haïssez les hommes, mademoiselle ?

JULIE : Oui, pour la plupart ! Mais parfois, quand je me sens faible... Oh, quelle honte !

JEAN : Vous me haïssez aussi ?

JULIE : Au-delà des mots ! Je voudrais vous abattre comme une bête.

JEAN : Comme on tue un chien enragé. C'est ce que vous vouliez dire ?

JULIE : Exactement.

JEAN : Mais il n'y a pas d'arme, et pas de chien ! Donc, qu'est-ce que nous allons faire ?

JULIE : Partir.

JEAN : Et nous tourmenter l'un l'autre jusqu'à la mort ?

JULIE : Non, le plaisir, deux jours, huit jours, aussi longtemps que nous pourrons le prendre, et, alors, mourir...

JEAN : Mourir ? C'est idiot ! Si c'est ça, je crois qu'il vaut mieux monter un hôtel.

JULIE, *sans l'entendre* : Au bord du lac de Côme, où le soleil brille éternellement, où les lauriers sont verts à Noël, où les oranges luisent...

JEAN : Le lac de Côme est un trou pluvieux et je n'y ai jamais vu d'oranges que chez l'épicier. Mais c'est un bon endroit pour les étrangers, et il y a des tas de villas qu'on loue aux amoureux, une industrie très fructueuse, savez-vous pourquoi ? Eh bien, parce qu'ils les louent au semestre et qu'ils s'en vont au bout de trois semaines.

JULIE, *naïve* : Pourquoi au bout de trois semaines ?

JEAN : Ils se brouillent, évidemment ! Mais il faut payer tout de suite ! Et on reloue. Et ainsi de suite, car l'amour ne manque pas, même si ça ne dure pas très longtemps.

JULIE : Et vous ne voulez pas mourir avec moi ?

JEAN : Je ne veux pas mourir du tout ! Non seulement parce que j'aime la vie, mais parce que je considère le suicide comme un crime contre la providence qui nous a donné la vie.

JULIE : Vous croyez en Dieu ? *Vous ?*

JEAN : Certainement, j'y crois ! Et je vais à l'église tous

les deux dimanches. A parler franchement, maintenant, j'en ai assez de tout ça et je vais aller me coucher.

JULIE : Vraiment ? Et vous croyez que je vais me contenter de ça ? Savez-vous ce qu'un homme doit à une femme qu'il a déshonorée ?

JEAN *tire son porte-monnaie et jette une pièce d'argent sur la table* : Voilà ! Je ne veux pas avoir de dettes !

JULIE, *ignorant l'outrage* : Savez-vous ce que dit la loi ?

JEAN : Malheureusement, la loi ne prévoit aucun châtiment pour la femme qui séduit un homme !

JULIE : Voyez-vous un autre moyen que de partir à l'étranger, nous marier, et divorcer ?

JEAN : Et si je refuse de me prêter à cette mésalliance ?

JULIE : Mésalliance...

JEAN : Oui, pour moi ! Voyez-vous, j'ai des ancêtres plus intéressants que vous, car je n'ai pas d'incendiaires dans ma famille !

JULIE : Pouvez-vous le prouver ?

JEAN : Vous ne pourrez prouver le contraire, car nous n'avons pas de papiers de famille, sinon au commissariat ! Mais les vôtres, je les ai vus dans un livre, sur la table du salon. Savez-vous qui a fondé votre famille ? Un meunier qui a laissé le roi coucher avec sa femme, pendant la guerre du Danemark. Je n'ai pas d'ancêtres de cette espèce ! Je n'ai pas d'ancêtres du tout, mais je puis en devenir un moi-même !

JULIE : Voilà ce que j'ai gagné à ouvrir mon cœur à un être indigne, à sacrifier l'honneur de ma famille.

JEAN : Le déshonneur ! Qu'est-ce que je vous disais ? Il ne faut pas boire, ça rend bavard, et il ne *faut* pas trop parler.

JULIE : Oh, que je me repens ! Que je me repens ! Et si seulement vous m'aviez aimée !

JEAN : Pour la dernière fois, que voulez-vous dire ? Dois-je pleurer, dois-je sauter par-dessus votre cravache, dois-je vous embrasser, vous emmener trois semaines au lac de Côme et... Que dois-je faire ? Que voulez-vous ? Ça commence à être embêtant ! Mais c'est toujours comme ça quand on fourre son nez dans les histoires de femmes. Mademoiselle Julie ! Je vois que vous êtes malheureuse, je sais que vous souffrez, mais je ne vous comprends pas. Nous ne faisons pas tant d'histoires, nous ne nous haïssons pas ! Nous avons l'amour pour nous distraire, quand notre travail nous en laisse le temps, mais nous ne disposons pas de toutes les heures du jour et de la nuit, comme vous ! Je crois que vous êtes souffrante, vous êtes sûrement souffrante.

JULIE : Alors il faut être gentil avec moi, et maintenant, parlez comme un être humain.

JEAN : Oui, mais soyez humaine vous-même ! Vous crachez sur moi, et vous ne voulez pas que je m'essuie sur vous.

JULIE : Aidez-moi, aidez-moi, dites-moi juste ce qu'il faut faire, où aller ?

JEAN : Au nom du ciel, si je le savais moi-même !

JULIE : J'étais déchaînée, j'étais complètement folle ! Mais n'y a-t-il pas un moyen d'en sortir ?

JEAN : Restez ici, calmez-vous ! Personne ne sait rien.

JULIE : Impossible ! Les gens le savent, et Christine le sait !

JEAN : Ils ne savent rien, et jamais ils ne pourraient croire une chose pareille !

JULIE *hésite* : Mais... ça pourrait se renouveler.

JEAN : C'est vrai !

JULIE : Et les conséquences ?

JEAN : Les conséquences ?... (*Effrayé* :) Où avais-je la tête, de ne pas y songer ? Oui, il n'y a qu'une chose à faire. Partez ! Tout de suite ! Je ne vous suivrai pas, sinon tout serait perdu. Il faut partir seule, à l'étranger, n'importe où !

JULIE : Seule ? Où ? C'est impossible !

JEAN : Il le faut ! Et avant le retour de monsieur le comte ! Si vous restez, vous savez ce qui arrivera ! A-t-on commis une faute, on désire continuer, puisque le mal est fait... On devient de plus en plus imprudent, et on se fait prendre ! Aussi, partez ! Par la suite, vous écrirez à monsieur le comte, et vous lui avouerez tout, sauf que c'était moi ! Et ça, il ne peut pas le deviner ! Et je ne crois pas qu'il serait ravi de le savoir !

JULIE : Je partirai si vous m'accompagnez.

JEAN : Etes-vous folle, la fille ? Mademoiselle Julie, ficher le camp avec son valet ? Ça serait dans les journaux le lendemain, et jamais monsieur le comte n'y survivrait.

JULIE : Je ne peux pas partir ! Je ne peux pas rester ! Aidez-moi ! Je suis affreusement fatiguée. Commandez ! Mettez-moi en mouvement ! Je ne peux plus ni penser, ni agir...

JEAN : Vous vous rendez compte du point où vous en êtes ! Pourquoi vous donner des airs et relever le nez, comme si vous étiez les maîtres de la création ! Eh bien, je vais vous donner des ordres ! Montez, habillez-vous, prenez de l'argent et redescendez !

JULIE, *à mi-voix* : Montez avec moi.

JEAN : Dans votre chambre ? La folie vous reprend ! (*Il hésite.*) Non ! Allez, tout de suite !

Il la prend par la main et la mène dehors.

JULIE, *en s'en allant* : Parlez-moi gentiment, Jean.

JEAN : Un ordre n'est jamais gentil ! Ça vous l'apprendra !

Jean, seul, soupire de soulagement, s'assied à la table, prend un carnet et un crayon, additionne des chiffres à voix haute de temps en temps. Scène muette, jusqu'à l'arrivée de Christine, habillée pour l'église, qui porte une chemise et une cravate blanche à la main.

★

CHRISTINE : Seigneur ! Dans quel état est la pièce ! Qu'est-ce que vous avez fait ?

JEAN : Oh ! c'est mademoiselle qui a fait entrer les gens. Dormais-tu si fort que tu n'as rien entendu ?

CHRISTINE : J'ai dormi comme une souche !

JEAN : Et déjà habillée pour l'église ?

CHRISTINE : Oui ! Enfin, il avait promis de m'accompagner à la communion, aujourd'hui !

JEAN : Oui, ça c'est vrai. Et je vois que tu as mes beaux habits ! Alors, viens ici. (*Il s'assied. Christine commence à lui passer la chemise et la cravate. Silence.*) Quel est le prêche, aujourd'hui ?

CHRISTINE : Quelque chose sur la décollation de saint Jean-Baptiste, je crois !

JEAN : Ça, ça va être horriblement long ! Attention, tu m'étrangles. Oh, que j'ai sommeil, que j'ai sommeil !

CHRISTINE : Oui, qu'est-ce qu'il a donc fait debout toute la nuit ? Et il a la figure toute verte ?

JEAN : Je suis resté ici et j'ai causé avec mademoiselle Julie.

CHRISTINE : Elle ne sait pas se tenir, cette créature !

Un silence.

JEAN : Dis donc, Christine...

CHRISTINE : Eh bien ?

JEAN : C'est bizarre, tout de même, quand on y réfléchit ! Elle !

CHRISTINE : Qu'est-ce qui est si bizarre ?

JEAN : Tout !

Un silence.

CHRISTINE, *regardant les verres à moitié vides sur la table* : Vous avez bu ensemble, en plus ?

JEAN : Oui !

CHRISTINE : Quelle honte ! Regarde-moi dans les yeux !

JEAN : Oui !

CHRISTINE : Est-ce possible ? Est-ce possible ?

JEAN *réfléchit* : Oui, ça l'est.

CHRISTINE : Pouah ! Je n'aurais jamais pu le croire. Quelle honte !

JEAN : Tu n'es sûrement pas jalouse d'elle ?

CHRISTINE : Non, pas d'elle ! Si ç'avait été Clara ou Sophie, je lui aurais arraché les yeux. Oui, c'est comme ça ; pourquoi, j'en sais rien. Oh, c'est vraiment dégoûtant !

JEAN : Tu es fâchée contre elle, alors ?

CHRISTINE : Non, contre lui. C'est mal, c'est très mal. Non, je le dis, je ne resterai pas dans cette maison plus longtemps, car on ne peut y respecter les maîtres.

JEAN : Pourquoi les respecterait-on ?

CHRISTINE : Oui, qu'il le dise, lui qui est si malin ! Mais il ne resterait pas au service de gens qui mènent une vie indécente, lui ! Hein ! Ça vous abaisse, je trouve.

JEAN : Oui, mais n'est-ce pas une consolation de découvrir que les autres ne sont pas un brin meilleurs que nous ?

CHRISTINE : Non, ça, je ne le pense pas ; car à moins qu'ils ne soient meilleurs, il ne nous reste plus de but à atteindre pour nous améliorer. Et quand on pense à monsieur le comte ! Quand on pense à tout le chagrin qu'il a eu dans sa vie ! Non, je ne resterai pas ici plus longtemps ! Et avec un homme comme celui-là ! Si ç'avait été le bailli, si ç'avait été quelqu'un d'un petit peu mieux...

JEAN : Qu'est-ce que tu dis ?

CHRISTINE : Oui, oui, il est peut-être très bien à sa façon, mais il y a une différence entre une classe et une autre, tout de même. Non, ça, c'est une chose que je ne peux pas admettre. Penser qu'une jeune demoiselle qui était si fière, si dure pour les hommes, se donne comme ça, à un homme comme ça ! Elle qui a failli abattre la pauvre Diane parce qu'elle avait couru avec le carlin du gardien ! Rendez-vous compte ! Mais je ne resterai pas ici plus longtemps ; le 24 octobre, je m'en vais.

JEAN : Et après ?

CHRISTINE : Eh bien, puisqu'on en parle, il commence à être temps qu'il cherche un travail, si nous devons nous marier, après tout.

JEAN : Oui, mais quel genre de travail ? Je ne peux pas avoir une place comme ça si je suis marié.

CHRISTINE : Naturellement, non ! Mais je suppose qu'il pourrait prendre une place de portier, ou essayer d'entrer comme garçon de courses dans une administration. Le gouvernement ne paie guère, mais c'est une sécurité et il y a une pension pour la veuve et les enfants.

JEAN, *avec une grimace* : Tout ça est très joli, mais ce n'est pas mon genre de penser déjà à mourir, dans l'intérêt de la femme et des enfants. Je dois avouer que j'ai réellement des vues un peu plus hautes.

CHRISTINE : Ses vues, tiens donc ! Oui, et ses devoirs aussi ! Il les oublie !

JEAN : Ne continue pas à m'énerver avec tes devoirs ! Je sais parfaitement ce que je dois faire sans que tu me le dises ! (*Il prête l'oreille.*) Et puis nous avons tout le temps de penser à ça. Maintenant, va, prépare-toi et nous irons à l'église.

CHRISTINE : Mais qui marche là-haut ?

JEAN : Je ne sais pas, à moins que ce ne soit Clara.

CHRISTINE, *en sortant* : C'est sûr que ça ne peut pas être monsieur qui serait rentré sans qu'on l'entende ?

JEAN, *effrayé* : Monsieur le comte ? Non, ça ne peut pas être lui, ou il aurait sonné !

CHRISTINE, *sortant* : Dieu nous protège ! Jamais je n'ai vu ça !

★

Le soleil s'est levé et brille sur le sommet des arbres du parc ; la lumière se déplace lentement jusqu'à entrer obliquement par les fenêtres. Jean va à la porte et fait un signe. Julie entre en costume de voyage, avec une petite cage à oiseaux, couverte d'une serviette. Elle la pose sur une chaise.

JULIE : Je suis prête, maintenant.

JEAN : Chut ! Christine est réveillée.

JULIE, *très nerveuse pendant toute la scène* : A-t-elle soupçonné quelque chose ?

JEAN : Elle ne sait absolument rien ! Mais Dieu du ciel, quel tableau !

JULIE : Quel tableau ? En quel sens ?

JEAN : Vous êtes pâle comme un cadavre et, excusez-moi, mais vous avez la figure sale.

JULIE : Que je me lave, alors ! Là ! (*Elle va à l'évier et se lave les mains et la figure.*) Donnez-moi un torchon ! Ah ! voilà que le soleil se lève !

JEAN : Et les trolls s'évanouissent !

JULIE : Oui... il y a eu des trolls un peu partout, cette nuit ! Allez, Jean ! Venez avec moi ! J'ai l'argent.

JEAN, *dubitatif* : Suffisamment ?

JULIE : Assez pour commencer ! Viens avec moi ! Je ne puis partir seule aujourd'hui. Pense un peu, le jour de la Saint-Jean, dans un train étouffant, serrée par des masses de gens qui vous regardent avec des yeux ronds, et s'arrêter aux stations quand on voudrait voler. Non ! Je ne peux pas faire ça ! Et les souvenirs vont se lever, les souvenirs des nuits de la Saint-Jean de mon enfance, et l'église tout ornée de feuillages — branches de bouleau et de lilas, le dîner à la grande table, avec les amis, les parents ; et, après le dîner, le parc, avec la danse et la musique, les fleurs, les jeux. Ah, on peut s'enfuir, on peut s'enfuir, mais les souvenirs vous suivent dans le fourgon, et les regrets, et les remords...

JEAN : Je vais venir avec vous, mais, tout de suite, avant qu'il soit trop tard. Immédiatement.

JULIE : Allez vous préparer, alors.

Elle prend la cage.

JEAN : Mais pas de bagages, surtout. Cela nous trahirait.

JULIE : Non, rien du tout. Seulement, ce que nous pourrons prendre dans la voiture avec nous.

JEAN, *qui a pris son chapeau* : Que diable avez-vous là ? Qu'est-ce que c'est ?

JULIE : Ce n'est que ma serine. Je ne veux pas la laisser ici.

JEAN : Eh ben ça ! Alors, il va falloir trimbaler une cage avec nous, hein ? Mais vous êtes folle ! Lâchez cette cage !

JULIE : La seule chose à moi que j'emporte en quittant

ma maison : la seule créature vivante qui m'aide puisque Diane m'a été infidèle ! Ne soyez pas cruel ! Laissez-moi l'emmener avec moi !

JEAN : Lâchez cette cage, je vous dis, et ne parlez pas si fort ! Christine peut nous entendre.

JULIE : Non, je ne peux pas la laisser à des mains étrangères ! Je préfère vous voir la tuer !

JEAN : Donnez-moi ça !... je vais lui tordre le cou !

JULIE : Très bien, mais ne lui faites pas mal ! Non, non, je ne peux pas.

JEAN : Passez-moi ça ! moi, je peux.

JULIE *prend l'oiseau dans la cage et l'embrasse* : Oh, ma petite serine, faut-il donc que tu meures et que tu quittes ta maîtresse ?

JEAN : Je vous en prie, pas de scènes ; votre vie, et votre avenir sont en jeu ! Vite, maintenant ! (*Il lui arrache l'oiseau, le porte au billot et prend le tranchet. Julie détourne la tête.*) Vous auriez bien fait d'apprendre à tuer les poulets, au lieu de tirer au revolver. (*Il frappe.*) Vous ne vous évanouiriez pas devant une goutte de sang !

JULIE *hurle* : Tuez-moi aussi ! Tuez-moi ! Vous qui pouvez égorger une bête innocente sans sourciller ! Oh ! comme je vous hais, comme je vous déteste ! Il y a du sang entre nous ! Je maudis l'heure où je vous ai vu, je maudis l'heure où ma mère m'a portée dans son ventre !

JEAN : Oh ! à quoi ça sert, vos malédictions ? Allons !

JULIE *va au billot, comme attirée contre sa volonté* : Non ! Je ne m'en irai pas maintenant... Je ne peux pas... il faut que je voie... Chut... Il y a une voiture dehors. (*Elle prête l'oreille au son, sans quitter des yeux le billot et le tranchet.*) Alors, vous croyez que je ne peux pas supporter la vue du sang ! Vous croyez que je suis si faible... Oh ! comme j'aimerais voir ton sang, ta cervelle sur un billot, et ton sexe entier, nager dans une mer de sang, comme cette pauvre chose. Je crois que je pourrais boire dans ton crâne ; je serais heureuse de tremper mes pieds dans ta poitrine ; je mangerais ton cœur rôti tout entier ! Tu crois que je suis faible, tu crois que je t'aime parce que mon ventre avait besoin de ta semence ; tu crois que je veux porter tes enfants sous ma peau, les nourrir avec mon sang... te faire un fils et prendre ton nom ! Au fait, quel est ton nom ? Je ne l'ai jamais entendu, ton nom — tu n'en as même pas, probablement. Je serais « madame la gardienne » ou « madame Durand », chien qui porte mon collier, laquais qui a mes armes sur tes boutons ! Moi, te partager avec ma cuisinière, être la rivale de ma propre servante ! Oh ! Oh ! Oh ! Tu penses que j'ai peur et que je veux filer ! Non, maintenant, je reste, souffle le vent, tombe la foudre ! Mon père va rentrer, trouver son bureau ouvert, son argent parti ! Et puis il sonnera, la sonnette, là... deux coups pour le valet, et puis il enverra chercher la police... et je dirai tout ! Tout ! Oh, quel bonheur de mettre fin à tout ça ; si seulement ça pouvait être la fin ! Et alors, il aura une attaque et il mourra. Et ça sera la fin de nous tous... et ensuite, ce sera le calme, la paix, l'éternel repos ! On brisera le blason contre le cercueil, la lignée de monsieur le comte est éteinte, mais la lignée du domestique continue, à l'assistance publique... elle se couvre de lauriers dans le ruisseau et finit en prison !

JEAN : Voilà le sang royal en pleine action ! Bravo, mademoiselle Julie ! Maintenant, bouclez le meunier dans son sac !

★

Christine entre, habillée pour l'église, un paroissien à la main. Julie court à elle et se jette entre ses bras, comme pour chercher protection.

JULIE : Sauve-moi, Christine ! Sauve-moi de cet homme !

CHRISTINE, *froide, sans émotion* : Quel spectacle, un matin de fête ! (*Elle regarde le billot.*) Et quelle cochonnerie ! Qu'est-ce que tout ça signifie ? Et ces cris, et ce vacarme !

JULIE : Christine ! Tu es une femme, et tu es mon amie ! Méfie-toi de ce goujat !

JEAN, *maladroit et embarrassé* : Pendant que les dames discutent, je vais aller me raser.

Il file par la droite.

JULIE : Toi, tu vas me comprendre, toi, tu vas m'écouter.

CHRISTINE : Non, réellement, je ne comprends rien à tout ce traficotage ! Et où allez-vous, avec ce costume de voyage ? Et lui, avec son chapeau ? Qu'est-ce qu'il y a ? Qu'est-ce qu'il y a ?

JULIE : Ecoute, Christine, écoute-moi, et je te dirai tout.

CHRISTINE : Je ne veux rien savoir.

JULIE : Il faut que tu m'écoutes.

CHRISTINE : De quoi s'agit-il ? C'est vos bêtises avec Jean ? Eh bien, ça m'est tout à fait égal ; je n'ai rien à faire de tout ça. Mais si elle pense à l'entortiller et à filer avec lui, eh bien, on va mettre bon ordre à ça !

JULIE, *très nerveuse* : Allons, essaie d'être calme, Christine, et écoute-moi ! Je ne peux pas rester ici, et Jean ne peut pas rester ici, aussi, il faut que nous partions.

CHRISTINE : Hum... hum...

JULIE, *plus gaie* : Il me vient une idée, pourtant... Si nous partions tous les trois, à l'étranger, en Suisse, pour monter un hôtel ensemble... J'ai de l'argent, vois-tu, et Jean et moi nous occuperions de tout, et toi, j'y pensais, tu pourrais t'occuper de la cuisine... Ça ne serait pas merveilleux ? Dis oui, allons ! et viens avec nous... Et tout sera arrangé. Allez, dis oui !

CHRISTINE, *froide et pensive* : Hum, hum...

JULIE, *plus vite* : Tu n'es jamais allée à l'étranger, Christine, il faut que tu voies un peu le monde. Tu ne peux pas te figurer comme c'est amusant de voyager en train... des gens nouveaux tout le temps, de nouveaux pays, et puis nous irons à Hambourg, faire un tour au zoo, en passant — ça te plaira — et nous irons au théâtre, à l'opéra, et quand nous serons à Munich, nous visiterons les musées ! Il y a des Rubens et des Raphaël, là-bas, les grands peintres, tu sais. Tu as entendu parler de Munich, où vivait le roi Louis, le roi qui est devenu fou, tu sais. Et puis on verra son château — il a encore des châteaux meublés comme ceux des contes de fées — et là, ce n'est pas long jusqu'à la Suisse, et les Alpes. Pense donc, les Alpes couvertes de neige au milieu de l'été, et les oranges poussent là-bas, et des lauriers qui sont verts toute l'année... (*On aperçoit Jean à droite, qui affûte son rasoir sur un cuir qu'il tient entre ses dents et sa main gauche. Il écoute la conversation, amusé, et hoche la tête, approbateur, de temps en temps. Julie, encore plus volubile* :) Et puis nous prendrons un hôtel, et je serai assise au bureau pendant que Jean reste à recevoir les clients, va faire les courses, écrit les lettres... Ça, c'est une vie ! Les trains sifflent, les omnibus montent, les sonnettes sonnent dans les chambres et le restaurant, et je rédige les factures — et je sais saler, moi aussi... Tu n'imagines pas comme les voyageurs sont timides quand il faut payer une note ! Et toi, tu trônes dans la cuisine, intendante en chef. Naturellement, tu ne feras pas la cuisine toi-même. Et il faudra t'habiller bien, avec du style, quand tu verras les gens, et toi, avec ta figure — non je ne te flatte pas — mais tu es de taille à trouver un mari, un jour. Un riche Anglais — ça ne m'étonnerait pas — ceux-là sont faciles à... (*elle ralentit*) prendre — et nous deviendrons riches — et nous nous construirons une villa sur le lac de Côme — bien sûr, il y pleut un peu de temps à autre — mais (*plus lent*) je suppose que le soleil brille quelquefois — même si cela paraît lugubre... et... alors, après tout — nous pourrons retourner à la maison — et revenir (*silence*) ici — ou ailleurs...

CHRISTINE : Est-ce que mademoiselle croit à tout ça elle-même ?

JULIE, *anéantie* : Est-ce que j'y crois moi-même ?

CHRISTINE : Oui !

JULIE, *épuisée* : Je ne sais pas. Je ne crois plus grand-chose, maintenant. (*Elle s'effondre sur le banc, met sa tête entre ses bras, sur la table.*) Je ne crois plus à rien, à rien du tout.

CHRISTINE *se tourne à droite, où se tient Jean* : Ah ! ah ! Ainsi, il se préparait à filer.

JEAN, *déconcerté, pose le rasoir sur la table* : A filer ? C'est beaucoup dire ! Tu as entendu le projet de mademoiselle, et elle a beau être fatiguée maintenant d'être restée debout toute la nuit, ses projets peuvent parfaitement se réaliser !

CHRISTINE : Il faut qu'il écoute, maintenant. Est-ce qu'il pensait que j'allais servir de cuisinière à cette...

JEAN : Je te prie d'employer un langage décent quand tu parles à ta maîtresse ! Tu comprends ?

CHRISTINE : Ma maîtresse !

JEAN : Oui.

CHRISTINE : Ecoutez-le ! Mais écoutez-le !

JEAN : Oui, écoute toi-même, ça te ferait du bien, et parle un peu moins. Mademoiselle Julie est ta maîtresse ; tu devrais te mépriser pour la même raison qui fait que tu la méprises maintenant.

CHRISTINE : J'ai toujours eu assez le respect de moi-même...

JEAN : Pour être en mesure de mépriser les autres.

CHRISTINE : Pour ne jamais m'abaisser en-dessous de mon état. Dites donc que la cuisinière de monsieur le comte a eu des histoires avec le palefrenier ou le porcher ! Dites-le un peu !

JEAN : Non ; tu as eu affaire à un monsieur bien, heureusement pour toi.

CHRISTINE : Oui, c'est sûrement un monsieur bien, pour vendre l'avoine des écuries de monsieur le comte.

JEAN : Ça te va bien de parler de ça, toi qui touches une ristourne chez l'épicier et qui te laisses acheter par le boucher !

CHRISTINE : Que veut-il dire ?

JEAN : Ainsi, tu ne ressens plus de respect pour ta maîtresse, maintenant ! Toi, Christine !

CHRISTINE : Vient-il à l'église, maintenant ? Un bon sermon sur ses beaux exploits pourrait lui faire du bien !

JEAN : Non, je ne vais pas à l'église aujourd'hui. Vas-y seule et confesse tes propres péchés.

CHRISTINE : Oui, je le ferai, et je reviendrai avec assez de miséricorde pour couvrir les siens aussi ! Notre Sauveur a souffert, il est mort sur la croix pour tous nos péchés, et si nous approchons de Lui avec la foi et un cœur repentant, il prendra sur Lui toutes nos fautes.

JEAN : Y compris le rabiot de l'épicier ?

JULIE : Le crois-tu, Christine ?

CHRISTINE : C'est ma conviction vivante, aussi sûr que je suis debout ici ; c'est la foi que l'on m'a apprise enfant, que j'ai gardée depuis ma jeunesse, mademoiselle Julie. Et là où le péché est à profusion, la grâce est à profusion aussi !

JULIE : Oh ! si seulement j'avais ta foi ! Oh ! si...

CHRISTINE : Ah ! mais vous savez qu'on ne peut l'avoir sans la grâce particulière de Dieu, et il n'est pas donné à tous les hommes de l'obtenir, ça !...

JULIE : Et qui l'obtient, alors ?

CHRISTINE : Ça, c'est le grand secret de l'œuvre de la grâce, mademoiselle Julie. Dieu ne tient pas compte des personnes, mais les derniers seront les premiers...

JULIE : Oui, mais dans ce cas, il tiendra compte des derniers ?

CHRISTINE *continue* : Et il est plus facile à un chameau de passer par le trou d'une aiguille que pour un homme riche d'entrer au royaume des cieux. Oui, c'est comme ça, mademoiselle Julie. Je m'en vais maintenant — toute seule, et en passant, je dirai au palefrenier de ne laisser personne prendre les chevaux, au cas où on voudrait s'en aller avant le retour de monsieur le comte. Au revoir.

Elle sort.

JEAN : Quel démon ! et tout ça pour un serin.

JULIE, *lasse* : Ne pensez plus au serin. Voyez-vous un moyen d'en sortir ? Une solution à tout ça ?

JEAN *réfléchit* : Non !

JULIE : Que feriez-vous à ma place ?

JEAN : A votre place ? Laissez-moi réfléchir... Une femme de naissance noble — déchue ! Je ne sais pas. — Si, maintenant, je sais.

JULIE *prend le rasoir et fait un geste* : Comme ça ?

JEAN : Oui. — Mais moi, je ne le ferais pas. — Notez-le ! Il y a une différence entre nous.

JULIE : Parce que vous êtes un homme et moi une femme ? Quelle différence est-ce que ça fait ?

JEAN : La même différence que... entre un homme et une femme.

JULIE, *tenant toujours le rasoir* : J'aimerais ça !... Mais je ne peux pas ! Mon père n'a pas pu non plus le jour où il aurait dû le faire.

JEAN : Non, il n'aurait pas dû le faire ! Il fallait qu'il se venge d'abord !

JULIE : Et maintenant, ma mère est vengée — par mon intermédiaire.

JEAN : N'avez-vous jamais aimé votre père, mademoiselle Julie ?

JULIE : Si, énormément, mais je crois que j'ai dû le haïr aussi ! J'ai dû le haïr sans m'en rendre compte. Mais c'est lui qui m'a élevée dans le mépris de mon propre sexe, moitié femme et moitié homme ! A qui la faute — ce qui est arrivé ? A mon père ? A ma mère ? Ou à moi ? A moi ? Mais je n'ai pas de moi ! Je n'ai pas une pensée que je n'aie reçue de mon père, pas une passion que je n'aie reçue de ma mère, et cette dernière idée — que tous les hommes sont égaux — je la tiens de lui — de mon futur mari — et c'est pour ça que je l'appelle un goujat ! Comment cela serait-il ma faute ? La faire retomber sur Jésus, comme a fait Christine ? Non, je suis trop orgueilleuse pour ça, et, grâce à ce que m'a appris mon père, trop raisonnable. Et qu'un riche ne puisse pénétrer dans le royaume des cieux, ça, c'est un mensonge. En tout cas Christine, qui a des économies à la caisse d'épargne, n'entrera jamais là-bas ! A qui la faute ? Qu'est-ce que ça peut faire, à qui la faute ? Après tout, c'est moi qui dois en supporter la responsabilité, en supporter les conséquences...

JEAN : Oui, mais...

Deux coups de sonnette secs. Julie se lève brusquement. Jean change de veste.

JEAN : Monsieur le comte est rentré. Et si Christine...

Il va au tube acoustique, écoute.

JULIE : A-t-il été à son bureau ?

JEAN : C'est Jean, monsieur le comte. (*Il écoute. Le public n'entend pas ce que dit le comte.*) Oui, monsieur le comte ! Oui, monsieur le comte ! Dans un instant ! (*Il écoute.*) Tout de suite, monsieur le comte. (*Il écoute.*) Très bien ! Dans une demi-heure !

JULIE : Qu'est-ce qu'il a dit ? Mon Dieu ! Qu'est-ce qu'il a dit ?

JEAN : Il veut ses bottes et son café dans une demi-heure.

JULIE : Dans une demi-heure, alors ! Oh ! je suis si fatiguée ! Je n'ai la force de rien faire ! Je ne peux pas me repentir, je ne peux pas partir, je ne peux pas rester, je ne peux pas vivre... ni mourir ! Aidez-moi, maintenant ! Ordonnez, et je vous obéirai comme un chien ! Rendez-moi ce dernier service, sauvez mon honneur, sauvez son nom. Vous savez ce que je devrais vouloir... et que je ne peux pas vouloir... Il faut le vouloir, vous, et m'ordonner de le faire...

JEAN : Je ne sais pas — mais maintenant, je ne peux plus non plus. Je ne comprends pas. C'est comme si cette veste faisait de moi... Je ne peux plus vous commander, et maintenant, depuis que monsieur le comte a parlé — quoi, je ne peux pas vraiment l'expliquer, mais... Oh ! c'est ce démon de laquais qui me plie la colonne vertébrale ! Je crois vraiment que si monsieur le comte descendait maintenant et m'ordonnait de me couper la gorge, je le ferais sur place.

JULIE : Alors, faites comme si vous étiez lui, et moi vous ! Vous m'avez montré comme vous saviez jouer la comédie, tout à l'heure, quand vous étiez à genoux — vous étiez l'aristocrate, à ce moment-là — ou bien... n'avez-vous jamais été au théâtre voir un hypnotiseur ? (*Jean acquiesce.*) Il dit à son sujet : prends le balai — et il le prend. Il dit : balaie — et l'homme balaie...

JEAN : Le sujet doit être endormi, quand même !

JULIE, *comme en transe* : Je dors déjà — toute la chambre est une fumée — vous êtes un poêle de fer, un poêle en forme d'homme avec des vêtements noirs et un chapeau haut de forme ; et vos yeux luisent comme les charbons quand le feu s'éteint ; et votre figure est une tache grise comme les cendres... (*Le soleil a atteint le plancher et éclaire Jean.*) Il fait si chaud... si bon... (*Elle se frotte les mains comme devant le feu.*) Si clair... et si calme.

JEAN *prend le rasoir et le lui met en main* : Voilà le balai ! Maintenant, allez, pendant qu'il fait jour... jusqu'à la grange, et...

Il lui murmure à l'oreille.

JULIE *s'éveille* : Merci ! Maintenant, je m'en vais... vers le repos... Mais, dites-moi seulement que les premiers pourront aussi recevoir le don de la grâce. Dites-le, même si vous n'y croyez pas.

JEAN : Les premiers ? Non... Je ne peux pas dire ça ! Mais, attendez, mademoiselle Julie ! Maintenant, je sais ! Vous n'êtes plus parmi les premiers, vous êtes parmi les derniers !

JULIE : C'est vrai ! Je suis parmi les derniers des derniers ! Je *suis* la dernière ! Oh ! mais maintenant, je ne peux plus y aller — dites-moi encore une fois qu'il faut que j'y aille...

JEAN : Non, maintenant, je ne peux plus non plus. Je ne peux plus.

JULIE : Et les premiers seront les derniers !

JEAN : Ne pensez pas ! Ne pensez pas ! Quoi, vous m'enlevez toute ma force, aussi, et vous me rendez lâche. Hein ? J'ai cru voir la sonnette bouger ! Non ! Faut-il la remplir de papier ? C'est drôle d'avoir si peur d'une sonnette ! Oui, mais ce n'est pas seulement une sonnette... il y a quelqu'un derrière elle... une main qui la met en mouvement, et quelque chose d'autre qui met la main en mouvement... Mais bouchez simplement vos oreilles, bouchez vos oreilles ! Oui, et alors, elle sonne plus fort ! Et elle continue jusqu'à ce qu'on réponde — et alors il est trop tard... et alors la police vient... et alors... (*La sonnette sonne deux coups violents. Jean se rétrécit au bruit, puis se redresse.*) C'est horrible, mais il n'y a pas d'autre issue... Allez !

Julie sort d'un pas ferme.

Créanciers

Un acte

Texte français
Alfred Jolivet

Fordringsägare

Personnages

TEKLA. ADOLPHE, *son mari, peintre*. GUSTAVE, *son premier mari, professeur de lycée.*

Un salon dans une station balnéaire. Au fond, une porte donnant sur une véranda avec vue sur le paysage. Un peu à droite, une table couverte de journaux ; à gauche, une chaise et à droite de la table une chaise longue. A droite, une porte donnant sur une chambre.

Adolphe et Gustave, près de la table de droite. Adolphe pétrit une figure de cire sur un chevalet miniature ; ses deux béquilles à côté de lui.

ADOLPHE : Et tout cela, c'est à toi que je le dois.

GUSTAVE, *fumant un cigare* : Voyons, qu'est-ce que tu racontes ?

ADOLPHE : Il n'y a aucun doute. Les premiers jours, après le départ de ma femme, je suis resté étendu sur un sofa, sans force, ne pensant qu'à son retour. C'est comme si elle avait emporté mes béquilles, je ne pouvais plus bouger. Après avoir dormi quelques jours, je me suis senti mieux, j'ai retrouvé mes esprits ; mon cerveau qui travaillait dans la fièvre s'est calmé, des idées d'autrefois ont remonté à la surface, le désir de travailler, le besoin de créer m'ont repris, mon œil a retrouvé une vision nette et aiguë — et puis, tu es venu.

GUSTAVE : Oui, tu faisais pitié quand je t'ai rencontré, il faut bien le dire ; tu marchais avec des béquilles ; mais cela ne prouve pas que ma seule présence ait suffi à te guérir ; tu avais besoin de repos, besoin de parler avec un homme.

ADOLPHE : C'est vrai, comme tout ce que tu dis ; j'avais des amis autrefois, mais après mon mariage j'ai cru pouvoir m'en passer ; celle que j'avais choisie me suffisait à elle seule. Et puis j'ai pénétré dans de nouveaux milieux, j'ai fait de nombreuses connaissances, mais ma femme était jalouse, elle voulait m'avoir rien que pour elle, et, ce qui est pire, elle voulait avoir aussi mes amis rien que pour elle, si bien que je suis demeuré seul avec ma jalousie.

GUSTAVE : Tu as tendance à être jaloux, hein ?

ADOLPHE : J'avais peur de la perdre — et j'ai cherché à prévenir ce malheur. Quoi d'étonnant à cela ? Mais je n'ai jamais craint qu'elle pût m'être infidèle.

GUSTAVE : Jamais un mari ne craint cela.

ADOLPHE : N'est-ce pas curieux ? Ce que je craignais en

fait, c'est l'influence que nos amis pouvaient prendre sur elle et l'autorité que cela leur eût donnée sur moi, indirectement. Cela, je ne le supportais pas.

GUSTAVE : Ainsi, vous aviez des façons différentes de voir les choses, ta femme et toi.

ADOLPHE : Après ce que je t'ai dit, je peux bien te dire tout : ma femme a un caractère indépendant... Qu'est-ce qui te fait rire ?

GUSTAVE : Continue ! Elle avait un caractère indépendant.

ADOLPHE : Elle ne voulait rien accepter de moi.

GUSTAVE : Mais de tous les autres...

ADOLPHE, *après un silence* : Oui, j'avais l'impression qu'elle détestait plus particulièrement mes idées parce qu'elles venaient de moi, et non parce qu'elles étaient déraisonnables. Car il lui arrivait souvent de reprendre mes idées anciennes et de les imposer comme venant d'elle ; ou encore, si un ami lui exposait des idées qu'il tenait directement de moi, elle les trouvait à son gré. Tout était à son gré, sauf ce qui venait de moi.

GUSTAVE : Autrement dit, tu n'es pas vraiment heureux ?

ADOLPHE : Mais si, je suis heureux, j'ai eu la femme que je voulais, je n'en ai jamais souhaité d'autre.

GUSTAVE : Ni souhaité d'être libre ?

ADOLPHE : Non, à vrai dire non. De temps à autre, peut-être, j'ai pensé que je trouverais le repos si j'étais libre. Mais à peine était-elle partie que je désirais ardemment son retour, comme si j'avais perdu bras et jambes. C'est étrange, mais j'ai parfois l'impression qu'elle n'existe pas en dehors de moi, qu'elle est une partie de moi-même, un viscère qui aurait absorbé ma volonté, ma joie de vivre ; il me semble avoir déposé en elle le nœud vital dont parle l'anatomie.

GUSTAVE : C'est peut-être exact en fin de compte.

ADOLPHE : Mais comment expliquer pareille chose ? Elle est un être indépendant, elle a une foule d'idées qui lui appartiennent et quand je l'ai rencontrée, je n'étais rien qu'un enfant artiste, qu'elle a éduqué.

GUSTAVE : Mais par la suite, tu as développé ses idées, et c'est toi qui l'as éduquée, n'est-il pas vrai ?

ADOLPHE : Non, elle s'est arrêtée de grandir, et moi j'ai continué.

GUSTAVE : Oui, il est curieux que son talent d'écrivain

ait baissé après son premier livre, ou en tout cas qu'elle n'ait plus rien publié depuis. Reste que le sujet de son roman était en or : il paraît qu'elle y a portraituré son premier mari... Tu ne l'as jamais connu ? Il paraît que c'était un idiot.

ADOLPHE : Je ne l'ai jamais connu ; il était parti pour six mois. Mais ce devait être un véritable idiot à en juger par la description qu'elle en a faite. (*Silence.*) Et la description était exacte, tu peux en être sûr.

GUSTAVE : J'en suis sûr. Mais pourquoi l'avait-elle épousé ?

ADOLPHE : Parce qu'elle ne le connaissait pas. Mais tu sais bien qu'on ne se connaît vraiment qu'après.

GUSTAVE : Bien sûr, aussi on ne devrait jamais se marier... qu'après. C'était un tyran, évidemment.

ADOLPHE : Evidemment.

GUSTAVE : Comme tous les maris, (*sournois*) : et toi comme les autres.

ADOLPHE : Moi ! Moi qui laisse ma femme aller et venir à sa fantaisie !...

GUSTAVE : C'est bien la moindre des choses. Tu ne vas tout de même pas l'enfermer ! Mais tu aimes ça, qu'elle passe les nuits dehors ?

ADOLPHE : Non, sûrement pas !

GUSTAVE : Tu vois bien !... (*Il change de ton.*) A parler franchement, cela te rend tout simplement ridicule.

ADOLPHE : Ridicule ! Est-ce qu'on est ridicule parce qu'on a confiance en sa femme ?

GUSTAVE : Sûrement ! et tu l'es déjà. A fond.

ADOLPHE, *le visage convulsé* : Moi ! Mais je ne veux pas de ça, absolument pas, et je vais changer tout cela.

GUSTAVE : Ne t'énerve pas ! Tu vas encore avoir une attaque.

ADOLPHE : Mais pourquoi n'est-elle pas ridicule, elle, si je passe la nuit dehors ?

GUSTAVE : Pourquoi ? Ce n'est pas ton affaire, mais c'est comme ça, et pendant que tu cherches les raisons, le malheur est déjà arrivé.

ADOLPHE : Quel malheur ?

GUSTAVE : De toute manière, son mari était un tyran et elle l'avait épousé pour être libre, parce qu'une jeune fille n'est libre que si elle trouve un paravent, je veux dire un mari.

ADOLPHE : Evidemment.

GUSTAVE : Et aujourd'hui, le paravent, c'est toi...

ADOLPHE : Moi ?

GUSTAVE : Puisque tu es le mari. (*Adolphe prend un air absent.*) Je n'ai pas raison ?

ADOLPHE, *inquiet* : Je ne sais pas... On vit avec une femme pendant des années sans jamais réfléchir ni sur elle, ni sur l'existence avec elle, et puis, un beau jour, la réflexion vient, et on ne s'arrête plus. Gustave, tu es mon ami ! le seul homme que j'aie eu comme ami. Pendant ces huit jours tu m'as rendu le courage de vivre, comme si ton énergie avait rayonné sur moi ; tu as été pour moi l'horloger qui a remis en ordre mon cerveau et remonté le ressort. Ne vois-tu pas toi-même que ma pensée est plus claire, ma parole plus nette ? En tout cas, je trouve que ma voix a retrouvé son timbre.

GUSTAVE : Oui, je trouve aussi ; comment est-ce possible ?

ADOLPHE : Peut-être qu'on s'habitue à parler bas avec les femmes ; oui, Tekla m'a toujours reproché de crier.

GUSTAVE : Et alors, tu baissais le ton, tu filais doux devant la baguette.

ADOLPHE : Ne parle pas de baguette ! (*Il réfléchit.*) C'est sûrement pire ! Mais laissons cela pour l'instant. Où en étais-je ? Oui, tu es arrivé et tu m'as ouvert les yeux sur les secrets de mon art. A vrai dire, je sentais depuis longtemps faiblir mon intérêt pour la peinture, qui ne m'offrait pas la matière convenable pour exprimer, pour sortir ce que j'avais en moi. Mais lorsque tu m'as exposé les raisons de ce détachement, expliqué pourquoi la peinture ne peut plus permettre aujourd'hui, à qui que ce soit, de s'exprimer, j'ai vu clair tout à coup et j'ai compris qu'il me serait impossible désormais de peindre avec le sentiment de travailler et de créer.

GUSTAVE : Es-tu vraiment sûr de ne plus pouvoir peindre, n'auras-tu pas de rechute ?

ADOLPHE : Tout à fait sûr ! — Car j'ai essayé ! Le soir qui a suivi notre entretien, j'ai repris dans mon lit ton raisonnement point par point, et j'ai reconnu que tu avais raison. Mais quand je me suis réveillé, le cerveau bien clair, après avoir dormi toute la nuit, une idée m'a frappé comme un éclair : et si tu t'étais trompé ? J'ai sauté du lit, j'ai pris mes pinceaux et de la couleur, mais c'était bien fini. Je n'arrivais plus à créer l'illusion ; ce que je faisais n'était qu'un barbouillage coloré, et je m'étonnais d'avoir cru moi-même et d'avoir fait croire aux autres que cette toile peinte était autre chose que tout simplement une toile peinte. Le voile m'était tombé des yeux, et il m'était devenu aussi impossible de me remettre à peindre que de redevenir un enfant.

GUSTAVE : Tu t'es rendu compte alors que l'aspiration réelle de notre époque, son besoin de réalité tangible, ne peut plus s'exprimer autrement que par la sculpture, qui nous permet de restituer les anatomies, de disposer des trois dimensions.

ADOLPHE, *hésitant* : Les trois dimensions, oui, le corps, en un mot.

GUSTAVE : Et tu es devenu sculpteur, ou plutôt tu l'étais déjà, tu t'étais égaré, voilà tout ; et tu n'avais besoin que d'un guide pour te remettre sur le droit chemin... Dis-moi : as-tu retrouvé maintenant cette volupté du travail, cette volupté sans pareille ?

ADOLPHE : Maintenant, je vis !

GUSTAVE : Veux-tu me montrer ce que tu fais ?

ADOLPHE : Une statue de femme.

GUSTAVE : Sans modèle ? Et tellement vivante !

ADOLPHE, *abattu* : Oui, mais elle ressemble à une certaine femme. Etrange que cette femme existe dans mon corps comme j'existe dans le sien !

GUSTAVE : Que tu existes dans le sien n'a rien d'étrange... Tu sais ce qu'on appelle une transfusion ?

ADOLPHE : Une transfusion ? Oui.

GUSTAVE : Et il semble que la saignée ait été trop forte ! Mais quand je vois cette figure, je comprends certaines choses que, jusqu'à présent, je ne faisais que soupçonner. Tu l'as aimée, immensément !

ADOLPHE : Oui ; je ne sais plus dire si c'est elle qui est moi ou si c'est moi qui suis elle : quand elle rit, je ris, quand elle pleure, je pleure, et — peux-tu imaginer chose pareille ? lorsqu'elle a accouché, les douleurs, je les ai ressenties moi aussi.

GUSTAVE : Ecoute, mon cher ami ! Je suis désolé de te

le dire, mais tu présentes déjà les premiers symptômes de l'épilepsie.

ADOLPHE, *bouleversé* : Moi ! Qu'est-ce qui te fait dire cela ?

GUSTAVE : C'est que j'ai connu ces symptômes chez un frère plus jeune, qui s'était adonné à des excès amoureux.

ADOLPHE : Comment, comment est-ce que cela se manifestait ?

Gustave a des gestes énergiques. Adolphe l'observe avec attention et imite involontairement ces gestes.

GUSTAVE : C'était affreux, mais je ne veux pas te tourmenter avec une description que tu n'aurais peut-être pas la force de supporter.

ADOLPHE, *angoissé* : Mais, si, mais si, va !

GUSTAVE : Voilà. Le jeune gars avait épousé une petite femme innocente, avec des cheveux bouclés et des yeux de colombe, un visage d'enfant, une âme pure et angélique. Malgré tout cela, elle sut tirer à elle les prérogatives du mari.

ADOLPHE : Quelles prérogatives ?

GUSTAVE : L'initiative, naturellement, si bien que l'ange fut sur le point d'expédier son mari au ciel. Mais le malheureux dut passer sur la croix d'abord, et sentir les clous dans sa chair. Ce fut épouvantable.

ADOLPHE, *haletant* : Comment cela, épouvantable ?

GUSTAVE, *détachant les mots* : Il nous arrivait de nous entretenir tous les deux, et quand j'avais parlé un certain temps, il pâlissait, son visage devenait comme de la craie, ses bras et ses jambes se raidissaient, ses pouces s'enfonçaient à l'intérieur des mains, comme cela... (*Il accompagne ses paroles de gestes qu'Adolphe imite.*) Puis ses yeux s'injectaient de sang et il se mettait à mâcher, tiens, comme cela. (*Il mâche, Adolphe l'imite.*) La salive faisait un bruit rauque dans sa gorge, sa poitrine se contractait comme si on l'eût serrée dans un étau, son regard vacillait comme une flamme, il écumait, sa langue battait l'écume, et il s'écroulait en arrière dans sa chaise, on eût dit qu'il était en train de se noyer. Ensuite...

ADOLPHE *murmure* : Arrête.

GUSTAVE : Ensuite... Tu te sens mal ?

ADOLPHE : Oui.

GUSTAVE *va chercher un verre d'eau* : Bois, et maintenant parlons d'autre chose.

ADOLPHE, *abattu* : Merci, mais continue.

GUSTAVE : Bien ! Quand il s'éveillait, il ne se rappelait rien de ce qui s'était passé ; il avait entièrement perdu conscience. Est-ce que cela t'est arrivé à toi aussi ?

ADOLPHE : J'ai eu quelquefois des vertiges, que le médecin attribue à l'anémie.

GUSTAVE : Eh oui ! c'est le début, comprends-tu ? Mais crois-moi, ça deviendra de l'épilepsie, si tu ne fais pas attention.

ADOLPHE : Qu'est-ce que je dois faire ?

GUSTAVE : Observer une continence totale, pour commencer...

ADOLPHE : Pendant combien de temps ?

GUSTAVE : Six mois au moins.

ADOLPHE : Mais c'est impossible. Ce serait détruire notre vie conjugale.

GUSTAVE : Alors tu es fini.

ADOLPHE *place un linge sur la statue de cire* : Je ne peux pas.

GUSTAVE : Tu ne peux pas sauver ta vie ! Mais dis-moi, puisque tu m'as déjà montré tant de confiance, n'aurais-tu pas une autre blessure ? un secret qui te tourmente ? Parce qu'enfin il est rare de ne trouver qu'un motif de mésentente, alors que la vie est tellement diverse, et si riche en malentendus virtuels. N'as-tu pas, comme on dit, un cadavre sur la conscience, que tu te caches à toi-même ? Tu m'as dit récemment que vous aviez un enfant placé chez des étrangers. Pourquoi ne pas l'avoir gardé avec vous ?

ADOLPHE : C'est ma femme qui en a décidé ainsi.

GUSTAVE : Mais le motif ? Allons, parle !

ADOLPHE : Parce que, vers l'âge de trois ans, il a commencé à ressembler au premier mari.

GUSTAVE : Ah, ah ! L'as-tu vu, le premier mari ?

ADOLPHE : Non, jamais. J'ai seulement jeté un regard rapide sur un mauvais portrait, mais je n'ai découvert aucune ressemblance.

GUSTAVE : Oh ! tu sais, les portraits ne sont jamais ressemblants, et il pourrait avoir changé par la suite. Quoi qu'il en soit, cela n'a éveillé en toi aucun soupçon ?

ADOLPHE : Non, aucun. L'enfant est né un an après notre

mariage, et le premier mari était en voyage lorsque j'ai rencontré Tekla — juste ici, dans cette ville — et dans cette maison même : c'est pour cela que nous y revenons chaque été.

GUSTAVE : Ainsi, tu ne pouvais pas avoir de soupçon. Et du reste, il n'y a pas lieu d'en avoir, parce que les enfants d'une femme remariée ressemblent souvent à ceux du premier mari ! C'est fâcheux, évidemment, et c'est pour cela qu'aux Indes on brûle les veuves, comme tu sais. Mais, dis-moi, n'as-tu jamais été jaloux de lui, du souvenir qu'il a laissé ? Cela ne te répugnerait-il pas de le rencontrer au cours d'une promenade ? de le voir regarder ta Tekla, et de l'entendre dire *nous* au lieu de *moi* ? Nous ?

ADOLPHE : Je ne peux pas nier que cette idée m'ait poursuivi.

GUSTAVE : Tu vois ! Et tu ne t'en délivreras jamais ! Vois-tu, il y a dans la vie des dissonances qui ne peuvent être résolues. Alors, bouche-toi les oreilles et travaille ! Travaille, prends de l'âge, entasse de nouvelles impressions au-dessus du plus profond de tes pensées, et le cadavre se tiendra tranquille.

ADOLPHE : Pardon : je te coupe la parole. Mais c'est curieux comme tu ressembles parfois à Tekla quand tu parles. Tu as la même façon de fermer l'œil, comme si tu visais, et tes regards ont parfois le même pouvoir sur moi que les siens.

GUSTAVE : Pas possible ?

ADOLPHE : Et tu viens de dire « pas possible ? » comme elle, de la même voix indifférente. Car elle aussi, elle dit cela souvent, très souvent.

GUSTAVE : Peut-être sommes-nous des parents éloignés. Après tout, ne sommes-nous pas tous parents ? C'est quand même curieux, et il serait intéressant de faire connaissance pour se rendre compte.

ADOLPHE : Mais croiras-tu qu'elle ne m'emprunte jamais une expression ? Elle évite plutôt les mots dont je me sers et jamais je ne l'ai vue imiter un de mes gestes. Alors que d'habitude, les époux finissent par se ressembler.

GUSTAVE : Oui, mais je vais te dire une chose. Cette femme ne t'a jamais aimé.

ADOLPHE : Comment ?

GUSTAVE : Pardonne-moi. Mais pour une femme, aimer

cela veut dire prendre, recevoir, et l'homme auquel elle ne prend rien, elle ne peut l'aimer. Celle-là ne t'a jamais aimé.

ADOLPHE : Ne penses-tu pas qu'elle puisse aimer une seconde fois ?

GUSTAVE : Non, on ne se laisse duper qu'une fois ; après, on a les yeux ouverts. Tu n'as jamais été dupé. Alors méfie-toi de ceux qui l'ont été. Ils sont dangereux, ceux-là.

ADOLPHE : Tes paroles entrent en moi comme des lames, je sens qu'elles coupent, qu'elles coupent quelque chose, mais je ne puis les en empêcher ; et puis, leur action est salutaire, ce sont des abcès qui crèvent et qui n'auraient jamais mûri. Elle ne m'a jamais aimé ! Alors pourquoi m'a-t-elle pris ?

GUSTAVE : Dis-moi d'abord de quelle façon cela s'est passé, et quel est celui qui a pris l'autre...

ADOLPHE : Du diable si je puis répondre à cette question. De quelle façon cela s'est-il passé ? Ça ne s'est pas fait en un jour.

GUSTAVE : Si tu veux, je vais tâcher de deviner comment cela s'est fait.

ADOLPHE : Tu n'y arriveras pas.

GUSTAVE : Oh ! avec les renseignements que tu m'as donnés sur ta femme et sur toi, je saurai bien reconstituer le fil des circonstances. Ecoute-moi bien (*D'un ton calme, presque badin* :) Le mari était absent, en voyage d'études, elle était seule. Elle a d'abord trouvé que cette liberté n'était pas sans charme, et puis elle a éprouvé une impression de vide ; je suppose qu'elle s'est trouvée assez vacante après avoir vécu seule pendant quinze jours. C'est alors que l'autre a paru et peu à peu le vide s'est rempli. Et lorsqu'elle a été en mesure de faire la comparaison, l'absent lui a paru bien pâle, simplement parce qu'il était loin ; histoire connue : le carré de la distance. Mais lorsqu'ils ont senti s'éveiller la passion, ils ont eu peur pour eux-mêmes, et peur l'un de l'autre. Ils ont cherché un abri, ils ont joué derrière des feuilles de vigne, ils ont joué au frère et à la sœur, et plus leur sentiment devenait charnel, plus ils lui donnaient en imagination un caractère platonique.

ADOLPHE : Au frère et à la sœur ? Comment le sais-tu ?

GUSTAVE : Je l'ai deviné ! Les enfants aiment jouer au papa et à la maman, mais quand ils grandissent, ils jouent au frère et à la sœur afin de cacher ce qui doit être caché.

Et ils font vœu de chasteté — ils jouent à cache-cache, mais pour finir par se retrouver dans un coin sombre où ils seront sûrs de ne pas être vus. (*Avec une sévérité affectée* :) Mais ils ont au fond d'eux-mêmes l'impression que quelqu'un continue de les voir à travers les ténèbres ; ils ont peur et parce qu'ils ont peur, la silhouette de l'absent leur apparaît comme un spectre — elle grandit, se transforme ; le spectre est bientôt le cauchemar qui trouble leur sommeil amoureux, le créancier qui frappe aux portes ; ils voient sa main noire auprès de leurs mains quand ils touchent les plats, ils entendent sa voix désagréable dans le silence de la nuit, où seul devrait s'élever le battement de leurs cœurs. Il ne les empêche pas de se donner l'un à l'autre, mais il trouble leur bonheur. Et lorsqu'ils sentent sa présence invisible, ils prennent finalement la fuite, mais c'est en vain qu'ils tentent d'échapper au souvenir qui les poursuit, à la dette qu'ils ont contractée, à l'opinion qui les tyrannise ; lorsqu'ils n'ont plus la force de supporter le poids de leur dette, c'est un bouc émissaire qu'il leur faut trouver et mettre à mort. Ils se croyaient des esprits libres, mais ils n'ont pas eu le courage d'aller librement trouver l'autre et de lui dire : nous nous aimons. Bref, ils ont été lâches et pour cette raison il leur faudra assassiner celui qui les tyrannise. C'est bien cela ?

ADOLPHE : Oui, mais il ne faut pas oublier qu'elle a fait mon éducation, qu'elle n'a cessé de m'apporter des idées nouvelles.

GUSTAVE : Je ne l'ai pas oublié. Mais, dis-moi, comment se fait-il qu'elle n'ait pu éduquer l'autre, qu'elle n'ait pu en faire un esprit libre ?

ADOLPHE : Tu sais bien qu'il était idiot.

GUSTAVE : C'est vrai, il était idiot. Mais c'est une notion assez vague, et dans ce roman, l'idiotie du mari consiste en ceci, qu'il ne comprend pas sa femme. Et tu me permettras de te poser la question : ta femme a-t-elle une intelligence si profonde ? Je n'en ai pas trouvé trace dans ses écrits.

ADOLPHE : Moi non plus ! Mais je dois reconnaître que j'ai aussi quelque peine à la comprendre. J'ai l'impression que les mécanismes de nos deux esprits ne s'engrènent pas, que quelque chose se brise dans ma tête quand je cherche à saisir ce qu'elle pense.

GUSTAVE : Tu es peut-être idiot, toi aussi ?

ADOLPHE : Non, je ne le crois pas. Et il me semble que c'est elle qui a tort, le plus souvent. Veux-tu par exemple lire cette lettre que j'ai reçue aujourd'hui ?

Il tire une lettre de son portefeuille.

GUSTAVE *jette un coup d'œil rapide* : Hem ! comme cette écriture m'est connue !

ADOLPHE : Une écriture d'homme, ou presque ?

GUSTAVE : Oui, en tout cas, j'ai connu un homme qui avait cette écriture. Elle t'appelle frère. Vous continuez cette comédie ? Vous vous cachez donc toujours derrière vos feuilles de vigne, si fanées qu'elles soient ? Tu ne la tutoies pas ?

ADOLPHE : Non, parce qu'il n'y aurait plus de respect.

GUSTAVE : Ah ! c'est pour t'inspirer du respect qu'elle se donne comme ta sœur ?

ADOLPHE : Je veux la respecter plus que moi-même et qu'elle soit la meilleure part de mon être.

GUSTAVE : C'est à toi d'être la meilleure part de toi-même : cela peut être plus difficile que de s'en remettre à quelqu'un. Tiens-tu vraiment à être inférieur à ta femme ?

ADOLPHE : Oui, c'est ce que je veux. J'éprouve comme une jouissance à me sentir un peu au-dessous d'elle. Ainsi, je lui ai appris à nager et maintenant je trouve charmant qu'elle puisse se vanter d'être plus habile et plus audacieuse que moi. Au début, je faisais semblant d'être maladroit et craintif pour lui donner du courage, mais un jour, je ne sais comment, c'est moi qui me suis trouvé, objectivement, le plus craintif, comme si elle m'avait enlevé mon courage pour de bon.

GUSTAVE : Tu ne lui as rien appris d'autre ?

ADOLPHE : Si — mais entre nous, n'est-ce pas — je lui ai appris l'orthographe, parce qu'elle faisait des fautes... Attends... elle s'est alors chargée de toute notre correspondance, j'ai cessé d'écrire, et, tu peux te figurer la suite, faute d'exercice pendant des années j'ai oublié un peu ma grammaire. Crois-tu donc qu'elle se soit souvenue que c'est moi qui la lui ai apprise au début ? Non, bien sûr ; aujourd'hui, c'est moi l'idiot.

GUSTAVE : Ah ! c'est toi l'idiot, déjà ?

ADOLPHE : Elle plaisantait, naturellement.

GUSTAVE : Je m'en doute. Mais je ne t'apprendrai pas

que c'est là un cas de pur cannibalisme. Oui, les sauvages dévorent ainsi leurs ennemis pour faire passer en eux leurs qualités les plus nobles. Cette femme a dévoré ton âme, ton courage et ton savoir.

ADOLPHE : Et ma confiance ! C'est moi qui l'ai engagée à écrire un premier livre.

GUSTAVE, *avec un certain air* : Vraiment ?

ADOLPHE : C'est moi qui l'ai soutenue de mes éloges, même quand je trouvais vulgaire ce qu'elle écrivait. C'est moi qui l'ai introduite dans les cercles littéraires, où elle a pu butiner son miel sur des fleurs de choix ; c'est moi qui par mes interventions ai tenu la critique à distance ; moi qui lui ai donné confiance en elle-même, et pendant si longtemps que j'en ai perdu mon propre souffle. J'ai donné, donné, donné jusqu'au moment où il ne m'est plus rien resté. Ecoute, je vais tout te dire... il me semble aujourd'hui... tu sais combien notre âme est étrange !... Lorsque mes succès l'ont rejetée dans l'ombre, j'ai tenté de lui rendre courage en me faisant petit, en mettant mon art bien au-dessous du sien. Je lui ai si longtemps répété que la peinture n'avait à tout prendre qu'une place négligeable parmi les arts, je le lui ai si longtemps répété, j'ai inventé tant de raisons à cela, qu'un beau jour je restai moi-même convaincu que mon art ne comptait pas ; bref, ce n'était plus là qu'un château de cartes à la merci du moindre souffle.

GUSTAVE : Permets-moi de te rappeler qu'au début de notre conversation tu m'as dit qu'elle ne t'empruntait jamais rien.

ADOLPHE : Aujourd'hui, il n'y a sûrement plus rien à emprunter.

GUSTAVE : Une fois repu, le serpent dégorge.

ADOLPHE : Peut-être m'a-t-elle pris plus encore, sans que je m'en aperçoive.

GUSTAVE : Tu peux en être sûr. Et à ton insu. C'est ce qu'on appelle voler.

ADOLPHE : Peut-être ne m'a-t-elle jamais rien apporté...

GUSTAVE : Non, c'est toi qui lui as tout donné. Très certainement. Mais elle a été assez habile pour te faire croire le contraire. Veux-tu me dire comment elle s'y serait prise pour faire ton éducation ?

ADOLPHE : Oui, tout d'abord... hem !

GUSTAVE : Eh bien ?

ADOLPHE : Oui, je...

GUSTAVE : C'est d'elle qu'il s'agit.

ADOLPHE : Non, je ne peux vraiment rien dire en ce moment.

GUSTAVE : Tu vois bien !

ADOLPHE : De toute façon elle m'avait ôté toute croyance, et j'allais à la dérive, jusqu'à ce jour où tu es venu et où tu m'as donné une foi nouvelle.

GUSTAVE *rit* : La sculpture ?

ADOLPHE, *hésitant* : Oui.

GUSTAVE : Vraiment ? Tu y crois ? Cet art abstrait, suranné, qui date de l'enfance des peuples ? Tu crois qu'il est possible avec la forme pure — les trois dimensions, hein ? — d'agir sur la sensibilité réaliste des hommes d'aujourd'hui, que tu peux créer l'illusion sans la couleur, sans la couleur, tu m'entends ? C'est cela que tu crois ?

ADOLPHE, *accablé* : Non !

GUSTAVE : Ah bien ! je ne le crois pas non plus !

ADOLPHE : Alors, pourquoi l'as-tu dit ?

GUSTAVE : Tu me faisais pitié.

ADOLPHE : Oui, je peux faire pitié. Pour moi c'est la banqueroute, la fin ! Et le pire, c'est que je n'ai pas su garder ma femme.

GUSTAVE : Pour en faire quoi ?

ADOLPHE : Eh bien ! elle serait pour moi ce que Dieu était avant le jour où je suis devenu athée : l'objet que j'avais besoin d'adorer...

GUSTAVE : Laisse donc ce besoin, étouffe-le sous... oui, sous une petite dose de salutaire mépris.

ADOLPHE : Je ne peux pas vivre sans respecter...

GUSTAVE : Esclave !

ADOLPHE : Sans respecter une femme, sans lui vouer un culte.

GUSTAVE : Pouah ! alors, autant revenir à Dieu — puisqu'il te faut faire le signe de la croix devant quelque chose. Voyez-vous cet athée qui conserve le culte de la femme ! Ce libre-penseur incapable de penser librement sur les femmes ! Sais-tu ce qu'il y a de tellement insondable, de mystérieux, de profond chez ton épouse ? Sa bêtise, tout simplement. Regarde, elle confond les lettres à chaque instant. Il y a quelque chose de détraqué dans sa mécanique. Elle est comme une montre dont le boîtier annonce une bonne marque mais dont le mécanisme n'est que pacotille. Les jupons font de l'effet, voilà tout. Mets-lui un pantalon, dessine-lui des moustaches sous le nez ; chasse tes idées saugrenues et écoute-la parler ; tu verras, ce sera une autre chanson. Un simple phonographe qui répète tes paroles et celles des autres, après les avoir quelque peu délayées. As-tu jamais vu une femme nue ? Oui, évidemment ! C'est un jeune garçon avec des mamelles sur la poitrine, un homme inachevé, un enfant qui a poussé trop vite et dont la croissance s'est arrêtée, un être à jamais anémique, qui perd du sang régulièrement treize fois par an. Qu'est-ce que cela peut donner ?

ADOLPHE : Admettons que tu aies raison. Comment se fait-il donc que je trouve maintenant que nous sommes égaux, elle et moi ?

GUSTAVE : Hallucination, fascination qu'exercent les jupes ! A moins que... vous ne soyez effectivement devenus pareils. Le nivellement s'est fait ; elle a absorbé par capillarité ce que tu avais de plus qu'elle. Ecoute un peu. (*Il tire sa montre.*) Nous avons parlé pendant six heures et ta femme va bientôt rentrer. Si nous nous arrêtions pour que tu prennes un peu de repos ?

ADOLPHE : Non, ne me quitte pas. Je n'oserai pas rester seul.

GUSTAVE : Oh ! un instant seulement, et madame sera là.

ADOLPHE : Oui, elle sera là. Comme c'est étrange ! J'aspire à la revoir et malgré tout, j'ai peur d'elle. Elle me caresse, elle est tendre, mais sous ses baisers, j'ai la sensation d'étouffer, de perdre mon sang, de m'anéantir. Je suis comme l'enfant du cirque que le clown pince dans la coulisse pour que le public admire ses joues rouges.

GUSTAVE : Cher ami, je suis désolé, mais sans être médecin, je puis t'affirmer que tu es en train de mourir... Il n'est que de voir tes derniers tableaux pour s'en convaincre.

ADOLPHE : Crois-tu vraiment ? Explique-toi.

GUSTAVE : Tes couleurs sont d'un bleu délavé, anémique, sans consistance ; le jaune blême de la toile apparaît à travers ; je crois voir tes joues blafardes.

ADOLPHE : Assez, assez !

GUSTAVE : Et je ne suis pas seul à le penser. As-tu vu le journal aujourd'hui ?

ADOLPHE *tressaille* : Non.

GUSTAVE : Il est là, sur la table.

ADOLPHE *fait un geste vers le journal sans oser le prendre* : C'est dans le journal ?

GUSTAVE : Lis, ou veux-tu que je lise moi-même ?

ADOLPHE : Non.

GUSTAVE : Je peux m'en aller si tu le désires.

ADOLPHE : Non, non, non... Je ne sais pas, il me semble que je commence à te détester, et pourtant je ne puis te laisser partir. Tu me sors du trou où je suis tombé, mais quand je commence à reprendre pied, tu me donnes un coup sur la tête et me voici replongé dans l'eau. Aussi longtemps que j'ai gardé pour moi mes secrets, je ne me sentais pas vidé comme à présent ; j'avais des entrailles. Connais-tu ce tableau d'un maître italien qui représente un supplice : un saint auquel on arrache les tripes à l'aide d'un cabestan ? Le martyr peut voir comment il devient de plus en plus mince, tandis que le rouleau grossit sur le treuil. Il me semble que tu as grossi depuis que tu m'as tout arraché, et quand tu partiras, tu partiras, je le sais, en emportant mes entrailles, et tu ne laisseras qu'une enveloppe vide.

GUSTAVE : Oh, quelle imagination ! — Mais ta femme ne va-t-elle pas revenir en te rapportant ton cœur ?

ADOLPHE : Non. Que pourrait-elle rapporter, maintenant que tes sarcasmes l'ont détruite ? Tu as tout réduit en cendres, mon art, mon amour, mon espoir, ma foi.

GUSTAVE : C'était déjà fait avant mon arrivée, et bien fait.

ADOLPHE : Mais tout pouvait encore être sauvé ; à présent il est trop tard, incendiaire !

GUSTAVE : Nous n'avons que peu brûlé, et nous allons semer dans les cendres.

ADOLPHE : Je te déteste, je te maudis.

GUSTAVE : C'est bon signe, tu as encore de la force. Je vais pouvoir te sortir du trou. Ecoute-moi ! Veux-tu m'écouter et obéir ?

ADOLPHE : Fais de moi ce que tu veux, j'obéirai.

GUSTAVE *se lève* : Regarde-moi !

ADOLPHE *regarde Gustave* : Voilà que tu me regardes avec ces yeux étranges qui m'attirent.

GUSTAVE : Et maintenant, écoute.

ADOLPHE : Oui, mais parle de toi ; ne dis plus rien de moi, je suis comme une plaie à vif.

GUSTAVE : Non, il n'y a rien à dire à mon sujet ! Je suis

veuf et professeur de langues classiques, c'est tout. Et maintenant, prends ma main.

ADOLPHE : Quelle force terrible tu dois avoir ! C'est comme si je touchais une pile électrique.

GUSTAVE : Oui, et songes-y : j'ai été aussi faible que toi. Debout !

ADOLPHE *se lève, se laisse aller dans les bras de Gustave* : Je suis comme un enfant sans os, avec le cerveau ouvert.

GUSTAVE : Fais quelques pas devant moi.

ADOLPHE : Je ne peux pas.

GUSTAVE : Marche, ou je vais te battre.

ADOLPHE *se redresse* : Qu'est-ce que tu dis ?

GUSTAVE : Je dis que je vais te battre.

ADOLPHE *se rejette en arrière, furieux* : Dis donc !

GUSTAVE : Parfait. Le sang t'est monté à la tête et ton amour-propre s'est réveillé. Attends, je vais te charger d'énergie. Où est ta femme ?

ADOLPHE : Où elle est ?

GUSTAVE : Oui.

ADOLPHE : Elle est... à une... réunion.

GUSTAVE : Sûr ?

ADOLPHE : Absolument.

GUSTAVE : Quelle sorte de réunion ?

ADOLPHE : Pour une crèche...

GUSTAVE : Vous vous êtes quittés en bons termes ?

ADOLPHE, *hésitant* : Non.

GUSTAVE : En mauvais termes alors ! Qu'est-ce que tu as dit qui l'a irritée ?

ADOLPHE : Tu es effrayant, et j'ai peur ! Comment peux-tu savoir ?

GUSTAVE : C'est tout simple. J'ai trois grandeurs connues, et je calcule l'inconnue. Qu'est-ce que tu lui as dit ?

ADOLPHE : Je lui ai dit... deux mots seulement, mais terribles, et à présent je le regrette, je le regrette.

GUSTAVE : Ne regrette pas. Allons, dis !

ADOLPHE : Je lui ai dit : Vieille coquette !

GUSTAVE : Et après ?

ADOLPHE : Je n'ai rien dit de plus.

GUSTAVE : Si, tu as ajouté quelque chose, mais tu l'as oublié, peut-être parce que tu n'oses pas te le rappeler ; tu as fourré cela dans le tiroir aux secrets ; ouvre donc.

ADOLPHE : Je ne me rappelle pas.

GUSTAVE : Mais moi je sais. Tu lui as dit : Tu devrais avoir honte de faire la coquette, maintenant que tu es vieille et que tu ne peux plus avoir d'amants.

ADOLPHE : J'ai dit cela ? Oui, j'ai dû le dire. Mais comment peux-tu le savoir ?

GUSTAVE : Je l'ai entendue raconter cette histoire sur le bateau, quand je suis venu.

ADOLPHE : A qui l'a-t-elle racontée ?

GUSTAVE : A quatre jeunes gens qui l'accompagnaient. Elle a déjà un penchant pour les jeunes garçons, tout comme...

ADOLPHE : Mais il n'y a pas de mal à cela !

GUSTAVE : Pas plus qu'à jouer au frère et à la sœur quand on est papa et maman.

ADOLPHE : Alors, tu l'as vue ?

GUSTAVE : Oui, mais toi, jamais tu ne l'as vue comme elle est quand tu n'es pas avec elle. Comprends-tu ? c'est pour cela qu'un mari ne peut jamais connaître sa femme. As-tu une photo d'elle ? (*Adolphe tire une photo de son portefeuille. Gustave, curieux* :) Tu n'étais pas là quand on l'a prise ?

ADOLPHE : Non.

GUSTAVE : Regarde un peu ! Est-ce que cette photo ressemble au portrait que tu m'as fait d'elle ? Non ! Les traits sont les mêmes, l'expression est différente. Seulement, tu ne peux pas voir ça, parce que tu glisses par-dessus l'image que tu portes en toi. Regarde maintenant cette photo comme un peintre, et sans penser à l'original. Qu'est-ce qu'elle représente ? Je ne vois rien là qu'une coquette apprêtée qui veut attirer un galant. Regarde ce pli cynique autour de la bouche, que tu n'as jamais remarqué ; ne vois-tu pas que ses regards cherchent un homme, un autre homme que toi ? Ne vois-tu pas sa robe décolletée, sa coiffure changée, sa manche relevée ? Ne vois-tu pas tout cela ?

ADOLPHE : Si, je le vois à présent.

GUSTAVE : Tiens-toi sur tes gardes, mon cher.

ADOLPHE : Sur mes gardes ? Contre quoi ?

GUSTAVE : Contre sa vengeance. N'oublie pas que tu l'as blessée dans son unique, dans sa plus haute prétention en lui disant qu'elle ne pouvait plus séduire un homme ! Si tu lui avais dit qu'elle n'écrivait plus que des pauvres choses, elle aurait ri de ton mauvais goût, mais maintenant, crois-moi, si elle ne s'est pas déjà vengée, ce n'est pas faute d'y avoir pensé.

ADOLPHE : Je veux savoir ce qu'il en est.

GUSTAVE : Il faut tirer cela au clair.

ADOLPHE : Quoi ?

GUSTAVE : Observe, je t'aiderai si tu veux.

ADOLPHE : Oui, puisque de toute façon il me faut mourir, allons-y ! Autant plus tôt que plus tard. Que faut-il faire ?

GUSTAVE : Dis-moi d'abord : ta femme n'aurait-elle pas un seul point faible ?

ADOLPHE : Je ne crois pas. Elle a la vie dure, très dure !

GUSTAVE : Ah ! j'entends la sirène du bateau dans la passe... elle sera là dans un instant.

ADOLPHE : Il faut que je descende à sa rencontre.

GUSTAVE : Non, reste ici. Et sois désagréable avec elle. Si elle a la conscience tranquille, tu recevras une bordée d'injures, si elle est coupable, elle te fera des caresses.

ADOLPHE : Es-tu bien sûr de ce que tu dis ?

GUSTAVE : Pas absolument, le lièvre parfois fait des tours et des détours, mais je m'en rendrai compte. Ma chambre est à côté. (*Il indique la porte de droite derrière le fauteuil.*) Je vais occuper ce poste et observer, pendant que tu mèneras ton jeu ici. Et quand tu auras fini, nous échangerons nos rôles, j'entrerai dans la cage et je travaillerai le serpent ; toi tu regarderas par le trou de la serrure. Ensuite, nous nous retrouverons dans le parc pour comparer nos impressions. Mais sois énergique ; si tu faiblis, je frapperai deux coups sur le parquet avec une chaise.

ADOLPHE : Entendu ! Mais ne t'en va pas ! J'ai besoin de savoir que tu es dans la chambre à côté.

GUSTAVE : Tu peux être sûr que j'y serai. Mais ensuite, il ne faudra pas avoir peur quand tu me verras ouvrir cette âme comme avec un scalpel, et en déposer le contenu sur la table ; c'est sans doute affreux pour des débutants, mais lorsqu'on a vu cela une fois, on ne le regrette pas. Seulement, rappelle-toi : pas un mot de notre rencontre, tu n'as fait la connaissance de personne durant l'absence de ta femme. Pas un mot. Je saurai trouver moi-même son point faible. Chut ! elle est déjà montée, elle est dans sa chambre... Elle chantonne... C'est qu'elle est furieuse. Allons, de la fermeté ! Assieds-toi là, sur ta chaise, elle sera obligée de s'asseoir sur la mienne, et ainsi je pourrai vous voir tous les deux.

ADOLPHE : Il nous reste une heure jusqu'au dîner — il n'est pas venu de voyageurs, puisqu'on n'a pas sonné — nous serons donc tout seuls — malheureusement !

GUSTAVE : Tu te sens faible ?

ADOLPHE : Non, je ne sens rien. Ou plutôt si, je redoute ce qui va se passer maintenant. Mais je ne peux pas l'empêcher. Quand une pierre roule, ce n'est pas la dernière goutte d'eau qui l'a mise en mouvement, ce n'est pas non plus la première, ce sont toutes les gouttes ensemble.

GUSTAVE : Eh bien ! qu'elle roule — puisque tu n'auras pas de repos avant. Au revoir.

Adolphe dit au revoir d'un signe de tête ; il a gardé la photo, il la déchire et jette les morceaux sous la table ; puis il s'assied sur sa chaise, tripote nerveusement sa cravate, arrange ses cheveux, palpe le col de sa veste, etc.

TEKLA *entre, va droit à lui et l'embrasse, gentiment, sincèrement, elle est joyeuse et séduisante* : Bonjour petit frère, comment vas-tu ?

ADOLPHE, *à moitié vaincu, à contrecœur et sur un ton plaisant* : Qu'est-ce que tu as donc fait pour m'embrasser ainsi ?

TEKLA : Attends, je vais te le dire : j'ai dépensé un argent fou.

ADOLPHE : Alors, tu t'es amusée ?

TEKLA : Beaucoup ! Mais pas à cette réunion en tout cas ! C'était assommant, si je puis dire. Mais le petit frère, à quoi s'est-il diverti, lui, alors que sa Poulette n'était pas là ?

Elle regarde autour d'elle dans la pièce comme si elle cherchait ou flairait quelque chose.

ADOLPHE : Je me suis ennuyé, voilà tout.

TEKLA : Personne n'est venu te voir ?

ADOLPHE : Non, je suis resté seul.

TEKLA *l'observe, s'assied sur la chaise longue* : Qui est-ce qui s'est assis sur cette chaise ?

ADOLPHE : Sur cette chaise ? Personne !

TEKLA : C'est curieux. Le siège est encore chaud, et il y a encore ici la trace d'un coude. Aurais-tu reçu quelque dame étrangère ?

ADOLPHE : Moi ? Tu ne crois pas un seul instant à ce que tu dis !...

TEKLA : Mais il rougit ! J'ai l'impression que petit frère raconte des blagues ! Allons, viens raconter à Poulette ce que tu as sur la conscience.

Elle l'attire à elle ; il se laisse aller, la tête sur les genoux de Tekla.

ADOLPHE, *riant* : Tu es une petite diablesse ! Le sais-tu ?

TEKLA : Non, j'ignore tout de moi.

ADOLPHE : Tu ne réfléchis jamais sur toi ?

TEKLA *flaire et observe* : Je ne pense jamais qu'à moi... Je suis une affreuse égoïste... Mais comme te voilà devenu philosophe !

ADOLPHE : Mets-moi la main sur le front.

TEKLA, *gazouillant* : As-tu encore quelques vilains insectes dans la tête ? Nous allons les chasser, hein ? (*Elle lui embrasse le front.*) Alors, c'est passé ?

ADOLPHE : Oui.

Un silence.

TEKLA : Maintenant, dis-moi, comment t'es-tu diverti ? As-tu peint ?

ADOLPHE : Non, je ne fais plus de peinture.

TEKLA : Comment ? Tu ne fais plus de peinture ?

ADOLPHE : Non, mais ne me gronde pas. Ce n'est pas ma faute. Je ne peux plus peindre.

TEKLA : Qu'est-ce que tu vas faire alors ?

ADOLPHE : Je vais sculpter.

TEKLA : Encore de nouvelles idées !

ADOLPHE : Oui, mais ne me gronde pas... Regarde cette statue.

TEKLA *dévoile la statue de cire* : Tiens, tiens ! Qui est-ce ?

ADOLPHE : Devine.

TEKLA, *avec douceur* : Est-ce que ce serait Poulette ? Tu n'as pas honte ?

ADOLPHE : Ce n'est pas ressemblant ?

TEKLA : Comment le savoir, puisqu'il n'y a pas de visage ?

ADOLPHE : Mais il y a tant d'autres choses, et de belles !

TEKLA *lui donne une petite tape sur la joue* : Veux-tu bien te taire, ou je vais t'embrasser.

ADOLPHE, *se défendant* : Voyons, voyons, il peut venir quelqu'un.

TEKLA : Qu'est-ce que ça peut me faire ? Je n'ai pas le droit d'embrasser mon mari, peut-être ? C'est mon droit légal.

ADOLPHE : Oui, mais je vais te dire : ici, à l'hôtel, on ne nous croit pas mariés, parce que nous nous embrassons trop souvent. Et que nous nous disputions parfois, cela ne change rien à ce qu'on croit, parce que les amants aussi se disputent !

TEKLA : Oh ! mais pourquoi se disputer ? Est-ce que tu ne peux pas être toujours gentil, comme à présent ? Dis ? Tu ne veux pas ? Tu ne veux pas que nous soyons heureux ?

ADOLPHE : Si je le veux ? Bien sûr. Mais...

TEKLA : Qu'est-ce que tu racontes encore ? Qui est-ce qui t'a mis dans la tête de ne plus peindre ?

ADOLPHE : Qui ? Tu flaires toujours quelqu'un derrière moi, derrière mes pensées. Tu es jalouse.

TEKLA : Oui, je suis jalouse. J'ai peur qu'on t'enlève à moi.

ADOLPHE : Quand tu sais qu'aucune femme ne peut te chasser de mon cœur et que sans toi je ne pourrais pas vivre ?...

TEKLA : Mais ce ne sont pas les femmes que je crains, ce sont les amis qui te mettent des idées dans la tête.

ADOLPHE *l'observe* : Alors, tu crains... tu crains quoi ?

TEKLA *se lève* : Il y a eu quelqu'un ici ! Qui était-ce ?

ADOLPHE : Tu ne supportes pas que je te regarde ?

TEKLA : Pas de cette façon ! tu ne me regardes jamais comme ça.

ADOLPHE : Comment alors ?

TEKLA : Ton regard perce sous tes paupières.

ADOLPHE : Pour te voir, oui ! Et j'aimerais savoir ce qu'il y a derrière.

TEKLA : Je t'en prie, regarde ! Il n'y a rien à cacher ! Mais tu parles aussi d'une autre façon... tu as des expressions (*elle l'épie*), tu parles en philosophe, hein ? (*Elle va vers lui, menaçante.*) Qui est venu te voir ?

ADOLPHE : Tout simplement mon médecin.

TEKLA : Ton médecin, qui est-ce ?

ADOLPHE : Le médecin de Strömstad.

TEKLA : Son nom ?

ADOLPHE : Sjöberg.

TEKLA : Qu'est-ce qu'il a dit ?

ADOLPHE : Il a dit... oui... entre autres choses... que j'étais menacé d'épilepsie.

TEKLA : Entre autres choses ? Qu'est-ce qu'il a dit de plus ?

ADOLPHE : Quelque chose de très ennuyeux !

TEKLA : Eh bien quoi ?

ADOLPHE : Il nous interdit pour un certain temps de vivre comme mari et femme.

TEKLA : Tu vois ! J'aurais dû m'en douter ! On veut nous séparer ; il y a longtemps que je m'en suis aperçue.

ADOLPHE : Tu n'as pas pu t'en apercevoir : personne n'a jamais essayé.

TEKLA : Je n'ai pas pu m'en apercevoir ?

ADOLPHE : Comment pourrais-tu découvrir ce qui n'existe pas, si la crainte ne venait pas troubler ton imagination et ne te faisait voir ce qui n'a jamais été ? Qu'est-ce que tu crains ? Que j'emprunte les yeux d'autrui pour te voir telle que tu es et non telle que tu me parais être ?

TEKLA : Surveille ton imagination, Adolphe ! L'imagination est dans l'âme de l'homme comme une bête méchante.

ADOLPHE : Qui est-ce qui t'a appris cela ? De purs jeunes gens sur le bateau, n'est-ce pas ?

TEKLA, *sans perdre contenance* : Eh oui, il y a toujours à apprendre avec les jeunes !...

ADOLPHE : Les jeunes... je vois que tu commences à les aimer.

TEKLA : Je les ai toujours aimés, et c'est pour cela que je t'ai aimé, toi aussi. Ça te déplaît ?

ADOLPHE : Non, mais j'aimerais assez être le seul.

TEKLA, *sur un ton de plaisanterie badine* : Mon cœur est si vaste, vois-tu, petit frère, qu'il y a de la place pour d'autres que toi.

ADOLPHE : Oui, mais le petit frère ne veut pas qu'il y en ait d'autres.

TEKLA : Viens près de Poulette, entends-tu, qu'elle te tire les cheveux puisque tu es jaloux, ou plutôt, puisque tu es envieux.

On entend frapper deux coups avec la chaise dans la chambre où est Gustave.

ADOLPHE : Non, je ne veux pas jouer, je veux parler sérieusement.

TEKLA, *caressante* : Seigneur, il veut parler sérieusement ! Comme tu es devenu sérieux ! C'est terrible ! (*Elle lui prend la tête et l'embrasse.*) Ris un petit peu, maintenant... Oui, comme ça !

ADOLPHE *rit malgré lui* : Sacrée femme ! Je crois que tu es sorcière.

TEKLA : Hein ! tu vois, c'est pour ça qu'il ne faut pas être méchant, sinon la sorcière te fera disparaître.

ADOLPHE, *debout* : Tekla, mets-toi un instant de profil, sans bouger, que je puisse faire un visage à la statue.

TEKLA : C'est facile.

Elle se met de profil.

ADOLPHE *la fixe et fait semblant de modeler* : Ne pense pas à moi en ce moment... Pense à quelqu'un d'autre.

TEKLA : Je vais penser à ma dernière conquête.

ADOLPHE : Le jeune homme pur ?

TEKLA : Tout juste. Il avait de toutes petites moustaches, si jolies, et des joues comme des pêches, si douces et roses qu'on avait envie de mordre dedans...

ADOLPHE *devient sombre* : Garde ce pli près de la bouche.

TEKLA : Quel pli ?

ADOLPHE : Ce pli cynique, insolent, que je n'avais encore jamais vu.

TEKLA *fait une grimace* : Celui-là ?

ADOLPHE : Oui, celui-là ! (*Il se lève.*) Sais-tu comment Bret Harte décrit la femme adultère ?

TEKLA *sourit* : Non, je n'ai jamais lu ton Bret Machin.

ADOLPHE : Une femme pâle, qui ne rougit jamais.

TEKLA : Jamais ? Mais quand elle rencontre son ami, elle rougit, je suppose, que son mari ou monsieur Bret le voient ou non.

ADOLPHE : En es-tu tellement sûre ?

TEKLA, *comme avant* : Oui, puisque le mari est incapable de lui faire monter le sang au visage, a-t-il jamais vu ce charmant spectacle ?

ADOLPHE, *furieux* : Tekla !

TEKLA : Oh, petit fou !

ADOLPHE : Tekla !

TEKLA : Appelle-moi Poulette et je rougirai pour toi, d'un beau rouge, si tu le veux. Dis !

ADOLPHE, *désarmé* : Tu me mets dans une telle colère, que je te mordrais, vilaine bête !

TEKLA, *par jeu* : Eh bien viens, et mords-moi ! Allons !

Elle tend les bras vers lui.

ADOLPHE *lui met les bras autour du cou et l'embrasse* : Oui, je vais te mordre, à te faire mourir.

TEKLA, *plaisantant* : Attention, quelqu'un pourrait entrer.

ADOLPHE : Que veux-tu que cela me fasse ? Rien au monde ne peut me toucher, pourvu que je t'aie à moi.

TEKLA : Et quand tu ne m'auras plus à toi ?

ADOLPHE : Je mourrai.

TEKLA : Oui, mais tu n'as rien à craindre puisque je suis tellement vieille que personne ne voudrait de moi.

ADOLPHE : Tekla, tu n'as pas oublié ! Je retire ce que j'ai dit.

TEKLA : Pourrais-tu m'expliquer pourquoi tu es jaloux et en même temps si sûr de moi ?

ADOLPHE : Non, je ne peux rien expliquer. L'idée qu'un autre t'a eue avant moi me hante peut-être, et de plus en plus. Il me semble parfois que notre amour n'est qu'une fiction, une défense, une passion devenue affaire d'honneur. Le pire tourment pour moi c'est de penser que cet homme pourrait apprendre que je suis malheureux. Ah ! je ne l'ai jamais vu, mais la pensée qu'il existe un homme qui a parié sur mon malheur, qui chaque jour appelle sur moi les malédictions, et qui éclatera de rire si je tombe, cette pensée m'assiège, me pousse vers toi, me fascine et me paralyse.

TEKLA : Crois-tu que je voudrais lui donner cette joie ? Crois-tu que j'accepterais de voir ses prédictions se réaliser ?

ADOLPHE : Non, je ne veux pas le croire.

TEKLA : Qu'est-ce qui t'empêche d'être tranquille alors ?

ADOLPHE : Ta coquetterie, qui ne cesse de m'inquiéter. Pourquoi joues-tu ce jeu ?

TEKLA : Ce n'est pas un jeu. Je veux que les gens m'aiment, voilà tout.

ADOLPHE : Les messieurs seulement !...

TEKLA : Bien sûr, parce que, tu sais, jamais une femme n'aimera une autre femme !...

ADOLPHE : Dis-moi ! As-tu eu des nouvelles de lui récemment ?

TEKLA : Aucune depuis six mois.

ADOLPHE : Penses-tu quelquefois à lui ?

TEKLA : Non, depuis la mort de l'enfant nous n'avons eu aucun rapport.

ADOLPHE : Et tu ne l'as pas vu quelque part ?

TEKLA : Non, il paraît qu'il habite sur la côte ouest. Mais pourquoi t'inquiètes-tu de cela maintenant ?

ADOLPHE : Je ne sais pas. Mais ces jours derniers, quand je me suis trouvé seul, j'ai pensé à lui ; je me suis demandé ce qu'il avait éprouvé quand il s'était lui aussi trouvé seul.

TEKLA : N'aurais-tu pas des remords ?

ADOLPHE : Oui.

TEKLA : ... Le sentiment d'être un voleur, n'est-ce pas ?

ADOLPHE : Presque.

TEKLA : Pas mal ! On vole une femme comme on vole un enfant ou une volaille ! Tu me considères, autrement dit, comme ton bien, ta propriété. Merci beaucoup !

ADOLPHE : Non, je te considère comme sa femme ! Et c'est beaucoup plus qu'un objet qu'on possède, car on ne peut pas le remplacer.

TEKLA : Mais si, voyons ! Si seulement tu apprenais qu'il est remarié, tu serais débarrassé de toutes ces idées. Tu l'as bien remplacé pour moi !

ADOLPHE : Est-ce bien vrai ? Et l'as-tu vraiment aimé ?

TEKLA : Mais bien sûr !

ADOLPHE : Et puis...

TEKLA : Je me suis fatiguée de lui !

ADOLPHE : Et si tu allais te fatiguer de moi, aussi ?

TEKLA : Il n'en est pas question.

ADOLPHE : Et qu'un autre vienne et qu'il ait les qualités que tu cherches maintenant chez un homme ; imagine cela ; tu m'abandonnerais ?

TEKLA : Non !

ADOLPHE : Mais s'il te séduisait ? Au point que tu ne puisses renoncer à lui ? C'est à moi que tu renoncerais, naturellement.

TEKLA : Non. Ce n'est pas dit.

ADOLPHE : Tu ne peux tout de même pas aimer deux hommes à la fois ?

TEKLA : Pourquoi non ?

ADOLPHE : Je ne comprends pas.

TEKLA : Il y a des choses qui arrivent même quand on

ne les comprend pas. Tous les êtres ne sont pas faits sur le même modèle.

ADOLPHE : Je commence à saisir.

TEKLA : Pas possible !

ADOLPHE : Pas possible ? (*Un silence, pendant lequel Adolphe semble faire effort pour se rappeler quelque chose qui sur le moment lui échappe.*) Sais-tu que ta franchise commence à devenir pénible ?

TEKLA : Pourtant, c'était à tes yeux la plus grande des vertus, celle que tu m'as apprise.

ADOLPHE : Oui, mais il me semble que tu t'en sers maintenant pour te dissimuler.

TEKLA : C'est la nouvelle tactique, vois-tu.

ADOLPHE : Je ne sais pourquoi : je trouve que le séjour ici devient désagréable... Si tu veux, nous rentrerons à la maison dès ce soir.

TEKLA : En voilà une histoire ! Je viens d'arriver et je n'ai aucune envie de repartir.

ADOLPHE : Oui, mais moi je le veux.

TEKLA : Je ne m'occupe pas de ce que tu veux. Rentre tout seul !

ADOLPHE : Et maintenant, je t'ordonne de partir avec moi par le premier bateau.

TEKLA : « Je t'ordonne » ! Qu'est-ce que tu racontes là ?

ADOLPHE : Sais-tu que tu es ma femme ?

TEKLA : Sais-tu que tu es mon mari ?

ADOLPHE : Oui, mais ce n'est pas du tout la même chose.

TEKLA : Vraiment, tu me parles sur un ton... Tu ne m'as jamais aimée !

ADOLPHE : Vraiment ?

TEKLA : Non, parce qu'aimer c'est donner.

ADOLPHE : Aimer, pour un homme c'est donner, pour une femme c'est prendre. Et je t'ai donné, donné, donné.

TEKLA : Oh ! qu'est-ce que tu m'as donné ?

ADOLPHE : Tout.

TEKLA : C'est beaucoup. Mais en admettant que ce soit vrai, j'ai pris ce que tu m'offrais. Vas-tu maintenant m'apporter la note de tes cadeaux ? Et en les acceptant n'ai-je pas prouvé que je t'aimais ? Une femme n'accepte de cadeaux que de celui qu'elle aime.

ADOLPHE : Celui qu'elle aime, oui, c'est le mot exact.

J'ai été l'homme que tu aimais, je n'ai jamais été ton mari.

TEKLA : Eh bien ! n'était-ce pas plus agréable de n'avoir pas à servir de paravent ? — Mais si ce rôle ne te convient pas, je te donnerai ton congé, je ne veux pas d'un mari.

ADOLPHE : Je m'en suis aperçu... Je t'ai vue ces derniers temps t'esquiver à ma vue comme une voleuse, pour retrouver tes propres amis près de qui tu pouvais briller avec des plumes d'emprunt, avec les bijoux que tu m'avais dérobés ; alors j'ai voulu te rappeler ce que tu me devais. Et je suis devenu le créancier désagréable dont on souhaite s'éloigner le plus possible ; tu as voulu annuler nos comptes, et pour ne pas accroître ta dette envers moi, tu as cessé de prendre dans ma cassette, tu es allée trouver d'autres hommes ! Je suis devenu ton mari, que tu le veuilles ou non ; puisque je ne peux pas être l'homme aimé.

TEKLA, *par jeu* : Ne dis pas de bêtises, petit idiot.

ADOLPHE : Ecoute-moi bien ; il est dangereux de s'imaginer qu'il n'y a au monde que des idiots, sauf soi-même.

TEKLA : C'est bien pourtant ce que chacun s'imagine.

ADOLPHE : Et je commence à soupçonner que l'autre, ton premier mari, n'était peut-être pas un idiot.

TEKLA : O mon Dieu ! commencerais-tu à éprouver de la sympathie pour lui ?

ADOLPHE : Oui, presque.

TEKLA : Voyez cela ! Peut-être voudrais-tu faire sa connaissance, épancher près de lui ton cœur trop plein ?... Charmant tableau ! Mais moi aussi je commence à me sentir attirée par lui depuis que je me suis lassée d'être bonne d'enfants... Lui au moins, c'était un mari viril, son seul tort était d'être mon mari...

ADOLPHE : Tu vois bien... Mais ne parle pas si fort, on pourrait nous entendre.

TEKLA : Et après ? quand bien même on nous prendrait pour des gens mariés ?

ADOLPHE : Oui, oui, tu commences à te sentir du goût pour les maris virils et les purs jeunes gens...

TEKLA : Mes goûts, comme tu vois, n'ont pas de limites et mon cœur est ouvert à tous, et à tout, à ce qui est grand comme à ce qui est petit, à ce qui est beau comme à ce qui est laid, à ce qui est jeune comme à ce qui est vieux ; j'aime l'univers.

ADOLPHE : Sais-tu ce que cela signifie ?

TEKLA : Non, je ne sais rien. Chez moi, tout est sentiment.

ADOLPHE : Cela signifie que l'âge se fait sentir.

TEKLA : Encore cette histoire ! Fais bien attention !

ADOLPHE : Fais bien attention toi-même.

TEKLA : A quoi ?

ADOLPHE : Au coup de couteau.

TEKLA *gazouille* : Petit frère, ne joue pas avec des objets si dangereux.

ADOLPHE : Je ne joue plus.

TEKLA : Ah ! c'est sérieux, tout à fait sérieux ! Eh bien ! je te ferai voir que tu t'es trompé. C'est-à-dire non, tu ne le verras jamais ; tout le monde sera au courant, sauf toi. Seulement, tu auras des soupçons, des doutes, et jamais plus tu ne seras tranquille. Tu sentiras que tu es ridicule, que tu es bafoué, mais jamais tu n'auras en main les preuves de ton infortune, un mari ne les a jamais. Tu verras ce que c'est.

ADOLPHE : Tu me détestes ?

TEKLA : Non, je ne te déteste pas et je crois que jamais je ne te détesterai. Sans doute parce que tu es un enfant.

ADOLPHE : Maintenant, oui, mais te rappelles-tu les heures où l'orage a passé sur nous ? Tu étais comme un enfant à la mamelle, tu criais ; j'ai dû te prendre sur mes genoux et t'embrasser les paupières pour t'endormir. C'est moi qui prenais soin de toi, à ce moment-là ; je veillais à ce que tu ne sortes pas sans être peignée, j'envoyais tes chaussures au cordonnier, je veillais à ce qu'il y eût de la nourriture à la cuisine. Je restais assis près de toi, je te tenais la main longuement parce que tu avais peur, peur de tout et de tous, sans un ami ; ne te sentais-tu pas comme écrasée sous l'opinion des gens ? J'ai dû parler pour te rendre courage ; ma langue en était desséchée et la tête me faisait mal. Il m'a fallu sans cesse prétendre que j'étais fort, je me suis forcé à croire en l'avenir, et j'ai réussi finalement à te rendre un peu de vie, alors que tu gisais devant moi comme une morte. Et tu m'as admiré ; tu as vu en moi l'homme, pas un athlète comme celui que tu venais d'abandonner, mais une âme robuste, un magnétiseur capable de faire passer sa force nerveuse dans tes muscles détendus, de charger ton cerveau vide d'une énergie nouvelle. Et puis je t'ai élevée, je t'ai procuré des amis, toute une petite cour ; j'ai fait appel à leur amitié pour les persuader de t'admirer, je t'ai fait régner sur moi et ma maison. Je t'ai introduite dans mes plus belles toiles, entourée de rose et de bleu ciel sur fond d'or, et il n'y avait pas d'exposition où tu ne fusses à la meilleure place. Tu étais sainte Cécile ou Marie Stuart, Karin Monsdotter ou Ebba Brahe. J'ai concentré l'intérêt sur toi, j'ai obligé la foule criarde à te voir avec mes yeux charmés, je lui ai imposé ta personne, jusqu'au jour où la sympathie qui triomphe de tout t'a été acquise — et où tu as pu voler de tes propres ailes.

Quand j'ai eu fini ce travail, ma force était épuisée et je me suis écroulé de fatigue ; tu avais été un trop lourd fardeau. Je suis tombé malade. Mais ma maladie te gênait, maintenant que la vie commençait enfin à te sourire ; je me disais parfois que tu étais poussée par un désir secret de te débarrasser du créancier, du témoin. Ton amour a pris peu à peu le caractère d'une affection condescendante, celle d'une sœur, et faute de mieux, j'ai dû m'habituer à être « le petit frère ». Ta tendresse demeure, elle augmente même, mais elle est nourrie de pitié, et j'y trouve une bonne part de dédain, qui est devenue du mépris à présent que mon talent a baissé et que pour toi le soleil se lève.

Or, voici que ta source aussi semble se tarir, maintenant que je ne peux plus l'alimenter, ou plutôt maintenant que tu cherches à montrer que tu ne veux plus y puiser. Et nous nous enfonçons tous les deux. Et tu veux pouvoir accuser quelqu'un, il te faut un nouveau responsable car tu n'as pas la force de porter le poids de ta faute et je suis la victime expiatoire qu'on a choisie. Seulement, quand tu m'as coupé les jarrets, tu n'as pas pensé que tu te mutilais toi-même, que les années avaient fait de nous des jumeaux. J'étais l'arbre et toi la bouture, mais tu as voulu séparer la bouture de l'arbre avant qu'elle ait pris racine ; et tu n'as pu continuer de grandir toute seule, et l'arbre ne pouvait non plus continuer de vivre sans sa branche — et nous sommes morts tous les deux.

Tekla : Et tout cela pour me dire que c'est toi qui as écrit mes livres ?

Adolphe : Non, c'est toi qui le dis, pour m'accuser ensuite de mensonge. Je ne me suis pas exprimé aussi brutalement, j'ai parlé pendant cinq minutes afin de donner toutes les nuances, les demi-teintes et les transitions ; toi, tu n'as qu'une seule note à ton orgue de barbarie.

TEKLA : Le résumé de tout cela, c'est que tu as écrit mes livres.

ADOLPHE : Eh non, il n'y a pas de résumé, tu ne peux pas ramener un accord à une seule note ; tu ne peux pas réduire à un chiffre unique ce qui est vivant et divers. Je n'ai pas été assez sot pour dire que j'ai écrit tes livres.

TEKLA : Bien, mais tu l'as pensé ?

ADOLPHE, *furieux* : Je ne l'ai pas pensé.

TEKLA : Mais au total...

ADOLPHE : Il n'y a pas de total quand on ne fait pas l'addition ; il y a un quotient, une longue fraction décimale, indéfinie, quand on fait une division qui ne tombe pas juste. Je n'ai pas fait l'addition...

TEKLA : Moi, je peux la faire.

ADOLPHE : J'en suis persuadé, mais moi je ne l'ai pas faite.

TEKLA : En tout cas, tu as voulu la faire.

ADOLPHE, *sans force, ferme les yeux* : Non, non, non, ne me parle plus. Je vais avoir une attaque ! Tais-toi ! Laisse-moi seul ; tu me détruis avec ces pinces grossières, et tes griffes plantées dans mes pensées les déchirent.

Il perd connaissance, regarde fixement devant lui.

TEKLA, *avec douceur* : Qu'est-ce que tu as ? Es-tu malade ? Adolphe ? (*Il se débat.*) Adolphe ! (*Il secoue la tête.*) Adolphe !

ADOLPHE : Oui !

TEKLA : Avoueras-tu que tu as été injuste, il y a un instant ?

ADOLPHE : Oui, oui, oui, oui, j'avoue.

TEKLA : Et tu me demandes pardon ?

ADOLPHE : Oui, oui, oui, je te demande pardon ! Mais ne me parle pas.

TEKLA : Baise-moi la main.

ADOLPHE *lui baise la main* : Je te baise la main ! Mais ne me parle pas.

TEKLA : Maintenant tu vas sortir et prendre l'air avant le dîner.

ADOLPHE : Oui, j'en ai grand besoin. Après quoi, nous ferons les bagages et nous partirons.

TEKLA : Non.

ADOLPHE *se lève* : Pourquoi ? Tu as une raison ?

TEKLA : La raison est que j'ai promis d'assister à une soirée après dîner.

ADOLPHE : Ah bon, c'était cela !

TEKLA : C'était cela. Et j'ai promis d'y aller.

ADOLPHE : Promis ! Tu as peut-être dit que tu pensais y aller ; ça ne t'empêche pas de dire maintenant que tu penses ne pas y aller.

TEKLA : Non, je ne suis pas comme toi, je ne reviens pas sur ce que j'ai dit.

ADOLPHE : Quand on promet, il faut tenir, mais il n'y a pas lieu de se croire engagé par chaque mot qu'on a dit. Quelqu'un t'a fait promettre d'y aller ?

TEKLA : Oui.

ADOLPHE : Alors, demande qu'on te dégage de ta promesse parce que ton mari est malade.

TEKLA : Non, je ne veux pas et tu n'es pas malade au point de ne pouvoir venir, toi aussi.

ADOLPHE : Pourquoi veux-tu toujours que je t'accompagne ? Est-ce que tu te sentirais plus tranquille quand je suis là ?

TEKLA : Je ne comprends pas ce que tu veux dire.

ADOLPHE : C'est ce que tu réponds toujours quand tu sais que ce que je veux dire ne te sera pas agréable.

TEKLA : Ah bah ! Qu'est-ce qui ne me plairait pas en ce moment ?

ADOLPHE : Assez, assez, ne recommence pas, au revoir. Et pense à ce que tu fais.

Il sort par la porte du fond et prend à droite. Tekla reste seule ; tout de suite après Gustave entre. Il va droit à la table pour prendre un journal, sans paraître voir Tekla.

TEKLA *fait un mouvement mais se domine* : C'est toi ?

GUSTAVE : Oui, c'est moi... Pardon.

TEKLA : Par où es-tu venu ?

GUSTAVE : Par la route ! Mais je ne resterai pas ici, puisque...

TEKLA : Mais non, reste ! Eh bien, il y a longtemps !

GUSTAVE : Il y a longtemps.

TEKLA : Tu as beaucoup changé.

GUSTAVE : Et toi, tu es aussi charmante qu'autrefois : tu as l'air plus jeune, presque. Mais, pardonne-moi, je ne veux pas empoisonner ton bonheur par ma présence ! Et si j'avais su que tu étais ici, jamais je ne serais...

TEKLA : Et moi, je te demande de rester... à moins que tu ne trouves cela indiscret...

GUSTAVE : De mon côté, rien ne s'y oppose, mais il me semble... Ah ! quoi que je dise, je te blesserai sûrement.

TEKLA : Assieds-toi un instant ; non, tu ne me blesses pas du tout. N'as-tu pas, n'as-tu pas toujours eu cette qualité si rare, le tact, la politesse ?...

GUSTAVE : Tu es trop aimable. Mais rien ne prouve que... ton mari aurait pour mes qualités la même indulgence que toi.

TEKLA : Bien au contraire, il m'a tout récemment parlé de toi avec beaucoup de sympathie.

GUSTAVE : Oui, tout s'efface avec le temps, comme lorsqu'on écrit son nom sur un arbre ; l'aversion même n'a pas de place durable dans les esprits.

TEKLA : Comment aurait-il eu de l'aversion pour toi puisqu'il ne t'a jamais vu ? Moi, j'ai toujours rêvé de vous voir amis pour un instant, ou du moins de vous voir un jour vous rencontrer en ma présence, vous serrer la main et vous séparer.

GUSTAVE : Moi aussi, j'ai toujours nourri le secret désir de voir celle que j'ai aimée plus que ma vie... avec un mari vraiment bon. Sans doute j'ai entendu dire beaucoup de bien de lui, je connais ses travaux, mais j'aurais voulu, moi aussi, avant la vieillesse, lui serrer la main, le regarder dans les yeux, lui demander de bien prendre soin du trésor que la providence a mis entre ses mains. Ainsi s'éteindrait la haine involontaire que je dois avoir au cœur et s'exprimerait mon vœu de retrouver pour finir ma triste vie la paix et l'humilité du cœur.

TEKLA : Tu viens de dire ce que je pense moi-même ; tu m'as comprise : sois-en remercié.

GUSTAVE : Ah ! je ne suis qu'un homme sans importance ; j'étais trop insignifiant pour te porter ombrage. Mon existence monotone, mes activités de tâcheron, le milieu étroit où je vivais ne pouvaient satisfaire ton âme avide de liberté. Je le reconnais. Mais tu comprendras — toi qui as exploré l'âme humaine — ce qu'il m'en a coûté de me faire à moi-même cet aveu.

TEKLA : Il y a de la noblesse, de la grandeur, à reconnaître ses faiblesses ; bien peu en sont capables. (*Elle soupire.*) Mais tu as toujours été un homme honnête, fidèle, digne de confiance... que j'estimais... mais...

GUSTAVE : Non, je n'ai pas été cela, je ne l'étais pas à ce moment-là. Mais la douleur nous purifie, le chagrin nous ennoblit, et... j'ai souffert.

TEKLA : Pauvre Gustave ! Peux-tu me pardonner ? Dis-moi, le peux-tu ?

GUSTAVE : Te pardonner ? Quoi donc ? C'est moi qui te demande pardon.

TEKLA *change de ton* : Il semble que nous pleurions tous les deux — comme deux vieux...

GUSTAVE *change de ton avec précaution* : Deux vieux ! Oui, moi je suis vieux, mais pas toi, tu ne cesses de rajeunir.

Il s'assied sans attirer l'attention sur la chaise de gauche, Tekla prend la chaise longue.

TEKLA : Tu trouves ?

GUSTAVE : Et comme tu sais t'habiller !

TEKLA : C'est à toi que je dois de savoir ! Tu ne te souviens pas que c'est toi qui as trouvé les couleurs qui m'allaient ?

GUSTAVE : Non.

TEKLA : Mais si ! Tu ne te souviens pas ? hem... Je me souviens, moi, que tu allais même jusqu'à te fâcher les jours où je n'avais pas sur moi d'étoffe rouge ponceau.

GUSTAVE : Je ne me fâchais pas, je ne me suis jamais fâché contre toi.

TEKLA : Allons donc ! Et quand tu m'apprenais à penser ! Ne te souviens-tu pas ? — parce que j'en étais totalement incapable...

GUSTAVE : Ce n'est pas vrai, tu étais capable de penser ! Nous en sommes tous capables. Et maintenant c'est d'une singulière acuité que tu témoignes, du moins dans tes livres.

TEKLA, *gênée, parle vite* : Oui, cher Gustave. Quoi qu'il en soit, je suis vraiment heureuse de te revoir, et dans des dispositions si calmes.

GUSTAVE : Oh ! je n'ai jamais été un faiseur d'histoires... N'as-tu pas toujours été bien tranquille avec moi ?

TEKLA : Oui, oui, un peu trop même.

GUSTAVE : Tiens !... Moi qui croyais que c'était ce que tu voulais... C'est ce qu'on pouvait croire en tout cas quand tu étais fiancée.

TEKLA : Ah ! est-ce qu'on sait ce qu'on veut à ce moment-là ? Et maman qui m'avait prévenue qu'il fallait faire des manières...

GUSTAVE : Mais maintenant tu as pris une tout autre allure ! La vie d'artiste est croustillante et ton mari n'a pas l'air trop endormi.

TEKLA : On peut aussi se lasser des meilleures choses.

GUSTAVE, *changeant de sujet* : Oh ! il me semble que tu portes encore les boucles d'oreille que je t'avais offertes...

TEKLA, *gênée* : Pourquoi ne pas les porter ? Nous n'avons jamais été ennemis ; j'ai pensé que je les porterais comme une preuve et comme un souvenir — la preuve que nous n'étions pas brouillés. D'ailleurs sais-tu qu'on n'en trouve plus de pareilles dans le commerce ?

Elle défait une boucle d'oreille.

GUSTAVE : Oui, tout cela est bel et bon, mais qu'en dit ton mari ?

TEKLA : Est-ce que je m'occupe de ce qu'il dit ?

GUSTAVE : Tu ne t'en occupes pas ! Mais c'est fâcheux pour lui ; cela peut le rendre ridicule.

TEKLA, *vite, comme en aparté* : Il l'est assez sans cela.

GUSTAVE *voit qu'elle ne parvient pas à fixer sa boucle d'oreille ; il se lève* : Veux-tu que je t'aide ?

TEKLA : Oui, merci bien.

GUSTAVE *lui pince l'oreille* : Ta petite oreille ! Songe un peu, si le mari nous voyait en ce moment !

TEKLA : Oui, quelle séance de larmes !

GUSTAVE : Il est donc jaloux ?

TEKLA : S'il est jaloux ? Et comment !

Vacarme dans la chambre à droite.

GUSTAVE : Qui donc habite ici ?

TEKLA : Je ne sais pas... Voyons, dis-moi où tu en es à présent, ce que tu fais ?

GUSTAVE : Raconte, toi. (*Tekla embarrassée soulève machinalement le drap de la statue.*) Non, mais qui est-ce ? Hein ? C'est toi ?

TEKLA : Je ne crois pas.

GUSTAVE : Mais ça te ressemble.

TEKLA, *cynique* : Tu trouves ?

GUSTAVE : Cela me rappelle l'anecdote : Comment Votre Majesté a-t-elle pu s'en rendre compte ?

TEKLA *éclate de rire* : Tu en as toujours de bonnes ! Sais-tu quelques nouvelles histoires ?

GUSTAVE : Non, mais toi tu en sais sûrement !

TEKLA : A présent, on ne me raconte jamais plus d'histoires amusantes.

GUSTAVE : Il est timide ?

TEKLA : Oh oui ! En paroles.

GUSTAVE : Autrement, non ?

TEKLA : Il est si malade à présent !

GUSTAVE : Pauvre petit ! Mais aussi pourquoi petit frère est-il allé fourrer son nez dans le guêpier d'autrui ?

TEKLA *rit* : Tu en as toujours de bonnes !

GUSTAVE : Nous avons habité cette chambre quand nous étions jeunes mariés... T'en souviens-tu ? Elle était meublée autrement. Il y avait un bureau ici, près de la colonne, et le lit était là.

TEKLA : Chut !

GUSTAVE : Regarde-moi.

TEKLA : Mais oui, pourquoi pas ?

Ils se regardent.

GUSTAVE : Crois-tu qu'on puisse oublier ce qui vous a fait une telle impression ?

TEKLA : Non ! Et la puissance des souvenirs est grande. Surtout celle des souvenirs de jeunesse.

GUSTAVE : Te rappelles-tu la première fois que je t'ai rencontrée ? Tu étais une petite enfant, toute gentille, une petite ardoise sur laquelle tes parents et ta gouvernante avaient griffonné quelques pattes de mouche, que j'ai effacées. J'y ai gravé d'autres textes selon mes idées, jusqu'au jour où tu t'es aperçue que j'avais couvert toute l'ardoise. C'est pour cela, vois-tu, que je ne voudrais pas être à la place de ton mari — enfin, c'est son affaire — mais c'est pour cela aussi qu'il est délicieux de te revoir. Nos deux pensées vont à la rencontre l'une de l'autre ; quand je m'entretiens ici avec toi j'ai l'impression de retrouver un vin vieux que j'ai moi-même mis en bouteilles ! C'est bien mon vin, mais il a pris du bouquet. Et maintenant, pour me remarier, j'ai choisi à dessein une jeune fille que je puis élever à mon idée, parce que, vois-tu, la femme est l'enfant de l'homme, sinon c'est le mari qui est l'enfant de la femme, et c'est alors le monde renversé.

TEKLA : Tu vas te remarier ?

GUSTAVE : Oui, je veux tenter encore la chance, mais cette fois je serrerai mieux les courroies de l'attelage ; on ne pourra pas s'emballer.

TEKLA : Est-ce qu'elle est jolie ?

GUSTAVE : A mon goût, oui ! Mais il est possible que je sois trop vieux ! Et, chose étrange, maintenant que le hasard m'a permis de te revoir, j'en viens à me demander s'il est possible de recommencer ce jeu-là.

TEKLA : Que veux-tu dire ?

GUSTAVE : Mes racine, je le sens, plongent encore dans ton être et les vieilles blessures se rouvrent. Tu es une femme dangereuse, Tekla.

TEKLA : Tiens ! Et mon jeune mari qui déclare que je ne puis plus faire de conquêtes !...

GUSTAVE : Ce qui signifie qu'il a cessé de t'aimer.

TEKLA : Qu'entend-il par aimer, je me le demande.

GUSTAVE : Vous avez joué à cache-cache pendant si longtemps que maintenant vous ne pouvez plus vous retrouver. Ce sont des choses qui arrivent. Tu as joué à l'innocence pour toi-même, alors il n'ose pas. Oui, vois-tu, il y a bien des inconvénients à changer. Bien des inconvénients.

TEKLA : Tu me reproches...

GUSTAVE : Rien du tout ! Ce qui arrive devait nécessairement arriver ; si ce n'était pas arrivé, il y aurait eu autre chose, mais c'est justement cela qui est arrivé, et rien d'autre.

TEKLA : Tu es un homme cultivé, voilà. Et je n'ai trouvé personne avec qui j'aime autant échanger des idées. Tu ne songes pas à moraliser ni à prêcher et tu exiges si peu des autres qu'on se sent libre avec toi. Sais-tu que je suis jalouse de ta future femme ?

GUSTAVE : Et sais-tu que je suis jaloux de ton mari ?

TEKLA *se lève* : Maintenant, il faut nous séparer. Pour toujours.

GUSTAVE : Oui, il faut nous séparer. Mais pas sans fêter nos adieux, hein ?

TEKLA, *inquiète* : Non.

GUSTAVE *la suit* : Si, nous fêterons nos adieux ! Nous noierons nos souvenirs dans une ivresse si lourde qu'au réveil nous aurons perdu la mémoire... Il y a de ces ivresses, je t'assure. (*Il lui met les bras autour de la taille.*) Tu es ramenée vers la terre par un esprit malade qui fait passer en toi sa faiblesse. Je t'insufflerai une vie nouvelle, et je ferai refleurir ton talent comme une rose d'automne ; je saurai...

Deux dames en excursion paraissent à la porte de la véranda ; surprises, elles montrent le couple du doigt, se mettent à rire et s'éloignent.

TEKLA *se dégage* : Qui était-ce ?

GUSTAVE : Des touristes.

TEKLA : Laisse-moi, j'ai peur de toi.

GUSTAVE : Pour quelle raison ?

TEKLA : Tu me prends l'âme.

GUSTAVE : Et je te donne la mienne en échange. Au reste, tu n'as pas d'âme. C'est une illusion, tout simplement.

TEKLA : Tu as une façon de dire des insolences !... On ne peut pas t'en vouloir.

GUSTAVE : Bien sûr. Tu te rends compte que j'ai les premiers droits. Voyons, où ? et quand ?...

TEKLA : Non ! J'ai pitié de lui ! Il m'aime sûrement encore, et je ne veux pas le faire souffrir.

GUSTAVE : Il ne t'aime pas ! Veux-tu des preuves ?

TEKLA : Comment pourrais-tu en fournir ?

GUSTAVE *ramasse par terre les morceaux de la photographie* : Tiens regarde.

TEKLA : Oh ! quelle honte.

GUSTAVE : Tu peux le voir de tes yeux. Alors quand ?... et où ?

TEKLA : Le misérable menteur !

GUSTAVE : Quand ?

TEKLA : Il part aujourd'hui par le bateau de huit heures !

GUSTAVE : Alors ?...

TEKLA : A neuf heures. (*Fracas dans la chambre de droite.*) Qui donc est dans cette chambre et fait un pareil vacarme ?

GUSTAVE *va regarder par le trou de la serrure* : Je vois un guéridon renversé et une carafe brisée sur le sol. Rien d'autre. On a peut-être enfermé un chien. Alors, à neuf heures ?

TEKLA : Entendu ! Qu'il ne s'en prenne qu'à lui ! Imagine-t-on pareille fausseté, surtout d'un être qui prêchait la sincérité et m'enseignait à ne jamais mentir ? Mais, attends !

Comment les choses se sont-elles passées ? Il m'a reçue presque froidement ; il n'était pas venu au débarcadère, ensuite il m'a parlé des jeunes gens que j'avais rencontrés sur le bateau — propos que j'ai fait semblant de ne pas comprendre. D'ailleurs, comment pouvait-il savoir ? Attends... Ensuite, il a disserté sur la femme, puis il a parlé de toi comme d'un revenant, enfin il a dit qu'il voulait devenir sculpteur parce que la sculpture était l'art de l'avenir — exactement comme tu le démontrais autrefois.

GUSTAVE : Pas possible ?

TEKLA : Pas possible ?... Ah, maintenant je comprends ! Je commence à voir quel misérable gredin tu es ! Tu es venu ici et tu l'as déchiré de tes griffes. C'est toi qui t'es assis sur la chaise longue, qui as fait croire à mon mari qu'il était épileptique, qu'il devait observer une longue continence, se conduire en homme et se révolter contre sa femme. Oui, c'est toi ! Depuis combien de temps es-tu ici ?

GUSTAVE : Depuis huit jours !

TEKLA : Alors c'est toi que j'ai vu sur le bateau ?

GUSTAVE : C'est moi.

TEKLA : Et tu as cru que tu allais me reprendre ?

GUSTAVE : C'est déjà fait.

TEKLA : Pas encore !

GUSTAVE : Si.

TEKLA : Tu t'es introduit comme un loup près de mon pauvre agneau. Tu es venu avec le projet scélérat de détruire mon bonheur, et tu as tout fait pour en arriver là, jusqu'au moment où j'ai vu clair et où j'y ai mis le holà !...

GUSTAVE : Ce n'est pas tout à fait comme tu dis. Voici ce qui s'est réellement passé. Votre malheur, c'est bien ce que je désirais secrètement. Mais n'étais-je pas à peu près sûr que je n'aurais pas à m'en mêler ? D'autre part, j'avais tant de choses à régler qu'il ne me restait pas de temps pour l'intrigue. Mais me trouvant par hasard en promenade, sans rien à faire, et t'ayant aperçue, par hasard encore, avec les jeunes gens sur le bateau, j'ai pensé qu'il était temps de voir un peu ce que vous deveniez. Je suis venu ici, et ton pauvre agneau s'est jeté tout de suite sous la patte du loup. J'ai gagné sa sympathie en provoquant chez lui des réflexes que je n'aurai pas l'indiscrétion de t'expliquer ; j'ai eu pitié de lui au début, car il se trouvait dans la même situation que moi il y a quelques années. Mais il s'est alors avisé d'irriter ma vieille blessure — ton livre, tu sais !... et, l'idiot... l'envie m'est venue de le déchiqueter et de mélanger les morceaux de telle sorte que personne ne puisse les remettre en place — et j'ai réussi grâce au beau travail que tu avais déjà opéré sur lui. Ensuite, il me restait à m'occuper de toi. N'étais-tu pas le ressort du mécanisme qu'il s'agissait de détraquer ? Déjà, je l'entendais se détendre en bourdonnant.

En entrant chez toi, je ne savais pas au juste ce que j'allais dire. J'avais bien toute une série de plans, comme le joueur d'échecs, mais la conduite du jeu dépendait de la façon dont tu déplacerais tes propres pions. Un coup entraîne l'autre ; le hasard m'est venu en aide, et finalement je t'ai retrouvée dans mes filets. Maintenant tu es prise !

TEKLA : Non.

GUSTAVE : Si, tu es prise ! Car il est arrivé ce que tu redoutais le plus. Le monde — représenté par deux dames en excursion, que je n'avais pas commandées, n'étant pas un intrigant — le monde a vu comment tu te réconciliais avec ton premier mari, comment tu rentrais repentante dans son giron ! Cela ne suffira-t-il pas ?

TEKLA : En effet, cela pourrait suffire à ta vengeance. Mais, dis-moi, puisque tu es l'intelligence et la justice, comment se fait-il que toi qui considères que tout ce qui arrive, arrive nécessairement, que nous ne sommes pas libres de nos actes...

GUSTAVE *rectifie* : Pas libres, jusqu'à un certain point.

TEKLA : Ça revient au même.

GUSTAVE : Non.

TEKLA : Comment se fait-il que toi qui me considères comme innocente, puisque c'est ma nature et les circonstances qui m'ont poussée à agir comme j'ai agi, comment se fait-il que tu t'arroges le droit de te venger ?

GUSTAVE : Mais pour la même raison, pour la raison que ma nature et les circonstances m'ont poussé à me venger. N'est-ce pas *fair play* ? Et sais-tu pourquoi vous avez eu le dessous tous les deux dans cette lutte ? (*Tekla prend un air de mépris.*) Pourquoi vous vous êtes laissé prendre ? Parce que j'étais plus fort que vous, et plus intelligent. C'était toi l'idiote — et lui. Sauras-tu maintenant qu'on peut ne pas écrire de romans et ne pas peindre sans être forcément un idiot ? Tâche de ne jamais oublier cela.

TEKLA : Tu es sans cœur. Absolument.

GUSTAVE : Absolument. Mais en revanche, vois-tu, je suis capable de penser, comme tu as pu t'en apercevoir, et d'agir, comme tu viens de t'en apercevoir également.

TEKLA : Et tout cela parce que j'aurais blessé ton amour-propre !...

GUSTAVE : Pas seulement ! Evite cependant de blesser l'amour-propre d'autrui. C'est toujours le point sensible.

TEKLA : Un gredin plein de rancune. Pouah !

GUSTAVE : Une gredine par trop légère. Pouah !

TEKLA : C'est ma nature !

GUSTAVE : C'est ma nature... Il faut toujours étudier la nature des autres avant de donner libre cours à la sienne. Sinon l'affaire peut se gâter, et gare aux pleurs et aux grincements de dents.

TEKLA : Tu es incapable de pardonner !

GUSTAVE : Mais si, je t'ai pardonné !

TEKLA : Toi ?

GUSTAVE : Certainement. Ai-je levé la main contre vous pendant toutes ces années ? Non ! Mais alors que je venais pour vous regarder vivre, simplement, tout de suite votre union a craqué. Vous ai-je fait le moindre reproche ? La morale, ou un sermon ? Non ! J'ai plaisanté un peu avec ton époux, et il n'en a pas fallu davantage pour qu'il s'écroule.

Mais voilà qu'aujourd'hui je me justifie, moi qui suis partie civile !... Tekla, n'as-tu rien à te reprocher ?

TEKLA : Absolument rien ! Les chrétiens disent que c'est la providence qui dirige nos actes, d'autres disent que c'est la destinée. Ne sommes-nous pas innocents ?

GUSTAVE : Oui, jusqu'à un certain point, au-delà duquel il existe un repli : c'est là que se cache tout de même la faute, la dette, et les créanciers se présentent tôt ou tard. Nous sommes innocents, mais responsables. Innocents devant Celui qui n'existe plus, responsables devant nous-mêmes et nos semblables.

TEKLA : Ainsi, tu viens présenter des créances ?

GUSTAVE : Je viens reprendre ce que tu m'as volé, et non ce que je t'ai donné. Tu avais volé mon honneur et je ne pouvais plus le retrouver qu'en prenant le tien. N'avais-je pas raison ?

TEKLA : L'honneur, hem ! Et maintenant tu es satisfait ?

GUSTAVE : Maintenant, je suis satisfait.

Il sonne le garçon.

TEKLA : Et tu vas retrouver ta fiancée ?

GUSTAVE : Je n'ai pas de fiancée, et je veux ne jamais en avoir. Je ne rentre pas au foyer, parce que je n'ai pas de foyer et n'en veux pas avoir. (*Le garçon entre.*) Donnez-moi l'addition, je prends le bateau de huit heures.

Le garçon s'incline et sort.

TEKLA : Sans se réconcilier ?

GUSTAVE : Se réconcilier ! Tu emploies tant de mots qui ont perdu leur sens ! Nous réconcilier ? Veux-tu que nous vivions à trois ? N'est-ce pas toi qui devrais amener une réconciliation en réparant ? Mais tu n'en es pas capable. Tu n'as fait que prendre, et ce que tu as pris, tu l'as dissipé ; que pourrais-tu rendre ? Seras-tu satisfaite si je te dis : pardonne-moi parce que tu m'as déchiré le cœur ; pardonne-moi parce que tu m'as déshonoré ; pardonne-moi parce que pendant sept ans j'ai été la risée de mes élèves ; pardonne-moi de t'avoir délivrée de la tyrannie de tes parents ; de t'avoir libérée des entraves de l'ignorance et de la superstition, de t'avoir mise à la tête de ma maison, de t'avoir donné une situation et une vie aisée, d'avoir fait de toi une femme alors que tu n'étais qu'une enfant ? Pardonne-moi comme je te pardonne. J'annule nos comptes. Va maintenant en faire autant avec l'autre.

TEKLA : Qu'est-ce que tu as fait de lui ? Je commence à soupçonner quelque chose de terrible.

GUSTAVE : Ce que j'ai fait de lui ? L'aimes-tu donc encore ?

TEKLA : Oui.

GUSTAVE : Et tu m'aimais il y a un instant ? Etais-tu sincère ?

TEKLA : J'étais sincère.

GUSTAVE : Alors, sais-tu ce que tu es ?

TEKLA : Tu me méprises ?

GUSTAVE : Je te plains. C'est une particularité, je ne dis pas un défaut, mais une particularité vraiment fâcheuse étant donné les suites qu'elle entraîne. Pauvre Tekla ! Je ne sais pas : quoique innocent il me semble que je me repens presque... comme toi ! Mais il te sera peut-être utile de ressentir ce que j'ai ressenti il y a quelques années. Sais-tu où est ton mari ?

TEKLA : Je crois le savoir maintenant ! Il est dans ta chambre, à côté. Et il a tout entendu. Et tout vu. Et quiconque a vu en face son destin doit mourir.

Adolphe paraît à la porte de la véranda, pâle comme un mort, une égratignure saigne sur une de ses joues, il demeure immobile, ses yeux sont sans expression, il a de la bave autour de la bouche.

GUSTAVE *sursaute* : Le voici ! Fais tes comptes avec lui, tu verras s'il est aussi généreux que moi. Adieu !

Il s'en va par la droite, mais s'arrête.

TEKLA, *à la rencontre d'Adolphe, les bras ouverts* : Adolphe ! (*Il s'écroule près de la porte. Tekla se jette sur son corps, le caresse.*) Adolphe ! Mon enfant chéri ! Es-tu vivant ? Dis, dis ! Pardonne à la méchante Tekla. Pardon, pardon, pardon ! Réponds, petit frère, entends-tu ? Mais non, mon Dieu, il n'entend pas ! Il est mort, Dieu du ciel, mon Dieu, venez à notre aide, à notre aide !

GUSTAVE : Mais, ma parole, elle l'aime aussi ! La pauvre femme !

Les Gens de Hemso

Comédie populaire en quatre actes

Texte français
Carl-Gustaf Bjurström et Lucie Albertini

Hemsöborna

Personnages

CARLSSON, *le valet*. LA VEUVE FLOD. GUSTEN, *son fils*. LE PROFESSEUR DE VIOLON. IDA, *sa servante*. RUNDQVIST, *un valet*. NORMAN, *second-maître, en permission*. LE PASTEUR NORSTRÖM. L'INSPECTEUR. MADAME STYV, *la mareyeuse*. LE COLPORTEUR. MADAME SYK, *la sage-femme*.

L'action se déroule de nos jours, dans l'archipel de Stockholm.

PREMIER ACTE

(Décor identique au cours des quatre actes.)

Une maison de pêcheurs cossue. Des filets, des rames, des leurres, des bottes, des vêtements et des écheveaux sont accrochés aux poutres. Il y a des broches à pain entre les poutres. Sur les murs, des fusils, des gibecières, des poires à poudre, des leurres, des haches, des socs à glace, etc.

Au fond, une porte avec de chaque côté une fenêtre. Par la porte et la fenêtre, on découvre le paysage de l'archipel : au premier plan, des cimes de pins et de sapins (ce qui laisse supposer que la maison est au sommet d'une colline), derrière eux, la baie parsemée d'îles et d'îlots, tout au fond un rocher avec un phare et de petites ouvertures vers le large entre les récifs.

Dans la maison, à gauche dans le coin, une cheminée ; le long de la cheminée, un banc à deux étages où l'on peut dormir ; devant ce banc, une grande table entourée de chaises.

Contre le mur de droite, un imposant lit à deux places ; un grand coffre, un métier à tisser des rubans, un billot, etc. Devant chacune des fenêtres, une table avec des livres ; sur le rebord des fenêtres, des pots de fleurs.

Scène 1

L'inspecteur et madame Flod sont assis à la table ; ils boivent du café.

L'INSPECTEUR *tient à la main une baguette de fer comme en utilisent les douaniers pour fouiller les sacs de marchandises* : Dix écus, madame Flod, dix écus, cela n'est rien pour vous ! Je sais que vous venez de faire abattre six vaches et qu'on vous a payé la viande. Dix écus, madame Flod, rien que pour cette fois !

MADAME FLOD : C'est que ça n'est pas tout à fait comme vous le dites, monsieur l'inspecteur, parce que cet argent-là, c'était pour du fourrage et des planches, sans compter qu'il nous a fallu une nouvelle voile pour le vivier et que tout ça mis à part, monsieur l'inspecteur, vous me devez déjà beaucoup d'argent...

L'INSPECTEUR : J'y pense, j'y pense et j'en tiens compte, mais cette fois, madame Flod, c'est sérieux... Ce que je vais vous dire doit rester entre nous — je crois que je vais bientôt le tenir, je m'en vais l'attraper par le bout de la nageoire.

MADAME FLOD : Vous allez attraper qui ?

L'INSPECTEUR : L'autre filou, pardi ! Seulement avant de l'attraper, je m'en vais le laisser mijoter dans le vivier le temps qu'il engraisse un peu — et quand je le tiens, je ne vous en dis pas plus. Souvenez-vous de mon père quand il en a saisi pour dix mille écus dans une seule nuit ! Ça c'était quelque chose ! Dix mille écus de marchandises manufacturées et de vin de Bordeaux !

MADAME FLOD : Bah ! Ça fait douze ans que vous racontez ça ! De nos jours, plus personne ne fait de la contrebande...

L'INSPECTEUR : Ah oui ? Plus personne ? Vraiment ? Et si moi, je savais quelque chose ! Si par exemple, j'avais repéré un de ces gars qui joue à l'enfant de chœur.

MADAME FLOD : C'est bon. Encore une pierre dans le jardin de Carlsson. Tout le monde lui trouve à redire à celui-là, mais c'est uniquement parce qu'il n'est pas un fainéant. Est-ce que la ferme ne s'en allait pas à vau-l'eau quand il est arrivé ici ? Des vaches sur les genoux à force de manger de la mousse ; le toit des étables qui croulait... seulement lui, qu'il fasse beau ou qu'il pleuve, c'est un homme ! Et il faut bien qu'il travaille pour tous ceux qui ne font rien ! Le fils, il est tout le temps parti en mer ou à la chasse avec le Norman et le vieux Rundqvist, lui qui est là pour notre pénitence, il est comme qui dirait tout le temps malade, quand il ne dort pas là-haut sur le banc. Peut-être bien qu'il y est en ce moment. (*Rundqvist, qui est sur le banc, passe la tête et fait une grimace.*) Carlsson, c'est un autre genre — alors toutes vos élucubrations, comme quoi il ferait de la contrebande, c'est des inventions. Il n'y a pas si longtemps, vous vous imaginiez que c'était la mareyeuse qui faisait arriver tout le rhum et tout le cognac en contrebande jusqu'ici — je m'en rappelle bien ; vous vouliez lui soulever ses jupes à cette pauvre dame, pour voir si elle ne trafiquait pas...

L'INSPECTEUR : Madame Flod ! Ne parlons plus de ces

vieilles lunes ! Je sais qu'il existe quelqu'un dans la région qui fait de la contrebande, mais quant à connaître son nom, eh bien ça, je n'en sais rien !

MADAME FLOD : Non, justement, vous n'en savez rien ! Mais ça se pourrait que ça soye vous qui n'alliez pas très bien et qui ayez la berlue !

L'INSPECTEUR : Ne dites pas ça, madame Flod. Je ne pense rien de mal de Carlsson et je vais très bien, sauf que je n'ai pas d'argent.

MADAME FLOD : Eh bien, épousez la mareyeuse. Elle est cousue d'or.

L'INSPECTEUR : Moi, me marier ? Jamais, madame Flod ! Jamais ! Quand vous me verrez m'occuper d'un jupon c'est que ce sera la semaine des sept jeudis !

MADAME FLOD : Vous dites ça comme si vous n'y aviez jamais mis le nez !

L'INSPECTEUR : Je l'ai mis, madame Flod, mais ça m'a coûté cher ! Et aller au lit avec cette énorme goule ! Ouille ! Je m'y perdrais... Vous pouvez me croire.

MADAME FLOD : Ne parlez pas si fort, madame Styv n'est pas loin.

L'INSPECTEUR : Ouais, un enfer, madame, un enfer ! Et il vaudrait mieux que je prenne le large !

MADAME FLOD : Madame Styv vous fait donc si peur que vous preniez le large illico ! Asseyez-vous donc et reprenez une petite tasse de café avec nous.

L'INSPECTEUR : Peur, moi ! J'ai l'air d'avoir peur ! Franchement, est-ce que vous pouvez dire ça ?

MADAME FLOD : Allons, allons, ne vous vexez pas ; taisons-nous, voilà la vieille !

SCÈNE 2

MADAME STYV *entre, portant d'un côté une panière avec des poules, de l'autre un baluchon ; elle sursaute en apercevant l'inspecteur ; elle se redresse et s'avance* : Mon Dieu, quelle chaleur il fait, ce soir ; mais c'est monsieur l'inspecteur en chair et en os qui est assis là au lieu d'être en mer ; dire qu'aujourd'hui j'ai été à deux doigts d'attraper le contrebandier, il s'en est fallu d'un cheveu ; offrez-moi une tasse de café, madame Flod, moi, en échange je vous offrirai quelque chose de bon.

Elle s'assoit à la table.

MADAME FLOD : Mais bien sûr, chère madame, asseyez-vous, seulement attention à l'inspecteur, il vous a à l'œil.

L'INSPECTEUR *tourne le dos à madame Styv et bourre sa pipe* : Allons donc !

MADAME STYV *sort une bouteille de rhum de son baluchon et la débouche* : Comment ça ? Est-ce qu'il s'imaginerait que c'est moi qui fais de la contrebande ?

L'INSPECTEUR : Ecoutez-moi, madame Flod, est-ce que j'ai... est-ce que j'ai jamais dit une chose pareille ? Osez prétendre, madame Flod, que j'ai dit une chose pareille ? Franchement, madame Flod...

MADAME FLOD : Ne disiez-vous pas que...

MADAME STYV : Taisez-vous, je vais vous faire goûter mon rhum !

Elle verse.

L'INSPECTEUR : Merci, je ne bois pas.

MADAME STYV : Dans ce cas, tant pis pour vous ! A la vôtre, madame Flod.

MADAME FLOD : A la bonne vôtre.

MADAME STYV : Qu'est-ce que c'est ce lascar que vous avez engagé comme valet de ferme ? Qu'est-ce qu'il se croit ?

MADAME FLOD, *acide* : Comment ça ? Qu'est-ce qui lui manque ?

MADAME STYV : Ce qui lui manque ? J'en sais rien, je l'ai pas essayé.

MADAME FLOD : Alors, qu'est-ce que vous lui trouvez à redire ?

MADAME STYV : Croyez-en mon expérience, madame, celui-là vous ne le retrouverez jamais là où vous l'avez laissé et si ça, c'est pas un fripon vous pourrez dire que c'est moi qui n'ai jamais rien vu.

MADAME FLOD : C'est tout de même un peu fort, quand enfin on trouve un gars, un travailleur et tout et tout, il n'y a pas un seul fainéant passant par là qui ne vienne pas me le critiquer.

L'INSPECTEUR *hume avec méfiance le rhum dans le verre* : Très bien, madame Flod, ça c'est bien dit.

MADAME STYV *s'emportant* : Chère madame Flod, chère

madame Flod, qu'est-ce que j'entends ? Des fainéants ? C'est pour moi que vous dites ça ? Cette morue qui roule le pauvre monde et lui vole son poisson... Vous croyez peut-être que je ne suis pas au courant de vos racontars... Vous croyez peut-être que je ne sais pas tout ce que le Gusten déblatère au bistro quand il a bu un coup de trop ? Seulement, voyez-vous, moi, je sais tout ce qui se passe et je sais que vous avez vendu des brochets qui étaient morts de leur belle mort, à huit shillings la livre alors qu'ils en valaient six et demi en ville. Ça, c'est chez Rönnberg que je l'ai appris, quand je suis allée acheter du tissu pour un tablier pour ma nièce qui va faire sa première communion le lundi de Pâques ; ça s'est passé le mercredi d'avant les Rameaux quand j'y suis allée avec mes sardines que j'avais achetées à huit schillings les quatre-vingt... c'est là que madame Rönnberg — parce que pour sûr, il faut l'appeler madame, son mari il est huissier à la Banque de Suède, même si la chemise qu'elle a sur le dos n'est pas à elle, il faut qu'elle ait une clef de banc à l'église Notre-Dame et qu'elle aille en excursion au château de Gripshom, en chapeau — eh bien, c'est elle qui racontait ça ; oui, madame Flod, et moi, j'ai juré que je me laisserais couper le cou plutôt que d'acheter une seule carpe aux gens de Hemsö — vous voyez ça ! Je suis bonne pâte et pas rancunière pour un sou, on peut quand même être amies, n'empêche que je trouve que ça a bien changé par ici depuis que le Flod est mort et que ce lascar est arrivé au pays. Croyez-moi, je mettrais ma main au feu que ses papiers ne sont pas tout à fait nets. Et ce n'est pas parce qu'il a augmenté le prix du poisson et qu'il pèse au coup de pouce que je dis ça, seulement, je sais ce que je sais et honte à qui en dit plus.

L'INSPECTEUR : Très bien parlé, madame Styv, très bien !

MADAME STYV : Vous, si je parle bien ou mal, ça ne vous regarde pas, vous n'y comprenez pas plus qu'un cochon comprend un moulin.

L'INSPECTEUR *hume le rhum* : C'est moi que vous appelez cochon ? Cochonne vous-même ! D'où sortez-vous ce rhum ?

MADAME STYV : Il n'est pas bon, peut-être ? Pas assez bon pour un douanier ?

L'INSPECTEUR : Inspecteur, s'il vous plaît ! Et je pense

justement que ce rhum est bien trop bon pour quelqu'un comme madame Styv.

MADAME STYV : Vous sous-entendez que je me le suis procuré par des moyens malhonnêtes ; ainsi vous croyez que quelqu'un qui est propriétaire d'une maison en bois dans la paroisse de Sainte-Catherine et qui a un livret de caisse d'épargne va s'en aller chaparder une bouteille de rhum de la Jamaïque ! Non, monsieur l'inspecteur, quand on a été mariée comme moi trois fois...

L'INSPECTEUR *se lève* : Mon Dieu, vous avez été mariée trois fois ! Mais qu'avez-vous fait de vos maris ? On dirait que vous les avez avalés. Trois maris. Ça alors ! Et tous morts de mort naturelle ?

MADAME STYV : Morts de mort naturelle ? Mais vous pouvez en être assuré ! Et le dernier — le Styv — le meilleur des trois est mort à l'hôpital d'une pneumonie galopante, l'avant-veille de Noël, il est maintenant au nouveau cimetière, dans l'allée ouest, comme je vous le dis et j'ajoute que feu Styv — il était divorcé quand j'ai mis la main dessus, c'était au printemps, le printemps où la sage-femme a été attaquée par les Esthoniens.

MADAME FLOD : Vous connaissez aussi cette histoire ?

MADAME STYV : Si je la connais ! C'était dans le journal et tous les détails avec. Quelle histoire ! Si ç'avait été moi, j'aurais jamais pu regarder encore quelqu'un en face après !

MADAME FLOD : Tiens, le chien recommence à aboyer. C'est du monde qui arrive !

L'INSPECTEUR *va pour vider subrepticement son verre, mais sans qu'il s'en soit aperçu, Rundqvist a tendu le bras et l'a déjà bu* : Mais comment diable...

MADAME STYV : C'est pire qu'une auberge. Si je devais vivre ici, je ne tiendrais pas une semaine — mais n'est-ce pas monsieur le négociant en personne qui arrive !

MADAME FLOD : Ça se pourrait bien, ça fait plus d'un mois qu'on ne l'a pas vu.

L'INSPECTEUR : Si c'est ce charlatan, je m'en vais illico.

MADAME FLOD : Allons bon, le voilà encore qui veut s'en aller comme chaque fois que quelqu'un arrive !

L'INSPECTEUR : Vous ne croyez tout de même pas, madame Flod, que j'ai peur de ce marchand, même si je lui dois vingt-cinq écus pour des cigares. Vous croyez que j'ai peur ! Mais madame Styv ne m'a pas fait peur et pourtant à elle, je dois soixante écus !

MADAME FLOD : Alors restez assis, comme ça on verra que vous n'avez pas peur.

SCÈNE 3

L'inspecteur, madame Flod, madame Styv, Rundqvist, par instants invisible, le colporteur.

LE COLPORTEUR *en pardessus de printemps et chapeau haut de forme ; il porte deux boîtes d'échantillons, une dans chaque main* : Salut les commères ! Salut, gabelou ! Salut, vieux fainéant de Rundqvist, tu sais, même si tu te caches sous ta paille, je te vois !

TOUT LE MONDE : Bienvenue, monsieur le négociant !

LE COLPORTEUR : Bienvenue vraiment ! J'en doute ! (*Il se verse un verre, boit, renifle le verre.*) Où as-tu volé ça, la Styv ?

MADAME STYV : Tu n'as pas honte ?

LE COLPORTEUR : Et toi, le gabelou, tu restes là à te goberger de produits de contrebande ! (*Il se saisit de la baguette de fer et pique le ventre de madame Styv.*) Tu ne vois donc pas que la vieille est rembourrée ! Aussi vrai que je peux piquer le Rundqvist sur son étagère !

Il dirige la baguette vers le fond du banc.

RUNDQVIST : Aïe, mon Dieu, il me transperce !

MADAME FLOD : Le chenapan ! Il est resté là tout le temps au lieu d'être après les filets.

LE COLPORTEUR : Maintenant, les croquenots, c'est le moment de m'acheter des affaires ! (*Il ouvre ses boîtes.*) Voici de la ligne à morue pour dix-huit schillings ; toi la mère Flod, tu vas m'en prendre six, je lis ça sur ta figure.

MADAME FLOD : Moi, mais jamais de la vie !

LE COLPORTEUR : Tais-toi, tu n'en sais rien toi-même ! Voici deux grosses de hameçons, avec chaînette de laiton anglais ! La mère Styv va me prendre un coupon de treillis pour faire des tabliers. Tu vois, c'est de la marchandise de première qualité ! La trame est tellement serrée que tu peux y mettre dedans aussi bien de l'eau que du bois.

MADAME STYV : Jamais de la vie ! Jamais je ne lui achèterai ce que je peux me procurer en ville.

L'INSPECTEUR : Monsieur le négociant aurait-il aujourd'hui quelques cigares ? Des légers...

LE COLPORTEUR : Des cigares, je n'en ai que d'une espèce, et c'est des cigares au comptant ! Règle-moi d'abord mes soixante écus. D'accord. Dites-moi, madame Flod, qui est ce rustre de valet que vous avez maintenant ? Figurez-vous que ce monsieur n'a pas voulu me laisser amarrer mon bateau.

MADAME FLOD : Dieu me pardonne, mais depuis que Carlsson est arrivé dans ce pays, on dirait qu'ils sont tous possédés du diable. Ce brave gars, le voilà qui travaille et qui peine à y laisser sa peau, mais rien n'y fait, il faut que chacun vienne y planter sa dent et dire son mot ! Ne nous a-t-il pas trouvé, pour la première fois, des locataires pour l'été, n'a-t-il pas si bien remis la terre en état que le seigle y pousse aussi dru que de la fourrure ! Est-ce que c'est lui qui boit, qui traîne et qui court les filles de ferme ?...

LE COLPORTEUR : Hm, hm...

MADAME FLOD : Vous pouvez tousser autant que vous le voulez, si quelqu'un peut avancer le contraire de ce que j'ai dit, il ne dira pas la vérité !

LE COLPORTEUR : Alors madame Flod, écoutez-moi, si vous y tenez autant à votre trésor, vous devriez veiller à ce qu'il n'aille pas avec la Ida, la bonne du professeur, dans le pré du taureau. Mais voilà-t'y pas que vous rougissez ! C'est donc ça, la vieille... Attrape, Rundqvist, c'est la guimbarde que tu as commandée — grand bien te fasse !

Il lance une guimbarde à Rundqvist, toujours couché sur son banc ; aussitôt ce dernier commence à jouer une scottisch.

SCÈNE 4

IDA *entre, elle tient à la main un pot pour la crème* : Chère madame, est-ce que je pourrais avoir de la crème, il m'en faudrait tout de suite parce que le pasteur est venu voir le professeur et nous allons le garder à dîner. Il faut vous dépêcher, madame, parce que le pasteur va venir vous faire une petite visite d'une minute à l'autre.

MADAME FLOD : Oh, mon Dieu !

L'INSPECTEUR : Je crois que je ferais mieux de prendre le large.

MADAME STYV : Est-ce que je pourrais aller avec vous jusqu'à Dalarö ?

MADAME FLOD *à Ida* : Descends jusque chez les filles avec ton pot, ne reste pas là.

LE COLPORTEUR *passe son bras autour de la taille d'Ida et il sort avec elle* : Viens, je vais te montrer le bon chemin.

Ils se dirigent tous vers la porte, au moment où le pasteur entre suivi par le professeur.

SCÈNE 5

L'inspecteur, madame Styv, le colporteur, Ida, madame Flod, le pasteur qui reste sur le pas de la porte, le professeur qui se tient derrière lui.

LE PASTEUR : Bonsoir à tous ! Il y a plus de monde ici qu'à l'église !

Tous, à l'exception de madame Flod, se faufilent par la porte après avoir salué.

MADAME FLOD : Soyez le bienvenu, monsieur le pasteur, entrez donc vous asseoir.

LE PASTEUR : Merci Anne-Catherine, je vais m'asseoir un moment, je suis en visite chez le professeur.

Depuis le seuil de la porte, le professeur fait un signe de connivence avec la tête, il reste un instant et s'en va.

SCÈNE 6

LE PASTEUR, *assis à la table* : Alors dis-moi, Anne-Catherine, qu'y a-t-il de vrai dans ce qu'on raconte sur toi et sur Carlsson ?

MADAME FLOD : Ah ça, c'est trop fort ! Pas un qui ne passe cette porte sans qu'il se mette à déblatérer sur le dos de ce pauvre Carlsson. J'en ai par-dessus la tête de tous ces racontars et si ça continue comme ça, je vais finir par exploser, je ne vous dis que ça.

LE PASTEUR : Allons, allons ! Anne-Catherine, ça brûle encore dans cette vieille carcasse. Y-a pas de mal à ça, seulement réfléchis bien avant de donner un beau-père à ton fils.

MADAME FLOD : Ah, c'est ça, c'est ce vaurien qui vous envoie tous causer les uns après les autres...

LE PASTEUR : Personne ne m'envoie plus loin que je ne veux aller, mais parlons plutôt de ce Carlsson. D'où sort-il ce gaillard qui vous est tombé dessus comme ça ? Sais-tu où il était avant ? Est-ce que ses papiers sont en règle ? Et son casier judiciaire, est-ce qu'il est vierge ?

MADAME FLOD : Et puis après, je ne veux même pas en entendre parler !

LE PASTEUR : Bon, bon ! Mais c'est qu'il faut d'abord se renseigner avant de lui laisser faire son beurre ! Souviens-toi qu'il n'est pas d'ici et que la ferme pourra lui revenir si vous n'avez pas d'enfants ! Ne t'en offusque pas Anne-Catherine, si je te demande ça en âme et conscience, mais dis-moi, que deviendra l'héritage si tu venais à te remarier ? Crois-tu que tu puisses avoir encore des héritiers ?

MADAME FLOD : C'est pas facile de dire ça d'avance, monsieur le pasteur, mais si ça ne tient qu'à moi, je crois qu'il n'y manquera rien.

LE PASTEUR : Bien, bien ! Je ne faisais que te poser la question et chacun, s'il le fait poliment, est libre de la poser.

MADAME FLOD : Bien sûr !

LE PASTEUR *en dirigeant son regard sur la bouteille de rhum* : Eh bien voilà, c'est tout ce que j'avais à te demander — le professeur m'attend, il faut que je m'en aille. (*Un silence.*) Hm ! Hm !

MADAME FLOD : Vous voulez donc partir, monsieur le pasteur ! Vous ne pouvez pas rester un moment ?

LE PASTEUR *mal à l'aise* : Il m'est difficile de rester, mais si...

MADAME FLOD : J'avais pensé vous demander de me lire quelques bonnes paroles, monsieur le pasteur, après toutes ces histoires, il y en aurait bien besoin...

LE PASTEUR *déçu* : Je n'ai pas pris le Livre avec moi, mais la prochaine fois, je te lirai quelques paroles de Dieu

Scène 7

Carlsson entre, il porte un tablier de cuir avec une hache, de grandes bottes et une casquette.

Carlsson *très familier, essuie sa main sur son tablier et la tend au pasteur* : Quel plaisir de vous voir chez nous, monsieur le pasteur. Si vous voulez vous donner la peine de vous asseoir !

Le pasteur *ignorant avec dédain la main tendue de Carlsson* : Quel culot ! Au revoir, madame Flod.

Il sort.

Scène 8

Carlsson : En voilà un drôle ! Maintenant qu'il a mis le grappin sur mon professeur, il fait le fier, mais quand je le rencontre à la pêche, il ne refuse pas la goutte ! Dites-moi, madame Flod, Ida n'est-elle pas venue tout à l'heure ?

Madame Flod : Pourquoi me demandez-vous ça ?

Carlsson : Je pose simplement la question.

Madame Flod : Elle est venue, oui, mais elle est repartie avec le colporteur.

Carlsson : Et où sont-ils allés ?

Madame Flod : Je ne saurais le dire au juste, mais j'ai eu comme l'impression qu'ils allaient du côté du pré du taureau.

Carlsson : Un instant ! Il faudrait que je dise deux mots à ce colporteur avant qu'il ne parte.

Madame Flod : Rien ne presse... il a laissé toute sa marchandise ici !

Carlsson : Oui, mais peut-être qu'il l'a oubliée !

Madame Flod : Qu'il oublie ses affaires, lui, je ne le pense pas ! Asseyez-vous, Carlsson, et parlons, on a encore tant de choses qu'on ne s'est pas dites !

Carlsson : Mais dans ce cas, il faut faire vite, parce que je dois aller dans les îles avec le taureau.

Madame Flod : Maintenant que les gars sont en mer, vous ne pouvez pas y aller tout seul.

Carlsson : Je ne peux pas y aller tout seul ! Mais si les gars ne sont pas là, ce n'est vraiment pas de ma faute.

MADAME FLOD : Pas tout à fait, mais si vous êtes là, Carlsson, c'est pour que vous soyez un peu au-dessus des autres et c'est pour ça que vous devez les avoir tous à l'œil !

CARLSSON : S'il faut que je fasse le patron, il faut aussi que vous me donniez votre soutien, madame, parce que quand on fait soi-même le travail d'un valet, il ne faut pas s'attendre à être respecté.

MADAME FLOD : Alors pourquoi vous promenez-vous en tablier et en gros chandail, on dirait un bûcheron.

CARLSSON : Pourquoi, oui ? On met ce qu'on a, il faut bien s'en contenter !

MADAME FLOD : Si ce n'est que ça, c'est facile à arranger. Regardez par ici, vous verrez s'il y a quelque chose qui vous va. (*Elle prend une clef et se dirige vers le coffre.*) Prenez donc l'autre côté !

Ils portent le coffre jusqu'au milieu de la pièce. Madame Flod soulève le couvercle et sort des vêtements.

CARLSSON : Eh bien, mais il y en a, il y en a...

MADAME FLOD : Tenez, voilà un pantalon en velours côtelé que Flod s'est fait faire pour un mariage. Regardez-le, Carlsson. Il n'a été porté que deux fois. Est-ce qu'il vous va ?

CARLSSON *l'essaie en le mettant devant lui* : Je crois qu'il vaudrait mieux que j'enlève mon tablier... Mais ce n'est pas mal... un peu serré à l'entrejambe, c'est tout ! Mais Gusten, qu'est-ce qu'il va dire ?

MADAME FLOD : Le fils... eh bien ! Tenez, ça c'est la chemise du mariage, j'avais pensé la garder pour la mise en bière... alors celle-là, quand même, on la laissera de côté. (*Carlsson fait une grimace.*) Tenez, cette veste en drap, nous l'avons achetée pour le baptême de Gusten, elle coûtait les yeux de la tête. Je crois que le drap valait deux thalers l'aune.

CARLSSON *passe la veste* : On dirait qu'elle a été faite sur mesure ! Un peu large d'épaules, mais avec l'âge, ça s'arrangera ! Et, il y a un carnet et un crayon dans la poche...

MADAME FLOD : Gardez-les, ils vous serviront pour prendre des notes. Et tenez, regardez...

Elle sort des chemises, des tricots, des caleçons.

CARLSSON : Assez, assez, madame Flod ! Ça suffit comme ça. Voilà Gusten et le Norman qui rentrent. Ne dites rien, retenez un peu Gusten, moi je me charge du Norman ! Quant au Rundqvist, il va recouvrer la santé sur le champ ! Je viens de m'en occuper. Ça va changer ici, si vous me garantissez mes arrières... Taisons-nous, les voilà !

Scène 9

Gusten et Norman entrent, ils sont en habits de chasse, ils tiennent à la main des oiseaux de mer.

Gusten *jette les oiseaux sur la table* : Bonsoir tout le monde ! Regarde, mère, voilà de la viande !

Madame Flod : Bonsoir ! Vous êtes restés partis une éternité.

Gusten : Ne dis pas ça ! L'été est long et en ce moment tout pousse tout seul que ça en pète de partout !

Madame Flod : Ça pousse que tu dis ! Et tu crois qu'on a pu mener le taureau aux vaches aujourd'hui ?

Gusten : Ça, le Carlsson peut bien s'en occuper puisqu'il nous est venu tout exprès. Mais bon Dieu, ce qu'il s'est fait élégant... avec un carnet dans la poche et tout ! A partir de maintenant, sûr qu'il va tout noter. Pas vrai Norman ? Va falloir se tenir à carreau !

Madame Flod : Dis-moi, Gusten, viens un peu à la cuisine avec moi, nous avons à parler.

Gusten : C'est d'accord, surtout qu'on a sûrement des choses à se dire qui ne regardent pas tout le monde.

Madame Flod *à Norman* : Vous, vous restez là, prenez donc quelque chose !

Norman *qui souhaitait s'échapper* : Ah bon. J'aurais d'abord voulu retourner au bateau m'occuper des affaires.

Madame Flod : Je vais y envoyer quelqu'un d'autre ! Asseyez-vous et prenez un verre ! Tu viens, Gusten !

Gusten *en sortant* : Courage, Norman !

Scène 10

Carlsson *remplit les verres* : A la tienne !

Norman : A la tienne !

Carlsson *avec diplomatie* : Alors, la chasse a été bonne ?

Norman : Plus que bonne !

CARLSSON : Ecoute-moi, Norman ! Madame pense que tu es un bon gars et elle veut t'augmenter. Tu n'y vois rien à redire ?

NORMAN : Ma foi, non !

CARLSSON : Je sais que quand tu t'y mets, tu travailles comme douze, seulement d'être tout le temps fourré à la chasse avec le garçon, ça n'arrange rien. Il faudrait que tu arrêtes. C'est promis ?

NORMAN : Mais on me donne combien ?

CARLSSON *sort le carnet* : Voyons : tu reçois douze thalers par mois... on t'en donnera quatorze et une paire de bottes.

NORMAN : Bon. Et la gnole, on me la donne à volonté aussi ?

CARLSSON, *notant dans son carnet* : Voyons. De l'eau-de-vie... nous dirons, un demi-quartier, ça fera six demi-quartiers.

NORMAN : Sept demis par semaine, disons huit, ça fera une demi-pinte !

CARLSSON : Il faut d'abord que j'en parle avec madame.

NORMAN : Si c'est comme ça, laissons tomber !

CARLSSON *écrit* : Attends un peu. Nous dirons huit. Mais c'est promis, tu n'iras plus en mer et tu resteras à la maison !

NORMAN : Tu sais, ce n'est pas tellement que j'y tienne, c'est toujours à moi de ramer et lui, après, il s'en va derrière un buisson et il boit tout seul !

CARLSSON : Alors, topons-là et à la tienne !

NORMAN : A la tienne !

CARLSSON *fait un clin d'œil à Norman en signe de connivence* : Alors mon petit Rundqvist, comment ça va ? Il paraît, à ce qu'on me dit, que t'es pas bien .

RUNDQVIST *passe sa tête et gémit* : Oh que si, ça va, ça va, mais ça va doucement.

CARLSSON *avec un autre clin d'œil à Norman* : Alors, dis-moi où ça te fait mal ; ça doit être tout particulièrement sensible en un certain endroit.

RUNDQVIST *avec ruse* : Ah ! C'est qu'il y a longtemps que je ne suis pas allé en des endroits pareils !

CARLSSON : Alors, je sais exactement de quoi il s'agit ! Tu as les vers, Rundqvist ! Et pour ça, il n'y a pas de meilleur remède que le rhum. Descends donc, t'auras un grog à te faire cracher foie et poumons !

RUNDQVIST : Si je pouvais seulement me déplacer jusque-là.

CARLSSON *verse dans un grand verre du rhum et le contenu d'une bouteille de médicament* : Descends et après tu pourras retourner te coucher.

RUNDQVIST : C'est sûr ?

CARLSSON : Tout ce qu'il y a de plus sûr !

Il va jusqu'au poêle et il aide Rundqvist à descendre.

RUNDQVIST *avance en boitant jusqu'à la table* : Tu crois que je vais pouvoir boire tout ça d'un seul coup ?

CARLSSON : Avale, tu vas voir le bien que ça va te faire !

RUNDQVIST : C'est comme si j'allais à l'échafaud... tiens-moi la main, Carlsson, et si je meurs, transmets mon bon souvenir à tous mes amis — petits et grands — connus et inconnus ! Ouille ! (*Il vide le verre.*) Je crois que je vais avoir une attaque !

Au cours de la fin de la scène, la lumière s'est obscurcie et le vent s'est mis à souffler.

CARLSSON : Bon sang de bon sang, quel vent ! Et tous nos grands filets de flétans qui sont en mer !

Il se lève.

SCÈNE 11

Entre le colporteur.

LE COLPORTEUR, *refermant ses boîtes* : Cette nuit va y avoir une tempête et va falloir m'héberger. Faut être fou pour sortir par ce temps-là ! Où est-ce que je vais bien pouvoir coucher ?

CARLSSON : Ça ne va pas être facile. Il n'y a pas de place !

LE COLPORTEUR : Ah, c'est toi, mon salaud ! Ecoute-moi bien ! (*Il sort un caillou de sa poche.*) Peux-tu me dire entre quatre z'yeux où on trouve cette sorte de pierre ?

CARLSSON : C'est de l'or ?

LE COLPORTEUR : Peut-être, mais réponds à ma question !

CARLSSON : Voyons, mais c'est de la pierre rouge de Ragholmen ! N'est-ce pas, Norman ?

NORMAN : Mais oui, bien sûr.

LE COLPORTEUR : Ragholmen. (*Il note le nom dans son carnet.*) Maintenant, je me couche.

Il enlève son chapeau, son manteau, il monte sur le banc inférieur du poêle.

CARLSSON : Tu ne pourras pas y rester longtemps, c'est occupé.

LE COLPORTEUR : Occupé ! Pour sûr. Maintenant, c'est occupé ! Et maintenant, vous fermez vos gueules et vous me laissez dormir !

CARLSSON *doucement, sans que le colporteur l'entende* : Ecoute, Norman, encore un mot.

NORMAN : J'écoute.

CARLSSON : Surveille un peu Ida et ce... marchand, hm ! Hm !

NORMAN : Ah oui ! Je comprends.

SCÈNE 12

Le colporteur sur le banc, Norman, Carlsson, Rundqvist assis autour de la table. Entre madame Syk, vêtue d'une pélerine.

MADAME SYK : Quel temps, mon Dieu, quel temps ! Pouvez-vous m'héberger pour cette nuit ? C'est-à-dire que c'est votre devoir de m'héberger puisque je voyage pour les affaires de la Couronne.

CARLSSON : Madame l'accoucheuse ? D'où venez-vous comme ça ?

MADAME SYK : J'arrive de chez le gendarme, ils viennent d'avoir un petit — maintenant, il faut que je m'allonge. Ça fait quatre nuits que je n'ai pas dormi. (*Elle pose un baluchon sur le banc du poêle sans voir le colporteur.*) Je n'en peux plus !

Elle jette son manteau.

RUNDQVIST : Au secours, je meurs, on m'a empoisonné ! Au secours !

Il sort en courant.

CARLSSON : Tiens, voilà qu'il va déjà mieux !

MADAME SYK, *grimpant sur le banc* : Il y a quelqu'un là-dedans ! Aïe ! Qui c'est-y qui me pince ? Oh !

Elle se couche et prend la place de Rundqvist.

LE COLPORTEUR : Qui c'est qui fait tout ce boucan là-haut ? C'est l'accoucheuse ?

MADAME SYK : Accoucheur vous-même, commis vadrouilleur !

LE COLPORTEUR : La vieille, si vous n'êtes pas polie, je monte vous flanquer une raclée, comme les Esthoniens, sur l'île aux tailleurs.

MADAME SYK : Vous pouvez toujours essayer ! Vous savez ce qu'il en coûte de toucher aux préposés du royaume.

LE COLPORTEUR : Ecoutez-moi, chère accoucheuse royale, si là-haut vous avez autant de puces que moi ici, il faudra être bons amis, car je n'ai aucune envie d'être mangé deux fois.

CARLSSON, *depuis la porte* : Bouclez-la, voici l'inspecteur qui revient, il est avec madame Styv. Quel bruit il va y avoir cette nuit !

SCÈNE 13

Madame Syk sur le banc supérieur, le colporteur sur le banc inférieur, Carlsson et Norman. Entre l'inspecteur, il a relevé son col. Entre madame Styv, elle a relevé ses jupons sur sa tête.

MADAME STYV : Non, mais quel temps, il tombe des cordes ! Moi et mes vingt livres de brochets, nous n'arriverons jamais à Dalarön ! Si seulement vous aviez un petit endroit où coucher...

CARLSSON : On sera plutôt à l'étroit, mais vous n'avez qu'à regarder vous-même.

L'INSPECTEUR : Et moi qui devais toucher mon traitement demain matin à huit heures.

Madame Styv s'est approchée du banc.

LE COLPORTEUR *la menaçant avec le clystère de madame Syk* : Attention ou je tire !

MADAME STYV : Ah ! C'est cette canaille ! Voulez-vous bien vous tenir !

LE COLPORTEUR : Si vous savez vous retenir, je me tiendrai bien.

MADAME SYK : Qu'est-ce que c'est que ces façons, avec mes instruments.

LE COLPORTEUR : Ce n'est pas un instrument, c'est un clystère.

MADAME SYK : Vous n'avez pas honte !

CARLSSON *à Norman* : Et voilà que ça commence !

NORMAN : Pourvu que ça finisse bien !

MADAME STYV : Mais c'est la petite madame Syk ! Auriez-vous la gracieuseté de me laisser un peu de place.

MADAME SYK : A la condition que ce ne soit qu'un peu !

MADAME STYV *debout sur le banc inférieur* : Et pourquoi un peu ? Est-ce là une allusion à ma personne...

LE COLPORTEUR : Allez les vieilles, battez-vous, ne vous querellez pas.

Madame Styv roule sur le banc ; la querelle avec madame Syk est improvisée tandis que sur la scène, en bas, le dialogue se poursuit.

SCÈNE 14

Entre Rundqvist, il saute sur le banc pour reprendre sa place.

RUNDQVIST : Voyez-moi ça ! Il y en a deux et des morceaux de choix !

MADAME STYV *fait descendre Rundqvist* : Allez, ouste ! Fichez le camp !

RUNDQVIST *essaie de se faufiler sur le banc inférieur, on le fait retomber, il crie et de nouveau il sort en courant* : Ouille, ouille ! Il m'a empoisonné !

SCÈNE 15

Les précédents. Madame Flod. Il pleut. Le vent souffle.

MADAME FLOD : Quel malheur ! Vienne à notre aide qui pourra !

CARLSSON *et* NORMAN : Qu'est-ce qu'il y a ?

MADAME FLOD : Gusten est sorti en mer pour retirer les filets ! Avec un temps pareil — il ne reviendra pas !

L'inspecteur se glisse sur le banc inférieur à côté du colporteur.

CARLSSON : La vie et la mort sont entre les mains du Seigneur. Appelons son aide ! Vous qui avez la foi, levez-vous et entonnez le cantique de pénitence !

MADAME FLOD : Oui, le destin nous frappe durement... et nous sommes punis pour nos péchés. (*Elle va prendre le livre de cantiques sur une étagère, dans un coin. Ceux qui sont allongés sur les bancs se taisent.*) Chantez, Carlsson, vous qui vous y connaissez ! Pendant ce temps, je vais mettre des lumières aux fenêtres, pour que le garçon sache où est sa maison.

CARLSSON *feuillette le livre de cantiques* : Eh... Eh... Ce sacré garçon qui est toujours...

MADAME FLOD *qui allume des bougies et les pose aux fenêtres* : Ne dites pas de mal du garçon, maintenant qu'il est en danger. Alors, vous avez trouvé les cantiques ? Et les autres, ils dorment déjà ?

Tous ceux qui sont sur les bancs font semblant de dormir. Le colporteur ronfle.

SCÈNE 16

Les précédents. Le pasteur.

LE PASTEUR : Ecoutez, bonnes gens, vous savez que Gusten est en mer et qu'il est en danger !

MADAME FLOD *et* CARLSSON : Hélas... Hélas... Hélas !

LE PASTEUR : Ce n'est pas le moment de chercher le livre de cantiques. Passez plutôt vos cirés et mettez à l'eau la grande barque ! (*Il hurle* :) Carlsson ! Norman !

CARLSSON : Faudra-t-il que nous y laissions aussi notre peau ! N'est-ce pas assez qu'il y en ait un de perdu en mer ?

LE PASTEUR : Personne ne sera perdu !

NORMAN : Mais, monsieur le pasteur, pas un seul marin ne sort par ce temps-là !

LE PASTEUR : Pas un seul ? (*Il passe un ciré et un suroît et il décroche une hache.*) Nom de Dieu, vous allez voir un diable de pasteur le faire.

CARLSSON *et* NORMAN *passent rapidement leurs cirés* : C'est bien, monsieur le pasteur !

MADAME FLOD : Ah ce pasteur, ça c'est un homme !

(*Elle lui tape gentiment sur le bras.*) Si seulement vous ne juriez pas autant !

LE PASTEUR : Je sais bien que c'est comme ça que vous parlez de moi, madame Flod ! Je sais bien que vous trouvez que mes sermons ne valent pas grand-chose, mais ne soyons pas rancuniers ; on reconnaît un ami dans le malheur et la mer — voyez-vous, ça, ça me connaît. Alors les gars, vous êtes prêts ?

CARLSSON *et* NORMAN : Prêts, monsieur le pasteur !

LE PASTEUR : Allons-y !

ACTE II

SCÈNE 1

Norman et Gusten sont assis ; ils nouent des filets ; Carlsson est à la table, tantôt il écrit des lettres, tantôt il écrit dans son carnet ; Rundqvist est couché sur un banc. Norman a posé par terre, près de lui, un accordéon.

GUSTEN : Et tout ce boulot, uniquement parce que des paysans viennent se mêler de nos affaires de pêcheurs alors qu'ils n'y comprennent rien.

CARLSSON : Estime-toi heureux de t'en être sorti de la mer, même si les filets y sont restés. A l'heure qu'il est, si Notre Seigneur ne t'avait pas tendu une main secourable, tu pourrais te trouver encore au fond de l'eau. Quant à savoir à qui la faute, c'était de ta faute à toi. Tu n'avais qu'à rester par ici à t'occuper de tes affaires plutôt que de t'en aller te promener, n'est-ce pas Norman ?

NORMAN : On peut voir ça de deux façons.

CARLSSON : Tiens, c'est ce que tu penses maintenant. Mais quand je t'ai donné de la gnole et des bottes et que je t'ai augmenté, on ne pouvait le voir que d'une seule façon, n'est-ce pas ?

NORMAN : Parce que tu m'aurais augmenté ? Et avec quoi, m'aurais-tu augmenté ?

CARLSSON : « L'ingratitude est le salaire du monde ». « Un homme ingrat est le plus lourd fardeau qu'ait à porter la terre »... C'est bien vrai, ça !

Il continue à écrire sa lettre.

GUSTEN, *à Norman* : As-tu vu si les petits des harles ont commencé à voler ?

NORMAN : Non.

GUSTEN : Mais si, ce matin au cap ouest, j'en ai vu toute une couvée.

Il fait un clin d'œil en direction de Norman.

NORMAN : Monsieur l'inspecteur, ne viendrez-vous pas bientôt nous aider avec tous ces filets ?

CARLSSON : Silence ! Je dois d'abord terminer mon travail d'écritures. Ecoute-moi Rundqvist !

RUNDQVIST : Monsieur le comptable !

CARLSSON : Comment te sens-tu aujourd'hui ?

RUNDQVIST : Euh ! Couci... couça...

CARLSSON : Tu veux dire qu'on peut voir ça de deux façons ! S'il s'agit d'un quartier de gnole, tu vas bien, s'il s'agit de travailler, tu es malade ! (*Il se lève et grimpe sur le banc de Rundqvist. Ida apparaît sur le pas de la porte, elle fait un signe à Norman qui prend son accordéon et se faufile dehors. Carlsson à Rundqvist* :) Montre ta langue !

RUNDQVIST : Non, je n'ose pas !

Carlsson sort sa tabatière de sa poche. Gusten attrape son fusil et se faufile dehors.

CARLSSON : Ouvre la bouche, je vais te donner quelque chose de bon !

RUNDQVIST : Non, tu ne me donnes que du poison !

CARLSSON : Respire d'abord, tu me diras si c'est du poison !

RUNDQVIST *renifle* : Ma parole, mais c'est du vrai tabac !

Il ouvre la bouche.

CARLSSON : A tes souhaits !

RUNDQVIST *éternue* : Atchoum ! Encore une fois, j'ai été bête et je me suis laissé prendre ! Atchoum !

CARLSSON : Alors, tu descends ?

RUNDQVIST : Non, je ne descendrai pas pour si peu ! Atchoum !

CARLSSON *descend, il découvre alors que Norman et Gusten sont partis* : Mais... qu'est-ce que... ça alors, non, c'est trop fort ! Et le Norman aussi...

RUNDQVIST : Lui, oui ! Il est parti avec Ida et il a emmené son accordéon !

CARLSSON : Ida ! Ida est venue ?

RUNDQVIST : Un peu, oui. Atchoum !

CARLSSON : Voyez-moi ça... Il suffit qu'une catin aperçoive un uniforme pour qu'elle perde aussitôt la tête, mais je ne laisserai pas ma brebis s'égarer...

Il sort à gauche.

Scène 2

Madame Flod entre sur la droite.

Madame Flod : Mais... où sont donc tous les garçons ?

Rundqvist : Tous les garçons sont partis dans la même direction, madame Flod. D'abord le Norman avec son accordéon, après le Gusten avec son fusil et pour finir le Carlsson avec son carnet.

Madame Flod : Mais dans quelle direction sont-ils partis ?

Rundqvist : La direction d'Ida, pour sûr !

Madame Flod : Ça alors, on dirait qu'ils ont tous perdu la tête à cause de cette fille... Même ce Carlsson, un homme tellement rangé en qui je croyais pouvoir avoir confiance !

Rundqvist : Madame Flod !

Il fait des clins d'yeux et désigne la lettre restée sur la table.

Madame Flod : Pourquoi clignez-vous des yeux comme ça ?

Rundqvist : Madame Flod ! Hm ! hm !

Madame Flod : C'est à cause de cette lettre ? Je n'ai pas mes lunettes ! Descendez donc me la lire.

Rundqvist *descend de son banc, met ses lunettes et lit* : Voyons ! En voilà un bout... attendez, c'est là que ça commence...

Madame Flod : Mais vous la tenez à l'envers ! Oui, comme ça.

Rundqvist *lit en partie et improvise en partie* : « Ida, mon amour ! » Ça commence bien !

Madame Flod *s'assied, elle froisse son tablier entre ses mains, elle paraît soucieuse* : Dépêchez-vous !

Rundqvist *lit* : « Je suis seul dans ma petite chambre, je pense avec nostalgie au moment où Ida repartira bientôt en ville avec le professeur ! Je me rappelle comme si c'était hier quand Ida est arrivée, alors on semait le seigle de printemps et le coucou chantait dans le pré du taureau... » Oui, c'était dans le pré du taureau — « Bientôt l'automne sera là et les gars partiront à la pêche aux harengs... » Oui, c'est bien ce qu'ils ont fait — « et moi, je m'en vais rester là à penser à Ida qui se promène toute seule dans la grande ville, ou pire encore à Ida en train de boire... » — Qu'est-ce qui est écrit là ? — ... « de boire du sherry chez Berns, en compagnie de jeunes messieurs, parce que moi j'en ai bu la fois où je suis allé au cercle à Dalarö avec le professeur — et j'aurais alors le sentiment d'avoir péché envers Dieu et envers les hommes en laissant Ida s'en aller à vau-l'eau sur un chemin semé d'embûches. C'est pour ces raisons qu'Ida aurait dû faire confiance au vieux Carlsson comme à un vrai père... » — un vrai, pour sûr ! — « au lieu de s'en aller traîner avec ce Norman qui a été dans la marine et qui a voyagé en mer chez les Japonais et autres macaques... »

MADAME FLOD : Ça suffit, je ne veux pas en entendre davantage !

RUNDQVIST : Eh oui, ce Carlsson quand même, quel coquin ! Un vrai coquin !

MADAME FLOD : Non, c'est qu'il est jeune, il faut qu'il fraie !

RUNDQVIST : Et nous, madame Flod, on est vieux et on est sages. C'est-à-dire que moi je suis vieux — eh oui, et madame n'est pas si jeune non plus... hm ! Et quand on est vieux, on en connaît un bout !

MADAME FLOD *regarde Rundqvist avec surprise* : Comment allez-vous, Rundqvist ?

RUNDQVIST : Couci, couça. C'est-à-dire... hm ! pas trop mal... et si l'occasion se présentait... mais il ne faut pas se fier à ma santé... c'est-à-dire que si... je dis bien : si... s'il m'arrivait un grand bonheur inattendu, il se pourrait alors que je me porte très, très bien. Hein ?

MADAME FLOD : Eh oui, pour moi ce serait un vrai bonheur s'il arrivait un jour que Rundqvist se porte bien — je ne veux pas parler du gîte et du couvert — seulement vous voyez, beaucoup de bouches et peu de bras, ça finit par vous dévorer une ferme. Dites-moi, Rundqvist, qu'est-ce qui pourrait bien vous rendre la santé ?

RUNDQVIST *enlève ses lunettes pour en essuyer les verres* : Je peux pas le dire, madame Flod, mais je m'en vais vous l'écrire, je m'en vais vous l'écrire !

MADAME FLOD : Vous allez me l'écrire ?

RUNDQVIST, *rusé* : Je m'en vais l'écrire, à l'encre rouge, tout comme Carlsson !

MADAME FLOD *se lève* : Ecoutez-moi, Rundqvist, retournez vous coucher ! Et couvrez-vous bien !

RUNDQVIST : Vous avez cru que je voulais dire autre chose,

madame. Je ne voulais rien dire du tout ! Absolument rien !

MADAME FLOD : Eh bien, retournez vous coucher !

RUNDQVIST *va se coucher sur son banc* : Moi je croyais que c'était vous qui vouliez dire quelque chose alors moi, je ne voulais pas être impoli.

MADAME FLOD : Vous n'avez pas honte ?

SCÈNE 3

Ida passe en courant devant la porte qui est restée ouverte. Norman la suit avec son accordéon. Carlsson arrive sur leurs talons.

MADAME FLOD : Carlsson !

CARLSSON *qui veut s'en aller* : J'arrive, j'arrive.

MADAME FLOD : Eh bien, arrivez tout de suite !

CARLSSON : J'arrive tout de suite !

MADAME FLOD : Eh bien, arrivez, mais à l'instant !

CARLSSON *de mauvais gré* : Que se passe-t-il ?

MADAME FLOD : Entrez et asseyez-vous.

CARLSSON : C'est-à-dire que si ça n'était pas urgent, il faudrait que je descende d'abord jusqu'à l'embarcadère !

Au cours des répliques suivantes on entend l'accordéon de Norman jouer de tendres notes, s'éloigner puis disparaître.

MADAME FLOD : Asseyez-vous, Carlsson et parlons sérieusement. (*Carlsson ramasse sa lettre restée sur la table et la met dans sa poche.*) Voyez-vous, Carlsson, la semaine prochaine, c'est les foins et nous allons y aller tous les deux, mais je voulais d'abord vous en parler.

CARLSSON *distrait, écoute l'accordéon* : Ah oui, les foins, les foins la semaine prochaine...

MADAME FLOD : Alors je voudrais que samedi vous alliez faire les invitations ; j'ai pensé que ça vous ferait du bien de sortir un peu et de vous montrer, c'est toujours utile.

CARLSSON : Seulement samedi, je ne peux vraiment pas y aller, il faut que j'accompagne Ida à Dalarö pour le professeur.

MADAME FLOD : Bah ! pour une fois le Norman pourra s'en occuper, c'est un marin, ça le connaît.

CARLSSON : Mais le Norman ne pourra pas s'en occuper ! Le Norman ne peut pas faire les commissions du professeur, il n'a pas, comme moi, sa confiance.

MADAME FLOD : Si ce n'est que ça, il n'y a aucun empêchement, j'en ai déjà parlé avec le professeur, il n'a rien contre le Norman.

CARLSSON : Il se trouve seulement que moi, je n'ai pas confiance en lui !

MADAME FLOD : Ecoutez-moi Carlsson, ne prenez pas la mouche si je vous dis quelque chose, c'est pour votre bien.

L'accordéon s'est tu.

CARLSSON : Vous pouvez bien dire ce que vous voulez, que diable, ça m'est égal !

MADAME FLOD : Eh bien, ce que je voulais vous dire est simple : vous devriez suffisamment vous respecter pour ne pas faire de plat aux filles, ça ne rapporte, en fin de compte, que des ennuis. Les filles de la ville, il leur faut toujours tout un régiment d'hommes à leurs trousses parce que ça fait bien, et des manières par-ci et des façons par-là, si elles s'en vont au bois avec l'un, elles s'en vont au pré avec l'autre et quand quelque chose se met en travers, elles prennent celui qui paraît le plus capable de l'encaisser. C'est comme ça.

CARLSSON : C'est bien ce que je pense et c'est pour ces raisons que je veux mettre le Norman en garde contre ces dangers, mais comme a dit le psalmiste : celui qui doit se perdre, se perdra.

MADAME FLOD : Je veux bien. Seulement, dites-moi Carlsson, vous avez eu connaissance de ce que les gens de par ici racontent ?

CARLSSON : Je n'ai eu connaissance de rien du tout.

MADAME FLOD : Que si, vous avez sûrement entendu quelque chose.

CARLSSON : Ah, cette vieille chose qu'il pourrait nous prendre l'idée de nous marier ! Il n'y a pas de quoi fouetter un chat.

MADAME FLOD : C'est quand même inouï, ces gens qui s'en vont raconter une chose qui n'existe pas ; je n'arrive pas à comprendre ça, qu'est-ce que vous feriez d'une vieille comme moi, vous qui êtes un homme jeune et vigoureux.

CARLSSON, *changeant de ton* : Oh, pour ce qui est de l'âge, ce n'est rien. Si je devais donner mon avis, si l'idée me prenait un jour de me marier, je n'irais pas chercher une traînée ignorante et incapable, car voyez-vous, le désir est une chose et le mariage en est une autre ; le désir, le désir de la chair s'envole comme de la fumée et la foi jurée, c'est un peu comme une chique quand quelqu'un vient vous offrir un cigare. Moi, voyez-vous, je suis ainsi fait que je serai fidèle à celle avec qui je me marierai, j'ai toujours été comme ça et celui qui dit le contraire, c'est qu'il ne connaît vraiment pas le vieux Carlsson.

MADAME FLOD *en hésitant* : Mais alors Ida, ça ne sera rien ?

CARLSSON : Ida, c'est sûr qu'elle est bien comme elle est, et je n'aurais qu'à lever le petit doigt pour l'avoir à moi ; seulement voyez-vous, elle n'a pas le cœur qu'il faut et moi, ce qui me séduira, c'est le cœur. D'ailleurs, je commence à me faire vieux et je n'ai plus le goût de la bagatelle, oui, je le dis tout net, si jamais je pensais à me marier ce serait avec une personne mûre qui aurait bonne raison et bon cœur — je ne sais pas très bien m'exprimer, mais vous me comprenez tout de même, car vous êtes quelqu'un qui avez une bonne raison et un bon cœur.

MADAME FLOD : C'est bien Carlsson, mais dites-moi, n'avez-vous jamais songé à la veuve d'Avassa qui reste toute seule et qui n'a qu'une envie, celle de se remarier ?

CARLSSON : Ouloulou ! Elle, je la connais bien, mais elle n'a pas bon cœur et l'argent, les manières, les beaux atours, pour moi, ça ne compte pas, je ne suis pas comme ça et celui qui dit le contraire, ment. Mais le pain du mensonge est doux à l'homme et plus tard, sa gorge est remplie de graviers.

MADAME FLOD : Mais alors, avec qui avez-vous pensé à vous marier, si jamais vous avez pensé à ça, bien sûr ?

CARLSSON : Pensé, pensé... On pense ceci, on pense cela, moi je n'ai rien pensé du tout, mais que celui qui a pensé parle, moi je reste muet comme une carpe, car je ne sais pas !

MADAME FLOD : Alors dites-moi Carlsson et si on se décidait, si on se mettait ensemble ?

CARLSSON : Ah ça, jamais de la vie. N'en parlons pas. Je sais trop bien ce que diraient les gens, ils diraient que je vous ai épousée pour votre argent. Non, non, n'en parlons pas. C'est promis, juré.

MADAME FLOD : Et pourquoi n'en parlerait-on pas, puisque c'est une chose qui peut se faire. Je suis vieille, le fils est incapable de reprendre la ferme ; j'ai besoin de quelqu'un qui soit à mes côtés et qui m'aide, seulement je comprends bien que vous ne vouliez pas trimer et vous user pour rien. Alors, je ne vois qu'une solution, nous marier. Laissez causer les gens, de toutes façons, ils causent et si vous n'avez rien de particulier contre moi, Carlsson, il faut le dire !

CARLSSON : Non, je n'ai rien contre vous, mais il y a tous ces cancans sur ceci et sur cela et le Gusten qui donnera sûrement du fil à retordre.

MADAME FLOD : Bah ! Si vous n'arrivez pas à vous faire respecter, moi je saurai le faire ! (*Elle va chercher une bouteille de vin et deux verres.*) Maintenant c'est dit, c'est promis. Sur ce : skal !

CARLSSON : Skal, Anne-Catherine ! Que Dieu bénisse ton départ et ton arrivée !

MADAME FLOD, *pleurant* : A toi aussi, Carlsson ! Sois bon avec moi, je serai gentille avec toi. (*Elle essuie ses larmes ; sur un ton plus enjoué* :) Et je peux te dire, entre quatre z'yeux... (*Rundqvist passe la tête*)... que j'ai beau avoir un âge certain, je ne suis pas si vieille que je ne puisse te donner de l'agrément, si ça vient... feu Flod n'a jamais eu à se plaindre...

CARLSSON, *avec un air sévère* : Je n'en ai jamais douté, Anne-Catherine. Le plaisir de la chair est une chose, l'union dans le mariage en est une autre ! Ne parlons plus de Flod — ce qui est mort est mort. Le passé doit rester le passé !

SCÈNE 4

Le professeur depuis le pas de la porte.

LE PROFESSEUR *apparaît sur le seuil de la porte et il salue* : Beau temps, madame Floudde.

MADAME FLOD *crie comme s'il était sourd* : Beau temps, monsieur le professeur !

LE PROFESSEUR : Inspehkteur arrivé ! Caummerçant aussi, ils ont bu, Dieu, ils ont bu !

MADAME FLOD *crie* : Oh là là ! Dieu nous garde !
LE PROFESSEUR : Au revoir, madame Floudde !
Il sort.

SCÈNE 5

CARLSSON : Qui leur a demandé de venir ?

MADAME FLOD : Ne leur dis pas un mot de nos affaires, Carlsson, ils se moqueraient de nous.

CARLSSON : Qu'ils essaient seulement, je leur montrerai qui est le patron ici.

SCÈNE 6

L'inspecteur entre, un peu ivre.

L'INSPECTEUR : Vous ne direz plus que je suis médisant, madame Flod, parce que cette fois-ci, je le tiens.

MADAME FLOD : Et où le tenez-vous ?

L'INSPECTEUR : Vous croyez que j'ai peur de me montrer parce que je vous dois de l'argent, mais je n'ai peur de personne, moi, je n'ai pas peur du Carlsson, absolument pas, ni de madame Styv... même si elle a été mariée trois fois... Madame Styv c'est... une excellente personne ! (*Il crie* :) Vous croyez que je ne suis qu'un pauvre diable et que je viens mendier... (*D'une voix plus faible* :) Ce n'est pas vrai, absolument pas vrai ! Parce qu'à partir de maintenant vous allez voir qui est Vestman... Vous avez déjà vu Vestman quand il est content... quand il se sent bien ? Non, vous ne l'avez pas vu ! Vestman aime les hommes, mais il aime aussi la justice, la loi ! Hein ? Qu'est-ce que vous dites ?

CARLSSON : D'où venez-vous, inspecteur ?

L'INSPECTEUR : Carlsson, ça ne vous regarde pas ! D'ailleurs, moi, je sais quelque chose... Tout à l'heure, j'ai vu deux barques ! Deux ! Dans l'une il y avait un gars, le fils unique d'une veuve et dans l'autre il y avait un bon berger !

CARLSSON : C'est encore le pasteur Norström qui fricote avec le Gusten !

L'INSPECTEUR : Après, j'ai entendu chanter un oiseau... il

chantait qu'il y avait des choses cachées... des choses secrètes qui allaient être découvertes, ce qui empêcherait certains projets... mais cela ne me regarde pas !

MADAME FLOD *à Carlsson* : Qu'est-ce que ça peut bien vouloir dire ?

CARLSSON : Bah, ce n'est que du vent ! Que voulez-vous donc qu'ils empêchent !

L'INSPECTEUR *s'effondre, il se fait humble* : Vous permettez que je me repose un instant, madame Flod, jusqu'à l'arrivée de notre négociant. Parce que je veux être en forme quand je lui tomberai dessus... Parce que c'est lui !

MADAME FLOD : Reposez-vous, bien volontiers. Ce n'est pas la place qui manque aujourd'hui.

L'INSPECTEUR *monte sur le banc et s'endort aussitôt* : Et si ce n'était pas lui !

CARLSSON *s'assied, il écrit dans son carnet* : Maintenant, Anne-Catherine, il faut que je fasse quelques comptes car il va y en avoir des choses à penser !

MADAME FLOD : Fais, fais, moi je m'en vais jusqu'à l'écurie.

Elle sort.

SCÈNE 7

Carlsson assis à la table, écrit ; Rundqvist et l'inspecteur sont sur les bancs du poêle.

Rundqvist joue de sa guimbarde.

CARLSSON *au bout d'un moment* : Arrête !

Rundqvist arrête.

LE COLPORTEUR *entre avec ses boîtes* : Content de te trouver seul, Carlsson.

CARLSSON : Mais voilà notre négociant !

LE COLPORTEUR *ouvre ses boîtes, il en extrait un papier* : Carlsson, il n'y a que toi sur cette île qui aies un peu de raison et c'est pour ça que je voudrais que tu serves d'intermédiaire dans une affaire de grande importance. C'est vrai que tu vas épouser la vieille ?

CARLSSON : C'est ce qu'on dit !

LE COLPORTEUR : C'est donc toi qui un jour emporteras

le paquet. Alors, écoute-moi bien, comme s'il s'agissait de gagner beaucoup d'argent !

CARLSSON : J'écoute, j'écoute.

LE COLPORTEUR : Vois-tu, il existe une compagnie qui s'appelle... I. N.

CARLSSON : Hyène ? Comment ça s'écrit ?

LE COLPORTEUR : Tu pourras l'écrire comme tu voudras plus tard, pour l'instant, écoute-moi ! Cette compagnie désire acheter Ragholmen... à des fins industrielles. Qu'est-ce que tu crois que ça peut coûter ?

CARLSSON : Hem... hem... voyons, voyons, il faudrait d'abord que je demande à la vieille.

LE COLPORTEUR : Bien sûr puisque ça n'est pas encore à toi. Mais crois-tu qu'on puisse l'avoir pour cinq ?

CARLSSON : Bien sûr ! Pour un, s'il le faut !

LE COLPORTEUR : Si tu peux l'avoir pour un, tu pourras mettre les quatre autres dans ta poche ! Tu l'achèteras à ton nom.

CARLSSON : Cet îlot minuscule qui n'est que de la pierre et où on ne peut même pas élever des moutons — D'accord, je m'en charge !

LE COLPORTEUR : A ce que j'ai entendu dire, tu as été dans le commerce, alors tu comprendras que les affaires sont les affaires... Prends donc ce papier et écris que tu cèdes, pour cinquante ans, la propriété de Ragholmen, à la Compagnie I. N., pour la somme de cinq mille thalers. Nous mettons cinquante ans pour que la vieille n'ait pas à faire des paperasseries et des enregistrements.

CARLSSON *sursautant* : Cinq mille !

LE COLPORTEUR *le scrute du regard, il essaie de reprendre les papiers, mais Carlsson ne les lâche pas* : Ah, c'est ça mon vieux renard, tu voulais dire cinq cents couronnes quand moi je voulais dire cinq mille.

CARLSSON : Je voulais dire cinq cents ? Comment pouvez-vous imaginer une chose pareille ? Une grande, une belle île...

LE COLPORTEUR : Tu as de l'avenir, Carlsson, et nous allons travailler ensemble. Tu es quelqu'un de bien, quelqu'un d'habile ! Et maintenant, signe ce papier !

CARLSSON : D'accord, mais il me faudrait d'abord un homme de loi pour le lire !

LE COLPORTEUR *reprenant les papiers* : Dans ce cas, je

m'en vais aller voir directement la vieille. La prudence en affaires, c'est bien, mais il ne faut tout de même pas qu'on se traite en canailles !

CARLSSON : Attendez un moment, attendez un moment !

LE COLPORTEUR *sort un paquet de mille couronnes en billets* : Tu vois, c'est une affaire au comptant et des affaires comme ça, on les traite sans hommes de loi.

CARLSSON : Mais ça ce n'est pas la même chose ! Ça, c'est régulier et des affaires comme celles-là, je les comprends ! Laisse-moi signer.

LE COLPORTEUR *lui remet les papiers* : Avant de signer, lis.

CARLSSON : Quand on a à faire à des gens comme il faut qui vous posent l'argent sur la table, ce n'est pas nécessaire. Donne ! (*Il écrit.*) « Johannis Edvard Carlsson ». Voilà ! (*Le colporteur lui remet mille couronnes en billets et quatre actions. Carlsson compte les billets et les présente à contre-jour* :) Un, deux, trois, quatre, cinq, six, sept, huit, neuf et dix ! Et ça, qu'est-ce que c'est ? Ces billets, c'est quoi ?

LE COLPORTEUR : Quatre actions de mille thalers chacune.

CARLSSON : Des billets comme ça, je connais pas !

LE COLPORTEUR : Eh bien, tu vas apprendre à les connaître. Ces actions, c'est comme de l'or, tu peux les vendre, tu peux emprunter dessus dans une banque quand tu le veux. Tu comprends bien qu'il vaut mieux avoir de l'argent qui rapporte des intérêts plutôt que d'avoir des billets qui dorment au fond d'un coffre ?

CARLSSON : Et tels qu'ils sont là, ils rapportent donc des intérêts ?

LE COLPORTEUR : Ces billets ou plus exactement ces actions, parce que c'est comme ça qu'on les appelle, ont une qualité que n'ont pas les autres billets : ils rapportent des intérêts comme un livret d'épargne.

CARLSSON : Ben mon vieux ! Alors chaque épi m'en donne quatre — voyons, quatre thalers par an.

LE COLPORTEUR : Chaque action peut — remarque bien que je dis peut — te rapporter jusqu'à vingt pour cent par an. Une année, la première année, elles ont rapporté vingt et un pour cent ! Et une autre chose encore : avec ces actions, tu peux être élu au conseil d'administration, d'ailleurs je vais te faire élire commissaire aux comptes suppléant.

CARLSSON : Vous permettez que je le note ?

LE COLPORTEUR *dicte* : Com-mis-saire-aux-com-ptes-sup-plé-ant. (*Carlsson écrit.*) Et voilà le contrat par lequel tu achètes l'île à madame veuve Flod, Anne-Catherine, n'est-ce pas ?

CARLSSON : Oui. Heureusement que je n'ai pas eu à écrire toute cette harangue moi-même.

LE COLPORTEUR : Tu vois, c'est du papier timbré. Et maintenant, va-t'en arranger la chose avec la vieille. Mais pas ici. Et comprends bien Carlsson, quand tu seras actionnaire et commissaire aux comptes suppléant, il faudra te comporter selon cette dignité. T'habiller convenablement, bien arranger la ferme pour pouvoir recevoir des gens, en un mot, montrer qui tu es.

CARLSSON *se gonfle* : Oh, ça ne t'inquiète pas ! Si seulement j'ai ce qu'il faut, je peux être aussi élégant qu'un autre ! Et il y a maintenant ce qu'il faut ! Vous n'avez qu'à vous amener vous autres mascopieurs et gens de parti pris — essayez, mais essayez donc que je vous dis ! Hop-là ! Qui peut me faire tomber ? Allons, mangeons, buvons et réjouissons-nous car demain il faudra mourir.

LE COLPORTEUR : Que tout ça ne te tourne pas la tête, Carlsson, sinon tu vas attraper le vertige.

CARLSSON : Le vertige, moi ! As-tu jamais vu un paysan s'emballer...

Il fait de grands gestes joyeux.

LE COLPORTEUR : Ce n'est pas bien, Carlsson, de se vanter comme ça — il faut être discret, Carlsson, avoir de la distinction.

CARLSSON : T'as raison, le négociant, il faut avoir de la distinction ! Et maintenant, je m'en vais chez madame pour qu'elle me donne sa signature. Après, tu viens, tu viens...

Il fait de grands gestes et sort.

LE COLPORTEUR *se verse un verre de vin* : De la distinction, Carlsson, de la distinction.

L'INSPECTEUR *s'est réveillé, il montre sa tête* : Et si ce n'était ni l'un, ni l'autre ?

Rundqvist descend à toute vitesse du banc et sort en courant.

LE COLPORTEUR, *surpris* : Deux témoins, ce n'était vraiment pas nécessaire ! (*S'adressant à Rundqvist* :) Dis à Carlsson de se dépêcher, nous n'attendons plus que la signature. Bientôt, vous allez voir le soleil se lever sur un nouvel Hemsö, un grand Hemsö — et surtout un Hemsö heureux et prospère !

Il vide son verre.

ACTE III

Scène 1

Même décor qu'au cours des actes précédents, mais il y a maintenant, à droite, un harmonium. Carlsson porte une redingote qui lui sied mal, un pantalon anglais à petits carreaux, trop court, des souliers de toile, un panama et des lunettes, il s'abrite sous une ombrelle jaune et surveille Norman en treillis de marin ainsi qu'un ouvrier de la carrière qui apportent un chiffonnier peint en jaune, qu'ils installent, à droite, contre un des murs.

Carlsson *donne des ordres en faisant de grands gestes avec son ombrelle* : Par là ! Vas-y ! Soulève un peu, Norman ! Encore un effort, Ostergren ! Oh hisse ! Et voilà ! Va chercher des planches et des pointes ! Non, toi Norman, tu vas brosser mes bottes — celles avec du maroquin rouge.

Il ouvre le chiffonnier, pose un paquet de papiers dans la case du milieu et s'installe pour écrire.

Le colporteur *entre* : Bonjour, Carlsson ! Je t'apporte ton courrier. A la carrière, ça marche comme sur des roulettes, le premier chargement pour l'Angleterre est déjà prêt.

Il remet des lettres et des paquets.

Carlsson : Alors, le voilà de retour ! Sois le bienvenu et assieds-toi. (*Il ouvre un paquet.*) Regarde, les cartes de visite que je viens de me faire faire.

Le colporteur : Qu'est-ce que c'est que ces bêtises ! Il n'y a d'écrit que le nom de Carlsson.

Carlsson : Carlsson, oui, c'est moi.

Le colporteur : Oui, c'est toi... Mais toi, qui es-tu ? Il existe cinq mille bonshommes qui s'appellent Carlsson, sans compter les femmes et les enfants. Il faut qu'il soit écrit là, Johan Edvard Carlsson, commissaire aux comptes suppléant, de la Compagnie I. N. Laisse-moi m'en occuper. C'est bien, ça commence un peu à prendre forme ici, mais il va falloir enlever cette planche à poux... (*Il désigne d'un geste le banc du poêle.*) ... pour nous débarrasser du Rundqvist ; d'ailleurs, je suppose que maintenant que vous allez vous marier tu vas vouloir nettoyer la maison.

CARLSSON : Oui, j'y ai déjà pensé et je vais l'expédier ailleurs. (*Norman entre en brossant une botte.*) Norman ! Du cognac et du soda !

NORMAN : A vos ordres !

Il sort.

LE COLPORTEUR : Et voilà même un harmonium, pour que les gens de la carrière puissent entendre la parole de Dieu le dimanche.

CARLSSON : Si nous avions seulement quelqu'un qui puisse en jouer.

LE COLPORTEUR *s'assied à l'harmonium* : Il faudra apprendre ; viens, je vais te montrer.

CARLSSON *s'assied lui aussi à l'harmonium, mais sans poser son ombrelle* : Je sais un peu, bien sûr, mais les cantiques, c'est plus difficile.

LE COLPORTEUR : Montre-moi ce que tu sais jouer.

Carlsson joue la valse d'Arboga ; le colporteur joue la basse.

OSTERGREN *entre avec des planches, des pointes et un marteau* : Voilà patron.

CARLSSON : Parfait. Maintenant, vous allez voir comment je m'y prends pour faire sortir le renard de sa tanière.

Il commence à clouer une planche en travers du banc.

RUNDQVIST *sort la tête* : Qu'est-ce qui se passe ?

CARLSSON *cloue* : On ferme.

RUNDQVIST : Alors, il va falloir que je m'en aille ! Mais si je suis obligé d'aller à l'hôpital, c'est la ferme qui paiera ; on ne flanque pas à la rue un vieux serviteur fidèle.

Il sort de son trou.

CARLSSON : Un vieux serviteur fidèle, toi qui n'as jamais rien fichu de ta vie !

RUNDQVIST : Mais oui, Carlsson. Si je n'ai rien fichu, je n'ai pas fait de mal non plus, dans ce monde laborieux, chacun cherche à sa façon à échapper à ses besognes et même si on ne parvient pas tous à porter l'ombrelle et à se payer des chiffonniers, on n'en est pas moins homme.

CARLSSON : Ta gueule, va dans le fenil, tu pourras couver des œufs de cane pour madame Flod !

RUNDQVIST : Tu ne perds rien pour attendre ! Peut-être que tu ne sais pas où tu coucheras quand viendra la fin ; peut-être que moi, je le sais.

Il sort en boitant.

LE COLPORTEUR : Bien Carlsson, très bien ! Mais au fond, ce Rundqvist, qui est-ce ?

CARLSSON : C'est le plus grand charlatan qui soit sur la terre. Il paraît qu'il serait païen, c'est ce qu'ils disent, parce que lorsqu'il était petit, il avait la tête si fragile qu'il n'a jamais pu apprendre le catéchisme de Luther, mais moi, je ne le crois pas si fragile que ça, il en connaît des tours et des malices et j'aimerais mieux le voir loin, si loin qu'il ne puisse plus entendre ni coq, ni chien.

Norman entre et remplit les verres.

LE COLPORTEUR : Je m'en vais un moment à la carrière, parler avec le capitaine. Je reviendrai ensuite.

CARLSSON : Vous ne voulez pas prendre un verre d'abord ?

LE COLPORTEUR : Non, je ne bois jamais quand je fais des affaires. A tout à l'heure.

Il sort.

CARLSSON, *à Norman* : Je crois qu'il fait le fier ! Viens, Norman, bois un verre avec moi ! Tu vois, je suis un homme qui n'a pas peur de boire avec qui que ce soit. Skal, Norman !

NORMAN *boit* : C'est rudement bon !

CARLSSON : Je te crois ! Peut-être que c'est meilleur que la gnole du Gusten.

NORMAN : On peut voir ça de deux façons...

CARLSSON : Non, ne te défile pas, tu ne dois voir les choses que d'une façon, la mienne ! Celui qui n'est pas avec moi est contre moi. Du caractère, Norman ! Un homme sans caractère, ni religion, n'est qu'une bête. Dis-moi, as-tu vu Gusten aujourd'hui ?

NORMAN : Vu ? Hem ! Peut-être qu'il n'aurait pas fallu que je le voie, mais je crois l'avoir vu comme si sa destination était le presbytère.

CARLSSON : C'est bien ça ! Peux-tu me dire, Norman, ce que lui et le pasteur sont toujours en train de fricoter ensemble ?

NORMAN : Ah ça, je ne peux pas le dire.

CARLSSON : Essaie quand même ! Réfléchis, essaie de voir si tu n'as pas entendu un seul petit mot ! Réfléchis bien !

Il remplit le verre de Norman.

NORMAN : Non, Carlsson, je n'en sais rien, absolument

rien, je n'ai pas entendu un mot. Pas un seul, Carlsson !

Il boit.

CARLSSON : Tu crois... réfléchis bien... il y a peut-être des complications du côté des affaires de la maison... un testament ou d'autres papiers ?

NORMAN : Non, comment est-ce que je pourrais savoir ça ? Personne ne viendrait me le raconter.

CARLSSON *en colère, reprend le verre de Norman* : Alors, tu peux t'en aller au diable ! Entendu ?

NORMAN *s'emportant* : Espèce de salaud !

CARLSSON : Attention à toi, gibier de potence ! Tu crois que je ne sais pas ce que tu as fait avec l'enfant de Jenny ? Dis ?

NORMAN : Sors donc un peu que je te flanque une rouste ! Serpent à lunettes !

CARLSSON *enlève ses lunettes et regarde Norman fixement* : Sais-tu à qui tu parles ?

NORMAN *changeant de ton* : Au commissaire aux comptes suppléant de la Compagnie I. N.

CARLSSON *changeant de ton* : Tu es un bon garçon, Norman, ne soyons pas rancuniers. Retourne à tes occupations, mais d'abord écoute une parole de vérité venant d'un esprit sincère... Ne va pas t'accrocher à Ida... parce que je te le dis... c'est pas la peine d'y mettre ton nez.

NORMAN *sur un ton plein de sous-entendus* : Non, Carlsson, je ne crois pas que ce soit la peine, car cette fille-là vaut mieux que sa réputation. Elle aime s'amuser, mais elle se tient bien et elle aura sans doute un jour, un bon mari.

CARLSSON : En tout cas, ce ne sera pas un contremaître.

NORMAN *avec tristesse* : Non, pas un contremaître, ça je le sais, elle est beaucoup trop bien pour quelqu'un comme moi, je le sais.

CARLSSON : Elle t'a donc ensorcelé, toi aussi. Ça me fait de la peine pour toi, Norman, parce que je t'aime bien, mais ne sois pas triste, il y a beaucoup d'autres filles, le choix est grand et tu peux te contenter de moins.

NORMAN : Oui, il y a beaucoup de filles, c'est sûr, mais il n'y a qu'une Ida !

Il sort.

CARLSSON : Pauvre diable !

L'INSPECTEUR *depuis le seuil* : Y-a quelqu'un ? Oui, voilà le Carlsson.

SCÈNE 2

CARLSSON : Ah le voilà ! C'est bien que vous soyez enfin venu.

L'INSPECTEUR : Vous ? Ecoute, je croyais que depuis la dernière fois, on se connaissait tout de même mieux que ça.

CARLSSON : Je pense bien ! Dis-moi. Vestman, tu vas me rendre un petit service.

L'INSPECTEUR : Avec plaisir, mon cher.

CARLSSON *va chercher des papiers dans le chiffonnier* : Vois-tu, nous allons publier les bans et nous marier et pour ça, il me faut un peu d'argent comptant. Alors, puisque tu vas en ville, tu demanderas une permission et tu iras à la banque pour moi, car tu es un homme au service de l'Etat et tu possèdes à la fois la confiance et le savoir. Voici quatre actions de la carrière que tu vas m'hypnotiquer à la banque pour une valeur de quatre mille couronnes.

L'INSPECTEUR : Une minute, quatre actions me font quatre mille thalers, c'est clair. Mais qu'est-ce qu'il faudra que je dise ?

CARLSSON : Qu'est-ce qu'il faudra que tu dises ? Rien. Remets-leur simplement ma carte. (*Il lui donne une carte de visite.*) Dis-leur que c'est de la part de Carlsson de Hemsö.

L'INSPECTEUR : D'accord, mais s'ils ne te connaissaient pas ?

CARLSSON : Me connaître ? Ils n'ont pas besoin de connaître celui qui a les hypnothèques ! D'ailleurs, j'ai changé mille thalers et je les connais tous, à la Banque de Suède — le chef comptable a loué ici pendant cinq étés, chez les gens de Svinockar.

L'INSPECTEUR : Bon, bon, moi j'en sais rien, c'est bien possible que ce soit comme tu le dis. (*Il met les papiers dans sa poche.*) Te voilà parvenu, Carlsson, mais quand tu seras dans ton royaume, n'oublie pas de penser au pauvre Vestman. Parce que maintenant, c'en est fini de lui !

CARLSSON : Qu'est-ce qui se passe donc ?

L'INSPECTEUR : Le gouvernement vient de signer un de

ces contrats de commerce et maintenant, il n'y a plus de douanes.

CARLSSON : Il n'y aura donc plus de saisies... Comment vas-tu t'en sortir ? Epouse madame Styv.

L'INSPECTEUR : Tu crois ? Oh, probable qu'elle me veuille, mais j'ai tellement peur, c'est-à-dire, je n'ai pas peur du tout, tu le sais bien, mais je crains ou plutôt, je devine que ça n'ira pas très bien, ça tournera mal, elle a déjà été mariée. Et ils sont tous morts. Comment cela se fait-il ?

CARLSSON : Il doit y avoir quelque chose qui ne va pas, là comme partout ailleurs, mais comment veux-tu qu'on s'en inquiète ? Prends-la, prends-la.

L'INSPECTEUR : Tu crois. Il n'y a sans doute rien d'autre à faire — je suis couvert de dettes.

CARLSSON : Prends-la, je te dis ! Et ne perds pas de temps ! Un tiens vaut mieux que deux tu l'auras ; si tu as peur, c'est moi qui ferai la demande à ta place.

L'INSPECTEUR : Peur, moi ? Enfin, si tu y tiens, tu peux le faire, fais-le !

CARLSSON : Bien entendu, vous serez invités à mon mariage et en général, dans des occasions comme celles-là, les femmes sont dans tous leurs états. Venez et si toi tu n'as pas l'occasion de repasser avant, sois le bienvenu ce jour-là. Je n'aurai pas besoin de l'argent avant, j'ai tout le crédit qu'il me faut et on va faire une de ces noces, ils s'en souviendront toute leur vie ! Sans doute qu'on publiera les bans un dimanche, puisque le Flod avait été dans la marine et que la veuve hérite des avantages. Donc, venez, je te le dis.

L'INSPECTEUR : Merci, Carlsson. Merci. J'aurais pu avoir des jours meilleurs si j'avais su me décider au bon moment, mais je suis un brave homme — et puis, c'est pas drôle de se tromper. Seulement, on en a fait de la contrebande par ici, je te le jure ! On en a fait des entourloupettes. Enfin, ne soyons pas rancuniers ! (*Il hoche la tête.*) Nous ne parlerons jamais plus des neiges d'antan. Seulement, Carlsson, on en a fait de la contrebande par ici !

CARLSSON : Bon Dieu, mais qu'est-ce que tu sous-entends ? Tu crois que moi j'ai...

L'INSPECTEUR : Je-ne-sais-rien, je ne sais rien. (*En chuchotant* :) Et je ne veux rien savoir. Suffit !

CARLSSON : Mais qu'est-ce que c'est que ça...

L'INSPECTEUR *crie* : Je ne veux rien savoir, c'est du passé, c'est terminé.

CARLSSON : Si tu traînes encore un peu par là, Vestman, il faudra qu'on tombe la veste et qu'on se batte.

L'INSPECTEUR *se faufilant vers la porte* : Je ne me bats jamais avec personne.

CARLSSON : Tu ne te bats jamais parce que tu as peur des coups ! Froussard !

SCÈNE 3

Carlsson puis Ida.

CARLSSON : Mais c'est Ida !

IDA : Madame Flod n'est pas là ?

CARLSSON : Non, mais elle arrive tout de suite. Asseyez-vous, asseyez-vous !

IDA : Non, je n'ai pas le temps, il me faut trois livres de perches pour le déjeuner de demain.

CARLSSON : S'il ne vous faut que ça ! Venez avec moi jusqu'au vivier, je vais m'en occuper.

IDA : Merci, très peu pour moi, je n'irai plus jamais près de l'embarcadère avec Carlsson.

CARLSSON : Seulement tu vas avec des gars, dans le pré du taureau.

IDA : Avec des gars, oui ! Est-ce que je ne peux pas m'amuser avec des gars sans que Carlsson trouve à y redire quelque chose. Nous, nous sommes jeunes, Carlsson lui, il est vieux.

CARLSSON : Je suis vieux ?

IDA : Le vieux Carlsson va être maintenant un vrai père...

CARLSSON *plonge sa main dans sa poche* : Comment ça, comment !

IDA : Il sera au moins le beau-père de Gusten et il faudra alors qu'il soit solide...

CARLSSON : C'est vrai Ida, pour toi aussi j'aurais pu être comme un père, si tu m'avais écouté.

IDA : Vous savez, j'ai bien entendu Rundqvist lire sa lettre sur les jeunes messieurs du café Berns...

CARLSSON *cherche dans ses poches* : Comment ça, comment !

IDA : Voilà ce qui arrive quand on est distrait et qu'on laisse traîner ses lettres derrière soi, seulement tout ce que vous en avez retiré, c'est de la honte...

CARLSSON : Ma petite Ida !

IDA : C'est pas la peine de venir miauler, mais nous resterons quand même amis et si vous voulez vous tenir comme il faut, vous n'aurez peut-être pas à vous faire du souci pour celle qui s'en va à vau-l'eau sur un chemin semé d'embûches...

MADAME FLOD *entre* : Qu'est-ce que tu fais là ! Mêle-toi de tes affaires !

IDA : Chère madame, je ne suis ici que pour commander du poisson pour demain.

MADAME FLOD : Ici, il n'y a pas de poisson. Va-t'en voir le Norman près de l'embarcadère.

IDA : Ah oui, le Norman ! Je sais bien ce que madame pense... mais elle a tort et c'est mal, madame Flod !

Elle sort lentement.

MADAME FLOD : Cause toujours, ma fille, cause avec tes gars, mais à moi, fiche-moi la paix !

SCÈNE 4

CARLSSON : Dis-moi, ma petite Anne-Catherine, qu'est-ce que tu penses de notre nouveau chiffonnier ?

MADAME FLOD : Je le trouve bien joli, seulement tu le sais Carlsson, je ne le trouvais pas nécessaire.

CARLSSON : Comme tu dis ça ! Et mon argent alors, où est-ce que j'irai le cacher ?

MADAME FLOD : Mais il n'y a pas que ça ; c'est tous ces bouleversements qui me font mourir. Ces mines qui sautent à longueur de journée, à croire que toute l'île va y passer, et ça boit, ça se bagarre, il y a des filles et tout et tout, on ne sait plus où donner de la tête. Il y a de l'argent, c'est sûr, mais qui sait combien de temps il va durer, et la terre, elle, n'y trouve pas son avantage, tout ne fait que marcher à reculons.

CARLSSON : Comment peux-tu parler comme ça Anne-Catherine ! Si nous ne cultivons pas la terre, c'est que nous avons nos raisons ; nous ne sommes pas des paysans, mais des pêcheurs et la terre au paysan, la pêche au pêcheur. Tu crois peut-être que je ne lis pas dans le journal comme le seigle baisse, il baisse si fort que ça ne vaut plus la peine de s'en occuper, le peu qu'on a dans les champs n'a aucune importance, ça revient moins cher d'en acheter.

MADAME FLOD : Le Carlsson, avant il ne disait pas ça.

CARLSSON : Ce que je disais avant, pas un mortel ne peut s'en souvenir, les temps changent et nous avec ; mais je remercie Dieu pour chaque jour qui me rend plus sage.

MADAME FLOD : Avec le Carlsson, on n'a jamais le dernier mot.

CARLSSON : N'y pense donc plus et parlons du mariage.

MADAME FLOD : Du mariage, oui, parlons-en !

CARLSSON : Vois-tu, je voudrais qu'on fasse une belle noce pour que les gens ne disent pas que maintenant qu'on a eu de l'argent on est devenu des pingres.

MADAME FLOD : Mais est-ce qu'il nous en reste de cet argent ?

CARLSSON : Il ne t'en reste plus... les mille thalers sont partis... pour notre installation, les frais d'administration.

MADAME FLOD : Les mille thalers sont partis ! Mais Carlsson...

CARLSSON : Tais-toi, moi j'ai de l'argent à la banque, tu n'épouses pas un va-nu-pieds ! Ecoute-moi bien ! Ça c'est ma petite mementa au sujet des achats. Primo : une robe de soie pour madame.

MADAME FLOD : Non, non et non.

CARLSSON : Tais-toi ! Deuxio : oui, vois-tu, ça a toujours été mon rêve que nous ayons ici dans l'île, un cheval. Tu me diras qu'il n'y a pas de routes et rien à conduire. C'est ce que tu crois, mais as-tu pensé au long hiver quand pendant six mois on ne peut plus se rendre à l'église ? Anne-Catherine, peux-tu avoir ça sur ta conscience que tes gens ne puissent pas se rendre dans la maison du Seigneur...

MADAME FLOD : Maintenant Carlsson, arrête, ça suffit comme ça, ça suffit...

CARLSSON : Je n'arrêterai pas, je viens tout juste de commencer...

MADAME FLOD : Eh bien, achète un cheval, achète-le, mais ne viens pas mêler le nom de Dieu à ce péché ! Et dis-toi bien que pour le mariage, il n'y aura pas besoin de cheval.

CARLSSON : Donc, deuxio, un cheval. Et puis, nous avons le numéro trois. Mais, bien entendu, ça... ça pourrait être moins urgent.

MADAME FLOD : C'est donc quelque chose de complètement fou. Dis-le, qu'on en finisse.

CARLSSON : Je peux aussi le biffer, bien entendu.

MADAME FLOD : Vas-y, dis-le !

CARLSSON : C'était comme qui dirait une surprise, bien entendu. (*Il sourit et secoue la tête.*) Vois-tu, Catherine, sais-tu ce qui, sur le plan culturique, a fait faire à notre époque un tel bond en avant par rapport à toutes les autres époques ?

MADAME FLOD : Laisse tomber la politique, Carlsson, et ne me pose pas de devinettes...

CARLSSON : Ce sont les communications, Anne.

MADAME FLOD : Voilà qu'il en oublie même mon prénom...

CARLSSON : Les moyens de locomotion, les chemins de fer...

MADAME FLOD : Tu n'as quand même pas l'intention d'acheter un chemin de fer ?

CARLSSON *avec solennité* : Non, mais un petit... bateau à vapeur. Un bateau à vapeur pour apporter le poisson en ville.

MADAME FLOD : N'ajoute rien, je me sens mal, je me sens vraiment mal, parce qu'il est devenu complètement fou. C'est donc un bateau à vapeur qu'il veut acheter pour la noce ?

CARLSSON : Pour aller à la noce ou pour en revenir, c'est tout du pareil au même.

MADAME FLOD : C'est quand même pas du pareil au même si ce qui devrait se passer après la noce, se passe avant... réfléchis !

CARLSSON *sur un ton supérieur* : Du moment que j'ai dit que c'était du pareil au même, c'est du pareil au même.

MADAME FLOD : Ce n'est quand même pas du pareil au même si... on...

CARLSSON : Anne-Catherine, ne me contredis pas, je ne le supporte pas.

MADAME FLOD : Il ne faut pas que je lui réponde ? Mais ce serait pire si je ne répondais pas.

CARLSSON : Allons, allons, nous n'allons pas nous disputer.

MADAME FLOD : Non, Carlsson, mais il faudra qu'on en finisse, avant que ça ne finisse entre nous ; que tout soit arrangé pour qu'on aille à la noce en bateau comme tout le monde et qu'on y aille sans cheval et sans vapeur.

CARLSSON : Tu es mesquine, tu n'as pas la vraie, la grande vision...

MADAME FLOD : Il faut que j'allume, on se sent mal avec toutes ces nouvelles. Et puis, tu as aussi chassé le Rundqvist. C'était sans doute bien de s'en débarrasser, mais quand même, il était comme le chat de la maison, on avait l'habitude de le voir et quand il n'est plus là, il vous manque.

CARLSSON : Vraiment, cet imposteur, il te manque ?

MADAME FLOD *éclaire la lampe* : Oui, la vache on ne la regrette que lorsque l'étable est vide...

CARLSSON : Et c'est la vertu du cochon que de manger couché !

MADAME FLOD : Ben, il était là avant nous deux, aussi bien moi que toi, Carlsson, il était déjà là du temps de Flod, quand on s'est marié et j'avais comme qui dirait un faible pour lui.

CARLSSON : Je ne veux plus entendre parler de Flod, Flod est mort et enterré, la paix soit avec lui. Un peu de distinction, Anne-Catherine !

MADAME FLOD : Prends donc la barque, et va jusque chez les Svinockar, pour que nous puissions nous marier dimanche, s'ils publient les bans en même temps, car il est possible qu'il y ait urgence.

CARLSSON : Allons donc, on en serait là ?

MADAME FLOD : On en est qu'il n'y a plus rien à faire !

CARLSSON : Dans ce cas, pas un mortel y peut quelque chose, mais on aurait pu s'en passer. (*Il se gratte la tête.*) Hem, dis-moi, Anne, je crois en attendant qu'on va se passer du bateau à vapeur.

MADAME FLOD : Moi aussi, je crois que ce sera mieux.

CARLSSON *penaud* : Mais es-tu sûre ?

MADAME FLOD : Aussi sûre qu'on peut l'être en ces matières.

CARLSSON *abattu* : On aurait vraiment pu s'en passer. Tu viens avec moi jusque chez le voisin ? Viens donc, il fait un beau clair de lune et nous devons causer de beaucoup de choses.

MADAME FLOD : Oui, je veux bien, il faut que nous causions du mariage.

CARLSSON : Alors dépêche-toi, je vois que le pasteur Norström est dans les parages et je devine que tu as aussi peu envie que moi de rencontrer ce monsieur.

MADAME FLOD : C'est vrai que je ne suis guère d'humeur à lui parler aujourd'hui.

CARLSSON *prend son ombrelle* : Alors dépêche-toi.

MADAME FLOD : Mais tu ne vas tout de même pas sortir avec ton ombrelle au clair de lune !

CARLSSON : Ça s'appelle un antiqua... Mais vraiment, Anne-Catherine, on aurait pu s'en passer et je ne comprends pas...

MADAME FLOD : Eh bien moi, je comprends, imbécile !

Ils sortent.

SCÈNE 5

Dehors, la nuit est tombée, mais un clair de lune éclaire le paysage et le phare est allumé. La scène reste vide un instant. On entend de sourdes explosions.

Rundqvist paraît sur le seuil, il regarde autour de lui, puis il grimpe sur son banc.

LE PROFESSEUR *apparaît sur le seuil ; il interroge comme s'il était persuadé qu'il y avait quelqu'un* : Le pasteur Norström est-il arrivé ?

LE PASTEUR *entre, il est vêtu en civil, il porte un fusil et une gibecière* : Me voici, professeur ! (*Gusten et Ida entrent timidement.*) Et voilà la jeunesse. (*Il prend des papiers dans sa gibecière et s'assied à la table.*) Asseyez-vous, professeur. Le fait est que dans leur ignorance, ces sacrés gens ont tellement emmêlé leurs affaires que je crois que le diable lui-même ne pourrait pas les démêler. C'est pour cette raison que j'ai demandé au professeur de nous assister en tant que témoin. (*Le professeur hoche la tête en signe de consentement.*) D'abord aux deux jeunes... C'est bien joué, Gusten, tu as compris quel est le chemin qui conduit à la fille sans laisser de traces. Dis-moi, es-tu décidé à ce qu'Ida devienne ta femme, pour le meilleur et pour le pire ?

GUSTEN *debout à côté d'Ida et lui tenant la main* : Oui, monsieur le pasteur, si Ida a pris aussi sa décision, j'y suis décidé.

LE PASTEUR : Tu ne seras pas satisfait à moins. Bon, à ce que j'ai appris, Ida est une brave fille, malgré tout ce qui s'est dit. Et toi, Ida, que dis-tu de ça ? Aimerais-tu te passer de ce vaurien ?

IDA : Non, monsieur le pasteur.

LE PASTEUR : Est-ce que j'ai bien entendu ? Il me semble que tu as dit non ?

IDA : Oui, monsieur le pasteur.

LE PASTEUR : Bon, ça, ça ressemblait à un oui ! Dieu vous bénisse mes enfants, vous voilà fiancés et vous êtes désormais sous le droit du mariage. (*Il leur prend la main.*) Et maintenant, nous en arrivons aux affaires, alors il faut que je consulte un peu ces papiers. En attendant, asseyez-vous, je n'en ai pas pour longtemps. (*Gusten et Ida prennent chacun une chaise, ils s'asseyent derrière le pasteur. Le professeur qui se trouve près de l'harmonium commence à jouer doucement un prélude de Bach. Le pasteur remonte ses lunettes sur son front, il rapproche la lampe et lit attentivement les papiers en se retournant de temps en temps vers Gusten et Ida, tout en balançant la tête en mesure. Gusten et Ida se tiennent par la main et il leur arrive de parler à mi-voix. Le pasteur lit ; au bout d'un moment il se retourne vers Gusten et Ida* :) Silence, mes enfants ! Qu'est-ce que vous faites ? (*Il lit.*) C'est difficile, n'est-ce pas, de se tenir tranquilles ? (*Il lit.*) Vous ne pouvez pas patienter un petit peu ! Les mains sur la table ! (*Il lit en marmonnant. Le professeur cesse de jouer.*) Bon, c'est fait ! Voulez-vous écouter ? (*Gusten et Ida se lèvent.*) Toi, Gusten, tu as la tête dure et tu as juré que Carlsson ne serait jamais ton beau-père ?

GUSTEN : Oui, monsieur le pasteur, n'importe qui plutôt que cet écornifleur.

LE PASTEUR : Ça, ce sont des mots, si je te demandais si tu préfèrerais Norman ou Rundqvist, tu reviendrais sur ce que tu as dit. Mais si au lieu de ça, je te demandais si tu acceptes de prendre Ida et la ferme et de laisser la vieille prendre qui elle veut, ne serais-tu pas satisfait ?

GUSTEN : Ben, la ferme, tant que la mère sera en vie, je pourrai jamais l'avoir.

LE PASTEUR : Tu l'auras. Il est en effet écrit dans ces papiers que la veuve reste en indivis tant qu'elle ne se remarie pas ; à partir du moment où elle est remariée, elle perd son droit.

GUSTEN : C'est vraiment écrit, monsieur le pasteur ?

LE PASTEUR : Tu crois que je ne sais pas lire ce qui est écrit ! Tu n'as qu'à lire toi-même.

GUSTEN : Eh oui, c'est bien écrit !

LE PASTEUR : Bon, as-tu toujours envie de t'opposer à ce mariage avec Carlsson ?

GUSTEN *réfléchit* : Non.

LE PASTEUR : Tu vois, tu n'as plus envie ! Méfie-toi que Carlsson n'ait vent de cela, il serait capable de filer, si je connais bien le gaillard ; car si j'ai bien compris ce qui se dit, cette affaire de carrière va durer encore un moment, mais pas très longtemps. On est donc d'accord, le mariage se fera dimanche, comme prévu.

GUSTEN : On est d'accord, mais je n'irai pas à cette noce.

LE PASTEUR : Puisque tu peux être toi-même dans la joie, Gusten, tu ne vas pas faire du chagrin à ta mère ; maintenant tu vas aller à cette noce, si tu n'y vas pas, j'ai des remèdes pour ça aussi.

GUSTEN : Jamais de la vie... j'aimerais mieux qu'ils me prennent la ferme !

LE PASTEUR : Ida ! Viens ici. Est-ce que tu ne pourrais pas mâter un peu ce vaurien endurci ?

IDA : Je ne sais pas, monsieur le pasteur, il y a des sujets sur lesquels il est tellement buté...

LE PASTEUR : Ce qui ne va pas de mauvaise grâce marche parfois de bonne grâce.

IDA *prend la main de Gusten* : Est-ce que pour une fois, tu ne pourrais pas être un peu humain, est-ce que tu ne pourrais pas...

GUSTEN : Tais-toi, tais-toi !

LE PASTEUR : On ne se dispute pas le jour de ses fiançailles. Sers-nous quelque chose de fort qu'on boive à votre santé, vous pourrez vous disputer plus tard au sujet du reste.

GUSTEN *sort des verres et du vin* : Je ne mettrai jamais les pieds à cette noce.

LE PASTEUR : Tu verras bien, mon garçon ! Je viens d'arranger l'entrée, alors que le professeur arrange la sortie !

(*Le professeur joue les premières mesures de la* Marche nuptiale *de Mendelssohn.*) Et maintenant, allons préparer la noce !

Rundqvist passe sa tête, il la hoche en signe d'assentiment, il semble ému.

ACTE IV

Scène 1

Le décor est le même que pour les actes précédents, mais la pièce est maintenant décorée de feuillages. Des rideaux ont été posés devant les bancs du poêle. La table est dressée au centre de la pièce.

Des bougies sont allumées partout dans la pièce ; dehors des flambeaux et des feux sont allumés sans toutefois que le spectateur les voie. Une table est dressée dans la cour, devant la porte, pour les participants, elle est éclairée par des lanternes en papier.

D'un côté de la porte, un fût de bière décoré de branches de sapin, de l'autre, un tonnelet d'eau-de-vie.

Ida arrange le lit de noces que l'on découvre à droite. Gusten débouche des bouteilles.

Gusten, *depuis la porte* : Je n'ai jamais vu un retard pareil. Il a dû arriver quelque chose sur le chemin du retour de l'église.

Ida : Mais non, il n'est rien arrivé.

Gusten : On ne sait jamais. Ce matin, quand ils sont partis, ils devaient être de retour vers les cinq heures et il est plus de sept heures.

Ida : C'est pour ça Gusten que tu aurais dû y aller, pour les avoir à l'œil.

Gusten : C'est déjà bien joli que j'aie été ici à la maison, si ça n'était pas à cause de toi, on ne m'aurait pas vu du tout.

Ida : C'est ce que tu dis maintenant. Mais attends un peu que ta mère soit arrivée et qu'elle apprenne que nous sommes fiancés ! A la vérité, j'ai peur qu'il soit arrivé quelque chose !

Gusten *enlace Ida par la taille* : Attention que ce ne soit pas à toi qu'il arrive quelque chose !

Ida : Ne me touche pas, laisse-moi tranquille.

Gusten : Je croyais que tu ne voulais pas qu'on te laisse tranquille.

Scène 2

Rundqvist entre, curieusement habillé d'une veste et d'un chapeau haut de forme, il porte des lunettes, il a un parapluie et des caoutchoucs, il semble épuisé.

Gusten : Ah ! Voilà le Rundqvist ! Ils seront bientôt là. Ça va, Rundqvist après l'église, où sont donc passés les autres ?

Rundqvist : De toute ma vie, je n'ai jamais assisté à une chose pareille !

Gusten : A quoi donc, bon sang, as-tu assisté ?

Rundqvist : Pensez-vous que ça n'a pas été terminé à l'église avant quatre heures... parce qu'après, il y avait encore (*il gémit*) la communion... et ça, il ne l'avait pas annoncé avant. Par pure méchanceté. Et il y a eu un sermon qui a duré trois heures... je crois que la moitié de son répertoire y a passé... et puis il a fallu qu'on chante le cantique 158 avec... (*Il soupire.*) ... avec ses dix-huit strophes !

Gusten : Toutes les dix-huit strophes en entier ! Tu vois Ida que j'ai bien fait.

Rundqvist : Et ce qu'il a pu gronder, crier ! Je n'ai jamais entendu quelque chose qui ressemble au pasteur Norström. Et quelle chaleur ! Madame Flod a dû rester debout dans ses bottines neuves, elle suait de rage... et quand elle a voulu s'asseoir dans le banc pendant que Ornö était à l'autel, ils ont failli en venir aux mains. Seulement le renard de Carlsson, lui, il s'était glissé dans l'entrée et c'est là qu'il a dormi sur la pompe à incendie jusqu'au moment de la proclamation des bans...

Gusten : Et toi, où étais-tu ?

Rundqvist : Moi, je suis resté couché dans la barque, pendant tout le temps de la communion... après, quand le mariage a été terminé, j'ai pris ma barque... mais ces dix-huit strophes, c'était une pure méchanceté du pasteur Norström, je ne les oublierai jamais — j'en ai la gorge complètement desséchée.

Gusten : Pour ne pas changer ! Seulement il va falloir patienter un peu.

Rundqvist : En tout cas, ils sont maintenant mariés et ce sera bientôt votre tour.

Ida : De quoi parlez-vous, Rundqvist ?

RUNDQVIST *qui regarde le banc du poêle* : Pauvre malheureux que je suis, pauvre malheureux ! S'il n'y avait pas tous ces bouts de tissu, je ferais bien un petit somme.

SCÈNE 3

Norman entre en uniforme de parade.

NORMAN : Les voilà. Mais quel voyage !

GUSTEN : Qu'est-ce qu'il s'est donc passé que vous arriviez si tard ?

NORMAN : Ce grigou de Carlsson a voulu à toutes forces emmener un baril de goudron dans le bateau ; et quand on a été en pleine mer, à la hauteur de Masklappan, le pasteur s'est levé pour prendre le gouvernail, mais il est resté collé au banc. Bon Dieu, ce qu'il a pu jurer ! Alors la vieille s'est levée pour l'essuyer... mais elle n'a pas pu bouger... et il a fallu jeter ses bottines à la mer... et le Carlsson il a attrapé une claque... et après, ils se sont disputés, bon Dieu, ça chauffait dur et le pasteur a été obligé de les arroser avec l'écope. Après ça, ils se sont calmés, le professeur a joué du violon et ils se sont mis à chanter... et après, le Carlsson, il a ouvert une bouteille de champagne, alors il faut voir comme ils sont gais maintenant !

GUSTEN : Qu'est-ce que je disais ? Qu'est-ce que je disais ? Mais attends un peu, Carlsson, c'est moi qui vais te servir à boire et à manger ! Sors donc préparer la salve d'honneur, Norman.

NORMAN : Oui, je m'en vais te leur offrir une de ces salves à tous les faire avorter, petits et grands !

SCÈNE 4

Entre madame Syk, en pélerine, elle porte un baluchon qu'elle cache aussitôt sur un banc derrière les rideaux.

MADAME SYK : Bonsoir, mon petit Gusten ; j'arrive un peu tard, mais j'avais à faire et quand on voyage pour le compte de l'Etat, on doit être pardonné... si on arrive un peu en retard.

GUSTEN *surpris* : Vous arrivez en retard ? Pardonnez-moi, mais il me semble que lorsqu'une sage-femme vient à un mariage... il est toujours assez tôt.

MADAME SYK : Oui, c'est possible, mais aujourd'hui, je suis là en invitée, parce que Carlsson est passé chez moi... et comme il m'a dit... que puisque je suis... une vieille amie et tout et tout... parce que tu vois mon petit Gusten, quand tu es venu au monde, j'étais là... et quand on a vu tout ce qu'on voit quand on pratique mon art... et puis, comme ça, à la campagne... alors tu comprends bien que la sage-femme, quand elle arrive, elle est toujours la bienvenue.

GUSTEN : En tous cas, madame Syk, soyez la bienvenue et asseyez-vous. (*A Ida* :) Qu'est-ce que cette vieille vient faire ici ? Il doit y avoir quelque manigance là-dessous.

SCÈNE 5

Gusten et Ida sortent.

RUNDQVIST : Madame Syk !

MADAME SYK : Oui.

RUNDQVIST : C'est-à-dire que... Excusez-moi si je vous pose cette question... est-ce pour des raisons de sécurité... que vous êtes là ?

MADAME SYK : Je ne vois pas du tout ce que vous voulez dire.

RUNDQVIST : Il est vrai que madame Syk a été attaquée une fois par des Esthoniens dans Skräddarholmen.

MADAME SYK : Quels Esthoniens ? Je ne vois pas du tout ce que vous voulez dire.

RUNDQVIST : Des Esthoniens, il n'y en a que d'une sorte et ils sont, paraît-il, très méchants.

MADAME SYK : Je n'en sais vraiment rien.

RUNDQVIST : Mais si ! C'était dans le journal.

MADAME SYK : Vraiment, c'était dans le journal ? Et qu'est-ce qu'il y avait donc dans le journal ?

RUNDQVIST : Ça moi, je ne peux pas le dire.

Scène 6

Entre madame Styv en robe de soie avec de nombreux bijoux, un chapeau, un châle et une ombrelle.

Madame Styv : Mais c'est la petite madame Syk ! Eh bien, voyez-moi ça !

Madame Syk : Alors vous êtes là aussi madame Styv ! En voilà du beau monde ! Peut-être que bientôt il faudra dire madame l'inspecteur ?

Madame Styv : Ce n'est pas impossible, si tout va bien.

Madame Syk : Par quel chemin arrivez-vous donc ?

Madame Styv : Par le même chemin que l'inspecteur, c'est lui qui m'a conduite jusqu'ici dans son bateau, le temps qu'il ramène les voiles, il sera bientôt là. (*On entend la salve au-dehors. Madame Styv crie* :) Avec tous leurs coups de feu, ils vont me faire mourir ! (*Nouvelle salve.*) Non, vraiment, je n'en peux plus !

Elle sort précipitamment.

Rundqvist *se lève* : Prenez garde, madame Syk ! Ici, on n'est pas en sécurité.

Madame Syk : Même pas madame Styv ?

Rundqvist : Je n'ai pas confiance en elle ; elle a été mariée trois fois.

Scène 7

Le pasteur entre, en tenant par la main madame Flod-Carlsson qui passe du rire aux larmes ; elle ne porte pas de souliers et elle a enlevé son voile de mariée.

Le pasteur : Mais c'est madame Syk en personne ; faut-il donc, Anne-Catherine, que je célèbre tout de suite les relevailles ?

Madame Flod : Ça n'ira tout de même pas si vite. Mais regardez-moi, ma petite madame Syk, regardez l'air que j'ai ! Dire qu'il a fallu que je jette mes bottines toutes neuves à la mer, à cause de ce sacré goudron ; et ma robe neuve, de quoi elle a l'air ! Ah, je vous dis, ce Carlsson...

Le pasteur : Ne te plains pas de ton mari puisqu'il est enfin à toi. Ouf ! Laissons-nous choir !

MADAME FLOD : Il faut quand même que je me mette quelque chose aux pieds.

Elle prend une paire de souliers sous le lit.

LE PASTEUR *enlève un de ses rabats et il le met dans son portefeuille* : Eh bien, Rundqvist, comment te sens-tu après l'étrillage de ce matin... je crois que tu l'as senti passer !

RUNDQVIST : Ah, monsieur le pasteur, j'ai beaucoup péché dans ma vie, et après ce savon, je vais bien m'amender. C'était tout de même terrible.

MADAME FLOD : Personne n'a vu Gusten ? C'est bien triste qu'il ne soit pas venu à l'église.

LE PASTEUR : Gusten est dehors, Anne-Catherine, il va arriver tout de suite, mais avant de passer aux réjouissances, j'ai un mot à te dire.

MADAME FLOD : J'écoute.

LE PASTEUR : Peut-être ne sais-tu pas, Anne-Catherine, que par l'acte auquel nous venons d'assister, tu as perdu tes droits sur la ferme ?

MADAME FLOD : Bien sûr que si que je le savais ! Et quand j'ai vu la mauvaise tournure que ça prenait, j'ai pensé qu'il valait mieux que le fils obtienne ce qui lui revenait plutôt qu'un étranger ; je suis vieille et ce Carlsson est une tête de linotte, nous serons mieux sur une petite terre que personne ne viendra nous réclamer et où on pourra s'occuper jusqu'à notre mort.

LE PASTEUR : Eh bien, voilà au moins quelqu'un de raisonnable. Ainsi donc, tu le savais, mais tu ne sais sûrement pas que ton fils est allé se fiancer ?

MADAME FLOD : Se fiancer ? Ça non, je ne le savais pas ! Mais qui a bien pu le séduire ?

LE PASTEUR : Ce n'est pas la peine de piquer une colère car ils sont déjà fiancés devant l'église et leur lien ne peut pas se défaire.

MADAME FLOD : Ce n'est pas Ida, au moins ?

LE PASTEUR : Justement, c'est elle !

MADAME FLOD : Ça c'est le comble, que ce soit elle qui prenne la ferme et qu'elle soit là à tout régenter au-dessus de moi !

LE PASTEUR : C'est dans l'ordre des choses, vois-tu, il va falloir t'y faire. Celle-là ou une autre ! Ça revient au même, il vaut mieux ne pas t'échauffer la bile. Toi, tu as eu celui que tu voulais et ton fils a eu celle qu'il voulait...

je trouve que vous êtes quittes et toi avec Ida pour bru, ton fils avec Carlsson pour beau-père, ça se vaut !

MADAME FLOD : C'est possible, mais après tout ça, le Carlsson il ne va pas porter le garçon dans son cœur.

LE PASTEUR : Qu'il fasse ce qu'il veut, toi au moins tu pourras être sûre qu'Ida sera à l'abri des visées de ton mari.

MADAME FLOD : Eh bien voilà une bonne raison et il faudra bien que je m'habitue à Ida comme à tout le reste !

SCÈNE 8

Carlsson et Gusten entrent, ils sont très gais, ils se tiennent par la taille, ils ont chacun une demi-bouteille de champagne à la main ; *ils chantent* :

Ici y a des verres
Mais y n'y a pas de bière.
Y a-t-il un marchand
Qu'à d'la gnole et qu'en vend ?

Vive Svealand !
Viv' Nederland !
Un schnaps pour nous !
Buvons un coup !
Houh !

CARLSSON, *à madame Flod* : Voilà le vieux Carlsson qu'a le cœur sur la main et voilà le Flod en personne ! Flod, voilà ton papa... mais nous n'y ferons jamais allusion... car nous sommes tous maintenant des frères dans la même bergerie... mais voilà ta mère ! Va lui offrir ta main, va lui dire quelques belles paroles.

GUSTEN *s'avance vers madame Flod et il lui tend la main* : Soyez heureuse, mère et vivez en paix.

MADAME FLOD : Merci mon fils, sois heureux toi aussi !

LE PASTEUR *attirant Carlsson à part* : Il se pourrait, Carlsson, que vous ne connaissiez pas les conséquences légales de l'acte auquel nous venons d'assister.

CARLSSON : Mais si, mais si !

LE PASTEUR : Vous savez donc aussi que lorsque la veuve contracte un nouveau mariage, la ferme revient au fils du premier lit ?

CARLSSON *prend un mouchoir et s'essuie le front* : Non, ça je ne le savais pas.

LE PASTEUR : Et pourtant, c'est comme ça, vous allez prendre votre retraite en compagnie de la veuve.

CARLSSON *s'assied, un peu étourdi, il réfléchit* : C'est bon, seulement il aurait fallu le dire avant.

LE PASTEUR : Non, pourquoi ? Vous n'avez rien demandé ! D'ailleurs n'avez-vous pas dit que vous ne regardiez pas à l'argent, mais au cœur et ta vieille a un bon cœur. Tu peux en être sûr !

CARLSSON : Dans ces conditions, j'aurais aussi bien pu prendre Ida.

LE PASTEUR : Et pourquoi ne l'as-tu pas fait ? Etais-tu sûr qu'elle voulait de toi ?

CARLSSON : Bah ! Je n'avais qu'à lever le petit doigt et je l'avais à moi.

LE PASTEUR : Tu l'auras, Carlsson. Et tu seras pour elle un vrai père.

Il fait signe à Ida qui se trouve près de la porte ainsi qu'à Gusten de venir.

CARLSSON *surpris* : Qu'est-ce que ça veut dire ?

LE PASTEUR, *à Ida* : Ida, voici ton beau-père qui voudra être pour toi comme un père et te guider sur les chemins semés d'embûches ! (*Carlsson reste tout penaud.*) Et voici ta bru, Anne-Catherine. Allons, tends-lui la main, souhaite-lui la bienvenue dans ta maison.

MADAME FLOD : Viens Ida, reste avec nous, nous allons vivre ensemble.

CARLSSON *se fâchant peu à peu* : C'est bon ! Ne soyons pas mesquins ! Nous allons vivre et laisser vivre les autres. Fichez-moi à la retraite, moi j'ai de quoi et y en aura pour deux ! Mais tout de même, je trouve que vous auriez pu me le dire !

SCÈNE 9

Les précédents. Le colporteur.

CARLSSON : Tiens, le négociant ! C'est mon ami et je suis le sien. Nous sommes tous les deux comme les dix doigts de la main ! (*Il essaie de se lever, mais il reste collé à sa chaise.*) Vraiment, c'est trop fort, je crois que ça colle...

LE PASTEUR *veut se lever pour aider Carlsson, mais il reste lui aussi collé à sa chaise* : Non... mais, mais, mais ! C'est ton foutu baril de goudron... qu'est-ce que je vais prendre quand je vais rentrer à la maison.

Carlsson et le pasteur parviennent à se dégager et ils s'essuient de leur mieux.

LE COLPORTEUR : Bonjour bonnes gens ! Je ne fais que passer pour vous présenter mes félicitations, car j'ai une petite surprise pour vous à Ragohlmen.

TOUS : Une petite surprise ! Quelle surprise ?

LE COLPORTEUR : Vous allez voir ça dans un moment.

SCÈNE 10

L'inspecteur apparaît dans l'ouverture de la porte.

CARLSSON *au colporteur* : Mais non, restez donc prendre un verre avec nous.

LE COLPORTEUR *aperçoit l'inspecteur et il essaie de se faufiler* : Je reviens tout de suite, je reviens tout de suite.

TOUS : Voilà l'inspecteur ! Hourrah !

L'INSPECTEUR *retenant le colporteur* : Mais ne partez donc pas quand arrivent les gens importants ! Madame Styv n'est pas là ?

NORMAN : Si, mais elle est allongée en bas dans la cuisine, elle a été ébrahie par la salve.

CARLSSON *prenant l'inspecteur à part* : Alors, où as-tu l'argent ?

L'INSPECTEUR : Dis-moi Carlsson, t'es un malin !

CARLSSON : Comment un malin ?

L'INSPECTEUR : Non, figure-toi qu'on ne m'a pas donné d'argent !

CARLSSON : Pas donné d'argent ?

L'INSPECTEUR : Non, pas donné un sou, mais par contre, ils m'ont mis au violon et maintenant, il ne me reste plus qu'à demander mon congé. Que madame Styv arrive à manquer et je suis fichu. Mais il va falloir que tu me dédommages. Imaginez-vous ça, j'étais au cabaret et voilà que le premier huissier de la Banque de Suède arrive, je le connaissais un peu, bien sûr... alors je me suis dit, allons-y directement, comme ça après je pourrai rentrer... j'ai donc sorti les actions et je lui ai demandé d'aller les changer. Mais il ne devait pas très bien me connaître car il est allé chercher la police... (*le colporteur se faufile par la porte*) et j'ai été coincé !

CARLSSON : Bah ! Tu t'es adressé à la mauvaise personne, voilà ce qui arrive quand on envoie quelqu'un à sa place.

L'INSPECTEUR : Tu aurais dû y aller toi-même et tu aurais entendu ! Où est le négociant ? Ah, il a filé et il a bien fait parce que la Compagnie I. N. n'existe plus ! L'I. N., c'est fini !

CARLSSON : C'est vrai ? Eh bien, Anne-Catherine, nous sommes dans de beaux draps. Et rappelle-toi... enfin tu vois ce que je veux dire... hem !

MADAME FLOD : Moi, je ne suis au courant de rien. Et là où il n'y a rien... il n'y a rien à savoir.

CARLSSON : Comment !... Et moi qui ai fait venir madame Syk...

LE PASTEUR : Ils se sont moqués de toi, Carlsson, seulement tu vois, voilà ce qui arrive quand on vient de la campagne et qu'on commence à jouer au plus malin avec des pêcheurs. Tu as mangé ton pain blanc, il va falloir maintenant que tu supportes le reste. Mais madame Styv arrive, nous allons pouvoir passer à table.

SCÈNE 11

MADAME STYV *s'assied, indignée, sur la chaise que vient de quitter Carlsson. Elle parle très vite* : Eh bien, moi, inspecteur, je vais vous dire que si vous voulez que nous nous mettions ensemble il va falloir que vous respectiez les bonnes manières et que vous n'abandonniez pas votre dame en plein milieu de la nuit... moi je suis de bonne famille et même si mes parents étaient pauvres, ils étaient honnêtes... et tous ceux avec lesquels j'ai été mariée étaient d'honnêtes gens, surtout Lundin, qui était second huissier à la Cour des comptes, ça c'était un homme... il ne gagnait que trois cents thalers par mois y compris la prime pour l'éclairage et les pourboires...

LE PASTEUR *qui à plusieurs reprises a essayé de l'interrompre, crie* : Taisez-vous, madame Styv, nous passons à table. Vous vous jetez sur ce pauvre homme comme s'il vous devait quelque chose.

MADAME STYV : Il y a de ça.

LE PASTEUR : Eh bien, avant que nous ne passions à table, mettez vos affaires en règle. Au nom de cette communauté, Erik Vestman, je te demande si tu veux prendre Hulda Sofia Styv pour fiancée ?

L'INSPECTEUR : Je me demande si madame Styv veut bien encore de moi.

LE PASTEUR : Eh bien, madame Styv, si tu le veux, tu le prends.

MADAME STYV : Je le prends, je ne pourrai sans doute pas m'en débarrasser autrement.

LE PASTEUR : Alors on peut passer à table.

MADAME FLOD : Mais où est le professeur ? Nous ne pouvons pas nous mettre à table sans le professeur.

GUSTEN : Où est le professeur ?

CARLSSON : Professeur !

NORMAN : Ohoh, professeur !

RUNDQVIST : Je me demande si le professeur n'est pas allé quelque part.

LE PASTEUR : Eh bien, va le chercher !

SCÈNE 12

Le professeur apparaît dans l'ouverture de la porte ; d'une main, il tient une lanterne, de l'autre une clef munie d'un gros bout de bois.

LE PROFESSEUR *veut se débarrasser de ces objets, mais il ne retrouve pas leur place* : Je vous prie beaucoup de recevoir mes excuses, mais j'avais été vraiment beaucoup tout à fait froid.

LE PASTEUR : Ça n'a aucune importance, ça n'a aucune importance.

MADAME FLOD : A table, à table et bon appétit !

Le pasteur préside au milieu de la table, Carlsson et madame Flod sont respectivement à sa gauche et à sa droite. Après madame Flod vient le professeur, puis madame Syk,

Rundqvist et Norman. Après Carlsson, vient l'inspecteur, madame Styv, Gusten et Ida.

Des servantes vont et viennent ; dehors des gens sont attablés.

LE PROFESSEUR *au pasteur* : Qui est cette dame à ma droite ?

LE PASTEUR : C'est une veuve originaire d'Esthonie, parlez-lui seulement d'Esthoniens, cela lui fera plaisir.

CARLSSON, *au professeur* : Sprechen si deutsch, Herr Professor ?

LE PROFESSEUR : Un peu je parle l'allemand puisque Allemand je suis.

MADAME FLOD *au pasteur* : Si monsieur le pasteur veut bien commencer.

LE PASTEUR : Merci, madame.

CARLSSON *qui verse des schnaps* : D'abord un petit schnaps !

MADAME STYV *à l'inspecteur* : Parce que Lundin n'était pas comme ça... il n'agissait pas comme ça...

L'INSPECTEUR : Hulda, pour la dernière fois je vous répète que je me fous de Lundin, de Bolin, de Molin ou de... tous les noms que vous voudrez !

GUSTEN *à Norman qui courtise Ida* : N'y fourre pas tes pattes sans cela tu en prendras un sur ta gueule !

NORMAN : C'était pourtant moi qui jouais pour Ida.

GUSTEN : Toi tu joues et nous, nous dansons.

RUNDQVIST : Et c'est pourtant moi qui ai fait la demande au nom de Carlsson.

CARLSSON : Tu n'as pas honte ! Je l'ai faite moi-même.

MADAME FLOD : Non, c'est bien moi qui ai fait la demande, parce que lui, il n'en avait pas le courage.

LE PROFESSEUR *à madame Syk* : Donc les Esthoniens, madame aime beaucoup.

Tout le monde rit.

MADAME SYK : Je ne comprends pas l'allemand.

LE PROFESSEUR : Pourquoi rire tant de ça ? En ce cas, je vous prie beaucoup de recevoir mes excuses ; le pasteur Norström...

LE PASTEUR : Inutile de donner des explications ! Madame Syk peut raconter elle-même ses malheurs.

MADAME SYK : Je ne sais pas de quels malheurs le pasteur veut parler.

RUNDQVIST : Ce malheur avec les Esthoniens à Skräddarholmen, quand ils vous ont pris tout ce que vous aviez.

CARLSSON : Non, mais puisque l'inspecteur n'exerce plus, dites-lui plutôt qui c'était qui faisait de la contrebande.

L'INSPECTEUR : Oui, ça m'amuserait de le savoir !

CARLSSON : Eh bien on va te le dire : c'était madame Styv !

L'INSPECTEUR : Tu mens ! Je ne veux pas le savoir !

CARLSSON : Mais quand même, c'était elle, et toi-même, tu as bu de son rhum.

L'INSPECTEUR : Je ne veux pas le savoir et même si cela a été vrai, c'est passé... et le passé, c'est du passé. D'ailleurs, ne soyons pas mesquins. Skal, Hulda !

LE PASTEUR : Eh bien, Carlsson, où est le champagne, que je porte les toasts ?

CARLSSON : Il n'y a plus de champagne, monsieur le pasteur, il va falloir en revenir à la bière et savoir s'en contenter.

LE PASTEUR : Toi, tu peux t'en contenter, tu as eu tes journées au champagne, mais moi, vois-tu, je n'en ai jamais eu... et maintenant, je bois à la santé de vous tous : à votre santé, vous les jeunes mariés auxquels nous souhaitons beaucoup de bonheur, à votre santé, vous les fiancés et à la santé de tous les gens de Hemsö ! Au fond, vous êtes tous des saligauds qui ne mettez jamais un pied à l'église, mais je vais dire ce qui est devenu comme votre devise : ne soyons pas mesquins ! Chez vous, tout ne se passe pas selon les règles, mais comme on dit, il faut adopter les coutumes du pays, même si vos coutumes sont de drôles de coutumes ! Enfin, comme je viens de le dire : ne soyons pas mesquins ! Donc : à la bonne vôtre, bande de salopards !

TOUS : Vive le pasteur Norström !

Dehors, détonations.

MADAME STYV *se lève, elle pousse un cri et se précipite dehors* : Oh là là !

Norman lui court après.

LE PASTEUR : Bon, qu'est-ce que c'est encore que ça ?

Les lueurs rouges d'un feu de Bengale illuminent les petites îles. Tout le monde se lève.

CARLSSON : Voyez-moi ça ! Même si c'est un filou, le négociant est un gentilhomme, voilà maintenant qu'il nous offre un feu d'artifice sur Ragholmen.

Dehors, musique de violon.

NORMAN *entre* : Madame Syk, madame Syk ! Ça y est !

MADAME SYK : Mon Dieu, c'était madame Styv ?

Elle prend son clystère sur le banc et sort en courant.

L'INSPECTEUR *mécontent* : Vraiment, quel manque d'éducation, ne pas pouvoir se retenir quand on est à table !

LE PASTEUR : Oui, vous êtes terribles.

CARLSSON : Asseyez-vous donc monsieur le pasteur, ne vous laissez pas troubler, les fêtes du mariage vont durer trois jours, demain la dame sera sur pied pour que nous puissions célébrer le baptême quand les parrain et marraine seront arrivés.

MADAME FLOD : Ne vous inquiétez pas, mon petit pasteur, ça sera bientôt fini, je descends préparer de l'infusion de sureau.

LE PROFESSEUR : Pasteur Norström ? Cela est un coup des Esthoniens ?

LE PASTEUR *imitant son accent* : Non, c'est de l'inspecteur Vestman... (*Il se lève, il enlève sa serviette.*) Quelle racaille vous êtes, oui, mais quelle sacrée racaille !

NORMAN *entre à nouveau* : Fausse alerte ! Fausse alerte ! Ce n'était que... (*Il chuchote à l'oreille de son plus proche voisin* :)... rien !

LE PASTEUR : Il ne faut pas se moquer comme ça des gens.

Madame Styv, madame Syk et le colporteur entrent, ils sont salués chacun à leur tour par des hourrahs.

LE COLPORTEUR : Vous m'en voulez ? Mais au fond, c'est moi qui devrais vous en vouloir de m'avoir refilé cette pierre rouge.

CARLSSON : Si je comprends, c'est nous qui vous avons roulé !

LE COLPORTEUR : Evidemment, puisque la pierre n'est pas bonne ! Mais, ne soyons pas mesquins, vous avez encaissé mille couronnes et maintenant vous allez récupérer Ragholmen, avec par-dessus le marché un panier de bouteilles de champagne... la prochaine fois que nous ferons des affaires avec des pêcheurs, nous signerons un contrat de livraison !

TOUS : Vive le négociant !

Deux hommes entrent, portant un panier de bouteilles de champagne.

Le colporteur entonne une chanson. Tout le monde chante, sauf le pasteur :

Et les diables de l'enfer
Jouaient du violon
Et leur capitaine lui-même
Jouait du piano.
Houh !

Vive Svealand
Viv' Nederland,
Un schnaps pour nous !
Buvons un coup !
Houh !

Paria

Un acte, librement adapté d'une nouvelle de Ola Hansson

Texte français
Michel Arnaud

Personnages

MONSIEUR X, *archéologue*. MONSIEUR Y, *voyageur venant d'Amérique*.

Une pièce très simple au rez-de-chaussée d'une maison de campagne. Au fond, une porte et une fenêtre par lesquelles on aperçoit un paysage rustique. Au centre, une grande table de salle à manger. Sur cette table, d'un côté, des livres, de quoi écrire et quelques objets antiques provenant apparemment de fouilles ; de l'autre, un microscope, des boîtes d'entomologiste, des bocaux d'alcool.

A gauche de la scène une étagère chargée de livres. Le reste de l'ameublement est celui d'un paysan aisé.

Monsieur Y entre. Il est en bras de chemise et porte un filet à papillons et une boîte de botaniste. Il va droit à l'étagère et y prend un livre qu'il se met à lire, debout.

On entend les cloches du village qui sonnent la fin de la messe. La pièce et le paysage que l'on découvre par la porte et la fenêtre sont inondés de soleil. De temps en temps on entend aussi des poules caqueter à l'extérieur.

Monsieur X fait à son tour son entrée, lui aussi en bras de chemise.

Monsieur Y sursaute et remet le livre à sa place, mais le dos à l'envers ; il fait semblant d'en chercher un autre sur le rayon.

MONSIEUR X : Quelle chaleur accablante ! On va sûrement avoir de l'orage.

MONSIEUR Y : Vraiment ? Qu'est-ce qui vous fait croire ça ?

MONSIEUR X : Les cloches ont un son mat, les mouches sont mauvaises et les poules caquettent... Je voulais aller à la pêche, mais je n'ai pas pu trouver un seul ver. Vous ne vous sentez pas nerveux ?

MONSIEUR Y, *réfléchissant* : Moi ? — Si, un peu.

MONSIEUR X : D'ailleurs, vous avez toujours l'air d'appréhender un orage.

MONSIEUR Y, *sursautant* : Vous trouvez ?

MONSIEUR X : Bah ! comme vous partez demain, rien d'étonnant à ce que vous ayez un accès de « fièvre des voyages » !... Quelles nouvelles ? Ah ! voici le courrier. (*Il prend des lettres sur la table.*) Moi, toutes les fois que j'ouvre une lettre, j'ai des palpitations. Toujours des factures et encore des factures ! Vous n'avez jamais eu de dettes ?

Monsieur Y, *hésitant* : Des dettes ? N-n-non.

Monsieur X : Alors, vous ne pouvez pas comprendre l'effet que ça produit de voir arriver des factures à payer. (*Il parcourt une lettre.*) Le loyer est en retard... le propriétaire réclame... ma femme est au désespoir ! Et moi, moi, je suis plongé dans l'or jusqu'au cou ! (*Il ouvre un petit coffre bardé de fer qui est sur la table. Les deux hommes s'asseyent de chaque côté de la table.*) Vous voyez, j'ai là le résultat de mes fouilles de ces quinze derniers jours : de l'or pour une valeur de six mille couronnes. Ce bracelet, à lui seul, me rapporterait les trois cent cinquante couronnes dont j'ai besoin. Et le tout me permettrait de m'assurer une brillante carrière. Mon premier soin, évidemment, serait de faire graver les illustrations qui doivent accompagner ma thèse. Après quoi, je la publierais... et je m'éclipserais. Pourquoi est-ce que je ne le fais pas, à votre avis ?

Monsieur Y : Sans doute parce que vous avez peur d'être découvert.

Monsieur X : Oui, peut-être aussi à cause de ça. Mais ne pensez-vous pas qu'un homme de mon intelligence serait capable de s'arranger pour qu'on ne le découvre pas ? Je suis toujours seul quand je pratique mes fouilles, sans témoins. Qu'est-ce qui m'empêcherait de glisser quelques menus objets dans ma poche ?

Monsieur Y : C'est vrai, mais le moment le plus dangereux, paraît-il, c'est quand on essaie de les vendre, ces menus objets.

Monsieur X : Bah ! Je ferais évidemment fondre le tout, pour le transformer en pièces d'or. De bon aloi, évidemment.

Monsieur Y : Evidemment !

Monsieur X : Evidemment. Vous pensez bien que si j'avais l'intention de fabriquer de la fausse monnaie, je n'aurais pas besoin de creuser d'abord la terre pour y trouver de l'or ! (*Un temps.*) C'est tout de même bizarre : si quelqu'un venait à faire ce que, moi, je ne puis me résoudre à faire, je ne le condamnerais pas. Mais je ne pourrais pas m'empêcher de me condamner moi-même. Et pourtant, je serais capable de plaider brillamment la cause du voleur. Je prouverais que cet or est, était *res nullius* : autrement dit qu'il n'appartenait à personne, du fait qu'il avait été enfoui là avant que cette terre soit la propriété de quiconque, et que, même aujourd'hui, il revient au premier venu et à lui seul, du moment que le propriétaire du terrain n'en a pas tenu compte dans l'évaluation du prix de celui-ci, et ainsi de suite.

MONSIEUR Y : Et cette plaidoirie, vous la prononceriez sans doute avec plus d'aisance si... hum !... si le voleur n'avait pas agi sous l'empire du besoin, mais avait plutôt cédé à une manie de collectionneur, à son amour de la science ou à l'ambition de s'approprier une découverte ? N'est-ce pas ?

MONSIEUR X : Vous voulez dire que je ne pourrais pas faire autrement que de le condamner s'il avait volé par besoin ? Oui, car c'est là le seul cas où la loi ne pardonne pas ! C'est là du vol pur et simple !

MONSIEUR Y : Et cela, vous, vous ne le pardonneriez pas non plus ?

MONSIEUR X : Le pardonner ? Hum ! Non, comment pardonner, quand la loi ne pardonne pas ? Mais j'avoue que j'accuserais moins volontiers de vol un collectionneur qui aurait pris dans la terre d'autrui une pièce manquant à sa collection.

MONSIEUR Y : La vanité ou l'ambition excuseraient donc ce que le besoin ne peut excuser ?

MONSIEUR X : Le besoin n'en devrait pas moins être la seule excuse valable. Mais c'est ainsi. Je n'y peux rien, pas plus que je ne peux changer ma volonté de ne jamais rien voler, sous aucun prétexte !

MONSIEUR Y : Et vous considérez donc comme une grande vertu le fait que vous ne puissiez pas... euh !... voler ?

MONSIEUR X : Cette détermination de ne jamais rien voler est aussi irrésistible chez moi que peut l'être chez d'autres l'envie de voler. Ce n'est donc pas une vertu. Moi, je ne peux pas voler, et eux, ils ne peuvent s'empêcher de le faire. — Vous comprenez bien que ce n'est pas l'envie de posséder tout cet or qui me manque ! Pourquoi, alors, est-ce que je ne m'en empare pas ? Parce que je ne le peux pas ! J'en suis incapable et une incapacité ne peut constituer une vertu. Un point c'est tout ! (*Il referme le petit coffre en en faisant claquer le couvercle. De temps à autre des nuages isolés ont obscurci la lumière et, à présent, l'éclairage s'assombrit comme à l'approche d'un orage.*) Comme il fait lourd ! Je crois vraiment que nous allons avoir de l'orage.

(*Monsieur Y se lève et va fermer la porte et la fenêtre.*) Vous avez peur de l'orage ?

MONSIEUR Y : Mieux vaut être prudent.

Ils s'asseyent de nouveau à la table.

MONSIEUR X, *regardant monsieur Y* : Vous êtes un drôle de type ! Vous débarquez ici, il y a deux semaines, vous présentant comme un Suédois de retour d'Amérique et qui voyage en quête d'insectes pour un petit musée...

MONSIEUR Y : Ne vous occupez donc pas de moi !

MONSIEUR X : C'est ce que vous me dites toujours quand, en ayant assez de parler tout le temps de moi-même, je veux vous consacrer un peu d'attention. C'est peut-être parce que vous m'avez tellement laissé parler de moi, que vous m'êtes devenu si sympathique ! On a tout de suite été de vieilles connaissances : en vous, il n'y avait pas d'aspérités susceptibles de me heurter, pas de pointes pouvant me blesser. Toute votre personne respirait une douceur, une discrétion que l'on ne trouve que chez les gens très cultivés. Vous vous levez sans faire de bruit ; quand vous rentrez tard, on ne vous entend pas ; vous n'êtes pas formaliste, chaque fois que menace un conflit vous cédez — bref, vous êtes le compagnon parfait ! Mais, aussi, vous êtes beaucoup trop complaisant, beaucoup trop effacé, trop silencieux pour qu'avec le temps je ne me sois pas posé de questions. Vous êtes craintif, plein d'appréhension — on dirait que vous êtes votre propre double. Savez-vous que lorsque, comme en ce moment, je suis assis en face de la glace et que je vous y vois de dos, j'ai l'impression de regarder quelqu'un d'autre. (*Monsieur Y se retourne et se regarde dans la glace.*) Mais non, vous ne pouvez pas vous voir de dos ! De face, vous avez l'air d'un homme franc, qui affronte hardiment son destin, mais de dos... Je ne voudrais pas vous blesser, mais vu de dos, on dirait que vous pliez sous un fardeau ou que vous essayez d'esquiver un coup de bâton ; et quand je vois vos bretelles rouges qui se croisent sur votre chemise blanche, elles me font penser à une marque tracée sur une caisse d'emballage.

MONSIEUR Y, *se levant* : Si l'orage ne se déclenche pas bientôt, je crois que je vais étouffer.

MONSIEUR X : Il va venir, ne vous inquiétez pas ! — Et votre nuque donc ! Elle semble porter un deuxième visage, mais un visage d'un autre type que le vôtre ! L'espace entre vos oreilles est si étroit que je me demande parfois à quelle race vous appartenez ! (*Un éclair.*) On dirait que la foudre vient de tomber sur la gendarmerie.

MONSIEUR Y, *avec inquiétude* : Sur la gendarmerie ?

MONSIEUR X : Oui, mais ce n'était qu'une impression ! Finalement, cet orage va nous passer à côté ! Maintenant, asseyez-vous et puisque vous partez demain, causons un peu. — C'est curieux, on est tout de suite devenus intimes, et, pourtant, vous êtes une de ces personnes dont je ne parviens pas à me rappeler le visage lorsque je ne l'ai plus devant les yeux. Quand vous n'êtes pas là et que je pense à vous, c'est toujours le visage de quelqu'un d'autre qui se présente à moi. Quelqu'un qui ne vous ressemble pas vraiment, mais avec qui vous avez certains traits communs.

MONSIEUR Y : Qui cela ?

MONSIEUR X : Inutile que je vous dise son nom ! Donc, plusieurs années durant, j'avais l'habitude de dîner au même endroit, et c'est là, devant la table des hors-d'œuvre où l'on se servait soi-même, que j'ai rencontré un petit homme blond, aux yeux clairs et au regard douloureux. Il avait un don extraordinaire qui lui permettait de se déplacer dans la cohue sans bousculer personne ni se faire bousculer. De la porte, il pouvait attraper un morceau de pain situé à deux mètres de distance. Il avait toujours l'air heureux de se trouver au milieu des gens, et quand il rencontrait une personne de connaissance, il s'esclaffait de bonheur et lui tombait dans les bras, comme si, depuis des années, il n'avait pas vu un seul être humain. Si on lui marchait sur les pieds, il souriait comme pour demander pardon d'être là. Je l'ai observé de la sorte pendant deux ans et je m'amusais à essayer de deviner ce qu'il faisait dans la vie et quel pouvait être son caractère, mais je n'ai jamais demandé à personne qui il était. Je ne voulais pas le savoir : ça m'aurait gâté tout mon plaisir. Parfois, je me l'imaginais instituteur, et d'autres, sous-officier, pharmacien, fonctionnaire ou policier en civil. Et, comme vous, il semblait fait de deux morceaux différents, et le recto n'allait pas avec le verso. Un jour, je lus par hasard dans le journal le récit d'une importante affaire de fausses traites, dans laquelle était impliqué un fonctionnaire très en vue. Là-dessus, je découvris que mon indéfinissable bonhomme avait été l'associé du frère du faussaire et qu'il s'appelait Depaille ; puis, finalement, on m'apprit que ledit Depaille avait tenu un cabinet de lecture, mais que, pour le moment, il faisait les commissariats pour un grand journal. Comment j'ai pu alors établir un rapport entre les fausses traites, la police et le comportement bizarre de ce personnage indéfinissable, je l'ignore, mais lorsque j'ai demandé à un ami si Depaille avait jamais fait de la prison, il ne me répondit ni oui ni non : il n'en savait rien !

MONSIEUR Y, *après un temps* : Et... avait-il jamais fait de la prison ?

MONSIEUR X : Non, il n'avait jamais fait de prison.

MONSIEUR Y, *après un nouveau temps* : Vous voulez dire que c'est à cause de ça qu'il était attiré par la police et qu'il avait peur de se heurter contre les gens ?

MONSIEUR X : Oui.

MONSIEUR Y : Avez-vous fait sa connaissance par la suite ?

MONSIEUR X : Non, je n'en avais pas envie.

MONSIEUR Y : Auriez-vous accepté de le fréquenter s'il avait été condamné ?

MONSIEUR X : Volontiers. (*Monsieur Y se lève et marche de long en large.*) Restez donc tranquille. Vous ne pouvez pas rester tranquillement assis ?

MONSIEUR Y : Et d'où tenez-vous cette vue si libérale des relations humaines ? Vous êtes chrétien ?

MONSIEUR X : Non. C'est évident. (*Monsieur Y a une expression étonnée.*) Les chrétiens exigent le pardon, alors que moi, c'est le châtiment que j'exige, pour que soit rétabli l'équilibre ou quel que soit le nom que vous voudrez donner à la chose ! Et vous, qui avez fait de la prison, vous devriez le comprendre.

MONSIEUR Y, *s'arrêtant pile et regardant monsieur X d'abord avec une haine farouche, puis avec étonnement et admiration* : Comment... comment... pouvez-vous... le savoir ?

MONSIEUR X : Je le vois.

MONSIEUR Y : Comment ? Comment pouvez-vous le voir ?

MONSIEUR X : J'ai appris. C'est un art comme beaucoup d'autres. Mais parlons d'autre chose... (*Il consulte sa montre, pose un papier sur la table, trempe la plume dans l'encre et la tend à monsieur Y.*) Il faut que je pense à mes inextricables affaires. Voulez-vous avoir l'amabilité d'attester l'authenticité de ma signature sur cet effet, je le déposerai à la banque demain, quand je vous accompagnerai à Malmö.

MONSIEUR Y : Je n'ai pas l'intention de passer par Malmö.

MONSIEUR X : Non ?

MONSIEUR Y : Non !

MONSIEUR X : Ça ne vous empêche pas d'attester ma signature.

MONSIEUR Y : N-non. J'ai pour principe de ne jamais apposer la mienne sur ce genre de papiers...

MONSIEUR X, *vivement* : De ne *plus* apposer votre signature sur aucun papier, voulez-vous dire. C'est la cinquième fois que vous refusez de le faire. La première fois, c'était sur un récépissé de la poste — et c'est alors que j'ai commencé à vous observer. Et maintenant, je viens de constater que vous avez même horreur de toucher un porte-plume. Depuis que vous êtes ici, vous n'avez pas envoyé une seule lettre. Rien qu'une carte postale, et encore l'avez-vous écrite au crayon. Vous comprenez donc que j'ai pu deviner le genre de « faux pas » que vous avez commis ! Et ce n'est pas tout ! Voici bien la septième fois que vous refusez de venir avec moi à Malmö où vous n'avez pas mis les pieds depuis des éternités. Et pourtant, c'est uniquement pour voir Malmö que vous êtes venu ici. Tous les matins, vous parcourez cinq kilomètres jusqu'au moulin à vent, sur la colline, rien que pour apercevoir les toits de Malmö. Et quand, vous plaçant à la fenêtre de droite, vous regardez par le troisième carreau à gauche, en commençant par le bas, ce sont les tourelles du château et les cheminées de la prison que vous contemplez. Vous voyez donc que ce n'est pas moi qui suis tellement malin, mais vous qui êtes stupide.

MONSIEUR Y : A présent, vous me méprisez.

MONSIEUR X : Non.

MONSIEUR Y : Si, vous me méprisez. Vous ne pouvez pas ne pas me mépriser.

MONSIEUR X : Non. Tenez ! Voici ma main... (*Monsieur Y baise la main que lui tend monsieur X.*) Qu'est-ce que c'est que ces manières de chien ?

MONSIEUR Y : Pardonnez-moi, monsieur ! Mais vous êtes le premier qui me tende la main après avoir appris...

MONSIEUR X : « Pardonnez-moi, monsieur ! » Ma parole, vous allez finir par me parler à la troisième personne, comme un domestique ! Je suis alarmé de voir qu'après avoir purgé votre peine, vous n'ayez pas le sentiment d'être réhabilité, que vous ne vous sentiez pas lavé de votre faute et sur un pied d'égalité avec n'importe qui. Racontez-moi donc comment c'est arrivé, voulez-vous ?

MONSIEUR Y, *mal à l'aise* : Oui, mais vous n'allez pas me croire. Je vais quand même tout vous raconter, et vous verrez que je ne suis pas un vulgaire malfaiteur. Vous serez convaincu qu'il y a des « faux pas » comme qui dirait involontaires... (*Encore très mal à l'aise.*)... des actes qui se présentent en quelque sorte d'eux-mêmes... spontanément... sans qu'on le veuille et contre lesquels on ne peut rien !... Vous permettez que j'ouvre un peu la porte, je crois que l'orage est passé.

MONSIEUR X : Je vous en prie.

MONSIEUR Y *ouvre la porte puis revient s'asseoir. Il dit ce qui suit avec un entrain forcé, des gestes théâtraux et sur un ton faux* : Eh bien, voilà ! J'étais étudiant à l'université de Lund et, un jour, j'ai eu besoin d'emprunter de l'argent. Le montant de mes dettes n'était pas terrible, et mon père avait du bien — pas grand-chose, évidemment, mais quand même ! J'avais fait porter une traite chez une personne que je connaissais, en lui demandant de l'avaliser et, contrairement à toute attente, cette traite me fut retournée avec un refus. Je restai assis un moment, étourdi par le choc, car c'était une surprise désagréable, très désagréable. La traite était devant moi sur la table, et, à côté d'elle, la lettre de refus. Très embêté, je parcourais des yeux les lignes fatales qui me signifiaient mon arrêt. Bien sûr, ce n'était pas mon arrêt de mort, car j'aurais pu facilement me trouver d'autres garants, autant même que je voulais. Mais, comme je viens de le dire, la chose était très désagréable. Et voilà que mon regard, en toute innocence, se fixe sur la signature de la lettre, cette signature qui, apposée au bon endroit, aurait tout arrangé. C'était une signature très soignée, très lisible. Vous savez comment, lorsqu'on est assis à réfléchir, il vous arrive de couvrir tout un buvard en griffonnant les mots les plus anodins. J'avais la plume à la main... (*Il saisit le porte-plume.*)... comme ceci, et sans que je sache comment, la voilà qui se met à écrire. Je ne prétends pas qu'il y ait eu là-dessous quoi que ce soit de mystérieux, un phénomène spirite quelconque : je ne crois pas à ce genre de choses... Non, c'était un geste purement machinal, irréfléchi. Je restai là à copier et à recopier le bel autographe, sans la moindre intention d'en tirer profit. Lorsque j'eus couvert de mes griffonnages la lettre tout entière, j'avais acquis assez d'adresse pour reproduire parfaitement cette signature. (*Il jette le porte-plume avec violence.*) Et puis je n'y ai plus pensé. La nuit suivante, j'eus un sommeil lourd et profond, et quand je me suis éveillé, je savais avoir rêvé, mais j'étais incapable de me souvenir de mon rêve. Pourtant, c'était comme si de temps en temps une porte s'était entrouverte et la table avec la traite m'apparaissait comme un souvenir. Et quand je me suis levé, une force m'a poussé vers ma table de travail, exactement comme si, après mûre réflexion, j'avais pris l'irrévocable décision de contrefaire cette signature sur le papier fatal. Toute idée de risque, toute pensée aux conséquences éventuelles avaient disparu. Plus l'ombre d'une hésitation ! C'était presque comme si j'accomplissais un devoir impérieux, et j'ai signé. (*Il se lève d'un bond.*) Que peut bien être un acte pareil ? Est-il le fait d'une impulsion, d'une suggestion hypnotique, comme on dit ? Mais venant de qui ? Je dormais seul dans ma chambre ! Cela pouvait-il être mon moi non civilisé, le sauvage qui ne reconnaît pas les conventions, qui, pendant que sommeillait ma conscience, se manifestait avec sa volonté criminelle et son incapacité de calculer les conséquences de son acte ? Dites, qu'en pensez-vous ?

MONSIEUR X, *avec effort* : En toute franchise, votre histoire ne me satisfait pas entièrement. Elle comporte des lacunes. Mais peut-être ne vous en rappelez-vous pas tous les détails. J'ai, du reste, lu pas mal de choses sur les impulsions criminelles... et je crois me souvenir... Hum !... Mais passons ! Vous avez subi votre châtiment... et vous avez eu le courage de reconnaître votre faute. N'en parlons plus !

MONSIEUR Y : Si, si, au contraire, parlons-en ! Il faut que nous en parlions afin que j'acquière la pleine conscience de mon innocence.

MONSIEUR X : Vous ne l'avez donc pas ?

MONSIEUR Y : Non, je ne l'ai pas.

MONSIEUR X : Eh bien, voyez-vous, c'est cela qui m'alarme. Oui, c'est cela qui m'alarme ! — Vous ne croyez pas que chacun de nous a un cadavre dans son sous-sol ? Est-ce que nous n'avons pas tous chapardé et menti quand nous étions petits ? Bien sûr que si ! Eh bien, il y a des gens qui continuent d'être des enfants toute leur vie et qui ne parviennent pas à dominer leurs désirs, bien que ceux-ci soient en contradiction avec la loi. Il suffit que l'occasion s'en présente pour que le criminel surgisse ! Mais je n'arrive pas à comprendre comment il se fait que vous ne vous sentiez pas innocent. Si l'on considère que les enfants sont irresponsables, les criminels le sont aussi. C'est étrange ! — Enfin, c'est sans importance... Je le regretterai peut-être plus tard... (*Un temps.*) Moi, j'ai tué un homme, et je n'en ai jamais eu le moindre remords.

MONSIEUR Y, *très intéressé* : Vous... vous auriez... ?

MONSIEUR X : Oui, moi. — Peut-être est-ce que vous ne voudrez plus serrer la main d'un meurtrier ?

MONSIEUR Y, *cordialement* : Voyons, ne dites pas de bêtises !

MONSIEUR X : Mais, moi, je n'ai pas été puni pour mon crime.

MONSIEUR Y, *familier et supérieur* : Tant mieux pour vous ! Comment avez-vous fait pour y couper ?

MONSIEUR X : Il n'y a eu ni accusation, ni soupçons, ni témoins. En effet, ça s'est passé de la façon suivante : une année, à la Noël, un de mes amis m'avait invité à venir chasser chez lui, près d'Upsal. Il avait envoyé à ma rencontre un vieux cocher, un ivrogne, qui, s'étant endormi sur le siège de la voiture, accrocha une barrière et versa dans le fossé. Je ne prétends pas que ma vie ait été en danger, mais, dans un accès de colère, j'ai donné un coup de poing au cocher pour le réveiller, si bien qu'il ne se réveilla plus jamais : il était mort.

MONSIEUR Y, *d'un air rusé* : Et vous ne vous êtes pas dénoncé ?

MONSIEUR X : Non, et cela pour les raisons suivantes : cet homme n'avait pas de famille, ni personne qui dépendît de lui. Il avait végété toute sa vie, et sa place dans le monde pouvait être occupée sur-le-champ par quelqu'un qui en avait plus besoin que lui. Tandis que moi, au contraire, j'étais indispensable au bonheur de mes parents, à mon propre bonheur et, peut-être, à la science. L'affaire m'avait déjà guéri de l'envie de donner des coups de poing, et je ne me souciais pas de ruiner ma vie et celle de mes parents pour satisfaire une justice abstraite.

Monsieur Y : Vraiment ? C'est là toute la valeur qu'a pour vous une vie humaine ?

Monsieur X : Dans le cas présent, oui.

Monsieur Y : Mais, alors, le sentiment de culpabilité ? Le « rétablissement de l'équilibre » ?

Monsieur X : Je ne me sentais pas coupable, je n'avais pas commis de crime. Des coups de poing, j'en avais reçu et donné quand j'étais enfant, et c'est seulement mon ignorance de l'effet des coups de poing sur les vieillards qui avait provoqué la mort de celui-ci.

Monsieur Y : Oui. Mais l'homicide involontaire est néanmoins puni de deux ans de travaux forcés... La même peine exactement que pour... un faux.

Monsieur X : J'ai aussi pensé à ça, croyez-moi ! Et plus d'une nuit, j'ai rêvé que j'étais en prison. Brrr ! Dites, c'est vraiment aussi terrible qu'on le dit d'être sous les verrous ?

Monsieur Y : Oui, c'est terrible. D'abord, on vous défigure en vous rasant le crâne, de sorte que si, auparavant, on n'avait pas une tête de criminel, on l'a par la suite, et quand on se regarde dans une glace, on est convaincu que l'on est une fripouille.

Monsieur X : En somme, on vous arrache votre masque ! Ce n'est pas une mauvaise idée.

Monsieur Y : Plaisantez, oui !... Ensuite, on vous réduit vos rations, ce qui fait qu'à chaque heure, à chaque instant, vous êtes de plus en plus conscient de la différence qu'il y a entre la vie et la mort. Toutes les fonctions vitales sont réprimées, on a l'impression de se recroqueviller et votre âme qui devrait être amendée, élevée, dans cet endroit, est réduite à la portion congrue, ramenée mille ans en arrière ; on ne vous permet de lire que des ouvrages écrits pour les sauvages des grandes invasions ; on ne vous permet d'entendre parler que de choses qui ne se passeront jamais au ciel, tandis que ce qui se passe sur terre demeure un secret. On vous arrache à votre milieu, vous êtes déchu de votre classe, vous vous retrouvez sous les ordres de gens qui vous sont inférieurs, vous avez l'impression de vivre à l'âge du bronze, d'être vêtu d'une peau de bête, de loger dans une caverne et de manger dans une auge. Pouah !

Monsieur X : C'est on ne peut plus rationnel. Quiconque se comporte comme s'il appartenait à l'âge du bronze doit porter le costume de l'époque.

MONSIEUR Y, *furieux* : Mais oui, moquez-vous ! Vous qui vous êtes comporté comme un homme de l'âge de pierre ! et qui vivez malgré ça à l'âge d'or !

MONSIEUR X, *le regardant fixement, acerbe* : L'âge d'or ? Qu'entendez-vous par là ?

MONSIEUR Y, *sournois* : Rien.

MONSIEUR X : Vous mentez. Vous êtes trop lâche pour dire toute votre pensée.

MONSIEUR Y : Moi, lâche ? Vous croyez ça ? Je n'ai pas été lâche quand j'ai osé me montrer dans ces parages où j'ai souffert ce que j'ai souffert... Mais est-ce que vous savez de quoi on souffre le plus lorsqu'on est en prison ? C'est de voir que les autres n'y sont pas aussi.

MONSIEUR X : Quels autres ?

MONSIEUR Y : Les impunis.

MONSIEUR X : C'est à moi que vous faites allusion ?

MONSIEUR Y : Oui.

MONSIEUR X : Je n'ai commis aucun crime.

MONSIEUR Y : Non ? Vraiment ?

MONSIEUR X : Non. Un accident n'est pas un crime.

MONSIEUR Y : Ainsi, c'est un accident que de commettre un meurtre.

MONSIEUR X : Je n'ai commis aucun meurtre.

MONSIEUR Y : Tiens ! Tuer un homme n'est pas un meurtre.

MONSIEUR X : Non, pas toujours. Il y a l'assassinat, l'homicide involontaire, les coups et blessures ayant entraîné la mort, avec toutes leurs subdivisions, avec ou sans préméditation. En tout cas, maintenant, vous commencez à me faire peur, car vous appartenez à la catégorie d'hommes la plus dangereuse : celle des imbéciles !

MONSIEUR Y : Vraiment, vous me prenez pour un imbécile ? Ecoutez ! Voulez-vous que je vous prouve qu'au contraire je suis particulièrement malin ?

MONSIEUR X : Voyons un peu.

MONSIEUR Y : Admettrez-vous que je tiens un raisonnement intelligent et logique si je vous dis la chose suivante ? Vous avez eu un « accident » qui aurait pu vous valoir deux ans de travaux forcés. Vous avez entièrement coupé à l'ignominieuse sanction. Devant vous se tient un homme qui, lui aussi, a été la victime d'un... accident... d'une suggestion inconsciente... et qui, lui, a dû faire deux ans de travaux forcés. Cet homme n'a qu'un seul moyen d'effacer la souillure qu'il s'est involontairement infligée : ses travaux scientifiques, mais, pour les mener à bien, ces travaux, il lui faut de l'argent, beaucoup d'argent, et cela immédiatement. Vous ne pensez pas que si l'autre, celui qui est resté impuni, était condamné à une amende raisonnable, cela rétablirait l'équilibre des relations humaines ? Vous ne le pensez pas ?

MONSIEUR X, *tranquillement* : Si.

MONSIEUR Y : Eh bien, nous voilà d'accord !... Hum ! (*Un temps.*) Quelle somme estimez-vous raisonnable ?

MONSIEUR X : Raisonnable ? Selon la loi, la vie d'un homme vaut au minimum cinquante couronnes. Mais, comme le défunt n'avait pas de famille, la question ne se pose pas.

MONSIEUR Y : Ah, vous refusez de comprendre ! Alors je vais parler plus clairement. C'est à moi que vous devez payer cette amende.

MONSIEUR X : Première fois que j'entends dire qu'un homicide devrait payer une amende à un faussaire. D'ailleurs, il n'y a personne pour me dénoncer.

MONSIEUR Y : Non ? Eh bien, si : il y a moi !

MONSIEUR X : Ah ! Les choses commencent à s'éclaircir. Combien demandez-vous pour devenir complice de ce meurtre ?

MONSIEUR Y : Six mille couronnes.

MONSIEUR X : C'est trop ! Où voulez-vous que je les prenne ? (*Monsieur Y montre le petit coffre.*) Non, je refuse. Je refuse de devenir un voleur.

MONSIEUR Y : Pas de simagrées ! Voudriez-vous me faire croire que vous n'avez pas déjà puisé dans ce coffre ?

MONSIEUR X, *comme à lui-même* : Comment ai-je pu commettre une erreur aussi grossière ! Mais il en est toujours ainsi avec les gens qui sont faciles à vivre. On a un faible pour eux et on croit aisément qu'on leur inspire de la sympathie : c'est précisément à cause de ça que je me suis toujours méfié des gens pour qui j'avais un faible... (*Se tournant vers monsieur Y* :) Vous êtes donc convaincu que j'ai puisé dans ce coffre ?

MONSIEUR Y : Oui. J'en suis sûr.

MONSIEUR X : Et vous me dénoncerez si je ne vous donne pas les six mille couronnes ?

MONSIEUR Y : Parfaitement ! Vous ne vous en tirerez pas. Inutile d'essayer.

MONSIEUR X : Vous me croyez donc disposé à donner à mon père un voleur pour fils, à ma femme un voleur pour époux, à mes enfants un voleur pour père, à mes camarades un voleur pour collègue ? Non, cela ne sera jamais. Je vais de ce pas à la gendarmerie me constituer prisonnier.

MONSIEUR Y, *se levant vivement et rassemblant ses affaires* : Attendez un instant !

MONSIEUR X : Pourquoi ça ?

MONSIEUR Y, *balbutiant* : Je me disais seulement que... du moment qu'on n'a pas besoin de moi... ma présence n'est pas nécessaire... et que je pouvais partir.

MONSIEUR X : Non, vous ne pouvez pas partir. Reprenez donc votre place à la table, là où vous étiez assis, et causons d'abord un peu.

MONSIEUR Y *s'assied après avoir endossé une veste de couleur sombre* : Que... que va-t-il se passer maintenant ?

MONSIEUR X, *le regardant dans la glace* : Ah ! Maintenant je comprends ! Oh, oh !

MONSIEUR Y, *inquiet* : Qu'est-ce que vous voyez donc de si extraordinaire ?

MONSIEUR X : Je vois dans la glace que vous êtes un voleur, un simple, un vulgaire voleur. Tout à l'heure, quand vous étiez assis là, en bras de chemise, j'ai constaté qu'il y avait quelque chose qui clochait dans ma bibliothèque, mais ce que c'était, je n'arrivais pas à le définir, parce que je tenais à vous écouter et à vous observer. Maintenant que vous m'êtes devenu antipathique, mon regard lui aussi est devenu plus perçant, et depuis que vous avez mis cette veste noire, elle fait ressortir les dos rouges de mes livres, alors que tout à l'heure, à cause de vos bretelles rouges, on ne les remarquait pas. Je peux donc voir maintenant que vous avez pris votre histoire de faux dans l'essai de Bernheim sur la suggestion hypnotique, car vous avez remis ce livre à l'envers. Vous avez donc volé même cette histoire ! J'estime en conséquence que j'ai le droit de conclure que vous avez commis votre délit sous l'empire du besoin ou pour faire la noce !

MONSIEUR Y : C'était sous l'empire du besoin !... Si vous saviez !

MONSIEUR X : Si vous saviez, *vous*, combien j'ai vécu et combien je vis encore dans le besoin ! Mais ce n'est pas le moment de parler de ça... Je continue : il est à peu près certain que vous avez fait de la prison, mais en Amérique, car c'est la vie dans les prisons américaines que vous avez décrite. Une autre chose est presque aussi certaine : c'est que pour le crime que vous avez commis ici vous n'avez pas purgé votre peine.

MONSIEUR Y : Comment pouvez-vous dire ça ?

MONSIEUR X : Attendez que les gendarmes viennent et vous le saurez. (*Monsieur Y se lève.*) Vous voyez ? La première fois que j'ai parlé des gendarmes à propos de la foudre, vous avez également eu envie de prendre la fuite. De plus, quand un homme a fait un séjour dans une prison, il ne grimpe pas tous les jours en haut d'une colline pour la regarder, pas plus qu'il ne se poste derrière une fenêtre pour la contempler... Bref, vous avez purgé une peine, mais pas l'autre ! C'est pourquoi il a été particulièrement difficile de vous percer à jour.

MONSIEUR Y, *après un temps, complètement défait* : Je peux m'en aller maintenant ?

MONSIEUR X : Oui, maintenant vous pouvez vous en aller.

MONSIEUR Y, *rassemblant ses affaires* : Vous m'en voulez ?

MONSIEUR X : Préfèreriez-vous que j'aie pitié de vous ?

MONSIEUR Y, *avec rage* : Pitié ! Vous vous croyez donc bien supérieur à moi ?

MONSIEUR X : Evidemment, puisque je le suis ! Je suis plus intelligent que vous et, moi, je n'ai pas porté atteinte au droit de propriété.

MONSIEUR Y : Vous êtes assez malin, mais pas autant que moi. Pour le moment, je suis en échec, mais au prochain coup, vous pourriez tout aussi bien vous retrouver échec et mat.

MONSIEUR X, *le regardant fixement* : Vraiment ? Nous allons donc nous livrer un nouvel assaut ? Quelle infamie projetez-vous de commettre à présent ?

MONSIEUR Y : Je ne vous le dirai pas.

MONSIEUR X : Laissez-moi vous regarder... Vous avez l'intention d'écrire une lettre anonyme à ma femme pour lui dévoiler mon secret.

MONSIEUR Y : Oui, et vous ne pourrez pas m'en empêcher ! Comme vous n'oserez pas me faire jeter en prison, vous êtes obligé de me laisser partir, et, une fois parti, je pourrai faire ce que bon me semblera.

MONSIEUR X : Ah ! Démon ! Vous avez découvert mon talon d'Achille !... Vous voulez donc me forcer à devenir un assassin !

MONSIEUR Y : Vous, un assassin ! Vous ne pourriez jamais... pauvre type !

MONSIEUR X : Eh bien, vous voyez qu'entre nous il y a une différence ! Et vous vous doutez bien que je suis incapable de commettre les mêmes actes que vous. C'est là votre supériorité. Mais qu'arriverait-il si vous me forciez à vous traiter comme j'ai traité le vieux cocher ?

Il lève la main comme pour le frapper.

MONSIEUR Y, *le regardant en face, sans sourciller* : Vous ne le pourrez pas. L'homme qui n'a pas osé prendre dans ce coffre l'argent qui serait son salut, est incapable de commettre un acte pareil.

MONSIEUR X : Vous ne croyez donc plus que j'ai puisé dans ce coffre ?

MONSIEUR Y : Vous êtes trop lâche pour ça, tout comme vous avez été trop lâche pour dire à votre femme qu'elle a épousé un assassin.

MONSIEUR X : Décidément vous appartenez à une autre race que moi. Plus fort ou plus faible que moi, je n'en sais rien ; plus criminel ou moins, peu m'importe. Mais ce qui est certain, c'est que vous êtes le plus stupide. C'était stupide de contrefaire la signature d'un autre, au lieu de mendier... comme j'ai été obligé de le faire. Stupide de voler une histoire dans l'un de mes livres... Il ne vous est donc jamais venu à l'esprit que je lisais mes livres ? Stupide de croire que vous êtes plus intelligent que moi et que vous pourriez me pousser à commettre un vol. Stupide de penser que l'équilibre serait rétabli parce qu'il y aurait deux voleurs dans le monde au lieu d'un seul. Mais là où vous avez été le plus stupide, c'est quand vous avez cru que j'avais pu bâtir le bonheur de ma vie sans en avoir assuré la pierre angulaire. Allez donc écrire vos lettres anonymes à ma femme pour lui dire que son mari est un assassin. Cela, elle était encore ma fiancée qu'elle le savait déjà. Abandonnez-vous la partie à présent ?

MONSIEUR Y : Je peux partir ?

MONSIEUR X : Maintenant, vous *allez* partir. Immédiatement. Je vous ferai suivre vos affaires. Dehors !

La plus forte

Un acte

Texte français
Tage Aurell et Georges Perros

Den Starkare

Personnages

MADAME X, *actrice, mariée*. MADEMOISELLE Y, *actrice*.

Un café pour dames ; deux petits guéridons en fer, une banquette en peluche rouge et quelques chaises.

Madame X entre. Vêtements d'hiver (chapeau et manteau) ; un élégant panier japonais au bras.

Mademoiselle Y est assise, une bouteille de bière à moitié vide devant elle, lisant un journal illustré ; elle en changera fréquemment.

MADAME X : Bonjour, ma petite Amélie... Alors, te voilà toute seule, la veille de Noël, comme un pauvre célibataire ! (*Mademoiselle Y lève les yeux, hoche la tête en signe d'assentiment et reprend sa lecture.*) Tu sais, ça me fait vraiment de la peine de te voir toute seule dans un café, la veille d'un tel jour. Ça me rappelle la noce que j'ai vue à Paris, dans un restaurant — la mariée plongée dans un journal humoristique, et lui en train de jouer au billard avec les témoins. Je me suis dit : s'ils en sont déjà là, belle fin en perspective. Jouer au billard le jour de ses noces ! Elle lisait bien le journal, d'accord. Mais il y a tout de même une nuance. (*La serveuse entre et pose une tasse de chocolat devant madame X, puis sort.*) Tu sais, Amélie, dans le fond, je crois que tu aurais mieux fait de le garder. Rappelle-toi, j'ai été la première à te le dire : pardonne-lui. Tu te souviens ?... Aujourd'hui tu serais une femme mariée, avec un foyer... Tu étais si heureuse, il y a un an. Tu revenais de voir les parents de ton fiancé, à la campagne, tu avais presque envie de quitter le théâtre... Eh oui, chère Amélie, un foyer, c'est bien ce qu'il y a de mieux au monde — après le théâtre — et les gosses, vois-tu... Mais non, tu ne comprendras jamais ça. (*Mademoiselle Y fait une moue méprisante. Madame X boit une gorgée de chocolat, ouvre son panier, et montre les cadeaux qu'elle vient d'acheter.*) Tiens, regarde ce que j'ai acheté pour les petites. (*Elle montre une poupée.*) Regarde-moi ça, c'est pour Lisa, une poupée qui roule les yeux et qui peut tourner la tête, tu te rends compte ?... Et pour Maja, un pistolet à bouchon. (*Elle charge le pistolet, vise mademoiselle Y et tire. Mademoiselle Y fait un geste d'effroi.*) Je t'ai fait peur ? Tu as cru que je voulais te tuer, hein ? Ma foi oui, tu l'as cru. Que tu veuilles me tuer, toi, ça ne m'étonnerait pas, puisque je t'ai fait du tort, paraît-il, et que tu ne l'oublieras jamais. Tu crois toujours que c'est moi qui ai intrigué pour te faire renvoyer du Grand Théâtre. Mais c'est faux, voyons, je n'ai jamais rien fait de pareil. Oh, et puis à quoi bon te le répéter, je sais que tu n'en démordras pas. (*Elle sort de son panier une paire de pantoufles brodées.*) Et ça, c'est pour mon petit mari. J'y ai brodé des tulipes : je déteste ces fleurs-là, mais lui, il lui en faut partout. (*Mademoiselle Y jette sur madame X un regard ironique et curieux. Madame X, une main dans chaque pantoufle* :) Tu vois les petits pieds qu'il a, mon Bob ? Hein ? Et quelle élégance, quand il marche ! Tu ne l'as jamais vu en pantoufles, toi. (*Mademoiselle Y rit.*) Regarde bien. (*Elle fait marcher les pantoufles sur la table. Mademoiselle Y rit aux éclats.*) Et puis, quand il se met en colère, il tape du pied, tiens, comme ça : « Sacrées bonnes, quand sauront-elles faire du café ! Pouah ! Ce sont encore ces idiotes qui ont coupé de travers la mèche de la lampe. » Et puis il se plaint des courants d'air, il a froid aux pieds : « Hou ! Hou ! Quel bon Dieu de froid ! Ces imbéciles ne sont même pas fichues de faire du feu dans un poêle. » (*Elle frotte la semelle d'une des pantoufles contre l'empeigne de l'autre. Mademoiselle Y rit aux éclats.*) Et quand il rentre et se met à chercher les pantoufles que Marie a mises sous le chiffonnier... Oh, c'est mal de se moquer ainsi de son petit mari ! Il est bien gentil tout de même, et c'est un si bon petit mari... Il t'en aurait fallu un comme ça, Amélie. Pourquoi ris-tu ? Dis ? Hein ? Et puis je sais qu'il m'est fidèle, vois-tu ; si, si, je le sais. C'est lui-même — qu'est-ce qu'il y a de si drôle ?... c'est lui qui m'a raconté comment cette traînée de Frédérique a essayé de le séduire, pendant que j'étais en tournée en Norvège. Tu te rends compte d'une infamie ? (*Un silence.*) Si elle s'y était hasardée quand j'étais là, je lui aurais arraché les yeux. (*Un silence.*) Je suis bien contente que Bob me l'ait dit lui-même, les racontars me dégoûtent. (*Un silence.*) Mais Frédérique n'a pas été la seule, tu sais. Je n'y comprends rien, les femmes sont complètement toquées de mon mari, de mon mari à moi. Elles doivent s'imaginer qu'étant au ministère, il est pour quelque chose dans les engagements du théâtre. Tu lui as peut-être couru après, toi aussi ? Dans le temps tu ne m'inspirais guère confiance... mais maintenant je sais qu'il n'a jamais tenu à toi et j'ai toujours eu l'impression que tu lui en voulais. (*Un silence. Elles se regardent, embarrassées.*) Viens chez nous ce soir, Amélie, rien que pour me prouver que tu ne nous en veux pas, que tu ne m'en veux pas, à moi. Je ne sais pas pourquoi, mais je n'aime pas être brouillée, surtout avec toi. C'est peut-être parce que cette fois-là je me suis mise en travers de ta route... (*de plus en plus lentement*) ...ou ...non, je ne sais vraiment pas... au fond, pourquoi ? (*Un silence. Mademoiselle Y observe madame X avec curiosité. Celle-ci, pensive* :) C'est tellement curieux, la façon dont nous nous sommes connues... La première fois que je t'ai vue, tu m'as fait peur, si peur que je n'osais même pas te lâcher du regard. Quoi que je fasse, où que j'aille, je me retrouvais toujours près de toi, et comme je ne voulais pas être ton ennemie, je suis devenue ton amie. Mais chaque fois que tu venais chez nous, j'éprouvais je ne sais quel malaise, car je voyais bien que mon mari ne pouvait pas te souffrir ; je me sentais toute drôle, comme lorsqu'on porte des vêtements faits pour un autre — et je me donnais un mal fou pour qu'il soit aimable avec toi ; bien inutilement d'ailleurs, jusqu'au jour où tu t'es fiancée. Alors vous vous êtes pris d'une violente amitié l'un pour l'autre, on aurait dit que vous osiez enfin montrer vos vrais sentiments, puisque tu étais en sécurité — et que s'est-il passé alors ?... Je ne suis pas devenue jalouse, comme c'est étrange... Et je me rappelle le baptême, tu étais la marraine de notre fils, je l'ai forcé à t'embrasser — et il l'a fait, mais toi, tu as été tellement troublée... Sur le moment je n'y ai pas fait attention... plus tard non plus... non... seulement maintenant. (*Elle se lève violemment.*) Pourquoi ne dis-tu rien ? Pas un seul mot depuis que je suis là, tu me laisses bavarder. Rien qu'en me regardant, tu as fait jaillir toutes ces pensées que je croyais mortes, comme on tire la soie du cocon... ces pensées... ces soupçons peut-être... laisse-moi y voir clair. Pourquoi as-tu rompu tes fiançailles ? Pourquoi n'es-tu plus jamais venue chez nous depuis ? Pourquoi ne veux-tu pas venir ce soir ? (*Mademoiselle Y fait mine de vouloir parler.*) Tais-toi. Tu n'as pas besoin de parler, maintenant je comprends tout, toute seule. C'était pour ça et pour ça et pour ça. Oui, oui. Tout s'explique. C'est donc ainsi !... Pouah, je ne veux pas rester à la même table que toi. (*Elle emporte ses affaires sur l'autre guéridon.*) C'est donc pour ça qu'il fallait absolument que je lui brode des tulipes sur ses pantoufles, moi qui les déteste : parce que tu aimais les tulipes ; c'est pour ça... (*Elle jette les pantoufles par terre.*) Que nous devions passer l'été au bord du lac Maelar, parce que tu ne supportais pas l'air de la mer ; c'est pour ça que mon fils devait s'appeler Eskil, le prénom de ton père ; c'est pour ça que j'ai dû porter tes couleurs, lire tes auteurs, manger tes plats favoris, boire ce que tu buvais... ton chocolat, par exemple ; c'est pour ça... ô mon Dieu... C'est horrible, quand j'y pense, quelle horreur !... Tout, tout, tu m'as tout passé, même tes manies... Ton âme s'est glissée dans la mienne, comme le ver dans la pomme, elle a si bien rongé, si bien creusé qu'il ne reste plus que l'enveloppe avec un peu de farine noire dedans. Je voulais te fuir, je ne le pouvais pas. Tu restais là comme un serpent, fixant sur moi tes grands yeux noirs, j'étais comme envoûtée... je sentais mes ailes s'ouvrir, mais ce n'était que pour m'entraîner encore plus bas ; j'étais dans l'eau, les pieds liés, et plus mes bras se débattaient, plus je m'enfonçais, toujours plus bas, plus bas, jusqu'à ce que j'atteigne le fond où tu m'attendais comme un crabe géant, les pinces grandes ouvertes... et voilà où j'en suis. Oh je te hais, je te hais ! Et toi, tu restes là, sans un mot, calme, indifférente ; qu'il pleuve ou non, que ce soit Noël ou le Jour de l'an, que les autres soient heureux ou malheureux, pour toi, c'est égal ; tu n'es capable ni de haïr ni d'aimer ; immobile comme une cigogne qui guette un trou de souris ; tu ne pouvais pas saisir toi-même ta proie, ni la poursuivre, mais seulement la guetter, la guetter, avec acharnement. Et te voilà toute seule dans ton coin — sais-tu qu'on l'appelle la souricière à cause de toi ? — en train de lire le journal, pour savoir si quelqu'un a des ennuis, ou tombe dans la misère, ou est renvoyé du théâtre ; tu restes là, guettant des victimes, supputant tes chances, comme le pilote ses naufrages, c'est ici que tu attends les tributs de chacun. Ma pauvre Amélie. Tiens, malgré tout tu me fais de la peine, car je sais bien que tu es malheureuse, comme peut l'être celui qui a été blessé et s'en tire par la méchanceté... J'ai envie de t'en vouloir, et je n'y arrive pas... Oui, toute cette histoire avec Bob, je m'en moque... Qu'est-ce que cela peut bien me faire ? Que ce soit toi ou une autre qui m'ait appris à boire du chocolat, bah ! Bonnet blanc, blanc bonnet... (*Elle boit une gorgée, avec un air entendu.*) D'ailleurs le chocolat est très bon pour la santé. Et si j'ai appris à m'habiller grâce à toi, tant mieux... mon mari ne m'en est que plus attaché... et tu as perdu au fur et à mesure que je gagnais... Oui, si j'en juge d'après certains signes, tu as déjà perdu... Mais tu pensais sans doute que je m'en irais... comme tu l'as fait toi-même ? Comme tu dois le regretter... Eh bien, non, vois-tu, je n'irai pas jusque-là... Il ne faut pas être mesquin. Pourquoi n'aurais-je droit qu'aux rebuts ? Après tout, c'est peut-être moi la plus forte à présent... Tu n'as jamais rien reçu de moi, et tu me donnais tout sans le savoir... Je suis comme le voleur du conte... A ton réveil, je possède tout ce qui te manque. Comment se fait-il que tout soit devenu insignifiant, stérile dans tes mains ? Avec toutes tes tulipes et toutes tes passions, tu n'as pas été capable de garder l'amour d'un homme, et moi, oui. Tes chers auteurs ne t'ont pas appris l'art de vivre ; à moi, oui. Tu n'as pas eu de petit Eskil, bien que ton père s'appelle ainsi. Et pourquoi ne dis-tu jamais rien, restes-tu toujours comme une carpe ? Oui, j'ai d'abord cru que c'était de la force... mais c'est peut-être simplement que tu n'as rien à dire. Parce que tu n'es qu'une outre vide. (*Elle se lève et ramasse les pantoufles.*) Maintenant je rentre chez moi... en emportant les tulipes... tes tulipes. Tu n'as rien su apprendre des autres, tu n'as pas su te plier... et tu t'es brisée, comme un roseau desséché... Pas moi, non, pas moi. Merci, Amélie, de toutes tes bonnes leçons. Merci d'avoir appris l'amour à mon mari. Je rentre, pour en profiter.

Elle sort.

Simoun

Texte français
Annette Lindkvist

Samun

Personnages

BISKRA, *jeune fille arabe*. YOUSSEF, *son amant*. GUIMARD, *lieutenant de zouaves*.

En Algérie, de nos jours.

Un marabout arabe ; au centre, un sarcophage. Ici et là, des tapis de prière ; dans le coin de droite, un ossuaire.

Au fond, une porte d'entrée à battants, munie de rideaux ; le mur du fond est percé de lucarnes. De petits tas de sable sont disposés çà et là sur le sol ; en tas, un aloès déraciné, des feuilles de palmier, de l'alfa.

SCÈNE 1

Biskra entre, une guitare sur le dos, le capuchon de son burnous lui couvrant le visage ; elle se jette en prière sur un tapis, les bras croisés sur la poitrine. Au dehors le vent souffle.

BISKRA : La ilâha ill allâh !

YOUSSEF *entrant brusquement* : Voilà le Simoun ! Où est le Franc ?

BISKRA : Il sera ici dans un instant !

YOUSSEF : Pourquoi ne l'as-tu pas tué tout de suite ?

BISKRA : Non ! Il doit le faire lui-même ! Si c'était moi qui le faisais, les blancs extermineraient notre tribu tout entière, car ils savent que je suis le guide Ali, bien qu'ils ne sachent pas que je suis Biskra !

YOUSSEF : Il doit le faire lui-même ? De quelle façon ?

BISKRA : Tu ignores que le Simoun dessèche le crâne des blancs comme des dattes et qu'ils sont frappés de visions d'épouvante si horribles qu'ils s'enfuient dans le grand inconnu.

YOUSSEF : Je l'ai entendu dire et, au dernier combat, six Francs se sont donné la mort avant même d'être arrivés. Mais ne te fie pas au Simoun aujourd'hui car la neige est tombée sur la montagne et, d'ici une demi-heure, tout peut être fini. — Biskra ! Peux-tu encore haïr ?

BISKRA : Si je peux haïr — Ma haine est sans bornes comme le désert, brûlante comme le soleil et plus forte que mon amour ! Chacun des instants de bonheur qu'ils m'ont dérobés depuis le meurtre d'Ali s'est amassé en moi comme le venin sous la dent de la vipère, et ce que le Simoun ne peut accomplir, moi je le puis.

YOUSSEF : C'est bien parlé Biskra, et tu réussiras. Ma

propre haine s'est fanée, comme l'alfa à l'automne, depuis le jour où mes yeux t'ont aperçue. Puise en moi ta force et sois la flèche de mon arc.

BISKRA : Serre-moi dans tes bras, Youssef ! Serre-moi !

YOUSSEF : Pas ici, en présence du Très-Saint ; pas maintenant — après, plus tard ! quand tu auras mérité ta récompense !

BISKRA : Oh, fier cheik, homme fier !

YOUSSEF : Oui — la femme qui portera mon descendant dans son sein doit se montrer digne de cet honneur !

BISKRA : Moi — aucune autre — je porterai le descendant de Youssef ! Moi, Biskra — la dédaignée, la laide, mais la forte !

YOUSSEF : Bon ! Maintenant je vais descendre dormir près de la source ! — Ai-je besoin de t'apprendre les tours secrets, que t'a enseignés le grand marabout Siddi-cheik et que tu exerces sur les marchés depuis ton enfance ?

BISKRA : Non, tu n'en as pas besoin ! — Je connais tous les secrets qu'il faut pour rendre un lâche Franc fou de terreur ; le lâche, qui rampe vers son ennemi et lui envoie la balle de plomb d'abord. Je sais tout, tout jusqu'à l'art du ventriloque. Et ce qui échappe à mon art, le soleil le fera, car le soleil est avec Youssef et Biskra.

YOUSSEF : Le soleil est l'ami des musulmans, mais il ne faut pas s'y fier. Tu peux t'y brûler, ma fille ! Bois d'abord une gorgée d'eau, car je vois que tes mains se flétrissent et —

Il a soulevé un tapis, ouvert une trappe et descend chercher une coupe d'eau qu'il tend à Biskra.

BISKRA *portant la coupe à ses lèvres* : — Et que mes yeux commencent déjà à voir rouge — que mes poumons se dessèchent — j'entends — j'entends — regarde le sable coule déjà à travers le toit — et les cordes de la guitare vibrent — le Simoun est là ! ! Mais non pas le Franc !

YOUSSEF : Viens ici, Biskra, et laisse le Franc mourir en paix !

BISKRA : D'abord l'enfer et ensuite la mort ! Me prends-tu pour un traître ! (*Elle verse l'eau sur un tas de sable.*) Je vais arroser le sable pour que la vengeance y croisse ! et je durcirai mon cœur. Que la haine croisse ! Que le soleil brûle ! Que le vent étouffe !

YOUSSEF : Sois bénie, mère d'Ibn Youssef, car tu enfanteras le fils de Youssef, le vengeur ! Toi !

Le vent augmente en force ; le rideau suspendu devant la porte s'agite ; une lueur rouge éclaire la chambre, mais passe au jaune au cours des répliques suivantes.

BISKRA : Le Franc arrive, et — le Simoun est là ! — Pars !

YOUSSEF : Tu me reverras dans une demi-heure ! (*Il désigne du doigt un tas de sable.*) Le ciel fixe lui-même la durée de l'enfer des infidèles !

SCÈNE 2

Biskra. Guimard entre, pâle et chancelant, l'air égaré, parlant à mi-voix.

GUIMARD : Voilà le Simoun ! — Sais-tu où sont allés mes hommes ?

BISKRA : J'ai conduit tes hommes à l'ouest vers l'est !

GUIMARD : A l'ouest vers — l'est ! — Laisse-moi voir ! — C'est juste vers l'est — et vers l'ouest ! — Fais-moi asseoir sur une chaise et donne-moi de l'eau !

BISKRA *conduit Guimard au tas de sable, et le couche par terre, la tête appuyée sur le tas de sable* : Es-tu bien assis maintenant ?

GUIMARD *la regardant* : Je suis assis un peu de travers. Mets-moi quelque chose sous la tête.

BISKRA *entassant le sable sous sa tête* : Voilà, tu as un coussin sous la tête !

GUIMARD : La tête ? Mais ce sont les pieds ! — Est-ce que ce ne sont pas les pieds là ?

BISKRA : Si, bien sûr !

GUIMARD : Il me semblait bien ! — Mets-moi maintenant un tabouret sous la tête !

BISKRA *traîne l'aloès jusqu'à Guimard et le place sous ses genoux :* Tiens, voilà le tabouret !

GUIMARD : Et de l'eau aussi ! — De l'eau !

BISKRA *prend la coupe vide, la remplit de sable et la tend à Guimard* : Bois pendant que c'est froid !

GUIMARD *goûtant du bout des lèvres* : C'est froid — mais cela n'apaise pourtant pas la soif ! — Je ne peux pas boire — je déteste l'eau — enlève ça !

BISKRA : Voici le chien qui t'a mordu !

Guimard : Quel chien ! Je n'ai jamais été mordu par un chien.

Biskra : Le Simoun a obscurci ta mémoire — prends garde aux mirages du Simoun ! Te souviens-tu du lévrier enragé qui t'a mordu à l'avant-dernière chasse à Bab-el-Oued ?

Guimard : La chasse à Bab-el-Oued ! C'est vrai ! — Etait-il de couleur castor ?

Biskra : Une chienne ? Oui ! Tu vois ! Et il t'a mordu au mollet ! Ne sens-tu pas ta blessure ?

Guimard *se prend le mollet et se pique sur l'aloès* : Si, je la sens ! — De l'eau ! De l'eau !

Biskra *lui tendant la coupe de sable* : Bois, bois !

Guimard : Non, je ne peux pas ! Sainte Marie mère de Dieu — j'ai la rage.

Biskra : N'aie pas peur ; je vais te guérir et chasser le démon par la toute-puissance de la musique ! Ecoute !

Guimard *criant* : Ali ! Ali ! Pas de musique ! Je ne puis la supporter ! Et à quoi me sert-elle ?

Biskra : La musique apprivoise l'âme perfide du serpent, ne crois-tu pas qu'elle puisse venir à bout de celle d'un chien enragé ! Ecoute ! (*Elle chante en s'accompagnant sur sa guitare.*) Biskra-Biskra, Biskra-Biskra, Biskra-Biskra. Simoun ! Simoun !

Youssef *d'en bas* : Simoun ! Simoun !

Guimard : Qu'est-ce que tu chantes ? Ali !

Biskra : J'ai chanté ? Regarde, maintenant je prends une feuille de palmier dans la bouche !

Elle saisit un rameau de palmier entre ses dents.

Chant *venant d'en haut* : Biskra-Biskra, Biskra-Biskra, Biskra-Biskra.

Youssef *d'en bas* : Simoun ! Simoun !

Guimard : Quel jeu infernal !

Biskra : Maintenant je vais chanter !

Biska *et* Youssef *ensemble* : Biskra-Biskra, Biskra-Biskra, Biskra-Biskra. Simoun !

Guimard *se levant* : Qui es-tu, diable qui chantes à deux voix ? Es-tu un homme ou une femme ? Ou les deux à la fois ?

Biskra : Je suis Ali, le guide ! Tu ne me reconnais pas, car tes sens sont égarés ; mais si tu désires échapper aux égarements de la vue et de l'esprit, alors crois-moi, crois ce que je dis et fais ce que j'ordonne.

Guimard : Tu n'as pas besoin de me le demander, car je trouve que tout est bien tel que tu le dis !

Biskra : Vraiment, adorateur d'idoles !

Guimard : Adorateur d'idoles ?

Biskra : Oui ! Enlève l'idole que tu portes sur la poitrine ! (*Guimard ôte un médaillon.*) Foule-la aux pieds, et invoque le Dieu seul et unique, le Dieu de charité et de miséricorde !

Guimard *hésitant* : Saint Edouard, mon patron.

Biskra : Est-ce qu'il peut te protéger ? Le peut-il ?

Guimard : Non, il ne peut pas ! (*Se réveillant* :) Si, il le peut !

Biskra : On va voir !

Elle ouvre la porte, le rideau se soulève au souffle du vent et l'herbe s'agite.

Guimard *la main sur la bouche* : Ferme la porte !

Biskra : Enlève l'idole !

Guimard : Non, je ne peux pas.

Biskra : Tu vois ! Le Simoun ne touche pas à un seul des cheveux de ma tête, mais toi, infidèle, il te tue ! Enlève l'idole !

Guimard *jetant le médaillon à terre* : De l'eau ! Je meurs !

Biskra : Prie le Dieu seul et unique, le Dieu de charité et de miséricorde !

Guimard : Quelle prière dois-je faire ?

Biskra : Répète mes paroles !

Guimard : Parle !

Biskra : Dieu est le seul et l'unique, le Dieu de charité et de miséricorde !

Guimard : « Dieu est le seul et l'unique, le Dieu de charité et de miséricorde ! »

Biskra : Couche-toi par terre ! (*Guimard s'étend à contrecœur.*) Qu'entends-tu ?

Guimard : J'entends le murmure d'une source !

Biskra : Tu vois ! Dieu est un et il n'existe aucun autre Dieu que lui, le Dieu de charité et de miséricorde ! — Que vois-tu ?

Guimard : Je vois le murmure d'une source — j'entends la clarté d'une lampe — derrière une fenêtre aux volets verts — dans une rue blanche —

Biskra : Qui est assis à la fenêtre ?

Guimard : Ma femme — Elise !

Biskra : Qui se tient derrière les rideaux, la main autour de son cou ?

Guimard : C'est mon fils Georges !

Biskra : Quel âge a ton fils ?

Guimard : Quatre ans à la saint Nicolas !

Biskra : Et il peut déjà se tenir derrière les rideaux et enlacer la femme d'un autre ?

Guimard : Non, il ne le peut pas — mais c'est lui !

Biskra : Quatre ans et des moustaches blondes !

Guimard : Que dis-tu, des moustaches blondes ! — Ah, c'est — c'est Jules, mon ami !

Biskra : Qui se tient derrière les rideaux et passe la main autour du cou de ta femme !

Guimard : Ah, tu es le diable !

Biskra : Vois-tu ton fils ?

Guimard : Non, plus maintenant !

Biskra *imitant la sonnerie des cloches sur sa guitare* : Que vois-tu maintenant ?

Guimard : Je vois les cloches sonner — et je sens un goût de cadavre — j'ai comme une odeur de beurre rance dans la bouche — pouah !

Biskra : N'entends-tu pas le diacre chanter pour le cadavre d'un enfant ?

Guimard : Attends un peu ! — Non, je ne l'entends pas — (*Tristement* :) — mais si tu le désires — eh bien — maintenant je l'entends !

Biskra : Vois-tu la couronne sur le cercueil qu'ils portent entre eux ?

Guimard : Oui.

Biskra : Il y a des rubans violets — on y lit en lettres d'argent — « Adieu, mon Georges bien aimé — ton père. »

Guimard : Oui, c'est marqué là ! — (*Il pleure.*) Mon Georges ! Georges ! Mon enfant bien-aimé ! — Elise, ma femme, console-moi ! — Aide-moi ! (*Cherchant à tâtons autour de lui* :) Où es-tu ? Elise ! M'as-tu abandonné ? Réponds-moi ! Appelle ton bien-aimé !

Une voix *venant du plafond* : Jules ! Jules !

Guimard : Jules ! — Mais je m'appelle — Quel est mon nom ? — Je m'appelle Charles ! Et elle a appelé Jules — Elise — épouse bien-aimée — réponds-moi, car ton esprit est présent — je le sens — et tu m'as promis de ne jamais en aimer un autre.

La voix rit.

GUIMARD : Qui est-ce qui rit !

BISKRA : Elise ! Ta femme !

GUIMARD : Ah, tue-moi ! — Je ne veux plus vivre. La vie m'écœure autant que la choucroute au saindoux — sais-tu ce que c'est que le saindoux, toi ? De la graisse de porc ! (*Crachant devant lui* :) Je n'ai plus de salive — de l'eau ! de l'eau ! ou je te mords !

La tempête fait rage au dehors.

BISKRA *tient sa main sur sa bouche et tousse* : Ton heure est venu, Franc ! Ecris tes dernières volontés pendant qu'il est encore temps ! — Où est ton carnet ?

GUIMARD *prenant son carnet et un crayon* : Que dois-je écrire ?

BISKRA : Un homme pense à sa femme quand il va mourir — et à ses enfants !

GUIMARD *écrivant* : « Elise — je te maudis ! Simoun — je meurs — »

BISKRA : Et maintenant signe, sinon le testament ne sera pas valable !

GUIMARD : Signer quoi ?

BISKRA : Ecris : La ilâha ill allâh !

GUIMARD *écrivant* : C'est écrit ! Puis-je mourir maintenant ?

BISKRA : Meurs maintenant, comme un lâche soldat, qui a abandonné ses hommes ! — Et tu auras un bel enterrement avec les chacals qui chanteront pour ton cadavre ! (*Elle bat le signal de l'attaque sur sa guitare.*) Entends le tambour — à l'attaque — les infidèles, alliés du soleil et du Simoun — sortent de leur embuscade — (*Elle frappe sur la guitare.*) — On tire sur toute la ligne — les Francs n'arrivent pas à recharger leurs fusils — les Arabes tirent en ordre dispersé — les Francs fuient ! —

GUIMARD *se levant* : Les Francs ne fuient pas !

BISKRA *sonnant la retraite avec une flûte dont elle s'est emparée* : Les Francs fuient quand sonne la retraite !

GUIMARD : Ils se retirent — c'est la retraite — et je suis ici — (*Il arrache ses épaulettes.*) Je suis mort !

Il s'effondre sur le sol.

BISKRA : Oui, tu es mort ! — Tu ne sais pas que tu l'es depuis longtemps !

Elle va à l'ossuaire et y prend une tête de mort.

GUIMARD : Moi, je suis mort ?

Il porte la main à son visage.

BISKRA : Depuis longtemps ! Longtemps ! — Regarde-toi dans ce miroir !

Elle montre la tête de mort.

GUIMARD : Ah ! C'est moi !

BISKRA : Ne vois-tu pas tes pommettes saillantes — ne vois-tu pas comme les vautours ont mangé tes yeux — ne reconnais-tu pas le trou laissé par la molaire droite que tu fis arracher — ne vois-tu pas la fossette du menton, où poussait la belle petite barbiche, que ton Elise aimait à caresser — ne vois-tu pas où était l'oreille, que ton Georges avait coutume d'embrasser le matin, au petit déjeuner — ne vois-tu pas la marque que fit la hache sur la nuque — quand le bourreau exécuta le déserteur ! — (*Guimard qui a vu et écouté avec horreur tombe raide mort. Biskra qui était agenouillée, se lève, après avoir tâté son pouls. Elle chante.*) Simoun ! Simoun ! (*Elle ouvre les portes ; le rideau s'agite au vent, elle met la main sur sa bouche et tombe à la renverse.*) Youssef !

SCÈNE 3

Les mêmes que précédemment. Youssef remonte de la cave.

YOUSSEF *examine Guimard, cherche Biskra* : Biskra ! (*Il aperçoit Biskra et la soulève dans ses bras.*) Es-tu vivante ?

BISKRA : Le Franc est-il mort ?

YOUSSEF : S'il ne l'est pas encore il le sera bientôt ! Simoun ! Simoun !

BISKRA : Alors je suis vivante ! Mais donne-moi de l'eau !

YOUSSEF *la portant vers la lucarne* : Voilà — Maintenant Youssef est à toi !

BISKRA : Et Biskra sera la mère de ton fils ! Youssef ! Grand Youssef !

YOUSSEF : Forte Biskra ! Plus forte que le Simoun !

Les Clefs du ciel

Texte français
Carl-Gustaf Bjurström et André Mathieu

Himmelrikets nycklar

Personnages

LE FORGERON. LE DOCTEUR. SAINT PIERRE. NARCISSE. THERSITE. UNE ORÉADE. DES NYMPHES. L'AMANTE. DON QUICHOTTE. SANCHO PANÇA. BARBE-BLEUE ET AUTRES OMBRES (MONTAIGU ET CAPULET, HAMLET ET OPHÉLIE, OTHELLO ET DESDÉMONE, LADY MACBETH, ROMÉO ET JULIETTE). LE GÉANT DE HOBURG (*le forgeron*). PREMIER NAIN. DEUXIÈME NAIN. TROISIÈME NAIN. LE PETIT POUCET. CENDRILLON. LE PASTEUR ET SA FEMME. LEUR FILS ET LEUR BRU. LEUR PETITE-FILLE ET SON FIANCÉ. DEUXIÈME PETITE-FILLE, *8 ans*. UN HOMME DE LA NATION. LE ROI (*le forgeron*). LA REINE (*l'amante*). LE PAPE. LE GARDE SUISSE. LE JUIF ERRANT (*le docteur*)

PREMIER ACTE

La pièce attenante à la forge, mais séparée de celle-ci par une cloison en bois ; au milieu de la cloison, une large ouverture par laquelle on aperçoit la forge qui tient lieu aussi de boutique avec une large vitrine donnant sur la rue.

Au milieu de la pièce, une enclume et un marteau. Le long du mur, à gauche, trois petits lits d'enfant, vides. Des jouets traînent sur un banc près des lits. Sur et sous les lits, des vêtements et des chaussures d'enfant. A droite, un poêle de faïence verte avec son banc.

Sur les murs, des tapisseries peintes représentant des scènes bibliques, le chemin de croix, la descente du Christ en enfer. En haut des boiseries, des cruches, des récipients d'argent et d'étain.

Dans la forge, une longue table occupe le milieu de la pièce. Sur cette table, s'amoncellent des objets de ferronnerie, des outils, des enseignes, des clefs, des serrures, des armes et des armures. A droite, le levier destiné à actionner le soufflet dépasse derrière la cloison.

Par la vitrine de la forge, au fond, on voit une rue moyenâgeuse.

Scène 1

Le docteur, en costume noir de médecin, est assis, immobile, sur le banc du poêle, le dos tourné au public. Il semble lire un livre.

Au moment où le rideau se lève, le forgeron, en grand deuil, très abattu, les yeux rougis de larmes, entre.

Le forgeron :

Vois ! A quoi a donc servi ton art, docteur miraculeux ?
Et à quoi ont servi les mixtures et les baumes
Contre la peste qui a ravagé ma maison ?
Que lis-tu dans ton livre, savant vêtu de noir ?
Y parle-t-on d'acides et de sels,
Ou de la pierre philosophale
Qui se trouve dans le ventre d'une écrevisse ?

Dis-moi, peux-tu, en lisant, rendre la vie à mes enfants
Que l'on vient d'enterrer ?
Je suis arrivé trop tard pour leur donner le baiser d'adieu,
Trop tard pour les suivre, pour les porter au trou
Où ce qui nous est le plus cher, le plus précieux,
Doit être enfoui pour se changer en boue !
O mon Dieu, que ma maison est vide,
Et vides ces trois petits lits !

Voilà où couchait Catherine : c'était l'aînée !
Regarde la marque laissée par sa belle tête
Sur l'oreiller blanc...
Elle fut mon amie, après la mort de sa mère,
Et moi, je fus le sien.
Elle était une mère pour ses frères et ses sœurs.
Si sage, si grave, si tendre...
Elle est venue au monde pendant les mauvais jours
Et le bonheur vint avec elle
Et la bénédiction et le bien-être pour ma maison...
Que ton souvenir soit béni, mon ange !

Et voici ma Marguerite !...
Fraîche, rose, un vrai petit oiseau
Qui répandait le parfum et qui laissait son gazouillis
Embellir la maison et la ronde des frères et des sœurs.
La main ouverte et le cœur sur la main,
Ta joie fut de donner !
Voici ta petite chaussure !
J'y pose une pièce d'argent, pour toi,
Lorsque tu te réveilleras, mais quand ?
Oui ! Je vois bien la chaussure, mais où est le pied ?
Ce petit pied tout rond,
Qui courait si léger sur le pré fleuri
Et qui ne pouvait piétiner une fourmi
Sans qu'à mi-voix un « Dieu, pardonne-moi ! »
Venu d'un cœur sensible, fît connaître
Que ce pied n'aimait pas piétiner.
Petite chaussure...
Dors bien, chère, chère Marguerite !
Et toi mon fils, l'enfant de ma douleur
Mais non de mon chagrin !
Mon benjamin,

Tu m'as rendu l'image de ta mère
Lorsque dans le berceau déjà tes grands yeux clairs
M'ont souri comme jadis l'avaient fait les siens.
Combien tu m'étais cher, je ne saurais le dire.
Mais je sais une chose,
C'est que ta mort est aussi la mienne.
Ton petit corps frêle
Etait animé par une volonté virile,
Ta belle tête blonde
Si pleine de fortes pensées
Que jamais tu ne pris le temps de jouer.
Et dans ta petite poitrine battait un noble cœur
Lorsque tu étais puni à la place de ta sœur.
Pense donc, noir docteur,
Qu'il a porté la faute des autres !
Oui ! Il était comme l'enfant Jésus,
Son jouet préféré était un agnelet.
Regarde cet agneau, d'une blancheur si innocente !
Il fallait toujours qu'il dorme sur son bras,
Qu'il mange dans sa main...
Adieu, mon agneau blanc,
Adieu, mon Jean adoré !

Il s'assied près des lits des enfants.

LE DOCTEUR *se lève* :

Ton chagrin a-t-il fini de s'épancher ?

LE FORGERON :

Quelle fin pourrait avoir ce chagrin,
Quel remède y a-t-il ?
Si, il y en a un ! Rends-moi mes enfants et je serai guéri !

LE DOCTEUR :

Ecoute-moi et réfléchis un peu :
Une blessure ne se guérit pas toujours ainsi
Et la brûlure aiguë est adoucie par un baume frais.
Tu sais que ceux qui ont perdu la vue
Doivent voir avec l'oreille et avec la main.
Rappelle-toi, lorsque ta femme est morte,
Tu l'as vite oubliée pour tes enfants !

LE FORGERON :

Et maintenant, mes enfants aussi sont morts.

LE DOCTEUR :

Eh bien, attends ! Je ne puis ramener à la vie
Les disparus !

J'ai connu tes enfants,
Je n'en ai jamais vu d'aussi charmants.
Et je sais qu'ils t'aimaient :
Au moment où ils souffraient le plus
Je les ai entendus appeler, des larmes dans la voix :
Père ! O, petit père !
Viens ! viens ! nous mourons !

LE FORGERON :

Vraiment ? Ils ont appelé leur père ?
Qu'ont-ils dit encore ? Raconte !
Comment ont-ils souffert ? Quel air avaient-ils ?
Lequel fut le plus courageux ?
Dis-moi tout ! La moindre petite chose
Leur rend la vie dans ma mémoire !

LE DOCTEUR :

Dans leur dernier délire, alors qu'ils étouffaient...

LE FORGERON :

Arrête ! Que dis-tu ? Ils étouffaient ?
O Dieu qui as étouffé mes enfants,
Je te hais !...

LE DOCTEUR :

Ils ont couvert ma main de baisers
Et m'ont appelé père...
C'était la première fois que j'entendais ce nom !
Et lorsque j'ai senti leurs lèvres chaudes
Contre cette main rêche qui a taillé dans la chair humaine,
Alors... j'ai ressenti ton bonheur... et ta peine...

LE FORGERON :

Tu es un homme sensible, docteur.

LE DOCTEUR :

Je le suis assez, en vérité.
Cependant, j'en suis venu à penser
— Et penser, voilà ma force —
J'ai donc pensé :
Quel bonheur de mourir jeune,
Avant d'être flétri par la vie !

LE FORGERON :

C'est une pensée ancienne, quoique fort juste !

LE DOCTEUR :

Tu as l'esprit clair, forgeron.

LE FORGERON :

Assez, en vérité.

LE DOCTEUR :
Il paraît que tu es aussi d'un naturel enjoué.
C'est du moins ce que l'on dit dans ta guilde.
LE FORGERON :
Si je le fus, je ne le suis plus.
Ma joie est bien finie !
Lorsque l'arbre perd ses racines,
Il meurt...
LE DOCTEUR :
Mais si l'on met les branches dans l'eau,
De nouvelles racines poussent.
Je me suis aussi laissé dire
Que tu avais soif de connaissances, de science,
Et que tu étais plus savant que quiconque dans ton métier.
LE FORGERON :
On le dit ! Il est vrai aussi que sans vouloir me vanter,
Lorsque les autres allaient au cabaret,
Moi, je restais chez mes enfants et j'apprenais à lire !
Et lorsque je sus lire, je l'appris à mon tour aux grands,
A ma Catherine...
LE DOCTEUR :
Et que lisais-tu de préférence ?
LE FORGERON :
Des histoires de princes avec leur cour,
Leurs châteaux et leurs palais,
Les luttes des seigneurs : les armées, les batailles
Dans un temps qui n'est plus depuis longtemps.
Les intrigues, les hommes d'état, les fondateurs de religions,
Les pays étrangers, les Turcs et les Perses,
Les Croisés et les Sarrasins...
Et c'est étrange : plus je lisais,
Plus grandissait mon désir d'apprendre !
LE DOCTEUR :
N'as-tu jamais eu envie de voyager ?
LE FORGERON :
Voyager ! Oh si ! Voir le monde
Plutôt que d'en entendre parler !
Qui n'en a pas rêvé dans sa jeunesse ?
Qui n'a pas, tout jeune, espéré voyager ?

Au cours de cette scène, alors que le dialogue se poursuit, de petits changements se produisent dans le décor sans que le forgeron ni le docteur s'en aperçoivent. Tour à tour, les chaussures des enfants disparaissent, puis leurs jouets, puis leurs vêtements.

LE DOCTEUR :
Eh bien, tu voyageras !

LE FORGERON :
Dis-moi donc le moyen ? Comment, et avec qui ?

LE DOCTEUR :
Avec moi.

LE FORGERON :
J'ai bien entendu dire que jadis
Il arrivait au Bon Dieu de voyager sur terre
Pour donner le bonheur aux enfants des hommes !
Mais qu'à notre époque
D'instruction publique et d'incroyance hérétique,
Un tel miracle puisse encore avoir lieu,
Voilà ce que je ne croyais pas, docteur !

LE DOCTEUR :
Si ! Tu vois des miracles tous les jours
Et cela durera jusqu'à la fin des temps.
Lorsque tu vois la mer monter au ciel
Et le nuage descendre sur la terre,
Lorsque le grain enfoui surgit, changé en plante,
Lorsque l'éclair foudroie l'arbre,
Que le soleil fait fondre les glaces,
Lorsque la langue prononce des paroles,
Et que le cerveau formule des pensées,
Ce sont là des miracles qui arrivent tous les jours.

LE FORGERON :
Serais-tu sorcier, docteur ?

LE DOCTEUR :
Je le suis et tu l'es aussi :
Lorsque tu vois une femme laide comme les sept péchés [capitaux,
Mauvaise comme du fiel, mordante comme du venin
Et que tu crois voir en elle la Beauté,
La Bonté, la Pureté angélique,
Alors, tu es sorcier !
Lorsque, du fond de tes souvenirs, tout à l'heure,
Tu as fait renaître les enfants morts,
Que tu les as distingués les uns des autres
Et m'as fait d'eux un portrait si vivant
Que je les voyais et entendais leur voix,

Alors tu as ressuscité les morts,
Alors, tu as été sorcier !
Il tire un crâne de sa poche.
Regarde la boîte magique que la nature nous a donnée !
Dans cette enveloppe, hier encore il y avait
Une matière grisâtre de graisse et de phosphore !
Par ces trous,
Les rayons de lumière sont passés,
Par ici les odeurs et par là, le goût,
Et par ceux-ci, les sons,
Et à l'intérieur,
Chaque chose a laissé son empreinte,
Nettement chez les uns, beaucoup moins chez les autres.
Ainsi, ils s'accouplent, se réunissent et se séparent
Et s'ils sont féconds, ils engendrent.
Voilà en deux mots pour satisfaire à la demande du public,
Tout le mécanisme de la pensée !

Les lits des enfants disparaissent. Saint Pierre arrive, passant entre le mur et le poêle. Il est très vieux et porte une longue barbe, des vêtements et un masque conformes à la tradition biblique. Il porte un poisson dans la main gauche et un anneau sans clefs à la ceinture.

Scène 2

Le docteur : Tiens, voilà un client ! Un vendredi soir !

Le forgeron : Par où est-il passé ?

Le docteur : Par la porte étroite !

Le forgeron : Il vend du poisson ?

Saint Pierre, *de mauvaise humeur* : Ce n'est pas un poisson, c'est un symbole.

Le docteur : Rien qu'à l'odeur, on sent très bien que c'est un symbole !

Saint Pierre : Parlez donc comme tout le monde, je comprendrai ce que vous dites.

Le docteur : Je suppose que vous avez quelque chose à demander. Alors demandez-le très vite, car le forgeron et moi partons en voyage.

Saint Pierre : Ce que je voulais, eh bien... Voyons... Ah ! j'ai une si mauvaise mémoire depuis que je suis vieux !

LE DOCTEUR : En effet, vous n'êtes plus très jeune, mais sans doute vous rappelez-vous l'âge que vous avez ?

SAINT PIERRE : Attendez ! Laissez-moi réfléchir... Quand est-ce que j'ai été baptisé ?

LE DOCTEUR : Vous êtes donc baptisé ?

SAINT PIERRE, *indigné* : Comment ? Si... je... suis... baptisé ?

LE DOCTEUR : Il me semblait pourtant, d'après votre nez, que vous étiez circoncis. Vous avez fait aussi votre première communion ?

SAINT PIERRE : Je ne sais pas ce que c'est.

LE DOCTEUR : Et connaissez-vous le sacrement du mariage ?

SAINT PIERRE : Connais pas ! Mais j'ai été marié... Comment s'appelait-elle déjà ? Les Pères de l'Eglise l'appellent Constance mais son nom était Perpetua, parce qu'elle était très opiniâtre.

LE DOCTEUR : Mais dites-moi, ne seriez-vous pas... Ne vous appelleriez-vous pas Petrus ? Ou quelque chose dans ce genre ?...

SAINT PIERRE : C'est exact ! mais quand je me promène, comme aujourd'hui, je me sers du nom plus familier de saint Pierre.

LE FORGERON : Eh bien, nous voilà en plein dans ce conte de fées où saint Pierre se promène sur terre. Que de fois ai-je lu cette légende à mes enfants l'hiver au coin du feu...

LE DOCTEUR : Trêve de bavardage, forgeron, il est temps de faire tes bagages.

LE FORGERON : O grand saint ! Toi qui peux réveiller les morts, rends-moi mes enfants !

SAINT PIERRE : Je n'étais pas un saint, croyez-moi, et je ne peux pas réveiller les morts. Si vous avez perdu vos enfants, prenez patience, nous nous reverrons tous au ciel.

LE FORGERON : Tous ?

SAINT PIERRE : Oui, tous ! (*Pathétique* :) Car la puissance de l'enfer a été abattue par celui qui est venu au monde pour supprimer la loi, ou, comme le dit l'apôtre : O mort, où est ta blessure ? Enfer, où est ta victoire ? Oui, c'est ainsi !... Qu'est-ce que j'allais dire ?

LE DOCTEUR : Vous vouliez peut-être dire un mot de consolation au père en deuil ?

SAINT PIERRE : De consolation, oui ! Tout le monde veut être consolé, mais personne ne veut écouter les avertissements. Sais-tu pourquoi le Seigneur a donné et pourquoi le Seigneur a repris ? A cause de ton égoïsme et de tes péchés.

LE DOCTEUR : Mais le forgeron n'est pas un égoïste et il a commis bien moins de péchés que ceux qui ont pu garder leurs enfants !

SAINT PIERRE : Ah ça ! Je ne peux pas en juger !

LE DOCTEUR : Ne juge donc pas !

SAINT PIERRE : Quant à la consolation, j'en ai toujours. (*Il tire de sa poche un tas de brochures et en remet une au forgeron.*) Prenez, s'il vous plaît, cela ne coûte rien !

LE DOCTEUR : Et lorsqu'il demande un œuf, on lui tend une pierre ! As-tu fait tes bagages, forgeron ?

SAINT PIERRE : Le forgeron ? Mais c'est justement le forgeron que je venais voir !

LE FORGERON : Nous n'avons pas le temps !

SAINT PIERRE : Un moment seulement ! Voilà... vous allez encore croire que je mens...

LE DOCTEUR : Oh ça, c'est certain !

SAINT PIERRE : Bien sûr ! D'ailleurs, je ne sais pas moi-même si c'est vrai, mais enfin, on le dit ! On dit sur terre que je serais... comme qui dirait le gardien du ciel, et je me rappelle très bien que lorsque j'étais devant la cathédrale de Cologne, je tenais une clef d'une main — oui, j'avais toujours mon poisson dans l'autre — mais maintenant, la clef a disparu et comme tout le monde, je tiens à être équipé, à ce qu'il ne me manque rien. En un mot, monsieur le forgeron, méprisez-moi si vous voulez, mais faites-moi une clef !

LE DOCTEUR : Qu'en dis-tu, forgeron ? Une belle commande, ma foi !

LE FORGERON : Voulez-vous dire que vous me demandez de faire une clef... du ciel ? C'est un peu trop demander à un simple forgeron.

SAINT PIERRE : On pourrait le croire, mais c'est ainsi ! Et il faut bien s'entraider, n'est-ce pas ?

LE FORGERON : Et si j'en faisais une, qu'est-ce que vous me donneriez ?

SAINT PIERRE : Ce que je te donnerais ? Tout !

LE FORGERON : C'est beaucoup ! Et tout, qu'est-ce que c'est ?

SAINT PIERRE : La rémission de tes péchés !

LE FORGERON : Je n'ai jamais péché.

SAINT PIERRE : Tu parles !

LE FORGERON : Non, je n'ai jamais honoré d'autre dieu, je n'ai jamais travaillé le jour du sabbat, je n'ai jamais volé, ni menti — si, un peu —, jamais tué. Je n'ai pas manqué de respect à mes parents, je n'ai jamais été lubrique — j'ai bu seulement un petit peu —, en un mot, j'ai été quelqu'un d'assez bien, et comme il vaut mieux en faire trop que pas assez, je vais te faire ta clef. Mais où est la serrure ?

SAINT PIERRE : La serrure ?

LE FORGERON : Oui, la serrure ! Il faut bien que je prenne mes mesures !

SAINT PIERRE : La serrure se trouve sur la porte du ciel, évidemment !

LE FORGERON : As-tu apporté la porte avec toi ?

SAINT PIERRE *réfléchit* : Elle doit être au ciel.

LE DOCTEUR : Et le ciel, où est-il ?

SAINT PIERRE, *persifleur* : Il n'y a que les pauvres en esprit qui le savent, monsieur le docteur !

LE DOCTEUR : Mais tu as l'air d'être vraiment pauvre en esprit, tu dois donc le savoir.

SAINT PIERRE : Maintenant, oui. Maintenant que je suis vieux, mais il fut un temps...

LE DOCTEUR : Il y a bien longtemps ! Veux-tu nous montrer le chemin, nous te suivons !

SAINT PIERRE : Cette voie est étroite et cette porte large...

LE DOCTEUR : Tu ne peux même pas citer correctement !

S'adressant au forgeron :

Je crois que le vieux est décrépi !
Son langage est vulgaire et il sent le moisi,
Sa mémoire fait le plus souvent des faux pas :
Il ne sait même plus qui il est.
Parfois, il croit qu'il est lui, parfois, une ombre.
Il mélange l'histoire et la Bible aux légendes.
Il a vécu mille ans de trop,
Et les greniers de sa mémoire ont commencé à pourrir !

LE FORGERON : Trêve de bavardage, docteur, partons !

LE DOCTEUR : On emmène le vieux ?

Le forgeron : Nous pourrons toujours nous distraire en nous moquant de lui, et s'il ne trouve pas le ciel, tant pis ! Peut-être pourrons-nous le ramener à de plus saines pensées.

Le docteur : Je ne crois pas qu'il soit possible de faire entrer l'ombre d'une idée dans cette momie de pharaon, mais son inexpérience, sa suffisance et sa saleté pourront augmenter les charmes du voyage, car je me suis toujours plu en mauvaise compagnie.

Le forgeron, *à Pierre* : Tu es prêt, apôtre ?

Saint Pierre : Pardon ?

Le forgeron : Ah bon ! voilà qu'il est sourd aussi !

Le docteur :

Pour la dernière fois, forgeron, es-tu prêt
A entreprendre le voyage à travers la vie ?
Fais le bilan de ton ancienne existence,
Et ne regarde plus en arrière
Une fois que tu auras mis la main à la charrue.

Il porte un sifflet à sa bouche et siffle. Aussitôt, le décor se transforme : une draperie descend masquer l'ouverture entre la chambre et la forge afin de dissimuler le changement de décor, le poêle est enlevé et rentre dans le mur, etc.

Le forgeron :

Qu'y a-t-il ? La terre est-elle sortie de ses gonds ?
Le sol tremble, les murs s'écartent !
Le plafond va s'écrouler ! O mes enfants !

Le docteur :

Ils ne sont plus là, tu le sais bien !
Et si tu dois les revoir un jour,
Ce ne sera pas ici.
Mais tu emporteras leur souvenir
Comme une boussole sur la mer orageuse,
Ou une fleur pressée dans ton carnet,
Qui ravive les souvenirs des meilleurs moments,
Des instants les plus doux que la vie t'a donnés,
Et c'est peut-être la seule chose bonne
Qui ait eu une réalité !

Le forgeron, *qui s'est écarté pour chercher les lits des enfants, revient près du docteur* : Qui es-tu, sorcier ? As-tu troublé ma vue ?

Le docteur :

Je suis un maître magicien

Mais ma magie est naturelle.
Ceci vois-tu n'est qu'un décor
Encore faut-il en connaître la mécanique
Et voici ce qu'on appelle un changement de décor.

Le changement s'opère aussitôt : la scène représente maintenant un bois avec un étang couvert de nénuphars.

Narcisse, adossé à un arbre, contemple son image dans l'eau.

Thersite, extrêmement laid, gros et gras, le front étroit, les yeux chassieux et les joues molles, est assis dans une barque et jette des pierres dans l'eau pour troubler le reflet de Narcisse.

Saint Pierre va, vient, regarde un peu partout, puis il met ses lunettes, ramasse une canne à pêche et, s'asseyant au bord de l'eau, se met à pêcher.

Scène 3

Le forgeron :
Le voyage commence bien !
Une petite aventure dans les bois, cela me va !
On a toujours quelque chose à raconter
Lorsqu'on est de retour chez soi.
Mais quel est donc ce beau jeune homme
Qui semble plongé dans ses rêveries ?

Le docteur :
C'est Narcisse !

Le forgeron :
Narcisse ! C'est ce fou satisfait de lui-même
Qui ne se lasse jamais de contempler son image.

Le docteur :
C'est bien ce que pense cet affreux voyou
Assis à la poupe de la barque
Et qui jette des saletés dans l'eau.
Non mais, regardez-moi ce tas de viande :
Il s'appelle Thersite.
C'est un ancien combattant de la guerre de Troie,
Qui s'est couvert de gloire dans l'intendance.
Aussi fort en gueule que gros du ventre,
Au demeurant le plus affreux qui soit !
Il se prend pour un chanteur de charme

Et s'exhibe volontiers sur une scène.
Ce n'est pas qu'il doute de sa beauté.
Mais il envie tout de même Narcisse
Et c'est pourquoi il trouble son image
Avec la saleté qui loge sous ses ongles.
Ecoute-moi, je vais le flatter
Et il chantera sans qu'on l'en prie !
Thersite, mon petit, chante un peu.

THERSITE *se lève et fait une révérence* :
Avec le plus grand plaisir !
Certains font les difficiles, pas moi !
Et ce que la nature m'a prodigué,
Je le répands à pleines mains.
Choristes !

Six grenouilles sortent de l'eau et récitent suivant les indications de Thersite.

LES GRENOUILLES :
Coa Coa Coa Coa Coa Coa Coa Coa
Coa Coa Coa Coa Coa Coa Coa Coa Coa Coa

THERSITE *chante* :
Je suis un petit oison
Qui chante jour et nuit.
Bien que je n'aie pas appris,
Je chante comme un pinson.

Thersite se pavane et les grenouilles applaudissent.

Il chante :
Je suis une petite fleur
Au parfum délicieux.
Bien que je n'aie pas appris
J'embaume de mon mieux.

Il se pavane et les grenouilles applaudissent.

Je suis un petit papillon
Qui, pour s'amuser, s'envole.
Bien que je n'aie pas appris,
Comme une autruche, je vole !

Il danse et les grenouilles applaudissent.

LES GRENOUILLES :
Coa Coa Coa Coa Coa Coa Coa Coa
Coa Coa Coa Coa Coa Coa Coa Coa Coa Coa

LE DOCTEUR : Tu chantes comme Narcisse lui-même, et si Midas n'avait pas gâché le genre, tu pourrais dès à présent affronter Apollon !

THERSITE : A qui le dites-vous, docteur ! J'y ai pensé, je ne puis le nier, mais une timidité naturelle m'a retenu.

LE DOCTEUR : N'as-tu pas essayé de défier Narcisse, ce serait une belle victoire pour toi, même si le triomphe n'est pas bien grand !

THERSITE : Ce bouffon vaniteux !...

SCÈNE 4

Une oréade surgit des rochers de la forêt. Autour d'elle s'assemblent des dryades jusque-là dissimulées par les arbres et des naïades sorties de l'eau.

L'ORÉADE :

Arrête, Thersite ! Ecoute, avant de parler
De choses que tu ne saurais comprendre.
Tu lis les légendes comme font les enfants
Et tu trouves ainsi que tout est simple.
Mais la pensée cachée sous l'image,
Tes yeux obscurs ne l'ont pas vue.
Voilà la véritable histoire de Narcisse !

Elle récite ou chante :

Voici la légende de Pan.
Le dieu des forêts bruissantes
Jadis demanda la main d'une nymphe.
Echo était son nom.
Mais Pan ne trouva pas grâce devant Echo,
Déjà elle en aimait un autre.
Mais Narcisse, car tel était son nom,
Avait préféré la sagesse à l'amour.
Gnoti seauton.

LES NYMPHES :

Cela veut dire : Connais-toi toi-même.

L'ORÉADE :

Regardez ! le voilà encore qui médite
Et qui contemple son image dans l'onde
Pour voir comment sous ses traits
Se cache le fondement de son être.
Mais sur l'eau rame un bouffon
Qui sur la surface ne sait voir qu'un miroir.
Il s'imagine que le penseur

S'y reflète seulement lorsqu'il scrute le fond.
Gnoti seauton.

LES NYMPHES :
Cela veut dire : Connais-toi toi-même.

THERSITE :
Gnoti seauton ! Bah ! Et le bouffon,
Si j'ai compris, ce serait moi ?
Je vous montrerai qu'un bouffon
Peut aussi voir la profondeur s'il le faut,
Bien qu'en vérité je n'y voie que de la boue !

Il se penche hors du bateau.

L'ORÉADE :
Nous te croyons, Thersite,
Mais tu ne vois que la surface.

THERSITE, *se penchant un peu plus* :
Mais je ne vois que le ciel qui se reflète...

L'ORÉADE :
Tu ne vois que la surface, Thersite,
Il faut voir le fond, tout au fond !

THERSITE *en se penchant fait chavirer le bateau et coule* :
Au secours, je me noie ! Je n'ai pas pied !

L'ORÉADE :
C'était bien trop profond pour toi,
Cela te passe au-dessus de la tête !

LES NYMPHES :
Gnoti seauton
Cela veut dire : connais-toi toi-même !

Thersite coule et les grenouilles disparaissent avec lui sous l'eau. Les nymphes s'éloignent dans le bois. Narcisse disparaît dans l'arbre et le lac apparaît, recouvert de gazon. Saint Pierre qui, pendant toute la scène, a pêché sans succès et sans prêter la moindre attention à ce qui se passait, semble se réveiller et commence à remarquer que quelque chose a changé.

LE DOCTEUR :
Eh bien, forgeron, que penses-tu de l'aventure ?

LE FORGERON :
Très bien, ma foi, et très instructif !
Mais peut-être un peu trop profond pour moi
Car la philosophie n'est pas mon fort.

LE DOCTEUR :
Comme je te comprends ! Vivre d'abord,

Voir, écouter, additionner ensuite,
Soustraire, tirer la racine carrée,
Puis faire la moyenne,
C'est dans l'ordre des choses.
Et avant de te connaître toi-même
Il faut connaître la vie sur le bout du doigt.
Donc, repartons à pied sur de nouveaux chemins...
Comment va notre ami l'apôtre ?
A-t-il attelé ses chevaux ?

SAINT PIERRE, *lançant sa ligne sur le gazon* :
Je crois, ma foi, que le lac est terminé.

LE DOCTEUR :
Tu pêches sur la terre ferme, vieux pêcheur !
Viens donc pêcher des hommes, Petrus !

SAINT PIERRE, *s'éveillant définitivement* :
J'ai déjà ouï cette parole
Il y a bien longtemps, bien longtemps...
Ma vieille mémoire m'abandonne...
Mais je vois comme dans un nuage
Un homme, si clair, si doux,
Avec des blessures aux mains et au flanc...
Il n'a jamais rien lu, il a seulement marché
Dans la solitude des bois et de la montagne,
Dans les villages et dans les villes... Allons,
Ma mémoire à nouveau m'abandonne !
Allons, docteur, allons pêcher des hommes !

Il jette sa canne à pêche. Ils sortent.

ACTE II

La cour d'une auberge. A gauche et à droite, des bâtiments encadrant la cour. Au fond, un mur avec une grande porte cochère. A droite le cabaret et à gauche l'étable, l'écurie et la remise à voitures. Au milieu de la cour, une fontaine. Devant le cabaret, de longues tables avec des bancs de bois.

SCÈNE 1

Le forgeron et le docteur sont à table avec, devant eux, un journal et de quoi écrire.

LE FORGERON *écrit* : Voici mes nom, qualités et coetera ! A ton tour maintenant !

LE DOCTEUR : Ecris à ma place, ce sera aussi bien !

LE FORGERON : Ton nom ?

LE DOCTEUR : Anonyme !

LE FORGERON : C'est un curieux nom ! Qualité ?

LE DOCTEUR : Ma qualité ? J'en ai plusieurs !... Ecris docteur.

LE FORGERON : Venant de ?...

LE DOCTEUR : ... Du ventre maternel.

LE FORGERON : Allant à ?...

LE DOCTEUR : A la tombe !

LE FORGERON : Toujours aussi mystérieux ! Mais qui es-tu donc, homme étrange qui tiens entre tes mains ma destinée ? Que veux-tu ?

LE DOCTEUR : Tu le sauras plus tard, lorsque tu seras prêt.

LE FORGERON : Et quand serai-je prêt ?

LE DOCTEUR : Lorsque tout comme moi tu auras appris à te connaître toi-même !

LE FORGERON : Toujours soi-même ! Quel est ce soi-même dont tu nous rebats les oreilles !

LE DOCTEUR :

Le point d'appui que cherchait Archimède,
Et grâce auquel il pensait pouvoir soulever la terre.

C'est ton moi qui n'est pas à un autre,
Ton centre et ton horizon...

LE FORGERON :

Qui suis-je donc ?

LE DOCTEUR :

Pour le moment, tout juste un garçonnet
De quarante ans, minerai et scories mélangés,
Facile à émouvoir comme un enfant,
Aussi prompt au chagrin qu'à la joie !
Les plaisirs simples de la vie te tentent :
Une table dressée, un verre bien rempli,
La danse avec les filles sur le pré...

L'HÔTESSE *entre avec une bouteille de vin et deux verres* :
C'est bien pour vous, messieurs, n'est-ce pas ?

Elle sort.

LE DOCTEUR *sert le forgeron* : Pas tout à fait, mais cela revient au même. Bois, forgeron !

LE FORGERON : Et vous ?

LE DOCTEUR : Je ne bois pas !

LE FORGERON : Par principe ?

LE DOCTEUR : Non, pas du tout ! Mais j'ai tellement bu dans ma jeunesse que je ne peux plus m'enivrer !

LE FORGERON : Alors je boirai seul !

LE DOCTEUR :

Et moi je te quitte,
Car celui qui ne boit pas devient vite importun !
Amuse-toi bien, voilà du monde
Qui te tiendra compagnie avec ta chope
Tant qu'elle restera pleine, tout au moins !
Mais si tu as des ennuis
Et que tu désires revoir le docteur,
Appelle-moi, je viendrai à ton secours !

Il sort par la grande porte.

SCÈNE 2

LE FORGERON :

De la philosophie ! Pouah ! L'horizon et Archimède !
En quoi cela me touche-t-il que la terre tourne
Ou qu'elle marche à quatre pattes !

L'AMANTE *entre, tête nue* :
Aidez-moi, oh, aidez-moi, noble seigneur !
LE FORGERON :
Qu'y a-t-il, ma belle demoiselle ?
L'AMANTE :
Je suis une pauvre femme seule
Qui vient d'être volée sur la route !
LE FORGERON :
Volée ? Par qui ? Dites un mot
Et mon bras est à vous
Pour vous défendre ainsi qu'il sied à un homme d'honneur.
Aurait-on outragé votre pudeur ou votre vertu ?
Je fais sur-le-champ pendre toute la bande !
Mais dites-moi qui vous êtes,
Où cela s'est passé et qui a commis ce crime ?
L'AMANTE :
Si vous êtes gentilhomme, ainsi qu'il me semble,
Vous ne me demanderez pas son nom.
LE FORGERON :
Je ne demande rien, je posais simplement une question...
L'AMANTE :
Posez toutes les questions que vous voulez,
Mais seulement, croyez à ma sincérité,
A ma vertu et aux offenses que j'ai subies...
LE FORGERON :
Je crois à votre vertu comme à votre beauté
Car celle-ci je la vois de mes yeux,
Qui jamais n'ont vu semblable merveille !
L'AMANTE :
Je le savais bien ! Vous êtes un gentilhomme...
Eh bien voilà : mon père a voulu me marier de force !
LE FORGERON :
Ah ! Je comprends tout ! Et vous,
Vous en aimiez un autre !
L'AMANTE :
Non !... Mais ceci est mon secret !
Ne me posez plus de questions ! Promettez-moi seulement
De me considérer comme votre sœur
Et, à ce titre, de m'accorder votre protection.
LE FORGERON :
Ma sœur ? Mais j'en serai fier, noble demoiselle,
Si votre beauté et vos belles manières

Ne me relèguent pas trop dans l'ombre
Et rendent invraisemblable notre parenté !
L'AMANTE :
Oh, ne me parlez pas de beauté, et surtout,
Pas de la mienne,
Car la beauté n'est qu'une apparence !
LE FORGERON :
Une admirable apparence qui réchauffe et qui éclaire !
L'AMANTE :
Comme les feux follets au-dessus du marais.
LE FORGERON :
Ce n'est pas vrai ! Il ne saurait en être ainsi
Car la beauté n'est que l'éclat de la bonté.
Lorsqu'elle parle par tes yeux
On ne peut imaginer une parole méchante
Qui viendrait sur tes lèvres !
Ce front si pur n'a jamais connu
Les rides de la haine
Et cette main ne se lève que pour saluer ou pardonner.
Voulez-vous me suivre ? Mais pas comme une sœur ?
L'AMANTE :
Combien ont demandé à me suivre pour ensuite
Revenir sur leurs pas !
Tu ne me connais pas et tu ne sais pas
Combien je suis pauvre et triste !
LE FORGERON :
Tant mieux ! Qui se ressemble s'assemble !
L'AMANTE :
Combien je suis malade...
LE FORGERON :
Je te soignerai !
L'AMANTE :
Combien je suis méchante !
LE FORGERON :
Encore une vertu ! Elle trahit la force !
L'AMANTE :
Et si je te bats, et si je te querelle ?
LE FORGERON :
Ce sera pour tempérer ma mauvaise humeur !
L'AMANTE :
En vérité, ceci témoigne d'un amour véritable !
Dis-moi, es-tu homme à aimer une femme ?

Envers et contre tout ? Non, ne me touche pas !
Dis, pourrais-tu, si ma beauté était vaincue par l'âge,
La maladie et le chagrin, pourrais-tu
M'aimer encore et aussi fortement ?

LE FORGERON :

Ayant une fois contemplé ton visage,
Je ne pourrai jamais oublier sa beauté
Et c'est le souvenir de cette beauté que, comme un masque,
Je poserai sur tes traits déformés par la vieillesse.
Si même la peste y laissait ses marques noires,
Si même le feu consumait tes joues blanches,
Si même tes yeux se changeaient en abcès,
Je ne le verrais pas !
L'image de toi que je porte en mon cœur
Je la vois partout, elle m'est chère !

L'AMANTE :

Vois, je suis lépreuse... Maintenant, supporte l'épreuve !

Elle soulève son masque et découvre son visage ravagé par la lèpre.

LE FORGERON, *tout d'abord surpris, se reprend vite* :

Je regrette, comme on regrette, dans les neiges de l'hiver
Les fleurs fanées de l'été !
Mais le chagrin est la neige de l'amour
Et sous la neige poussent les roses :
Je t'aime autant qu'auparavant,
Non ! Plus encore !
Je t'aime comme le souvenir
De celle que j'aimais !
Mon amour ! Reçois en gage mon premier baiser.

L'AMANTE :

Ne me touche pas !
Je porte la mort sur mes lèvres !

LE FORGERON :

Eh bien ! Mourons tous deux !
La vie ne pourra plus nous séparer !
Ni les querelles, ni le travail, ni les vicissitudes de la vie,
Ni l'envie, ni la calomnie, et nous mourrons heureux
Comme tous ceux qui meurent jeunes !

L'AMANTE :

O Mon Dieu, je n'avais jamais rêvé un tel amour !

LE FORGERON :

Ne crois donc pas aux rêves !

Scène 3

Saint Pierre, *qui a fait quelques apparitions discrètes au cours de la scène précédente et qui a écouté la conversation du forgeron et de l'amante, s'avance* : Non, mais je crois bien que nous avons trouvé le ciel ! Un tel amour n'appartient qu'aux anges !

Le forgeron : Tiens, ce vieux Pierre ! Te voilà encore. Eh bien, veux-tu nous conduire devant l'autel ?

Saint Pierre : Bien volontiers, si seulement j'en avais le droit !

Le forgeron : Quel obstacle peut-il y avoir ?

Saint Pierre : Je ne sais même pas si je suis ordonné prêtre, et puis d'ailleurs, je risque de perdre ma soutane si je marie un lépreux.

Le forgeron : Tu es un lâche, Pierre.

Saint Pierre : Oui... si l'on entend par là que je me conforme aux lois et aux règlements.

Scène 4

Don Quichotte entre à cheval par la grande porte. Il a revêtu l'armure traditionnelle, mais il est devenu très gros.

L'amante : Viens, mon amour, partons, avant qu'il n'arrive encore du monde ! Oh ! Voilà cet affreux Don Quichotte !

Elle cache son visage derrière un voile.

Don Quichotte : Bonjour, bonnes gens !

Le forgeron : Je vous demande pardon, qui cherchez-vous ?

Don Quichotte : Je suis le chevalier Don Quichotte de la Manche et je suis invité aux noces d'argent de Roméo et Juliette, qui doivent être célébrées dans cette auberge du Cheval d'or. Me serais-je trompé de chemin ?

Le forgeron : Non pas ! Vous êtes bien dans l'auberge en question mais je ne suis pas sûr que Roméo et Juliette viennent y fêter leurs noces d'argent, d'autant plus que je n'ai jamais lu dans les livres qu'ils aient été mariés.

Don Quichotte *descend de cheval* : Les livres ! Ne me parlez pas des livres, à moi que les livres ont tellement calomnié ! Holà, Sancho Pança ! Par ici !

Scène 5

Sancho Pança, *maigre comme un jockey, vient prendre le cheval de son maître pour le conduire à l'écurie* : A vos ordres, noble chevalier !

Don Quichotte : Mène mon pur-sang à l'écurie et donne-lui de l'avoine !

Le forgeron : Il me semble que Rossinante est devenue aussi grasse que Sancho est devenu maigre.

Don Quichotte : Les temps changent et il faut bien changer avec eux ! Ah ! Moi aussi j'ai appris les leçons de la vie, j'ai retrouvé mon bon sens et je suis devenu un homme sage. Oh là là ! Ce que je peux être devenu sage !

Le forgeron : Auriez-vous, monsieur le chevalier, comme qui dirait embrassé une carrière, et seriez-vous entré dans les petits renoncements et les petites habitudes de la vie bourgeoise ?

Don Quichotte : J'élève des trotteurs et je fréquente les marchés de chevaux — permettez-moi de vous donner mon adresse.

Il remet un prospectus à saint Pierre qui lui donne une brochure en échange.

Saint Pierre : Je vous remercie, monsieur le chevalier, mais je n'ai nul besoin de renouveler mes chevaux.

Don Quichotte : Tiens, tiens... et qu'est-ce que vous avez comme chevaux ?

Saint Pierre : Les chevaux des apôtres.

Don Quichotte : Ah, ah ! Vieux farceur, elle est bien bonne ! Et vous trottez vite avec ces chevaux-là ?

Saint Pierre, *vexé* : Assez vite, en tout cas, pour éviter les ailes des moulins !

Don Quichotte : Eh dites donc, vous !

Scène 6

La noce sort de la fontaine. Tout d'abord, les musiciens puis Montaigu et Capulet bras-dessus, bras-dessous. Ensuite, les demoiselles d'honneur et leurs cavaliers, à savoir : Hamlet et Ophélie, Othello et Desdémone, Barbe-Bleue et sa femme Lady Macbeth, enfin, Roméo et Juliette, très vieillis, font leur entrée, accompagnés de leurs cinq enfants déjà grands. Des badauds contemplent le cortège. L'aubergiste sort sur le perron pour accueillir la noce.

DON QUICHOTTE : En ma qualité d'invité d'honneur à ces noces d'argent, j'ai l'honneur de souhaiter la bienvenue aux invités de la part des deux époux. Mon vieux Montaigu et mon cher Capulet, je suis si heureux de vous voir tous les deux bras-dessus, bras-dessous, après tant d'années d'une inimitié dont la solidité ne peut être comparée qu'à celle de votre amitié d'aujourd'hui, bien que l'amitié de la vieille maison de soieries Montaigu and Co avec la Société Capulet de Vérone date en vérité de la conversion de l'emprunt de Milan à trois pour cent. C'est aussi pour moi un devoir très cher que de constater la présence des deux époux, monsieur Roméo, président directeur général de la firme Roméo et fils et sa chère épouse, madame Juliette. Je ne voudrais pas jeter une ombre douloureuse sur ce tableau touchant ou troubler en quoi que ce soit cette agréable fête de famille, mais je ne puis taire mes sentiments lorsque je vois les deux enfants sourds et muets nés de cette union. Permettez-moi seulement de vous dire une chose : ce mariage, il aurait mieux valu qu'il n'ait pas lieu ; et laissez-moi ajouter en guise de moralité : Voilà ce qui arrive aux enfants obstinés qui désobéissent à leurs parents ! (*Murmure réprobateur.*) Parmi l'aimable compagnie, il m'est agréable aussi de constater que le chevalier Barbe-Bleue a renoncé à ses mauvais penchants et qu'il est devenu un véritable monogame, formant un ménage relativement heureux avec Lady Macbeth, laquelle, grâce à une méritoire campagne pour l'abrogation de la peine capitale, l'a converti enfin à de meilleurs usages. Je vous salue ! (*Murmures.*) Et c'est avec la même satisfaction que je revois ici mon vieil ami Othello de Venise qui, après bien des peines, et après avoir eu la preuve flagrante que sa femme Desdémone le trompait, et trompait le sergent Iago, avec un certain lieutenant Cassio, en a pris son parti, s'est réconcilié avec sa femme et vit désormais en parfaite désunion avec la jalouse Desdémone qui est elle-même rongée par la peur continuelle que le Maure de Venise ne prenne sa revanche ! Je vous félicite... surtout Othello ! (*Murmures.*) Je tiens enfin à présenter tous mes vœux de bonheur au prince Hamlet et à mademoiselle Ophélie Polonius qui viennent de se fiancer. Je ne puis augurer de ce que sera l'avenir de ces deux rêveurs impénitents, mais je crois en tout cas qu'ils ont commencé trop haut pour ne pas finir plus bas que la moyenne ! Je vous souhaite tout de même bien du plaisir ! Et maintenant, place à la fête ! Je sais bien qu'avec une telle compagnie elle ne sera pas particulièrement joyeuse et je voudrais mettre en garde les participants contre les illusions ! Surtout, pas d'illusions ! Et, désireux de m'éviter la surprise la plus désagréable qui soit, c'est-à-dire les factures impayées, je demanderai à tous, en ma qualité d'organisateur, que la participation aux frais me soit versée à l'entrée ! Bien sûr, Hamlet, qui est un artiste, n'a pas un sou vaillant, mais comme il mange peu, Roméo paiera pour lui en attendant ! Alors entrez ! Entrez donc, mais payez d'abord ! Payez !

MONTAIGU, *à Capulet* : Mon cher, je crois qu'il est devenu complètement fou !

DON QUICHOTTE : Comme vous dites ! Ah ! ah ! Tant qu'il croyait aux moulins à vent, aux servantes, aux plats de barbier, aux factures impayées et aux vieilles rosses, il était fou, et quand il ne croit plus aux servantes, aux factures impayées, aux plats de barbier et aux moulins à vent, il est encore fou ! Allez, racaille ! Mangez, buvez, parlez d'amour, mais ne parlez pas de rut, chantez Dulcinée mais ne dites pas que c'était une servante, fêtez le chevalier à la barbe bleue, mais surtout pas un mot sur sa tendance à la polygamie ; louez Roméo mais ne faites pas semblant de savoir qu'il avait déjà été fiancé auparavant ; montez au pinacle Desdémone, mais ne faites jamais allusion au fait qu'elle n'était qu'une garce ! Allez, racaille ! Mentez ! Bourrez-vous de mensonges au point que vous devrez vous cacher derrière le coin de la maison pour voir comment vous êtes à l'intérieur !

La noce pénètre dans l'auberge.

SCÈNE 7

SAINT PIERRE : Je vous demande pardon, monsieur le chevalier, mais vous me donnez l'impression d'un homme qui a perdu ce qu'il y a de meilleur.

DON QUICHOTTE : Comment ? Qu'ai-je donc perdu ?

SAINT PIERRE : Votre idéal, chevalier !

DON QUICHOTTE : L'idéal ! Dites-moi donc dans quel vers, dans quel chapitre, dans quel livre des Saintes Ecritures, on trouve le mot idéal ? (*Saint Pierre réfléchit.*) Vous pouvez y réfléchir jusqu'au matin du jugement dernier, vous ne le trouverez pas car il n'y est pas ! Mais vous faites sans doute allusion aux illusions ? Ça, je sais ce que c'est !

SAINT PIERRE : Et qu'est-ce que c'est donc ?

DON QUICHOTTE : Des moulins à vent, des servantes d'auberge, des plats de barbier...

SAINT PIERRE : Un moment ! Regardez cet homme !

DON QUICHOTTE : Eh bien quoi ? Pour le moment il a l'air encore plus bête que ce benêt d'Othello qui s'est laissé berner par Desdémone. Qui est cette femme ?

SAINT PIERRE : C'est sa fiancée.

DON QUICHOTTE : Bravo ! Qu'attendent-ils pour se marier ?

SAINT PIERRE : Cela viendra ! cela viendra ! Voyez-vous, elle est malade, c'est une lépreuse, mais il l'aime tout de même.

DON QUICHOTTE : Mais alors, il est fou ! Mettez-le à l'asile et elle à l'hôpital !

SAINT PIERRE : Non, chevalier ! Voyez-vous, c'est cela l'amour !

DON QUICHOTTE : Des noms différents pour une seule chose. Puis-je voir de près cette femme ? (*Il s'approche d'elle et arrache son voile.*) Ah ! (*Au forgeron* :) Et c'est avec elle que tu veux te marier ?

LE FORGERON : Aussi vrai que je vis, si elle daigne accepter ma main.

DON QUICHOTTE : Répète !

LE FORGERON : Sur mon honneur, chevalier !

DON QUICHOTTE : Qu'elle soit lépreuse, tu peux t'en rendre compte par toi-même, mais apprends aussi que c'est une garce et qu'elle a été condamnée à la prison !

LE FORGERON : Tu mens !

DON QUICHOTTE : Pour cette parole, nous allons nous battre !

L'AMANTE : Ne sacrifiez pas votre vie pour une créature telle que moi ! Ne vous battez pas !

LE FORGERON : Serait-ce vrai, ce que dit cet homme ?

L'AMANTE : C'est vrai.

LE FORGERON : O mon Dieu, viens à mon secours ! Tu

as donc menti en disant que tu n'avais rien à te reprocher ?

L'AMANTE : J'ai menti.

DON QUICHOTTE : Garce, lépreuse et menteuse... Et ce que Dieu a uni, l'homme ne peut le séparer.

LE FORGERON : Mais mens donc encore une fois ! Au nom du ciel, mens et dis que tu viens de mentir !

L'AMANTE : Je ne peux plus mentir depuis que j'ai vu l'infini de ton amour.

LE FORGERON :

Je te crois... et je te suivrai...
Le cœur blessé, aussi meurtri que tes traits
Qui tout à l'heure étaient si doux !
Si tu es lépreuse, je le suis aussi,
Si tu as commis une faute, je suis aussi coupable.
Je porte tes chaînes et je ne les maudis pas,
Je les bénis, car le chagrin de l'amour
Dure plus longtemps que sa joie
Et je veux t'aimer éternellement !

SAINT PIERRE : Que dites-vous de cela, monsieur le chevalier ?

DON QUICHOTTE : Nom de Dieu !

SAINT PIERRE : Avez-vous déjà vu pareille chose ?

DON QUICHOTTE : Nom de Dieu de nom de Dieu !

SAINT PIERRE : Voyons, ne jurez donc pas comme ça !

DON QUICHOTTE : Sancho ! Mon cheval !

SANCHO *entre avec le cheval* : Monsieur le chevalier ?

DON QUICHOTTE : As-tu payé l'avoine ?

SANCHO : Jusqu'au dernier grain, chevalier.

DON QUICHOTTE : De combien m'as-tu volé, dans ce cas ? Ne te fais pas d'illusions, tu n'arriveras pas à me rouler !

SANCHO : Que serait la vie sans illusions, mon maître ?

DON QUICHOTTE : Eh bien ? que se passe-t-il ? Aurais-tu perdu ton sens pratique ? Toi qui, jadis, te sortais de tous les ennuis tandis que moi, je mordais la poussière ?

SANCHO : Chevalier... lorsqu'au cours de nos aventures bien connues, vous en êtes arrivé à me rosser parce que je ne possédais point d'ailes — vous savez, les ailes — eh bien, à force de me rosser vous m'avez fait pousser des ailes. Et, bien que je sache à quel point il est douloureux et imprudent de dire la vérité, je ne puis vous cacher plus longtemps que j'ai écouté vos leçons et que... depuis... j'ai des illusions !

DON QUICHOTTE : Nom de Dieu !

SANCHO : Chevalier, je ne saurais nier que mon humble origine, mon état — pour ne pas dire ma modeste condition — m'aient parfois mis dans la pénible situation de ressentir les petites vicissitudes de la vie d'une manière plus dure qu'il n'était réellement nécessaire...

DON QUICHOTTE : Sois bref !

SANCHO : Et alors... j'ai compris combien il était avantageux... comme qui dirait... comment dit-on au juste ? — d'ajouter là où ça manquait. (*Don Quichotte le tire par l'oreille.*) Chevalier, vous n'êtes pas encore à l'abri d'une éventualité, celle d'avoir à seller un cheval, et mon cheval à moi, par-dessus le marché !

DON QUICHOTTE : Que dis-tu ?

SANCHO : Que je pourrais, moi, avoir l'occasion de vous rosser à mon tour ! Eh oui !

DON QUICHOTTE : Sancho ! Tu dis la vérité ! Tout est possible, et il se pourrait bien que, le destin s'en mêlant, je me trouve un jour dans la situation d'avoir à seller ton cheval... si tu pouvais me faire croire que tu es une fille jeune et riche, car le pouvoir de l'illusion est grand... mais vois-tu, voler ton avoine, cela, je ne le ferais jamais !

SANCHO : Vous ne voleriez jamais mon avoine ?... Quels rêves insensés !

DON QUICHOTTE : Ah ! J'ai réchauffé une vipère dans mon sein !... Sancho ! soyons amis !

SANCHO : Amis ? Vous parlez d'amitié ? Ma foi, chevalier, je crois que vous avez de nouveau des illusions !

SCÈNE 8

La noce sort au fur et à mesure de l'auberge.

LE DOCTEUR : Tiens ! voilà mon compagnon de voyage, ainsi que le chevalier Don Quichotte de la Manche. Une personne intéressante et pleine d'enseignement. Vous venez avec nous ?

DON QUICHOTTE : Si je ne me trompe pas, c'est le docteur Sait-tout ? Docteur, je sais un tas de choses, grâce à ma ruineuse expérience (je ne veux nommer personne et je n'oublie rien), mais je ne puis tout savoir et si ces messieurs voyagent sans but précis, je leur demanderai la permission de me joindre à eux.

LE DOCTEUR : Le but de notre voyage est de rechercher la clef du ciel, que saint Pierre a égarée, et si nous ne la trouvons pas, nous allons droit au ciel.

DON QUICHOTTE : Excellent ! J'ai évidemment perdu toute illusion en ce qui concerne le paradis sur terre, depuis que j'ai compris que la vie est un enfer, mais je vous suivrai tout de même...

LE DOCTEUR : Monsieur le chevalier, votre dégoût de la vie, si profondément ancré, j'en voudrais voir l'origine dans le fait que vous avez perdu tout idéal...

DON QUICHOTTE : Bon ! Encore ce mot-là ! Qu'est-ce donc que l'idéal ? Regardez ce forgeron ! Son idéal à lui c'est une délinquante lépreuse dont la principale vertu consiste à avouer qu'elle a toujours menti. Est-ce que le forgeron est heureux ?

LE DOCTEUR : Cela est vraisemblable, car il jouit de son malheur.

DON QUICHOTTE : Et s'il était vraiment heureux ? Et si... Ecoutez, je viens avec vous, chercher l'idéal que j'ai perdu, car j'ai besoin d'un peu de bonheur après avoir vu toutes mes illusions de jeunesse traîner par là. Regardez-moi ce gros porc de Roméo qui fume du mauvais tabac et qui fait la cour à la fiancée d'un autre. Regardez Barbe-Bleue qui s'est inscrit à la Ligue de la morale et qui a épousé Lady Macbeth, laquelle, de son côté, est présidente de la Ligue pour l'abrogation de la peine capitale ! Fi ! fi ! fi ! Je voudrais pouvoir les mettre tous en tas, les couvrir de goudron et mettre le feu à toute cette vermine !

LE DOCTEUR :
Ombres que je viens d'évoquer
Pour donner aux pensées une image visible,
Descendez, retournez d'où vous êtes venues,
Redevenez des feux follets,
Des miasmes de marais, sortis d'un puits tari.
Allez, disparaissez ! Tous et tout de suite !

La noce redescend dans le puits. Le docteur repose le couvercle et jette la clef. L'amante descend la dernière et le forgeron court vers elle et veut la suivre, mais le docteur l'en empêche. L'amante fait un signe d'adieu au forgeron avant de disparaître. Lorsque le couvercle est refermé, on peut voir des feux follets voleter au-dessus du puits.

LE FORGERON : Elle est partie et je n'ai pu la suivre !

LE DOCTEUR : Vous vous reverrez ! Ne me détourne pas de ma mission !

LE FORGERON : Que deviendrai-je, pauvre homme que je suis ?

LE DOCTEUR : Dis-le toi-même, je te laisse le choix. Que veux-tu devenir ?

LE FORGERON :

Ce que je veux devenir ?
Que suis-je ? Oh, je me sens si vieux
Et si méchant depuis que mes douces illusions
M'ont été dérobées !
J'ai l'impression de marcher sur un plancher pourri
Où l'on craint de passer les jambes à travers
Et de rester pris comme dans un piège à loups.
Pouah ! la vie pue ! les hommes me dégoûtent !
Plus on apprend et moins on croit,
Et celui qui croit savoir le plus
Ne sait rien ! Même pas !
Ah ! si seulement j'étais un géant,
Portant les Alpes sur mes larges épaules,
Je fléchirais, et je laisserais tout tomber
Sur la terre, afin qu'elle se brise !
Je veux être grand, je veux être fort, le plus fort !
Pour écraser tout l'univers
Et jouir, quand tout sera détruit,
De la pensée d'être le seul
A succomber de ma propre main.
Alors que tous les autres succombent
De la main d'un autre !

LE DOCTEUR :

Je ne crois pas qu'un souhait
Puisse être exprimé plus clairement ! Soit !
Tu seras un géant ! Secoue la vieille terre,
Mais frappe doucement cette vieille toupie
Pour qu'elle ne heurte rien quand tu la fouetteras !
Vas-y ! (*En direction de la coulisse* :) Et que le jeu continue !

Changement de décor.

ACTE III

A droite, la véranda du presbytère, couverte de feuillages et de fleurs. Au milieu de la cour, un tilleul. Sous le tilleul, une table.

A gauche, un rocher sur lequel est assis le géant de Hoburg. Un sentier serpente aux pieds du géant.

Au fond, la vallée avec un lac. Au bord du lac, l'église du village.

SCÈNE 1

Le géant de Hoburg, seul. (Il est représenté par un immense rocher.)

LE GÉANT :
Me voilà donc devenu un géant véritable,
Et personne sur terre n'est aussi grand que moi !
Oui, ma grandeur est terrible
Et si je ne suis guère beau,
Je peux voir loin autour de moi,
Plus loin que tous les autres.
Je suis lavé par les nuages et me reflète dans le lac,
La neige m'habille de blanc, la mousse m'habille de vert.
Au fond de cette vallée réside un vieux pasteur
Et bien plus loin encore se dresse son église.
Les gens s'y rendent en foule, des gens comme les autres,
Pour adorer le blanc Baldur.
Mais personne n'adore le géant sur la montagne
Bien qu'il soit plus fort que tous.
Il abrite de la tempête ceux qui vivent dans la vallée
Et prend pour ses cheveux les éclairs bleus de l'orage.
Il répand sur les champs les rayons du soleil
Et recueille l'eau de pluie dans ses vastes réserves.
Ah ! quelle pitoyable race habite la vallée !
Elle sonne, carillonne, se signe et croit
A la vieille légende qu'on reprend et qu'on tient
De Baldur, le dieu blanc, tué d'une flèche de gui,
Mais elle ne croit pas au géant qui aime mieux jeter des [pierres

Que de se laisser lapider par les nains.
Voilà le soleil qui s'enfonce dans la mer, la nuit tombe,
Et tous les hommes commencent à faire leurs lits.
Ils sonnent les cloches pour se protéger des lutins,
Des trolls et des génies sylvestres,
Ils se cachent sous les draps et y vont de leur prière
Car tous les fidèles ont peur de la nuit.

Les cloches sonnent à trois reprises au clocher de l'église. La nuit tombe.

Mais le géant aime la nuit et le calme de la solitude.
Dans la nuit il y a le silence où vivent de grandes pensées,
Alors qu'au soleil, il n'y a que les moustiques qui dansent !

Un hibou vient se poser sur son épaule.

Voici mon oiseau fidèle, mon ami dans la nuit noire.
Deux yeux portés par deux ailes, et des griffes comme celles [d'un chat !
On dit qu'il a fait alliance avec le Malin.
Chante, petit oiseau, chante à ta façon,
Tu vois le monde en noir, mais chante sans arrêt.

LE HIBOU :

Quoui... witt !

LE GÉANT :

Et tu chuchotes des paroles sages dans mon oreille profonde.
Quand la montagne accouche de souris, tu as le ventre plein,
Quand la hase met bas, tu fais des prélèvements dans sa [progéniture,
Mais nul n'ose toucher le géant ni l'oiseau !

SCÈNE 2

Les nains entrent, portant des pics, des pioches et des bêches. Ils se mettent à piocher et à creuser au pied de la montagne, sous le géant.

LES NAINS *récitent ou chantent* :

Nous piochons, nous arrachons,
Nous bêchons, nous décrochons
La demeure du géant.
Nous découpons, nous abattons,
Nous labourons, nous secouons.
Le géant n'aura pas la paix !

La paix...
Dernière syllabe étirée.
LE GÉANT :
Que faites-vous, homoncules, tout en bas de mes pieds ?
LES NAINS :
Nous vivons, nous travaillons,
Nous tâtonnons, nous avançons,
Nous renverserons le géant.
Nous piochons, nous arrachons,
Nous bêchons, nous décrochons,
Nous réduisons le géant en poussière
En poussière !...
Dernière syllabe étirée.

LE GÉANT : Holà petits ! Si vous n'arrêtez pas, le géant vous jettera des pierres !

PREMIER NAIN : Essaye un peu !

LE GÉANT : Prenez garde à vous ! Allez ! ouste !

DEUXIÈME NAIN : Vous entendez ce qu'il dit ? Il dit : ouste ! comme aux chats !

Les nains rient.

LE GÉANT : Ah ! vous ne me prenez pas au sérieux ! Regardez ! Pour peu que j'éternue, il tombe de petites pierres. Attention à vous, en bas !

Il éternue et des cailloux tombent de la montagne.

PREMIER NAIN : Mais on dirait qu'il lance des pierres pour de bon !

Il prend un caillou et le jette au géant.

LE GÉANT : Attention, je vais tousser !

Il tousse. Des pierres tombent et tuent le premier nain.

LES NAINS : Le roi est mort. Vive le roi !

DEUXIÈME NAIN : Me voici roi !

LES NAINS : Non, pas lui ! Pas lui !

DEUXIÈME NAIN : Qui donc alors ?

LES NAINS : Moi ! Moi ! Moi !

DEUXIÈME NAIN : Mais vous ne pouvez pas être rois tous en même temps ! Et puisque je suis le doyen de tous les nains, je considère qu'il m'appartient de régner !

TROISIÈME NAIN : Le voilà maintenant qui est le plus vieux. Mais lorsque notre doyen était sur le trône, celui-là était jugé trop vieux pour régner. Place aux jeunes ! C'est ce qu'on disait alors !

DEUXIÈME NAIN : C'était du temps où vivait Lasse. Mais

maintenant que Lasse est mort, ça va changer ! Si vous voulez élire le roi, je suis d'accord ; mais à une condition !

LES NAINS : Laquelle ?

DEUXIÈME NAIN : Je garde le droit de veto absolu et une voix prépondérante !

Les nains crient et se battent.

LE GÉANT : Quand les voleurs se battent, le paysan récupère sa vache ! Petits diables, allez-vous vous battre un samedi après-midi ? Vous êtes ma foi aussi méchants que les grandes personnes !

Des pierres tombent et tuent le deuxième nain.

LES NAINS : Le roi est mort, vive le roi !

SCÈNE 3

Le Petit Poucet entre, chaussé de ses bottes de sept lieues, suivi par Cendrillon dans une citrouille traînée par un rat.

LE PETIT POUCET : Non ! Le roi, c'est moi !

TROISIÈME NAIN : Qui es-tu ?

LE PETIT POUCET : Je suis le Petit Poucet et voici ma reine, Cendrillon !

TROISIÈME NAIN : Et de quel droit vous permettez-vous de prétendre au trône des nains, qui se trouve libre, puis-je vous poser la question ?

LE PETIT POUCET : Du droit du plus petit parmi les plus petits ; celui qui s'abaisse sera élevé. Quant à ma reine, elle a, comme vous le savez, les plus petits pieds du monde.

TROISIÈME NAIN : Pour une reine, ce peut être une qualité, mais pour un roi, même chez les nains, être petit ne suffit pas, il faut autre chose, monsieur. Veuillez retirer vos bottes.

LE PETIT POUCET : Vous voulez dire... tomber la veste ?

TROISIÈME NAIN : Non, il s'agit bien de vos bottes, car je ne me bats jamais avec une personne chaussée de bottes de sept lieues.

CENDRILLON : Non, ne vous battez pas, ne vous battez pas, je ne le permets pas.

LE PETIT POUCET *enlève ses bottes* : Un chevalier se bat toujours et ne raisonne jamais, ma reine !

CENDRILLON : Je me meurs ! Je suis morte ! Au secours !

Le Petit Poucet court à son secours.

TROISIÈME NAIN *va vite chausser les bottes de sept lieues* : Maintenant, par contre, moi, je ne me bats plus, monsieur... Petit !

LE PETIT POUCET : Oh le sournois ! Le petit bandit ! Le traître ! Le voleur !

Il pleure et se mord le pouce.

TROISIÈME NAIN : Saluez-moi, racaille ! Un roi tel que moi, vous n'en avez jamais eu !... Vite ! Sinon, je vous fais tous couper la tête !

Tout le monde crie. Bagarre générale. De nouvelles pierres tombent de la montagne. Le Petit Poucet et Cendrillon sont tués.

SCÈNE 4

TROISIÈME NAIN : Je flaire une odeur de sang chrétien !

Tous disparaissent. Saint Pierre entre et s'assied sous le tilleul.

LE GÉANT : Tu es là, saint Pierre ?

SAINT PIERRE : On dirait la voix du forgeron, mais... Oui ! je suis là ! Où es-tu ?

LE GÉANT : Ici, en haut !

SAINT PIERRE *lève les yeux et aperçoit le géant* : Comme tu es devenu grand, forgeron !

LE GÉANT : Je te crois ! Comment ça va, mon vieux Pierre ?

SAINT PIERRE : Je ne sais pas comment ça va, mais ce docteur Sait-tout ne semble pas savoir autant de choses qu'il le dit, car il a l'air de nous conduire sur de fausses routes.

LE GÉANT : Oui, c'est justement notre but et à franchement parler, j'ai bien envie de me séparer de lui.

SAINT PIERRE : Je crois qu'il est le diable en personne. Mais toi qui es devenu si grand et si fort, tu devrais pouvoir le briser.

LE GÉANT : Fais-le seulement venir à portée d'éternuement et je ferai pleuvoir sur lui une pluie de pierres.

SAINT PIERRE, *qui s'est avancé sur la scène, découvre les corps du Petit Poucet et de Cendrillon* : Comment ! Mais c'est le Petit Poucet en personne ! (*Il le prend sur ses genoux.*) Qui l'a tué ?

LE GÉANT : Moi.

SAINT PIERRE : Tu frappes les petits, toi, grand méchant !

LE GÉANT : Oui, ils voulaient miner ma position de géant.

SAINT PIERRE : Quiconque fait du mal à un de ces petits...

LE GÉANT : Oui, mais ce sont eux qui m'ont provoqué ! Et toi, tu as toujours été l'ami des petits.

SAINT PIERRE : Et voici la petite Cendrillon !

LE GÉANT : Dont le principal mérite était d'avoir de petits pieds !

SAINT PIERRE : Et tu as eu le cœur de les tuer ? Oh !

LE GÉANT : Ils m'auraient tué autrement ! N'est-il pas permis de tuer en état de légitime défense ? D'ailleurs, tu aurais dû les voir se chamailler et se battre, se berner et s'entredéchirer, tout comme les grandes personnes. Crois-tu qu'ils ont eu assez de charité pour exprimer des regrets lorsque le roi des nains est mort ? Non, oh non ! Ils se sont tout de suite crêpé le chignon pour se disputer la couronne et ils ont laissé les cadavres sur le terrain. Prends garde aux nains qui gouvernent le monde. Dans la montagne, ils passent leur temps à chercher l'or pour lequel les humains vendent leur âme et leur honneur et ils forgent les épées avec lesquelles les humains s'entretuent !

SAINT PIERRE : Ce sont là des calomnies ! Si je pouvais ramener à la vie ces deux petits, tu les verrais me suivre, comme des enfants pleins de gratitude, sur mon chemin.

LE PETIT POUCET *se réveille* : Bonjour, grand-père !

SAINT PIERRE : Regarde, il vit ! Et moi qui croyais que le temps des miracles était passé ! Comment vas-tu, mon petit ?

LE PETIT POUCET : Oh, j'ai seulement fait semblant d'être mort, je ne voulais pas me faire rosser par les nains.

SAINT PIERRE : Mieux vaut fuir que mal combattre ! Tu es un petit garçon très malin ! Et comment va Cendrillon ?

Le Petit Poucet se promène sur la scène. Il aperçoit soudain le poisson que saint Pierre a posé sur la table. Il s'en empare et le glisse dans sa poche.

CENDRILLON *se réveille* : Moi, je me suis simplement évanouie comme me l'a appris ma belle-mère, sinon, le Petit Poucet aurait été obligé de se battre.

SAINT PIERRE : Si petite, et si sage ! Ah, que de sagesse il peut y avoir dans une petite cervelle grosse comme une tête d'épingle, n'est-ce pas, gros géant ? Eh, là-haut ?

LE GÉANT : Et que peut-il y avoir dans la poche du Petit Poucet ?

SAINT PIERRE : Quoi ? Que dis-tu là-haut ?

Cendrillon se glisse jusqu'à la table et y dérobe les lunettes que saint Pierre y avait déposées.

LE GÉANT : Oh, je n'ai pas la force de le répéter, mais tu ne vois pas plus loin que le bout de ton nez, heureusement pour toi que quatre yeux valent mieux que deux !

SAINT PIERRE : Ce que tu as dit était sans doute très profond et il faudra que j'y réfléchisse, mais d'abord... Où sont passées mes lunettes ?

Il cherche ses lunettes. Le Petit Poucet et Cendrillon sortent à gauche sur la pointe des pieds.

SAINT PIERRE : Et mon symbole ! Où est mon symbole ?

LE GÉANT : Si tu veux parler du poisson, il a pris le même chemin que les lunettes ! Alors ? Voilà encore du travail pour toi, saint Pierre. Si tu perds tes lunettes, tu ne trouveras jamais les clefs du ciel.

SAINT PIERRE : Mais je les avais posées ici, sur la table !

LE GÉANT : Oui, mais le Petit Poucet les a mises dans sa poche !

SAINT PIERRE : Oh, le gredin ! Je vais...

LE GÉANT : Que vas-tu faire ?

SAINT PIERRE : Je vais... je vais lui donner une bonne fessée !

LE GÉANT : Battre un de ces petits ? Fi donc, Pierre ! Arrête. Ne t'en va pas, reste avec moi, pour me tenir compagnie.

SAINT PIERRE, *hésitant* : Je ne sais pas ! Mais je ne me plais pas ici !

LE GÉANT : Oh si ! Je suis si seul et j'ai tellement besoin d'amitié.

SAINT PIERRE : Il ne peut y avoir d'amitié qu'entre personnes d'une corpulence à peu près égale, n'est-ce pas, et tu es beaucoup trop grand pour moi, forgeron, beaucoup trop grand !

LE GÉANT : Et le Petit Poucet était trop petit, lui. Quelle taille faut-il donc avoir pour être en ta compagnie ?

SAINT PIERRE : Bah ! à peu près la mienne !

LE GÉANT : Démocrate, va !

SAINT PIERRE : Et toi, despote ! Adieu !

Il sort à gauche.

Scène 5

Le géant reste seul. Le pasteur, sa femme, leurs fils et leur bru, leur petite-fille et son fiancé, ainsi qu'une deuxième petite fille âgée de huit ans sortent de la véranda par couples : le premier couple bras-dessus, bras-dessous, le deuxième couple, enlacé, le troisième, la main dans la main. La fillette suit le second couple.

Le pasteur :
Une belle soirée, fille d'une belle journée !
Merci à vous, mes enfants et petits-enfants.
Le vieillard a eu quatre-vingts ans,
Il est au soir de sa vie !
Merci de m'avoir rendu sans nuage le coucher du soleil,
Vous tous qui pour moi êtes le monde,
Car jamais je n'ai vécu hors de cette vallée,
Et la vie a pris pour moi son véritable sens
Quand ici, avec ma femme, j'ai fondé mon foyer.
Je ne sais pourquoi, mais cette soirée
A ramené les souvenirs du passé...

L'enfant, *effrayé* :
Regarde, grand-père ! Le géant a bougé !

Le pasteur :
Superstition, mon enfant ! C'est la montagne
Et jamais encore, elle n'a bougé.
Il y a une légende, tu comprends, un conte
Selon lequel le géant de Hoburg
Fut jadis enchanté par un évêque
Et il ne pourra être sauvé, dit la légende
Que du jour où il sera aimé d'une femme !
Tu peux donc être tranquille, mon enfant,
Le géant de Hoburg reste là où il est !

Le fils :
Ce n'est pas absolument sûr, mon père,
Car il est question d'un chemin de fer,
Qui passerait à travers le bonhomme !

Le pasteur :
Je n'en savais pas tant...
Cela me fait plaisir et me déplaît aussi,
Car cette vallée m'a été chère,
Si calme, si simple, si loin des bruits du monde...

L'ENFANT :
Le tilleul secoue ses feuilles, grand-père,
Et pourtant, il n'y a pas de vent !
LE PASTEUR :
Il y a probablement du vent dans sa couronne,
Bien que nous ne le sentions pas ici, en bas, mon ange.
LE FIANCÉ, *à la fiancée* :
Le tilleul frissonne peut-être de douleur,
Après la blessure que ce matin nous avons faite
En inscrivant nos noms dans son écorce ?
LA FIANCÉE :
J'ai vu qu'il pleurait de douleur. Pourquoi
Ne souffrirait-il pas tandis que nous sommes heureux
Puisque toute notre joie vient de la douleur des autres !
LA FEMME DU PASTEUR :
Il a porté beaucoup de fleurs cette année, le vieux tilleul,
Il y aura donc beaucoup de miel dans nos ruches.
LA BRU :
Vous pensez toujours au ménage, belle-mère.
LA FEMME DU PASTEUR :
Qui donc y penserait, crois-tu, si je n'y pensais pas ?
On n'inscrit plus son nom sur le tronc des tilleuls
Quand on a dépassé soixante-dix ans !
La vieille femme pense plutôt à cueillir les fleurs
Pour les sécher afin de faire des infusions
Lorsque la toux rabote notre cercueil.
L'ENFANT :
Viens vite, grand-père, avant que la nuit tombe,
J'ai si peur quand le soleil s'est couché.
LE PASTEUR :
Volontiers ! Allons donc à l'église,
J'ai à faire dans la sacristie
Pour le service de demain ! Venez !
Le pasteur et sa femme sortent à droite.
LA BRU, *au fils* :
Qu'il est doux de voir les parents s'accorder !
Je n'ai jamais vu famille plus unie.
Béni soit le jour où l'on m'a accueillie
Et où, grâce à toi, j'ai été rivée à cette chaîne !
LE FILS :
Tu es la première femme qui n'ait pas trouvé la chaîne
[pesante !

LA BRU :
Tu plaisantes ! Donne-moi un baiser, mais sérieusement !
Ils sortent.
LE FIANCÉ :
Ma jeune foi n'a pas été surprise,
Le bonheur n'habite pas dans la haute salle.
Je préfère être agneau plutôt que loup
Et je cherche l'innocence dans la vallée.
Le hibou crie.
LA FIANCÉE :
Oh, l'affreux hibou !
Ils sortent.

SCÈNE 6

Le géant, Don Quichotte, sans cheval. Il enlève son casque et s'essuie le front.

LE GÉANT : Ohé, vieux chevalier !

DON QUICHOTTE *lève les yeux* : Ah c'est toi, forgeron, te voilà géant, à présent ?

LE GÉANT : Un vrai géant, sans ailes de moulin sur les épaules !

DON QUICHOTTE : Ah, ne me parle plus de cela !

LE GÉANT : Tu as du chagrin, chevalier ?

DON QUICHOTTE : Oui !

LE GÉANT : Qu'y a-t-il ? Et où est ta jument ?

DON QUICHOTTE : Ne m'en parle pas ! (*Il se lève.*) Sais-tu ce qui se passe lorsqu'un homme ne peut plus manger ?

LE GÉANT : C'est sans doute qu'il n'a pas de quoi.

DON QUICHOTTE : Bah ! Sais-tu ce qui a pris un homme qui ne dort plus ?

LE GÉANT : Généralement, c'est qu'il a fait une trop longue sieste.

DON QUICHOTTE : Fi ! quelle basse conception !

LE GÉANT : Mais je crois bien, ma parole, que le chevalier est en train de s'élever à nouveau ! Qu'y a-t-il ?

DON QUICHOTTE : Sais-tu pourquoi j'ai vendu ma jument ?

LE GÉANT : Besoin d'argent ?

DON QUICHOTTE : Matérialiste ! De l'argent ! Qu'est-ce que l'or vil à côté... de l'or des cheveux d'une femme...

LE GÉANT : Ah, ah ! le chevalier est tombé amoureux !

DON QUICHOTTE : N'emploie pas une expression aussi triviale pour une chose aussi élevée : j'aime !

LE GÉANT : Oh mon Dieu ! Eh oui ! Quand on a de l'argent dans les cheveux... on veut de l'or !

DON QUICHOTTE : J'aime ! J'aime d'une façon pure, innocente, violente et... absolument monogame !

LE GÉANT : Autrement dit, il veut rester seul !

DON QUICHOTTE : Tu n'as pas honte, forgeron, ou... géant ? Ou comment faut-il donc t'appeler ?

LE GÉANT : Et cette si belle flamme sacrée, est-elle payée en retour d'un amour violent et absolument monogame ?

DON QUICHOTTE : Ah justement ! c'est ce que je ne sais pas, mais... c'est ce qui en fait l'agrément.

LE GÉANT : ... Ou l'irritation ! Et Rossinante ?

DON QUICHOTTE : L'objet de ma flamme ne supporterait pas l'odeur de l'écurie, alors...

LE GÉANT : Et comment est-il, cet objet ? Je veux dire celle qui est l'objet de votre désir ?

DON QUICHOTTE : Je ne l'ai jamais vue... Mais je l'ai entendue et j'ai même entendu sa description.

LE GÉANT : Est-elle belle ?

DON QUICHOTTE : Cela ne te regarde pas !

LE GÉANT : Il me semble, chevalier, que vous vous exprimez d'une façon peu convenable, et si vous le voulez bien, nous allons rompre une lance.

DON QUICHOTTE : Hélas ! Il fut un temps, bien sûr, où je me battais avec les géants, mais j'estime que je suis trop grand pour de tels enfantillages. Et si vous n'y voyez pas d'inconvénient, nos routes se sépareront ici !

LE GÉANT : Vous ne voulez donc pas m'accorder réparation ?

DON QUICHOTTE : Non ! Et je ne veux rien avoir à faire avec vous. Vous êtes trop grand pour moi. Adieu !... Sancho !

SCÈNE 7

LE GÉANT : Je suis trop grand pour lui aussi !

DON QUICHOTTE, *à Sancho* : Eh bien, quel prix as-tu obtenu de la jument ?

SANCHO : Trente-six écus, Seigneur.

DON QUICHOTTE : Donne !

Sancho cherche dans ses poches.

DON QUICHOTTE : Tu les a dilapidés !

SANCHO : C'est-à-dire que... j'en ai disposé.

DON QUICHOTTE : Donne-moi la quittance ! (*Sancho cherche dans ses poches.*) Tu n'en as jamais eu ! Ah, Sancho ! Tu es un méchant homme ! Mais il y a dans tes tromperies une franchise que j'apprécie, et c'est pour cela que je te pardonne, pour cela et aussi en l'honneur de mon amour. Suis-moi, nous poursuivons notre route. Mais quittons d'abord cette basse vallée, Sancho, et montons sur les hauteurs. Sur les hauteurs !

SANCHO : On repart vers les hauteurs ? Mais on ne fait que monter et descendre !

DON QUICHOTTE : Tout mouvement vers l'avant se définit ainsi qu'une vague, laquelle monte et descend indéfiniment, et c'est grâce aux changements que nous arrivons à la stabilité, a dit le sage Confucius.

SANCHO : Voilà bien un sage ! J'ai beau passer ma vie à faire des zigzags, je n'ai pas trouvé la stabilité pour autant.

DON QUICHOTTE : Tu la trouveras, Sancho ! Tu la trouveras !

SANCHO : Poursuivons donc notre route zigzagante. Après vous, Votre Grâce !

Ils sortent.

SCÈNE 8

LE GÉANT :

C'est bien désagréable d'être si grand et de rester là.
Personne ne veut tenir compagnie au géant : Je suis seul,
Je fais peur aux enfants, mais pas autant que la nourrice,
Et en définitive, personne ne croit plus au géant !

Entre l'amante.

Ah ! mais voici l'amante
Qui tantôt me quitta d'une façon navrante.
Il me faut l'impressionner par ma puissance
Et elle sera mienne !
Ecoute-moi, la belle, qui marches dans la vallée,
Je suis le plus grand sur la terre,

Veux-tu être mienne ? Tu porteras la couronne d'or
Et tu seras assise sur le trône, là-haut dans la montagne.

L'AMANTE :

Ta couronne, géant, ne sied guère à ma tête,
Et ton château dans la montagne est bien trop beau pour [moi !

LE GÉANT :

Tu fais bien la fière, traînée que tu es !
Tu méprises le géant, parce qu'il est trop laid !

L'AMANTE :

Non, pas pour cette raison, mais parce qu'il exige
Ce que d'autres mendient comme une grâce.

LE GÉANT :

Moi, je ne mendie pas et c'est là ma fierté,
Et si j'exige, je sais donner en retour !

L'AMANTE :

Que pourrais-tu me donner, je ne désire rien
Si l'amour ne fait pas partie de tes trésors.

LE GÉANT :

Va donc au diable, fière et orgueilleuse fille
Que jadis j'ai tirée de la boue.
Je vois à présent quelle âme pourrie
Se cachait sous ton beau corps !
Que l'amour se transforme en haine
Et que ce conte finisse en catastrophe !

On entend un grand bruit et les montagnes s'écroulent, ensevelissant l'église, le presbytère et la vallée. Le géant avance sur la scène où il est assis, seul, sur les ruines recouvrant l'amante.

SCÈNE 9

LE DOCTEUR *entre* :

Eh bien géant, qu'as-tu fait là ?
Et comment te trouves-tu à présent ?

LE GÉANT :

C'est affreux d'être assis sur des ruines
Et de contempler seul son destin !

LE DOCTEUR :

Tu l'as dit : c'est affreux

Depuis que tu as tout détruit.
De la verte vallée tu as fait un désert,
Tu as répandu la mort chez les petits
Qui se réjouissaient de ce qui était humble...

LE GÉANT :
Cause toujours ! Je me demande, moi, si le nain
N'aurait pas fait la même chose que moi,
Et toi-même, si tu étais ici, sur la hauteur...

LE DOCTEUR :
J'y suis déjà, mais très loin au-dessus.
N'as-tu pas oublié que c'est à mon pouvoir
Que tu dois d'être là où tu es ?

LE GÉANT :
Nous allons bien voir ! Effondre-toi, montagne !

On entend du bruit dans la montagne, mais elle ne s'effondre pas.

LE DOCTEUR :
Tu peux toujours faire du bruit, cela ne me dérange pas,
Ta puissance est finie, géant !
Mais si tu veux parler poliment, nous pouvons discuter
Comme auparavant et redevenir amis !

LE GÉANT :
Oui ! Plutôt que de rester ici
Jusqu'au jugement dernier !
Je me rends, docteur, et je demande grâce !

LE DOCTEUR *lance une bible vers le géant qui perd sa forme au milieu des éclairs. On voit alors apparaître le forgeron qui s'avance sur scène* :
Eh bien, pauvre diable, es-tu content
D'avoir été sur les sommets
Pour contempler la petitesse d'ici-bas ?
As-tu trouvé le fil dans l'écheveau embrouillé de la vie ?
Es-tu satisfait de ce que tu as appris ?
Non, tu es mécontent, tu trouves tout détestable
Et c'est pourquoi je vais te conduire au pays
Où tout est parfait, si tu veux ?

LE FORGERON :
Emmène-moi où tu veux, Seigneur !
Retire-moi de ce monde aux défauts trop nombreux
Mais à une condition : Que je ne sois plus seul !

LE DOCTEUR :
Eh bien, il y aura moi, l'apôtre et le chevalier...

Le géant :
Oui, je sais, mais il reste tout de même seul
Tant qu'il n'y a pas de femme !
Le docteur :
Aïe ! Aïe ! Aïe ! Mais tu viens de la lapider toi-même
Après avoir découvert sa vilenie !
Le forgeron :
Eh bien, je me repens, si cela peut être de quelque secours !
Elle était la meilleure parmi les meilleures,
Si fière, si libre de tout calcul,
Elle ne recherchait ni la puissance, ni l'argent...
Le docteur :
C'est ce que tu penses d'elle maintenant qu'elle est morte,
Mais si elle revenait, le ton changerait vite !
Le forgeron :
Essaie tout de même, je promets de m'amender.
Le docteur :
Je vais donc essayer une dernière fois...
Allons vers le pays bienheureux,
Où personne ne vit pour soi-même mais pour les autres,
Où, dans un éternel été, les maisons ne sont plus étroites,
Où le lait et le miel coulent dans les ruisseaux,
Où l'on ne manque jamais de grives rôties,
Où nulle peine ne rend la journée longue,
Où la vie se déroule comme une danse ou comme un chant :
Le pays de Cocagne, voilà son nom.
Et c'est ce pays qui nous ouvre ses bras !

ACTE IV

Le décor représente le pays de Cocagne. Aux arbres sont accrochés toutes sortes de victuailles et de fruits. Trois ruisseaux descendent du fond du décor : l'un de lait, l'autre de miel et le troisième de mélasse.

Des hommes portant les vêtements légers et multicolores des peuplades sauvages sont allongés sur le dos, endormis ou assoupis.

Au milieu de la scène, une longue table romaine entourée de bancs.

A droite, une pompe fermée surmontée d'une couronne. Le Petit Poucet et Cendrillon sont couchés près du ruisseau de mélasse.

Scène 1

Sancho *entre* : Quel pays béni ! Quel peuple heureux ! J'ai séjourné en ce lieu toute une semaine et je n'ai pas entendu le moindre murmure de mécontentement : pas d'opposition, pas de police, pas d'impôts ! Les nuits et les jours sont d'égale longueur. Le jour, c'est le soleil qui brille et la nuit, c'est la lune ! Des grives toutes rôties vous volent dans la bouche et le miel et le lait y coulent à flot !... Oh, c'est tellement parfait qu'on croit devenir fou ! Quelque averse de grêle... Un bon coup de tonnerre ou des inondations réveilleraient ce peuple endormi ! Ce n'est qu'une nation endormie, couverte de plaies, et à l'estomac malade... Si seulement je pouvais trouver un tout petit grain de mécontentement, si petit soit-il, je le sèmerais dans ces esprits endormis !... Le chevalier Don Quichotte, qui a retrouvé ici son idéal et la cité de ses rêves, est devenu Premier ministre, après avoir partout ailleurs, et par principe, toujours appartenu à l'opposition. Et maintenant, tout naturellement, il est devenu un ardent adversaire de tout changement. Allons, nation, réveille-toi ! (*La nation bouge un peu.*) N'y en a-t-il pas un seul qui ait le moindre sujet de mécontentement ?

Un homme de la nation : De quoi pourrions-nous être mécontents ?

SANCHO : D'une bagatelle ! De tout... De ce qui est !

UN HOMME DE LA NATION : C'est un peu monotone, il faut bien le dire !

SANCHO : Voyez-moi ça ! On mange bien ! Il fait bon et on dort admirablement !... Peut-être regrettez-vous le travail ?

LA NATION : Le travail ?..., Ah oui, le travail !

SANCHO : Bon ! Une petite interpellation sur le travail, pour commencer !... N'y a-t-il pas un autre petit défaut du gouvernement ou de l'administration, auquel, bien entendu, il est impossible de remédier, mais qui, justement à cause de cela, pourrait devenir d'une grande importance ? Petit Poucet, toi qui es si malin, ne peux-tu rien trouver ?

LE PETIT POUCET : Monsieur l'écuyer ! Mon peu d'importance et mes origines obscures...

SANCHO : Bravo ! Tu te comportes déjà comme un futur ministre !

LE PETIT POUCET : ... Et mon ignorance absolue des choses de l'Etat, m'ont donné l'occasion de me demander si nous vivons vraiment dans une société privilégiée ; et ce, par suite d'une circonstance qui aurait dû depuis longtemps susciter le mécontentement général.

SANCHO : Et de quoi s'agit-il ? Parle, mon ange !

LE PETIT POUCET : La nation n'a pas été sans remarquer que la pompe était fermée avec une serrure et, par-dessus le marché, enlaidie par une couronne royale ?

SANCHO : Ah ah ! Voilà une question de cabinet qui pourrait bien se terminer par une crise ministérielle ! Et que dit la nation de cette intolérable atteinte à la constitution ? (*La nation se réveille.*) La nation se réveille ! L'opposition est en marche et je vais de ce pas remettre notre interpellation au Premier ministre !

SCÈNE 2

DON QUICHOTTE : Sancho ! N'est-ce pas ici l'Etat idéal ? Tu vois bien, toi qui l'as toujours nié, que l'idéal existe sur cette terre ! O pays bienheureux ! O peuple bienheureux ! Ah Sancho ! Si seulement je pouvais voir maintenant mon idéal à moi, mon amour idéal, j'irais avec joie vers le tombeau, avec mes cheveux gris.

SANCHO : Ce serait la solution la plus sage, Votre Grâce, car il ne fait pas bon survivre à ses idéaux.

DON QUICHOTTE : Très juste, Sancho. Mais dis-moi, que s'est-il passé durant ma courte absence ? La nation ne dort plus ?

SANCHO : Non ! La nation s'est réveillée !

DON QUICHOTTE : Qui a pu la réveiller de son doux sommeil ?

SANCHO : Le sens de l'histoire, la conscience de classe et... moi !

DON QUICHOTTE : Pourquoi nous as-tu fait cela ? Celui qui dort ne commet pas de péchés et c'est pendant le sommeil que nous viennent les plus beaux rêves !... Que désire la nation ?

SANCHO : Eh bien... En tant que leader de l'opposition, j'ai le douloureux devoir de présenter les desiderata du peuple à son serviteur éclairé.

DON QUICHOTTE : Que désire la nation ?

SANCHO : Du travail !

DON QUICHOTTE : Du travail ? Du travail ? Où diable veux-tu que je le prenne ?

SANCHO : Ah ! Si nous le savions, la question serait résolue !

DON QUICHOTTE : Et tu ne veux pas qu'elle le soit, gredin !

SANCHO : En outre, un mécontentement général s'est fait jour en ce qui concerne cette pompe privilégiée, qui est fermée et qui, au mépris évident de la constitution, s'orne d'une couronne royale.

DON QUICHOTTE : Bon !... C'est tout ?

SANCHO : C'est tout pour le moment.

DON QUICHOTTE : Bon ! Les grandes questions vont être groupées et résolues ensemble, et je vais en référer à Sa Majesté.

Il sort.

SCÈNE 3

SAINT PIERRE : Oh, quel pays délicieux ! Aurais-je vraiment atteint le but de mon voyage, et serais-je arrivé au ciel ? Mais... j'y songe... je n'ai pas vu de porte !

SANCHO : Tu n'as pas vu de porte ? Mais elle était grande ouverte.

SAINT PIERRE : Tiens, mais c'est cet affreux Sancho Pança ! S'il est là, ce n'est sûrement pas le ciel !

SANCHO : Alors tu ne crois pas au pécheur repenti ? ... Viens par ici, Petit Poucet, et apporte les lunettes et le poisson, pour que le prophète soit bien convaincu qu'il se trouve en bonne compagnie. Viens par ici, Petit Poucet !

LE PETIT POUCET, *à Sancho* : Je te revaudrai cela ! (*S'adressant à saint Pierre à qui il remet le poisson et les lunettes* :) Tenez ! Voici les bricoles que j'ai trouvées sur une table, à l'ombre du tilleul.

SAINT PIERRE : Oh ! Mon symbole !

SANCHO : Ce sont bien tes lunettes ?

SAINT PIERRE : Et mes lunettes !

SANCHO : Apprends donc à appeler chaque chose par son nom, Petrus !

SAINT PIERRE *regarde la scène à travers ses lunettes* : Hum ! Il me semble que tout cela a un aspect bien temporel... et la mine des gens ne correspond pas à ce que je pensais. Non ! Ceci ne peut être le ciel !

SANCHO, *au Petit Poucet* : Félicitations ! Le vieux t'a complètement oublié, ainsi que ton larcin !

SCÈNE 4

LE ROI, *à la reine* :
Oui, ceci est le ciel et dans tes yeux,
Je le vois se mirer, si pur, si bleu...

LA REINE :
Ce n'est pas le ciel qui s'y mire
Mais ton regard qui m'admire...

LE ROI :
Mon regard s'enflamme à la clarté
De ta vertu, de ta beauté...

LA REINE :
Qui naissent de ta douceur, majesté,
Et se nourrissent de ta bonté !

Scène 5

Don Quichotte : Il vous faut prendre une décision, Majesté, car le feu de la révolte couve et menace de prendre des proportions inquiétantes !

Le roi : Grandes ou petites ? Tu vois tout en grand, toi, Don Quichotte. De quoi s'agit-il ? Eh bien quoi ? La nation demande du travail, et la nation demande une modification de la pompe, et tu ne sais pas comment résoudre ces deux questions en même temps ?

Don Quichotte : Non, Majesté !

Le roi, *à la reine* : Excusez-moi, ma reine, mais il faut bien que je gouverne un peu, pour me donner un peu d'appétit avant le déjeuner. (*S'adressant à la nation* :) Y a-t-il quelqu'un ici qui se sente capable de résoudre ce problème d'un seul coup ? Il sera nommé Premier ministre ! (*Sancho lève la main.*) Sancho ! Eh bien, parle, mais parle avec sagesse, et surtout, sois bref.

Sancho : Voici ce que j'ai pensé : On n'a rien pour rien, mais toujours quelque chose pour quelque chose ; en conséquence, les mécontents renoncent à leur revendication de travail et la pompe est ouverte à tous.

Le roi : Très bien ! C'est ce qu'on peut appeler un compromis !

Don Quichotte : Mais comment l'honorable écuyer peut-il présumer que les mécontents accepteront le compromis ?

Sancho : Comment ? Mais c'est très simple : On offre un dîner à l'opposition pour la corrompre, et on donne un portefeuille au leader.

Don Quichotte : Je démissionne ! Je démissionne !

Sancho : Mais sans gloire !

Le roi *enlève la couronne de la pompe et remet la clef à Sancho* : Voici la clef de la pompe, bonnes gens ! Mais ne vous salissez pas.

La nation : Bah !

Le roi : Du moment que les sujets de mécontentement ont disparu, j'ose espérer que Sancho gouvernera gentiment et qu'il laissera la nation en paix.

Sancho : Majesté, maintenant que tous les sujets de mécontentement ont disparu, la nation va pouvoir se replonger dans les rêves de félicité d'où elle avait été tirée tout à l'heure de façon si regrettable. Dors, nation !

Il fait des passes hypnotiques.

LE ROI : Quel homme d'Etat, ce Sancho Pança ! Quel homme d'Etat !

Il sort avec la reine.

SCÈNE 6

DON QUICHOTTE : Sancho ! Tu es un bandit !

SANCHO : Le roi a utilisé l'expression « homme d'Etat » dans un tout autre sens.

DON QUICHOTTE : Et te voilà content ?

SANCHO : Me voilà content !

DON QUICHOTTE : Et parce que tu es content, tous les autres doivent être également contents ?

SANCHO : J'espère qu'ils le sont déjà ! (*La nation qui, entre-temps, a été « travaillée » par le Petit Poucet commence à murmurer.*) Tiens ! Pourquoi la nation murmure-t-elle ?

LE PETIT POUCET : Le mécontentement général, la conscience de classe, le sens de l'histoire et moi-même avons uni nos forces.

SANCHO : Et de quoi vous plaignez-vous ?

LE PETIT POUCET : De tout ! De ce qui est, du présent et de l'avenir !

SANCHO : C'est tout de même extraordinaire qu'on ne puisse jamais vivre en paix, parce qu'il y a toujours des gens qui se plaignent et qui se chamaillent ! Si seulement vous vouliez bien m'écouter et faire ce que je vous dis, ce serait le paradis sur terre. Ah, tu me fais de la peine, Petit Poucet, avec tes exigences démesurées, bien de la peine. Mais puisque la nation était si heureuse, pourquoi la rendre malheureuse ?

La nation murmure.

DON QUICHOTTE : Tu es puni par où tu as péché, bandit !

SANCHO, *au Petit Poucet* : Mais que veut donc le peuple ? Des faits ! Des détails ! Donne-moi des détails !

LE PETIT POUCET : Eh bien, il y en a qui veulent que la pompe soit fermée.

SANCHO : Comment cela ? Tout à l'heure on demandait qu'elle soit ouverte !

LE PETIT POUCET : Mais oui, bien sûr... il y en a aussi qui veulent qu'elle soit ouverte.

SANCHO : Par l'enfer ! Oh petit gredin ! Grand gredin, devrais-je dire, je m'incline devant ce coup de maître : réveiller les partis !

LE PETIT POUCET : Diviser pour régner, mon cher !

SCÈNE 7

LE ROI : Eh bien, que se passe-t-il maintenant ?

SANCHO : Crise ministérielle... l'esprit partisan l'a emporté...

LE ROI : Fais la volonté des partis !

SANCHO : Mais on ne peut pas satisfaire les deux partis en même temps.

LE ROI : Non, ce n'est pas possible. Il s'agit encore de ce puits ? Eh bien, bonnes gens, je me retire !

LA REINE : Non, reste !

LE ROI : Comment ? Tu me donnes des ordres à présent ?

LA REINE : Quel langage ! Quel ton !

LE ROI : Tu veux peut-être me rappeler mon humble origine ? Dire à tous que j'ai été forgeron ? A mon tour, je vais rappeler qui tu étais et qui tu es ! (*Il se met en colère.*) Traînée ! Garce !

Il la frappe des deux mains.

LA REINE *s'affaisse* : C'est donc ainsi que tu m'aimais !

SAINT PIERRE : Je crois bien que je suis arrivé en enfer !

Il sort. Le ciel s'obscurcit.

LE ROI, *à genoux devant la reine morte* : Elle est morte, oh ciel ! Elle est morte ! Doux ange qui as embelli ma vie !

SANCHO : Cela commence à devenir bien fade. Ma foi, je m'en vais, cela m'évitera de donner ma démission.

Il sort.

DON QUICHOTTE : Je commence à croire que ce qui n'a jamais existé, est encore ce qu'il y a de mieux. Dulcinée ! Dulcinée !

Il sort.

LE PETIT POUCET, *à Cendrillon* : Sais-tu, Cendrillon, que tu es une brave petite femme, parce que lorsque je dis des gros mots, tu ne t'évanouis pas comme font les reines !

CENDRILLON : Non, et pour une bonne raison, c'est que je rends la pareille !

LE PETIT POUCET : Les petits cadeaux entretiennent l'amitié. Viens, partons, je n'aime pas les scènes de cette sorte. C'était pourtant un beau pays, avec un mauvais peuple qui méritait un meilleur gouvernement.

Ils sortent bras-dessus, bras-dessous.

SCÈNE 8

LE ROI, *agenouillé près du corps de la reine* : Oh, vie affreuse et mort cruelle !

LE DOCTEUR : Tu as encore fait des tiennes ?

LE ROI : Oui, mais qu'ai-je fait ? Est-ce de ma faute si elle ne supporte pas qu'on lui parle ?

LE DOCTEUR : Vois-tu, forgeron, il vaut mieux qu'elle soit partie car c'est ainsi que tu l'aimes le mieux, et ce n'est qu'après notre mort que nous devenons des anges.

LE ROI : Oui, c'est sans doute vrai, mais si seulement elle pouvait revenir encore une fois, j'essaierais de me retenir.

LE DOCTEUR : Encore une fois ? Ah non ! jamais !

SAINT PIERRE : Ecoutez-moi, mes amis. Franchement, je commence à en avoir assez de ce voyage. Quand je vois le forgeron ne faire que des bêtises, je crains que nous n'oublions notre grand but...

LE DOCTEUR : Notre but ? Ah oui, c'est vrai, le ciel ! Nous finirons bien par y arriver, mais il nous faut d'abord traverser le purgatoire. Dis-moi, forgeron, n'es-tu pas las de ce voyage ?

LE ROI :
Si je suis las ? Je l'étais au départ,
Et quand j'ai vu de près les hommes et la vie
Cela m'a donné la nausée.
Ce qui était grand ne l'était pas assez,
Ce qui était petit était bien trop petit.
Quand on a fait faillite ici-bas,
On n'aspire plus qu'à la vie spirituelle.

LE DOCTEUR :
Lorsque le diable vieillit, il se fait moine.
Aimerais-tu rentrer dans le sein de l'Eglise ?

LE ROI :
Cela me tente : étant enfant,
Je désirais entrer dans les ordres.
LE DOCTEUR :
Nous ferons donc d'une pierre deux coups
Et Pierre retrouvera les clefs du ciel
Que le Père de Rome conserve,
Et le pouvoir de lier et de délier, qu'il obtint
En héritage de celui qui édifia l'Eglise
Sur une pierre — comment dit-on, déjà ?
Pour la dernière fois, franchissons le fossé
Et allons droit à Rome et au ciel !
La scène se transforme. Rideau.

ACTE V[1]

Une chapelle dans la basilique Saint-Pierre de Rome. On entend résonner musique et chants. A droite, la statue de saint Pierre, en bronze.

Scène 1

Le forgeron et saint Pierre entrent, il se découvrent.

Le forgeron : C'est rudement beau ! Comme c'est haut de plafond !

Saint Pierre : Oui, je suis presque intimidé.

Le forgeron : Et qu'allons-nous dire au pape lorsqu'il apparaîtra ? Il vaut mieux que ce soit toi qui commences.

Saint Pierre : Chut ! Je crois qu'il vient. Non, ce n'est pas lui.

Le forgeron *montre la statue de bronze* : Tiens, une statue, qui peut-elle bien représenter ? Voyons ce qu'il y a d'écrit dessous. P.E.T.R.U.S. Petrus ! Mais c'est toi !

Saint Pierre : Non, vraiment ? Ils m'ont donc moulé en bronze aussi ? Héhé ! mais ce n'est pas du tout ressemblant, mais pas du tout !

Le forgeron : Oh si... un peu plus de cheveux, peut-être ?

Scène 2

Le forgeron : Ah le voilà ! A genoux !

Ils tombent à genoux.

Le pape *s'arrête* : Qui va là ?

Le forgeron, *à saint Pierre* : Réponds, moi j'ai peur.

Saint Pierre : Un pauvre serviteur de Dieu.

Le pape : Comment t'appelles-tu, vieillard ?

Saint Pierre : Petrus.

Le pape : Tu as un autre nom ?

Saint Pierre : Simon.

1. A la représentation les cinq actes doivent être ramenés à trois.

Le pape : Relève-toi. (*Saint Pierre se relève.*) Simon Petrus, comme c'est étrange ! Et comment s'appelait ton père ?

Saint Pierre : Jonas, il était pêcheur à Capharnaüm.

Le pape : Tu es Petrus ! (*Il fait le signe de croix.*) Es-tu déjà venu dans cette ville ?

Saint Pierre : Jamais ! Je suis resté huit cents ans devant la cathédrale de Cologne, mais jamais encore à Rome.

Le pape : Ta mémoire te fait défaut. En ce lieu même tu as subi le martyre et cette église a été édifiée en souvenir et en réparation de ta mort.

Saint Pierre : Je n'ai jamais subi le martyre...

Le pape : C'est ce que disent les Pères de l'Eglise.

Saint Pierre : Je suis plus âgé que les Pères de l'Eglise et je connais la question bien mieux qu'eux.

Le pape : Les Décrétales...

Saint Pierre : Je ne connais pas les Décrétales !

Le pape : Mais voyons, tes propres lettres, au style si parfait !

Saint Pierre : Je n'ai jamais écrit de lettres !...

Le pape : En grec... dans le Nouveau Testament !

Saint Pierre : En tant qu'Hébreu, je n'entendais point le grec, d'autant plus que j'étais un pauvre homme sans instruction, qui se nourrissait du produit de sa pêche.

Le pape : Es-tu Petrus ou n'es-tu pas Petrus ?

Saint Pierre : Je suis Petrus, le Petrus en question.

Le pape : La pierre sur laquelle a été bâtie l'Eglise, et dont je suis l'héritier ?

Saint Pierre : Je n'étais pas une pierre, tout juste un roseau, un faible roseau qui dans les circonstances que tu connais, une nuit, a eu tellement peur qu'il a renié son maître, et c'est la raison pour laquelle je marche sur la terre sans trouver la paix.

Le pape : Et c'est sur cette base que l'Eglise a été édifiée ?

Saint Pierre : Voilà pourquoi elle croule tant qu'elle peut !

Le pape : Suffit ! Je comprends que tu es hérétique, et si je ne te soupçonnais pas d'être un fou échappé de l'asile, je t'excommunierais ! Qui t'accompagne ?

Saint Pierre : Le forgeron, simplement.

Le pape : Quel forgeron ? Que voulez-vous dire ?

Le forgeron : Eh bien... Cela ressemble à une légende, mais... saint Pierre est venu jusqu'ici pour avoir les clefs du ciel...

Le pape *appelle* : Garde ! (*Le garde entre.*) Mettez cette racaille à la porte de la basilique !

Il sort.

Scène 3

Le garde : Dehors !

Le forgeron : Il t'a traité de racaille, Petrus !

Le garde : Dehors !

Le forgeron : Tout beau ! tout beau ! Vous ne savez pas à qui vous avez affaire !

Le garde : Dehors, racaille !

Saint Pierre : Quand je pense aux mensonges qu'ils ont pu raconter à mon sujet ! Et puis, ils ont lu mes lettres... des lettres que je n'ai jamais écrites. Enfin ! Soyons humbles, forgeron !

Le forgeron : Mais toi, tu n'as pas besoin d'être humble, puisque tu as ta statue dans la basilique !

Saint Pierre : Oh, si ! J'ai honte, j'ai honte !

Le forgeron : Libre à toi ! Mais ne t'imagine pas que je vais rester plus longtemps dans le sein de cette église, d'où l'on se fait expulser par les gardes !

Saint Pierre : Jamais je n'ai été aussi loin du ciel qu'en ce moment !

Le garde : Allez ! Dehors !

Saint Pierre : Voilà ce qui vous arrive lorsque vous êtes modeste et que vous dites la vérité. (*Au garde* :) Dehors ? Eh oui, forgeron, dehors sur les routes, marchons sans trêve et sans repos ! Sais-tu ce qui nous manque, et pourquoi nous n'arrivons jamais au but ?

Le forgeron : Non.

Saint Pierre : La foi ! Car maintenant, je m'en souviens, la foi du ciel s'appelle le chemin de croix. Cherchons la croix.

Le forgeron : Tu veux dire la souffrance !

Saint Pierre : Je veux dire la souffrance !

Le forgeron : Alors, je crois que personne ne souffre

plus que celui qui ne croit en rien, et pourtant il est le plus loin de la croix !

SAINT PIERRE : Agenouille-toi devant la croix, forgeron, nous verrons bien ensuite !

Ils sortent. Le décor change et représente maintenant un calvaire avec un chemin de croix. Le Christ, sur sa croix au socle de pierre, est entre les deux larrons, mais le dos tourné au public. Don Quichotte est assis au pied de la croix. Le juif errant (le docteur déguisé) entre. Il porte à son cou une boîte de colporteur contenant de la pacotille.

SCÈNE 4

LE JUIF ERRANT : Achète quelque chose au juif errant, puissant chevalier.

DON QUICHOTTE : Qu'as-tu à vendre depuis que tu as vendu ton maître ?

LE JUIF ERRANT : Des boutons de manchettes et des broches, des peignes et des miroirs, des carnets et aussi des crayons...

DON QUICHOTTE : Donne-moi un miroir.

LE JUIF ERRANT : Voilà.

DON QUICHOTTE : C'est combien ?

LE JUIF ERRANT : Un mark.

DON QUICHOTTE : Aurais-tu la monnaie de trente deniers ?

LE JUIF ERRANT : Oui.

DON QUICHOTTE : Ah ! tu ne comprends pas la satire, juif ?

LE JUIF ERRANT : Si. Et vous chevalier ?

Il crache sur la pièce de monnaie et la met dans sa poche.

DON QUICHOTTE : Tu craches sur la pièce de monnaie ?

LE JUIF ERRANT : Oui, j'agis avec elle comme le chevalier avec le juif, je crache dessus, mais j'en ai besoin !

DON QUICHOTTE : Tu sembles de bien bonne humeur, pour un homme qui a si mauvaise conscience !

LE JUIF ERRANT : Pourquoi donc ?

DON QUICHOTTE : Tu étais parmi ceux qui ont crucifié...

LE JUIF ERRANT : Non, c'est le Romain Ponce Pilate et ses soldats qui l'ont fait, et puisqu'il s'est lavé les mains

— qui entre parenthèses étaient sales — il n'y a pas de raison pour que je lave les miennes qui sont propres.

Il s'assied.

DON QUICHOTTE : Lève-toi et marche ! Marche, marche aussi longtemps que le monde sera debout, toi qui as interdit au Maître de s'asseoir lorsqu'il parcourait son dernier chemin.

LE JUIF ERRANT : Des légendes, chevalier ! D'ailleurs, si je me conduis en brigand repenti, si je demande pardon, le paradis me sera sans doute ouvert ?

DON QUICHOTTE : Aurais-tu donc demandé pardon ?

LE JUIF ERRANT : J'ai fait bien plus : j'ai subi ma peine et maintenant, je suis las.

DON QUICHOTTE : Assieds-toi donc ici, pauvre juif, l'ombre de la croix te donnera de la fraîcheur.

LE JUIF ERRANT : Savez-vous, chevalier, pourquoi Judas a jeté les trente deniers, puis s'est pendu ?

DON QUICHOTTE : Non.

LE JUIF ERRANT : C'était de la fausse monnaie.

DON QUICHOTTE : Tes pensées tournent encore autour de l'argent et des sujets temporels. Tu es encore loin de la croix.

LE JUIF ERRANT : Ecoutez, chevalier, je n'ai pas l'intention de me disputer avec vous. J'estime plus avantageux de partager votre opinion, ainsi nous serons d'accord, tout au moins sur l'essentiel.

SCÈNE 5

SAINT PIERRE : C'est ici que se rassemblent les voyageurs fatigués, on dirait, et le chevalier a pris la première place.

DON QUICHOTTE :

Nous nous retrouvons tous ici à la croisée des chemins,
Mais nous ne nous retrouvons que pour nous séparer.

SAINT PIERRE :

Tu t'es donc fatigué pour de bon, chevalier ?

DON QUICHOTTE :

Je ne suis pas seulement fatigué : je suis tombé.
Ma vie, même si elle ne fut qu'un conte,
Sera revécue par toutes les générations,

Tant que la terre tournera et le ciel par-dessus,
Et que les hommes poursuivront les chimères,
Tant qu'on n'apprendra rien et qu'on n'oubliera rien,
Don Quichotte demeurera
Dans la folie de la jeunesse, dans le savoir de l'âge mûr !
Adieu, monde à la condition cruelle et délicieuse !
Il s'affaisse.
SAINT PIERRE :
Le noble chevalier est mort !
LE JUIF ERRANT :
Mais il survit !
N'a-t-il pas fait le meilleur éloge funèbre
Que l'on ait jamais fait sur soi-même ?
Mais il me semble soudain que saint Pierre
Commence à pencher en faveur du repos éternel !
SAINT PIERRE *s'est assis et semble avoir sommeil* :
Oui, moi aussi je suis las de travailler et de chercher,
Et c'est sans regrets que je quitte le monde,
Car sur cette terre il n'y a point le ciel,
Mais seulement sa porte : elle s'appelle la mort !
Il meurt.

SCÈNE 6

Le juif errant laisse tomber son déguisement et apparaît sous les traits du docteur. Le forgeron veut s'asseoir mais le docteur l'en empêche.

LE DOCTEUR :
Non, il ne faut pas encore que tu t'asseoies,
Ta vie n'en est encore qu'au mi-temps de sa route...
LE FORGERON :
Ah, bon, c'était donc toi ? Alors nous nous quittons,
Car je veux reposer à l'ombre de ces arbres
Et je ne comprends pas le sens de tes chemins...
LE DOCTEUR :
Il ne fait pas bon dormir sous certains arbres
Et poser sa propre croix sur le dos des autres.
C'est peut-être pratique, mais sans résultat.
Lève-toi et porte ta croix jusqu'à la fin.

LE FORGERON :
C'est bien ce que j'ai fait, me voici à la fin !
LE DOCTEUR :
Non, pas ici !
Le décor change et la scène représente maintenant l'intérieur des ruines de la tour de Babel avec ses couloirs et ses galeries. Au fond, une grande niche. A droite, une échelle qui monte jusqu'à mi-hauteur du mur. Au centre, une table couverte d'une nappe multicolore ; sous la table, une corbeille.
LE FORGERON :
Où suis-je à présent ? Aux enfers ?
LE DOCTEUR :
Non, tu es au fond de la tour de Babel !
Tu te rappelles la légende apprise en ta jeunesse :
Les enfants des hommes, présomptueux en leur désir
D'escalader le ciel,
Bâtirent un escalier ayant forme de tour.
Mais les dieux, hum !... Dieu ne l'a pas supporté,
Et c'est pourquoi il a renversé la tour...
LE FORGERON :
Pourquoi ne pas la reconstruire,
Puisqu'aujourd'hui on imite l'orage,
On vole jusqu'aux nuages
Et l'on descend au fond de la mer,
Et on parle, par un fil, aux pays lointains ?
LE DOCTEUR :
O assaillant du ciel, tu vis encore !
Contemple les images de tes lointaines origines !
Des phantasmagories apparaissent sur un écran blanc dans la niche du fond.
LE DOCTEUR :
Icare :
Voici Icare qui se fit des ailes
Pour aller voir le soleil
Mais le soleil fondit la cire sur son dos
Et l'aviateur s'abîma dans les flots.
Prométhée :
Et voici Prométhée, toujours à l'avant-garde
Des assaillants du ciel.
D'ailleurs il est parent d'un certain géant
Mais je m'en voudrais d'insister...

Jacob luttant avec l'ange :
Voici le patriarche Jacob
Qui voulut affronter son Dieu,
Mais la suite de l'histoire, tu la connais !...
Veux-tu en voir davantage ? Tu n'as qu'un mot à dire...

LE FORGERON :
J'en ai assez vu et j'ai compris.

LE DOCTEUR :
Tu es déjà satisfait de ton bond vers le ciel ?
Eh bien, retournons sur la terre.

LE FORGERON :
Encore un mot. Et cette échelle ?

LE DOCTEUR :
Mais voyons ! C'est la célèbre échelle de Jacob !

LE FORGERON :
Sur laquelle les anges montaient...

LE DOCTEUR :
Et descendaient.
Ma parole, je crois qu'elle te tente
Et que tu es encore en proie à l'idée du ciel.

LE FORGERON :
Elle est chevillée au corps, ainsi que le péché.

LE DOCTEUR :
Ce n'est pas étonnant, puisqu'elle a poussé
Sur le même arbre que le péché.
Allons, vas-y, monte après l'échelle
Et si elle ne mène pas jusqu'au ciel,
Elle est en tout cas sur terre.
Nous nous séparons donc ; mais avant que tu ne partes,
Voici une petite collection de souvenirs,
De la part de celui qui t'a conduit au pays des légendes
Et t'a tenu compagnie par une soirée maussade.
Lorsque la pluie et le chagrin du forgeron
Rivalisaient à qui pleurerait le plus,
Alors j'ai sorti de ma grande corbeille
Un lot de jouets, parmi les plus beaux de ma boutique,
Et j'ai joué comme font les sorciers.

Tout en parlant, il sort de sa corbeille des jouets et des livres de légendes et les place sur la table.

Voici le géant affreux à voir
Qui dévore les petits et jette des pierres,
Voici le Petit Poucet

Qui mange les géants lorsque l'occasion s'en présente,
Et Cendrillon son épouse fidèle.
Voici des contes et de belles images,
Le chevalier Barbe-Bleue et ses femmes,
Saint Pierre qui errait sur la terre
Bien qu'il fût mort depuis longtemps,
Le savetier de Jérusalem, le Pays de Cocagne.
Tiens, prends cela et porte-le à tes enfants...

LE FORGERON :

Si c'est une plaisanterie, elle est plus cruelle que tes jeux !

LE DOCTEUR :

C'est la seule parole vraie que j'aie jamais dite.
Monte sur l'échelle de Jacob, que voilà,
Et tu verras — car moi je ne veux pas le voir —
Tu verras pour commencer, une forge et une chambre
Et dans la chambre trois petits lits...

LE FORGERON :

Je ne veux plus revoir cette chambre !

LE DOCTEUR :

Et dans cette chambre tu verras des connaissances,
Mais ne va pas croire que le ciel s'est effondré
Ni que ses anges grimpent sur les échelles !

On voit les enfants du forgeron dans la niche au-dessus de l'échelle.

LE FORGERON :

Oh, mes enfants !

LE DOCTEUR :

Je m'en vais
Car je ne peux pas faire de tours de magie.
Reconstruis toi-même ton ciel
Mais ne crois pas à ceux qui font tinter leurs clefs.
Quand tu auras changé le rêve en réalité,
Ne bâtis plus de tour de Babel qui s'écroule.

NOTES

Le Voyage de Pierre l'Heureux

Avec Ludvig Josephson, directeur du Nouveau Théâtre, qui décida — enfin ! — de monter *Maître Olof,* Strindberg tenait enfin un homme de théâtre qui s'intéressait à son œuvre. Un mois seulement après leur accord, avant même que sa pièce ait été jouée, il l'inonde de projets, lui proposant d'ailleurs aussi bien des pièces de jeunes auteurs norvégiens ou danois, que des pièces classiques suédoises. C'est ainsi que le 26 mars 1881, il lui écrit :

Au cours de trauvaux préparatoires pour une future féerie, j'ai relu par hasard L'Ile de la félicité *d'Atterbom et j'ai été vivement surpris de constater qu'une pièce aussi belle, aussi profonde, aussi facile (ou difficile) à monter que* Faust, *n'a jamais été montée sur une scène suédoise, et j'ai perdu toute envie de m'essayer dans un genre où un tel chef-d'œuvre a déjà été produit. [...] La pièce contient aussi de petites miniatures satiriques et réalistes capables de rafraîchir ceux qui seraient fatigués par les vers les plus harmonieux qui aient été écrits en suédois.*

Je suis donc prêt à adapter pour la scène les 511 pages que comprend la pièce...

Le projet ne fut jamais réalisé et Strindberg devait plus tard revenir sur l'opinion favorable qu'il avait de la poésie d'Atterbom. Et il ne renonça que provisoirement à écrire sa propre féerie, retardée par des travaux historiques qu'il avait acceptés d'abord comme gagne-pain, et qui lui attirèrent les foudres de la critique : il avait osé attaquer l'historien Geijer, qui faisait autorité en Suède ! Enfin, le 30 décembre, eut lieu la première de *Maître Olof,* qui fut un succès. Dans *L'Ecrivain,* quatrième tome de son roman autobiographique, il écrit :

Après le succès de sa pièce, des mains se tendirent à nouveau pour la réconciliation, des échines s'inclinèrent, et d'en haut on lui fit signe d'entrer dans le temple de l'or et des honneurs, à condition qu'il voulût bien revêtir la robe blanche de l'innocence. Un instant, à la vue de tous ces ennemis héréditaires qui se courbaient devant la puissance d'opinion dont il disposait, il se laissa encore une fois duper ; il attribua tant de noblesse à ceux qui venaient pour l'encenser ou le gagner, qu'il s'imagina sérieusement que leur cœur débordait d'amour. Le succès adoucit son humeur, et les souvenirs poétiques de sa jeunesse, qui venaient de remonter au jour, se présentèrent à son esprit. Il enleva de sa table tous les livres qui la couvraient, et en quinze jours il écrivit une légende fondée sur cette philosophie : la vie est bonne et la vie est mauvaise, les hommes sont plus déraisonnables que coupables, et l'amour est ce qu'il y a au monde de plus haut. Mais la pièce fut mise de côté pour n'être jouée que bien plus tard, et en effet, deux ans après, elle parut sur la scène en temps voulu, à la fois comme un anachronisme et une manifestation opportune [1].

Comme souvent, Strindberg a ici quelque peu remanié les faits : si la pièce ne fut pas jouée plus tôt, ce n'est pas parce que lui-même la mit de côté. Au contraire, il la soumit aussitôt à Josephson à qui il écrivait, le 17 janvier 1882 :

Cher monsieur Josephson,

Après avoir mûrement réfléchi aux remaniements de Pierre l'Heureux *et bien pesé vos suggestions, j'en suis arrivé au projet suivant que je vous prie d'examiner avant que je ne me mette au travail, car il n'y a rien de plus déprimant que de trop remanier une pièce (voir* Maître Olof !).

Je ne me sens pas en mesure d'introduire la scène de la mer sans ajouter une scène de transition, ce qui donnerait la construction suivante :

Pierre est allé dans le monde, il y a connu ce que la vie offre de meilleur : la richesse, l'amitié, la gloire, la puissance, et n'a trouvé dans tout cela que du vide : le voilà maintenant au palais du calife, maudissant les hommes et souhaitant retourner à la nature qui guérira toutes ses blessures ; il maudit la société.

Changement de décor : il est couché sur le rivage, il se réveille, il est ravi, il devient lyrique : il ramasse des huîtres, mange des œufs, attrape une tortue et boit de l'eau dans le creux du rocher. Tout va bien, mais le vent est frais et il commence à avoir froid. Il n'y a pas de feu ! Le feu est une conquête de l'homme, la nature n'en produit pas. Cela prouve combien insuffisante est la nature, et toutes ses idées à la Rousseau et à la Robinson Crusoé s'effondrent !... Il reconnaît que la société est nécessaire, mais il la hait encore, marqué par ses dernières expériences ; le froid augmente et il désespère. Il n'ose plus formuler aucun souhait ; on aperçoit alors la voile d'un bateau louvoyant en mer (c'est-à-dire que le vent vient droit de la salle) mais les bordées sont assez longues pour le faire à chaque coup disparaître dans la coulisse (où il est supposé virer de bord) d'où il ressort un peu plus grand ; enfin il aborde, baisse les voiles et Lise descend à terre.

1. *Dans la chambre rouge* suivi de *L'Ecrivain*, Stock 1949, p. 178.

Dialogue : il se plaint de la vie ; Lise l'exhorte à en observer aussi les aspects véritablement sombres, c'est-à-dire la pauvreté, l'humiliation, le chagrin, etc. Il décide de se placer comme apprenti chez un cordonnier.

Tableau suivant : l'atelier du cordonnier : (voir ci-joint). On le traite de telle façon qu'il perd toutes ses idées démocratiques, tout son espoir d'améliorer les hommes ; c'est la faillite morale et il veut se faire ermite. [Ici Josephson a ajouté en marge de la lettre de Strindberg : « De préférence pas ! »].

Tableau suivant : la forêt comme avant, la Mort, le vieux, etc.

Je me crois capable de faire la scène de l'atelier du cordonnier con amore *et de le laisser maltraiter pour de bon, comme en parallèle à la scène du calife.*

Qu'en pensez-vous ? La scène de la mer, seule, ne peut qu'accentuer la minceur de la pièce en reprenant le même thème que la forêt.

En ce qui concerne la musique, que vous semblez vouloir nous payer, je crois que la Société Schulze pourrait chanter son trio [commentaire de Josephson : « Non ! »], *puis que le troisième pourrait chanter un air réaliste, dont les deux autres se moqueraient ; on arriverait ainsi à une réconciliation, car l'auteur accepte toutes les tendances et ne hait que l'excès.* [Commentaire de Josephson : « Pas accepté ! »]

En plus, les vagues pourraient chanter un chœur que Pierre écoute depuis le rivage ! [Josephson : « Non ! »] *Des sirènes ne pourraient-elles pas danser sur les vagues ?* [Josephson : « Non ! »]

De même un chœur pour le couronnement du calife. Que dites-vous d'un carillon au premier acte ? [Josephson : « Déjà proposé par moi. »] *On emprunte à des amis toutes sortes de cloches qu'on organise en une gamme et on les frappe ensuite lentement, par quintes (ou n'importe comment !) à moins qu'il n'y ait déjà un carillon au Nouveau Théâtre.*

Ne pourrait-on pas introduire un ballet de flocons de neige dans la forêt du deux [Josephson : « Non ! »] *et les transformer en fleurs au moment du changement ?* [Josephson : « Non ! »] *Chez le calife les danseuses dansent d'abord et se font injurier ensuite.* [Josephson : « Bon ! »] *On pourrait aussi jouer de la musique à la table de l'homme riche.* [Josephson : « Inutile ! »] *Ne pourrait-on pas avoir un orgue mécanique dans l'église au dernier acte ?* [Josephson : « Pas du tout ! »].

En ce qui concerne la musique on pourrait, si Henneberg ne peut pas la faire, s'adresser à Byström, qui brûle d'envie de composer pour la scène. Je ne crois pas que cela vous coûterait plus cher. Est-ce possible ?

Encore une chose ! Si vous faites de nouveaux accessoires, par exemple un service de table, des gobelets, demandez au tourneur de les faire vrais ; je lui donnerai volontiers des dessins et des descriptions, ça ne coûte pas plus cher. On ne s'est pas fait faute de rendre l'auteur un peu responsable de la mise en scène, bien que ce soit immérité !

En ce qui concerne la lucidité immotivée de Pierre, je crois qu'en relisant la pièce vous verrez que c'est justement grâce à son bon sens naturel qu'il perce à jour la fausseté des choses et que sa naïveté (de même que dans Candide *de Voltaire) atténue la satire. Je ne suis pas entêté et je suivrais volontiers vos suggestions mais j'ai déjà examiné la possibilité d'expliquer cette lucidité de Pierre par un prisme magique, et j'y ai renoncé. Je crois que ce serait une erreur de le faire plus doué que les autres. Car — il y a là un piège psychologique — s'il était particulièrement doué, il verrait tout de suite les choses dans leur vérité, c'est-à-dire qu'il en verrait aussi l'aspect positif, et ne deviendrait* pas *pessimiste ! Tel qu'il est, son bon sens de jeune homme ordinaire le conduit à tirer des conclusions hâtives et étroites qu'il devra corriger par la suite.*

Le prisme serait donc une erreur de logique !

Au dernier acte, le lutin et la fée commencent par découvrir que le vieux est innocent, que ce n'est pas lui qui a vidé le plat de bouillie la veille de Noël ; ils décident alors de mettre fin aux épreuves de Pierre et de lever la malédiction du vieux.

Entrée du vieux ; Lise ; Pierre ; la sorcellerie ; Pierre et Lise ; les précédents et le vieux ; le lutin dans le lustre.

Ne pourrait-on pas transformer le retable de la façon suivante : le retable représente la Vierge Marie (et pas le Crucifix) ; on indique une grande ressemblance entre la Vierge et la fée de sorte qu'on puisse facilement substituer l'une à l'autre. Voilà qui serait catholique au moins ! [Josephson : « Mauvais ! »]

Je vous prie de me retourner le manuscrit aussitôt que possible, afin que j'y puisse travailler à nouveau.

En tout cas, Strindberg semble avoir été, durant tout ce travail, d'une excellente humeur, s'il faut en croire la lettre qu'il envoie à madame Helena Nyblom le 31 janvier :

Je viens de prendre des vacances de Noël durant dix-huit jours et j'ai écrit Le Voyage de Pierre l'Heureux ; *j'y ai pris un plaisir indescriptible, mais sans jamais avoir très bonne conscience ; pendant ces journées je me suis promené dans nos belles forêts, en rassemblant mes idées ; j'enlevais mon chapeau noir et le portais à la main, je quittais la route et m'enfonçais à travers bois, j'allumais une pipe affreuse, qu'on n'oserait exhiber dans les rues de Stockholm, et je me sentais comme un garçon qui fait l'école buissonnière, comme un évadé du bagne de la civilisation !*

Dès le 18 février, il annonce à un ami journaliste, pour que celui-ci le publie dans le *Nya Dagligt Allehanda,* que sa pièce est acceptée :

La pièce est un libre produit de l'imagination, mais avec des thèmes empruntés au conte populaire, et se déroule dans toutes les circonstances de la vie humaine et dans tous les milieux, éclairant cependant toujours une grande énigme de la vie, dont la solution est le sujet même de la pièce et qui la maintient au-dessus des vagues arrangements de la féerie.

Monsieur Josephson fait de magnifiques préparatifs pour monter la pièce, qui exige parfois ce qui est apparemment impossible, et on s'attend à ce qu'elle soit jouée dès avril, si la machinerie, les décors, les costumes et la musique peuvent être prêts à temps, ce qui ne semble cependant pas possible.

En effet, le bien-être qu'il éprouve est dû en partie à la certitude que sa pièce sera montée, comme il le dit dans une lettre à Edvard Brandes le 12 février. Mais les déboires ne tardent pas. Le 22 mars, il écrit à Josephson pour lui demander si sa femme Siri ne pourrait pas jouer le rôle de Lise ; le 27 mars il écrit à Isidor Bonnier, lui promettant le manuscrit quand il sera remanié : Josephson a en effet demandé d'autres corrections et la pièce ne sera jouée, dit-il, qu'à l'automne. En juin, il reprend son manuscrit et tente de placer la pièce au théâtre de Göteborg, dont Frans Hedberg se trouve être le directeur. Celui-ci garde la pièce deux mois, pour la renvoyer après de nombreuses demandes. Entre-temps, Strindberg avait soumis sa pièce à Edvard Brandes, qui la trouva médiocre, « sans esprit et trop amère », « trop moralisante et pas assez scientifique », comme il le dit dans une lettre à son frère Georg. A Strindberg, il écrit, en termes plus prudents : « Les preuves avancées de la vanité de l'argent et du pouvoir ne sont pas très convaincantes. Le tout me semble trop proche d'Andersen, mais, bien entendu, avec un zeste du véritable pessimisme strindbergien » et il conclut : « Tu ne crois quand même pas toi-même à ta conclusion — je suis trop vieux pour imaginer le bonheur sous les traits d'une jeune dame, qu'on apprend à aimer et qu'on est, en échange, obligé d'épouser. »

Strindberg se défendit mollement :

Je partage à peu près entièrement ton opinion au sujet de Pierre l'Heureux ! *Mais l'amour a été pour moi la même chose que pour Per ! Quand toute la vie n'était qu'une merde et que je ne voulais pas donner deux sous pour vivre, j'ai trouvé une femme (j'en avais trouvé beaucoup avant !) et la vie a repris de la valeur. Voilà !*

Pierre l'Heureux *a été pour moi un divertissement.*

En septembre 1882, une lettre de Strindberg à Josephson confirme que la première a été retardée d'un an ; en attendant, Strindberg propose au théâtre une nouvelle pièce, *La Femme de sire Bengt* :

De plus, je propose que ma femme puisse échanger le rôle de Lise contre celui de Margit [...] Vous vous épargnerez ainsi l'inquiétude de voir le coûteux Pierre l'Heureux *compromis par un début.*

En même temps, il publiait son pamphlet *Le Nouveau Royaume,* violente satire de toute la Suède officielle, qui lui valut une tempête d'injures.

La satire est un élément important de *Pierre l'Heureux,* comme en témoigne déjà la description par Strindberg de la féerie d'Atterbom (lettre du 26 mars 1881) et comme le confirme la référence au *Candide* de Voltaire (lettre du 17 janvier 1882 à Josephson). « Rien n'est si désagréable que d'être pendu obscurément », avait-il déjà mis, citant Voltaire, en épigraphe à *La Chambre rouge ;* et Smedmark rappelle opportunément que, dans un essai sur Voltaire, Strindberg présente *Candide* et *Zadig* comme les œuvres les plus « délectables ». Il faut évoquer aussi Oehlenschläger et son poème *Alladin,* ne serait-ce que parce que Strindberg s'y réfère lui-même dans *Discours à la nation suédoise* en 1910 :

Pierre l'Heureux *est écrit sous l'influence d'un souvenir de jeunesse de l'*Alladin *d'Oehlenschläger, quiconque a un peu de culture littéraire doit l'avoir compris.* Alladin, *cependant, est une exquise œuvre d'art écrite en vers superbes, tandis que* Pierre l'Heureux *est une comédie populaire.*

Cette admiration pour le cycle poétique d'Oehlenschläger, il ne l'a donc jamais reniée ; déjà dans sa dissertation « Idéalisme et réalisme » de 1871, il écrivait, préfèrant le poète à l'auteur de *Hakon Jarl* :

Tu as trouvé sur ton chemin le dramaturge Oehlenschläger et tu as été emporté au septième ciel [...] lorsque tu trouveras plus tard l'épique et le lyrique Oehlenschläger, c'est au huitième ciel que tu seras emporté. Lis Alladin, Le Jeu de la Saint-Jean, Helge, Le Voyage de Thor *et rien de plus.*

Enfin, on ne peut bien entendu s'empêcher de penser au *Peer Gynt* d'Ibsen, qui date de 1867.

De même que la pièce d'Ibsen — et déjà le titre l'indique —, *Le Voyage de Pierre l'Heureux* est une « pérégrination dramatique », la première de toutes celles qui jalonnent le théâtre de Strindberg jusqu'à sa dernière pièce, *La Grand-Route,* en passant par le *Chemin de Damas.*

Quand *Le Voyage de Pierre l'Heureux* fut enfin présenté au public suédois le 22 décembre 1883, Strindberg se trouvait déjà depuis quelques mois à Paris, persuadé qu'il demeurerait à tout jamais incompris dans sa patrie. Informé par un télégramme du succès de sa pièce, la veille de Noël, il resta d'abord sceptique, mais demanda au directeur de lui envoyer une affiche pour pouvoir prendre connaissance de la distribution. Il pria également un ami de le tenir au courant de la critique car, disait-il, « à la maison tous les journaux suédois sont brûlés sans même être lus et ma femme désinfecte ma correspondance » (en fait elle lisait ses lettres avant lui, afin de lui éviter les lectures trop pénibles). Le 3 janvier 1884 il écrivait à Josephson : « Je ne me trompais donc pas en pensant que *Pierre l'Heureux* était assez mauvais pour avoir du succès. Tout ça est un micmac bien confus, mais si ça a servi à quelque chose, tant mieux. »

En effet, le public apprécia la pièce, qui fut donnée soixante-seize fois, rapportant à Strindberg ses premiers droits d'auteur un peu importants. La critique par contre fit la fine bouche.

Lorsque Strindberg revint en Suède en 1884 pour répondre de l'accusation de « blasphème » que lui avait value une nouvelle de son recueil *Mariés,* il fut l'objet d'une extraordinaire ovation, le 20 octobre, à la cinquante-neuvième représentation de sa pièce au Nouveau Théâtre.

En Suède, *Pierre l'Heureux* a été repris de nombreuses fois, par des comédiens célèbres et avec grand succès. Il fut joué à Francfort en 1921, à Vienne en 1946-47. A Mexico City, en juillet 1954 quelques milliers d'enfants purent voir *El viaje de Pedro el afortunado ;* aux Etats-Unis, on a joué *Lucky Pehr* en Californie en 1923. En Angleterre, la pièce faillit être montée à His Majesty's Theatre, mais Strindberg refusa, voulant qu'on joue d'abord ses pièces de chambre. Il est significatif qu'en Norvège, le pays de Peer Gynt, on ne l'ait jouée qu'en 1960.

En ce qui concerne la France, Strindberg eut, paraît-il, la curieuse idée de proposer au Châtelet un amalgame du *Voyage de Pierre l'Heureux* et des *Clefs du ciel.* Sa féerie satirique lui avait rapporté de l'argent en Suède, pourquoi ne le ferait-elle pas en France ?

La Femme de sire Bengt

Le 25 juillet 1882, Strindberg écrit à Edvard Brandes qu'il vient de terminer un nouveau livre « de furieuses satires en pure prose ! ». Il s'agit du *Nouveau Royaume,* qui fera en effet beaucoup de bruit à sa parution, en septembre 1882.

C'est à ce moment qu'il commence à écrire *La Femme de sire*

Bengt. Comme le souligne très justement Carl Reinhold Smedmark, cette pièce marque un tournant dans l'œuvre dramatique de Strindberg. C'est la dernière pièce qui se déroule dans un milieu et des costumes plus ou moins historiques et la première à traiter de l'affrontement entre l'homme et la femme, thème principal de pratiquement toutes les pièces suivantes jusqu'au *Lien* qui, en 1892, porte à la scène le divorce de Strindberg et de Siri von Essen.

Strindberg a épousé Siri von Essen le 30 décembre 1877, la « délivrant » de la prison où la tenait son mari, le capitaine Carl Gustaf Wrangel. Dès sa première lettre d'amour, le 12 mars 1876, Strindberg encourage Siri, qui rêve de devenir comédienne, ambition dont ils ont déjà dû s'entretenir souvent :

Venez ! Poursuivez votre but ! Vous allez pouvoir être comédienne — je vous ferai un théâtre pour vous seule [...] je vous donnerai la réplique, j'écrirai — et je vous aimerai [...] Accomplissez votre destin et devenez la plus grande actrice ou la plus grande femme écrivain de ce pays.

Il s'efforça de tenir sa promesse, présentant partout Siri, cherchant à la faire engager par les théâtres. Le 22 mars 1882, il écrivait à Josephson, le directeur du Nouveau Théâtre :

Maintenant je veux vous parler franchement, une fois pour toutes, mon intérêt pour le théâtre n'a qu'un centre et n'a qu'un but : la carrière de ma femme [...] Voulez-vous laisser débuter ma femme et voulez-vous l'engager ? Je peux toujours vous poser la question et elle m'a pesé comme un charbon ardent toute une année. Bon, elle n'est peut-être pas un miracle, mais son talent est supérieur à celui de toutes nos petites célébrités [...] Je n'ai pas de nouvelle pièce prête, mais à l'automne je pense vous apporter une pièce de femme — tout pour ma femme !

La pièce qu'il annonce est, bien entendu, *La Femme de sire Bengt*. La question féministe est à l'ordre du jour : *Une Maison de poupée* d'Ibsen date de 1879 et, dans une lettre du 25 juillet 1881, Strindberg annonce à Brandes son intention de porter à la scène *Madame Marie Grubbe,* le célèbre roman de J. P. Jacobsen — projet abandonné à la fin de l'année.

Malgré les soucis financiers, les premières années de mariage avec Siri von Essen ont été, somme toute, heureuses, même si les dissensions et les disputes n'ont pas manqué. L'été 1881, une deuxième fille est née à Kymendö et son baptême a été l'occasion de grandes festivités avec tous les amis. Mais Strindberg reste soupçonneux, ombrageux, facilement jaloux. Il encourage la carrière de comédienne de sa femme, mais quand, faute d'engagements à Stockholm, elle se rend fin avril 1882 en Finlande pour y jouer Jane Eyre, il supporte très mal la séparation, au point d'envoyer un télégramme prétendant qu'il est malade. Et il s'inquiète de certain ingénieur finlandais dont elle aurait fait la connaissance à bord du bateau.

Quand il commence à écrire *La Femme de sire Bengt,* Strindberg se trouve depuis le début de mai à la campagne, dans l'île de Kymendö, ce paradis terrestre où il a déjà écrit la première version de *Maître Olof* et où il revient tous les étés. Siri est enfin venue le rejoindre. Dans l'île se trouvent aussi son vieil ami Anton Stuxberg et sa femme Helga ; ils viennent de se marier en décembre 1881. Mais les choses ne tardent pas à se gâter et au mois d'août c'est la rupture avec les Stuxberg, à la suite de propos que Helga Stuxberg aurait tenus sur le compte de Siri et qu'un ami, Pehr Staaff, a rapportés à Strindberg. Celui-ci reviendra sur cet incident quelques années plus tard, dans la lettre du 5 août 1887 où il annonce au même Pehr Staaff son intention de divorcer :

Tu te rappelles à Kymendö, une parole prononcée par madame Stuxberg au sujet de Siri, que ton honneur, estimais-tu, t'obligeait à me rapporter : de mauvaise vie ! Il y avait quand même quelque chose là-dessous ? Une histoire de tribades (ça, je m'en fous) ou autre chose ? [...] Rapprochée d'une autre parole surprise par ruse, elle me paraît indiquer que Siri m'a trompé.

Il y a deux ans, en effet, j'ai appris au cours d'une dispute, l'histoire suivante : madame Stuxberg aurait fait croire à Siri que je voulais me débarrasser d'elle et que, pour avoir un motif, je t'aurais chargé de la séduire. Aimable de la part de madame S., n'est-ce pas ? Eh bien, l'éclat se termina sur l'aveu suivant de Siri : « Mais je vous ai trompés tous les deux, aussi bien monsieur Staaff que toi ! » — Parole imprudente qui laisse entendre qu'elle a couché avec un tiers.

Dans son roman *Le Plaidoyer d'un fou,* qu'il écrit exactement au même moment, Strindberg donne la version suivante :

Cependant, et enfin, la maison se trouve débarrassée d'amies. La dernière, la belle, a disparu en compagnie de mon meilleur ami [...] la belle ne tarde pas à jeter le masque. Dans une soirée, étant grise, elle s'oublie et qualifie Maria d'être dépravé. Un camarade qui assistait à cette soirée se croit obligé de me rapporter ce propos[2].

Déjà, quelques pages plus tôt, Strindberg raconte comment, son ménage se défaisant, il décide à l'issue d'une querelle d'écrire une pièce destinée à mettre en valeur sa femme qui lui reproche d'avoir brisé sa carrière :

Une fois de plus j'accepte son pardon pour mes fautes et, en signe de réconciliation, je compose spécialement pour elle un

2. *Le Plaidoyer d'un fou,* Mercure de France, 1964, p. 260.

drame de femme avec un grand rôle, impossible à gâcher. Le 17 août, je lui livre le manuscrit avec un acte de donation. Le drame lui appartient en toute propriété. Libre à elle de le faire jouer, n'importe où, sous la condition que le rôle lui sera confié. C'est un cadeau de deux mois de travail acharné. Elle le reçoit sans reconnaissance comme un sacrifice accompli sur l'autel de Sa Majesté la Cabotine déchue[3] *!*

La situation n'était en 1882 certainement pas aussi noire que le prétend Strindberg cinq ans plus tard et, dans ses lettres de 1882, il n'y a aucune trace de mésentente avec Siri ; les deux époux paraissent au contraire unis contre leurs anciens amis et Smedmark fait avec raison remarquer que lorsque se produisit cette brouille, Strindberg avait déjà écrit les trois premiers actes de *La Femme de sire Bengt*. Mais un tel incident témoigne d'une tension inconsciemment perçue, et l'intensité du souvenir que Strindberg en a gardé est significative.

On remarquera que les noms des deux protagonistes, Bengt et Margit, sont les mêmes que ceux des principaux rôles du *Festin de Solhaug* d'Ibsen, qui date de 1856. Dans la pièce d'Ibsen, Margit, mariée par contrainte, rêve de revoir son ancien soupirant qui l'arracherait au joug d'un mari brutal. Le soupirant revient en effet, mais pour demander la main de la sœur de Margit. Bengt ayant été empoisonné, Margit devient enfin libre, mais ne pouvant plus épouser celui qu'elle aime, elle se retire dans un couvent. Dans ces divers épisodes, Strindberg a pu retrouver une image de ce qu'était, selon lui, l'union entre Siri von Essen et Wrangel.

La correspondance avec Staaff nous apprend que celui-ci, venu rendre visite aux Strindberg à Kymendö, a pu lire les trois premiers actes de *La Femme de sire Bengt* avant le 20 août. Ce jour-là, en effet, Strindberg écrit à Staaff qu'il a l'intention de diviser le quatrième acte en deux tableaux. Staaff écrit aussitôt pour le lui déconseiller :

Bon sang, ne fais pas deux tableaux si tu n'utilises que quatre actes, chacun des tableaux peut aussi bien faire un acte, donc total = cinq actes, d'ailleurs c'est bien si les derniers actes sont les plus courts.

Le 27 août, en remerciant Staaff de lui avoir rapporté les propos de Helga Stuxberg, Strindberg lui annonce également : « Cinq actes, le cinquième en deux tableaux », et le 29 il lui avoue : « Le cinquième acte avance lentement ! La lassitude se fait malheureusement sentir ! ». Staaff réagit dès le 1er septembre :

Que diable, ne te relâche pas à la fin de dame Bengt, il faut

3. *Ibid.*, p. 252.

que tout soit au niveau des actes 1-3, c'est une pièce importante, au nom du réalisme, ne la gâche pas au cinquième acte.

Strindberg lui répond le lendemain :

La première partie du cinquième acte est terminée ; il manque un changement, avec des cordes sentimentales dans les notes élevées et en majeur.

Ne t'inquiète pas, réaliste ! Les quatrième et cinquième actes dépasseront les trois premiers, aussi bien par la pensée que par le sentiment.

Le 10 septembre, enfin, Strindberg propose à Josephson de monter la pièce au cours de l'automne, avec sa femme dans le rôle de Margit, « écrit de telle sorte qu'aucune actrice ne peut le gâcher, ce qui n'est d'ailleurs pas à craindre dans le cas présent ». On retrouve étrangement, dans le roman de 1887, les mêmes mots que dans la lettre à Josephson — que Strindberg ne pouvait guère consulter en écrivant le *Plaidoyer* — sur ce rôle, « impossible à gâcher ».

Au moment de la première, le 25 novembre 1882, la critique manifesta sa déception et on se fit un malin plaisir de laisser entendre que si la soirée n'avait pas été entièrement perdue, c'était grâce à Siri von Essen, qui tenait le rôle de Margit. Strindberg ne pardonna jamais à Siri d'avoir triomphé alors qu'il subissait une de ses plus graves défaites.

Le combat entre « idéalisme » et « réalisme » ne convainquit pas la critique. Et, sans même parler du décalage entre les costumes moyenâgeux et le langage moderne, le lecteur d'aujourd'hui s'interroge sur ce que Strindberg et Staaff appellent « réalisme ».

Au début de l'année 1882, le 24 janvier, Strindberg écrivait à son ancien professeur d'esthétique à Uppsala, Carl Rupert Nyblom — qui avait pris contact avec lui après le succès de *Maître Olof* — et à sa femme Helena Nyblom :

On fait de moi un brigand, le chef d'une école qu'on appelle réaliste, on me traite de pessimiste, d'élève de Zola, etc. Voici ma confession sincère : Maître Olof, *qui est maintenant tellement réaliste, a été écrit sous l'impression de la guerre franco-allemande et de la Commune, en 1872, alors que je n'avais encore jamais entendu parler d'un M. Zola, et je crois qu'il n'avait encore rien écrit à ce moment-là ; en 1879, j'ai écrit* La Chambre rouge, *sans avoir lu une ligne de Zola. C'est donc la nature même qui nous oblige, nous qui sommes d'une génération postérieure à la vôtre, à écrire d'une autre façon et justement comme nous le faisons : avec réalisme, parce qu'à l'école nous avons appris plus de sciences exactes que vous et que les sciences naturelles ont commencé à se développer de notre temps. D'où cette absence de pudeur, ce regard de microscope qui cherche le noyau des choses, cette analyse. [...] Je suis donc devenu un réaliste, comme on dit, sans me rendre compte de ce que j'étais et je me soucie bien peu du régiment où ma personnalité d'écrivain sera enrôlée, mais je sens que dans pas longtemps je ne serai qu'un pion sur l'échiquier d'une génération plus jeune, et qui perce ! Les connaissez-vous ? Pour eux, je suis un idéaliste, un déiste, un vieux conservateur ! Ils considèrent par exemple* le Secret de la guilde *comme un reniement ! et ils ne tarderont pas à me déchirer si je ne vais pas avec eux, et je ne veux aller avec personne.*

Une semaine plus tard, il corrigeait un peu cette image dans une lettre à Helena Nyblom, le 31 janvier 1882 :

C'est certainement par méconnaissance que vous soupçonnez ces jeunes gens de gauche de rechercher le pouvoir et l'argent pour pouvoir opprimer à leur tour ; j'en vois assez souvent, qui ont de bons revenus, une excellente situation sociale, qui par leur naissance pourraient obtenir un jour le pouvoir et la gloire et tout ce que vous croyez qu'ils recherchent, et qui vont, fièrement et avec une gravité souriante, vers une ruine sociale assurée, certains de se voir couvrir d'infamie et d'échouer — parce qu'ils ne peuvent pas faire autrement.

Pehr Staaff, jeune journaliste de vingt-six ans et frère du futur chef du parti libéral suédois, était sans doute un de ces jeunes gens. Il essayait de constituer un groupe de jeunes journalistes et politiciens, aux idées libérales, parmi lesquels se trouvait le futur chef du parti social-démocrate suédois, Hjalmar Branting. Staaff devait rester l'ami de Strindberg, jusqu'à sa mort en 1903.

Après la première de la pièce, le 10 décembre, Strindberg écrit à Carl Rupert Nyblom que, très curieusement, il semble avoir pris pour confident, à ce moment où sa situation dans le monde littéraire est critique :

Dans La Femme de sire Bengt, *j'ai fait mes adieux à mes idéaux romantiques. En plaçant l'intrigue à une époque de rupture entre d'une part la vie chevaleresque et la vie de couvent, d'autre part le bouleversement de la Réforme et son réalisme, j'ai laissé le chant des oiseaux et le langage des fleurs caractériser la femme (le romantique), et la récolte et le rôti de veau caractériser le chevalier de la réalité, et j'ai bien fait, mais que se passe-t-il ? C'est avec douleur que le beau chevalier se sépare de ses idéaux d'Oiseau Bleu, c'est avec la même douleur que l'auteur leur dit adieu, et on lui reproche la sympathie que malgré lui il témoigne au pauvre chevalier ! Méchanceté ou bêtise ? Probablement une vengeance justifiée ! La femme qui finalement perd ses idéaux, ne cède qu'aux exigences de la réalité et la pièce glorifie, bien que pas tout à fait sincèrement, dieu merci, la victoire de la réalité.*

J'ai perdu, par ma propre faute, tout droit de me plaindre et de réclamer de la compassion, il me faut donc être fier. Je suis excessivement fier de ce qu'il n'y ait eu en Suède aucun homme capable de forger des armes pour abattre l'iconoclaste ! Il a dû leur remettre les siennes. Et ce n'est que sous elles qu'il est tombé !

En mai 1883, un traducteur, J.H. Kramer, a traduit la pièce en français et Strindberg demande à son éditeur d'envoyer la pièce à Paris à la Librairie Nilsson, dont le directeur, Karl Nilsson, serait prié de proposer la pièce à Sarah Bernhardt ; celle-ci se rendit un peu plus tard à Stockholm, où elle joua *Fédora* de Victorien Sardou le 29 mai. Strindberg était à la campagne et ne vint pas la voir :

J'ai vu Sarah à Paris et ne viendrai pas en ville. Ecrire des rôles pour une cabotine ? Non ! — La pièce de Sardou est stupide et parle — de rien ! Quand la traduction sera prête, je travaillerai à Paris même.

Ce projet n'eut pas de suite. La pièce n'a été que rarement jouée, même en Suède. En dehors des pays scandinaves elle n'a été donnée qu'en Allemagne — au Stadttheater de Cologne au printemps 1908 — et à Vienne en 1914.

Camarades

Après l'échec de *La Femme de sire Bengt,* Strindberg reste quatre ans sans écrire pour le théâtre. Il est vrai qu'en septembre 1883, il quitte la Suède pour un exil volontaire qui va durer près de six ans, loin des théâtres susceptibles de le jouer.

Avant de partir, il a publié une série de nouvelles historiques, *Destinées et aventures suédoises,* et conclu avec les éditions Albert Bonnier un contact avantageux pour la publication de ses poèmes. C'est dans cette voie qu'il va continuer pendant les premiers mois, tout en envoyant en Suède des articles sur diverses questions politiques et sociales.

Dans le recueil de nouvelles *Mariés,* Strindberg traite du féminisme, qui est à l'ordre du jour, de façon réaliste et provocante. Le 3 octobre 1884, le livre est saisi et l'auteur se voit citer en justice pour avoir, dans une de ces nouvelles, tenu des propos blasphématoires sur la communion. Son éditeur le conjure de rentrer pour répondre de cette accusation devant les tribunaux. Bien que ses amis l'accueillent comme un héros, et que la représentation de *Pierre l'Heureux,* le soir de son arrivée le 20 octobre, se termine par une grandiose manifestation en sa faveur, Strindberg ne se laisse pas griser par les acclamations et son retour en Suisse, le lendemain même, ressemble presque à une fuite. Son éditeur d'ailleurs, loin d'exploiter le scandale, a pris peur et demande à Strindberg de supprimer la nouvelle incriminée dans les rééditions du recueil — ce que Strindberg refuse évidemment, puisque ce serait reconnaître une culpabilité dont le jugement du 17 novembre vient justement de le décharger. Un deuxième recueil de nouvelles, *Mariés II,* sera même plus virulent que le premier.

Siri, qui a vu sa carrière de comédienne ruinée par leur départ de Suède, n'a pas aimé ces nouvelles et n'approuve pas les positions prises par son mari sur « la question féministe ». En outre, les déménagements incessants la fatiguent et elle vient de donner à son mari un troisième enfant, un garçon.

Strindberg travaille dans une continuelle tension nerveuse, harcelé par le besoin d'argent et malgré tout fortement ébranlé par le procès. Certes, il a été acquitté et acclamé, mais pour la Suède officielle, il s'est mis au ban de la société. A partir de ce moment, il aura de grandes difficultés à placer ses œuvres.

Entre les époux, les choses ne vont plus très bien, même si Strindberg affirme le contraire. Mais comment le croire quand on lit par exemple la lettre qu'il écrit à un ami, le 15 octobre 1885, pour lui demander de l'informer au sujet des bruits qui courent, dit-il, sur son compte et sur celui de Siri :

Des paroles mystérieuses, des comportements énigmatiques, des insinuations sournoises, même des approches très étranges nous ont laissé deviner la nature des fables qu'on a composées sur notre compte et qui ont été sur le point d'empoisonner notre vie [...] Nous avons pu comprendre que ma femme a été accusée de m'avoir été infidèle, mais pour éviter les machinations de faux amis, il nous faut savoir avec qui ? Je sais très bien qu'au théâtre, on m'accusait de courir après les filles, mais elles sont toutes des comédiennes, qui ne se donnent pas au premier homme venu. [...] La liberté totale (sauf celle de rompre la promesse donnée au mariage) que nous nous sommes accordée l'un l'autre, a facilement pu donner lieu à d'horribles malentendus, mais après l'expérience que nous avons faite, nous avons décidé de changer un peu notre vie, à cause des enfants. Voilà ce que deviennent les tentatives de réforme ! Heureusement, nous sommes amoureux l'un de l'autre comme au premier jour, et rien, même pas le pire, n'entame notre confiance mutuelle.

Les Strindberg se trouvent alors à Grez-sur-Loing depuis le mois de juillet 1885, après avoir quitté la Suisse au mois d'avril et passé quelque temps d'abord à Paris, puis à Luc-sur-Mer. A Grez existe depuis quelque temps une colonie d'artistes scandinaves, et on ne s'y ennuie pas tous les jours. Le 22 novembre, Strindberg écrit à un nouvel ami, le poète Heidenstam :

Nous vivons ici une vie très sociale. De vieux amis de Paris viennent le samedi et samedi dernier nous avons fait ici une orgie soignée, qui s'est poursuivie pendant deux jours avec chants, guitare, tambourin et fifre et folle joie de vivre ; théâtre de variétés (de notre propre cru), danses, billard, souper, petit déjeuner aux harengs chez les filles (les Danoises), dîner avec notre propre café-chantant et bal chez Chévillon.

Les deux Danoises, que Strindberg accuse d'être lesbiennes, figureront souvent dans la correspondance, et l'une d'elles, Marie David, que Strindberg qualifiait de « tribade » et qu'il soupçonnait d'avoir une liaison amoureuse avec sa femme, jouera un rôle important quelques années plus tard dans la dissolution de son mariage.

L'atmosphère à Grez s'envenime donc et en février 1886, Strindberg en parle comme d'une prison. En mai les Strindberg regagnent la Suisse. Strindberg a toutefois eu le temps d'écrire le premier volume de son roman autobiographique *Le Fils de la servante.*

Le féminisme, cependant, n'a pas cessé de le préoccuper et le 21 mars, empruntant le vocabulaire de Théodule Ribot, il déclare que c'est « une maladie de la personnalité provoquée par la dégénérescence ». Dans *La Nouvelle Revue,* il lit les articles de Paul Lafargue sur « Le Matriarcat » qui lui semblent remarquables au point qu'il demande à plusieurs reprises à Edvard Brandes s'il les a lus et le 21 mai il pose la même question à l'écrivain Gustaf Geijerstam :

Crois-tu que les femmes veulent l'égalité ? Non. Et maintenant vous travaillez, toi et Branting, à la réintroduction du matriarcat. Mais c'est un pas en arrière *vers la barbarie...*

Il se trouve alors à Othmarsringen, en Suisse, où il termine le deuxième volume du *Fils de la servante.* En expédiant le manuscrit à son éditeur le 20 juin, il ajoute : « Maintenant vont suivre deux pièces d'affilée », mais le lendemain il parle de nouveau du roman autobiographique dont il annonce encore deux volumes. Tout en y travaillant avec acharnement, il ne cesse de penser au théâtre et le 9 août il confie à son éditeur :

J'ai commencé une pièce, mais je ne suis pas arrivé à me rendre suffisamment malhonnête pour écrire pour les fauteuils d'orchestre. « Il faut être un peu bête » pour écrire pour le théâtre, a dit Gondinet (je crois). Oui, il le faut ! Cela me répugne de n'être qu'artiste.

Il propose donc à son éditeur un reportage sur la vie du paysan français, mais revient encore à sa pièce :

Je suis passé par tous les stades du désespoir après avoir compris que j'ai perdu la faculté d'illusion consciente, qui caractérise la jeunesse et certains individus, dont l'évolution s'est arrêtée.

Pendant tout un mois, en effet, je me suis bagarré avec le premier acte d'une pièce que j'ai enfin terminé, mais il est si mauvais que je l'ai cassé. Rien que des raisonnements, pas de caractères.

Et soudain, le 30 novembre, il écrit à son éditeur :

Par le courrier d'aujourd'hui part un paquet avec une comédie en cinq actes (les quatre derniers écrits dans la semaine qui vient de s'écouler, ce qui n'en diminue nullement la valeur, car je ne peux pas écrire lentement). La pièce est à mon avis très jouable, mais pour ne pas tomber victime de ces dames (car il est bien entendu question de dames) il faut prendre quelques précautions.

Il envoie le manuscrit à son éditeur et non à Josephson, directeur du Nouveau Théâtre, et, pour ne pas trop froisser ce dernier, il lui écrit de consulter la pièce chez Bonnier. Dans une lettre du 3 décembre 1886, adressée à Edvard Brandes, il s'en montre plutôt satisfait :

Je viens de terminer une comédie en cinq actes intitulée Maraudeurs *(qui parle bien entendu de dames). Je crois que la pièce est très efficace, bien équilibrée et directe. Le quatrième acte est fameux et le cinquième comprend deux cartouches de dynamite à la fin (au figuré). J'ai certains espoirs pour cette pièce, ma première comédie contemporaine. Elle se trouve en ce moment chez Bonnier pour être imprimée ou lithographiée sous forme de manuscrit, et sera bientôt entre tes mains !*

Tu t'étonneras sans doute que moi, qui suis marié, je puisse écrire aussi crûment sur le mariage ! Il faut que cela sorte ; et cela ne peut sortir brutalement qu'à la suite d'un arrangement très simple : j'ai demandé à ma femme d'être mon épouse, la mère de mes enfants, et de ne jamais lire mes livres ! Ainsi, après bien des tempêtes intérieures, je vis la plus charmante vie de famille avec les miens et, ce qui est curieux, c'est que depuis que je me suis ainsi émancipé, notre amour prospère comme lorsque nous étions jeunes mariés et que jamais ne tombe une parole dure ! C'est incroyable, mais vrai. Seulement il a d'abord fallu que je délivre ma maison de ces satanées dames modernes, qui, un temps, ont rendu mon mariage insupportable !

Les « dames modernes » dont il est question sont, bien entendu, les deux Danoises, et Marie David a dû laisser plus d'un trait à Abel dans la pièce.

L'expression « dames modernes » que nous trouvons ici sous la plume de Strindberg, rappelle également le titre d'un roman à clef antiféministe, *Moderne damer,* publié en 1881 par John Paulsen, contemporain et quelque temps familier d'Ibsen. En fait, le premier acte de *Maraudeurs* semble très largement inspiré de ce roman où on voit une femme peintre désargentée amener un idéaliste par la ruse à se fiancer avec elle. Elle est entourée d'une cour de bohèmes, parmi lesquels on trouve une lesbienne et un docteur antiféministe du nom de Westergaard — alors que le docteur de la pièce de Strindberg s'appelle Östermark, simple changement de point cardinal.

Les éditions Bonnier tirèrent une dizaine d'exemplaires de *Maraudeurs,* qui furent proposés aux théâtres. Mais aucun n'accepta de monter la pièce.

Le 3 janvier 1887, Strindberg écrit à Edvard Brandes :

Tu as bien lu ma pièce maintenant ? Veux-tu, toi qui es le premier à l'avoir lue (excepté l'éditeur), répondre aux questions suivantes :

1. Dois-je vraiment au cinquième acte introduire madame Hall et la confronter avec son mari divorcé ? Alors on tombera dans le mélodrame et les pleurs, et, attention ! cela peut devenir comique, puisque le docteur est ce qu'on appelle un humoriste et que madame Hall est pitoyable et ridicule.

2. Est-ce que par contre le docteur, sans connaître les demoiselles Hall, ne devrait pas avoir avec elles une petite scène, parlant de choses indifférentes ? Cela pourrait exciter le public, qui aura attendu que quelque chose de dramatique ait lieu au cinquième acte. Ils pourraient parler de théâtre, de peinture, ou de n'importe quoi. Le public croit encore que c'est le père qui parle avec ses filles et cela le chatouillera. Si seulement cela ne devient pas tragi-comique !

Il y a quelques nouveautés psychologiques dans la pièce, mais je sais qu'elle est à contre-courant. Pourtant, la question du marché du travail se trouve au cœur du problème. Mais comme tu le vois, je n'ai pas uniquement souligné ce point. Cela veut seulement dire que ces diablesses se marient pour avoir derrière elles quelqu'un qui les entretienne.

Veux-tu qu'au cinquième acte je fasse dire par madame Starck ou le docteur : « Venez, venez travailler, bon sang, mais alors ne vous mariez pas ! Travailler ou se marier, mais pas les deux à la fois ! » [...]

Ne trouves-tu pas que les hommes sont devenus bien peu virils après tous ces petits soins prodigués aux femmes ? N'est-ce pas un bon truc de faire que Bertha tombe amoureuse d'Axel après la semonce ? Sauverais-je la pièce en faisant plus clairement apparaître cet « amour » dans la réplique finale et en effaçant par là l'impression qu'elle donne de s'attaquer à l'entrée de Bertha sur le marché du travail ? Abel aussi s'est enflammée. Faut-il faire une scène de jalousie entre ces deux dames ? C'est peut-être mieux comme ça, avec Abel qui en cachant l'aveu d'Axel montre au public qu'elle aussi est femme et qu'elle est capable d'apprécier la virilité tandis que Bertha est irrémédiablement une bête cupide et asexuée.

Maraudeurs *n'est cependant que la deuxième partie d'une trilogie.*

La première partie parle du père et de l'enfance de Bertha, la troisième décrit les aventures de Bertha plus tard, quand elle devient mère et épouse un épicier.

Vers la fin de 1887, Strindberg entre en contact avec un jeune écrivain, Axel Lundegård, chargé de traduire le premier volet de la trilogie, c'est-à-dire *Père,* en danois pour le Théâtre du Casino de Copenhague. Bientôt il est également question de jouer *Maraudeurs,* mais le directeur du théâtre demande à Strindberg de retravailler sa pièce. En effet, le roman *Moderne damer,* dont s'était inspiré Strindberg, visait la romancière norvégienne Amalie Skram, facile à reconnaître pour les initiés. Celle-ci, dont le deuxième prénom était Bertha, comme l'héroïne de la pièce de Strindberg, habitait à l'époque Copenhague. De plus, le personnage de Wilmer — ou Gaga — était une caricature de l'écrivain danois Herman Bang. Avant une éventuelle représentation à Copenhague, il fallait donc occulter ces ressemblances et dans ce but Lundegård fit un certain nombre de propositions. Dans l'état actuel des manuscrits, il est très difficile de savoir quels sont les changements introduits par Lundegård et ceux opérés par Strindberg lui-même. On aboutit cependant à une nouvelle version, proposée sous le titre *Lubies,* mais en vain, à plusieurs théâtres.

Le 7 décembre 1887, il écrit à Lundegård :

August Lindberg écrit aujourd'hui qu'il a soumis oralement Lubies *à Cetti. « Mais il faut auparavant que la pièce soit retravaillée... de ta propre main. » Je crois au contraire qu'il faut qu'elle soit retravaillée par quelqu'un d'autre, car ici je reste aveugle aux « exigences du public ». Mais je voudrais développer moi-même la dernière scène de la grossesse-éveil-de-l'amour, qui doit avoir du brio.*

August Lindberg était un jeune comédien suédois et Cetti dirigeait à Copenhague le Dagmarteatret. Strindberg avait trouvé une nouvelle fin pour sa pièce : Bertha découvre qu'elle est enceinte et se réconcilie avec Axel. En fin de compte, il supprima cette fin heureuse, en écrivit une autre, et le théâtre renonça à monter la pièce. Finalement la nouvelle version, désormais intitulée *Camarades,* fut publiée par un petit éditeur de Helsingborg, H. Östergren, lequel avait déjà publié *Père.* Dans cette nouvelle version, le premier acte avait été supprimé et certains éléments de l'exposition avaient été en conséquence reportés dans le dialogue de l'acte II, devenu maintenant le premier.

La première de *Camarades* n'eut lieu que dix-sept ans plus tard au Lustspieltheater de Vienne en octobre 1905, et en Suède la pièce ne fut jouée qu'en 1910 au Théâtre Intime. En 1919, la troisième femme de Strindberg, Harriet Bosse, fut la vedette d'une version cinématographique tournée en Allemagne ; on y avait repris le premier acte de *Maraudeurs*.

Cet exemple a été suivi dans la présente version française. En effet, amputée de son premier acte, la pièce paraît moins claire et certaines scènes très pittoresques, d'un comique très dru, ont été inutilement sacrifiées dans la deuxième version. Les traducteurs ont donc estimé utile de rétablir ce premier acte, indispensable à l'équilibre de la pièce et qui révèle en outre la verve d'August Strindberg, auteur comique.

Il existe de cette pièce une traduction française, qui est sans doute l'œuvre de Strindberg lui-même, conservée dans le Fonds Lugné-Poe à la Société des Auteurs et Compositeurs Dramatiques.

Père

Comme nous l'avons vu, *Camarades* faisait, dans l'esprit de Strindberg, partie d'une trilogie dont le premier volet présenterait le père et l'enfance de Bertha. Le 6 février 1887, Strindberg écrit à son éditeur — qui vient de lui faire savoir que le directeur du Nouveau Théâtre a refusé de monter sa pièce — qu'il a terminé le premier acte de *Père* et le 15 février, il envoie le manuscrit à Edvard Brandes. S'étant entre-temps brouillé avec son éditeur, c'est à son frère Axel qu'il demande de transmettre un manuscrit à Emil Hillberg, afin que celui-ci propose la pièce au Théâtre Royal. Hillberg, qui avait déjà joué Jacques dans *Le Secret de la guilde,* devait faire, mais bien plus tard, en 1915, une remarquable composition dans le rôle principal. Dans la même lettre il aborde — si tant est qu'on puisse déchiffrer ce passage, biffé par Axel Strindberg — la question de l'incertitude en matière de paternité, qui est, comme on le sait, un des ressorts dramatiques de la pièce. A-t-il vraiment douté lui-même ? Quoi qu'il en soit, il est de plus en plus suspicieux et il conjure son frère de l'informer au sujet des bruits qui courent, dit-il, sur son ménage :

Je sais qu'il court des bruits au sujet de la question que je t'ai dite, et je veux les connaître, sinon je deviens fou. Je peux supporter un véritable coup, tu l'as vu, mais l'incertitude me tue.

Ce n'était pas la première fois que Strindberg doutait de la fidélité de sa femme, nous l'avons déjà vu à propos de *La Femme de sire Bengt.* Lorsque parut, fin 1884, *le Canard sauvage* d'Ibsen, il s'imagina que son grand rival faisait allusion à son infortune dans le personnage de Hjalmar qui, trompé par Gina, adore un enfant qui n'est pas le sien. Il craignait aussi pour sa santé mentale et avait en 1885 fait un testament en prévision du cas où il deviendrait fou. Fin 1886, Siri von Essen avait consulté un médecin suisse au sujet de son mari ; Strindberg, l'ayant appris, s'imagina aussitôt qu'elle voulait le faire interner.

Le 3 septembre 1887, il écrit à Pehr Staaff :

Pendant trois ans elle m'a fait croire que j'étais malade, elle m'a fait croire, à moi et à d'autres personnes, que j'étais fou et partout on s'y est intéressé et on l'a crue. J'ai été étrange, bizarre, j'ai dit des bêtises en compagnie... j'ai été exalté, peut-être en train de devenir fou, mais je ne l'ai jamais été [...] Apprends de moi que Siri est une personne capable de tout.

Tout en conjurant son frère Axel de lui dire « toute la vérité », il essaie de le rassurer, comme dans sa lettre du 25 février 1887 :

Quand Père *aura été refusé et que tout sera fini, j'enverrai une lettre et tu n'auras qu'à faire porter le manuscrit par un commissionnaire.*

Il faut que tu saches que je suis un écrivain qui mélange la littérature et la réalité et que toute ma misogynie n'est que théorique, car je ne saurais vivre sans la compagnie d'une femme. Nous sommes des drôles de personnages, sais-tu. Parfois nous nous disputons à faire se soulever le toit de la maison, puis on prend un verre et le soir, nous jouons au trictrac et encore aujourd'hui nous pouvons causer et nous amuser une nuit entière comme si rien ne s'était passé. Ne te chagrine donc pas en lisant Père, *car c'est de la littérature ! Comme* Maraudeurs. *On va voir si, à la fin, je n'arriverai pas à percer à l'étranger, et cela brillamment. Mes forces paraissent inépuisables et avec un peu de chance !*

Ce que j'ai écrit au sujet de la question féministe est ce qu'on a pensé de plus lucide dans toute l'Europe, et je suis beaucoup trop grand pour pouvoir vivre et respirer en Suède.

Depuis longtemps, en effet, Strindberg rêve d'une carrière internationale. En avril, il annonce à son frère qu'il se trouve à Vienne et qu'il écrit dans *Neue Freie Presse,* qui publie en effet ce qu'il appelle « une série d'études psychologiques » qui feront partie d'un ouvrage futur intitulé *Vivisections.* On y trouve un essai sur « la lutte des cerveaux », qui deviendra un des principaux thèmes de son théâtre naturaliste.

Il envisage également de nouvelles initiatives propres à servir son œuvre théâtrale. Ainsi, en juillet, il propose à August Lindberg de fonder un théâtre qui ne jouerait que ses propres pièces, lesquelles comporteraient peu de personnages et n'exigeraient pas de décors coûteux : c'est apparemment l'exemple du Théâtre Libre d'Antoine, ouvert fin mars 1887, qui l'inspire. Ce projet se réalisera, mais vingt ans plus tard.

En attendant, c'est en France qu'il cherche des appuis et le 29 août il envoie sa pièce, traduite en français, à Emile Zola :

Monsieur,

Je ne me flatte point d'être un auteur de vos connaissances, mais la carrière littéraire que j'ai parcourue depuis 1869, en titre de chef du mouvement expérimental et naturaliste en Suède et les destinées dûment subites, à partir du procès obligatoire jusqu'à l'exil volontaire, et enfin la retraite honorable en qualité de feuilletoniste-romancier de la Nouvelle Presse Libre *à Vienne, m'inspirent un peu de confiance que Vous voudriez bien Vous donner la peine, dans un moment de loisir, de faire la lecture de cet ouvrage ci-joint.*

L'isolement où je vis, le manque absolu de milieu littéraire m'ont poussé à commettre cette indiscrétion au risque de Vous être désagréable.

Le haut intérêt que Vous portez pour le « Théâtre de l'avenir » me donne aussi l'espérance que Vous vouliez bien prendre connaissance d'une tentative dans le sens indiqué par Votre main de Maître.

Comme Vous allez voir, je prends la liberté de soumettre à Votre jugement éclairé un drame composé en vue de la formule expérimentale, visant à faire valoir l'action intérieure aux dépens des trucs théâtraux, de réduire le décor au minimum, et de conserver l'unité de temps autant que faire se peut. Sans vouloir abuser de Votre obligeance reconnue, sans intention de me parer de Votre nom glorieux, je ne me présente que pour avoir un mot de bonne et sévère critique après des années de silence meurtrier. Dans l'espoir, Monsieur, que Vous ne Vous fâchiez pas de ma demande insolite, et que Vous daigniez m'honorer par une réponse dans l'occasion, je Vous prie de croire à ma sincère reconnaissance et de ma haute admiration.

Dès *La Chambre rouge* on avait accusé Strindberg d'imiter Zola, accusation dont il s'était toujours défendu, en particulier dans la lettre du 24 janvier 1882 aux époux Carl Rupert et Helena Nyblom. Il a cependant attentivement suivi l'œuvre de Zola et l'été 1883, alors qu'il se trouve à la campagne, il réclame à cor et à cri un exemplaire de *Thérèse Raquin*. Il a lu *Le Naturalisme au théâtre*. En 1884 déjà, il demande à son éditeur d'envoyer une traduction française de *Mariés* aux éditions Hachette, qui publient les ouvrages de Zola. Le 7 janvier 1885, il prétend même que Zola a lu son livre, mais n'a pas pu entièrement l'apprécier par suite de la mauvaise qualité de la traduction. On en a conclu que Strindberg aurait déjà alors correspondu avec

Zola, et que les lettres auraient disparu. Mais le ton de la lettre que nous venons de citer semble infirmer cette hypothèse.

En ce qui concerne *Père,* d'autres influences semblent avoir compté davantage. Strindberg s'était depuis quelque temps vivement intéressé aux ouvrages de psychologie et le 5 octobre 1886 il écrivait à Heidenstam : « J'ai maintenant toute une littérature sur la folie, de laquelle il ressort que tout le monde est fou, sauf le médecin. » Et parmi les ouvrages qu'on trouve cités dans sa correspondance on relève *Les Maladies de la personnalité* de Théodule Ribot, paru en 1885, *L'Hérédité* de Jacoby, *Maladies de l'esprit* de Maudsley, *Les Paradoxes* de Max Nordau. Il connaît *De la suggestion* de Bernheim et, dans un autre domaine, il a, comme nous l'avons vu pour *Camarades,* été très impressionné par les essais de Lafargue sur le *Matriarcat.*

La réponse de Zola se fit attendre. Entre-temps *Père* paraissait en librairie, chez Hans Österling à Helsingborg, et, le 14 novembre 1887, la première eut lieu au Théâtre du Casino à Copenhague. Strindberg y assistait, dans un état d'extrême exaltation. La veille, il écrivait à Axel Lundegård, son traducteur, une sorte de testament lui indiquant ce qu'il fallait faire de ses œuvres. La lettre se termine sur ces paroles, prémonitoires du *Songe* :

Je me fais l'effet d'un somnambule ; comme si la littérature et la vie se mélangeaient. Je ne sais pas si Père *est de la littérature, ou si ma vie l'a été ; mais j'ai l'impression que cela m'apparaîtra à un moment donné, très proche, et alors je m'effondrerai ou bien dans la folie, accompagnée de mauvaise conscience, ou bien dans le suicide. Par suite d'une grande quantité de littérature, ma vie est devenue une vie d'ombre ; je n'ai plus l'impression de marcher sur terre, mais de flotter, sans pesanteur, dans une atmosphère faite non pas d'air, mais de ténèbres. Si de la lumière pénètre dans ces ténèbres, je tomberai foudroyé !*

La première se passa bien, la critique fut élogieuse, mais malheureusement le théâtre fit faillite après onze représentations. Pour payer la note de l'hôtel, Strindberg dut porter des effets au mont-de-piété et trouva ensuite à se loger dans une villa mal chauffée près de Copenhague. C'est de là qu'il écrivit une deuxième lettre à Zola, le 26 novembre 1887 :

Je m'explique fort bien Votre silence au sujet de mon drame, et je vous prie de ne pas m'en vouloir lorsque je viens Vous rappeler son existence. C'est que la première représentation en a eu lieu ici à Copenhague avec un succès d'horreur complet.

Il lui demande également dans cette lettre de retourner le manuscrit, préférant lui envoyer sous peu un exemplaire imprimé en français et, pour finir, il fait miroiter au Maître une représentation de *Thérèse Raquin* en Suède. Zola répondit enfin le 14 décembre :

Monsieur et cher confrère !

J'ai de bien grandes excuses à vous faire, pour mon long silence. Mais si vous saviez quelle existence est la mienne, que de travail et que de tracas ! Je ne voulais pas vous renvoyer votre manuscrit sans l'avoir lu, et je viens enfin de trouver le temps nécessaire.

Votre drame m'a fortement intéressé. L'idée philosophique en est très hardie, les personnages en sont audacieusement campés. Vous avez tiré du doute de la paternité des effets puissants, troublants. Enfin votre Laure est vraiment la femme dans son orgueil, dans l'inconscience et dans le mystère de ses qualités et de ses défauts. Elle restera enfoncée dans ma mémoire. En somme, vous avez écrit une œuvre curieuse et intéressante, où il y a, vers la fin surtout, de très belles choses. Pour être franc, des raccourcis d'analyse m'y gênent un peu. Vous savez peut-être que je ne suis pas pour l'abstraction. J'aime que les personnages aient un état civil complet, qu'on les coudoie, qu'ils trempent dans notre air. Et votre capitaine qui n'a pas même de nom, vos autres personnages qui sont presque des êtres de raison, ne me donnent pas de la vie la sensation complète que j'en demande. Mais il y a certainement là, entre vous et moi, une question de race. Telle qu'elle est, je le répète, votre pièce est une des rares œuvres dramatiques qui m'aient profondément remué.

Croyez-moi votre bien dévoué et bien sympathique confrère,

Emile Zola.

Strindberg communiqua aussitôt cette lettre à Edvard Brandes qui la publia dans *Politiken* et quand, un peu plus tard, parut chez H. Österling la traduction française de *Père,* elle y figurait en guise de préface.

Enfin, le 12 janvier 1888, eut lieu la première représentation suédoise au Nouveau Théâtre de Stockholm. La pièce fut plutôt mal accueillie, au troisième acte des murmures s'élevèrent et, avant la fin de la représentation, plusieurs dames avaient quitté la salle. Les partisans du naturalisme reprochaient à la pièce d'être trop subjective, les conservateurs manifestaient leur indignation morale et, de façon générale, leur aversion pour ce qu'ils estimaient être les élucubrations d'un cerveau malade. Un des critiques résumait : « Pour caractériser cette pièce, le mieux est d'emprunter l'exclamation de Hamlet : *O horrible ! O horrible ! most horrible !* Après cela, il n'y a pas grand-chose à ajouter. » Le spectacle n'atteignit que neuf représentations.

C'est néanmoins *Père* qui allait ouvrir à Strindberg les scènes européennes. Le 12 octobre 1890, on donna la pièce à la Freie Bühne de Berlin, un petit théâtre créé sur le modèle du Théâtre Libre d'Antoine. La pièce fit ensuite le tour des scènes allemandes : Leipzig, Munich, Nüremberg, etc. Le 13 décembre 1894, ce fut le tour de Paris, au Théâtre de l'Œuvre de Lugné-Poe. Antoine avait alors déjà monté *Mademoiselle Julie* en 1893 et Lugné-Poe *Créanciers* au mois de juin 1894.

En Suède, la pièce obtint enfin le triomphe qu'elle méritait lorsqu'à l'automne 1908 elle fut donnée au Théâtre Intime, le théâtre même de Strindberg ; son associé August Falck jouait lui-même le capitaine.

*

Dans sa correspondance Strindberg s'est plusieurs fois exprimé de façon détaillée sur la façon de jouer sa pièce. Le 17 octobre 1887 il écrivait à Axel Lundegård :

Qui va jouer le capitaine et quelle dame veut accepter le rôle de Laura ? La pièce est facile à abîmer et peut devenir ridicule ! Bien que je me mêle rarement du jeu, je propose que le rôle du capitaine soit confié à un comédien doué par ailleurs d'une belle humeur, qui avec le ton d'un homme du monde, hautain, plein d'ironie pour lui-même, légèrement sceptique et conscient de ses avantages, va assez joyeusement à la rencontre de sa destinée, s'enveloppant au moment de la mort dans ces toiles d'araignée que par suite des lois naturelles il ne peut déchirer.

Un mari trompé est un personnage ridicule aux yeux du monde et surtout aux yeux d'un public de théâtre. Il faut qu'il montre qu'il en est conscient, et qu'il aimerait bien rire, lui aussi, si seulement il s'agissait de quelqu'un d'autre !

C'est cela qui est moderne dans ma tragédie, et malheur à moi et au comédien s'il se met à jouer La Bande de Brigands *en 1887 ! Pas de cris, pas de sermons. Doucement, calmement, avec résignation, comme une âme par ailleurs forte, qui assume le destin moderne sous sa forme de passion érotique. Rappelons qu'un officier de cavalerie est toujours le fils d'un homme riche, qu'il a reçu une bonne éducation, qu'il exige beaucoup de lui-même dans la vie commune et qu'il est bien élevé, même dans ses rapports avec le simple soldat.*

Donc pas de brute, pas d'officier de tradition ou des fortifications. De plus, il est au-dessus de son métier, qu'il a percé à jour, il est homme de science. Pour moi, il représente particulièrement sur ce point une virilité qu'on a tenté d'abaisser, qu'on a essayé de nous dérober pour la remettre au troisième sexe ! Ce n'est qu'en face de la femme qu'il n'est pas viril, parce qu'elle l'a voulu ainsi et que la loi de l'adaptation nous oblige à jouer le rôle qu'exige l'amante. Oui, il nous faut parfois jouer la chasteté, l'ingénuité, l'ignorance, pour obtenir le coït que nous recherchons !

Le 23 décembre, il confirme et développe ces propos dans une lettre au directeur du Nouveau Théâtre :

Remarque générale : joue la pièce comme Lindberg a fait jouer Ibsen, c'est-à-dire pas de tragédie, pas de comédie mais quelque chose entre les deux. Ne prends pas un rythme trop rapide, comme nous l'avons d'abord fait, ici au Casino : laisse plutôt la pièce s'écouler doucement, d'un mouvement égal, jusqu'au moment où le rythme s'accélère de lui-même vers la fin du dernier acte. Exception : les répliques du capitaine, une fois que son idée fixe est éclose. Elles sont dites rapidement, abruptement, il les crache ; casser sans cesse l'atmosphère.

Rappel : le capitaine n'est pas un soldat mal dégrossi mais un savant, il est au-dessus de son métier [...] doux et bon enfant au premier acte, il se durcit, devient furieux et finalement fou.

Détail : quand il entre en scène au troisième acte, il est en manches de chemise [...], il porte des livres sous un bras, une scie sous l'autre.

Si c'est une jeune dame qui a de la beauté, qui joue Laura, il faut qu'elle soit dure, car l'aspect physique adoucit et par là son influence sur son mari se trouvera motivée ; si c'est une comédienne plus âgée, il faudra faire ressortir le côté maternel et refouler un peu la dureté.

Le pasteur est un pasteur ordinaire, sérieux, dans son rôle, pas comique.

Le docteur est un docteur ordinaire, ballotté entre l'influence qu'exerce sur lui la femme et sa camaraderie de sexe avec le mari.

La fille doit être saine et sympathique, éveillée, pleine de vie et elle a, en plus, un effet rafraîchissant au milieu de tous ces malheurs.

Des exemplaires avec des coupures ont été expédiés. Coupez davantage si vous le voulez. Vous entendrez bien au cours des répétitions ce qui choque.

Il faut faire des arrangements pour le lancement de la lampe. Ici elle était en osier ; le verre et l'abat-jour sont fixés avec du mastic pour qu'on puisse soulever la lampe sans que le verre tombe ; elle doit être jetée à côté de la tête de Laura, par la porte, mais seulement lorsque Laura sera sortie à reculons, afin que les spectateurs ignorent si elle a été atteinte ou non. Laura pousse un cri et la scène est plongée dans l'obscurité.

[...]

Dans la première scène du troisième acte il y a un moment

qui est d'un excellent effet pour Laura. Elle est assise près du secrétaire, là même où, avant elle, était assis le capitaine. Si elle refait ou imite un geste qu'a eu avant elle le capitaine (par exemple saisir le porte-plume entre les lèvres et prononcer ainsi une réplique, à condition que le capitaine ait vraiment eu ce geste), on obtient un bon effet de contraste.

Mademoiselle Julie

1888 : Strindberg a 39 ans. Depuis novembre 1887, il se trouve au Danemark, où il est venu assister à la première de *Père*. Sa situation financière est critique. Le 26 décembre 1887, il écrit à son frère :

Mes succès ont la malchance de ne pas produire d'argent. Père *a été un succès tellement incontestable que toutes les parties se sont inclinées et ont tiré un coup de chapeau, mais le directeur du théâtre était ruiné. J'ai donc vécu un mois à Klampenborg en pleine misère, j'ai été expulsé pour ne pas avoir payé mon loyer et j'ai dû abandonner mes bagages pour couvrir mes dettes. Heureusement que Copenhague est un lieu artistique où l'on estime le talent même désargenté.*

Les représentations à Stockholm, au début de 1888, ne lui rapportent que 40 couronnes et Strindberg vit d'expédients. Seul réconfort : le succès de son roman *Les Gens de Hemsö*, paru en fin d'année chez Bonnier. Le 24 février, Strindberg propose donc à Albert Bonnier d'écrire un recueil de nouvelles se déroulant dans le même milieu que le roman et fin avril il envoie le manuscrit du recueil *Dans les îles* à son frère Axel, en lui demandant de traiter avec Bonnier. Il continue à écrire dans la même veine la longue nouvelle du *Marguillier romantique de Rånoe,* tout en s'en défendant auprès du poète Heidenstam auquel il écrit, le 17 mai :

Achète-toi un philosophe moderne allemand qui s'appelle Nietzsche sur lequel G. B. a fait une série de conférences. Il y a tout *à lire ! Ne te refuse pas cette volupté !* N. *est également poète. J'écris maintenant une idylle qui est encore plus idiote que* Les Gens de Hemsö. *En partie « contraint et forcé », pour pouvoir ensuite écrire des pièces qui ne seront pas jouées et des romans qui ne seront pas publiés !*

Le 25 mai, il envoie à Heidenstam deux manuscrits, d'une part la quatrième partie de son roman autobiographique, *Le Fils de la servante,* intitulée *L'Ecrivain* et refusée par Bonnier, d'autre part en dépôt, à n'ouvrir qu'après sa mort, un roman également autobiographique, écrit directement en français, *Le Plaidoyer d'un fou.*

Ces deux romans — qui seront bel et bien publiés, d'ailleurs — ont une longue histoire. Après les trois premiers volumes du *Fils de la servante,* Bonnier avait refusé de publier, en guise de quatrième volume, la correspondance de Strindberg avec Siri von Essen sous le titre *Lui et elle.* Il proposait néanmoins à Strindberg de garder l'à-valoir, qui lui avait été versé, pour « un ouvrage qui me sera plus sympathique. Vous avez dit vous-même, dans une de vos lettres, que vous désiriez devenir de nouveau populaire en Suède. Pour cela il faut un ouvrage de vous, qui ne parle ni de vous, ni de vos amis ou ennemis, ni de la question féministe ». Strindberg a finalement suivi ce conseil et c'est, s'il faut l'en croire, la mort dans l'âme qu'il a écrit en août-septembre 1887, à Lindau en Allemagne, et avec beaucoup de verve, *Les Gens de Hemsö,* son roman le plus « suédois », qui devait être en effet son livre le plus populaire pendant des générations. Pour Strindberg ce n'était là, comme il le dit dans sa lettre à Heidenstam, qu'un gagne-pain et aussitôt après l'avoir terminé, il commençait à écrire le *Plaidoyer,* intitulé alors *L'Histoire de mon mariage.* En mars 1888, il écrit à Edvard Brandes :

J'écris en français seize pages d'imprimerie par jour, mon histoire qui ne sera jamais imprimée mais qui sera lue en manuscrit par ceux qui vivront après moi ! Je revis douze années de souffrance !

En fait, au même moment il proposait son livre à H. Österling, qui avait déjà publié *Père* et *Camarades.* Mais il lui demandait d'en faire une édition en français — comme il l'avait fait pour *Père* — car c'était, disait-il, un livre qui ne pouvait pas et ne devait jamais être publié dans une langue scandinave. Österling déclina cette offre : l'affaire était autrement onéreuse que la publication d'une pièce de théâtre. Le 20 mars 1888, Strindberg confiait donc à son cousin Johan Oscar Strindberg, en sa qualité de « chef de la famille Strindberg », un premier manuscrit de ce livre explosif, destiné à le défendre devant la postérité mais en fait un des romans d'amour les plus brûlants et les plus extravagants qui existent.

Strindberg soupçonnait obstinément sa femme de l'avoir trompé et de vouloir le faire interner, comme en témoignent les longues lettres qu'en mars-avril il adresse à une vieille connaissance, Rudolt Wall, rédacteur du *Dagens Nyheter.* Et le 6 avril il écrivait à son frère Axel :

Ne crois pas que tu aies la moindre influence sur mes décisions concernant ma famille. Si tu ne veux pas que nous devenions des étrangers l'un pour l'autre, je te prie de jamais me parler ou m'écrire au sujet de mon mariage, car sur ce point je te traite en ennemi, puisque dès le premier moment tu as pris le parti de l'ennemi qui a ruiné la vie de ton frère. Autrefois tu aimais la famille, mais tu ne le montres plus ; tu me fais de la morale à moi, l'innocent, l'outragé, le soumis, l'opprimé au lieu d'intenter un procès à la criminelle qui a ravagé tout une race — ton sang ! Et maintenant point à la ligne !

La première partie du *Plaidoyer d'un fou* couvre la même période que la correspondance de *Lui et elle,* c'est-à-dire le début du roman d'amour avec Siri von Essen, au point que, publiée seulement après la mort de Strindberg, cette correspondance fait presque figure de « dossier » du roman. *Le Plaidoyer,* écrit après *Camarades* et *Père,* éclaire pourtant la genèse de ces deux pièces. *Lui et elle,* que vient en quelque sorte remplacer *Le Plaidoyer,* était composé de lettres d'amour. Le « fils de la servante » estime-t-il maintenant avoir été « séduit » par la baronne von Essen-Wrangel ? Déjà dans une lettre à Heidenstam, du 21 septembre 1885, Strindberg voyait l'inégalité sociale entre Siri et lui — qui se plaisait à rabaisser encore ses propres origines — une raison possible de la « dissonance entre ma femme et moi ».

En avril 1888, les éditions Bonnier acceptent le manuscrit des nouvelles *Dans les îles,* et l'à-valoir améliore passagèrement la situation de Strindberg, qui trouve à se loger avec sa famille à Skovlyst, au Danemark.

Skovlyst est un ancien rendez-vous de chasse du roi Frédéric VII, « un château d'adultère », écrit Strindberg à Heidenstam le 9 mai. Le loyer est plus que raisonnable : « 50 couronnes par mois pour quatre pièces-cuisine, meublé en style Empire, et moi-même dans une tour ». En fait, c'est un manoir délabré, appartenant à une dame excentrique qui se fait appeler comtesse, et où règnent le désordre et la saleté. Le domaine, fort mal tenu, est entre les mains d'un régisseur qui passe pour être l'amant de la comtesse et que Strindberg soupçonne d'être gitan. Il est tout de suite fasciné par cet étrange personnage, hâbleur, insinuant et grand amateur de séances d'hypnotisme. Ce régisseur a une sœur, une souillon que, selon Strindberg, il envoie tourner autour de son hôte, et « l'inévitable » se produit. Strindberg écrit à Heidenstam le 2 octobre :

Nos femmes émancipées font de nous des polygames après avoir introduit la prostitution dans le mariage en vendant leurs faveurs en échange de notre soumission totale à elles-mêmes, leurs bonnes et leurs amies. Après six mois d'un horrible célibat, j'ai sailli une fille adulte de dix-huit ans, dont le frère était mon propriétaire et un bandit. Elle n'a pas été engrossée, car j'étais muni de préservatif. Mais on a fait un scandale, pour me faire chanter !

Avant de prendre la fuite, Strindberg, en riposte aux tentatives de chantage du régisseur, fait part à la police de ses soupçons : le régisseur aurait été l'auteur, non découvert, de plusieurs vols commis dans la région. De cet étrange été, Strindberg tirera plus tard la nouvelle *Le Tschandala*[4], où, transportés au XVIIe siècle, un « surhomme » et un « sous-homme » s'affrontent, dans une perspective nietzschéenne, en une impitoyable « lutte des cerveaux ».

Au cours de ce même été, et sans doute avant ces événements dramatiques, Strindberg a écrit *Mademoiselle Julie,* qu'il envoie le 10 août à Karl Otto Bonnier :

Par la présente, je prends la liberté de vous proposer la première tragédie naturaliste de la littérature dramatique suédoise, et je vous prie de ne pas la repousser à la légère, afin de ne pas avoir à vous en repentir plus tard, car, comme disent les Allemands : ceci datera ; *cette pièce sera notée dans les annales.*

1. Mes conditions ne s'élèvent qu'aux frais de production du travail physique (le coût de la vie durant un mois), ou 500 couronnes pour 1 500 exemplaires.

2. Impression rapide (ne peut pas faire concurrence à Dans les îles*), tout de suite.*

3. Présentation soignée sous forme de livre et non de livret d'opéra, comme pour Camarades.

De toute façon, je demande à ne pas être lu par des gens du dehors, quel que soit leur sexe, et je compte sur votre discrétion pour que le titre demeure secret et que l'intrigue ne soit pas colportée.

Amicalement,

August Strindberg

P. S. Mademoiselle Julie *est la première d'une série de tragédies naturalistes.*

Strindberg est apparemment d'excellente humeur. Il adresse sa lettre à « Karl Otto Bonnier, Esq. » et attribue aux « Allemands » une expression reproduite en français.

Le drame serait inspiré, selon Strindberg, par un fait divers : une demoiselle de famille noble aurait séduit son palefrenier et serait finalement devenue, écrit-il à Edvard Brandes le 29 septembre, serveuse dans un restaurant connu de Stockholm. On a également rapproché l'intrigue de *Mademoiselle Julie* de la tragique histoire de Victoria Benedictsson, auteur de plusieurs romans sous le pseudonyme masculin d'Ernst Ahlgren. Victoria Benedictsson était amie ou « camarade » d'Axel Lundegård, qui traduisit *Père* en danois et qui collabora avec Strindberg pour la version finale de *Camarades.* La nuit du 8 au 9 janvier 1888, Victoria Benedictsson avait essayé de se suicider dans l'hôtel même où Strindberg était descendu à Copenhague. Axel Lundegård en parla à Strindberg, qui l'avait rencontrée et connaissait un peu ses livres, et

4. *Tschandala,* éditions Aubier/Montaigne, 1966.

qu'attirait vivement cette destinée tragique. La nuit du 21 au 22 juillet, alors que Strindberg travaillait à *Mademoiselle Julie,* Victoria Benedictsson parvint à se tuer en se tranchant la gorge avec un rasoir, comme le fait Julie. Mais rien ne prouve que ce suicide ait été l'unique source d'inspiration de Strindberg pour sa pièce.

Le 21 août, quelques jours à peine après lui avoir expédié *Mademoiselle Julie,* Strindberg essaie d'aiguillonner son éditeur, en lui annonçant qu'Antoine aurait l'intention de monter *Père* :

Prenez garde, le naturalisme entre à la Légion d'Honneur et à l'Académie (pas la suédoise) et ne sera dépassé que lorsque le darwinisme — dont il est la conséquence — le sera ; hoc est : jamais ! [...] Ne commettez pas d'erreur, ne vous laissez pas tromper, de même que moi, je ne me suis pas laissé tromper. Dans Les Gens de Hemsö, *j'ai reculé — oui, mais pour faire un nouveau bond en avant.*

Ces derniers mots sont inspirés par la lecture de *Jenseits von Gut und Böse* de Nietzsche, que Strindberg avait si vivement recommandé à Heidenstam. Dès le mois d'avril il avait envoyé à Nietzsche un exemplaire de la traduction française de *Père* et le 27 novembre, Nietzsche lui écrivit enfin qu'il avait lu sa pièce. Fin 1888, les deux écrivains échangèrent livres et lettres, jusqu'au moment où les missives étranges de Nietzsche firent entrevoir à Strindberg la folie de son correspondant.

La lettre du 21 août à Bonnier croisa celle qu'écrivait Bonnier, le 20 août, pour refuser la pièce : « elle est trop hardie, trop "naturaliste" pour nous, nous n'osons donc pas la publier et je crains qu'elle soit difficilement jouée ».

Mademoiselle Julie parut donc chez Seligman en novembre 1888, mais la prophétie de Bonnier se révéla exacte, du moins en ce qui concerne la Suède. Ce n'est que seize ans plus tard, en 1904, que fut donnée une représentation privée à Uppsala. Les premières représentations publiques n'eurent lieu qu'en 1906 et le 13 décembre de la même année, cette pièce réputée si scandaleuse fut enfin présentée au public de Stockholm.

Comme pour *Père,* la première représentation mondiale eut lieu à Copenhague, mais le censeur du Dagmarteatret ayant refusé son accord, *Mademoiselle Julie* n'y fut donnée qu'une fois, en représentation privée organisée par l'Union des Etudiants, le 14 mars 1889. Siri von Essen jouait Julie — c'était sa première apparition sur la scène depuis 1883. On ne la trouva pas très convaincante ; il est vrai que Strindberg, fou de jalousie, la surveillait dans les coulisses.

La première représentation publique eut lieu à la Freie Bühne de Berlin, le 3 avril 1892, mais les protestations, en particulier de la part du public féminin, furent telles que la direction du théâtre décida d'en rester là et le spectacle ne connut qu'une seule représentation.

Enfin, le 16 janvier 1893, *Mademoiselle Julie* fut présentée au public parisien au Théâtre Libre d'Antoine, avec mademoiselle Nau dans le rôle de Julie et Arquillière dans celui de Jean. La critique s'avoua choquée et manifesta son incompréhension, mais Antoine notait dans son journal : « *Mademoiselle Julie* a causé, au fond, une énorme sensation. Tout a passionné le public, le sujet, le milieu, ce resserrement en un seul acte d'une heure et demie d'une action qui suffirait à nourrir une grande pièce française. » Pourtant, Antoine ne monta pas d'autres pièces de Strindberg. C'est Lugné-Poe qui allait reprendre le flambeau l'année suivante, en montant au Théâtre de l'Œuvre d'abord *Créanciers,* puis *Père.*

En France, plusieurs actrices ont triomphé dans le rôle de Julie : Ludmila Pitoeff, Eléonore Hirt, Nadine Alari. On a également vu le film d'Alf Sjöberg (1951), avec Anita Björk dans le rôle de Julie et Ulf Palme dans celui de Jean.

Créanciers

Dans sa lettre du 21 août 1888, où il relançait Karl Otto Bonnier à propos de *Mademoiselle Julie,* Strindberg ajoutait :

Dans huit jours, je vous enverrai une nouvelle tragédie naturaliste, encore meilleure que Mademoiselle Julie, *avec trois personnages, une table et deux chaises, et sans lever de soleil !*

Cette nouvelle tragédie était *Créanciers,* qu'apparemment Bonnier ne reçut jamais. Joseph Seligmann ayant accepté *Mademoiselle Julie,* Strindberg lui proposa le 29 septembre de publier également *Créanciers* :

Je n'ai pas voulu publier en suédois la tragédie ci-jointe, écrite pour le Théâtre Libre en même temps que Mademoiselle Julie, *car mes ennemis écrivent toujours des commentaires à mes pièces dans l'intention de me nuire.*

Maintenant que dans l'annonce ci-jointe je vois à quel point il est permis de parler de sujets intimes, je vous envoie ce drame en lecture (il est encore meilleur que Mademoiselle Julie *et la nouvelle formule y est poussée encore plus loin), en vous priant de bien vouloir l'imprimer avec l'autre pièce, en un volume.*

La coupure de presse que Strindberg joignait à sa lettre annonçait la parution du roman *Argent* d'Ernst Ahlgren, pseudonyme de Victoria Benedictsson et on pouvait y lire, souligné par Strindberg, que ce livre était « la description de sa propre vie » — ce à quoi Strindberg avait ajouté : « surtout de celle du mari ! ».

Seligmann refusa cependant *Créanciers,* saisissant apparemment le prétexte fourni par Strindberg lui-même, qui répondit le 9 octobre :

Je vous remercie de votre prompte réponse et je ne peux que respecter les raisons de votre refus, du moment que j'ai eu moi-même les mêmes scrupules, bien que le sujet ne soit bientôt plus une exception. Il y en a tant qui sont mariés avec les femmes des autres [...]. Cependant, s'il en est ainsi et si le sujet paraît trop intime — à la bonne heure ! *Madame Benedictsson a reçu une bourse de l'Etat pour avoir fait croire à son mari que monsieur X l'avait* seulement *embrassée, elle avait un amant à Copenhague, passait son temps au cabaret, elle a déshérité sa fille au profit du « Camarade » et est morte en outrageant son honnête mari, qui n'avait d'autre défaut que de l'aimer fidèlement et de lui pardonner, bien qu'elle lui ait dérobé son honneur. C'est sur elle que j'ai écrit* Créanciers !

Il n'est certainement pas vrai que Strindberg ait voulu porter la vie de Victoria Benedictsson à la scène et Smedmark pense, sans doute avec raison, qu'il cherchait à brouiller les cartes et à cacher l'aspect autobiographique de sa pièce ; il n'en reste pas moins que Strindberg, à cette époque, était très préoccupé par l'œuvre et la personnalité de Victoria Benedictsson, comme on a pu le voir à propos de *Mademoiselle Julie.* La crainte qu'on puisse y voir une description de son propre ménage restait cependant vivace, et le 16 novembre il annonçait encore à un ami que sa femme avait lu aussi bien *Créanciers* que *Mademoiselle Julie,* qu'elle en avait été ravie et qu'elle voulait jouer les deux rôles de Julie et de Thekla : « Donc pas d'obstacle pour cause de vie intime, et qui mieux qu'elle pourrait en juger ! ».

Ne voyant pas d'avenir pour sa pièce en Suède, Strindberg se mit dès le 5 septembre à traduire lui-même *Créanciers* en français, comme il l'avait déjà fait pour *Père,* sollicitant en même temps l'aide de son ami pour payer une traduction de *Mademoiselle Julie* — assuré, et non sans raison, que ces pièces le feraient connaître sur les scènes internationales. Comme Seligmann n'avait pas encore retourné le manuscrit de *Créanciers,* il espérait cependant malgré tout une décision favorable et le 16 octobre il lui écrivait :

La version française de Créanciers *est prête et part aujourd'hui pour Paris. Je vous ai demandé de me retourner cette pièce, mais si vous voulez réfléchir encore un peu, volontiers ! Elle est ma grande favorite et je la relis sans cesse, découvrant à tous les coups de nouvelles finesses [...].* Mademoiselle Julie *est encore un compromis, où il y a du romantisme et des coulisses (bien que j'aie renoncé exprès à faire entendre les cloches de l'église du village, qu'un* Hedberg *aurait immanquablement exploitées), tandis que* Créanciers *est une pièce entièrement humaine, aimable, où les trois personnages sont sympathiques, intéressante du début à la fin.*

Strindberg a toujours insisté sur le côté « aimable » de sa pièce ; dès sa première lettre à Seligmann, il écrivait :

L'action est dramatique, comme le peut être un meurtre psychique, l'analyse et les motivations sont complètes, le point de vue est impartial et déterministe, explique et pardonne sans juger personne...

Il se défendait tout autant de faire de la morale et, après une critique d'Edvard Brandes parue dans *Politiken* le 3 mars 1889, Strindberg écrivait au jeune écrivain Ola Hansson :

C'est mala fide *de la part d'Evd-Br. de m'accuser de morale. Thekla dit justement à Adolphe : « Tu es tellement éclairé, libre de toute morale ! » [...]. Il dit : « Tu es polyandre », c'est une qualité, mais désagréable pour celui qui l'a, car elle a des conséquences regrettables ; c'est ta nature* — voilà l'affaire ! — *Je ne te punis pas — car le châtiment suppose la faute — je me venge donc = je rétablis l'équilibre = je réagis contre tes qualités qui me sont défavorables ; je reprends mon honneur que tu m'as dérobé = je m'oppose à ton intervention dans ma vie :* voilà l'affaire ! *La polyandrie est ta nature ; le désir de me venger (si tu veux) est la mienne !* Voilà l'affaire !

Ce n'est pas là la morale de Grundtvig. C'est la morale de l'évolution ! Les natures sont aussi justifiées ou injustifiées l'une que l'autre : déterminisme = indifférentisme !

On remarquera en passant que Strindberg attribue ici, très curieusement, à Adolphe un raisonnement qui est celui de Gustave.

Ne voyant pas d'autre moyen pour faire jouer ses pièces, Strindberg fonde en novembre 1888 son propre théâtre, sur le modèle du Théâtre Libre d'Antoine. Ce sera une troupe ambulante, car l'élite capable de le comprendre est trop restreinte, explique-t-il, pour qu'on puisse en Scandinavie fonder un théâtre fixe chargé de le jouer. Ce Théâtre Expérimental Scandinave, pour lequel il se met aussitôt à chercher des acteurs et des pièces — autres que les siennes — est, dit-il à un ami le 16 novembre, « la solution générale de tous mes problèmes sociaux, économiques, artistiques et familiaux ! ainsi que de ceux de ma femme ».

Au programme : *Mademoiselle Julie, Créanciers, Paria,* « librement adapté d'après une nouvelle d'Ola Hansson », *Bulles* de Nathalie Larsen, une jeune Danoise qui a pris contact avec lui au mois de mars 1888, *Une Nuit* de V.C. Gyllenskiöld, *Antechrist* de Hugo Wickström et *Un Retour* de Gustaf Wied, qui devait plus tard se faire connaître comme auteur danois de comédies. On annonçait pour plus tard des pièces d'écrivains connus comme Geijerstam, Pontoppidan, Herman Bang et le collaborateur de Strindberg pour *Camarades,* Axel Lundegård. Ce magnifique programme ne fut pas réalisé, et Strindberg eut toutes les peines du monde à faire jouer ses propres pièces.

Le censeur du Dagmarteatret à Copenhague ayant interdit la représentation de *Mademoiselle Julie,* où Siri von Essen devait tenir le principal rôle, il fallut improviser la première représentation qui comprenait, aux côtés de *Créanciers,* les deux petites pièces *Paria* et *La plus forte.* La première eut lieu le 9 mars 1889 au Dagmarteatret, donc cinq jours avant la représentation de *Mademoiselle Julie* à l'Union des étudiants. Nathalia Larsen jouait Thekla, Gustav Wied, Adolphe. Le seul comédien expérimenté était Hunderup, qui avait déjà créé *Père.* C'est apparemment lui qui sauva la soirée, et il fit en particulier grosse impression dans *Paria,* où il avait pour partenaire Viggo Schiwe, qui devait plus tard créer le rôle de Jean dans *Mademoiselle Julie.*

Strindberg n'assista pas à la première. Gustav Wied le tint au courant par la dépêche suivante, que Strindberg reproduit dans une lettre à Ola Hansson :

20.30. Applaudissements sans mélange pour Créanciers. *Rappel.*

21.30. Tempête d'applaudissements après Paria. *Rappel. Hunderup magnifique.*

Grand succès. Madame Strindberg rappelée cinq fois. On réclame l'auteur. Madame Strindberg fait un discours. Tempête d'applaudissements, quelques sifflets.

Et le lendemain Strindberg écrit à Hunderup pour le remercier :

Mon cher Hunderup !

En toute hâte : merci pour Gustave et tout le reste ! C'est toi et moi qui devions le faire ensemble. Sois indulgent pour les débutants : nous sommes aussi un théâtre des jeunes !

La représentation fut reprise le 16 mars à Malmö. Peu de temps après, le Théâtre Expérimental Scandinave sombra.

Créanciers fut monté en 1890 au Théâtre Suédois de Stockholm avec des comédiens professionnels et lorsque Strindberg eut enfin son théâtre à lui à Stockholm, la pièce figura bien entendu au répertoire du Théâtre Intime en 1910.

Au Residenztheater de Berlin, *Créanciers* eut un succès considérable le 22 janvier 1893 et, le 21 juin 1894, fut accueilli par des applaudissements au Théâtre de l'Œuvre de Lugné-Poe, qui jouait lui même Adolphe, Lucienne Dorsy étant Thekla et Philippe Rameau, Gustave.

La plus forte

Tout en préparant le répertoire pour son Théâtre Expérimental Scandinave, Strindberg envoyait le 29 novembre 1888 un exemplaire de *Mademoiselle Julie,* qui venait de paraître, à Georg Brandes avec le commentaire suivant :

Vous y trouverez une tentative de fournir la nouvelle formule *adaptée à nos besoins : abréger les souffrances, laisser tout s'épancher d'un seul coup ! Et très curieusement, je me suis trouvé raffermi dans ma foi en ma formule expérimentale après avoir lu vingt-cinq pièces proposées à mon théâtre. Dans chaque drame il y a en effet* une scène ! *C'est elle que je veux ; qu'ai-je à faire avec tout le reste, et pourquoi déranger six ou huit acteurs pour qu'ils l'apprennent ! En France, je mangeais toujours cinq côtes de mouton, au grand étonnement des autochtones. La côte se composait en effet d'une demi-livre d'os et de deux pouces de gras, que je laissais. A l'intérieur il y avait un morceau du muscle dorsal,* la noix ! *C'est elle que je mangeais. Donnez-moi la noix ! voudrais-je dire à l'auteur dramatique !*

Il avait pris pour modèle les pièces en un acte — les « quarts d'heure » — du Théâtre Libre.

Le 23 décembre, il confiait à son frère qu'il allait écrire des pièces pour une « tournée Strindberg » et, selon Gunnar Ollén, ce serait cette nécessité pratique qui aurait poussé Strindberg à écrire à ce moment précis ses pièces en un acte. Carl Reinhold Smedmark fait cependant remarquer que ce resserrement était la poursuite logique de l'évolution qui apparaît dans les pièces précédentes, où on va vers une simplification grandissante : après *Mademoiselle Julie,* ce « compromis » qui comporte encore un décor et un « lever de soleil », pour citer les lettres de Strindberg, vient *Créanciers,* « trois personnages, une table et deux chaises », mais où, malgré tout, un personnage est supposé entendre, d'une pièce voisine, ce que se disent les deux autres. *La plus forte* est en fait un drame à trois personnages, mais l'un est absent — le mari —, l'autre se tait — la maîtresse —, et seul le troisième — la femme — parle.

Strindberg fait pour la première fois allusion à cette pièce le 30 décembre dans une lettre à Edvard Brandes. Le 3 janvier 1889, il demande à Nathalie Larsen si elle l'a lue, et ajoute :

Entre parenthèses, ma femme n'aime pas cette pièce — qu'en dites-vous ? Est-elle trop courte et le sujet trop long ?

D'après Gunnar Ollén, la pièce a cependant été écrite pour Siri von Essen, en quelque sorte pour la remercier de la loyauté sans faille qu'elle a manifestée au moment de la sordide aventure de Skovlyst. L'astuce consisterait, selon Ollén, à fournir à Siri la possibilité de jouer l'un et l'autre rôle : madame X... en

Suède et mademoiselle Y... sur une scène étrangère, avec la possibilité de rester, à chaque fois, « l'héroïne » de la pièce que Strindberg présentait d'ailleurs dans *Politiken,* le 24 janvier 1889, dans les termes suivants :

La plus forte *est ce qu'on appelle un* quart d'heure, *parce qu'elle ne dure que quinze minutes. Deux dames seulement y apparaissent, et l'héroïne ne dit pas un mot.*

Quoi qu'il en soit et malgré le peu d'enthousiasme de Siri von Essen pour cette pièce, c'est elle qui joua madame X... au moment de la première représentation au Dagmarteatret le 9 mars 1889. Elle avait dû apprendre le rôle en toute hâte et, peu avant la première, Strindberg donnait les instructions suivantes à sa femme :

Tu lis donc La plus forte ! *Je n'ai pas le rôle ici, mais joue-le comme si :*

1 elle était une actrice ; donc pas une honnête « dame de famille » ordinaire,

2. comme la plus forte, c'est-à-dire la plus souple. Celle qui se raidit et se cramponne, se brise, en effet, tandis que celle qui est souple plie — et se redresse.

3.. Bien habillée — mets ta robe de Mademoiselle Julie *ou une nouvelle.*

4. Si tu mets un nouveau manteau, fais attention aux surfaces lisses, aux plis plats, achète un nouveau chapeau ! Quelque chose en fourrure, en forme de capote (pas anglaise).

5. Etudie le rôle très soigneusement ; mais joue-le ensuite de façon simple ! C'est-à-dire pas « simplement ». Ajoute 50 % de charlatanisme, comme madame Hwasser et Ibsen, et laisse entendre des abîmes de profondeur qui n'existent pas !

6 Change, s'il y a des phrases qui ne tombent pas bien, et arrange une sortie à applaudissements, sans devenir sifflante !

7. Parle avec une pleine voix de poitrine, sans miauler ou crier.

[...]

9. « Construis » sur la scène un coin, une crypte, un compartiment (comme au Café Dagmar) avec des décors de répétitions. Accroche aux murs des prospectus, des horaires et des affiches de théâtre, que cela ait l'air d'un café sans qu'on voie le comptoir, mets un porte-parapluie, un porte-manteau, etc.

10. Ne commence *pas par cette pièce, elle est trop courte pour résister aux ennemis les plus forts.*

La plus forte a été donnée pour la première fois en France au Théâtre de l'Avenue, en février 1933.

Paria

Le 16 novembre 1888, Strindberg écrivait au jeune écrivain Ola Hansson :

Comme je me dispose à ouvrir un Théâtre Expérimental Scandinave (Th. Libre) et que les belles scènes de Amorosa Sensitiva *et dernièrement un* Paria *m'ont fait comprendre que vous avez l'étoffe d'un auteur dramatique moderne, qui ne charpente pas des intrigues conscientes, je vous propose de mettre en scène* Paria *pour mon premier programme ou de me laisser vous fournir le canevas. Laissez simplement tout se dérouler dans la chambre en vingt minutes sous forme d'entretien et de révélations suivis de divorce, fin de l'amitié, etc.*

A son invitation, Ola Hansson alla le voir et le 3 décembre Strindberg écrivait :

J'ai maintenant mis en chantier ton Paria. *J'aimerais bien en être débarrassé, car toute collaboration se termine par des disputes, mais il m'obsède. Je ne sais pas si c'est le dîner du dimanche, le filet à insectes ou quoi, qui me fascine.*

Le 3 janvier, il lui écrit encore :

La nuit du 26 au 27 décembre, j'ai lu pour la première fois Edgar Poe ! Et je l'ai noté dans mon calendrier ! Je suis stupéfait ! Est-ce possible que mort en 49, l'année même où je suis né, il ait pu se frayer un chemin à travers un tas de mediums jusqu'à moi ! [...] Et Le Scarabée d'or ? *Sais-tu que j'ai tout de suite établi une relation entre lui et la fascination qu'exerçait sur moi ton* Paria ! *Te souviens-tu que tu as cité le nom d'Edgar Poe, la dernière fois ! Que j'étais charmé par ton* Paria. *J'ai été inquiet, dans tout le corps, plusieurs jours avant de te demander, sans autre motif, de m'envoyer le livre ! Quand j'ai pu lire ensuite* Le Scarabée d'or, *j'ai été délivré ! Ton* Paria *n'y est pas, mais le filet à insectes — tout ce qui m'attirait et m'appelait. Si tu ne croyais pas maintenant aux « esprits », ce serait bien curieux. C'est ainsi que les âmes (les vibrations du cerveau) se propagent dans d'autres âmes et c'est pourquoi il existe une* certaine *immortalité chez l'âme mobile.*

J'ai tellement de choses nouvelles, psychologiques à raconter et je crois que je pourrais développer E.P. très loin. [...] Si tu savais ce que j'ai vécu depuis que j'ai lu E.P. — vécu — parce que j'y ai fait attention !

Et comme Créanciers *est en avance sur son temps ! Quand il* fait surgir *l'épilepsie ! Je ne savais pas combien j'avais raison — mais maintenant, je le sais !*

L'éditeur de la correspondance de Strindberg, Torsten Eklund, fait remarquer que s'il y a un collectionneur d'insectes dans la nouvelle originale d'Ola Hansson, on n'y trouve, quoi qu'en dise à plusieurs reprises Strindberg, pas de filet à insectes, pas plus que le « dîner du dimanche ». Strindberg a donc « vu » la pièce longtemps avant de l'écrire et son travail a été retardé par la rédaction du *Tschandala,* avec lequel la pièce présente d'évidents rapports.

C'est à la même époque qu'il écrit à Nietzsche, le 4 décembre 1888, en français :

Cependant, avec l'esprit si affranchi il me semble que Vous Vous êtes leurré du type criminel ! Regardez ces centaines de photographies accompagnant l'homme criminel de Lombroso, et avouez que le fourbe est un animal inférieur, un dégénéré, un faible dépossédé des facultés nécessaires pour éluder les paragraphes de la loi, obstacles trop puissants à sa volonté au pouvoir !

La première représentation de *Paria* eut lieu le même soir que celles de *Créanciers* et de *La plus forte,* et Hunderup remporta un véritable triomphe dans le rôle de monsieur X..., au point que la pièce resta à l'affiche du Dagmarteatret pour seize représentations.

En France, *Paria* a été créé le 24 janvier 1956 aux mardis de l'Œuvre, dans une mise en scène de Michel Etcheverry, avec Jean-Marie Serreau dans le rôle de monsieur X... et Jean Chadourne dans celui de monsieur Y.

Les gens de Hemsö

Le roman *Les Gens de Hemsö* parut à la mi-décembre 1887 et c'est presque en s'excusant que Strindberg l'envoya à ses amis et connaissances. A Georg Brandes il écrivait le 14 décembre : « la première fois que je vous envoie un livre, c'est un ouvrage vulgaire, écrit pour m'amuser à des heures de tristesse. S'il peut vous amuser un moment entre les combats, il aura quelque raison d'être. » Et au comédien August Lindberg : « Je t'envoie mon *Abbé Constantin.* Tu vois que je peux écrire sur rien ! »

Une quinzaine de jours plus tard, alors que les représentations de *Père* avaient dû être interrompues à Copenhague, le théâtre ayant fait faillite, Lindberg vint à Copenhague où il s'entretint avec Strindberg du projet d'une version dramatique du roman. Strindberg ne resta pas indifférent et, dans une lettre à son ami Pehr Staaff, il soulignait qu'il voulait à ce moment-là faire une pièce à un seul décor, pas une comédie musicale populaire avec chants et musique, mais « une composition strictement moderne avec, comme centre d'intérêt, les caractères ». Le 3 janvier 1888 il lui envoyait un résumé de l'intrigue de la pièce qui est en bien des points sensiblement différente de celle du roman.

Mais, par suite d'un désaccord avec le théâtre au sujet de l'à-valoir, la rédaction fut remise à plus tard.

Un an après, le 28 janvier 1889, il écrivait à son frère Axel :

Il faut que tu saches que je suis en train de faire une version dramatique des Gens de Hemsö *qui est considérée comme une grande et sûre affaire. Si seulement nous pouvions charger un avocat de fixer les conditions et de les faire appliquer par le Théâtre Suédois, les grosses sommes arriveraient. [...] J'aurai terminé* Les Gens de Hemsö *le 1er mars au plus tard !*

A Ola Hansson, il avoue : « Je transforme maintenant *Les Gens de Hemsö* en pièce de théâtre et je me sens comme une putain ! » Le 9 février, il annonce à son frère que la pièce est terminée ; fin février il est plein d'espoir : « Si le Théâtre Suédois la prend, cela peut faire beaucoup d'argent. » C'est alors l'époque des préparatifs pour les premières à Copenhague, dans le cadre du Théâtre Expérimental Scandinave, de *Mademoiselle Julie* et *Créanciers,* et on conçoit que Strindberg ait besoin d'argent.

Mais la pièce ne fut pas acceptée par les théâtres aussi facilement que prévu : le 29 février il assurait encore à son frère : « *Les Gens de Hemsö* est une bonne pièce », mais le 8 mars : « Je n'ai pas encore reçu de réponse, ni du Théâtre du Sud, ni du Théâtre Suédois. La saison passe et l'été sera bientôt là. »

Strindberg avait rompu, en janvier 1888, avec le comédien Lindberg qui avait eu le premier l'idée de porter *Les Gens de Hemsö* à la scène. En mars 1889, il reprend contact avec lui, et il lui envoie la pièce le 21 mars :

Voici, à ta demande, Les Gens de Hemsö ! *Tu vois qu'il y a ici aussi un effort pour faire de la littérature, mais en même temps une pièce populaire.*

Lindberg accepta la pièce et signa le 30 mars un contrat avec Strindberg. Strindberg écrivit plusieurs lettres à Lindberg sur la façon de jouer la pièce, mais un peu comme pour compenser le peu de foi qu'il avait en son œuvre. Ainsi, le 1er avril :

Il manque quelque chose, surtout au dernier acte. Je me demande quoi.

Rien dans la technique, mais dans l'atmosphère ! L'auteur a écrit une pièce suffisamment vieux jeu pour qu'elle soit jouée. Mais il n'a pas cru à cette saleté ! Et cela se sent ! La pièce n'est en effet qu'un grand mensonge — les conflits de la vie ne se résolvent pas si facilement. En réalité, l'histoire s'est terminée par un adultère, un empoisonnement, des intrigues d'avocat, des querelles et des tortures à longueur d'année. La noce de la pièce aurait dû en effet se terminer par un bal, mais avec des cadavres dans la danse, Norman se serait battu avec Gusten au couteau, Carlsson aurait escroqué Gusten avec l'aide d'un avocat, le cochon de pasteur aurait accepté des pots-de-vin, ça aurait été ça la vie. Mais écris cela — et joue La puissance des ténèbres[5] !

Non, Lindberg, Les Gens de Hemsö *est une plaisanterie, le rêve de vacances d'un jeune marié qui a obtenu son succès, et dont le monde doit sourire. C'est une plaisanterie — ne la prenons donc pas au sérieux — et n'arrachons surtout pas le spectateur à ses rêves en lui rappelant la réalité.*

La première eut lieu au Djurgårdsteatern le 29 mai 1889 et la critique fut tiède. Le spectacle dut être interrompu après huit représentations seulement. Le 5 juin, Strindberg commentait, dans une lettre à Lindberg :

Tu vois ! Quand on est infidèle à soi-même ça va mal !

Simoun

Lutte des cerveaux, hypnotisme et hallucinations : ces thèmes dominent plus ou moins les pièces de Strindberg en 1888, comme la nouvelle *Le Tschandala.* Strindberg les reprend dans *Simoun,* écrit très rapidement entre le 27 février et le 4 mars 1889, au moment où il doit rapidement improviser un programme pour les débuts de son Théâtre Expérimental Scandinave. Le 27 février il écrit à sa femme :

Si les deux pièces (Mademoiselle Julie *et* Créanciers) *choquent vraiment trop, nous partons tout de suite avec* La plus forte *(Nath Larsen),* Paria *(Jeppsen et Schiwe),* Simoun *(Vent du Sahara) où tu seras une jeune fille arabe qui assassine psychologiquement un officier français* (*entre autres avec des chants*).

Dans la même lettre, il lui demande de se procurer un volume de mélodies arabes : « Tu vas voir ça, dans quelques jours. » Dans une lettre à Ola Hansson, le 10 mars, il caractérise sa pièce comme « un brillant Edgar Poe ». Smedmark remarque que Strindberg, qui cite Pierre Loti dans une lettre de 1890, pouvait avoir connu *Le Roman d'un spahi* qui date de 1881. S'il en est ainsi, la littérature française a repris son bien grâce à Henry Lenormand, qui écrivit *Simoun* en 1920.

La pièce fut créée le 25 mars 1890 au Théâtre Suédois de Stockholm, en même temps que *Créanciers* était pour la première fois présenté aux spectateurs stockholmois. Elle était alors accompagnée d'une musique « originale », créée par Strindberg

5. La pièce de Tolstoï.

lui-même qui, dans son esquisse *Le Hasard dans la création artistique,* de 1894, raconte :

Je cherchais une mélodie pour une pièce en un acte, Simoun, *qui se passe en Arabie. J'ai accordé ma guitare au hasard, j'ai relâché les vis de façon arbitraire jusqu'au moment où j'ai trouvé un accord qui me donnait l'impression de quelque chose de rare et de bizarre, sans pourtant transgresser les limites du beau. L'acteur qui jouait le rôle principal a trouvé la mélodie excellente, mais le directeur, ultraréaliste, a appris qu'elle n'était pas d'origine et a décidé qu'il en voulait une authentique. J'ai fait venir une collection de mélodies arabes, je les ai montrées au directeur qui les a toutes rejetées pour trouver finalement que ma chanson était plus arabe que les véritables chansons arabes. La mélodie a été jouée et a obtenu un certain succès. Voici ma mélodie comme l'a composée le hasard : Sol. Do dièze. Sol dièze. Si. Mi.*

Simoun a été traduit pour la première fois en français par Charles Bigault de Casanove, dès 1893.

Les Clefs du ciel

Dix ans après *Le Voyage de Pierre l'Heureux,* Strindberg revient à la féerie, mais dans un état d'esprit bien différent.

Lorsqu'en automne 1891 il entreprend d'écrire *Les Clefs du ciel,* il est revenu en Suède depuis deux ans, mais pas en triomphateur, comme il se l'était proposé, loin de là. Personne n'a voulu de ses grands drames naturalistes et le Théâtre Expérimental Scandinave qu'il a fondé à Copenhague a fait faillite en même temps que son mariage avec Siri von Essen — nommée sans conviction « directrice » de l'entreprise. La version dramatique du roman *Les Gens de Hemsö* a été, en mai 1889, un fiasco. Le procès de *Mariés,* malgré l'acquittement, a dressé contre lui toute la Suède officielle et bien-pensante.

Pourtant Strindberg demeure un écrivain reconnu et les représentations de la version poétique de *Maître Olof* au Théâtre Dramatique, en mars 1890, ont été, somme toute, un succès, même si Hjalmar Branting, dans *Socialdemokraten,* fait remarquer que l'élément révolutionnaire, représenté par Gert dans la version en prose, a été singulièrement assagi.

Plus inquiétante est la place maintenant occupée par une nouvelle génération d'écrivains, notamment Verner von Heidenstam, avec lequel Strindberg entretient depuis plusieurs années une correspondance amicale, mais qui n'en est pas moins un rival. Dans un manifeste, *Renaissance,* publié en 1889, Heidenstam annonce la fin du naturalisme, et en janvier 1890 une nouvelle école fait connaître son programme : dans un essai intitulé *Les Noces de Pepita,* Heidenstam et Oscar Levertin réclament une littérature qui unisse réalité et poésie et rejettent définitivement le naturalisme, accusé d'asservir la personnalité du poète.

Strindberg, dans une lettre à Heidenstam, datée du 9 octobre 1889, rétorque : « Le naturalisme comme philosophie de l'existence ne peut, semble-t-il, jamais vieillir, et lorsque les jeunes Français, désavouant Zola, prennent le nom d'Indépendants, etc., c'est uniquement pour ne plus être des élèves, pour se différencier. »

Strindberg lui-même a changé, et rien ne lui déplaît maintenant davantage que les jeunes gens qui, se réclamant de lui, prônent des doctrines qu'il a abandonnées. Il pense néanmoins que Heidenstam et Levertin s'attribuent abusivement la gloire d'une révolution qu'il a été le premier à annoncer dans son essai *Le Drame moderne et le théâtre moderne,* paru dans une revue danoise en mars 1889. Le 9 novembre 1889, il écrit à Ola Hansson :

Nous vivons une période intéressante du point de vue de la littérature ; dommage que le public ne la comprenne pas. Il est heureux qu'on en ait fini avec les « problèmes ». Mais je me sens moins coupable que d'autres, car j'ai tout de même préservé la poésie dans mes Utopies, *tandis qu'Edvard Brandes sombrait, dans ses pièces, dans un « réalisme de cordonnier ». Mais ce kleptomane de Heidenstam, qui prend tout le gâteau que nous avons préparé et qui se fait saluer comme l'Homme de la Renaissance, alors que j'ai écrit* Joie de vivre, Mariés I, Les Gens de Hemsö *et* Drame moderne, *où je rejette le réalisme comme étant un Petit Art pour Petites Gens, prônant le naturalisme comme le Grand Art, dans lequel je range* Mademoiselle Julie *et* Créanciers [...] *Mon roman — mon programme — ne sera pas prêt cette année, mais peut-être au printemps !*

Ce roman, *Au bord de la mer* (traduit en français sous le titre *Axel Borg*), ne parut qu'après *Les Noces de Pepita* de Heidenstam et de Levertin, qui l'avaient donc encore une fois devancé aux yeux du public. En envoyant son manuscrit à l'éditeur, Strindberg écrivait d'ailleurs, le 7 juin 1890 :

Voici donc ce Livre de Tonnerre, dans un nouveau et superbe style Renaissance [...] Ceci est la nouvelle tendance, qui a commencé avec la nouvelle Les Petits *dans* Neue Freie *et qui s'est poursuivie avec* La Lutte des cerveaux, Tschandala, Mademoiselle Julie, *etc., et qui ne doit donc rien aux écrits prophétiques de Heidenstam, qui sont apocryphes.*

Roman naturaliste, selon Alfred Jolivet. Mais héros nietzschéen ou « romantique ». Conscient d'avoir dépassé le naturalisme, Strindberg continue néanmoins à se réclamer du naturalisme comme du « Grand Art ». A-t-il voulu, avec *Les Clefs du ciel,* créer un genre plus « romantique » ?

Faisant remarquer qu'après *Les Clefs du ciel,* Strindberg va écrire une série de pièces en un acte, d'une facture entièrement naturaliste, Martin Lamm attribue ce « retour au naturalisme » au dépit que Strindberg aurait éprouvé en se voyant devancé par Heidenstam. Alfred Jolivet propose une explication plus plausible et plus profonde. Selon lui, Strindberg a épuisé la formule dramatique qu'il a adoptée jusqu'alors en même temps que les sources autobiographiques :

Pour créer du nouveau avec une pareille matière, il aurait fallu que Strindberg fût déjà en possession de l'idéal dramatique, et par conséquent de la philosophie de l'existence qui rendront possible une œuvre comme Le Chemin de Damas. *Nous n'en sommes pas encore là, il s'en faut.*

Strindberg va donner, des événements qui lui tiennent à cœur, deux représentations opposées. Dans Les Clefs du ciel *il leur prêtera l'aspect d'une fiction mêlée de satire, les autres pièces seront des œuvres naturalistes de type courant.*

Comme le montre Smedmark, cette « anomalie » que constitue apparemment, à cette époque de sa vie, une féerie comme *Les Clefs du ciel,* est le résultat d'un long cheminement. Elle s'annonce déjà dans les pourparlers de Strindberg avec Ludvig Josephson en 1884, lorsque ce dernier voulait donner une suite au succès du *Voyage de Pierre l'Heureux* : le personnage principal de la nouvelle féerie serait un personnage mythique comme Ahasverus, le juif errant, ou Mephistophélès. Au printemps 1889, préparant le répertoire du Théâtre Expérimental Scandinave, Strindberg prévoit une pièce, *Au Pays de Cocagne,* où saint Pierre se promène sur la terre et arrive au pays ou tout est sens dessus dessous. Trois jours après il lit Andersen et Perrault, les féeries d'Oehlenschläger lui sont depuis longtemps familières. Smedmark fait également remarquer que le projet de faire entrer une féerie dans le répertoire d'un théâtre voué au drame naturaliste n'est pas aussi étrange qu'on pourrait le croire, car déjà dans *Le Naturalisme au théâtre,* Zola, loin de se montrer hostile à ce genre, citait Perrault comme source d'intrigues et de thèmes.

Strindberg songeait aussi, dès sa lettre du 3 mars 1889 au comédien et metteur en scène Hunderup, aux moyens techniques de monter une féerie sans trop de frais : il demandait combien coûterait « une colossale Camera Lucida ou Lanterna Magica ». Et une lanterne magique joue un rôle déterminant dans sa nouvelle *Tschandala,* écrite en 1888. Strindberg ne semble pourtant pas, dans sa correspondance, considérer *Les Clefs du ciel* comme un pas vers un style nouveau. Peut-être cherche-t-il seulement à retrouver le succès que lui a valu *Le Voyage de Pierre l'Heureux.*

Quel que soit le motif pour lequel il entreprend en octobre 1891 la rédaction des *Clefs du ciel,* on doit reconnaître que ni la situation, ni son état d'esprit ne s'y prêtent. Le divorce avec Siri von Essen est en cours, une suite de formalités pénibles restent à remplir et pour Strindberg c'est un déchirement d'être séparé de ses enfants, qui seront de toute évidence confiés à la mère. Plein de sollicitude, il leur écrit, leur demande de venir le voir et leur fait porter des billets. C'est ainsi que le 30 octobre il demande à Martha Strindberg, la femme de son cousin, de remettre un billet à sa fille Karin, et il ajoute :

Dis aussi aux enfants que papa est en train de leur écrire une pièce qu'ils verront au Théâtre Royal.

Mais écrit-il vraiment *pour* eux ? A la féerie se mêlent les allusions autobiographiques, à la poésie se mêle la satire et les historiens pensent avoir découvert, derrière des personnages empruntés à la littérature classique, les ennemis plus ou moins déclarés de l'auteur. Ainsi, Thersite serait l'historien Otto Sjoegren, qui venait d'attaquer Strindberg à propos du roman *Au bord de la mer* dans un article intitulé *La Littérature de Narcisse ;* la réplique de Don Quichotte reprochant à Sancho Pança de voler son avoine s'adresserait en fait à Heidenstam, etc.

Strindberg espérait faire jouer sa pièce à la fois à l'Opéra de Stockholm et au Grand Théâtre de Göteborg, où régnait son vieil ami August Lindberg ; le 10 janvier 1892 il lui écrit :

Au cas où tu ne te serais pas encore lassé de mon théâtre, je t'envoie en lecture le premier acte de ma féerie. Le deuxième est terminé mais pas encore mis au net.

Elle se passe dans une auberge. A droite l'auberge, à gauche l'écurie et les remises.

Le forgeron rencontre Dulcinée de Toboso et en tombe amoureux. (Grande scène.) Entrée de Don Quichotte qui démasque Dulcinée. Il a perdu toutes ses illusions et est devenu darwiniste. Sancho, qui l'accompagne, a jugé profitable de reprendre ses idéaux à son propre compte, ce qui ne l'empêche pas de voler l'avoine de Rossinante.

Saint Pierre doit marier le forgeron à Dulcinée, laquelle est lépreuse. Entre un cortège. C'est Roméo et Juliette qui fêtent leurs noces d'argent. Outre les mariés, le cortège se compose de Barbe Bleue (désormais absolument monogame) ; son épouse Lady Macbeth (Présidente de l'Association pour l'abolition de la peine de mort) ; Hamlet marié à Desdémone, etc.

Don Quichotte est garçon d'honneur et salue les invités par un discours, etc.

Troisième acte : dans les Alpes. On rencontre sept dormeurs, qui sont réveillés. Changement : en Lilliputie. On retrouve Cendrillon, le Petit Poucet et diverses autres petites grandeurs.

Quatrième acte : l'église Saint-Pierre à Rome. Le pape interviewe saint Pierre (grande scène, le clou de la pièce !). Changement : à la croisée des chemins ; un calvaire : le Christ entre deux brigands. On rencontre le juif errant.

Cinquième acte : au pays de Cocagne. Changement : retour à la forge ; les enfants sortent du lit. C'est la veille de Noël : tous les personnages de légende de la pièce surgissent et s'avèrent être des imaginations de contes de fées. Le forgeron est fatigué de parcourir des pays imaginaires et se réconcilie avec la réalité, etc.

On comprend que Strindberg ait recommandé à Lindberg d'utiliser une lanterne magique !

Enthousiasmé par le premier acte, Lindberg invite Strindberg à revenir à Göteborg et c'est à Marstrand, non loin de là, que Strindberg termine la pièce le 4 février 1892.

S'il avait espéré pour cette pièce le succès de sa première féerie, il fut cruellement déçu. Lindberg en possession du manuscrit complet, jugea la pièce injouable et l'Opéra tardait à donner sa réponse. Strindberg semble d'ailleurs avoir conçu très tôt quelques doutes, car dès le 22 janvier il écrit à Daniel Fallström, qui s'était chargé de se renseigner auprès de Nordqvist, directeur de l'Opéra :

Ton silence et celui de Nordqvist commencent à me tirer de certains rêves pleins d'espoir. Etait-ce aussi mauvais que je le pressentais ? Il n'est pas facile de redevenir un enfant au point de pouvoir écrire des féeries après une vie comme la mienne !

L'Opéra, qui donna peu après un premier avis favorable, refusa finalement la pièce et Strindberg dut se contenter de la faire publier. La critique fut mauvaise. Strindberg ne renonça cependant pas à tout espoir de la faire jouer, et au mois d'août 1892 il demandait à son traducteur français Charles de Casenove de proposer *Les Clefs du ciel* au Théâtre du Châtelet :

Je prends la liberté de vous envoyer ci-joint le compte rendu d'un drame fantastique que je vous ai remis en suédois il y a quelques mois. Encouragé par mes amis, qui ont vu ce drame refusé par nos théâtres, je rêve d'un accord avec la direction du Châtelet.

En 1894, il caressait l'idée de faire jouer la pièce à un théâtre d'ombres, au Chat noir, à Paris.

En fait, tous les directeurs de théâtre semblent avoir partagé l'avis d'August Lindberg et la pièce n'a jamais été représentée. Ce n'est qu'à la radio suédoise que cette féerie a été jouée, d'abord en 1929, puis en 1945.

TABLE

Le Voyage de Pierre l'Heureux 7

La Femme de sire Bengt 77

Camarades 147

Père 229

Mademoiselle Julie 281

Créanciers 323

Les Gens de Hemsö 367

Paria 433

La plus forte 451

Simoun 459

Les Clefs du ciel 469

Notes 535

Ce livre est imprimé sur un papier sans chlore
et résistant au vieillissement, fabriqué selon un usage
responsable de la forêt.

ACHEVÉ D'IMPRIMER EN MARS 2014
SUR LES PRESSES NUMÉRIQUES DE L'IMPRIMERIE MAURY S.A.S.
Z.I. DES ONDES — 12100 MILLAU

N° D'IMPRESSION : C14/50387T
DÉPÔT LÉGAL : FÉVRIER 1993

IMPRIMÉ EN FRANCE